对外汉语教学中的思维导图

实践与创新

The Practice and Innovation of Mind Mapping in Teaching Chinese as a Second Language

冯冬梅◎编著

四川大学出版社

责任编辑：徐　凯　孟庆发
责任校对：张伊伊　徐志静
封面设计：墨创文化
责任印制：王　炜

图书在版编目(CIP)数据

对外汉语教学中的思维导图实践与创新 / 冯冬梅编著. —成都：四川大学出版社，2017.1
ISBN 978－7－5690－0358－1

Ⅰ.①对…　Ⅱ.①冯…　Ⅲ.①汉语－对外汉语教学－教学研究　Ⅳ.①H195.3

中国版本图书馆 CIP 数据核字（2017）第 020161 号

书名　**对外汉语教学中的思维导图实践与创新**

编　　著　冯冬梅
出　　版　四川大学出版社
地　　址　成都市一环路南一段 24 号 (610065)
发　　行　四川大学出版社
书　　号　ISBN 978－7－5690－0358－1
印　　刷　四川盛图彩色印刷有限公司
成品尺寸　185 mm×260 mm
印　　张　22.25
字　　数　409 千字
版　　次　2017 年 4 月第 1 版
印　　次　2017 年 4 月第 1 次印刷
定　　价　86.00 元

◆读者邮购本书，请与本社发行科联系。
电话：(028)85408408/(028)85401670/
(028)85408023　邮政编码：610065
◆本社图书如有印装质量问题，请
寄回出版社调换。
◆网址：http://www.scupress.net

序言 Xuyan

冯冬梅编著的《对外汉语教学中的思维导图实践与创新》即将出版，邀我作序。老实说，我之前还真的没听说过“思维导图”这个名称。我在CNKI知网查了一下，大约有三千多篇相关的文章（主题），有将近一千篇以“思维导图”命名的文章（篇名），但我再查“思维导图”和“对外汉语”“汉语”共现的文章，竟然没有一篇！有一篇关系最密切的是徐亮的《语言习得神经机制性别差异对优化二语习得策略之启发——兼评托尼·巴赞的放射性思维导图原则》（《外语与外语教学》2001年第6期），还是中国人学习外语的，而不是外国人学习汉语的。也就是说，思维导图应用于对外汉语教学，文献很少——我不能说没有，说有易说无难，万一哪一本论文集或著作有呢。那么，冯冬梅的这一本编著，将思维导图应用于对外汉语教学，应该说具有开拓价值。

冯冬梅是我的学生，本科、硕士都是跟我学习的。冯冬梅聪明好学，本科时就打下了扎实的语言学基础，读硕士的时候和我一起做量词研究，她的种类量词的研究是很有分量的。2010年储泽祥先生应邀主持广西师范大学语言学硕士论文答辩，那时各位导师都希望自己的学生得到优秀的成绩，我那时正在南京师范大学工作，不在答辩现场，没有能力为冯冬梅争取优秀。但储泽祥先生严格秉持公正公平的原则，结果冯冬梅的论文成为当年唯一的优秀硕士学位论文。这一方面得益于她自己的努力，另一方面也和储泽祥先生的公正严明是分不开的。

根据维基百科，“心智图（Mind Map），又称脑图、心智地图、脑力激荡图、思维导图、灵感触发图、概念地图、树状图、树枝图或思维地图，是一种图像式思维的工具以及一种利用图像式思考辅助工具来表达思维的工具。……（思维导图）有许多应用在个人、家庭，教育和业务情况，包括笔记、集体讨论、总结、修正、理清想法。”可见，思维导图对学习颇有裨益。冯冬梅的著作将思维导图应用于对外汉语教学，每个部分都是实实在在的例子，没有空洞的玄学思辨，也没有烦琐的无病呻吟，全都是实用的东西，这无疑给对外汉语教学提供了一顿丰盛的大餐。

在信息多元化时代，多模态教学是培养学习者多元能力的有效手段，也应是今后汉语作为第二语言教学的发展趋势。运用思维导图是对多模态设计资源的创造性使用。此书是冬梅将思维导图运用于对外汉语课堂教学的实证性研究成果，这些图作为一种视觉设计资源，图文并茂，层次和逻辑清晰，有助于汉语学习者理解文字内容，降低语言文字的加工难度。另外，这些图可以作为一种多模态语篇进行研究，探讨视觉模态和语言模态之间的符号语义关系，探讨多模态隐喻的认知功能，探讨汉语学习者的认知思维发展情况。西方很早就开始了图文教材、图文读物的编撰和推广，汉语国际教育的教材或读物等也应要注重图文的结合，本书可以说是一种多模态文本的积极尝试。

我希望，本书的出版不但能对作者本人有益——促进作者的教学和学术进步，也能对对外汉语教学实践有益——促进对外汉语教学实践的开展，并进而促进学科的进步。

是为序。

宗守云

2016年5月23日于上海师范大学

前言 Qianyan

如何提高汉语教学与学习的趣味性，如何培养留学生学习汉语的兴趣，如何培养留学生学习汉语的主动性，如何培养留学生的汉语思维能力，并最终达到提高汉语教学效果、提高留学生汉语综合能力的目标，是汉语作为第二语言的教学与研究一直不断探索的问题。我们在对外汉语教学实践中尝试了一种新的教学方法——运用思维导图辅助对外汉语课堂教学。《对外汉语教学中的思维导图实践与创新》一书是我们进行这次创新性教学探索的成果。这些思维导图作品主要是在进行教学实验期间留学生的日常作业，以及留学生运用思维导图进行HSK五级词语自主学习时绘制的，还有一部分是作者本人在备课时绘制的。

思维导图以直观形象的方式表达了汉语知识之间的关联，能够更清晰、简洁、美观地展示知识结构。思维导图强调大脑的左右协作，调动了图像、色彩、线条、逻辑等多种刺激性较强的事物，可以促进有效信息的输入，提高学生的记忆效果和学习质量。思维导图如同大脑思维的展开图，完整地将留学生对汉语知识的掌握情况、联想与总结等思维过程呈现出来，教师可以根据思维导图的呈现，分析留学生头脑中关于汉语材料的知识构成，对学生做出适时的指导和评判。因此，这是一本实用性很强的参考书，也是一份有价值的研究资料，适合对外汉语教师在备课时和课堂中用作教学参考，特别是在使用《发展汉语初级综合Ⅱ》教材并且运用思维导图进行课堂教学时，可借鉴和参考，或者直接使用书里提供的一些范式，既方便又实用；还可作为短期汉语强化教学（以HSK四级、HSK五级为目标）的汉语综合课和HSK辅导课教材；也可以作为初中级水平汉语学习者的自学参考用书和HSK应试复习资料。

思维导图作为一种思维工具与认知工具，适用于各种学科的教学。思维导图在世界多个国家已得到较为广泛的使用，但是近期才在中国引起研究热潮。国内很多人尚未了解思维导图，更不知如何与汉语作为第二语言的教学结合起来。为了让广大师生进一步了解思维导图，掌握运用思维导图进行对外汉语教学的方法，我们在“导言”中介绍了思维导图及其绘制的方法、步骤，概述了运用思维导图进行对外汉语教学的研究现状，论述了如何将思维导图运用于对外汉语教学的理论基础。

本书分为课文学习、HSK五级词语两部分。

"课文"部分主要是针对《发展汉语初级综合Ⅱ》第1课到第20课的词语、语法、短文、写作的学习。由于生词的教学承载了部分语法教学的任务，因此有些课文的语法知识学习已经融合在生词教学当中，有些篇目并没有专门的语法思维导图。为了给本书的读者提供更多可借鉴和参考的思维导图范式，在一部分课文中，如第14课和第15课，我们展示了数幅由多名留学生绘制的多种多样的思维导图。由于开展教学实验时运用于各项技能的时段不同，本书展示的写作思维导图作品只是关于第14课课后写作练习的。

"HSK五级词语"部分的词汇是根据2013年HSK最新词汇大纲，并参考刘云主编的《新HSK词汇精讲精练（五级）》（北京大学出版社）挑选出来的1200个词语组成的。留学生经过自学后自己绘制了思维导图，这些思维导图作品体现了留学生自学的方法和技巧，大部分词语都标注了拼音、泰语翻译（英语、孟加拉国语翻译），有短语、词组，也有例句，便于其他汉语学习者学习和复习HSK五级词语。

中央图像是整幅思维导图的主题、中心，是引发思考的焦点。阅读思维导图作品时要从中央图像（中心词语）开始，中央图像往往在整幅作品的中间位置（也有设计在左边或上边、下边的），然后阅读第一层级主题词，顺着第一层级主题词的发散方向阅读第二层级、第三层级主题词，依此类推。

为了强化汉字教学和学习，我们主张手绘汉语思维导图，不主张电脑绘制。而我们的留学生现有的汉字书写水平有限，因此有些思维导图作品的汉字书写可能会出现一些错误，也存在一些书写不规范、不够美观的现象。个别留学生汉字书写得比较细小，可能会造成一定的辨认难度。也有一些语法不规范和语句不通顺的问题，甚至有错别字，但这都是留学生汉语水平的真实反映。为保留这些思维导图作品的原汁原味，本书在编写过程中对此类问题不予处理。

由于作品都是在日常教学和学习当中积累下来的真实材料，难免有很多不足之处，请大家多多包涵，批评指正。

冯冬梅

2016年5月

导言 Daoyan

思维导图（Mind Mapping）又叫思维地图，也叫脑图、心智图，是20世纪60年代初期英国学者东尼·博赞创造的一种思维工具。东尼·博赞认为“思维导图是放射性思维的表达，是人类思维的自然功能”。思维导图通过调动图像、数字、逻辑、颜色、韵律、空间等大脑皮层的所有智能，利用具体化的图示方法表达思想、理论等抽象概念，把人脑中的内部思维过程进行外部呈现，将隐性知识显性化、可视化。思维导图作为一种发散性思维的表达方式，几乎被应用到所有认知功能领域，尤其是学习、创造、记忆及各种形式的思考中。

作为一种思维工具与认知工具，思维导图适用于各种学科的教学。目前，将思维导图运用于对外汉语教学的研究成果尚不多见，仅有为数很少的几篇，研究内容主要是探讨将思维导图应用于对外汉语词汇教学、汉字教学的可行性，如李满月（2011）的《思维导图应用于汉语词汇教学》、赵迎迎（2013）的《思维导图与对外汉语汉字教学》。截至目前，尚未有人作过实证性研究。

因此，我们在前人研究的基础上，结合汉语特点和对外汉语课堂教学实况，通过教学实践探讨了如何将思维导图运用于对外汉语课堂教学中，并采用对比实验的方法验证了运用思维导图对促进汉语作为第二语言教学和学习的有效性。

将思维导图运用于对外汉语教学是探索汉语创新性教学法的一种积极尝试，具有认知理论基础，符合建构主义学习理论、建构主义教学模式的要求。

首先，以思维导图的直观表述和整体呈现帮助学习者确立有意义学习的教学体现了奥苏贝尔有意义学习理论所强调的“先行组织者的原则”。构造和绘制汉语思维导图的过程是一个对汉语知识深加工的过程，体现了记忆加工层次理论的原理。

认知负荷理论提出人的工作记忆的容量是有限的，加载在工作记忆系统中的认知负荷如果超过了工作记忆容量的限度，就会影响学习效果。思维导图通过有效的概念意义的组织和概念框架的建立成为一个有力的助记工具。一方面，思维导图以直观形象化的图式从学习者已有的知识中引发出一个概念框架，作为吸收新知识内容的架构，使学习内容对学生具有潜在意义，因而当知识信息在工作记忆中处理时，这个概念框架就起了降低内在认知负荷的作用；另一方面，思维导图可以用来在记忆系统处理信息时组织知识模块，引导记忆系统分层、分段地组织信息，这与大脑按层级结构组织知识的形式相似，因而当教学中的新知识以思维图式呈现时，它将帮助组织知识并使之结构化，有效地与大脑已存在的认知结构建立关联，形成有效认知负荷，降低外在认知负荷，促进意义构建。

建构主义学习理论认为，知识的建构不仅是对外部信息的加工，而且新信息与已有旧知识之间有双向反复的互相作用。在学习过程中，学习者以已有的知识经验为基础，通过与外界的互相作用，对新信息进行加工处理，以实现对信息意义的建构。我们以绘制汉语思维导图作为一种协作活动，通过语言项目的内部结构特征、语义关系、语境要求、应用范畴化、话题关联等将汉字、词语、语法的新旧知识联系起来，明确概念间的关系，以跨越机械学习和意义学习的鸿沟。

思维导图将线性的语言表达从单向变成多维图式呈现，为把汉语作为第二语言的学习者提供了一个可视化的汉语知识图形和思维结构。运用思维导图进行对外汉语教学是对构建主义教学模式——支架式教学策略的一种典型应用，是促进汉语新知识意义建构的概括。

总之，从定性、定量的角度看，运用思维导图促进对外汉语课堂教学和学习具有显著效果。运用思维导图辅助对外汉语教学，将内部的知识与思维过程外显出来，促进知识的结构化和整体化，形成汉语知识网络，有利于增强学习效果，提高教学效率，有助于培养留学生的汉语发散思维能力，激发其学习汉语的主动性和积极性。思维导图作为一种有效的思维工具和学习方法，对对外汉语课堂教学具有积极意义。

思维导图主要表现为树状结构，其基本特征是，注意的焦点清晰地集中在中央图像上；主题作为分支从中央图像向四周放射；分支由一个关键图像或者写在产生联想的线条上面的关键词构成，不重要的话题也以分支形式表现出来，附在较高层次的分支上；各分支形成一个连接的节点结构（东尼·博赞）。另外，也可以根据概念间的关系，分为以下几种形式：呈现一个主题与其他主题之间层次关系的层级型图（hierarchical），对不同概念间进行比较的概念型图（conceptual），按顺序体现概念间的时间前后或因果间关联的顺序型图（sequential），呈现概念间的互相作用形成一种连续循环的循环型图（cyclical）。

思维导图既可以手绘，也可以用电脑制作，常用来制作思维导图的软件有MindManager，MindMapper，Mindman，Inspiration，Activity，Easy Thinking－Cognitive Assistant（易思－认知助手，北京师范大学知识科学与工程研究所开发）等。绘制思维导图的过程并不复杂，主要有以下五个步骤：

第一步：确立主题，在纸张（画布或黑板）中心处画出中央图像（中心主题）。

第二步：根据一定的分类从中央图像延伸出节点，向多个维度画出不同的分支并写上二级关键词。

第三步：连接中心词和主要分支。再围绕二级关键词，延伸扩展到三级关键词，不断发散到四级、五级关键词等，依此类推。

第四步：回顾、修改、补充完善或重新绘制。

第五步：进行加工处理，如在关键词旁画上图像图标，给图像和线条上色、添加背景等，线条上可写标注，表明节点之间的联系和记忆方法。

由于汉字学习的需要，我们主张手绘思维导图。根据汉语作为第二语言教学与学习的特点，我们把绘制汉语知识思维导图的过程归纳如下：

第一步：学习、整理汉语语言知识，归纳中心主旨，确立中央主题。

第二步：分析知识点，理清知识点的类别、层次、结构，确立二级关键词，搭建框架。

第三步：通过类比、联想、情境等，利用汉语语言知识的相关规则和特点，找出知识点之间的联系，确立第三级关键词、关键词块或语块，用线条、色彩、箭头、分支等方式展现出来。

第四步：发散汉语思维，创设使用汉语知识的条件、情境或例子，绘制下一层级。依此类推。

第五步：检查语言点有无缺漏、偏误，查漏补缺，纠错、修正。

第六步：技术加工，涂色、插图、美化。

第七步：作品分享，用汉语讨论交流。

目录

课文学习　Page　2

入乡随俗（发展汉语初级综合 Ⅱ 第1课）……3

儿子要回家（发展汉语初级综合 Ⅱ 第2课）……9

卖辣椒的女孩儿（发展汉语初级综合 Ⅱ 第3课）……16

我和中国有个约会（发展汉语初级综合 Ⅱ 第4课）……23

为什么我一个人站着吃（发展汉语初级综合 Ⅱ 第5课）……32

我这里一切都好（发展汉语初级综合 Ⅱ 第6课）……39

我要去埃及（发展汉语初级综合 Ⅱ 第7课）……44

旧梦（发展汉语初级综合 Ⅱ 第8课）……51

爱的教育（发展汉语初级综合 Ⅱ 第9课）……56

快乐，其实很简单（发展汉语初级综合 Ⅱ 第10课）……62

书本里的蚂蚁（发展汉语初级综合 Ⅱ 第11课）……67

是“枕头”，不是“针头”（发展汉语初级综合 Ⅱ 第12课）……72

中国来信改变了我的生活（发展汉语初级综合 Ⅱ 第13课）……77

第一次打的（发展汉语初级综合 Ⅱ 第14课）……82

飞回来的信鸽（发展汉语初级综合 Ⅱ 第15课）……120

把表拨快三分钟（发展汉语初级综合 Ⅱ 第16课）……137

约会（发展汉语初级综合 Ⅱ 第17课）……144

听电影（发展汉语初级综合 Ⅱ 第18课）……151

笔友（发展汉语初级综合 Ⅱ 第19课）……157

第一人格（发展汉语初级综合 Ⅱ 第20课）……163

愚公移山（发展汉语初级综合 Ⅱ 第21课）……170

卡（发展汉语初级综合 Ⅱ 第22课）……176

我的低碳生活（发展汉语初级综合Ⅱ第23课）……184
父子长城（发展汉语初级综合Ⅱ第24课）……190
搭车去柏林（发展汉语初级综合Ⅱ第25课）……196

HSK五级词语 Page 204

Unit 01（哎～包含）～Unit 04（表达～不得了）……205
Unit 05（不耐烦～惭愧）～Unit 08（成人～翅膀）……211
Unit 09（冲～初级）～Unit 12（打喷嚏～单位）……217
Unit 13（单元～等待）～Unit 16（吨～发票）……223
Unit 17（发言～仿佛）～Unit 20（干燥～个人）……228
Unit 21（个性～功能）～Unit 24（规矩～海关）……236
Unit 25（海鲜～恨）～Unit 28（火柴～记录）……241
Unit 29（记忆～价值）～Unit 32（接触～尽快）……247
Unit 33（尽力～桔子）～Unit 36（控制～老板）……253
Unit 37（老婆～立刻）～Unit 40（落后～秘密）……258
Unit 41（秘书～命令）～Unit 44（欧洲～疲劳）……263
Unit 45（匹～凭）～Unit 48（轻视～全面）……271
Unit 49（劝～人事）～Unit 52（蛇～生动）……276
Unit 53（生长～时髦）～Unit 56（蔬菜～私人）……281
Unit 57（思考～太极拳）～Unit 60（投入～歪）……286
Unit 61（外公～围绕）～Unit 64（雾～县）……291
Unit 65（现代～项目）～Unit 68（兄弟～押金）……296
Unit 69（牙齿～一辈子）～Unit 72（拥挤～语气）……304
Unit 73（玉米～灾害）～Unit 76（争论～执照）……316
Unit 77（直～中旬）～Unit 80（追求～字母）……321
Unit 81（字幕～作文）……337

后 记 Page 341

对外汉语教学中的

思维导图

实践与创新

课文学习

Kewen Xuexi

教材原文

入乡随俗

（发展汉语初级综合Ⅱ第1课）

词语学习

1	入乡随俗	rù xiāng suí sú	When in Rome, do as the Romans do
2	渐渐	jiànjiàn	gradually; little by little
3	迟到	chídào	be late
4	着	zhe	used after a verb or adjective to indicate a continued action or state, often with the particle "呢" at the end of the sentence
5	不好意思	bù hǎoyìsi	feel embarrassed; be ill at ease
6	为了	wèile	in order to; for
7	闹钟	nàozhōng	alarm clock
8	懒虫	lǎnchóng	lazybones
9	该	gāi	have to; should; ought to
10	感谢	gǎnxiè	thank
11	打招呼	dǎzhāohu	say hello; greet
12	有些	yǒuxiē	some; not many
13	问好	wènhǎo	say hello to; send one's regards to
14	而	ér	used to express coordination by joining two elements opposite in meaning that show a contrast
15	奇怪	qíguài	strange; odd
16	下面	xiàmiàn	following; next
17	邻居	línjū	neighbor
18	对话	duìhuà	dialogue
19	伞	sǎn	umbrella
20	肯定	kěndìng	surely; sure

21	却	què	but; yet
22	挺	tǐng	very; rather
23	亲切	qīnqiè	warm; cordial
24	熟人	shúrén	acquaintance
25	回答	huídá	answer
26	成语	chéngyǔ	idiom; set phrase
27	适应	shìyìng	get used to; be accustomed to
28	风俗	fēngsú	social custom

走进课文

入乡随俗

来中国半年多了，我已经渐渐地习惯了这里的生活。

刚来中国的时候，最不习惯的是早上八点钟上课。因为我是个夜猫子，喜欢晚睡晚起，所以经常迟到。你进教室的时候，别人正上着课呢，大家都看着你，真不好意思。为了不迟到，我买了一个闹钟。每天早上一到七点钟，它就大叫："懒虫，该起床了！懒虫，该起床了！"虽然不好听，我还不能不感谢它。因为有了它，我现在已经很少迟到了。

我还有一件不习惯的事，就是打招呼。有些中国人和我见面不是问好，而是问一些奇怪的问题。下面就是今天早上我和邻居的对话：

"早！"

"早上好！"

"吃了吗？"

"吃了。"

"去上课呀？"

"是。"

"外面正下着雨呢，带伞了吗？"

"谢谢，我带着呢。"

这要是在半年以前，有人这样跟我打招呼，我肯定生气了。可是，现在我却觉得挺亲切的，因为我知道，他们跟熟人才这么打招呼。要是你不想回答他们的问题，问好就可以了。

中国有一个成语叫"入乡随俗"，意思是：到了一个新的地方，就要适应那里的风俗习惯。

词语思维导图

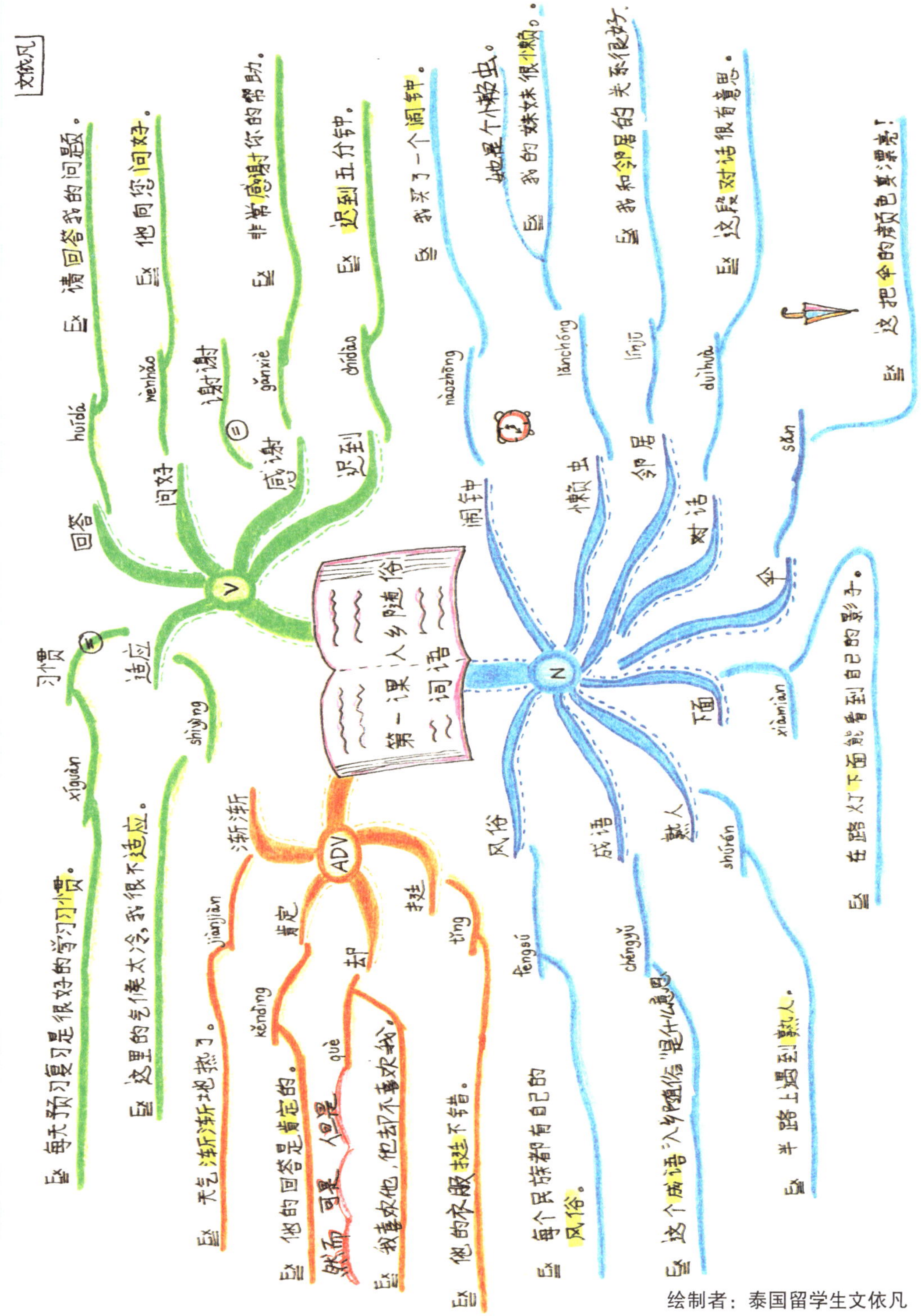
文依凡
第一课 入乡随俗 词语
V
回答 huídá
例 请回答我的问题。
问好 wènhǎo
例 他向您问好。
感谢 gǎnxiè (=谢谢)
例 非常感谢你的帮助。
迟到 chídào
例 迟到五分钟。
适应 shìyìng
例 这里的气候太冷，我很不适应。
习惯 xíguàn
例 每天预习复习是很好的学习习惯。
ADV
渐渐 jiànjiàn
例 天气渐渐地热了。
肯定 kěndìng
例 他的回答是肯定的。
却 què
然而 可是 但是
例 我喜欢他，他却不喜欢我。
挺 tǐng
例 他的衣服挺不错。
N
闹钟 nàozhōng
例 我买了一个闹钟。
懒虫 lǎnchóng
例 我的妹妹很懒，她是个小懒虫。
邻居 línjū
例 我和邻居的关系很好。
对话 duìhuà
例 这段对话很有意思。
伞 sǎn
例 这把伞的颜色真漂亮！
下面 xiàmian
例 在路灯下面能看到自己的影子。
熟人 shúrén
例 半路上遇到熟人。
成语 chéngyǔ
例 这个成语"入乡随俗"是什么意思？
风俗 fēngsú
例 每个民族都有自己的风俗。

绘制者：泰国留学生文依凡

课文学习

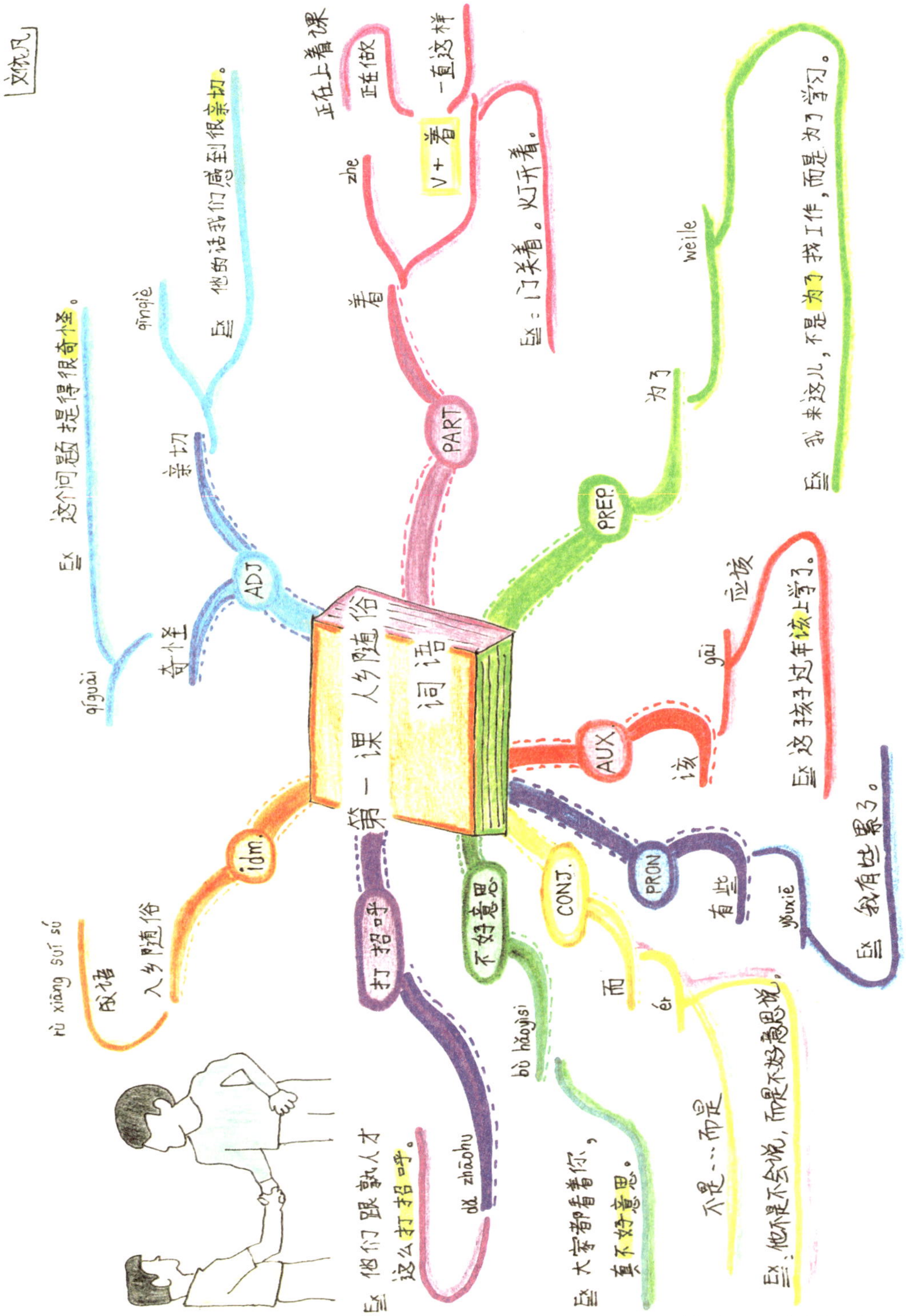
文依凡
第一课 入乡随俗 词语
idm.
成语
rù xiāng suí sú
入乡随俗
ADJ
奇怪
qíguài
Ex 这个问题提得很奇怪。
亲切
qīnqiè
Ex 他的话让我们感到很亲切。
PART
着
zhe
V+着
正在做
正在上着课
一直这样
Ex：门关着。灯开着。
PREP
为了
wèile
Ex 我来这儿，不是为了找工作，而是为了学习。
AUX
该
gāi
应该
Ex 这孩子过年该上学了。
PRON
有些
yǒuxiē
Ex 我有些累了。
CONJ.
而
ér
不是……而是
Ex：他不是不会说，而是不好意思说。
不好意思
bù hǎoyìsi
Ex 大家都看着你，真不好意思。
打招呼
dǎ zhāohu
Ex 他们跟熟人才这么打招呼。

绘制者：泰国留学生文依凡

林岑琪
入乡随俗
"语法"
[着](zhe)
表示动作或状态的持续。
1. "V+着" Ex 他拿着一本书。
2. "V1+着+(O)+V2" Ex 他吃着饭看电视。
3. "location+V+着+N" Ex 桌子上放着一本书。
4. "S+在+location+V+着" Ex 大家都在教室里等着。
不/没……不/没……
表示强调肯定。
Ex
这件事他不会不知道。(他肯定知道)
不是A，而是B
强调B是正确的。
Ex
他不是普通人，而是一个非常有名的画家。

绘制者：泰国留学生林岑琪

短文思维导图

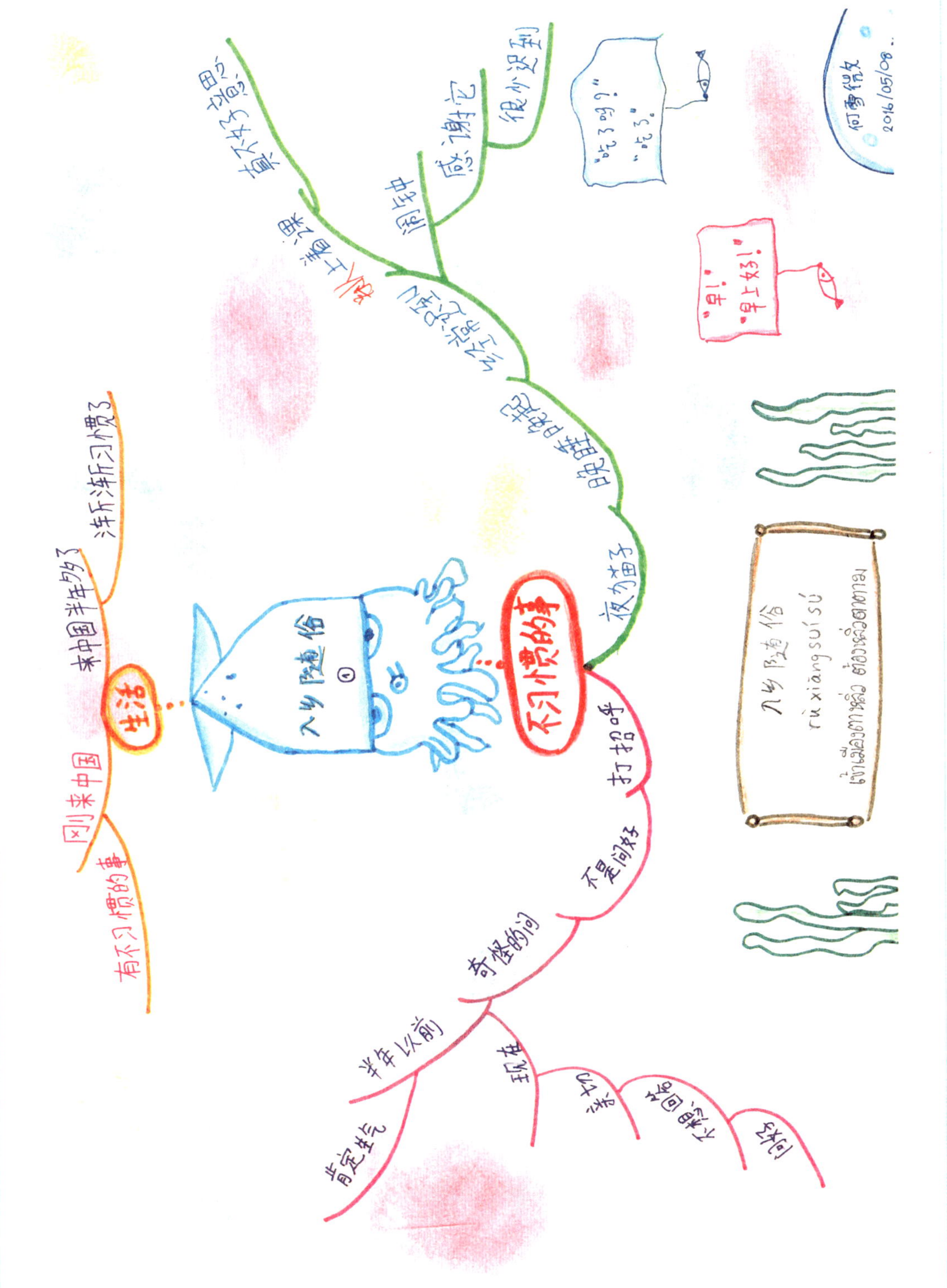
入乡随俗
生活
刚来中国
有不习惯的事
来中国半年多了
渐渐习惯了
不习惯的事
夜猫子
晚睡晚起
早上8点的课
真不好意思
半年中
感谢它
很少迟到
打招呼
不是问好
奇怪的问
半年以前
现在
"吃了吗？"
"吃了。"
"早！"
"早上好！"
何雪微
2016/05/08
rù xiāng suí sú

绘制者：泰国留学生何雪微

教材原文

儿子要回家

（发展汉语初级综合Ⅱ第2课）

词语学习

1	毕业	bìyè	graduate; finish school
2	恭喜	gōngxǐ	congratulate
3	关系	guānxì	relation; relationship
4	从来	cónglái	all along; at all times; always
5	害怕	hàipà	be afraid of; fear
6	病毒	bìngdú	virus
7	哦	ò	oh; ah
8	靠	kào	lean against
9	墙	qiáng	wall
10	摆	bǎi	put; place
11	堆	duī	heap; pile; stack
12	脏	zāng	dirty
13	旧	jiù	old; past
14	乱七八糟	luànqībāzāo	in a mess
15	墙角	qiángjiǎo	corner of the wall
16	垃圾	lājī	garbage
17	箱	xiāng	box; bin
18	空	kōng	empty
19	食品	shípǐn	foodstuff; food
20	袋	dài	bag
21	酸奶	suānnǎi	yoghurt
22	盒	hé	box; case
23	袜子	wàzi	socks; stockings
24	废纸	fèizhǐ	waste paper
25	衣柜	yīguì	wardrobe

26	不过	búguò	but; however; yet
27	挂	guà	hang; put up
28	自由	zìyóu	freedom; free
29	小心	xiǎoxīn	be careful
30	消毒	xiāodú	disinfect; sterilize
31	环境	huánjìng	environment
32	保护	bǎohù	protect

走进课文

儿子要回家

"听说你儿子大学毕业了，恭喜恭喜！"

"你别恭喜我，我正为这事担心呢，你快帮帮我吧。"

"儿子要回家了，是好事啊，你为什么这么担心呢？我能给你什么帮助呢？"

"当然能，因为你是医生啊。"

"这件事跟我是医生有什么关系吗？"

"当然有关系。儿子从上大学到现在从来没打扫过房间，我害怕他带着病毒回家。"

"哦，我明白了。那请您给我介绍一下他的宿舍吧。"

"房间不大不小。靠墙摆着一张床，床下放着一堆脏衣服。桌子上面放着一台电脑、许多旧书、几张音乐CD、两个啤酒瓶子。对了，书上还放着一只鞋。房间里乱七八糟的，太脏了。"

"墙角放着一个垃圾箱，是吧？"

"对呀，里面放着空食品袋、空酸奶盒、脏袜子、废纸什么的。"

"屋子里有衣柜吗？"

"有，不过衣柜里没挂着衣服，却放着足球、篮球什么的，衣服都在地上堆着呢……"

"他自己每天洗碗吗？"

"用过的盘子和碗，他一个星期才洗一次。"

"你们以前没发现这个问题吗？"

"刚上大学的时候，他说要自由，不让我们去他的宿舍。我们是最近才发现了这个问题。"

"他真是太自由了！你儿子的宿舍里一定有不少的病毒。你们真应该小心点儿，最好给他的东西消消毒。对了，你儿子毕业以后想做什么工作？"

"他想做和环境保护有关系的工作。"

周会芝
2016年 5月10日

》儿子要回家《

VERB

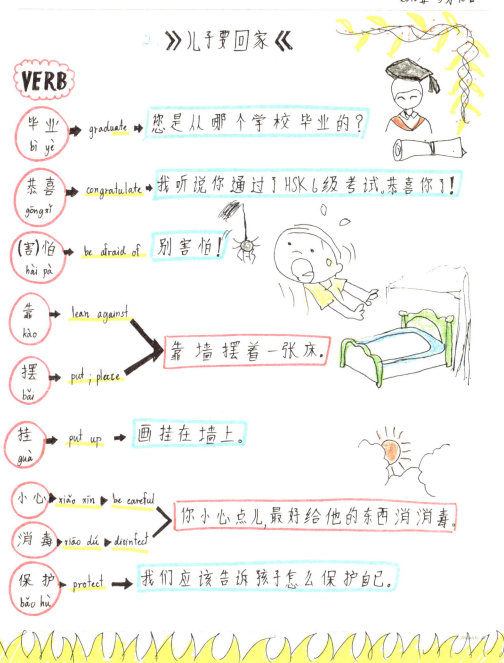

- 毕业 bì yè → graduate → 您是从哪个学校毕业的？
- 恭喜 gōng xǐ → congratulate → 我听说你通过了HSK 6级考试。恭喜你了！
- (害)怕 hài pà → be afraid of → 别害怕！

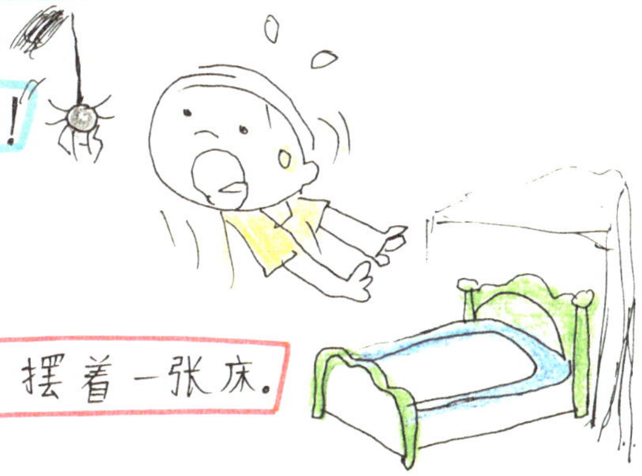

- 靠 kào → lean against
- 摆 bǎi → put ; place
  → 靠墙摆着一张床。
- 挂 guà → put up → 画挂在墙上。

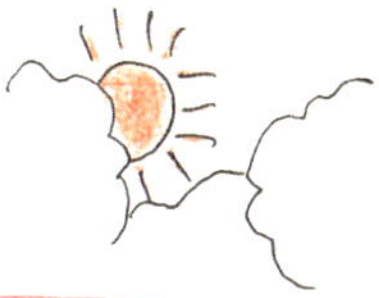

- 小心 → xiǎo xīn → be careful
- 消毒 → xiāo dú → disinfect
  → 你小心点儿，最好给他的东西消消毒。
- 保护 bǎo hù → protect → 我们应该告诉孩子怎么保护自己。

绘制者：泰国留学生周会芝

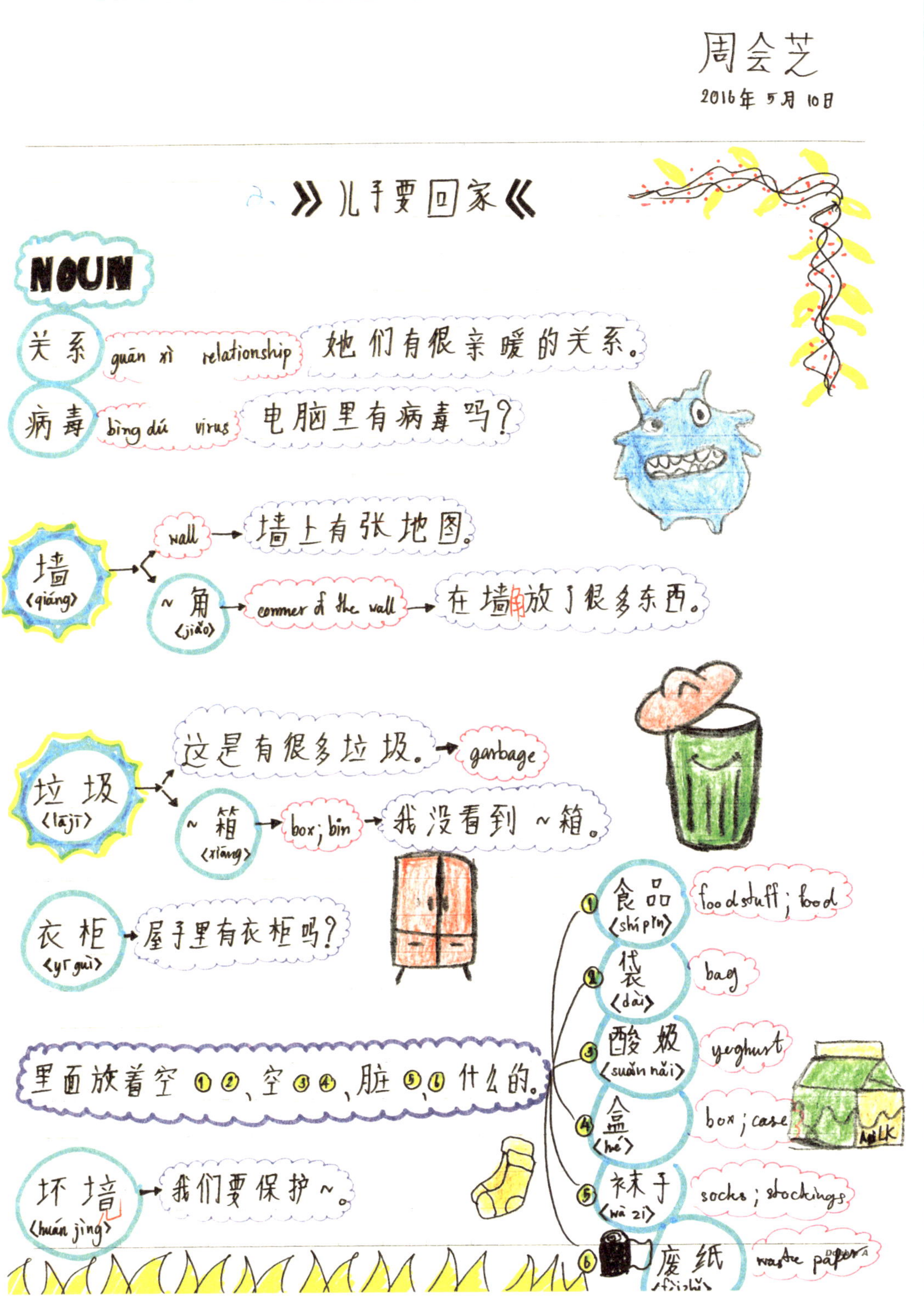
周会芝
2016年5月10日
儿子要回家
NOUN
关系 guān xì relationship 她们有很亲暖的关系。
病毒 bìng dú virus 电脑里有病毒吗？
墙 (qiáng) wall 墙上有张地图。
~角 (jiǎo) corner of the wall 在墙角放了很多东西。
垃圾 (lājī) 这是有很多垃圾。 garbage
~箱 (xiāng) box; bin 我没看到~箱。
衣柜 (yī guì) 屋子里有衣柜吗？
里面放着空①②、空③④、脏⑤⑥什么的。
① 食品 (shí pǐn) foodstuff; food
② 袋 (dài) bag
③ 酸奶 (suān nǎi) yoghurt
④ 盒 (hé) box; case
⑤ 袜子 (wà zi) socks; stockings
⑥ 废纸 waste paper
环境 (huán jìng) 我们要保护~。
MILK

绘制者：泰国留学生周会芝

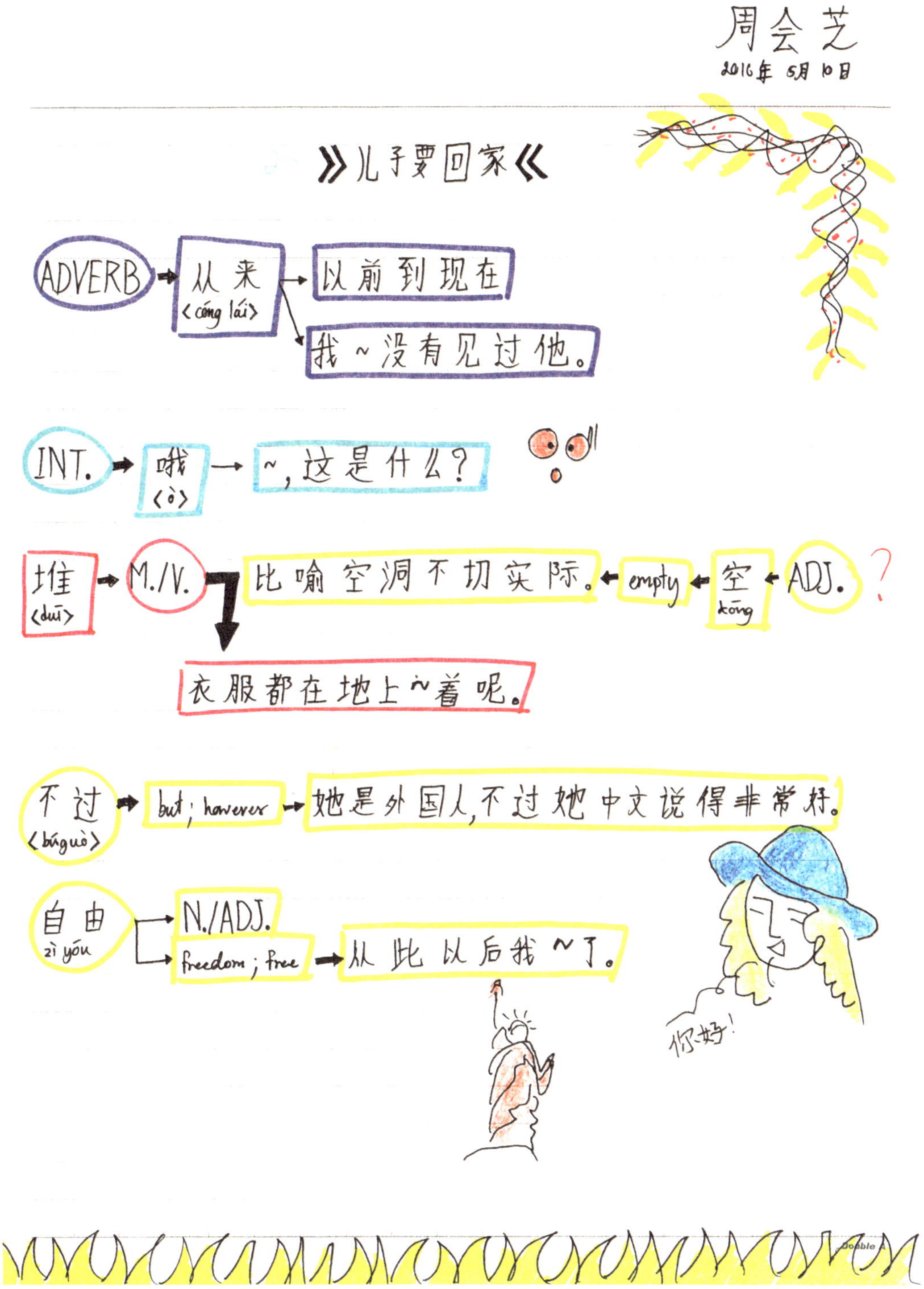

周会芝
2016年5月10日
》儿子要回家《
ADVERB
从来
〈cóng lái〉
以前到现在
我~没有见过他。
INT.
哦
〈ò〉
~，这是什么？
堆
〈duī〉
M./V.
比喻空洞不切实际。
empty
空
kōng
ADJ.
衣服都在地上~着呢。
不过
〈búguò〉
but; however
她是外国人，不过她中文说得非常好。
自由
zì yóu
N./ADJ.
freedom; free
从此以后我~了。
你好！

绘制者：泰国留学生周会芝

语法思维导图

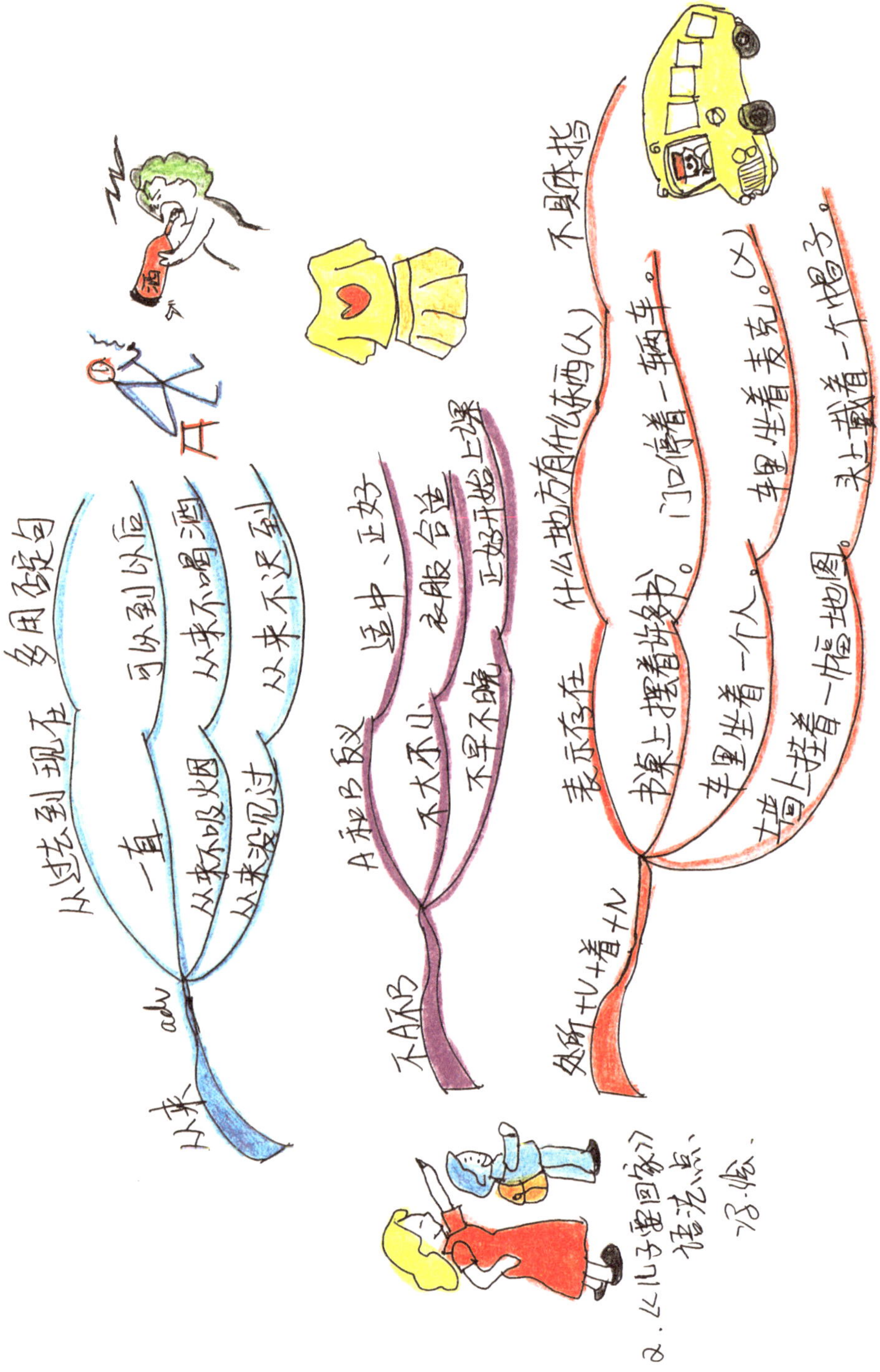
以来
adv
从过去到现在
多用否定句
一直
可以到以后
从来不吸烟
从来不喝酒
从来没见过
从来不迟到
不A不B
A和B反义
适中、正好
不大不小
衣服合适
不早不晚
正好开始上课
处所+V+着+N
表示存在
什么地方有什么东西(人)
不具体指
书桌上摆着许多书。
门口停着一辆车。
车里坐着一个人。
车里坐着麦克。(×)
墙上挂着一幅地图。
头上戴着一个帽子。
酒
2.《儿子要回家了》

绘制者：冯冬梅

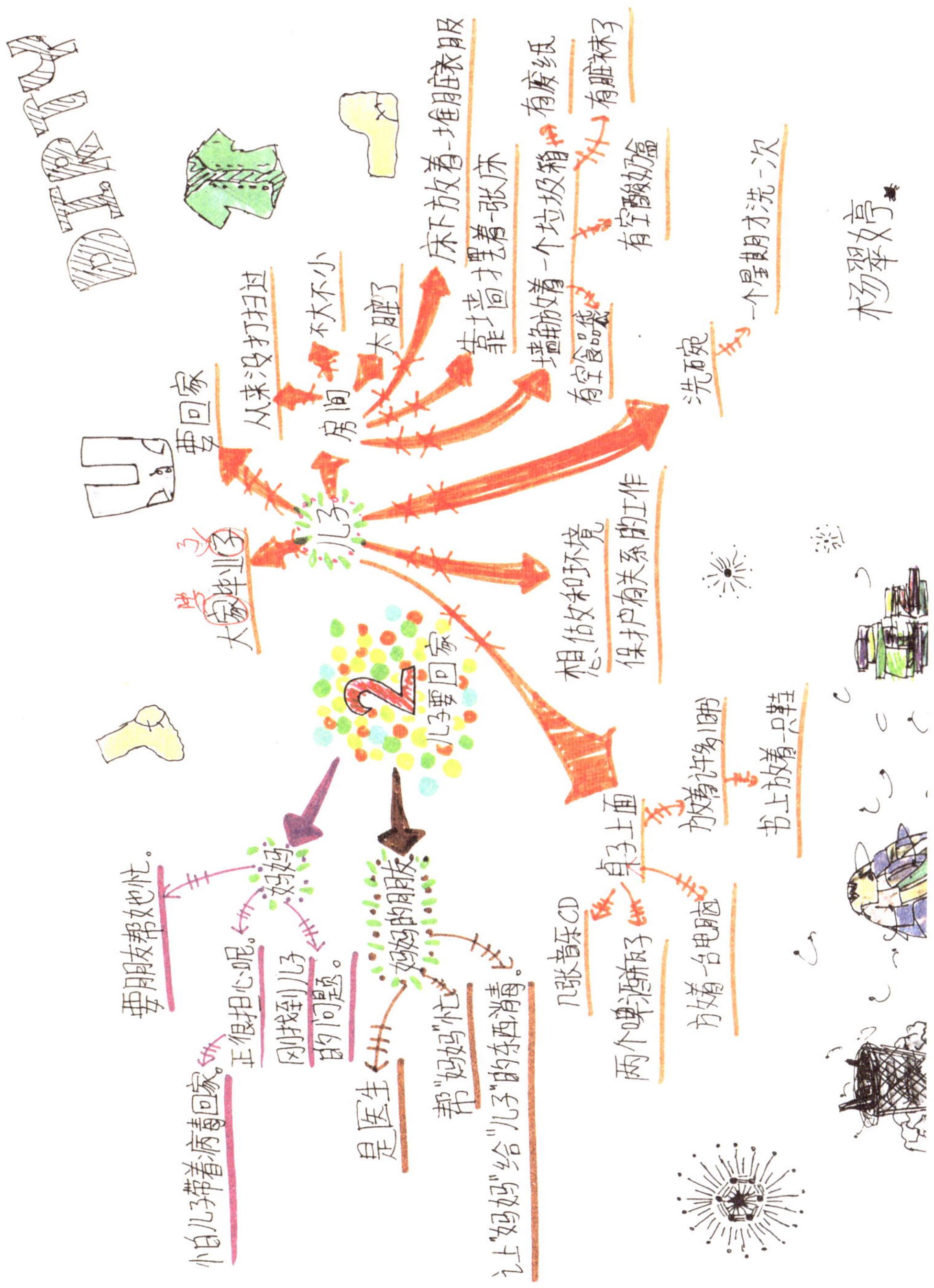
大学毕业了
儿子
要回家
房间
从来没打扫过
不大不小
太脏了
床下放着一堆脏衣服
靠墙放着一张床
墙角放着一个垃圾箱
有废纸
有脏袜子
有空食品袋
有空酸奶盒
洗碗
一个星期才洗一次
桌子上面
放着许多书
书上放着一只鞋
几张音乐CD
两个啤酒瓶子
放着一台电脑
儿子要回家
妈妈
妈妈的朋友
要朋友帮她忙。
正很担心呢。
刚找到儿子的问题。
是医生
帮"妈妈"忙
让"妈妈"给"儿子"的东西消毒。
杨翠婷

绘制者：泰国留学生杨翠婷

教材原文

YUANWEN

卖辣椒的女孩儿

（发展汉语初级综合Ⅱ第3课）

词语学习

1	辣椒	làjiāo	hot pepper; chili
2	市场	shìchǎng	market
3	经验	jīngyàn	(uncountable) experience
4	篮子	lánzi	basket
5	新鲜	xīnxiān	fresh
6	相信	xiāngxìn	believe
7	顾客	gùkè	customer
8	辣	là	hot; spicy
9	甜	tián	sweet
10	摇头	yáo tóu	shake one's head
11	姑娘	gūniang	girl
12	赶紧	gǎnjǐn	quickly; immediately
13	怕	pà	fear; be afraid of
14	难过	nánguò	feel bad; be distressed
15	想不通	xiǎng bù tōng	cannot understand; be confused about
16	味道	wèidào	taste
17	既…也…	jì…yě…	both…and…; as well as
18	中间	zhōngjiān	middle
19	香	xiāng	delicious
20	奇迹	qíjì	miracle
21	发生	fāshēng	happen

走进课文

卖辣椒的女孩儿

有个女孩儿到市场去卖辣椒。

第一天，因为没有经验，她只带了一篮子辣椒。她的辣椒红红的，又好看又新鲜，女孩儿相信自己的辣椒一定好卖。第一个顾客走过来问："这辣椒是辣的还是甜的？"女孩儿站起来热情地回答："辣椒当然是辣的了。"顾客摇摇头说："我是上海人，喜欢吃甜的。"第二位顾客走过来问："这辣椒是辣的还是甜的？"小姑娘赶紧回答："甜的。"顾客又摇了摇头说："我是四川人，不怕辣，就怕不辣。不辣的就不能叫辣椒。"这一天，小姑娘一个辣椒都没卖出去，她只好把辣椒拿回家去。女孩儿很难过，她怎么也想不通：这么好的辣椒，为什么会卖不出去呢？

第二天，她带了两篮子辣椒去市场卖，一篮子是辣的，一篮子是甜的。上海人买了甜的，四川人买了辣的。一个北京人走过来问："这辣椒是什么味道的？"小姑娘回答："左边的篮子里是辣的，右边的篮子是甜的。"顾客摇了摇头说："怎么没有既不辣也不甜的青椒呢？"

第三天，她带了三篮子辣椒去卖，一篮子甜的，一篮子辣的，一篮子既不辣又不甜的。上海人、四川人、北京人买了不同味道的辣椒。一个山东人走过来问："这辣椒是什么味道的？"小姑娘回答："左边的篮子里是甜的，右边的篮子里是辣的，中间的是既不辣又不甜的。"顾客摇了摇头说："怎么没有又辣又甜又香的呢？"

第四天，她带了四篮子辣椒去卖，一篮子辣的，一篮子甜的，一篮子既不辣又不甜的，一篮子又辣又甜又香的。这一天，奇迹发生了，小姑娘把所有的辣椒都卖出去了。

课文学习

词语思维导图

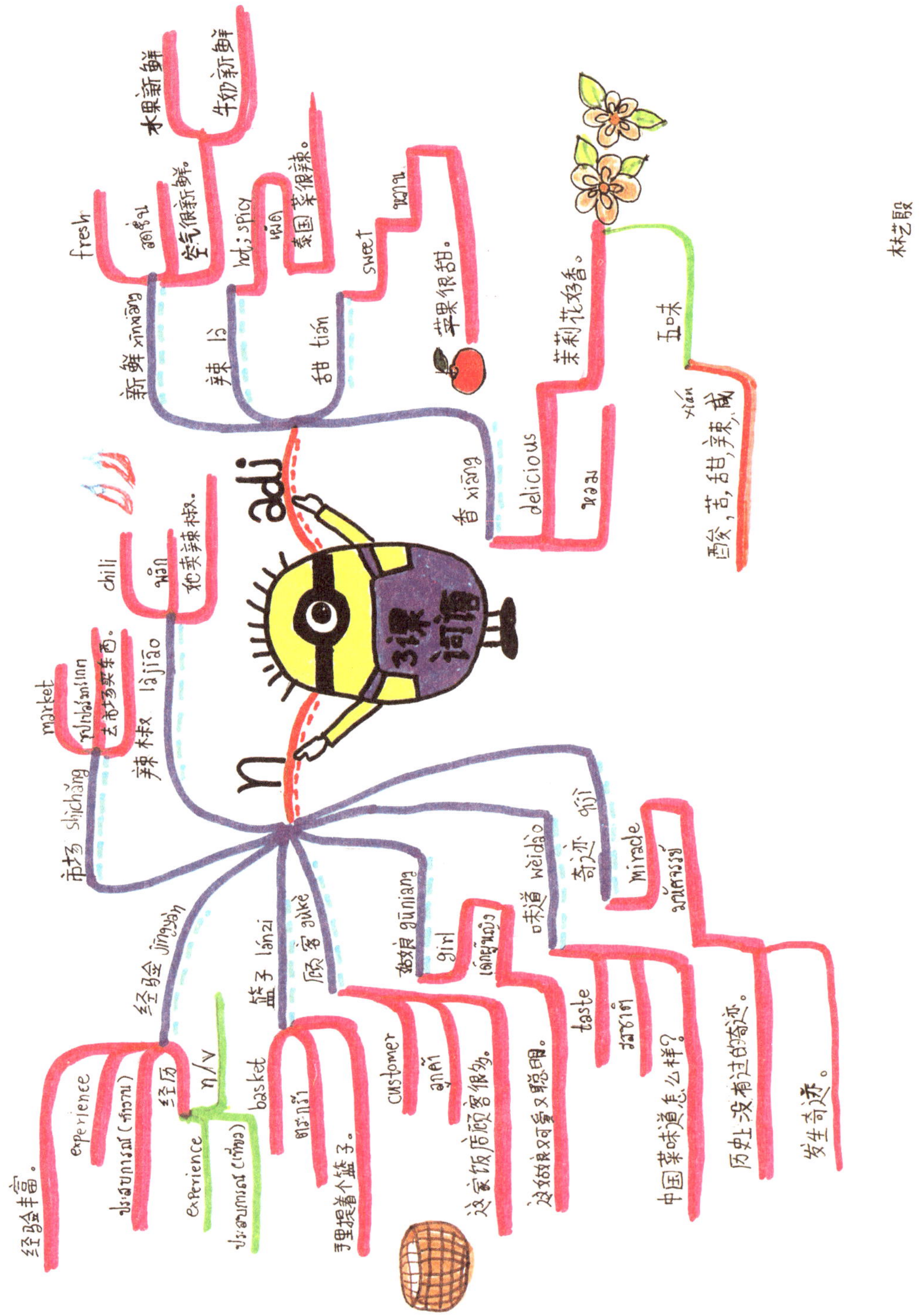
3课 词语
adj
n
新鲜
fresh
空气很新鲜。
水果新鲜
牛奶新鲜
辣 là
hot; spicy
泰国菜很辣。
甜 tián
sweet
苹果很甜。
香 xiāng
delicious
茉莉花好香。
五味
酸，苦，甜，辣，咸
辣椒 làjiāo
chili
他卖辣椒。
市场 shìchǎng
market
去市场买东西。
经验 jīngyàn
experience
经历
n/v
经验丰富。
篮子 lánzi
basket
顾客 gùkè
customer
这家饭店顾客很多。
姑娘 gūniang
girl
味道 wèidào
taste
中国菜味道怎么样？
奇迹 qíjì
miracle
历史上没有过的奇迹。
发生奇迹。
林艺殷

绘制者：泰国留学生林艺殷

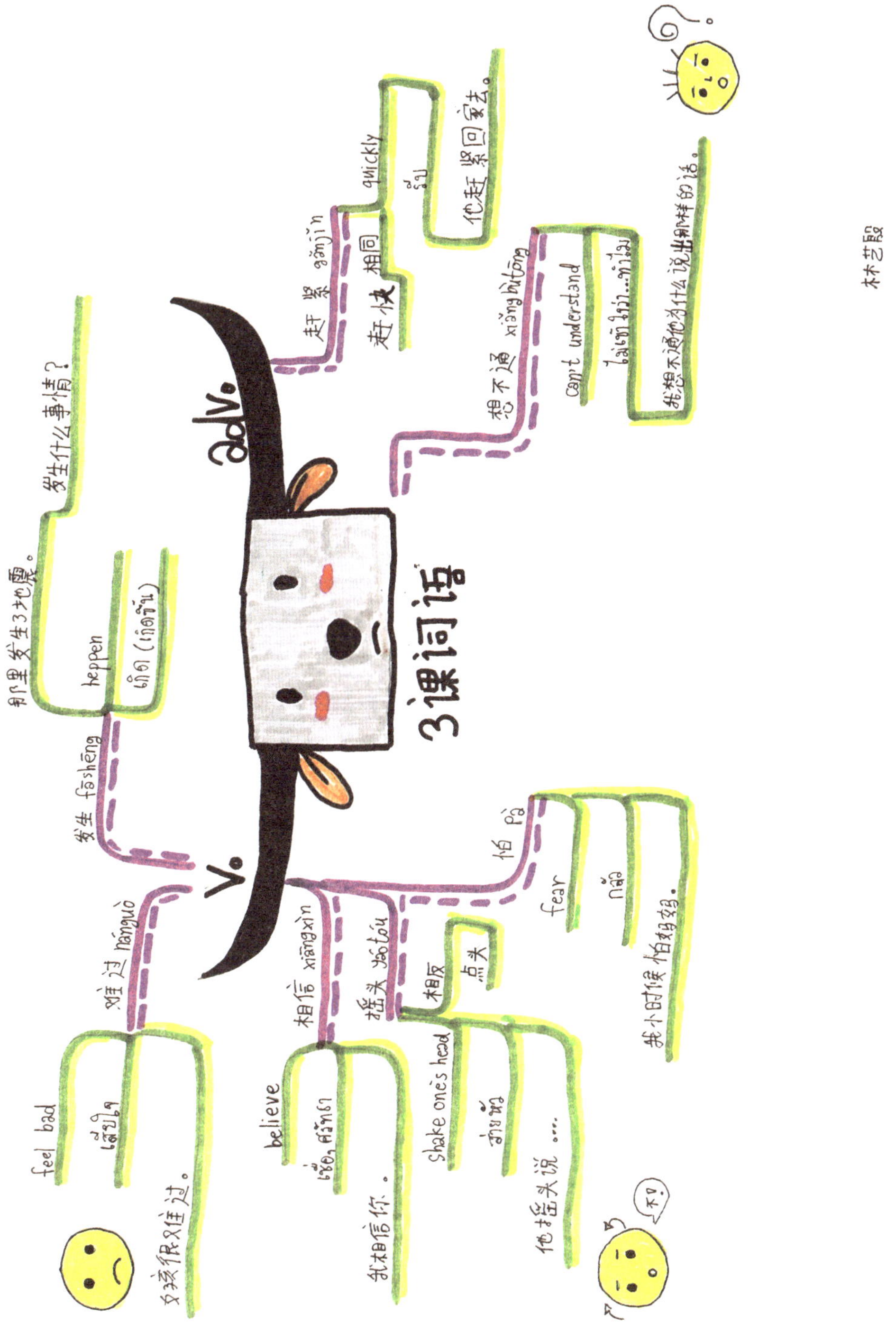
3课词语
adv.
赶紧 gǎnjǐn
赶快 相同
quickly
รีบ
他赶紧回家去。
想不通 xiǎng bùtōng
can't understand
ไม่เข้าใจว่า...ทำไม
我想不通他为什么说出那样的话。
v.
发生 fāshēng
happen
เกิด (เกิดขึ้น)
那里发生了地震。
发生什么事情？
难过 nánguò
feel bad
เสียใจ
女孩很难过。
相信 xiāngxìn
believe
เชื่อ, ศรัทธา
我相信你。
摇头 yáotóu
相反 点头
shake one's head
ส่ายหัว
他摇头说……
怕 pà
fear
กลัว
我小时候怕妈妈。
不!
林艺殷

绘制者：泰国留学生林艺殷

语法思维导图

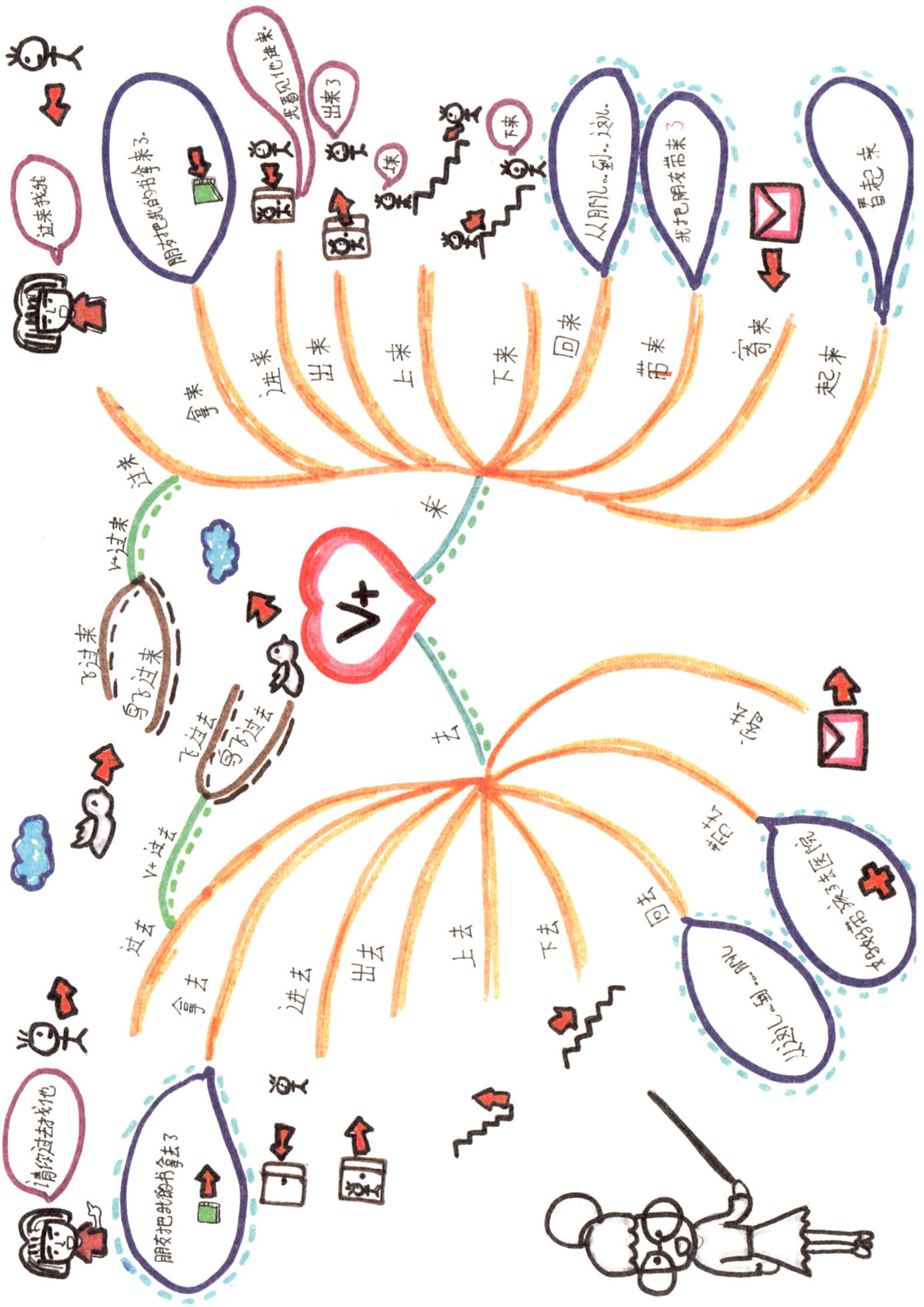
V+
来
去
过来
拿来
进来
出来
上来
下来
回来
带来
寄来
起来
过去
拿去
进去
出去
上去
下去
回去
带去
寄去

绘制者：泰国留学生林艺殷

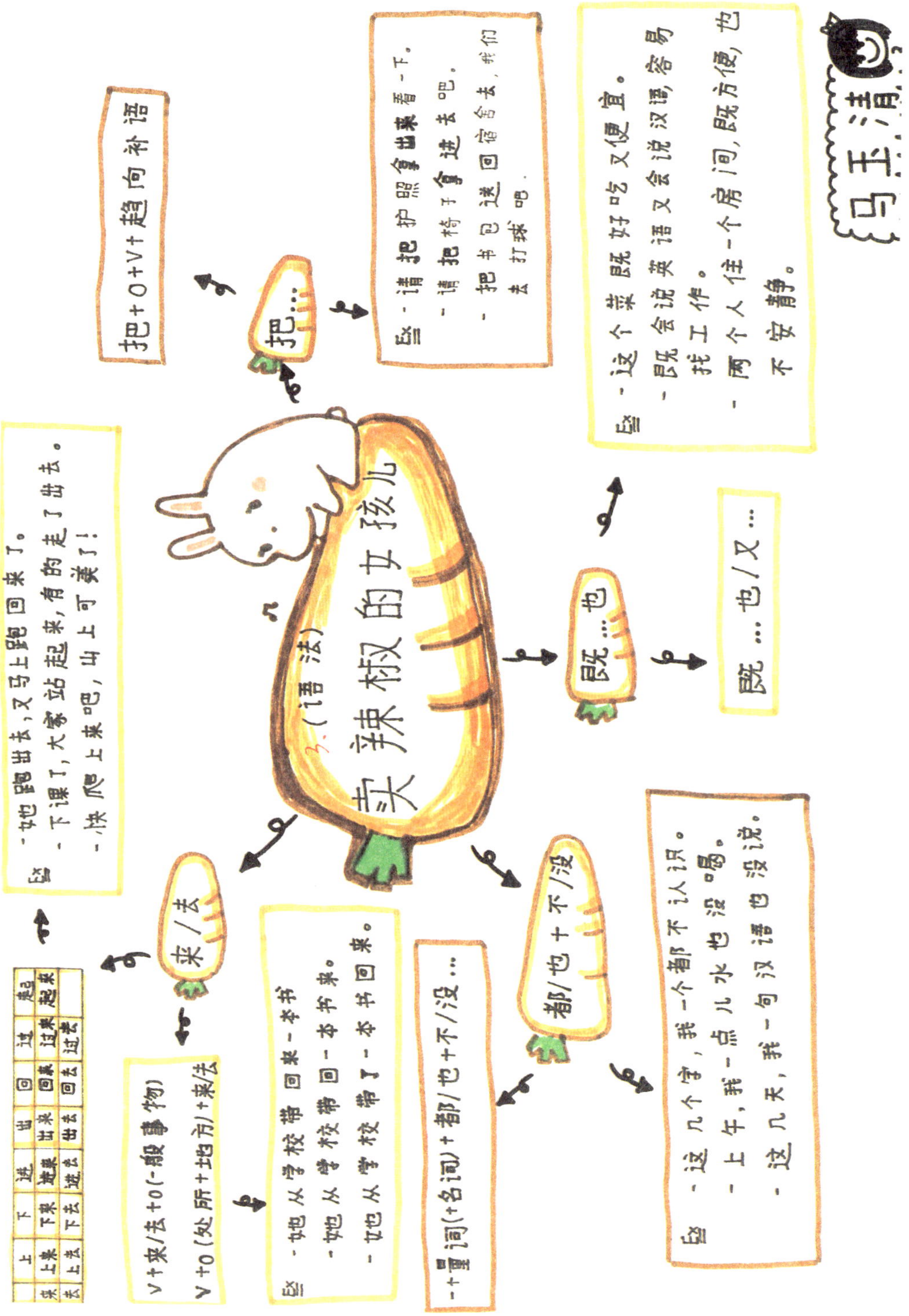

3.（语法）
卖辣椒的女孩儿
把…
把+O+V+趋向补语
例 - 请把护照拿出来看一下。
- 请把椅子拿进去吧。
- 把书包送回宿舍去，我们去打球吧。
既…也
例 - 这个菜既好吃又便宜。
- 既会说英语又会说汉语，容易找工作。
- 两个人住一个房间，既方便，也不安静。
既…也/又…
都/也+不/没
-+量词(+名词)+都/也+不/没…
例 - 这几个字，我一个都不认识。
- 上午，我一点儿水也没喝。
- 这几天，我一句汉语也没说。
来/去
V+来/去+O(一般事物)
V+O(处所+地方)+来/去
例 - 她从学校带回来一本书
- 她从学校带回一本书来。
- 她从学校带了一本书回来。
上 下 进 出 回 过 起
来 上来 下来 进来 出来 回来 过来 起来
去 上去 下去 进去 出去 回去 过去
例 - 她跑出去，又马上跑回来了。
- 下课了，大家站起来，有的走了出去。
- 快爬上来吧，山上可美了！
马玉清

绘制者：泰国留学生马玉清

短文思维导图

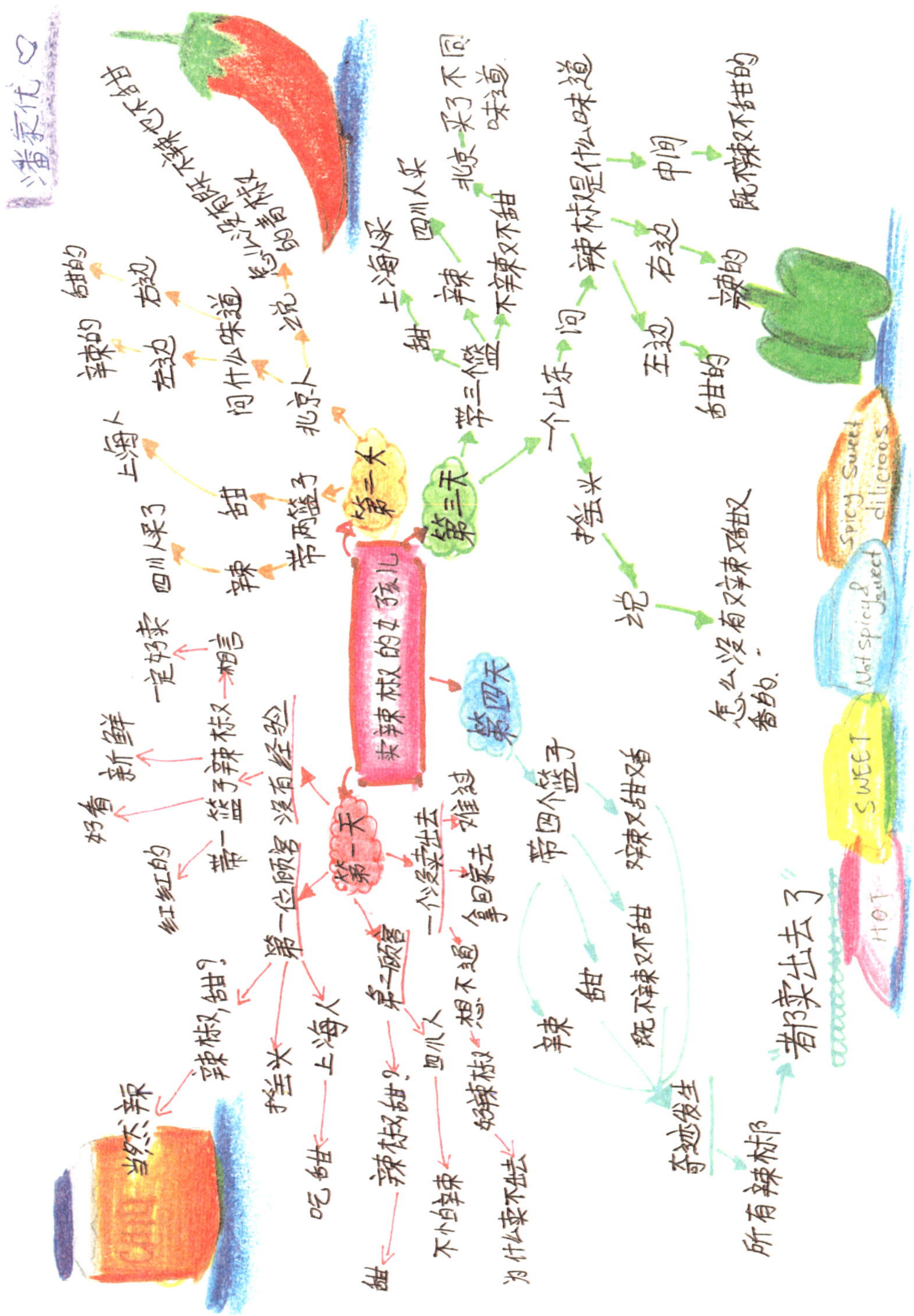
潘家优
卖辣椒的女孩儿
第一天
第一篮子辣椒
好看
新鲜
红红的
相信
一定好卖
没有经验
第一位顾客
辣椒,甜?
当然辣
摇头
上海人
吃甜
第二顾客
辣椒甜?
甜
四川人
不吃甜辣
一个没卖出去
难过
想不通
好辣椒
为什么卖不出去
回家去
第二天
带两篮子
辣
四川人买了
甜
上海人
北京人
问什么味道
左边
辣的
右边
甜的
说
怎么没有既不辣也不甜的青椒
第三天
带三篮子
上海人买
四川人买
不辣又不甜
北京人买了不同味道
一个山东人
问
辣椒是什么味道
中间
既不辣又不甜的
怎么没有又辣又甜的
第四天
带四个篮子
既不辣又不甜
又辣又甜
奇迹发生
所有辣椒都卖出去了
Spicy Sweet dilicious
Not spicy & sweet
SWEET
HOT

绘制者：泰国留学生潘家优

教材原文

我和中国有个约会

（发展汉语初级综合Ⅱ第4课）

词语学习

1	约会	yuēhuì	appointment; date
2	缘分	yuánfèn	fate or chance that brings people together
3	流行	liúxíng	be popular
4	功夫	gōngfu	kung fu
5	不但	búdàn	not only
6	而且	érqiě	but also; and also
7	做人	zuòrén	behave; conduct oneself
8	道理	dàolǐ	principle
9	挣	zhèng	earn
10	出息	chūxi	prospects
11	选择	xuǎnzé	choose
12	后悔	hòuhuǐ	regret
13	交（朋友）	jiāo (péngyou)	make (friends)
14	文化	wénhuà	culture
15	元素	yuánsù	element
16	唐装	tángzhuāng	tang suit
17	学费	xuéfèi	tuition fee
18	因此	yīncǐ	so; therefore
19	认真	rènzhēn	serious; earnest
20	厨师	chúshī	cook; chef
21	流	liú	flow
22	口水	kǒushuǐ	saliva; slobber
23	导游	dǎoyóu	tour guide
24	其实	qíshí	in fact; actually

走进课文

我和中国有个约会

我叫马丁，是从德国来的。我和中国的缘分是从六岁开始的。那时正在流行成龙的电影，我就开始喜欢中国功夫了。我有一个中国老师，他不但教我中国功夫，而且还教我很多做人的道理。

后来，我又开始学习汉语。有人对我说："学汉语没用，既不能挣大钱，也没什么出息。"但是我还是选择了汉语，而且一点儿也不后悔。我交了很多中国朋友，我们一起吃中国菜，喝中国茶，谈中国文化，去中国旅行。现在，不但我喜欢中国，我的家人和朋友也都喜欢中国。在我的生活里，到处都能找到中国元素：我家的墙上挂着中国画，书架上放着中文书，我身上穿着唐装。

一年前我来到中国留学，学费是我利用假期打工挣的。在中国，能经常和中国人用汉语聊天儿，因此我的汉语进步得很快，说得越来越好。现在，我快毕业了，是得认真想一想工作的事了。做什么工作好呢？当中国饭馆的厨师挺好，这样我就可以每天吃好吃的"宫保鸡丁""麻婆豆腐"了。这些菜名，一想起来我就要流口水。给中国人当导游也不错，我可以每天说汉语，还可以交很多中国朋友。虽然当厨师、当导游都不能挣大钱，但是我都喜欢。

其实，到现在我还没想好以后做什么工作呢，但是，我知道我的工作一定和中国有关系，因为，我和中国有个约会。

词语思维导图

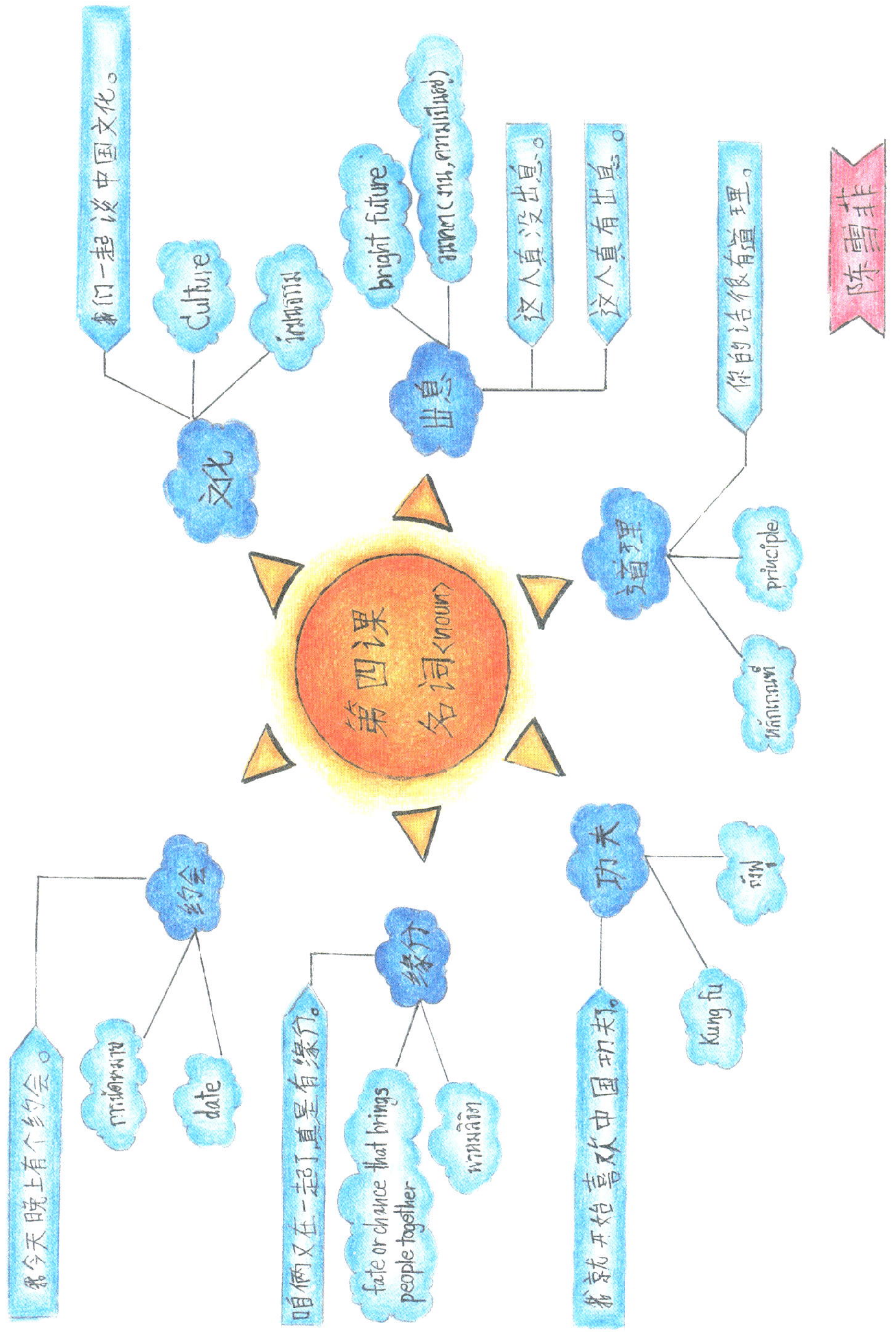
第四课
名词(noun)
文化
Culture
我们一起说中国文化。
出息
bright future
这人真没出息。
这人真有出息。
道理
principle
你的话很有道理。
陈雪菲
功夫
Kung fu
我就开始喜欢中国功夫。
缘分
fate or chance that brings people together
咱俩又在一起，真是有缘分。
约会
date
我今天晚上有个约会。

绘制者：泰国留学生陈雪菲

陈雪菲
第四课 名词(noun)
厨师
chef
那个厨师做饭做得很好吃。
学费
tuition fee
成绩好的学生可以减免学费。
元素
element
导游
tour guide
口水
slobber
他见了这些吃的直流口水。

绘制者：泰国留学生陈雪菲

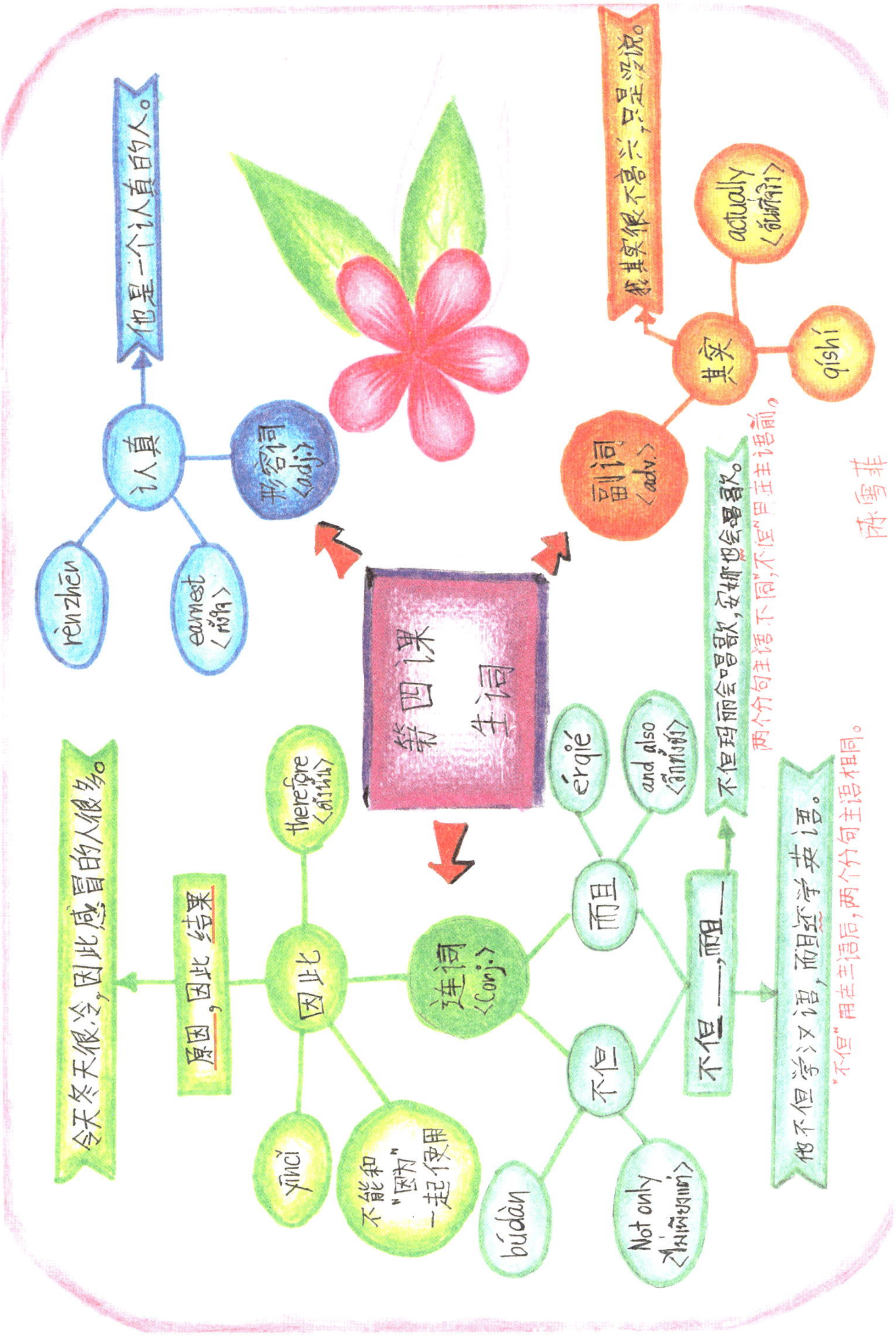
第四课 生词
形容词〈adj.〉
认真
rènzhēn
earnest
他是一个认真的人。
副词〈adv.〉
其实
qíshí
actually
我其实很不喜欢，只是没说。
连词〈Conj.〉
因此
yīncǐ
therefore
不能和"因为"一起使用
原因，因此 结果
今天冬天很冷，因此感冒的人很多。
而且
érqiě
and also
不但
búdàn
Not only
不但___，而且___
不但玛丽会唱歌，安娜也会唱歌。
两个分句主语不同，"不但"用在主语前。
他不但会汉语，而且还会英语。
"不但"用在主语后，两个分句主语相同。
陈雪菲

绘制者：泰国留学生陈雪非

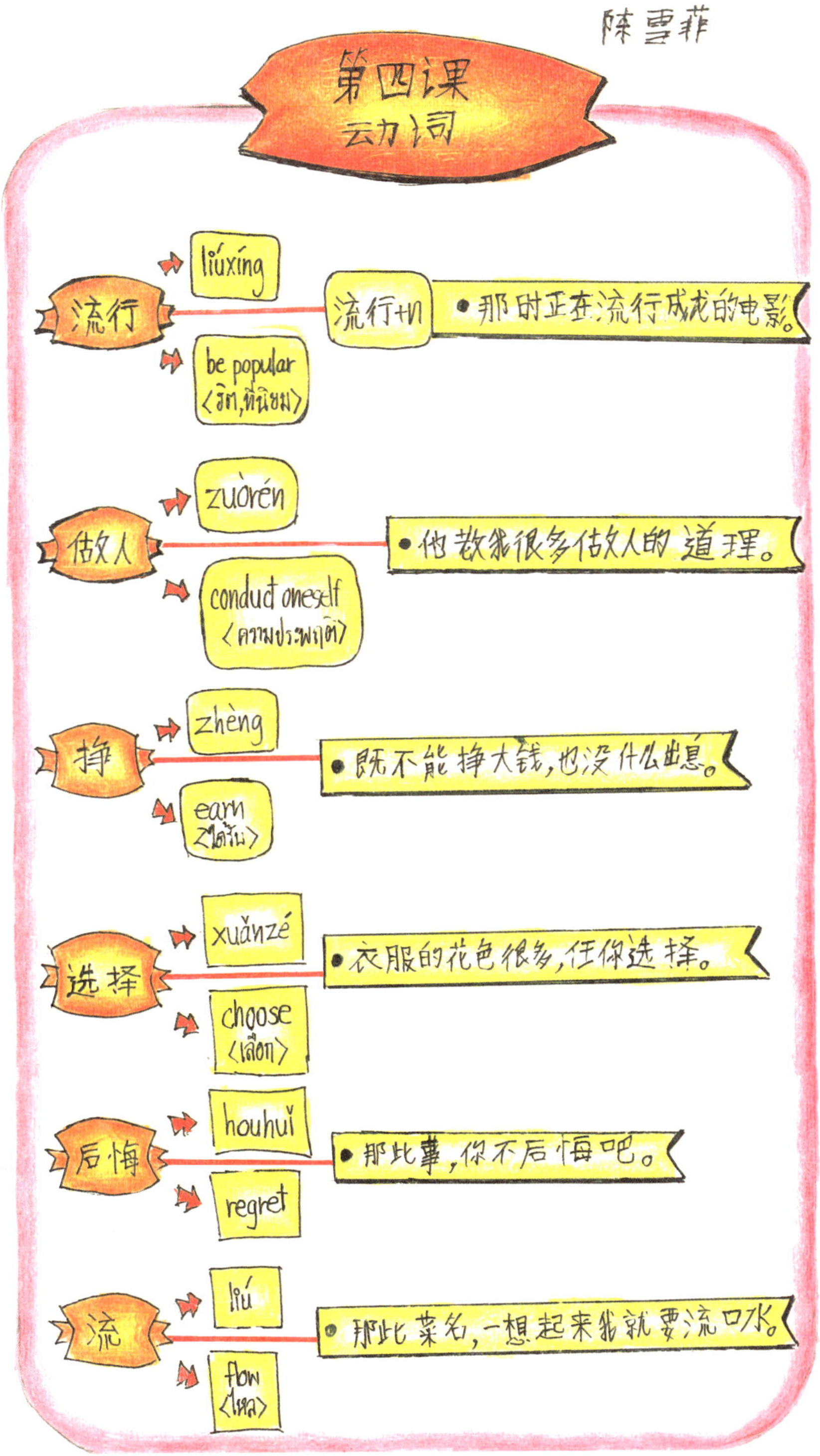
陈雪菲
第四课
动词
流行
liúxíng
be popular
<ฮิต,ที่นิยม>
流行+n
• 那时正在流行成龙的电影。
做人
zuòrén
conduct oneself
<ความประพฤติ>
• 他教我很多做人的道理。
挣
zhèng
earn
• 既不能挣大钱,也没什么出息。
选择
xuǎnzé
choose
<เลือก>
• 衣服的花色很多,任你选择。
后悔
houhuǐ
regret
• 那些事,你不后悔吧。
流
liú
flow
<ไหล>
• 那些菜名,一想起来我就要流口水。

绘制者：泰国留学生陈雪菲

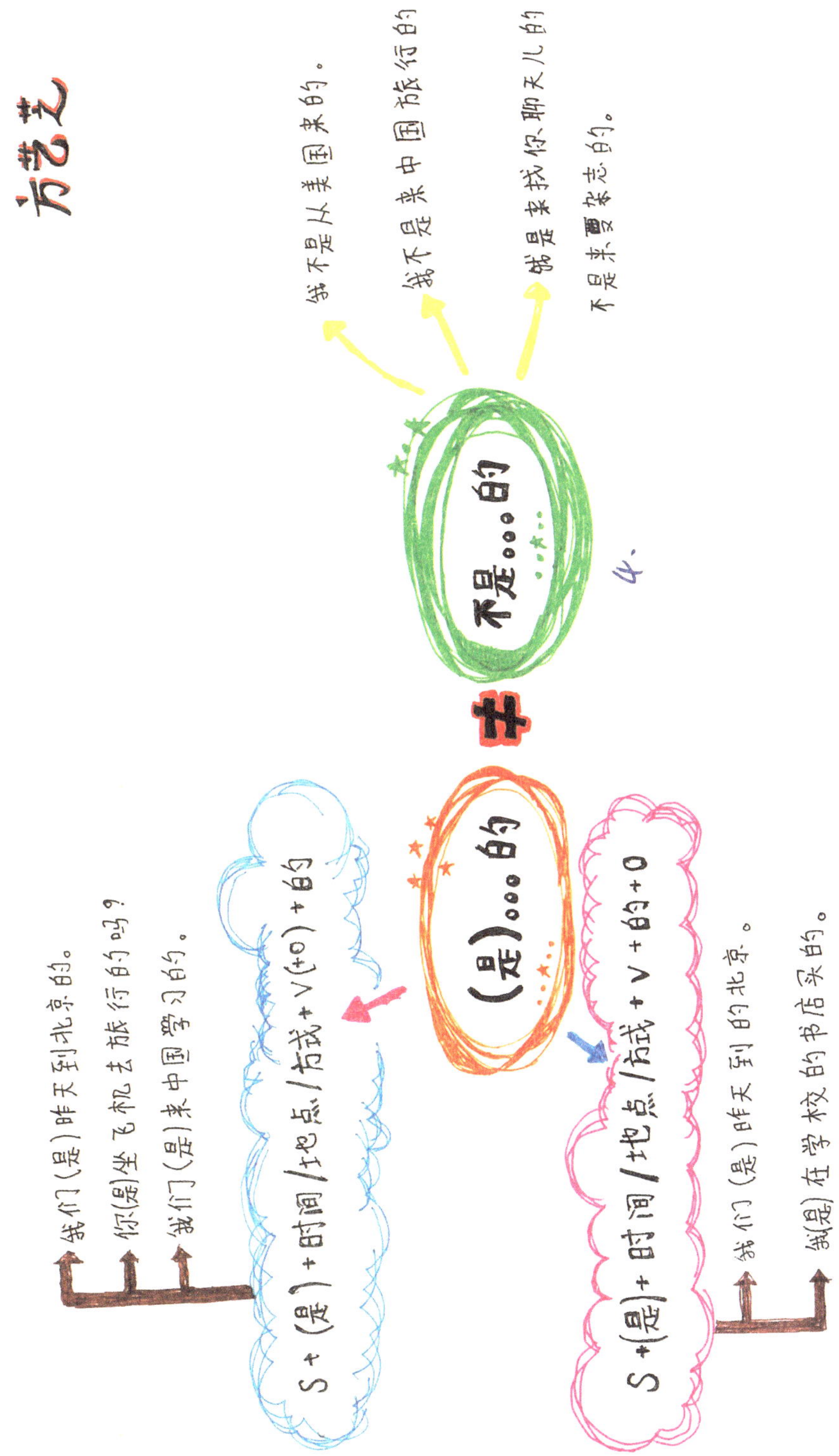
方艺芝
(是)…的
≠
不是…的
S+(是)+时间/地点/方式+V(+O)+的
我们(是)昨天到北京的。
你(是)坐飞机去旅行的吗？
我们(是)来中国学习的。
S+(是)+时间/地点/方式+V+的+O
我们(是)昨天到的北京。
我(是)在学校的书店买的。
我不是从美国来的。
我不是来中国旅行的。
我是来找你聊天儿的
不是来要杂志的。
4.

绘制者：泰国留学生方艺芝

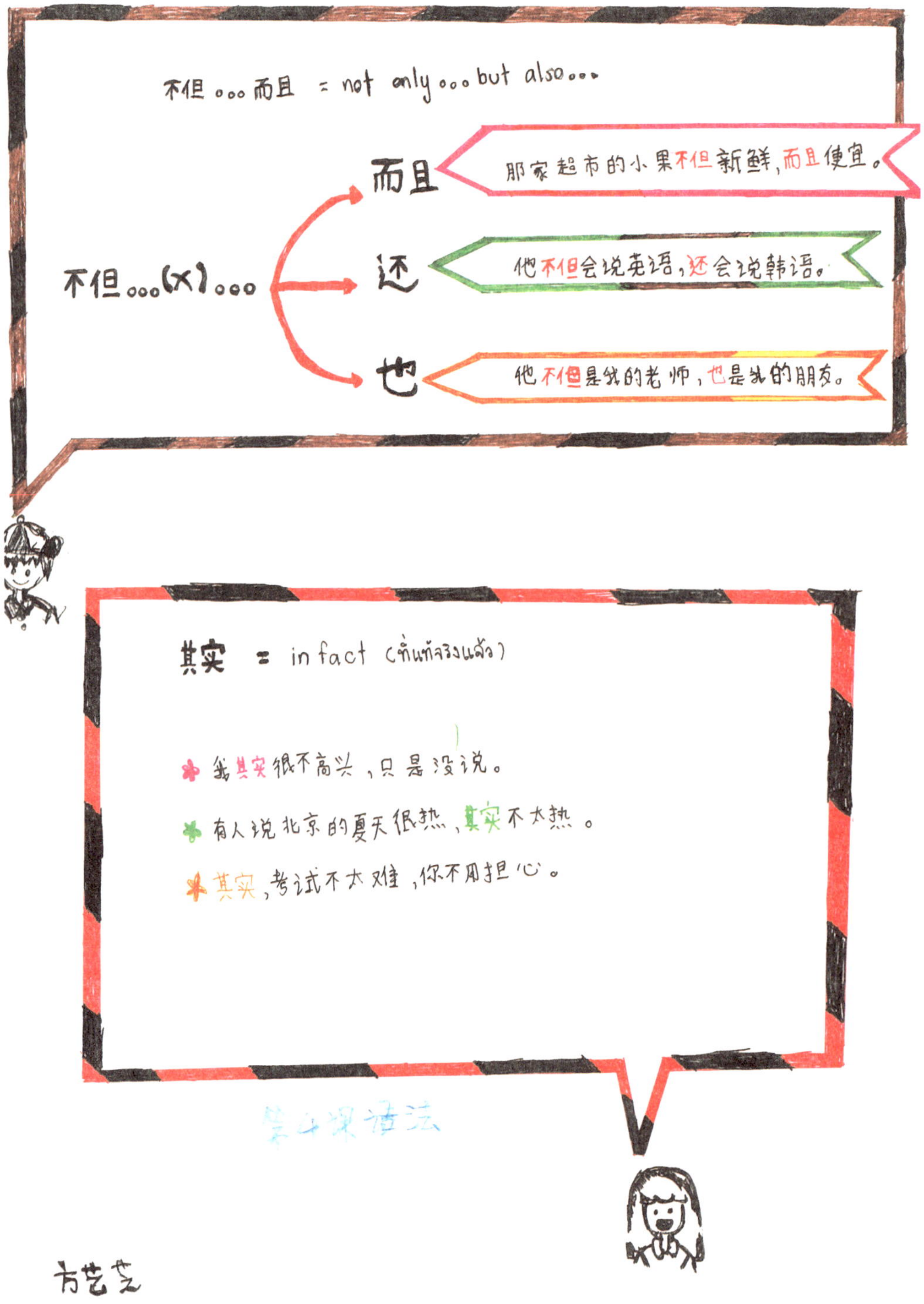
不但…而且 = not only…but also…
而且
那家超市的水果不但新鲜，而且便宜。
不但…(X)…
还
他不但会说英语，还会说韩语。
也
他不但是我的老师，也是我的朋友。
其实 = in fact
我其实很不高兴，只是没说。
有人说北京的夏天很热，其实不太热。
其实，考试不太难，你不用担心。
方艺芝

绘制者：泰国留学生方艺芝

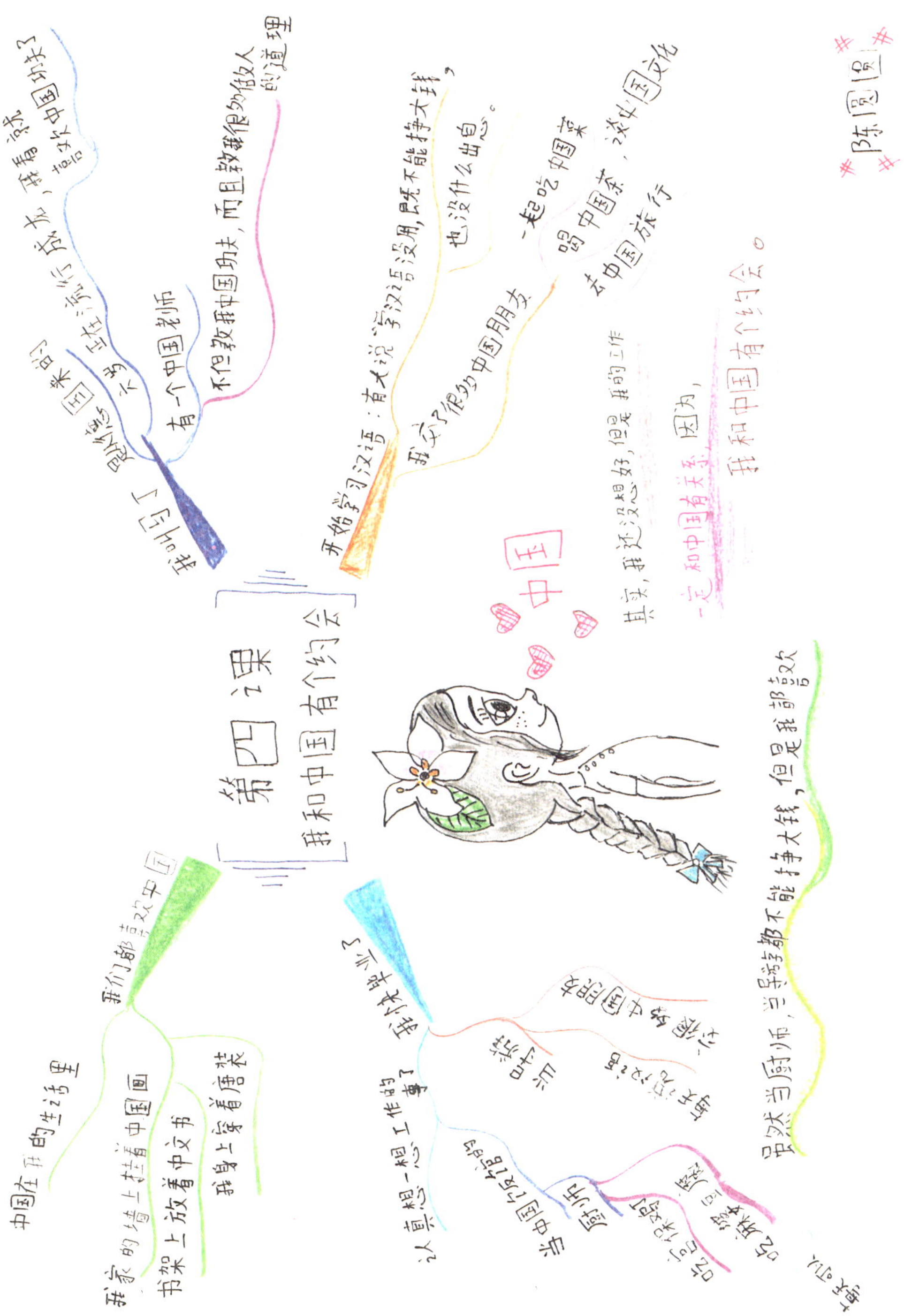
第四课
我和中国有个约会
我叫马丁
是从德国来的
六岁正在流行成龙，我看就喜欢中国功夫了
有一个中国老师
不但教我中国功夫，而且教我很多做人的道理
开始学习汉语：有人说“学汉语没用，既不能挣大钱，也没什么出息。”
我交了很多中国朋友
一起吃中国菜
喝中国茶，谈中国文化
去中国旅行
其实，我还没想好，但是我的工作一定和中国有关系，因为，我和中国有个约会。
中国
陈圆圆
我们都喜欢中国
中国在我的生活里
我家的墙上挂着中国画
书架上放着中文书
我身上穿着唐装
我快毕业了
认真想一想工作的事了
当中国饭馆的厨师
吃宫保鸡丁
吃麻婆豆腐
每天可以
当导游
每天说汉语
交很多中国朋友
虽然当厨师，当导游都不能挣大钱，但是我都喜欢

绘制者：泰国留学生陈圆圆

教材原文

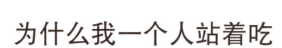

为什么我一个人站着吃

（发展汉语初级综合 Ⅱ 第5课）

词语学习

1	娶	qǔ	marry (a woman); take a wife
2	洋	yáng	foreign
3	媳妇	xífù	daughter-in-law; wife
4	饭菜	fàncài	meal; food
5	游览	yóulǎn	go sightseeing
6	皇帝	huángdì	emperor
7	妻子	qīzi	wife
8	开玩笑	kāi wánxiào	make fun of; crack a joke
9	选中	xuǎnzhòng	choose; decide on
10	尊重	zūnzhòng	respect
11	妇女	fùnǚ	woman
12	改	gǎi	change
13	式	shì	type; style
14	早餐	zǎocān	breakfast
15	豆浆	dòujiāng	soya-bean milk
16	油条	yóutiáo	deep-fried twisted dough stick
17	不得了	bù déliǎo	extremely
18	噎	yē	choke
19	指	zhǐ	point to
20	蘸	zhàn	dip in
21	吃惊	chījīng	be surprised; be shocked
22	婆婆	pópo	mother-in-law; mother of one's husband
23	公公	gōnggong	father-in-law; father of one's husband
24	骗人	piànrén	lie; deceive people

走进课文

为什么我一个人站着吃

小王娶了一个漂亮的美国姑娘，名字叫黛比。今年春节，小王带着她回到了北京。小王的父母特别喜欢这个“洋媳妇”，每天都给她做好吃的饭菜。

小王每天陪着黛比到处参观。游览故宫的时候，黛比说：“中国的皇帝真奇怪，娶那么多的妻子，多麻烦！”

小王开玩笑说：“要是一百年前你来到中国，中国的皇帝选中了你，你要不愿意，怎么办？”

黛比笑着说：“那好办，要是我不愿意，就回美国去。”

“那你可就回不去了，这个大院子里的女人是没有自由的。不过，现在你什么也不用怕，中国很尊重妇女的，女人结婚以后都不用改姓。”

第二天早晨，小王全家吃中国式早餐——豆浆、油条。黛比第一次吃油条，喜欢得不得了，拿起油条大口大口地吃起来。小王怕她噎着，就指着豆浆碗说：“蘸着吃。”

黛比吃惊地看着小王，不懂他说的是什么意思。

婆婆也笑着说：“蘸着吃。”

公公也说：“对，蘸着吃。”

小王的弟弟也说：“是啊，应该蘸着吃。”

黛比在美国学过汉语，听力不错，所以跟小王家人交流没问题，可是现在她却不明白大家的意思了。

“蘸着吃，好吃。”小王又说了一遍。

黛比拿着油条慢慢地站了起来，生气地对小王说：“你，你还说中国尊重妇女呢，骗人。你们都坐着吃，为什么我一个人站着吃？”

词语思维导图

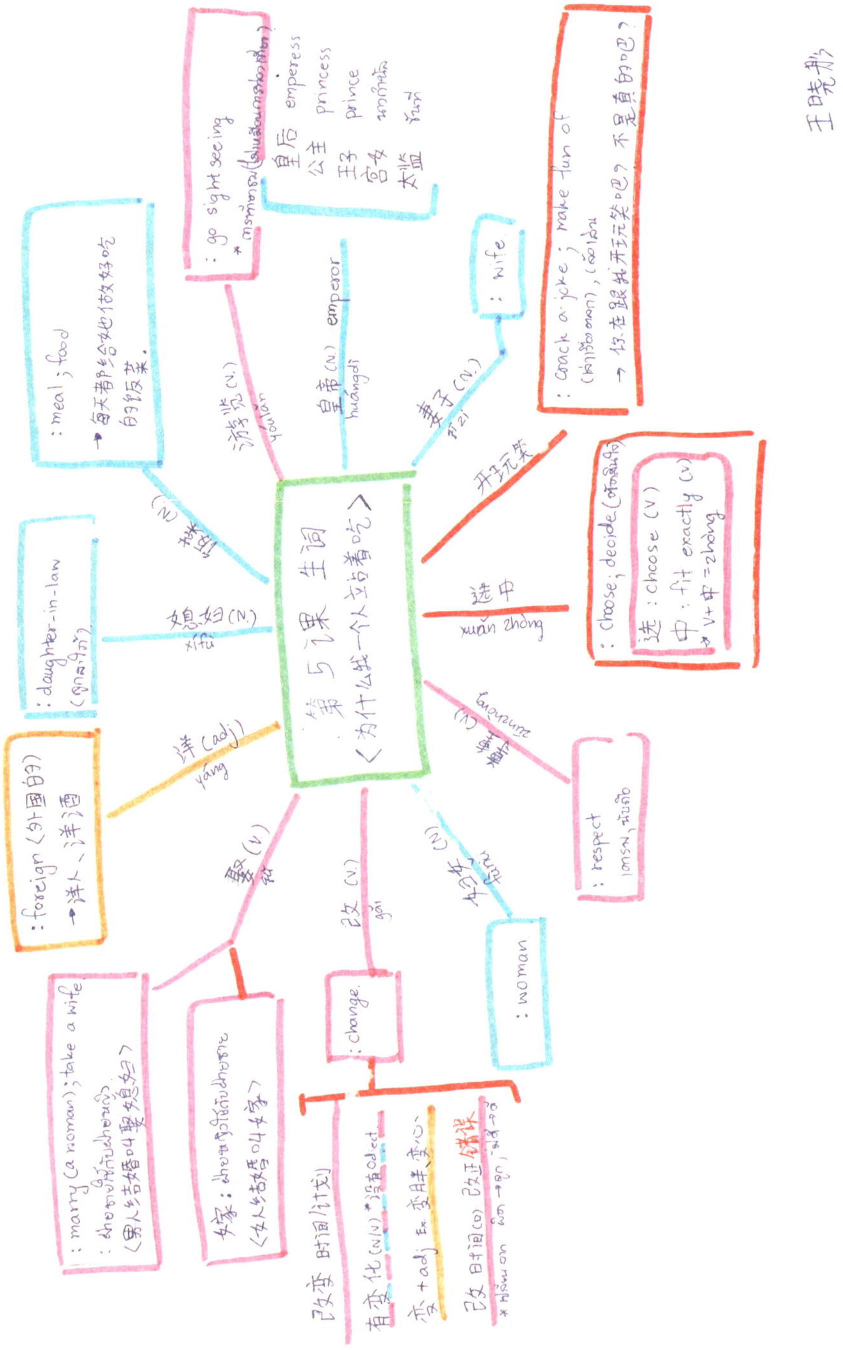

第5课 生词
〈为什么我一个人站着吃〉
游览 (V.)
皇帝 (N.)
妻子 (N.)
开玩笑
选中
尊敬 (V.)
妇女 (N.)
改 (V.)
娶 (V.)
洋 (adj)
媳妇 (N.)
饭菜 (N.)
王晓彤

绘制者：泰国留学生王晓彤

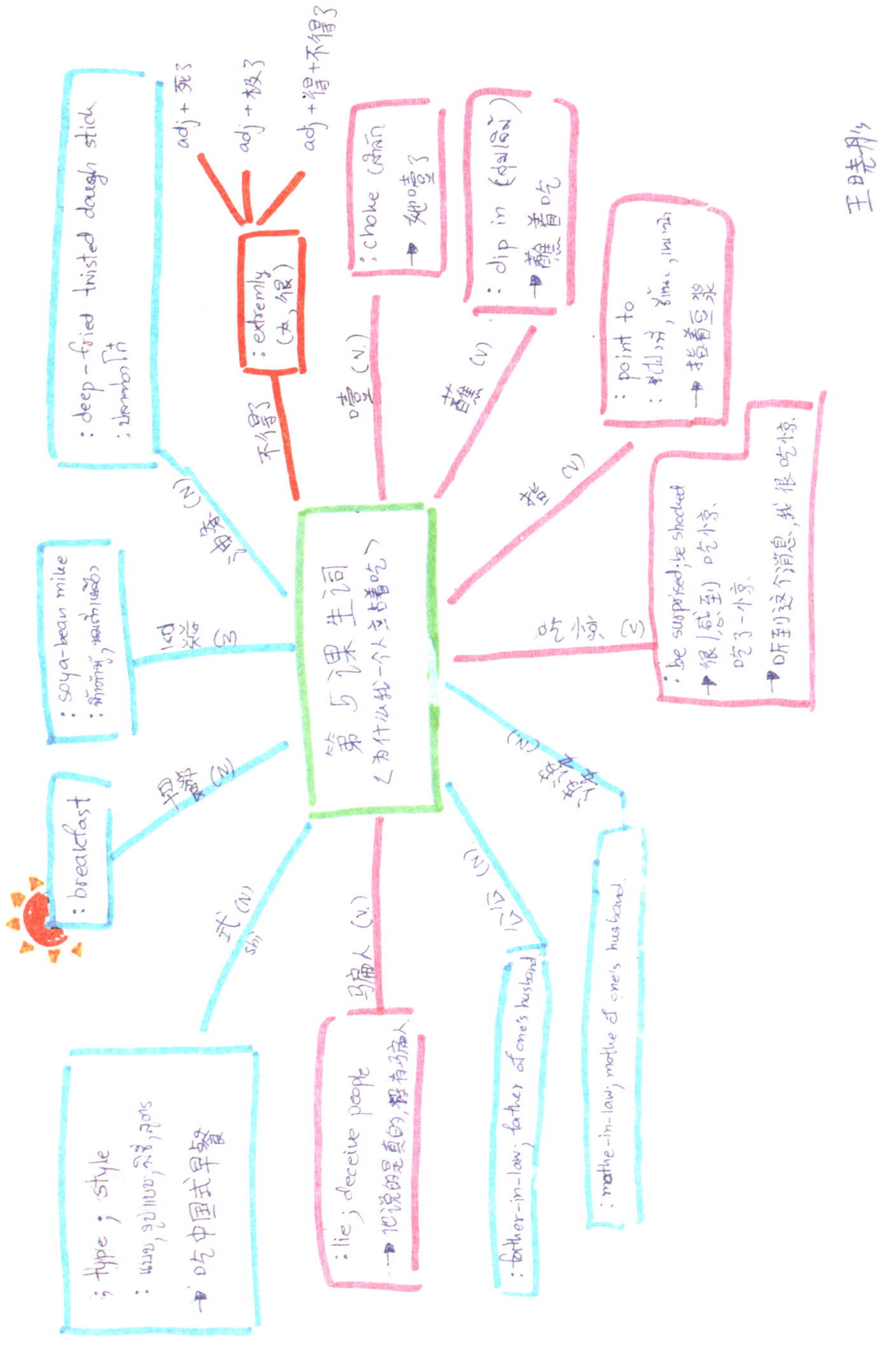
第5课生词
《为什么他一个人站着吃》
油条 (N)
: deep-fried twisted dough stick
不得了
: extremely (太, 很)
adj + 死了
adj + 极了
adj + 得 + 不得了
噎 (V.)
: choke
蘸 (V)
: dip in
指 (V)
: point to
吃惊 (V)
: be surprised, be shocked
豆浆 (N)
: soya-bean milk
早餐 (N)
breakfast
式 (N)
: type ; style
骗人 (V.)
: lie ; deceive people
公公 (N)
: father-in-law, father of one's husband
婆婆 (N)
: mother-in-law, mother of one's husband
王晓彤

绘制者：泰国留学生王晓彤

语法思维导图

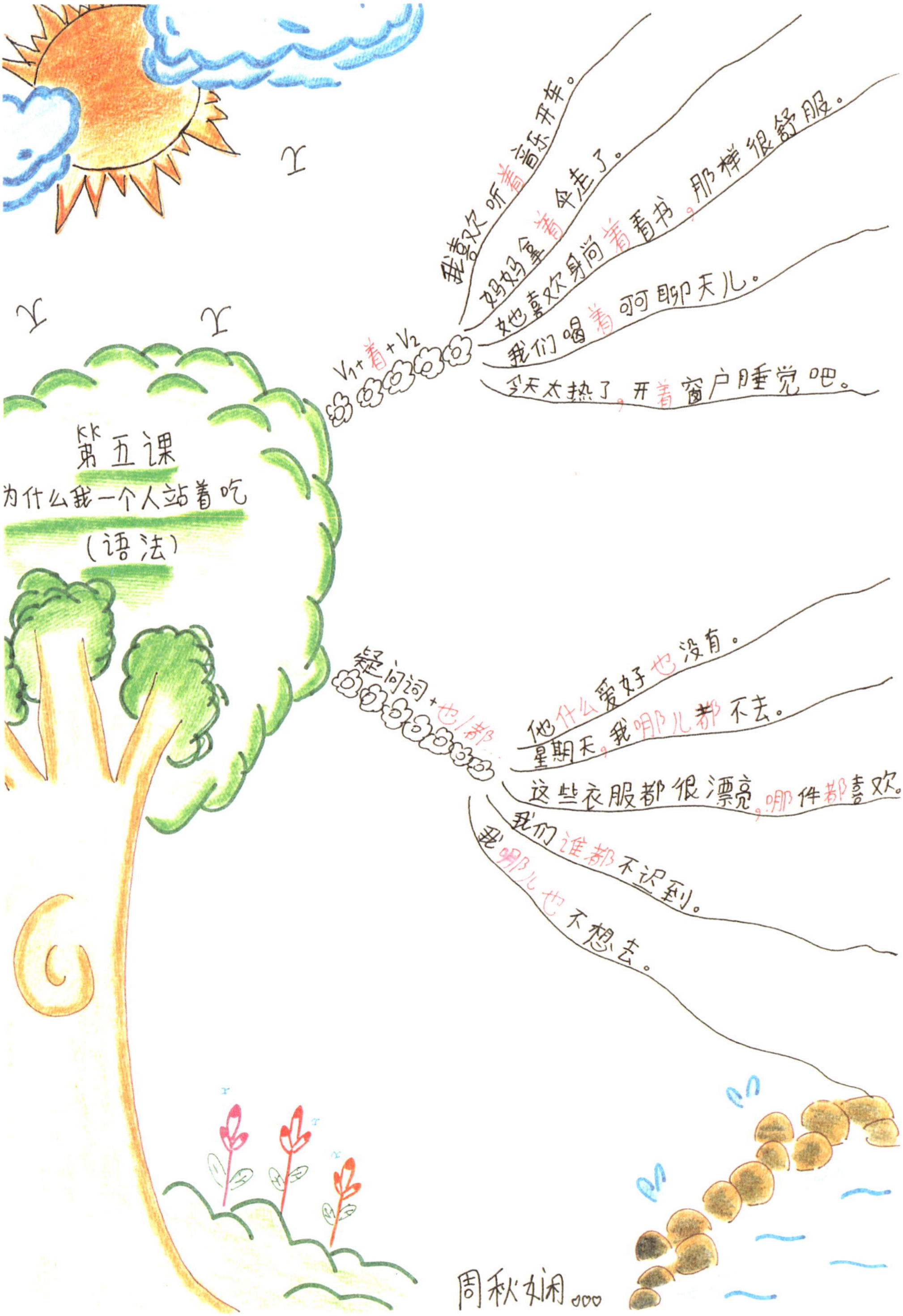
第五课
为什么我一个人站着吃
(语法)
V1+着+V2
我喜欢听着音乐开车。
妈妈拿着伞走了。
她喜欢躺着看书，那样很舒服。
我们唱着呵聊天儿。
今天太热了，开着窗户睡觉吧。
疑问词+也/都
他什么爱好也没有。
星期天，我哪儿都不去。
这些衣服都很漂亮，哪件都喜欢。
我们谁都不迟到。
我哪儿也不想去。
周秋娴

绘制者：泰国留学生周秋娴

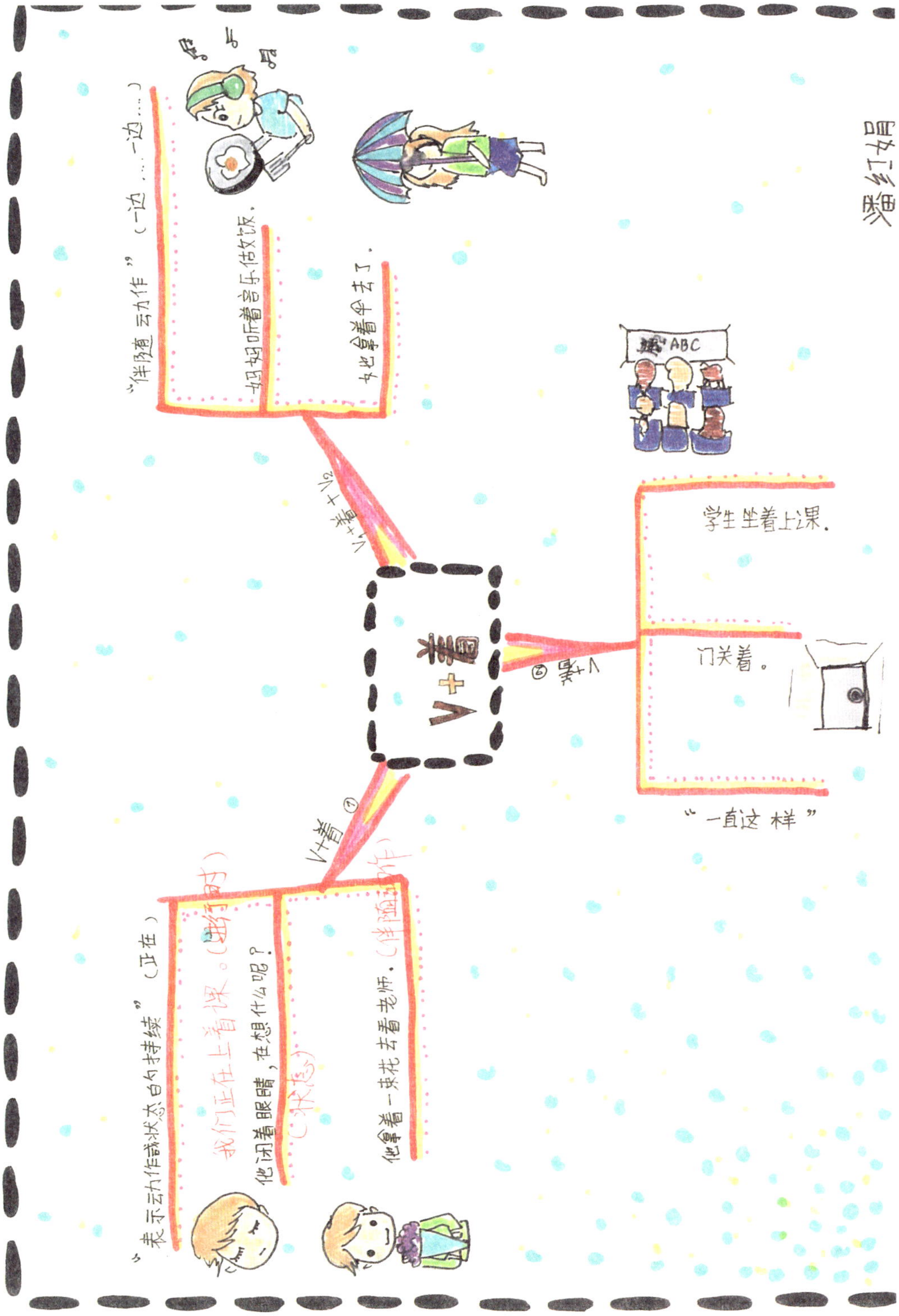
潘红娟
V+着
V₁着+V₂
"伴随动作"（一边……一边……）
妈妈听着音乐做饭。
她拿着伞走了。
V+着①
"表示动作或状态的持续"（正在）
我们正在上着课。（进行时）
他闭着眼睛，在想什么呢？（状态）
他拿着一束花去看老师。（伴随动作）
V+着②
"一直这样"
学生坐着上课。
门关着。
ABC

绘制者：泰国留学生潘红娟

短文思维导图

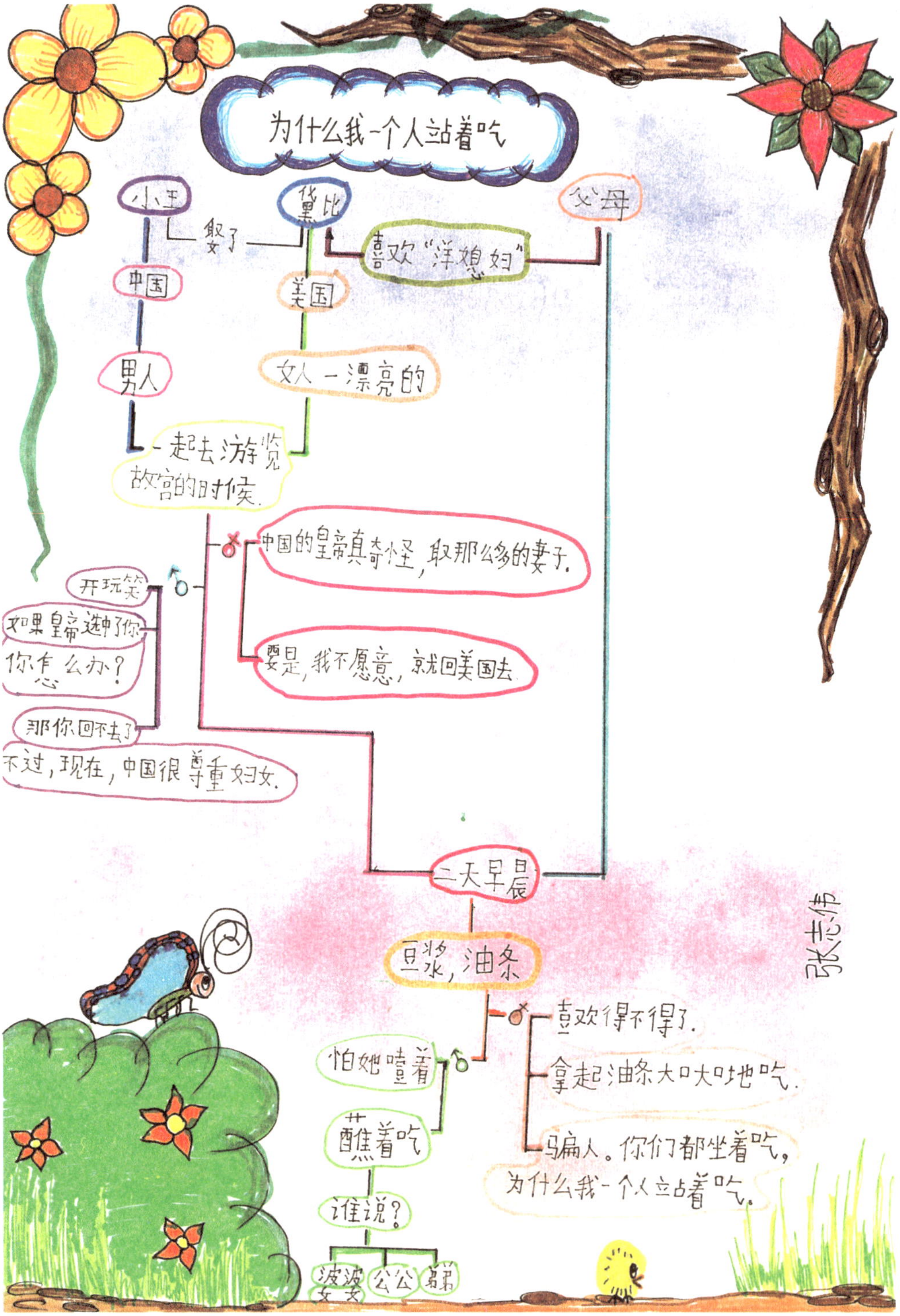
为什么我一个人站着吃
小王
黛比
父母
娶了
喜欢"洋媳妇"
中国
美国
男人
女人—漂亮的
一起去游览故宫的时候.
中国的皇帝真奇怪，取那么多的妻子.
要是，我不愿意，就回美国去.
开玩笑
如果皇帝选中了你，你怎么办？
那你回不去了
不过，现在，中国很尊重妇女.
二天早晨
豆浆，油条
喜欢得不得了.
拿起油条大口大口地吃.
骗人。你们都坐着吃，为什么我一个人站着吃。
怕她噎着
蘸着吃
谁说？
婆婆
公公
弟弟
张志伟

绘制者：泰国留学生张志伟

教材原文

我这里一切都好

（发展汉语初级综合Ⅱ第6课）

词语学习

1	一切	yíqiè	all; everything
2	电子邮箱	diànzǐ yóuxiāng	e-mail address
3	极了	jí le	extremely (used behind an adjective)
4	情况	qíngkuàng	situation; condition
5	网络	wǎngluò	network; system
6	好像	hǎoxiàng	be like; seem
7	放心	fàngxīn	set one's mind at rest
8	惯	guàn	be used to
9	可惜	kěxī	regrettable; it's a pity
10	发	fā	send out
11	祝	zhù	wish; offer good wishes
12	笑脸	xiàoliǎn	smiling face
13	声音	shēngyīn	voice; sound
14	闻	wén	smell
15	香味	xiāngwèi	aroma; sweet smell
16	家乡	jiāxiāng	hometown; homeland
17	炒	chǎo	stir-fry
18	搬	bān	move
19	秘密	mìmì	secret
20	聪明	cōngmíng	clever; smart
21	健康	jiànkāng	healthy

走进课文

我这里一切都好

马克：

每天早上一起床，就先上网打开电子邮箱，看看有没有你的新邮件，这成了我和你爸爸的习惯。

收到你的电子邮件，我们高兴极了。能这么快地知道你那里的情况，真得好好儿感谢电脑和网络。不过，最近的电子邮件好像越来越少，也越写越短了，为什么呢？

虽然你已经不是小孩子了，可是妈妈还是对你有点不放心。你最近身体怎么样？老师讲课你听得懂吗？中国菜吃得惯吗？

妈妈有很多话要和你说，可惜我的眼睛越来越不好，不能写得太长。我和你爸爸都很好，别担心。有空儿常给我们发电子邮件。

祝你快乐！

妈妈

2011年10月5日

亲爱的妈妈：

每次看到您的电子邮件，都好像看到了您的笑脸，听到了您的声音，闻到了您做的饭菜的香味儿。我有点想家了，想念您和爸爸，想家里舒服的床，想家乡的咖啡馆，想那些常常在一起一边喝咖啡一边聊天儿的好朋友……

我这里一切都很好，别为我担心。我现在已经吃惯了中国菜，还跟朋友学会了做中国菜呢，我做的西红柿炒鸡蛋好吃极了。现在我住的地方离学校有点远，所以我和我的同屋打算搬到学校附近去住，这样我们早晨就可以晚一点儿起床了。

我的汉语进步了，上课的时候，老师说的话我都听得懂。不过到了街上，中国人说的话我还是听不懂。

告诉你一个秘密，我们班有一个韩国姑娘，我喜欢她，她也喜欢我。她又漂亮又聪明，我想您一定会喜欢她的。

对不起，最近我的邮件越写越短，因为我真的太忙了。这个假期我回不去了，我得努力学习。

祝您和爸爸身体健康！

马克

2011年10月6日

词语思维导图

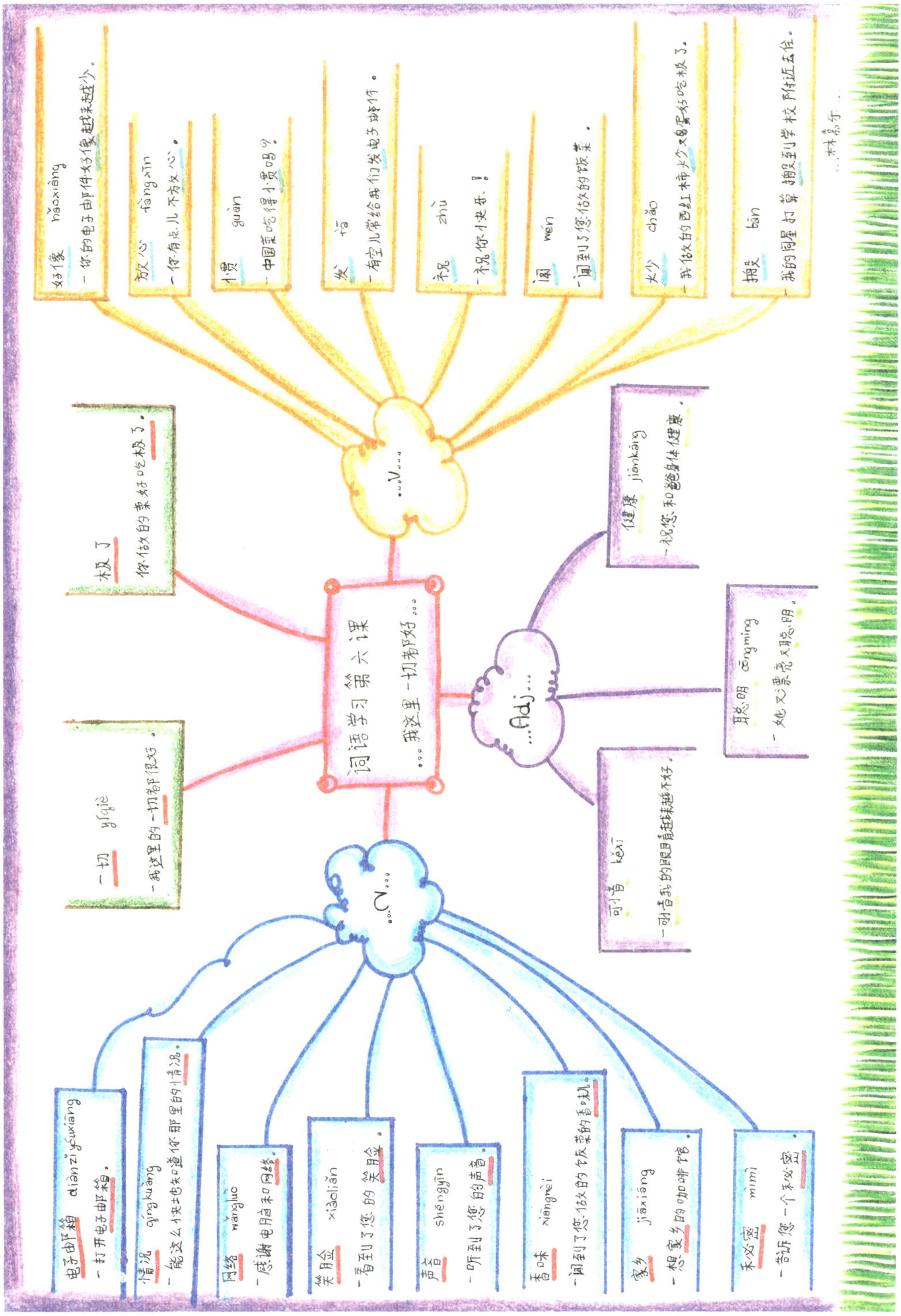
词语学习第六课
……我这里一切都好……
…V…
好像 hǎoxiàng
—你的电子邮件好像越来越少。
放心 fàngxīn
—你有点儿不放心。
惯 guàn
—中国菜吃得惯吗？
发 fā
—有空儿常给我们发电子邮件。
祝 zhù
—祝你快乐！
闻 wén
—闻到了您做的饭菜。
炒 chǎo
—我做的西红柿炒鸡蛋好吃极了。
搬 bān
—我的同屋打算搬到学校附近去住。
林嘉乐
极了
你做的菜好吃极了。
一切 yíqiè
—我这里的一切都很好。
…Adj…
健康 jiànkāng
—祝您和爸爸身体健康。
聪明 cōngming
—她又漂亮又聪明。
可惜 kěxī
—可惜我的眼睛越来越不好。
…N…
电子邮箱 diànzǐ yóuxiāng
—打开电子邮箱。
情况 qíngkuàng
—能这么快地知道你那里的情况。
网络 wǎngluò
—感谢电脑和网络。
笑脸 xiàoliǎn
—看到了您的笑脸。
声音 shēngyīn
—听到了您的声音。
香味 xiāngwèi
—闻到了您做的饭菜的香味。
家乡 jiāxiāng
—想家乡的咖啡馆。
秘密 mìmì
—告诉您一个秘密。

绘制者：泰国留学生林嘉乐

语法思维导图

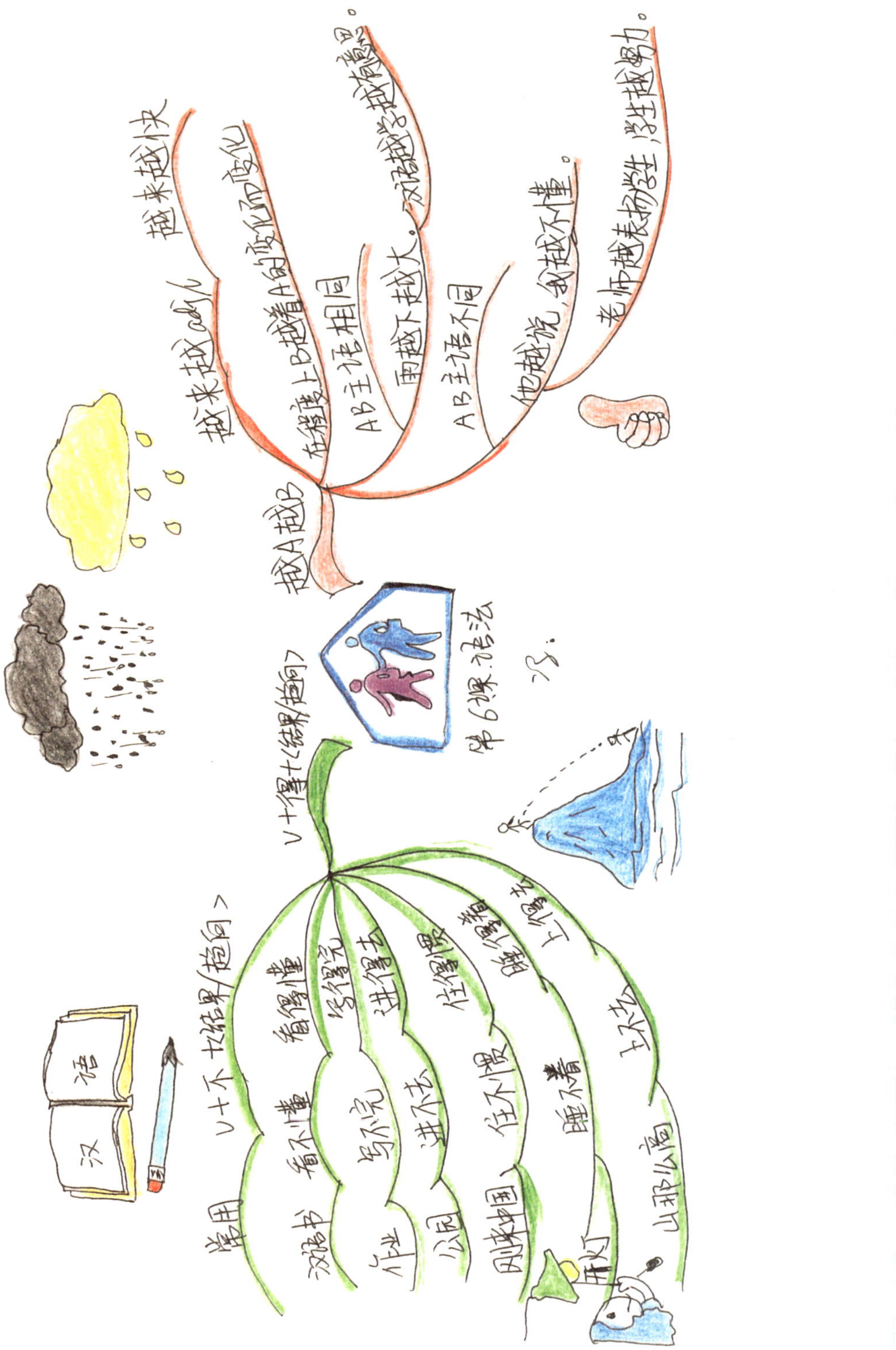
第6课 语法
越A越B
越来越快
在程度上B随着A的变化而变化
AB主语相同
雨越下越大。
汉语越学越有意思。
AB主语不同
他越说，我越不懂。
老师越表扬学生，学生越努力。
V+得+结果/趋向
V+不+结果/趋向
看得懂
写得完
进得去
住得惯
睡得着
上得去
看不懂
汉语书
写不完
作业
进不去
公园
住不惯
刚来中国
睡不着
开灯
上不去
山那么高
汉
语

绘制者：冯冬梅

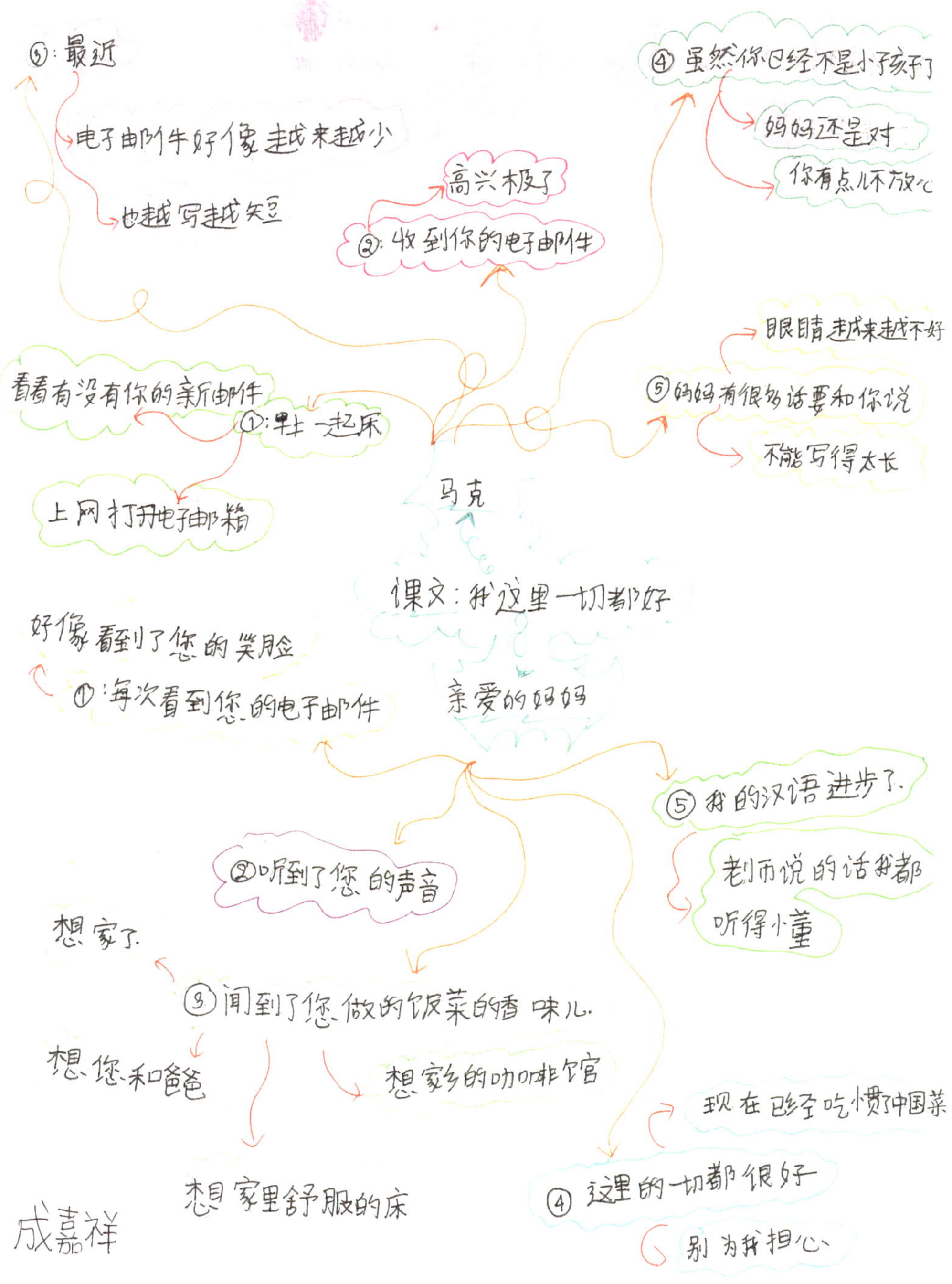
课文：我这里一切都好
马克
①：早上一起床
看看有没有你的新邮件
上网打开电子邮箱
②：收到你的电子邮件
高兴极了
③：最近
电子邮件好像越来越少
也越写越短
④ 虽然你已经不是小孩子了
妈妈还是对
你有点儿不放心
⑤ 妈妈有很多话要和你说
眼睛越来越不好
不能写得太长
亲爱的妈妈
① 每次看到您的电子邮件
好像看到了您的笑脸
② 听到了您的声音
③ 闻到了您做的饭菜的香味儿.
想家了.
想您和爸爸
想家里舒服的床
想家乡的咖啡馆
④ 这里的一切都很好
现在已经吃惯了中国菜
别为我担心
⑤ 我的汉语进步了.
老师说的话我都
听得懂
成嘉祥

绘制者：泰国留学生成嘉祥

教材原文

我要去埃及

（发展汉语初级综合Ⅱ第7课）

词语学习

1	小学	xiǎoxué	primary school
2	得	dé	get; obtain; win
3	世界	shìjiè	world
4	地图	dìtú	map; plat; win
5	轮	lún	take turns
6	烧	shāo	boil; burn
7	洗澡	xǐzǎo	have a bath
8	围	wéi	wrap; swathe
9	浴巾	yùjīn	bath towel
10	浴室	yùshì	bathroom
11	冲	chōng	rush
12	叫	jiào	shout; cry
13	干	gàn	do; work
14	火	huǒ	fire
15	灭	miè	(of a light, fire, etc.) go out
16	讨厌	tǎoyàn	dislike
17	小声	xiǎoshēng	in a low voice
18	巴掌	bāzhang	palm; slap
19	一辈子	yíbèizi	(oral) all one's life; throughout one's life
20	了	liǎo	used in conjunction with "得" or "不" after a verb to express possibility or impossibility
21	敢	gǎn	dare
22	继续	jìxù	continue; go on

23	明信片	míngxìnpiàn	postcard; lettercard
24	面前	miànqián	in front of
25	金字塔	jīnzìtǎ	pyramid
26	记得	jìde	remember
27	小时候	xiǎoshíhou	childhood
28	灵	líng	effective
29	小子	xiǎozi	boy; chap; guy

走进课文

我要去埃及

小学的时候，我考试得了第一名，老师给了我一本《世界地图》。我太喜欢那本地图了，一回到家就看了起来。那一天，轮到我给全家人烧水洗澡，我就一边烧水一边看地图。我最喜欢的国家是埃及，“长大以后我一定要去埃及……”我看着埃及地图想。

突然，一个人围着浴巾从浴室里冲出来，对着我大叫：“你在干什么呢？火都灭了！”是爸爸，他最讨厌做事不认真的人。我说：“对不起，我在看地图呢。”爸爸生气地说：“看什么地图！快烧火！”“我在看埃及地图呢。”我小声说。爸爸更生气了，打了我一巴掌：“看什么埃及地图！你一辈子也去不了那么远的地方！快烧火！”我不敢再看下去了，只好放下地图，继续烧水。我一边烧水一边想：“我真的去不了埃及吗？”

20年后，我第一次出国就去了埃及。在埃及，我给爸爸寄回一张明信片，上面写着：“亲爱的爸爸，我现在正在埃及，我面前就是金字塔。您还记得吗？小时候，因为我看埃及地图，您打了我，还说我一辈子也去不了埃及。我要谢谢您那句话！”

爸爸看着明信片，不好意思地问我妈妈：“我什么时候说过那样的话？我说过吗？打了一下就那么灵？这小子真的到埃及去了？”

词语思维导图

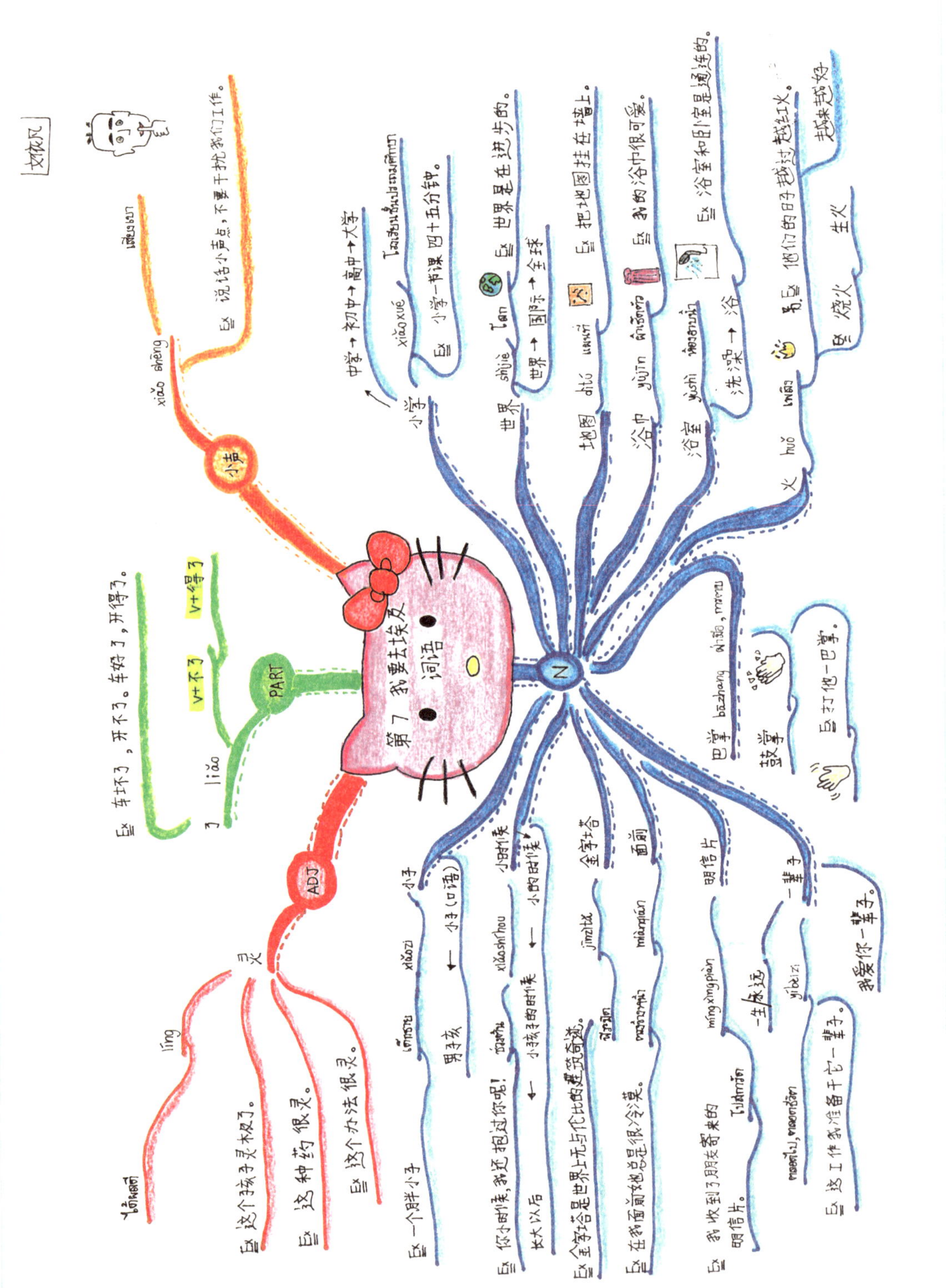
第7 我要去埃及 词语
小声
PART
ADJ
N

绘制者：泰国留学生文依凡

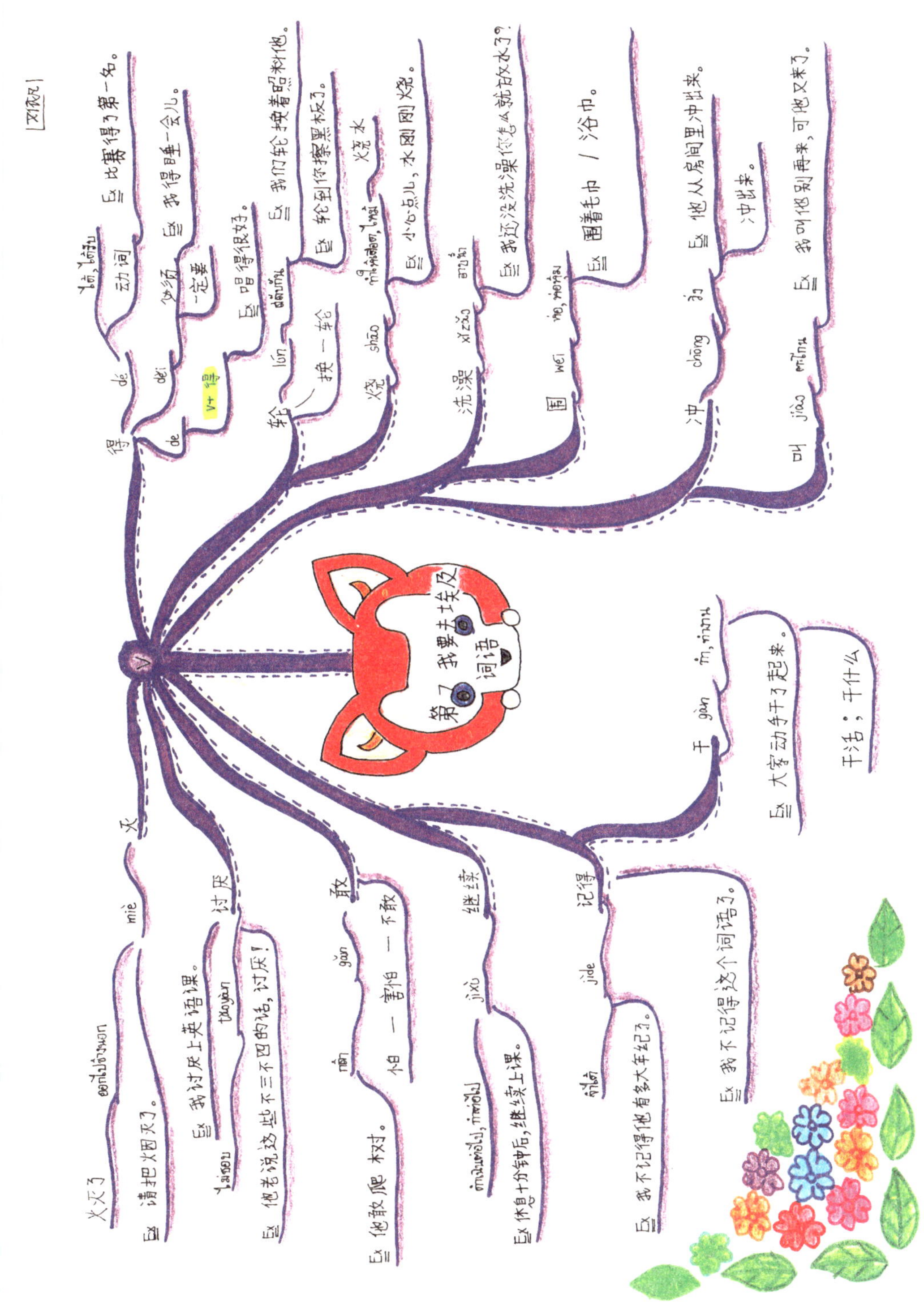
第7 我要去埃及 词语
得 de 动词
Ex 比赛得了第一名。
děi 必须 一定要
Ex 我得睡一会儿。
de V+得
Ex 唱得很好。
轮 lún 换一轮
Ex 我们轮换着照料他。
Ex 轮到你擦黑板了。
烧 shāo 烧水
Ex 小心点儿，水刚刚烧。
洗澡 xǐzǎo
Ex 我还没洗澡你怎么就放水了?
围 wéi
Ex 围着毛巾 / 浴巾。
冲 chōng
Ex 他从房间里冲出来。
冲出来。
叫 jiào
Ex 我叫他别再来，可他又来了。
干 gàn
Ex 大家动手干了起来。
干活；干什么
记得 jìde
Ex 我不记得他有多大年纪了。
Ex 我不记得这个词语了。
继续 jìxù
Ex 休息十分钟后，继续上课。
敢 gǎn 怕 — 害怕 — 不敢
Ex 他敢爬树。
讨厌 tǎoyàn
Ex 我讨厌上英语课。
Ex 他老说这些不三不四的话，讨厌!
灭 miè 火灭了
Ex 请把烟灭了。

绘制者：泰国留学生文依凡

语法思维导图

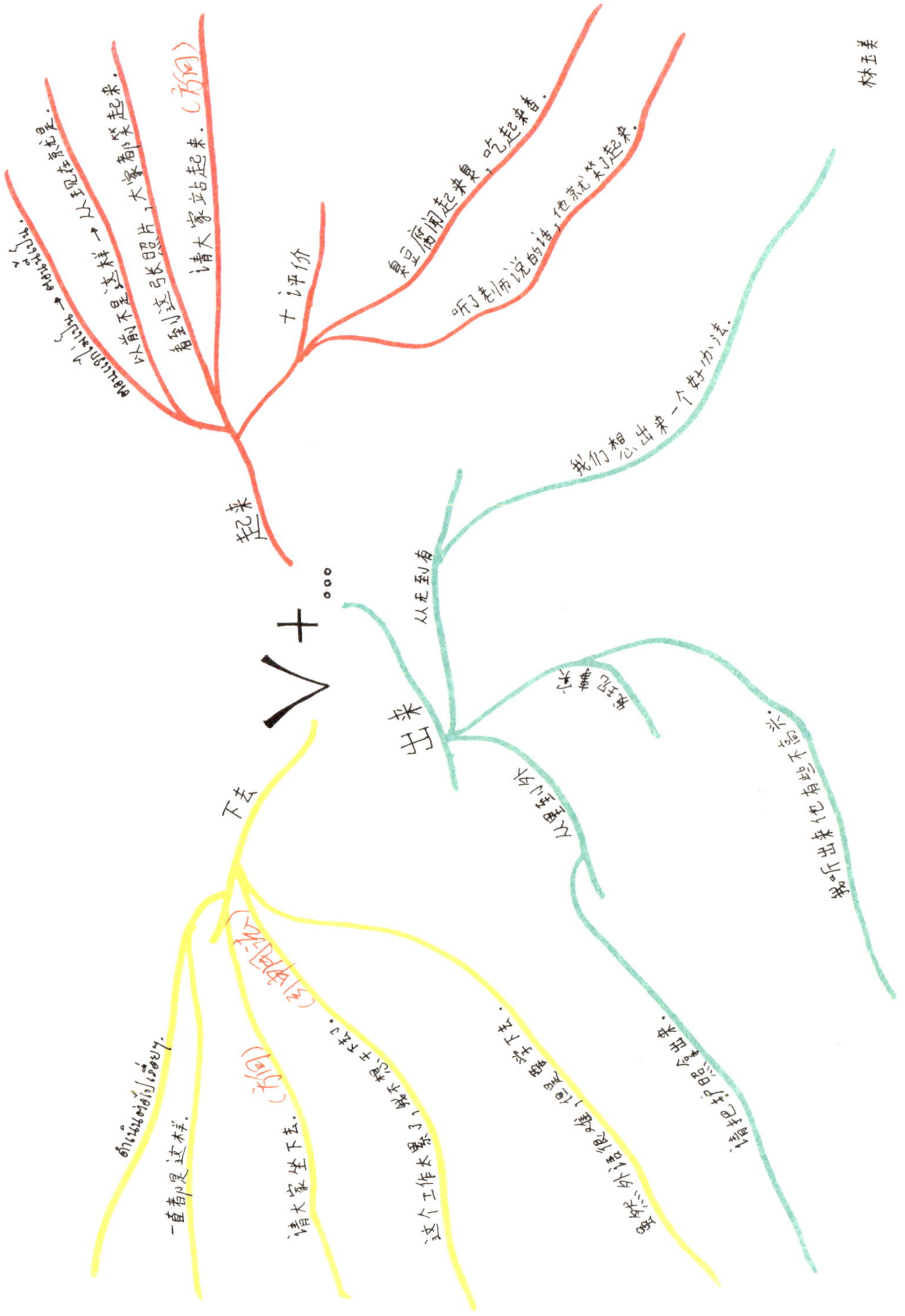
V+…
起来
+评价
请大家站起来。
出来
从无到有
我们想出来一个好办法。
从里到外
下去
请大家坐下去。
一直都是这样。
林玉美

绘制者：泰国留学生林玉美

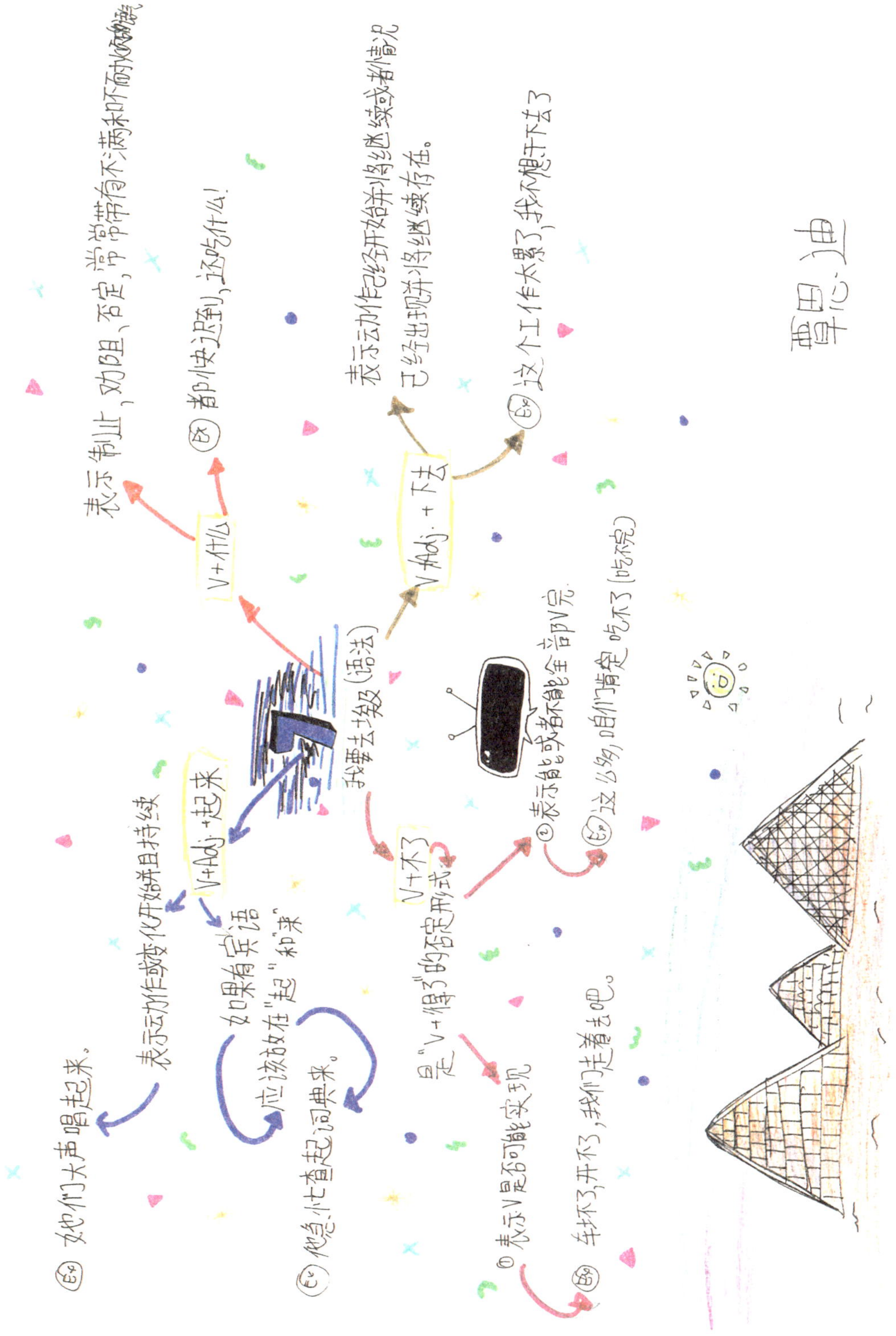
我要去上级（语法）
V+什么
表示制止，劝阻，否定，常常带有不满和不耐烦的语气
例 都快迟到，还吃什么！
V+Adj.+下去
表示动作已经开始并将继续或者情况已经出现并将继续存在。
例 这个工作太累了，我不想干下去了
V+不了
是"V+得了"的否定形式
①表示V是否可能实现
例 车坏了，开不了，我们走着去吧。
②表示能或者不能全部V完
例 这么多，咱们肯定吃不了（吃不完）
V+Adj.+起来
表示动作或变化开始并且持续
例 她们大声唱起来。
如果有宾语应该放在"起"和"来"
例 他急忙查起词典来。
覃思迪

绘制者：泰国留学生覃思迪

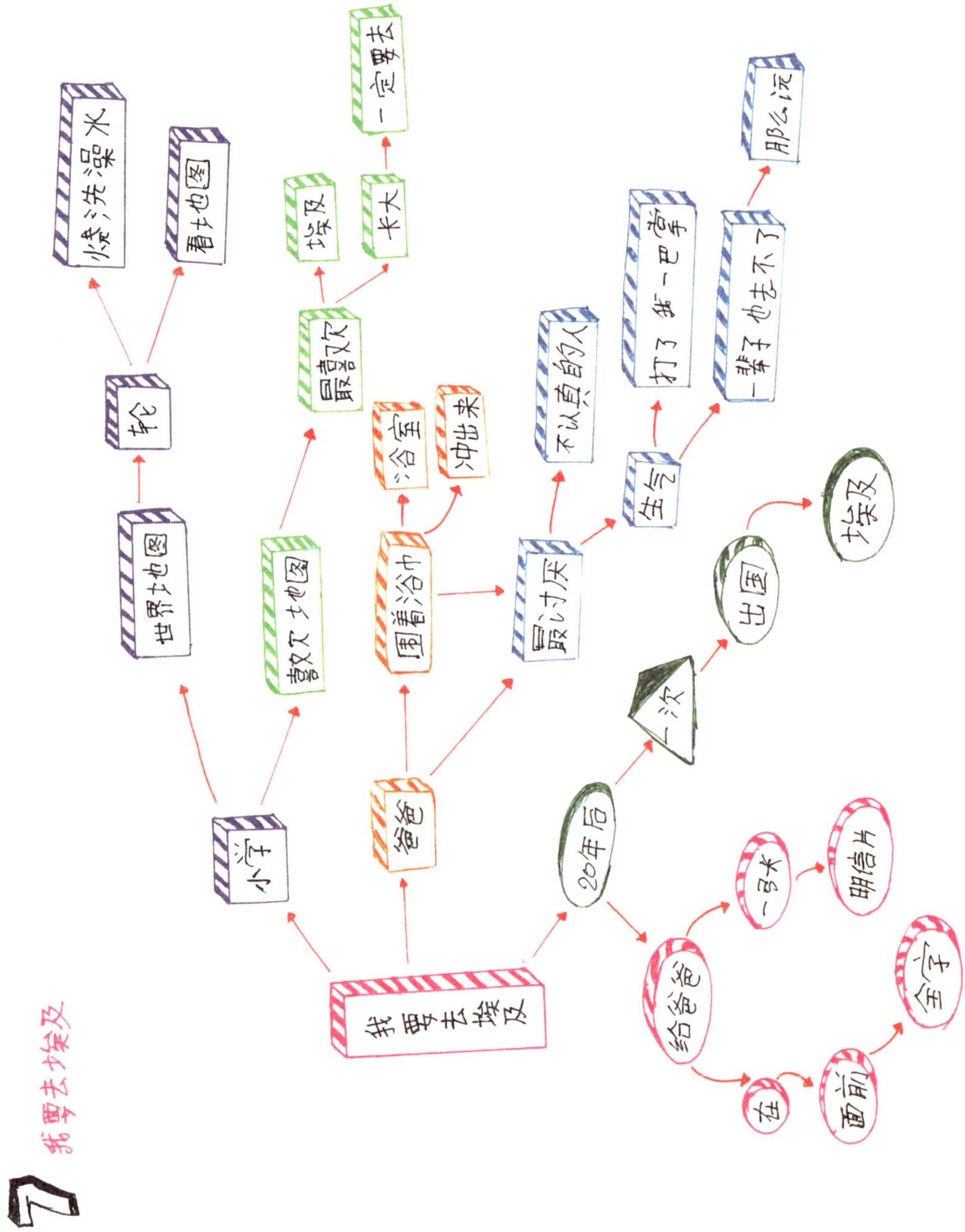
7 我要去埃及
我要去埃及
小宇
世界地图
轮
烧洗澡水
看地图
喜欢地图
最喜欢
埃及
长大
一定要去
爸爸
围着浴巾
浴室
冲出来
最讨厌
不认真的人
生气
打了我一巴掌
一辈子也去不了
那么远
20年后
一次
出国
埃及
给爸爸
一张
明信片
在
面前
念字

绘制者：泰国留学生林若雪

教材原文

旧梦

（发展汉语初级综合Ⅱ第8课）

词语学习

1	旧梦	jiùmèng	old dream; past experience
2	闭	bì	shut; close
3	往事	wǎngshì	bygones; past events
4	进入	jìnrù	enter; get into
5	梦	mèng	dream
6	一生	yìshēng	all one's life; a lifetime
7	中	zhōng	in
8	难忘	nánwàng	unforgettable; memorable
9	老年	lǎonián	old age
10	忘记	wàngjì	forget
11	同事	tóngshì	colleague
12	有时	yǒushí	sometimes
13	出现	chūxiàn	appear
14	比	bǐ	than; (superior or inferior) to
15	矮	ǎi	short (of stature)
16	双	shuāng	pair
17	年级	niánjí	grade; year (in school, etc.)
18	年龄	niánlíng	age (of a person, animal or plant, etc.)
19	马路	mǎlù	road; street
20	领	lǐng	lead; usher; take
21	照顾	zhàogù	take care of; look after
22	拉（手）	lā (shǒu)	hold (hands)
23	使劲儿	shǐjìnr	exert oneself (physically)

24	亲	qīn	kiss
25	告别	gàobié	say goodbye to; part from
26	飞吻	fēiwěn	kiss one's hand to; blow a kiss
27	刚刚	gānggāng	just; no more than
28	爱情	àiqíng	love (between a man and a woman)
29	并	bìng	used before a negative for emphasis, usu. as a retort
30	初恋	chūliàn	first love
31	活	huó	live; be alive
32	打听	dǎting	ask about; inquire about
33	消息	xiāoxi	news; information

走进课文

旧梦

人老了，梦就多起来了，一闭上眼睛，往事就进入梦里。

在人的一生中，什么最难忘呢？是小时候遇到过的人和事。到了老年的时候，最近几年的事差不多都忘记了，老同事的名字，有时都想不起来了，可是童年的朋友却忘不了，他们会常常在梦里出现。

最近经常出现在我梦里的是一个外国女孩子，她的名字叫丝苔拉。丝苔拉比我大，但只比我大一点儿。她家跟我家是邻居。我记得，她比中国女孩子高得多，我比她矮一头。她的头发又黑又长，还有一双美丽的蓝眼睛。她会说英语，也会说广东话，她说广东话比我还好。她真聪明！

我上小学二年级的时候，年龄很小，我一个人过马路，妈妈不放心，就请这位外国姐姐领着我上学、领着我回家。丝苔拉真的像姐姐一样照顾我，她拉着我的手，在马路上跳着走；有时还使劲儿地亲我的脸；每天告别的时候还送给我一个飞吻。那时我刚刚八岁，在那个年龄，还不懂“爱情”。但是我知道，丝苔拉很喜欢我，我也喜欢这个姐姐，虽然她不是中国人。

我跟她的关系并不是什么“初恋”，可是为什么到了老年，丝苔拉会经常出现在我的梦里呢？丝苔拉是不是还活在这个世界上呢？到哪里才能打听到她的消息呢？

词语思维导图

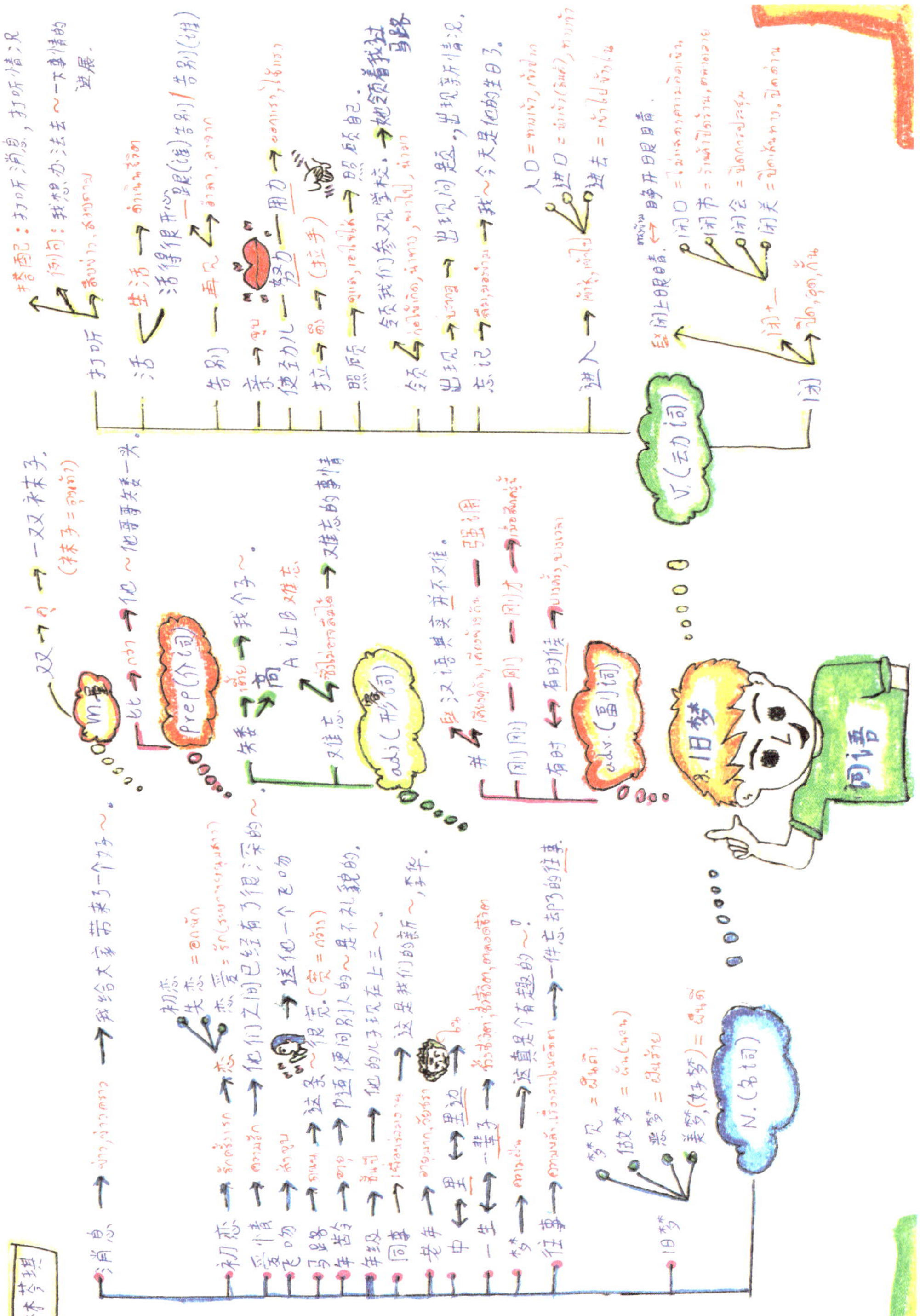
林芩琪
N.(名词)
V.(动词)
adj.(形容词)
prep(介词)
adv.(副词)
m量
旧梦
词语

绘制者：泰国留学生林芩琪

语法思维导图

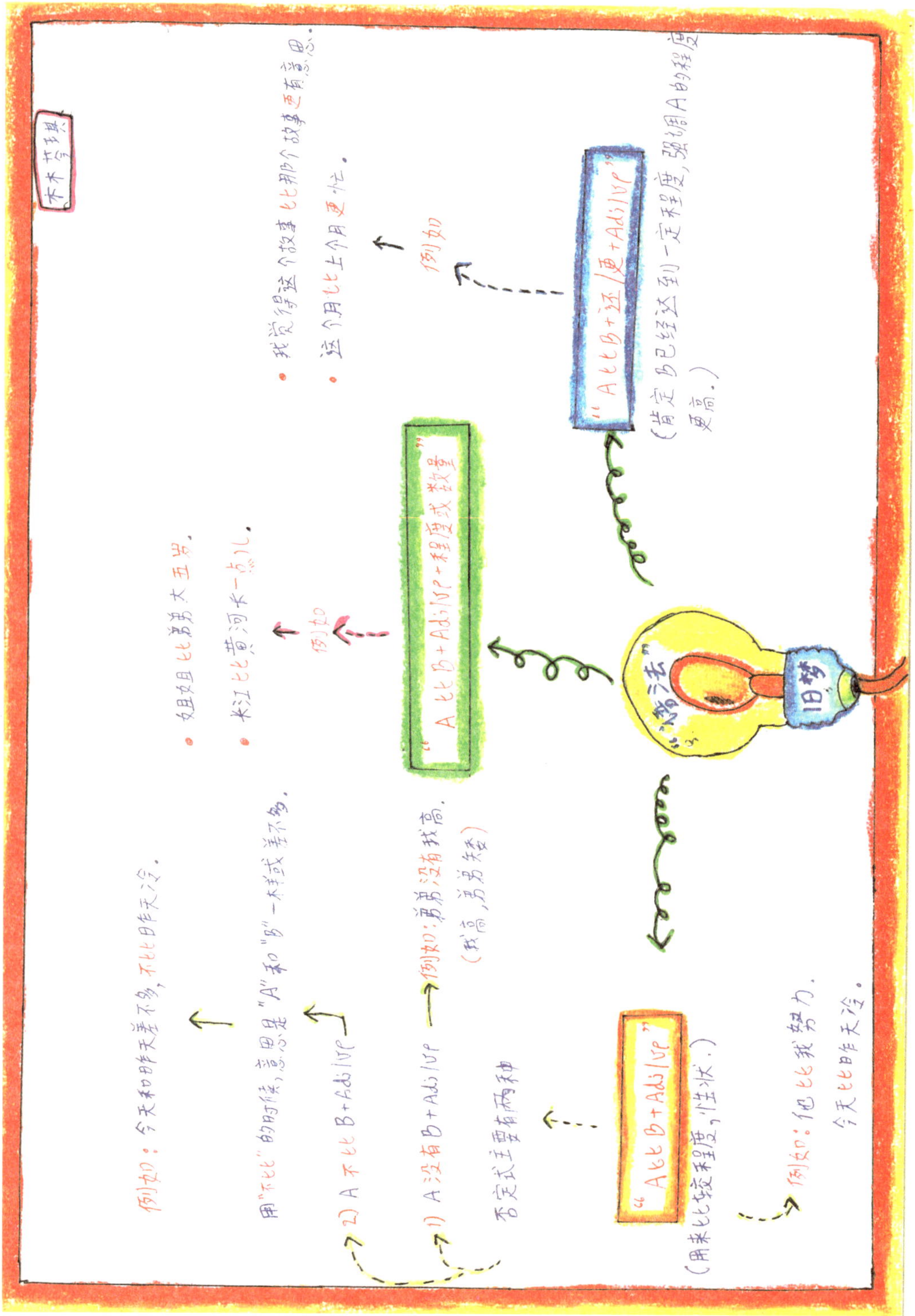
林芩琪
“语法”
旧梦
“A比B+Adjive”
（用来比较程度，性状。）
例如：他比我努力。
今天比昨天冷。
否定式主要有两种
1) A没有B+Adjive
例如：弟弟没有我高。
（我高，弟弟矮）
2) A不比B+Adjive
用“不比”的时候，意思是“A”和“B”一样或差不多。
例如：今天和昨天差不多，不比昨天冷。
“A比B+Adjive+程度或数量”
例如
姐姐比弟弟大五岁。
长江比黄河长一点儿。
“A比B+还/更+Adjive”
（肯定B已经达到一定程度，强调A的程度更高。）
例如
我觉得这个故事比那个故事更有意思。
这个月比上个月更忙。

绘制者：泰国留学生林芩琪

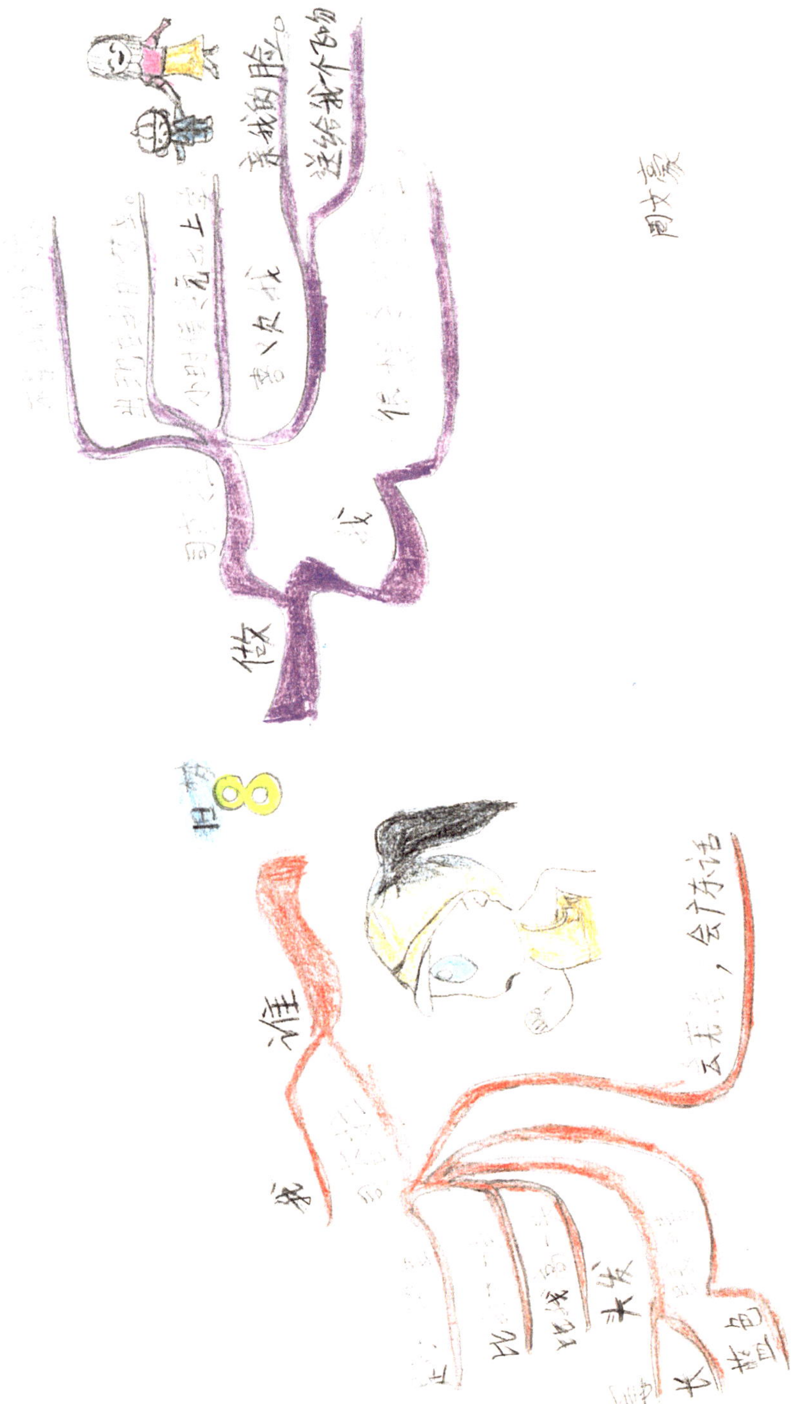

绘制者：泰国留学生周文豪

教材原文

爱的教育
（发展汉语初级综合Ⅱ第9课）

词语学习

1	时刻	shíkè	hour; moment; occasion
2	一刻	yíkè	a moment; a little while
3	改变	gǎibiàn	change
4	紧张	jǐnzhāng	intense; tense; keyed up
5	高考	gāokǎo	college entrance examination
6	心情	xīngqíng	mood; state of mind
7	班主任	bānzhǔrèn	teacher in charge of a class
8	同样	tóngyàng	same
9	特殊	tèshū	special
10	可爱	kě'ài	lovable; likable
11	游戏	yóuxì	game
12	发	fā	hand out
13	数字	shùzì	number
14	表示	biǎoshì	show; express; indicate
15	纪念品	jìniànpǐn	souvenir; keepsake
16	美丽	měilì	beautiful
17	耳朵	ěrduo	ear
18	不如	bùrú	be inferior to
19	微笑	wēixiào	smile
20	额头	étóu	forehead
21	轻	qīng	light; gentle
22	吻	wěn	kiss
23	响	xiǎng	sound

24	热烈	rèliè	warm; enthusiastic
25	掌声	zhǎngshēng	applause
26	幸福	xìngfú	happy
27	激动	jīdòng	be excited
28	眼泪	yǎnlèi	tear

走进课文

爱的教育

那是一个难忘的时刻，那一刻改变了我的一生。紧张的高考结束了，我们班开了一个告别晚会。那天我的心情又高兴又难过。高兴的是新生活就要开始了，难过的是要和同学们告别了。

晚会快结束的时候，漂亮的班主任李老师说，她要送给全班每个人一份同样的礼物，然后还有一件特殊的礼物送给班里最可爱的同学。

谁是班里最可爱的同学呢？老师说，做了下面的游戏就知道了。老师发给每个人一张纸，然后她让每个人在纸上写一个数字，这个数字表示班里有几个自己不喜欢的人，然后写上自己的名字。同学们都很认真，写完以后交给了老师。

晚会上，老师送给每个同学一件纪念品。最后，她说要发特殊礼物了。大家马上紧张起来，我们都想得到那件特殊礼物，特别是男同学，因为所有的男同学都喜欢这位美丽的班主任，当然也包括我，可是我知道自己不可能是那个最可爱的同学。

“请刘文辉同学到前面来。”我真不敢相信自己的耳朵，因为我的学习成绩不如别人好，运动也不如别人好，什么都不如别人，我觉得全班同学都比我好。

可是，这是真的！我不好意思地走到前面，不知道老师要给我什么礼物。她微笑着，在我的额头上轻轻地吻了一下，然后全班同学说：“这就是我的礼物，因为全班只有刘文辉同学写的是数字0，他是我们班最可爱的同学！”教室里响起了热烈的掌声。

“什么，我成了最可爱的同学？这是真的！现在谁有我这么幸福？”我激动得流下了眼泪。

以前，我从来没喜欢过自己，从来不知道自己有什么可爱的地方，但从这一刻开始，我的人生发生了变化。

词语思维导图

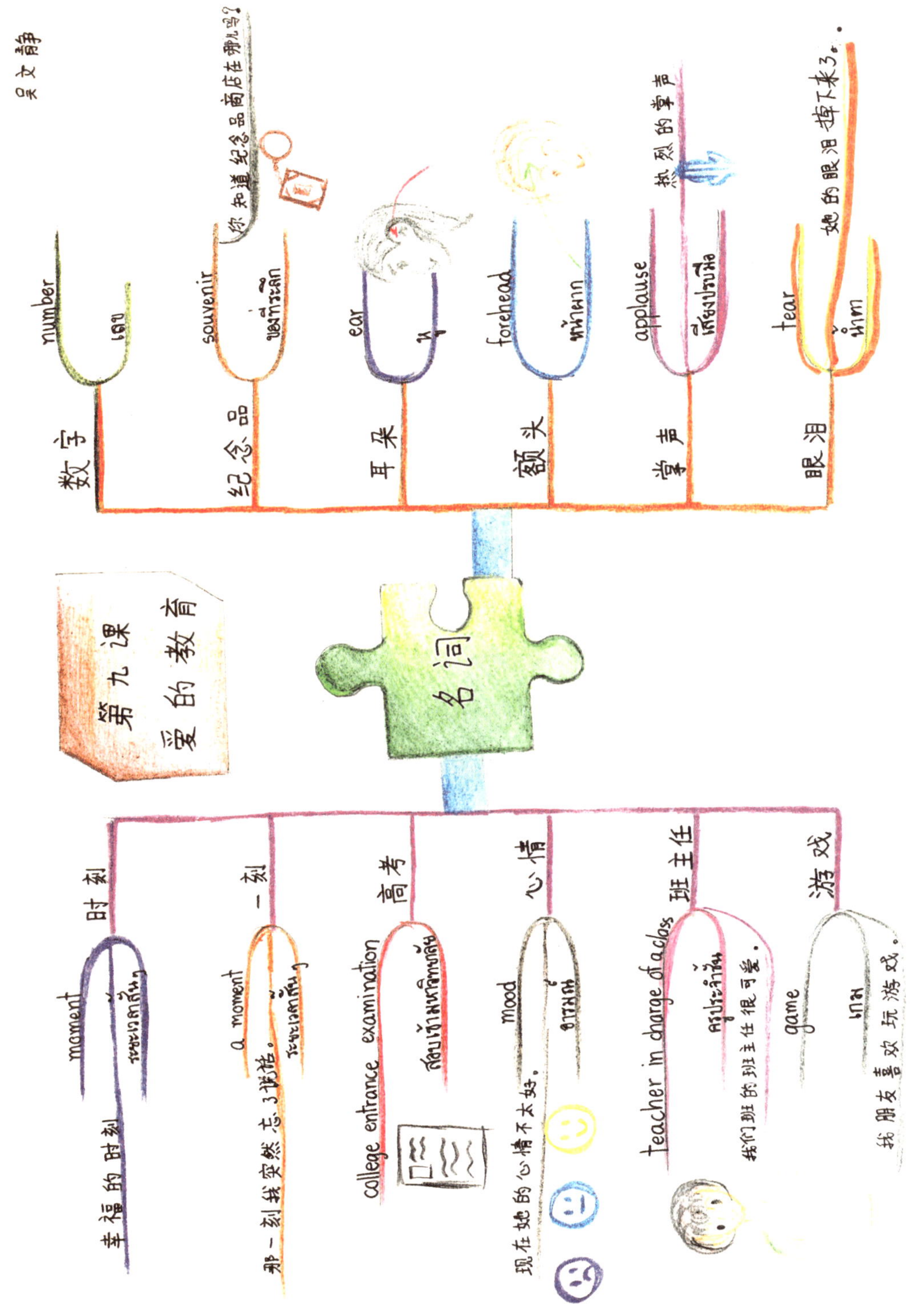
吴文静
第九课
爱的教育
名词
数字
number
纪念品
souvenir
你知道纪念品商店在哪儿吗？
耳朵
ear
额头
forehead
掌声
applause
热烈的掌声
眼泪
tear
她的眼泪掉下来了。
时刻
moment
幸福的时刻
一刻
a moment
那一刻我突然忘了说话。
高考
college entrance examination
心情
mood
现在她的心情不太好。
班主任
teacher in charge of a class
我们班的班主任很可爱。
游戏
game
我朋友喜欢玩游戏。

绘制者：泰国留学生吴文静

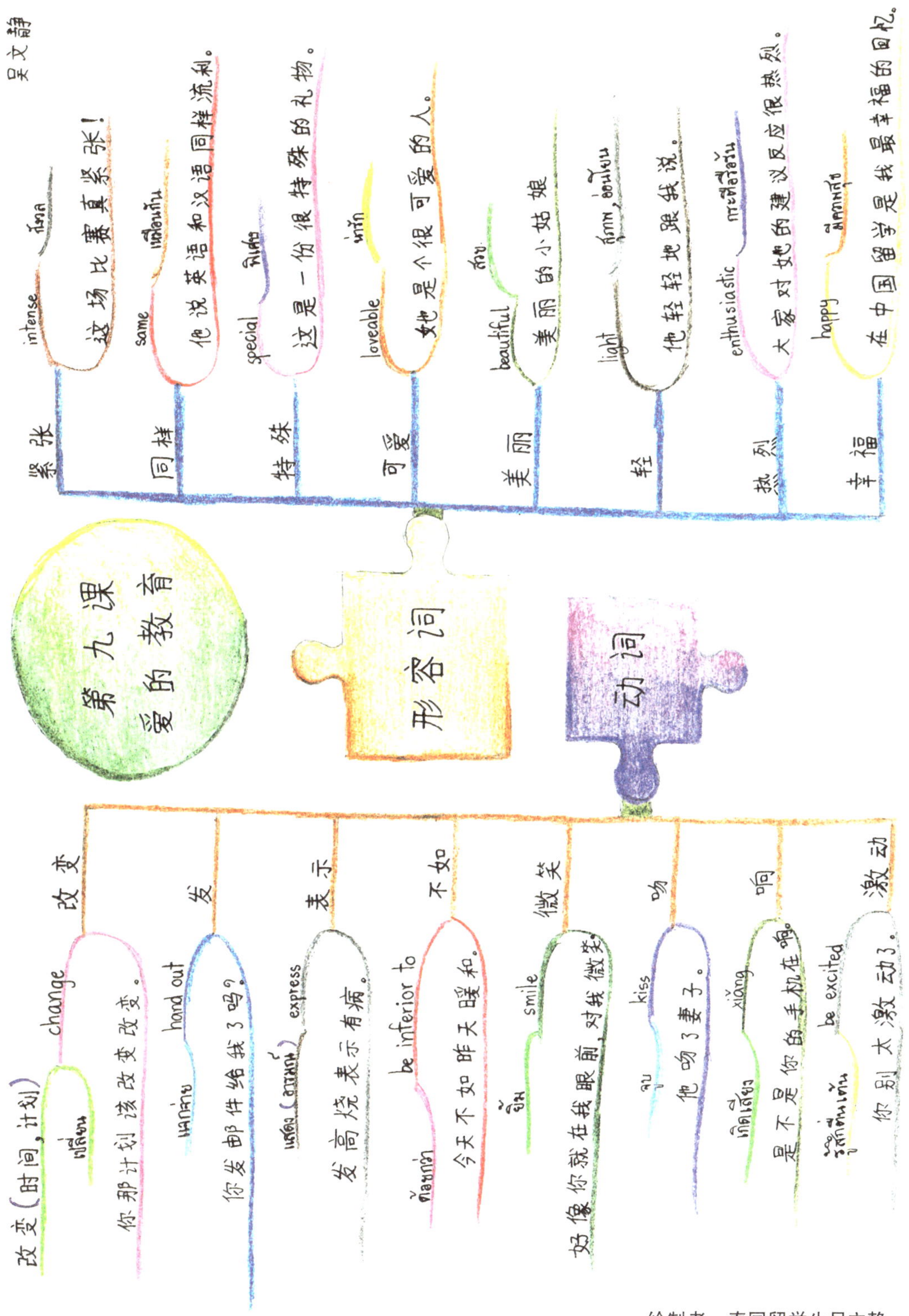

吴文静
第九课 爱的教育
形容词
紧张 intense 这场比赛真紧张！
同样 same เหมือนกัน 他说英语和汉语同样流利。
特殊 special พิเศษ 这是一份很特殊的礼物。
可爱 loveable น่ารัก 她是个很可爱的人。
美丽 beautiful สวย 美丽的小姑娘
轻 light 他轻轻地跟我说。
热烈 enthusiastic กระตือรือร้น 大家对她的建议反应很热烈。
幸福 happy มีความสุข 在中国留学是我最幸福的回忆。
动词
改变 change เปลี่ยน 改变（时间，计划） 你那计划该改变改变。
发 hand out แจกจ่าย 你发邮件给我了吗？
表示 express แสดง（ความรู้สึก） 发高烧表示有病。
不如 be inferior to ด้อยกว่า 今天不如昨天暖和。
微笑 smile ยิ้ม 好像你就在我眼前，对我微笑。
吻 kiss จูบ 他吻了妻子。
响 xiǎng เกิดเสียง 是不是你的手机在响。
激动 be excited รู้สึกตื่นเต้น 你别太激动了。

绘制者：泰国留学生吴文静

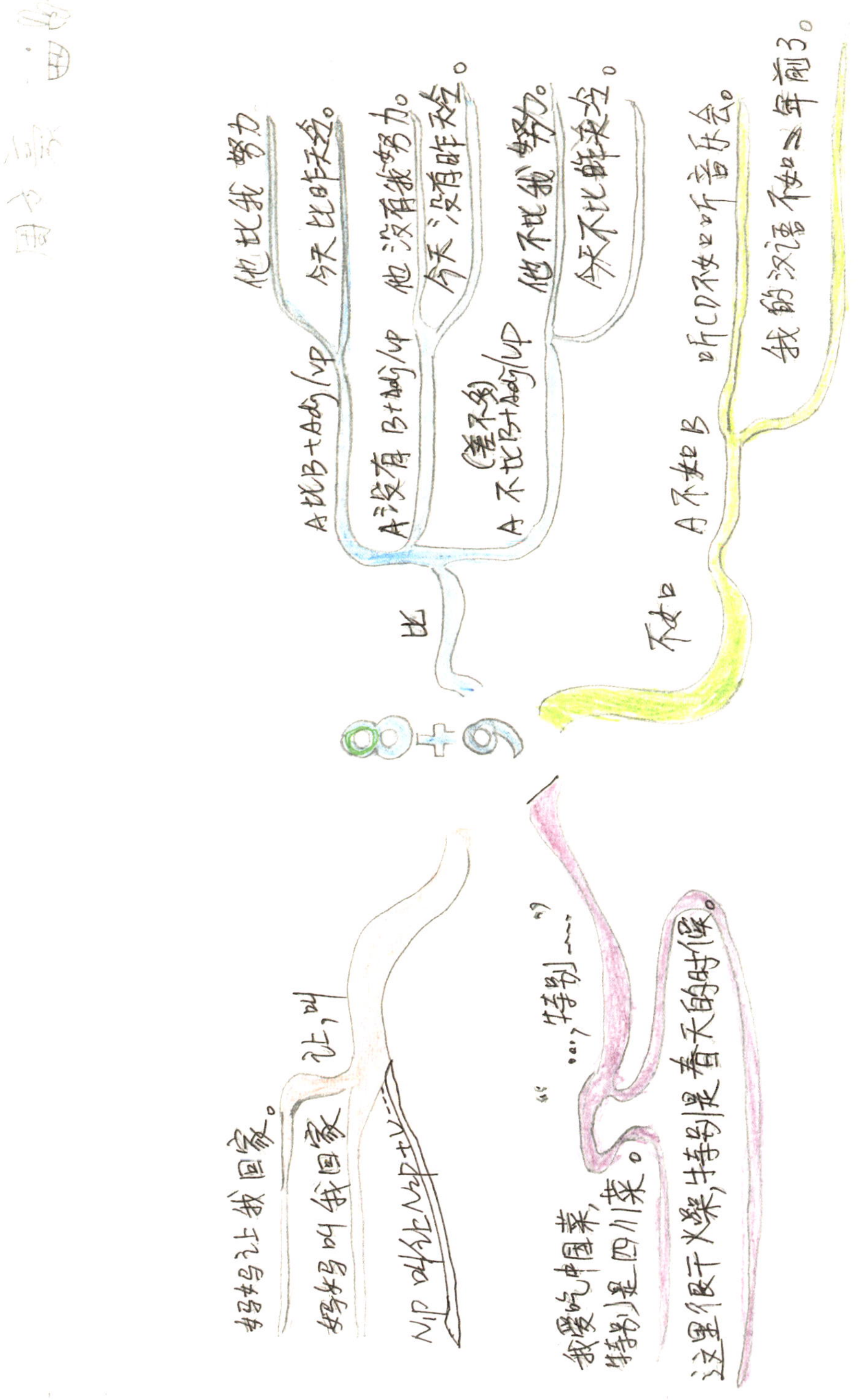
比
A比B+Adj/VP
他比我努力
今天比昨天冷
A没有B+Adj/VP
他没有我努力。
今天没有昨天冷。
A不比B+Adj/VP
他不比我努力。
今天不比昨天冷。
不如
A不如B
听CD不如听音乐会。
我的汉语不如三年前了。
让，叫
妈妈让我回家。
妈妈叫我回家
“……，特别……”
我爱吃中国菜，
特别是四川菜。

绘制者：泰国留学生周文豪

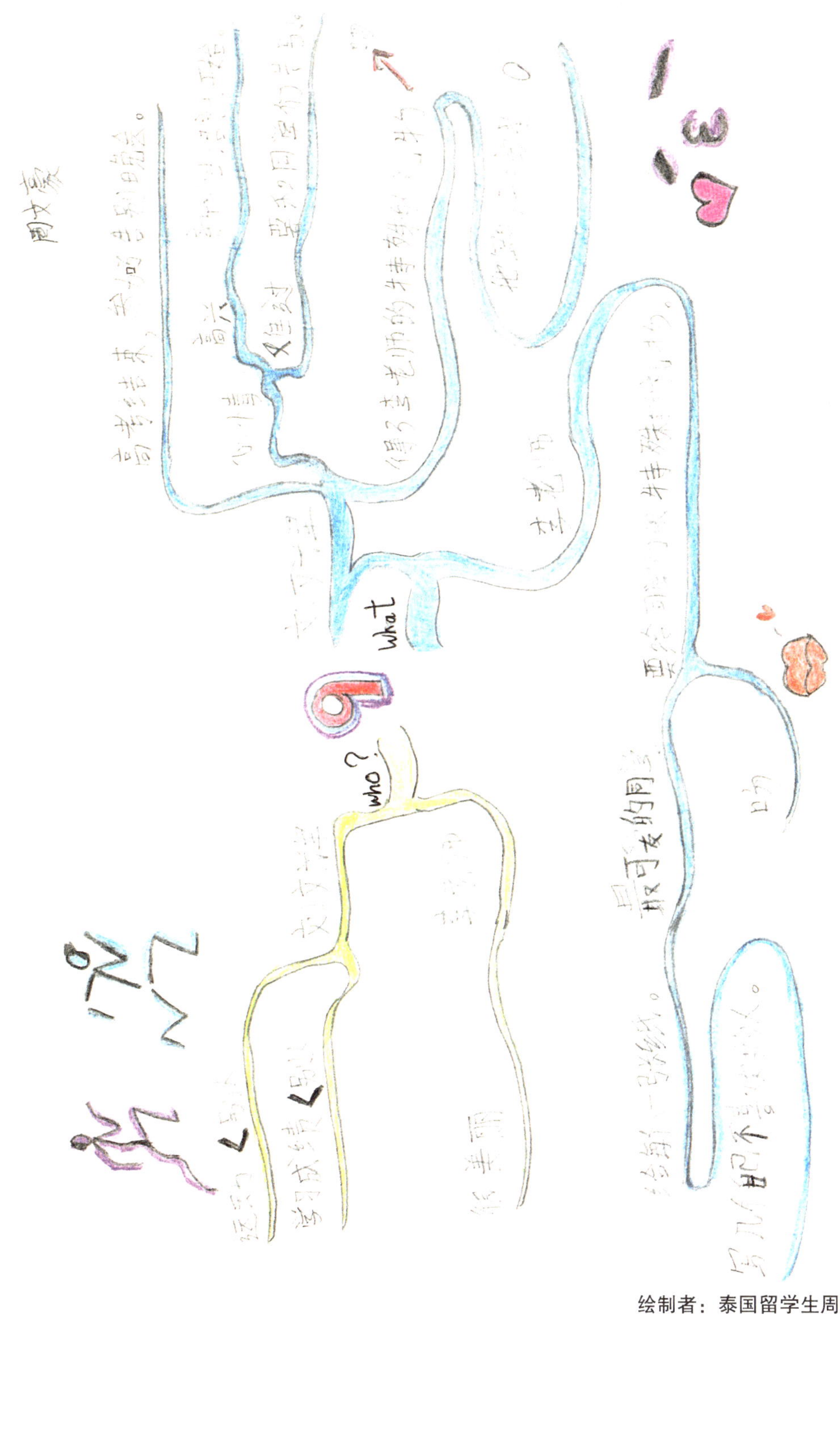

绘制者：泰国留学生周文豪

教材原文

快乐，其实很简单

（发展汉语初级综合Ⅱ第10课）

词语学习

1	从前	cóngqián	before; formerly; in the past
2	怎样	zěnyàng	how
3	使	shǐ	make; cause; enable
4	各种各样	gè zhǒng gè yàng	various; all kinds of
5	台阶	táijiē	steps
6	级	jí	step; stage
7	减肥	jiǎnféi	lose weight; slim
8	胖	pàng	fat
9	开心	kāixīn	happy; joyous
10	整天	zhěngtiān	whole day; all day; all day long
11	打印	dǎyìn	print
12	文件	wénjiàn	file; document
13	受不了	shòubuliǎo	cannot stand or bear
14	辛苦	xīnkǔ	hard; toilsome; laborious
15	平安	píng'ān	safe
16	满足	mǎnzú	be satisfied (with)
17	填	tián	fill
18	电冰箱	diànbīngxiāng	(electric) refrigerator; fridge
19	温柔	wēnróu	gentle
20	一阵子	yízhènzi	period of time; spell
21	善良	shànliáng	kind; kind-hearted
22	祝福	zhùfú	blessing; wish
23	童年	tóngnián	childhood

走进课文

快乐，其实很简单

从前人们见面打招呼的时候说："吃了吗？"

后来见面打招呼改成了："你好！"

现在越来越多的人见面时问："过得快乐吗？"

快乐变得越来越重要了。可是怎样才能使自己快乐呢？

我没问过男人们，却问过许多女人，回答是各种各样的。

一个爱美的女孩子，在公司的台阶上一级一级地往上走。她笑着说："爬台阶能使我减肥。我可不喜欢自己变胖，看着自己一天比一天瘦，让我特别开心。"

我的一个朋友在办公室工作，每天上八个小时的班。最忙的时候，要工作十个小时，整天忙得不得了。她要一张一张地打印文件，然后一份一份地送到别人手里。我觉得她的工作又麻烦又没有意思，可是她却说："工作使我快乐。不让我工作，我可受不了。"

一个母亲，不穿好的，不吃好的，每天辛辛苦苦。可是她却笑着回答我："全家平平安安就让我快乐。看着孩子们的生活一天比一天好，让我特别满足。"

一个小女生说："星期天早上能让我睡够了，就能使我快乐。"

你看，让自己快乐是多么简单的事。

有人说：人是最不容易满足的，人的心像大海一样填不满，有了电视机、电冰箱、洗衣机、空调，还想要汽车、房子……可是人的心有时候又好像最容易满足：一句温柔的话，就会使我们高兴一阵子；一个可爱的微笑，就会使我们满足一回；一个善良的祝福，就会使我们回到快乐的童年……

词语思维导图

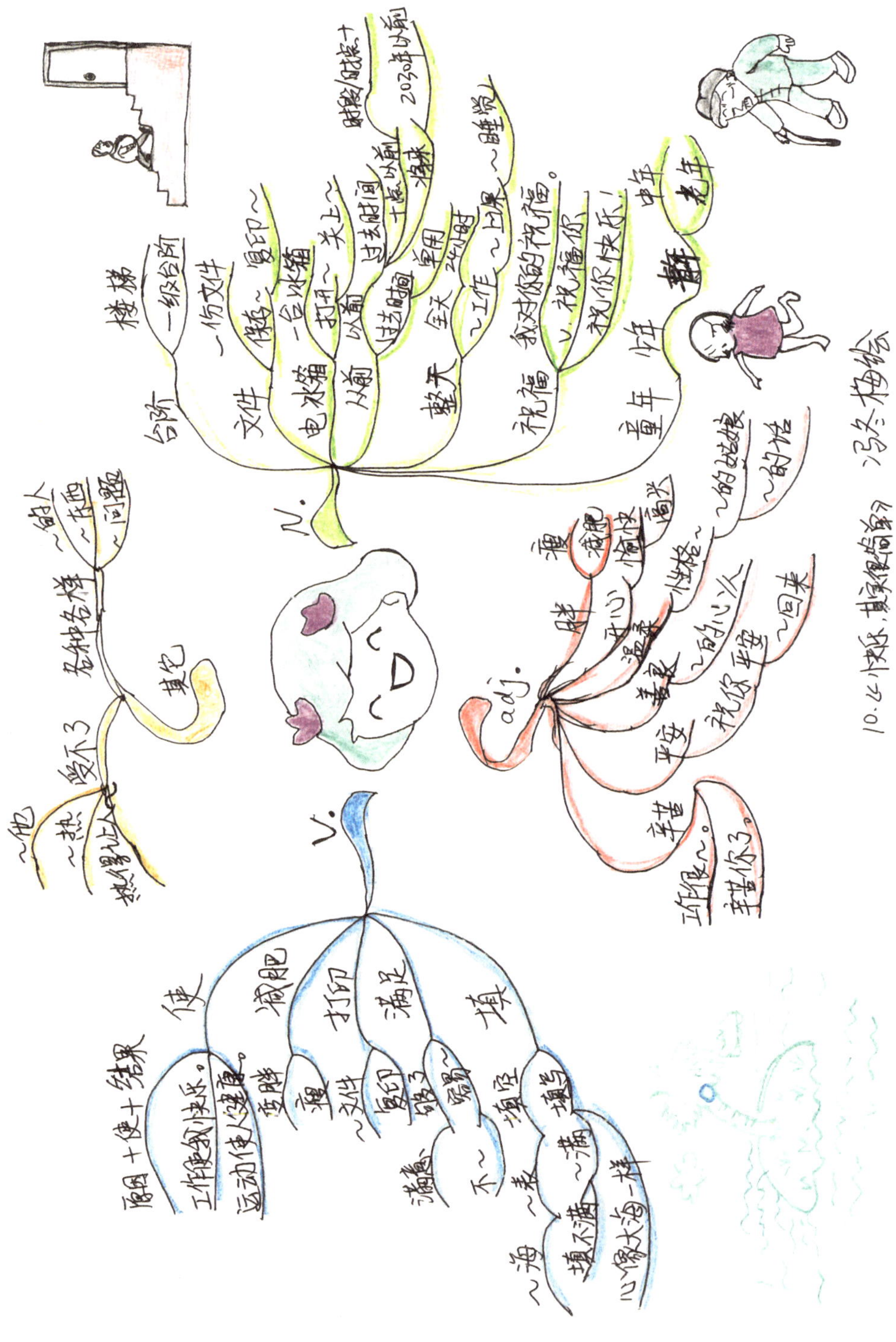

绘制者：冯冬梅

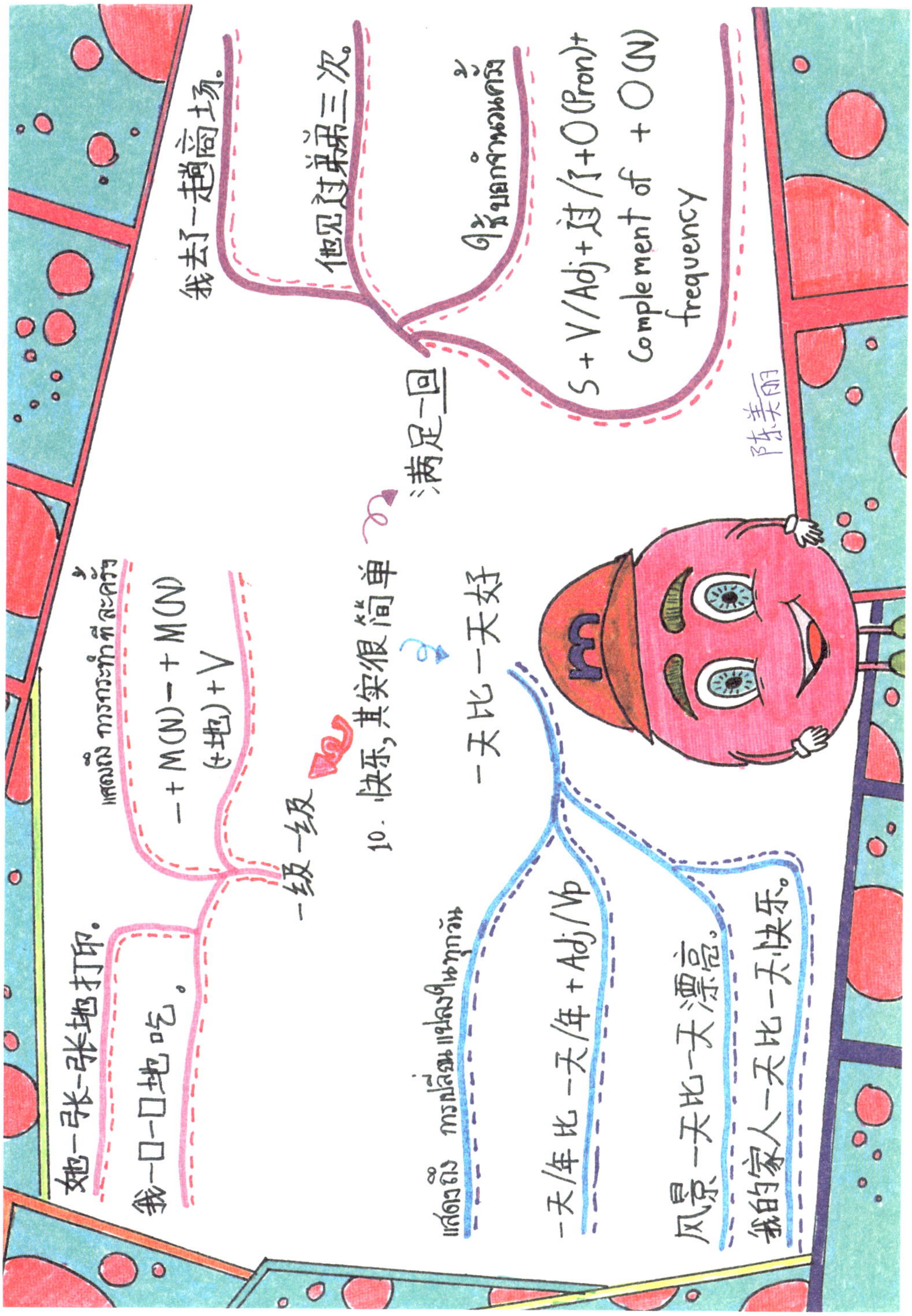
10. 快乐，其实很简单
满足一回
我去了一趟商场。
他见过我三次。
S + V/Adj + 过/了 + O(Pron) + Complement of frequency + O(N)
一级一级
一 + M(N) 一 + M(N) (+地) + V
她一张一张地打印。
我一口一口地吃。
一天比一天好
一天/年比一天/年 + Adj/Vp
风景一天比一天漂亮。
我的家人一天比一天快乐。
陈美丽

绘制者：泰国留学生陈美丽

短文思维导图

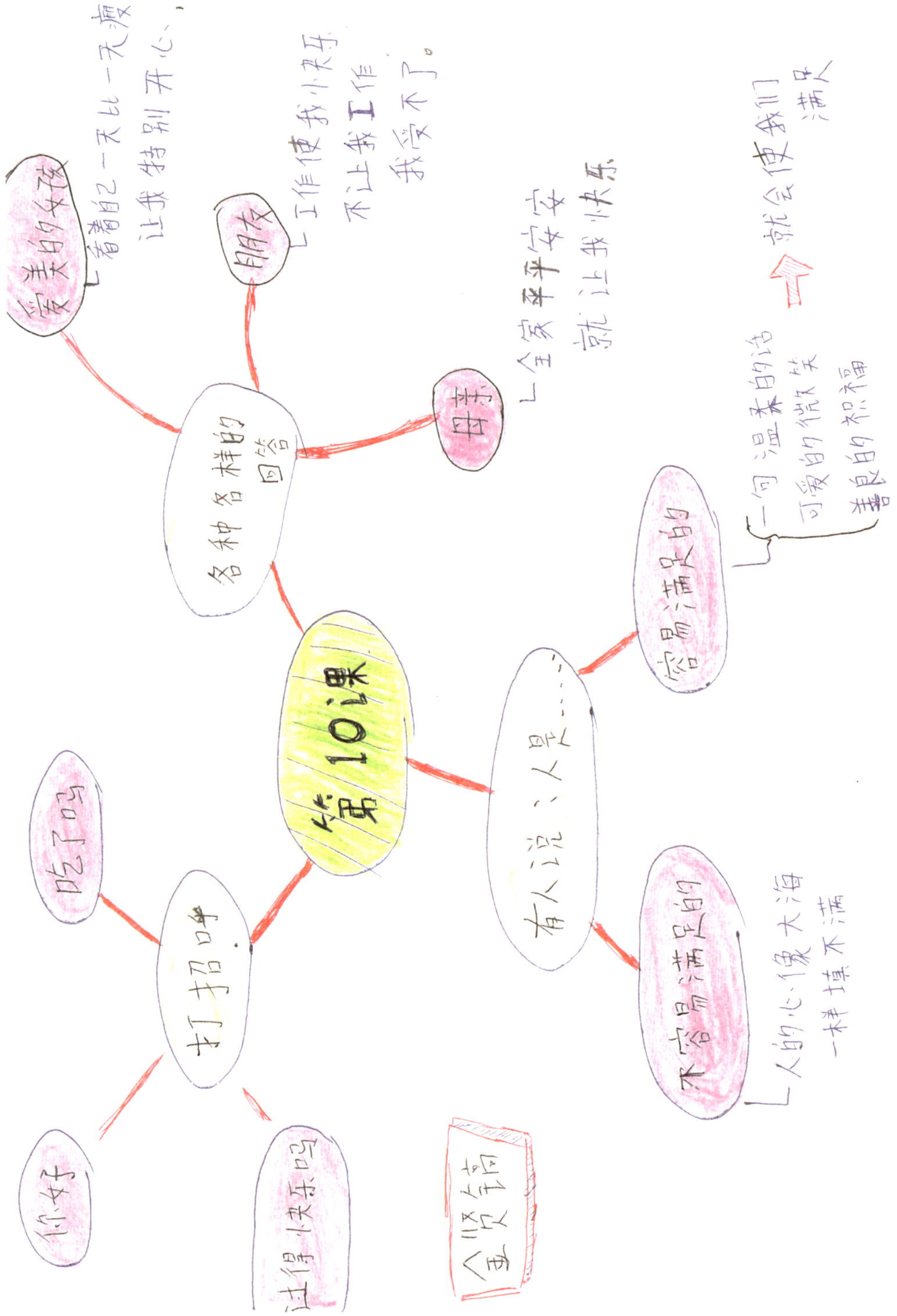
第10课
各种各样的回答
家里的孩子
看着自己一天比一天瘦
让我特别开心。
朋友
工作使我快乐
不让我工作
我受不了。
母亲
全家平平安安
就让我快乐
有人说：人是……
容易满足的
一句温柔的话
可爱的微笑
善良的祝福
就会使我们满足
不容易满足的
人的心像大海
一样填不满
打招呼
吃了吗
你好
过得快乐吗
金贤镐

绘制者：韩国留学生金贤镐

教材原文

书本里的蚂蚁

（发展汉语初级综合Ⅱ第11课）

词语学习

1	书本	shūběn	book
2	蚂蚁	mǎyǐ	ant
3	开	kāi	open out
4	摘	zhāi	pick
5	朵	duǒ	used of flowers, clouds, etc.
6	夹	jiā	place or stay in between
7	醒来	xǐnglái	wake up; waken; awaken
8	变成	biànchéng	become
9	从此	cóngcǐ	from then on
10	页	yè	page
11	自由自在	zìyóu zìzài	free and unrestrained; leisurely and carefree
12	羡慕	xiànmù	admire; be envious of
13	也许	yěxǔ	perhaps; probably; maybe
14	一下子	yíxiàzi	in a short while; all at once
15	安静	ānjìng	quiet
16	有趣	yǒuqù	interesting
17	点	diǎn	dot; spot
18	仔细	zǐxì	careful; attentive
19	终于	zhōngyú	at last; in the end; finally
20	迷路	mílù	lose one's way; get lost
21	送	sòng	send; take
22	编	biān	compile; write; make up

走进课文

书本里的蚂蚁

花园里开着许多美丽的花。一个小女孩儿摘下了一朵小花，夹进了一本旧书里。一只小蚂蚁正在那朵小花里睡觉呢。当它醒来的时候，好像听到谁在说话："喂，你好！你也是字吗？"

"是谁在说话？"

"我们是字。我们很小，小得像蚂蚁。"那个声音回答。

"我就是蚂蚁，可是现在我也变成了一个字。"

从此，这本书里多了一个会走路的字。第一天，小蚂蚁在第一页；第二天，却跑到第五十页去了；第三天，又跑到第三十页去了……它自由自在，喜欢去哪儿就去哪儿。

书里的字看着这个会走路的新朋友，真羡慕。

"我们也能走吗？"

"我们走不了，我们是字，不是蚂蚁。"

"为什么不试试呢？也许我们也会走……"

书里一下子热闹起来了。"啊，我们也会走了，太好了！"

书里的字开始散步、跳舞，再也不能安静了。

有一天，小女孩儿想起了那朵小花，当她打开书的时候，吃惊地叫起来："天啊，这是那本旧书吗？这么新鲜有趣的故事，我以前读过吗？"

第二天，书里的故事又变了，变得更新鲜、更有趣了。突然，小女孩儿看到了一只正在书里散步的小黑点。她仔细地看了看，才看出来，那是一个会走路的字。小女孩儿终于明白了：这本书里的字，都是会走路的，所以书里的故事每天都是新的。

有一天，小女孩儿还在书的外面发现了一个小字，它说："我想出来看看世界，可是走得太远了，迷路了，回不了家了。"小女孩儿听出来了，它很着急，就把它送回了那个热闹又可爱的家。这个家多好啊！每天大家在一起散散步、跳跳舞，就能编出来许多有趣的新故事，太有意思了。

有了这本神奇的书以后，小女孩儿再也不用买别的故事书了。

词语思维导图

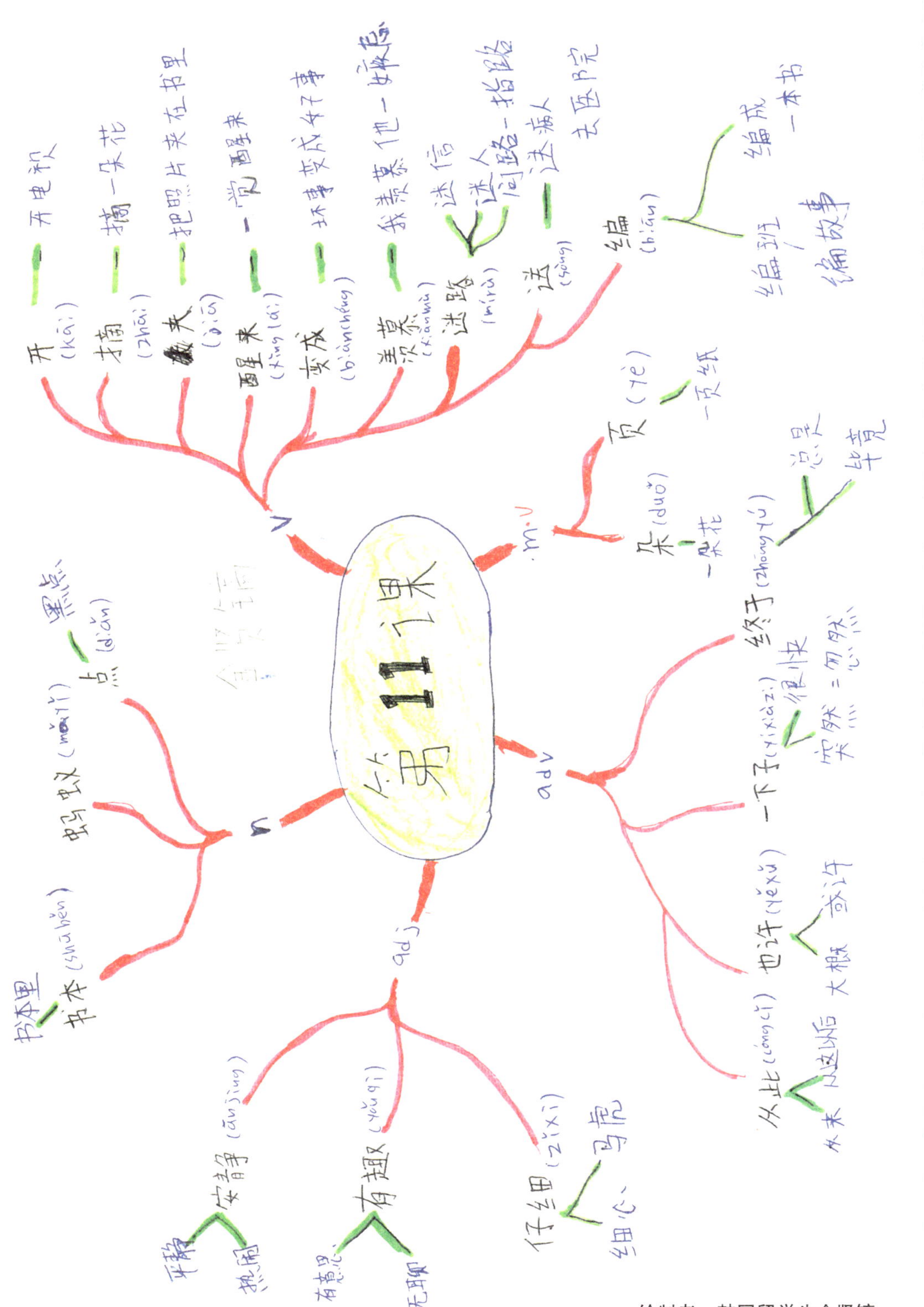
第11课
v
开 (kāi) — 开电视
摘 (zhāi) — 摘一朵花
夹 (jiā) — 把照片夹在书里
醒来 (xǐng lái) — 一觉醒来
变成 (biànchéng) — 坏事变成好事
羡慕 (xiànmù) — 我羡慕他
迷路 (mílù) 迷信 迷人 问路 — 指路
送 (sòng) — 送病人 去医院
编 (biān) 编成 一本书 编班 编故事
m.v
页 (yè) — 一页纸
朵 (duǒ) — 一朵花
adv
终于 (zhōngyú) 总是 毕竟
一下子 (yīxiàzi) 很快 突然 = 忽然
也许 (yěxǔ) 大概 或许
从此 (cóngcǐ) 从来 从以后
n
点 (diǎn) — 黑点
蚂蚁 (mǎyǐ)
书本 (shūběn) — 书本里
adj
安静 (ānjìng) 平静 热闹
有趣 (yǒuqù) 有意思 无聊
仔细 (zǐxì) 马虎 细心

绘制者：韩国留学生金贤镐

语法思维导图

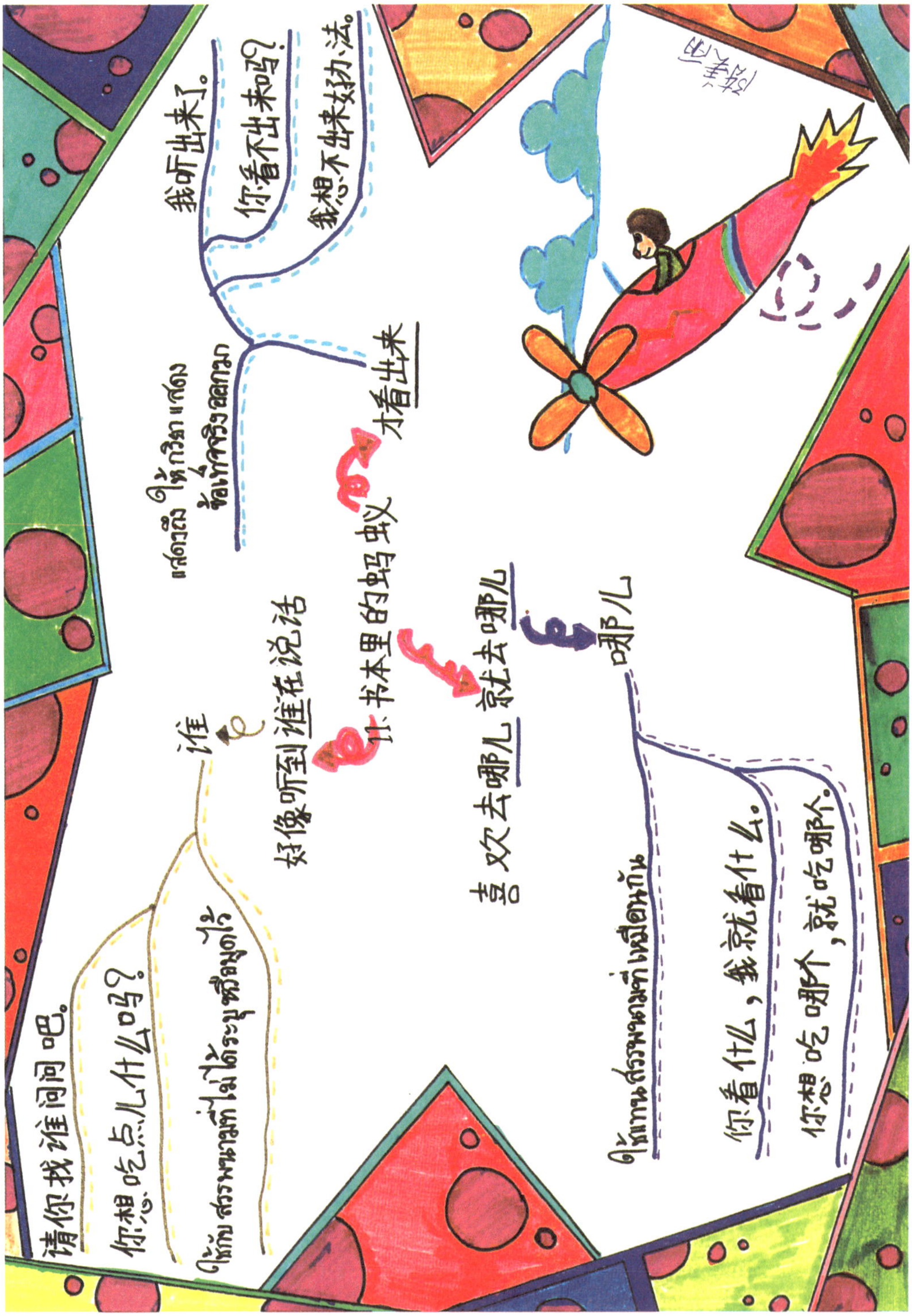
11. 书本里的蚂蚁
好像听到谁在说话
谁
请你找谁问问吧。
你想吃点儿什么吗？
看出来
我听出来了。
你看不出来吗？
我想不出来好办法。
喜欢去哪儿就去哪儿
哪儿
你看什么，我就看什么。
你想吃哪个，就吃哪个。

绘制者：泰国留学生陈美丽

短文思维导图

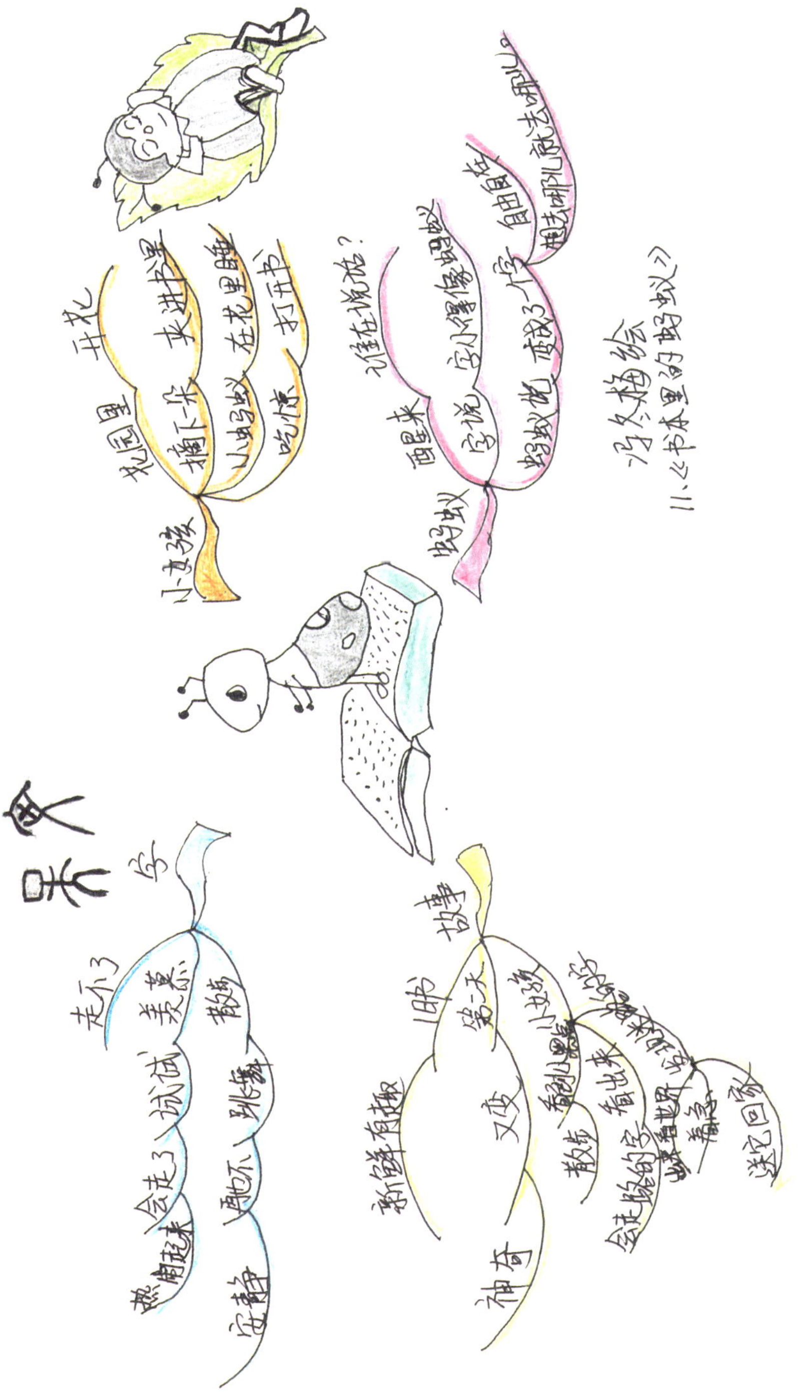

绘制者：冯冬梅

教材原文

是“枕头”，不是“针头”

（发展汉语初级综合Ⅱ第12课）

词语学习

1	枕头	zhěntou	pillow
2	针头	zhēntóu	pinhead; needle head
3	准	zhǔn	correct; accurate
4	闹笑话	nào xiàohua	make a fool of oneself
5	被子	bèizi	quilt
6	售货员	shòuhuòyuán	shop assistant; salesperson
7	柜台	guìtái	counter; bar
8	误会	wùhuì	misunderstand; misapprehend
9	发抖	fādǒu	shiver; shake
10	样子	yàngzi	expression; manner
11	硬	yìng	hard; solid; stiff
12	软	ruǎn	soft
13	货架	huòjià	goods shelf
14	明明	míngmíng	obviously
15	实在	shízài	indeed; really; truly
16	可笑	kěxiào	laughable; funny; ridiculous
17	理发	lǐ fà	get a haircut
18	理发师	lǐfàshī	barber; hairdresser
19	剪	jiǎn	cut (with scissors)
20	寸	cùn	cun, a unit of length (about 3.3cm)
21	想不到	xiǎng bú dào	unexpected; never expect
22	自信	zìxìn	self-confident
23	照	zhào	look at oneself (in the mirror); reflect;
24	镜子	jìngzi	mirror
25	吓一跳	xià yí tiào	be startled; get a fright
26	掉	diào	off (used after some verbs, indicating the result of an action)

走进课文

是"枕头"，不是"针头"

对我来说，汉语的四声真是太难了，因为说不准四声，我经常闹笑话。

有一次，我到附近的商店去买被子。我问售货员："请问，哪儿卖杯子（被子）？"她从柜子里拿出一个杯子说："这儿就卖杯子，这种行吗？"我明白了，我把"被子"说成"杯子"了。售货员误会了我的意思。我没办法，只好一边做出发抖的样子，一边说："不是杯子，是被子。"售货员笑了："哦，我看出来了。你冷了，想买被子。被子在二层。"

还有一次，我觉得枕头太硬，就到商店买软一点儿的枕头。我对售货员说："您好，我要买一个针头（枕头）。"她吃惊地看着我说："这个商店不卖针头。"我比她还吃惊：有这么奇怪的商店吗？货架上明明摆着那么多枕头，却说不卖枕头。我只好慢慢地说："我要买一个针——头（枕头）。"我实在说不明白了，就指着货架说："那不是针头（枕头）吗？"她笑了："那是枕头，不是针头。"

还有更可笑的事情呢。有一天，我去理发，我担心理发师听不懂，还用手比划着说："我要剪板寸（半寸）。"理发师笑着说："板寸正流行呢，想不到外国人也喜欢啊！请坐吧！"看着他自信的样子，我放心了。理发师一边理发一边和我聊天儿。我闭着眼睛，心里挺高兴："一边理发一边上汉语课，真不错。"

"理完了，照照镜子吧。""天哪！"我吓了一跳。理发师把我的头发剪成"板寸"了。本来只想剪掉半寸，我却把"半寸"说成"板寸"了。

词语思维导图

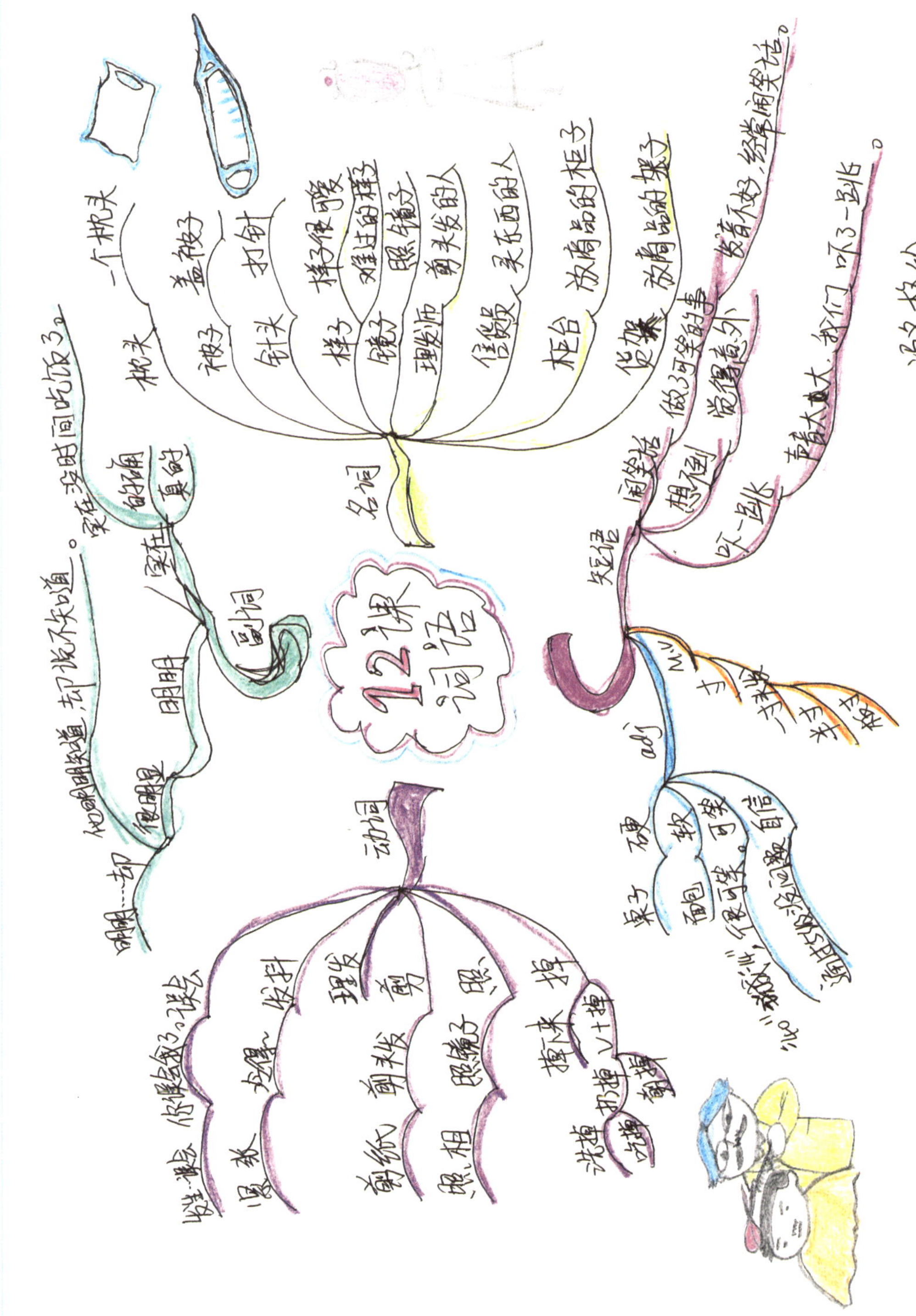
12课 词语
名词
动词
副词
短语
adj

绘制者：泰国留学生陈美丽

语法思维导图

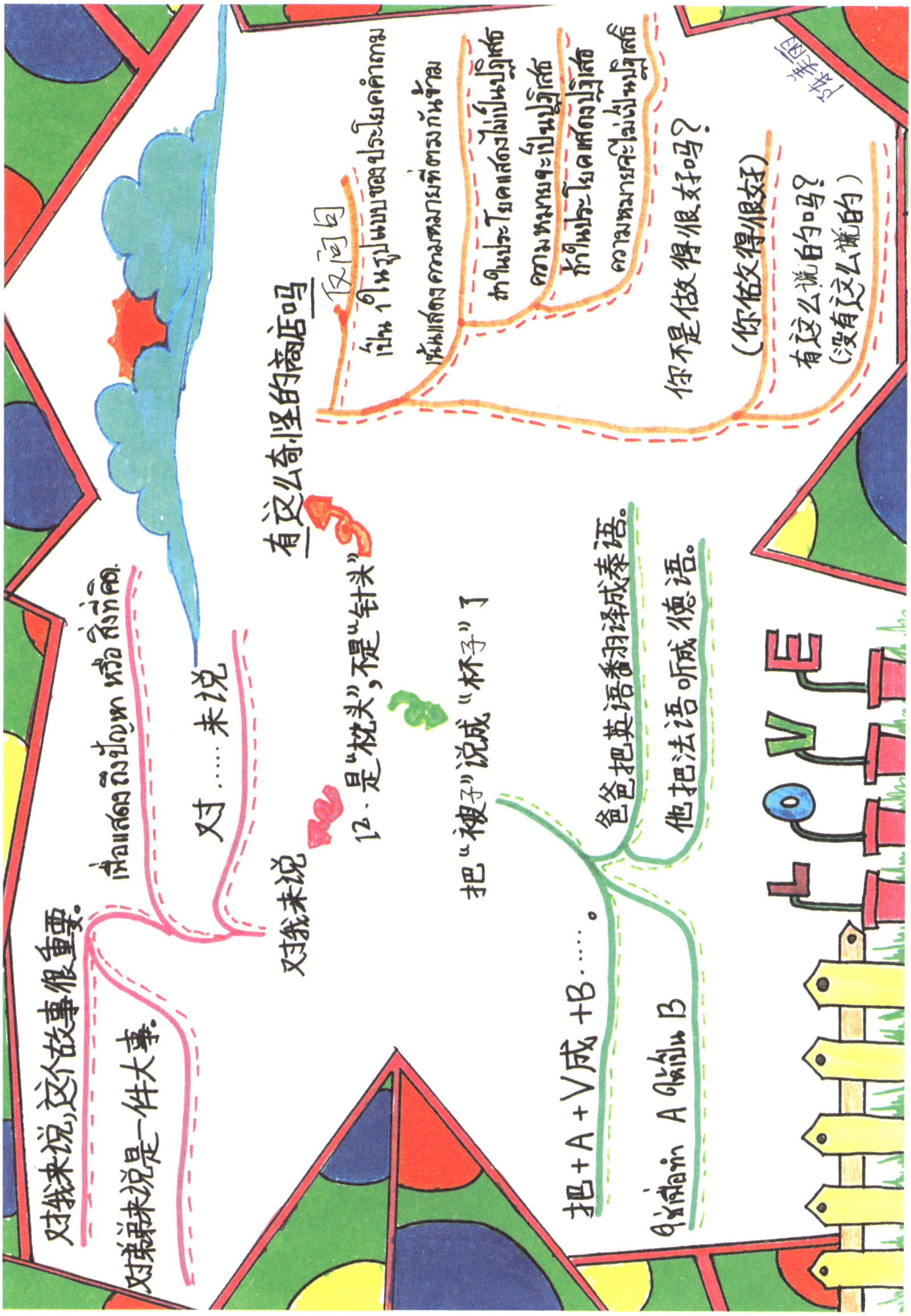
对我来说，这个故事很重要。
对某某来说是一件大事。
对……来说
对我来说
12. 是"枕头"，不是"针头"
把"袖子"说成"杯子"了
把+A+V成+B……。
爸爸把英语翻译成泰语。
他把法语听成德语。
有这么奇怪的商店吗
反问句
你不是做得很好吗？
(你做得很好)
有这么说的吗？
(没有这么说的)
LOVE

绘制者：泰国留学生陈美丽

短文思维导图

声调
闹笑话
柜台
被子
杯子
误会
发抖
二层
吃惊 - 售货员
针头
枕头
奇怪
软
硬
明明摆在货架上
理发
担心
板寸
半寸
流行
吓了一跳
沈基训

绘制者：韩国留学生沈基训

教材原文

中国来信改变了我的生活

（发展汉语初级综合Ⅱ第13课）

词语学习

1	来信	láixìn	incoming letter
2	除了	chúle	except; but; besides; in addition
4	以外	yǐwài	beyond; except
5	有用	yǒuyòng	valuable; useful
6	差不多	chàbuduō	nearly; almost
7	由于	yóuyú	because; since
8	请求	qǐngqiú	ask; request; appeal; beg
9	帖子	tiězi	post; message
10	回信	huíxìn	letter in reply; feedback
11	封	fēng	used for letters, telegrams and invitations
12	连忙	liánmáng	hastily; hurriedly
13	哭	kū	cry; weep
14	猜	cāi	guess; suspect
15	愉快	yúkuài	happy; cheerful
16	学好	xuéhǎo	master; learn well
17	答案	dá'àn	answer; solution; key
18	背面	bèimiàn	back; reverse side
19	泪水	lèishuǐ	tear; teardrop
20	并且	bìngqiě	and; also; in addition
21	历史	lìshǐ	history

走进课文

中国来信改变了我的生活

我十四岁生日那天，父亲对我说："除了西班牙语和英语以外，你还得再学习一种语言。"父亲的朋友说："那就什么有用学什么吧，不是法语就是德语。"在哥伦比亚，会说德语和法语的人不少，我父亲的朋友差不多人人都会说这两种语言。我得选择一种世界上有很多人说，但在哥伦比亚很少有人说的语言，我选中了汉语。

由于我不了解中国，也不认识会汉语的人，除了上网请求帮助，我没有别的办法。第二天，我就开始在网站上发帖子，还发了许多电子邮件。一个星期过去了，什么回信也没有；半个月过去了，还是没有回信。我学习汉语的热情渐渐地冷了。

有一天，我突然收到了一封从中国寄来的信。我连忙打开看，信是一个中国姑娘用英文写的："你好！我们还互相不认识，但我知道你打算学习汉语。我想告诉你，汉语是用'心'学的。在信的后面有两个汉字：'哭'和 '笑'，要是你能猜出来哪个表示'难过'，哪个表示'愉快'，你就一定能学好汉语。（答案在背面）"

表示难过的字，肯定是"哭"，因为它有眼睛和泪水。我一下子就猜对了。太有意思了。我学汉语的热情又来了。我马上给那个中国姑娘回了一封信："谢谢你！我一定要学好汉语，希望有一天能和你见面，并且能用汉语和你聊天。"从那天开始，汉语进入了我的生活。

四年过去了，我不但一直在努力地学习汉语，还认识了许多中国人，了解了中国的历史和文化。可是，我再也没有收到那个女孩儿的信。如果我能跟她见面，一定要谢谢她，因为是她的那封信改变了我的人生。

词语思维导图

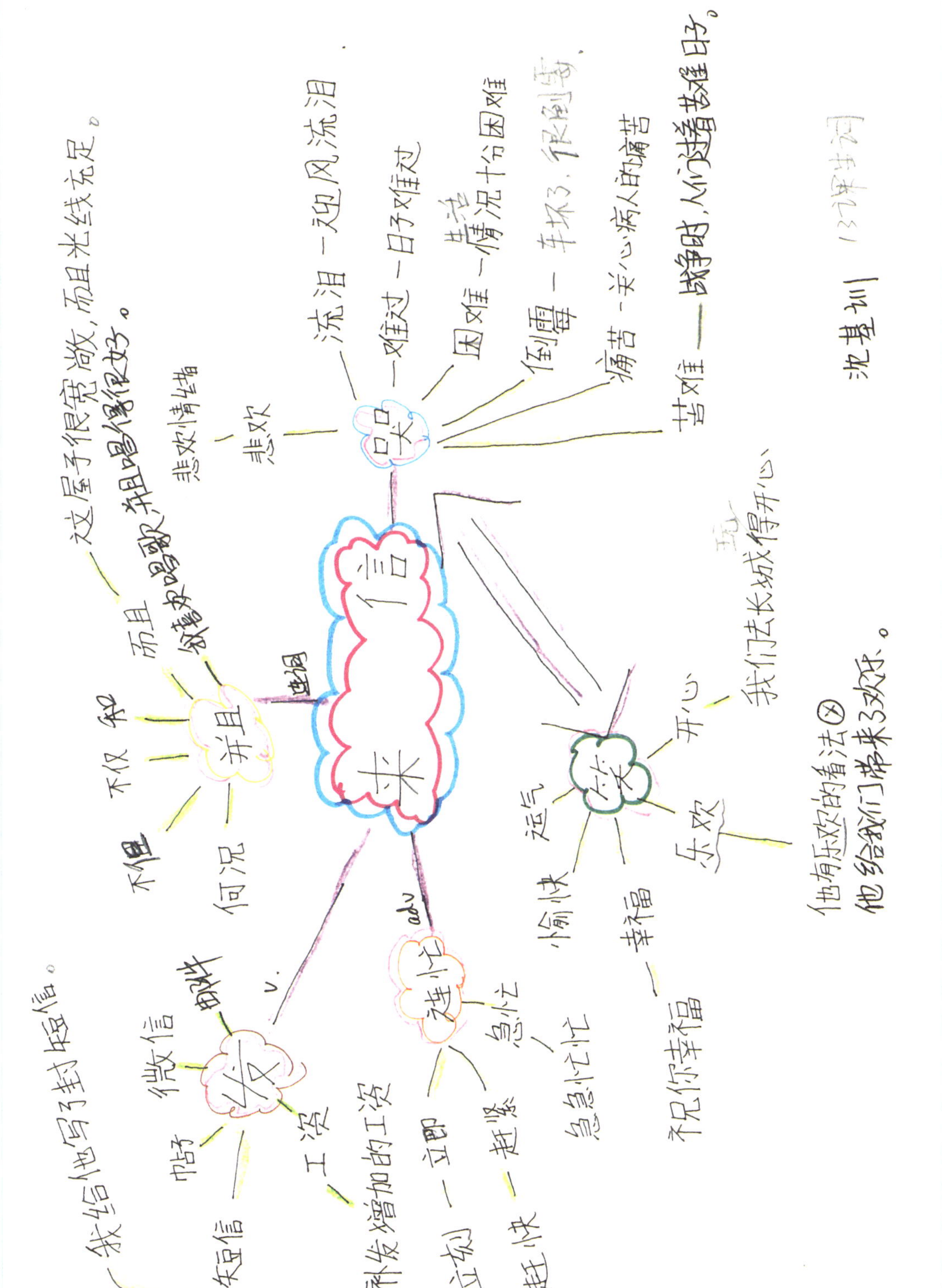

来信
哭
悲欢 — 悲欢情绪
流泪 — 迎风流泪
难过 — 日子难过
困难 — 情况十分困难
倒霉
痛苦 — 关心病人的痛苦
苦难 — 战争时，人们过着苦难日子。
并且
而且 — 这屋子很宽敞，而且光线充足。
不仅
不但
何况
乐
开心 — 我们去长城，玩得开心。
运气
愉快
幸福 — 祝你幸福
发
微信
帖子
短信 — 我给他写了封短信。
工资 — 补发增加的工资
连忙
急忙 — 急急忙忙
立即 — 立刻
赶紧 — 赶快
沈基训

绘制者：韩国留学生沈基训

语法思维导图

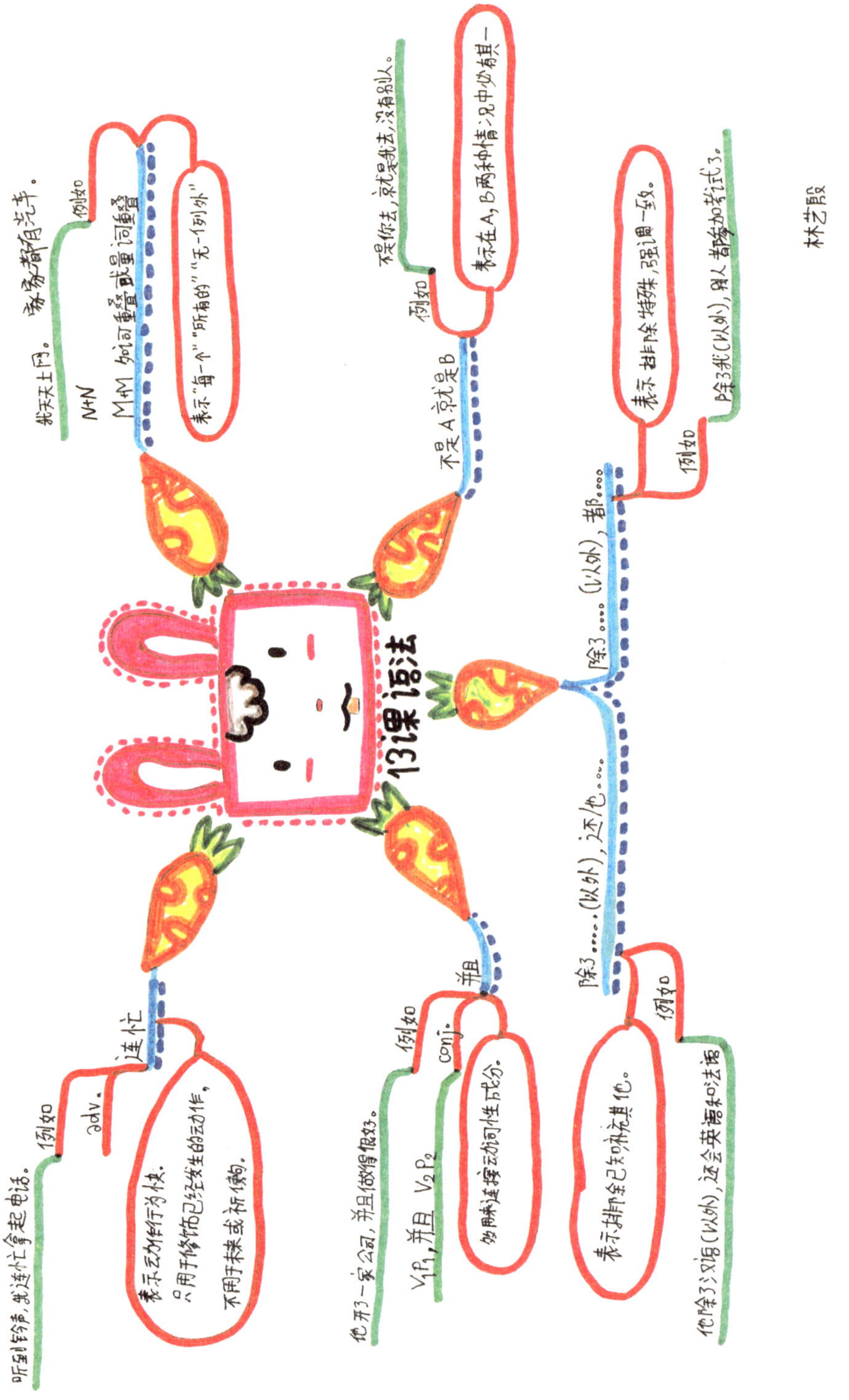
13课语法
连忙
adv.
例如
听到铃声，我连忙拿起电话。
表示动作行为快。
只用于修饰已经发生的动作，
不用于未来或祈使句。
N+N
M+M 量词重叠或量词重叠
例如
我天天上网。家家都有汽车。
表示"每一个""所有的""无一例外"
并且
conj.
V_1P_1，并且 V_2P_2
例如
他开了一家公司，并且做得很好。
常用来连接动词性成分。
不是A就是B
例如
不是你去，就是我去，没有别人。
表示在A，B两种情况中必有其一
除了……(以外)，还/也……
表示排除已知补充其他。
例如
他除了汉语(以外)，还会英语和法语
除了……(以外)，都……
表示排除特殊，强调一致。
例如
除了我(以外)，别人都参加考试了。
林艺殷

绘制者：泰国留学生林艺殷

短文思维导图

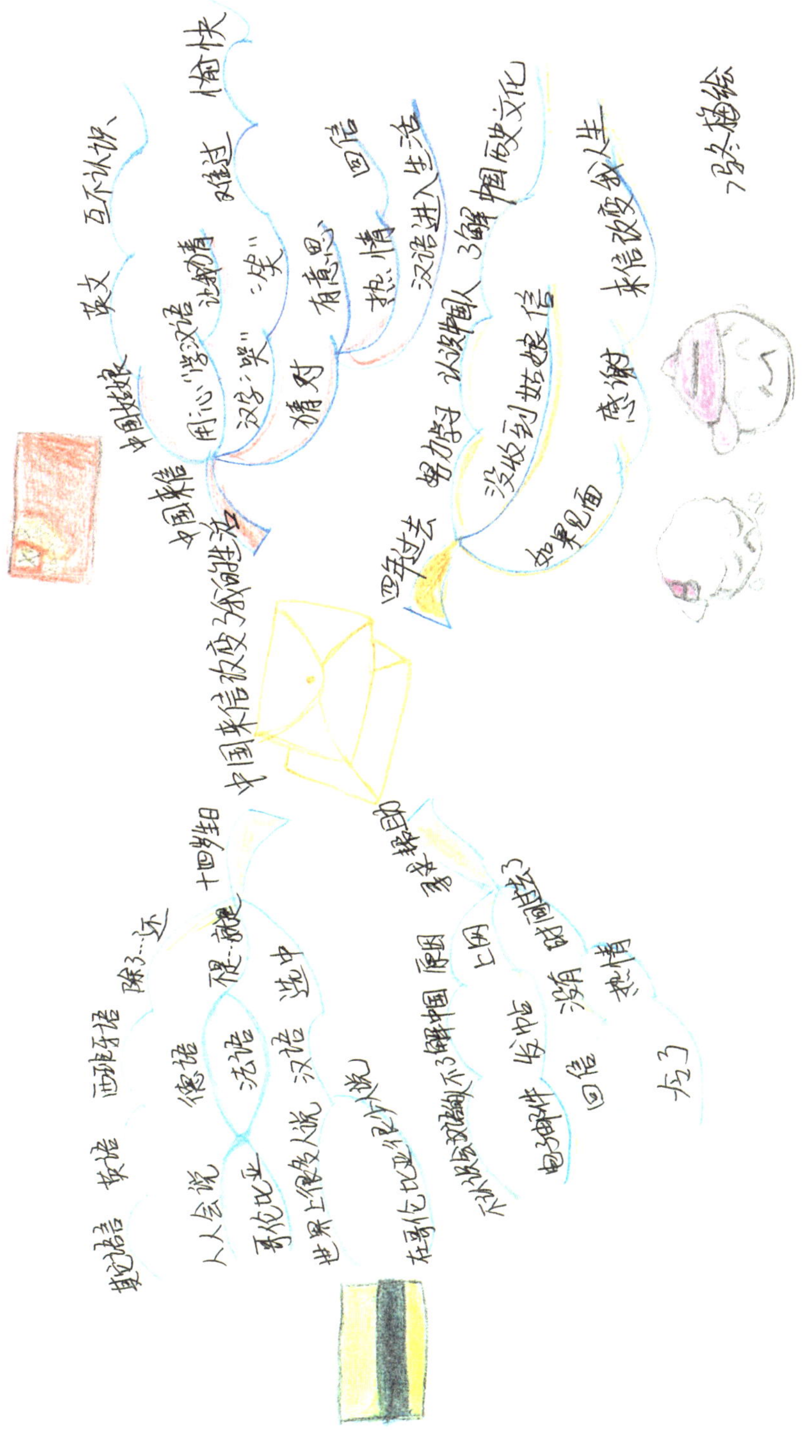
中国来信改变了我的生活

绘制者：冯冬梅

教材原文

YUANWEN

第一次打的

（发展汉语初级综合Ⅱ第14课）

词语学习

1	打的	dǎ dī	take a taxi
2	严重	yánzhòng	serious; grave; severe
3	必须	bìxū	must; have to
4	借	jiè	borrow; lend
5	万	wàn	ten thousand
6	匆忙	cōngmáng	in a hurry; hurriedly
7	夜里	yèlǐ	at night; nighttime
8	停	tíng	stop; of cars be parked
9	身边	shēnbiān	one's side
10	农村	nóngcūn	countryside; rural area
11	和气	héqi	kind
12	看样子	kànyàngzi	it seems that; it looks as if
13	稍微	shāowēi	a little bit
14	提包	tíbāo	handbag
15	被	bèi	by (marker for passive sentences or clauses)
16	急忙	jímáng	in a hurry; hurriedly; hastily
17	追	zhuī	chase
18	车牌号	chēpáihào	licence number (of a vehicle)
19	记	jì	remember; bear in mind
20	弄	nòng	do; manage; handle
21	丢	diū	lose
22	恨	hèn	hate
23	果然	guǒrán	as expected; sure enough
24	幸好	xìnghǎo	luckily; thankfully
25	谢	xiè	thank
26	啦	la	combination of “了” (le) and “啊” (a) expressing exclamation interrogation, etc.
27	经历	jīnglì	(countable) experience
28	印象	yìnxiàng	impression

走进课文

第一次打的

妻子来电话，说孩子的病很严重，必须住院。我赶紧借了一万五千块钱，匆匆忙忙地坐上了去天津的火车。

夜里11点多，我终于到了天津站。公共汽车已经没有了，可是，我是第一次来天津，不知道怎么去那家医院。我正着急的时候，一辆出租车停在我身边。“先生，坐车吗？”司机问。

我从来没打过的，又听说大城市的出租车司机常常骗农村人，所以很害怕坐出租车，可是现在实在没有办法，我只好上了车。

司机二十多岁，挺和气，车里干干净净，看样子是个认真的人。我稍微放了点儿心。司机一边开车一边和我聊天儿，很快就到了医院。我紧张地给了他一百块钱，问：“够吗？”

“十九块。”司机说。还不太贵，我赶紧付了钱，就往医院跑。

“不好！”进了医院，我才发现，装钱的提包被我忘在出租车里了。我急忙跑出去追，车已经开走了。这可怎么办？连车牌号也没记住，也不知道司机叫什么名字，这么大的天津，上哪儿去找？一万五千块钱被弄丢了，孩子住院等着用钱呢，这可怎么办？这可怎么办？我真恨自己！

这时候手机突然响了起来，这么晚了，谁呢？

“喂，是李先生吗？”

“是啊，你是……”

“我是出租车司机小刘，您把包忘在我的车里了。您别着急，我马上给您送过去！”十分钟后，小刘果然来了，手里拿着那个被我忘在车里的提包。

“幸好您的包里有电话号码，才和您联系上。给您包，快看看少了什么没有。”我赶紧打开提包，一看，一万五千块，一分也不少。

“幸好遇到的是您啊，真是太谢谢您了！”我的眼泪都快要流出来了。

“谢什么！这是我应该做的。以后可得小心啊，再见了！”

我拿出五百块钱给他，可他就是不要。多好的人啊！这次坐出租车的经历，使我改变了对出租车司机的印象。

词语思维导图

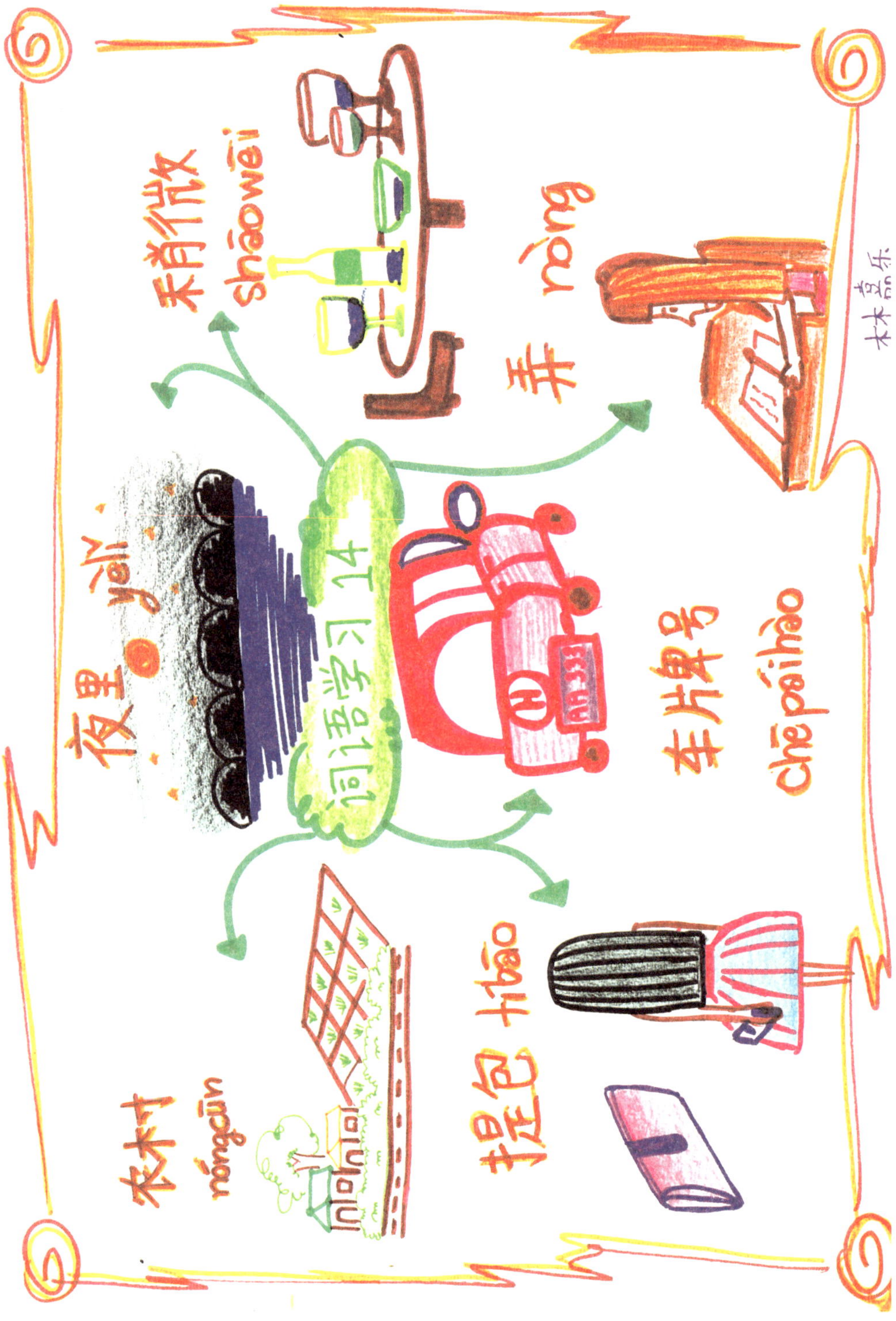
词语学习 14
夜里 yèlǐ
稍微 shāowēi
弄 nòng
车牌号 chēpáihào
提包 tíbāo
农村 nóngcūn
林嘉乐

绘制者：泰国留学生林嘉乐

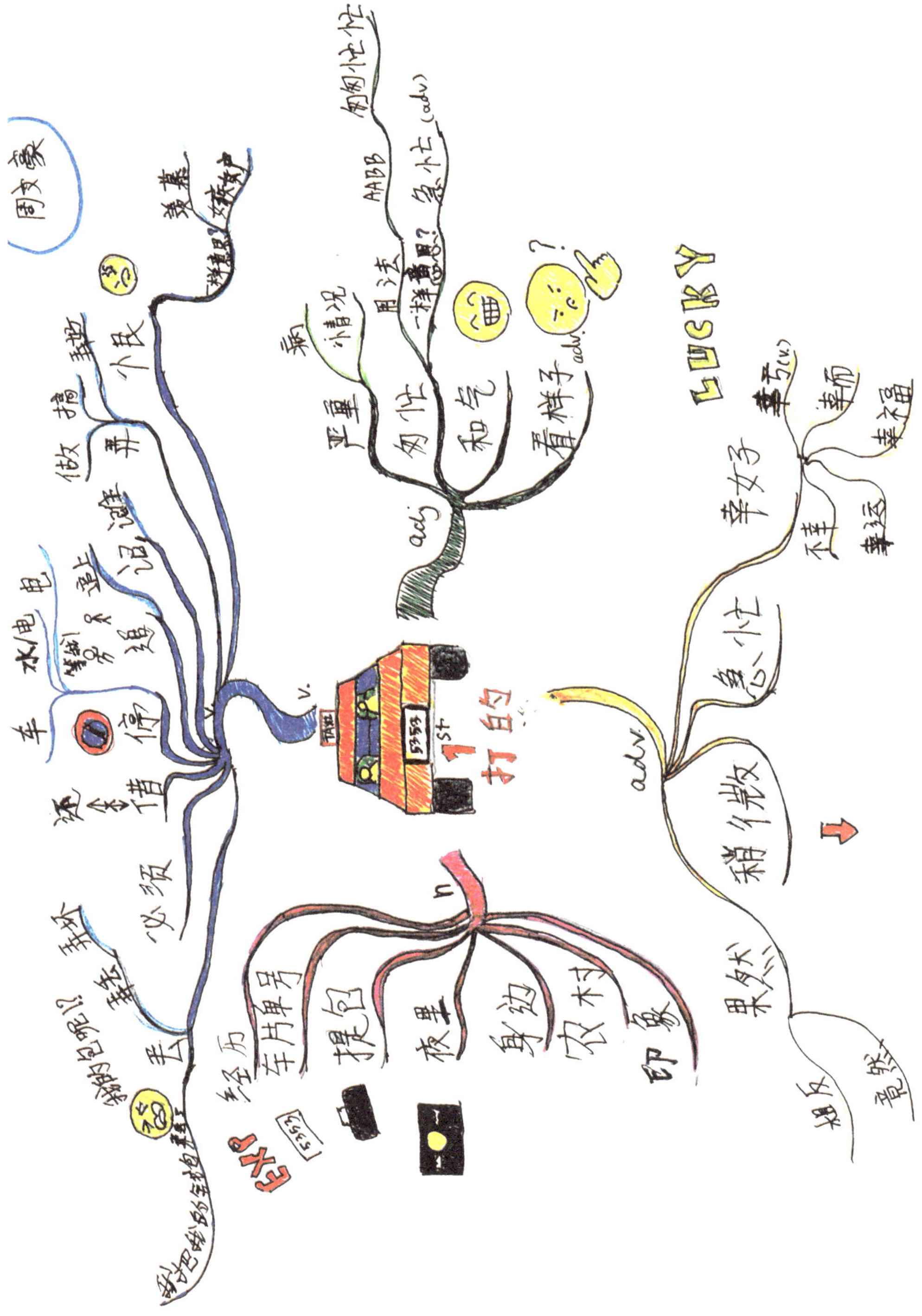
打的
LUCKY
EXP
adj
adv.
n
v.

绘制者：泰国留学生周文豪

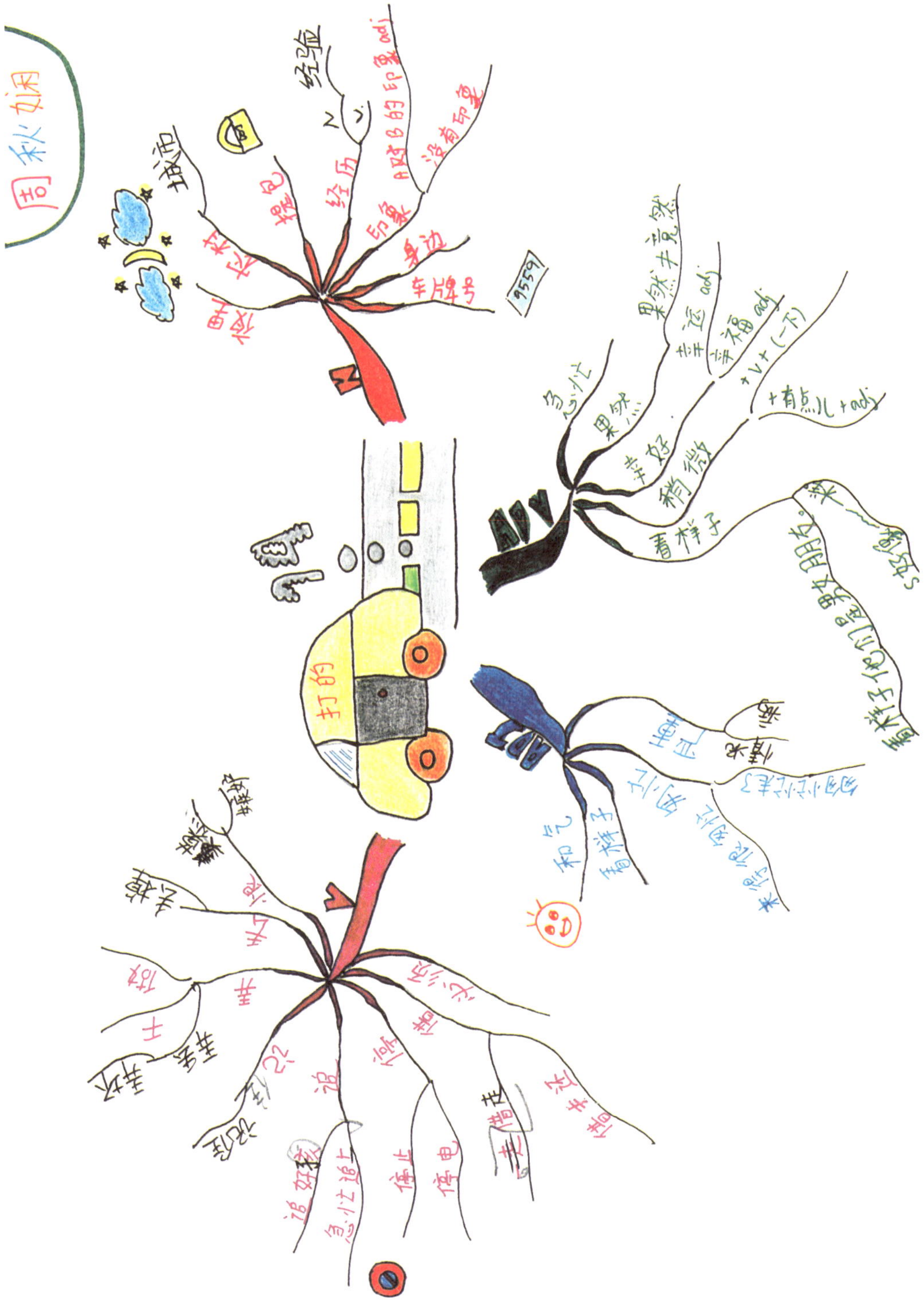
周秋娴
打的
经验
经历
印象
身边
车牌号
没有印象
9559
果然
幸好
稍微
看样子
幸运 adj
幸福 adj
+有点儿+adj
和气

绘制者：泰国留学生周秋娴

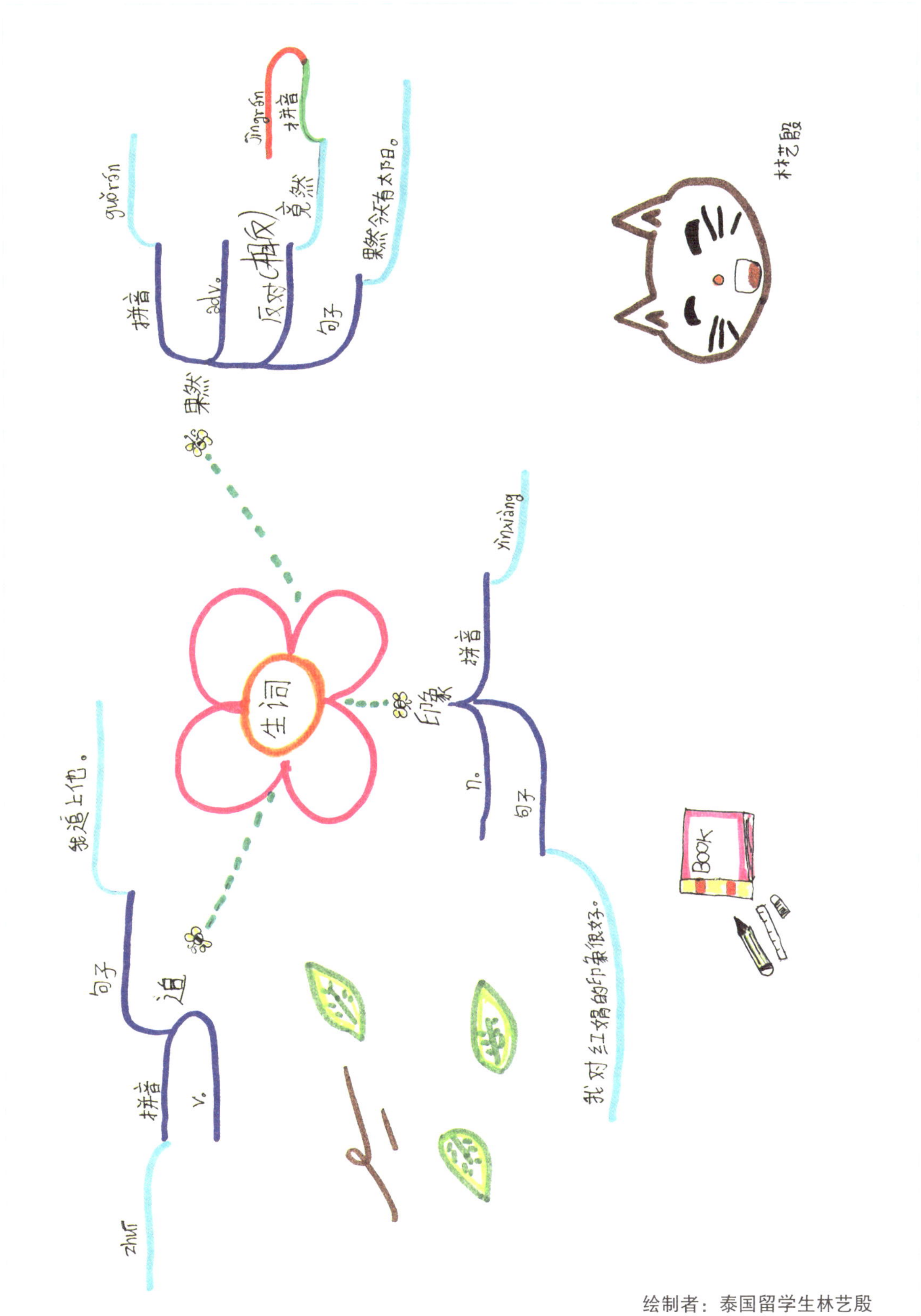
生词
果然
拼音
guǒrán
adv.
反对(相反)
竟然
拼音
jìngrán
句子
果然今天有太阳。
印象
拼音
yìnxiàng
n.
句子
我对红娟的印象很好。
追
拼音
zhuī
v.
句子
我追上他。
BOOK
林艺殷

绘制者：泰国留学生林艺殷

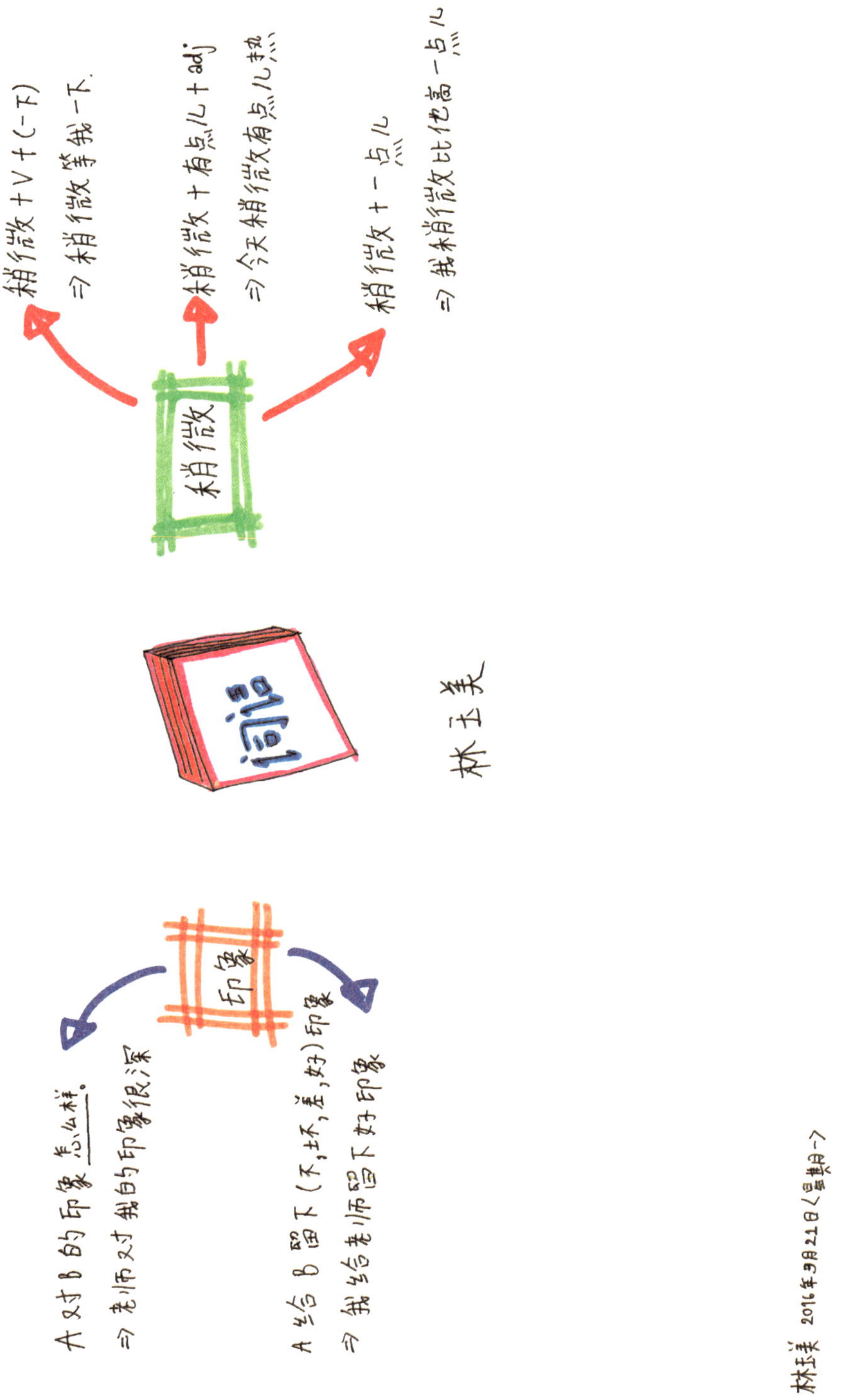
稍微
稍微+V+(一下)
⇒稍微等我一下.
稍微+有点儿+adj
⇒今天稍微有点儿热
稍微+一点儿
⇒我稍微比他高一点儿
词
林玉美
印象
A对B的印象怎么样
⇒老师对我的印象很深
A给B留下(不,坏,差,好)印象
⇒我给老师留下好印象
林玉美 2016年9月21日(星期一)

绘制者：泰国留学生林玉美

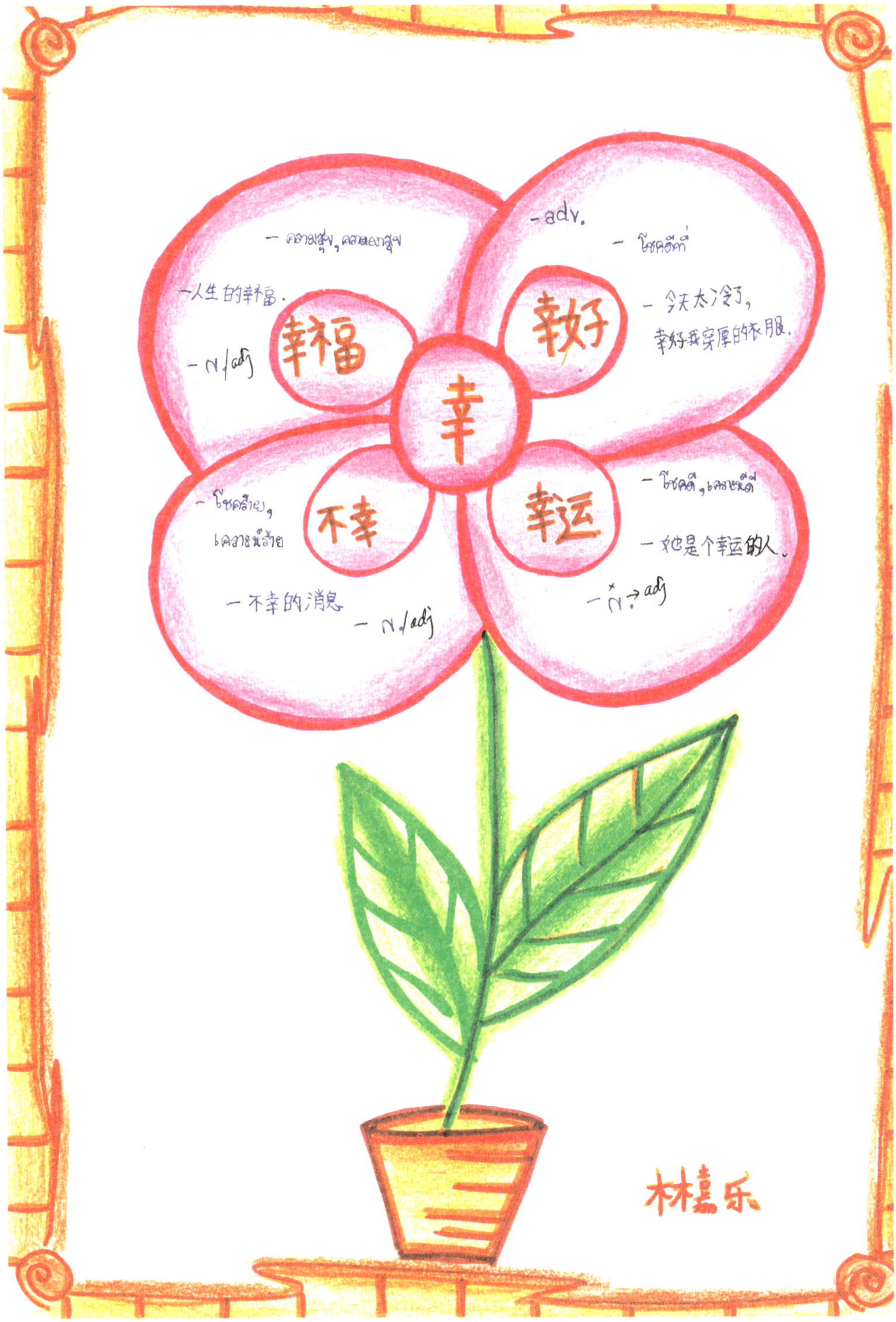
幸
幸福
人生的幸福.
n./adj
幸好
adv.
今天太冷了，
幸好我穿厚的衣服.
不幸
不幸的消息
n./adj
幸运
她是个幸运的人.
林嘉乐

绘制者：泰国留学生林嘉乐

课文学习

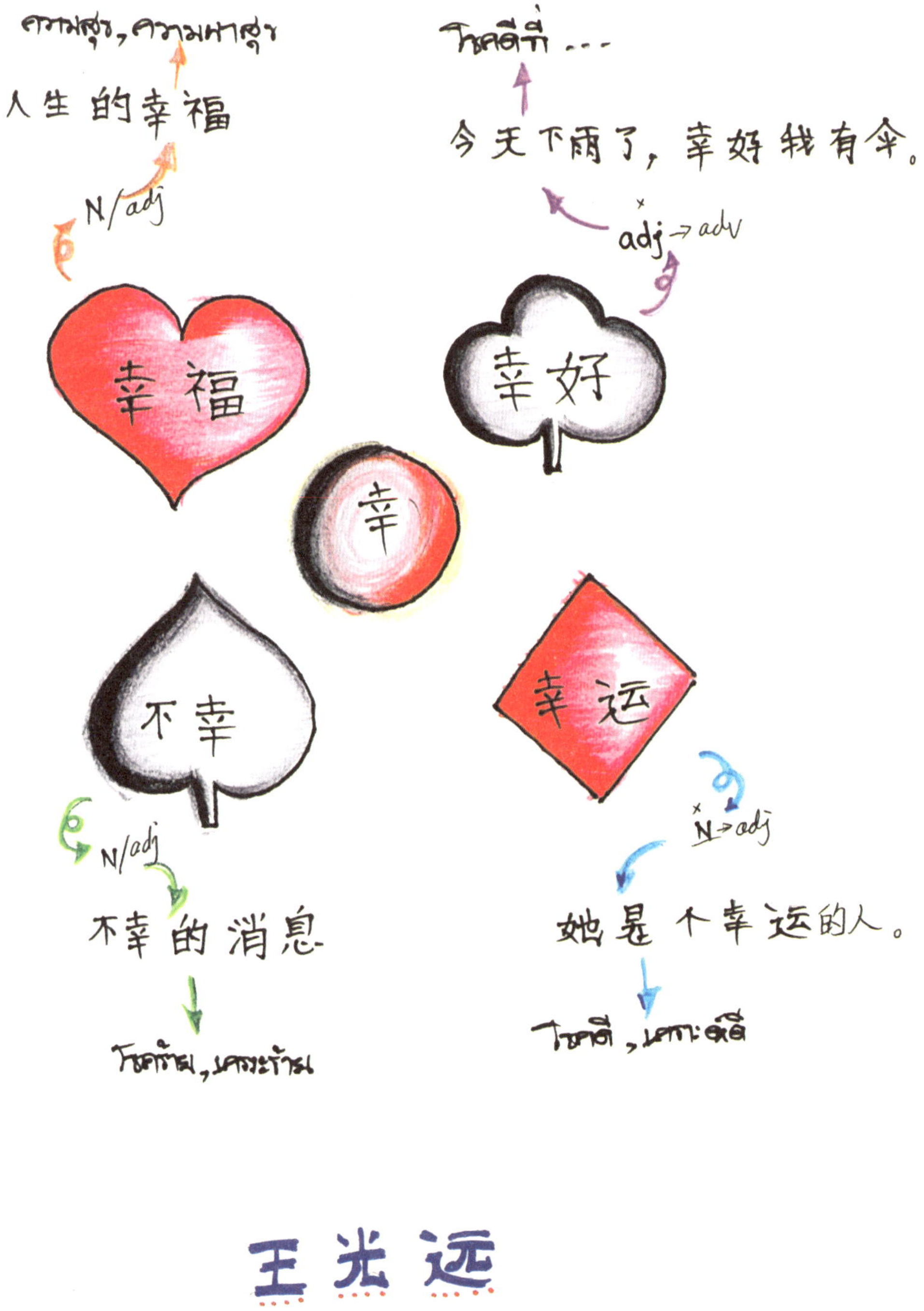
ความสุข, ความผาสุข
人生的幸福
N/adj
幸福
โชคดีที่ ...
今天下雨了，幸好我有伞。
adj→adv
幸好
幸
不幸
N/adj
不幸的消息
โชคร้าย, เคราะห์ร้าย
幸运
N→adj
她是个幸运的人。
โชคดี, เคราะห์ดี
王光远

绘制者：泰国留学生王光远

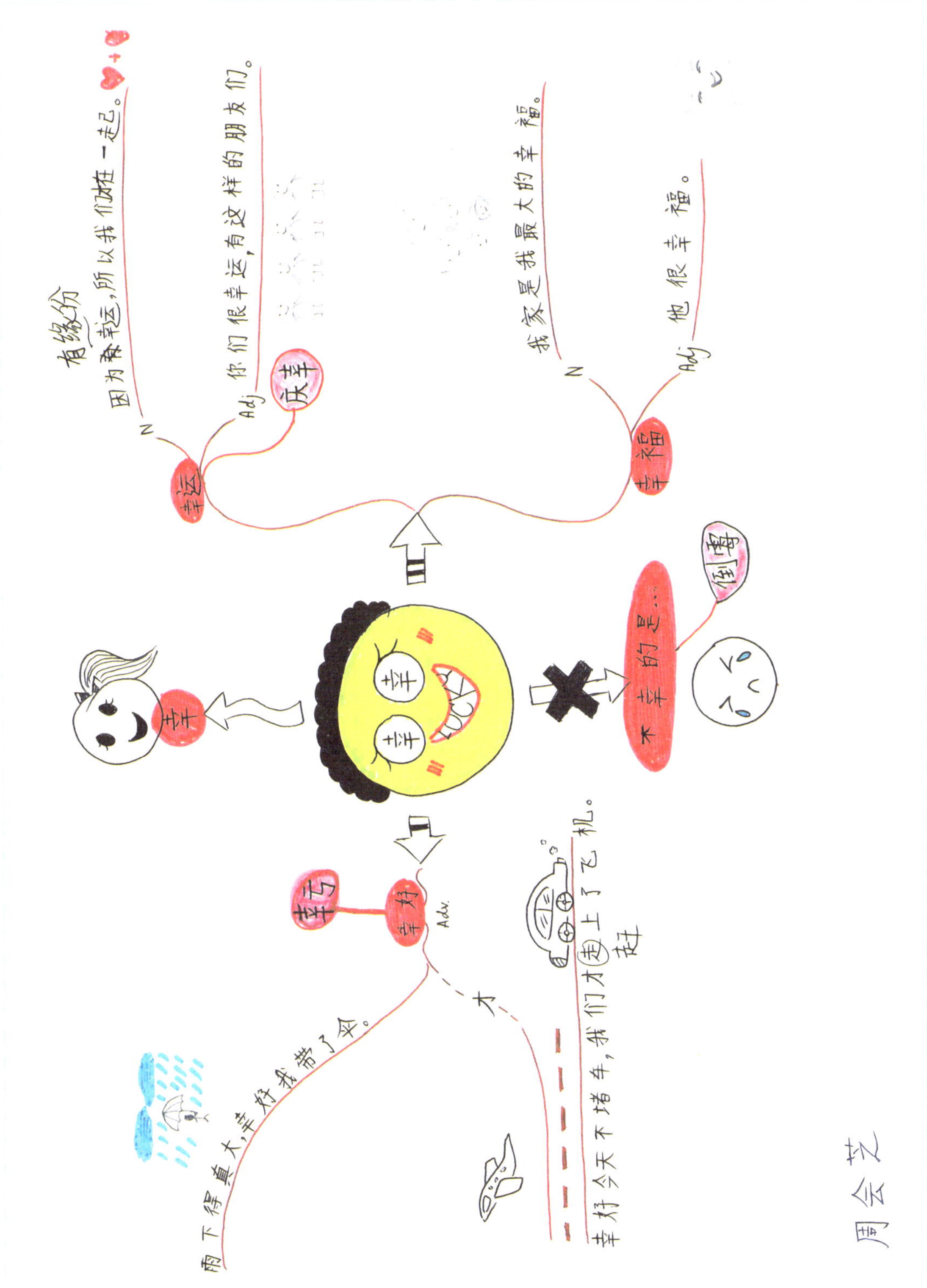
有缘分
因为有幸运，所以我们在一起。
N
幸运
Adj
你们很幸运，有这样的朋友们。
庆幸
幸福
N
我家是我最大的幸福。
Adj
他很幸福。
幸
幸
幸
LUCKY
不幸的是……
倒霉
幸好
幸亏
Adv.
雨下得真大，幸好我带了伞。
才
幸好今天不堵车，我们才赶上了飞机。
周会芝

绘制者：泰国留学生周会芝

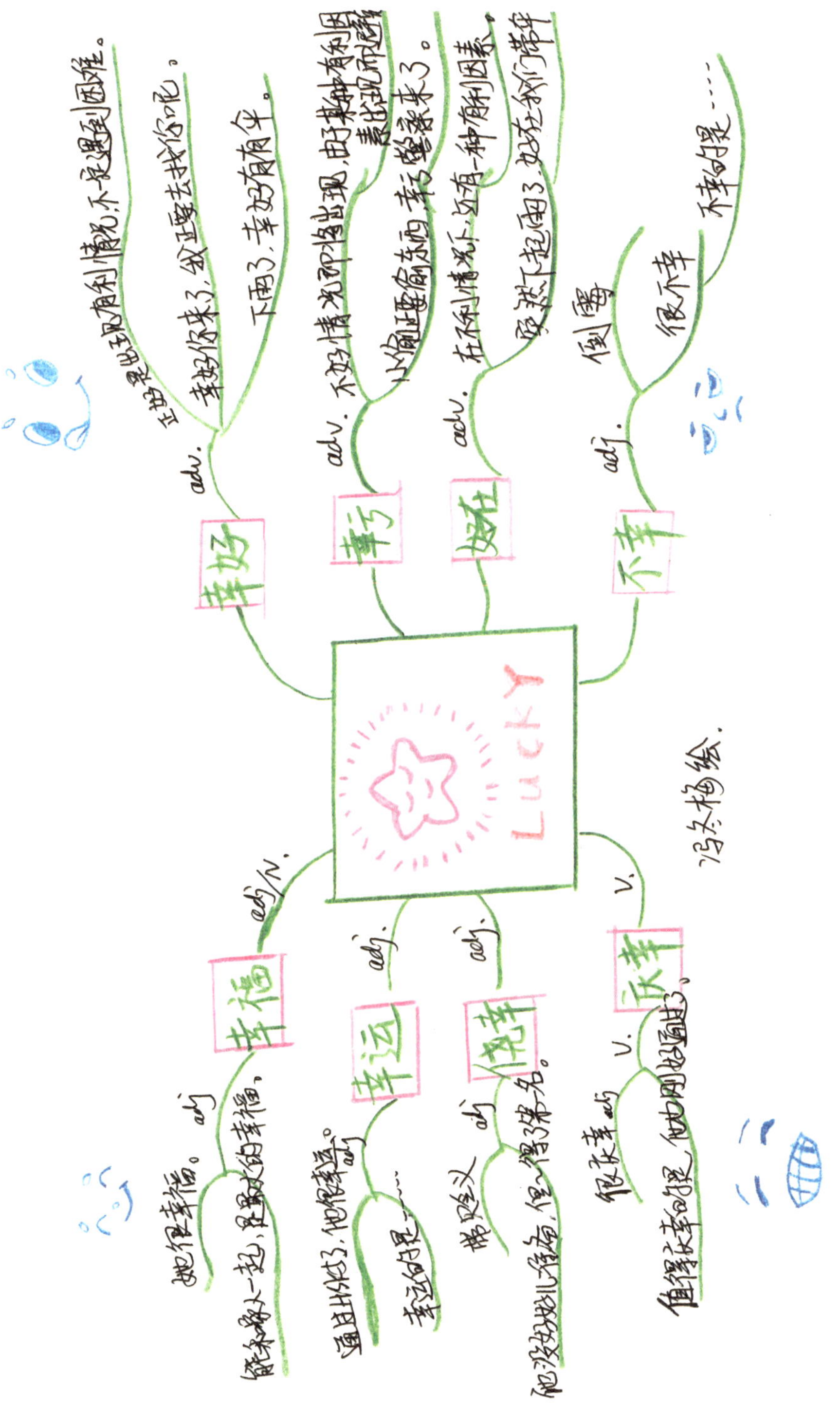
LUCKY
幸好
幸亏
好在
不幸
幸福
幸运
侥幸
庆幸

绘制者:冯冬梅

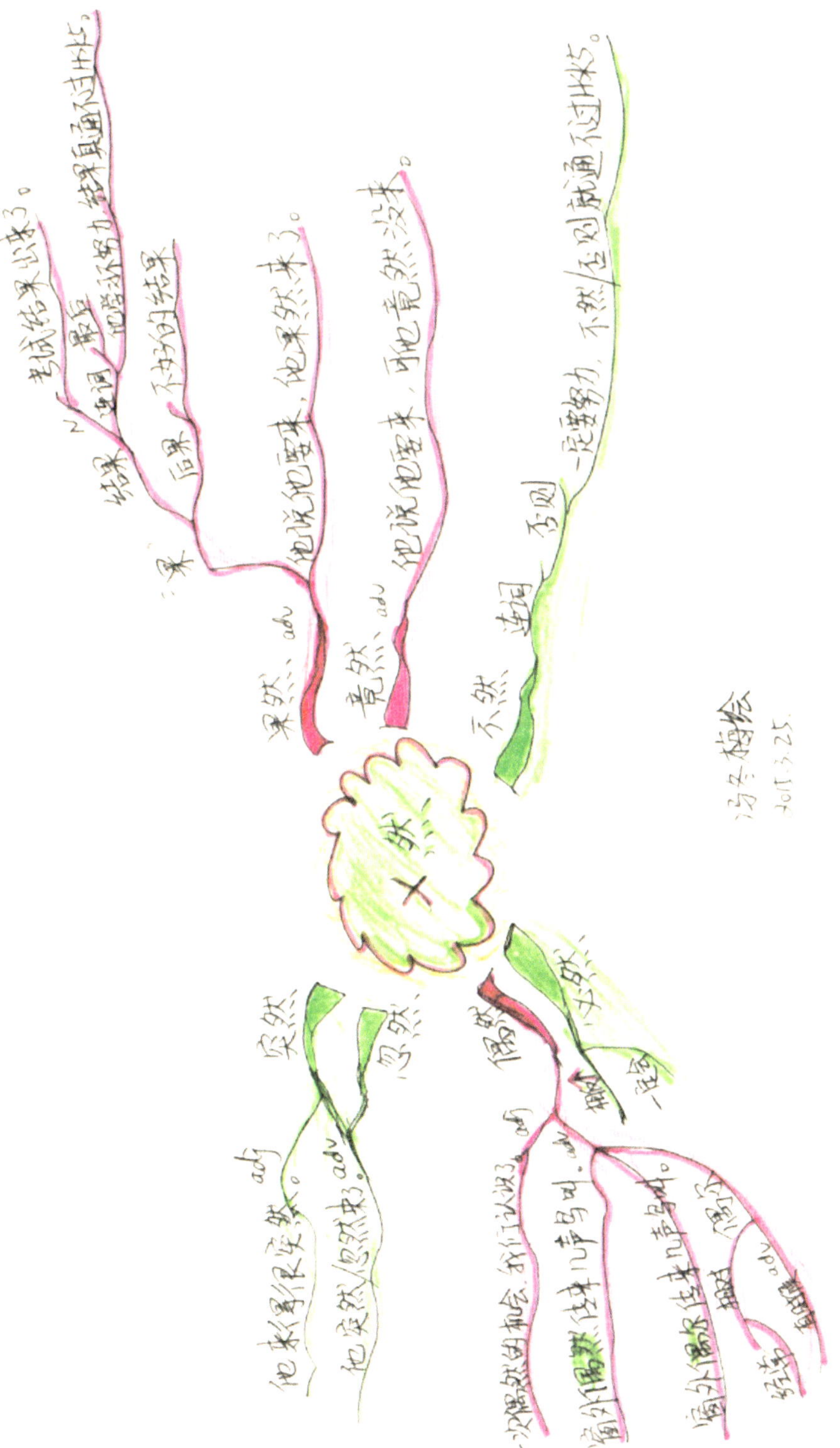

绘制者：冯冬梅

语法思维导图

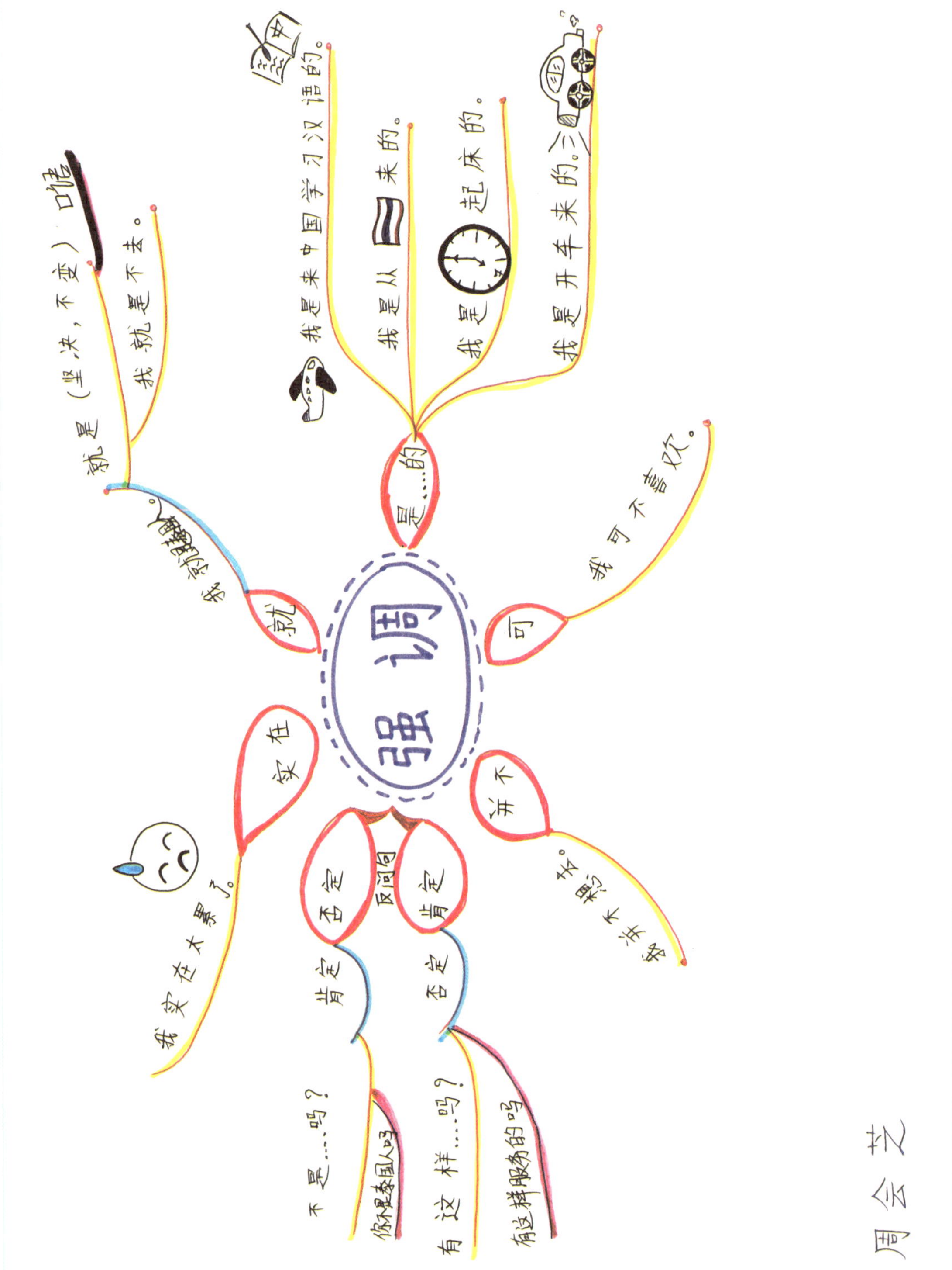
强调
是……的
我是来中国学习汉语的。
我是从
来的。
我是
起床的。
我是开车来的。
就
就是（坚决，不变）
我就是不去。
可
我可不喜欢。
不许
实在
我实在太累了。
反问句
否定
肯定
不是……吗？
有这样……吗？
周会芝

绘制者：泰国留学生周会芝

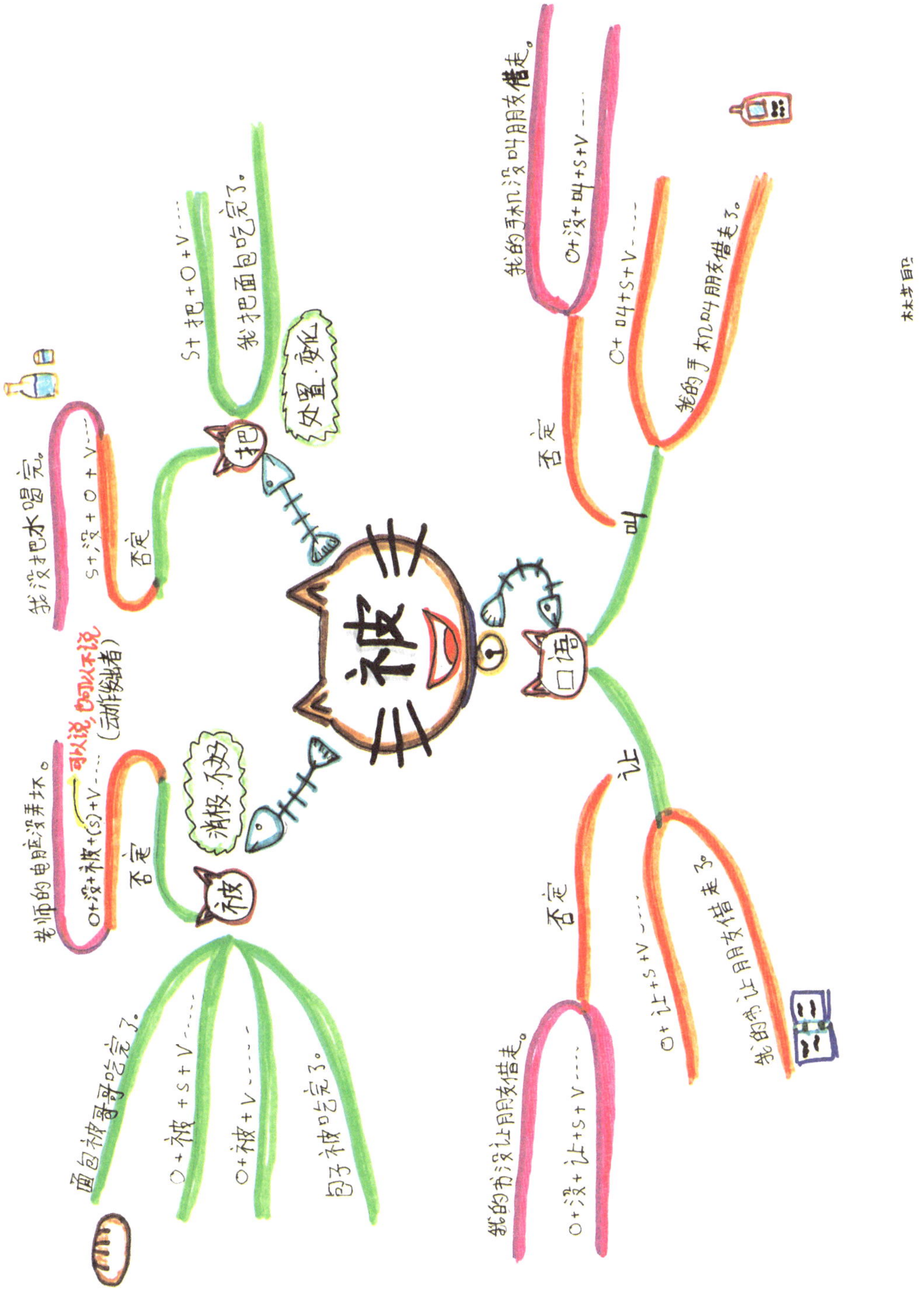
被
把
处置·变化
S+把+O+V……
我把面包吃完了。
否定
S+没+把+O+V……
我没把水喝完。
被
消极·不好
否定
O+没+被+(S)+V……
可以说，也可以不说
(动作的发出者)
老师的电脑没弄坏。
面包被哥哥吃完了。
O+被+S+V……
O+被+V……
包子被吃完了。
口语
叫
否定
我的手机没叫朋友借走。
O+没+叫+S+V……
O+叫+S+V……
我的手机叫朋友借走了。
让
否定
我的书没让朋友借走。
O+没+让+S+V……
O+让+S+V……
我的书让朋友借走了。
林艺殷

绘制者：泰国留学生林艺殷

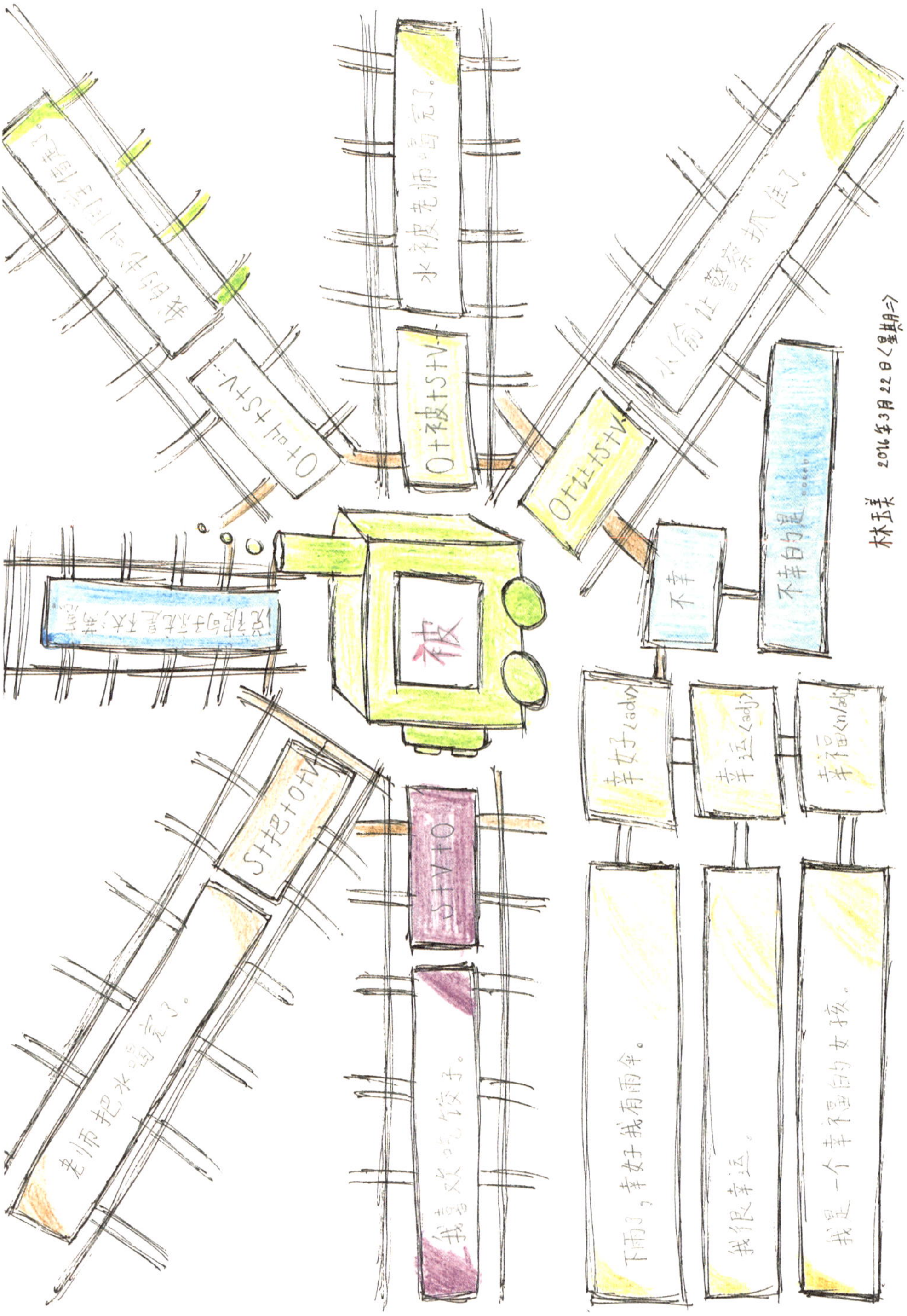
被
O+被+S+V
水被老师喝完了。
O+让+S+V
小偷让警察抓住了。
O+叫+S+V
S+把+O+V
老师把水喝完了。
S+V+O
我喜欢吃饺子。
不幸
不幸的是
幸好〈adv〉
幸运〈adj〉
幸福〈n/adj〉
下雨了，幸好我有雨伞。
我很幸运。
我是一个幸福的女孩。
2016年3月22日〈星期二〉
林玉美

绘制者：泰国留学生林玉美

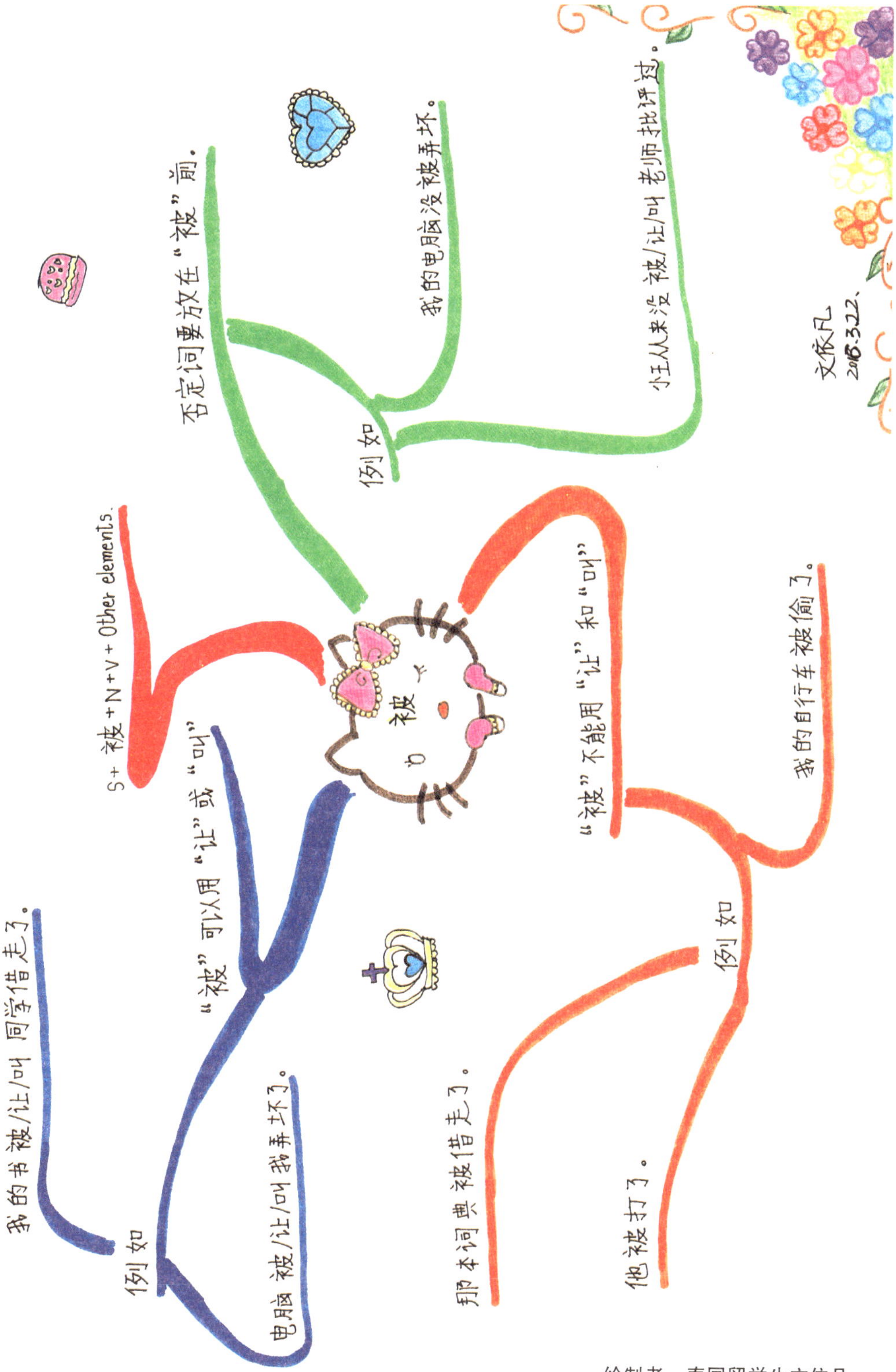
被
S+被+N+V+Other elements.
"被"可以用"让"或"叫"
例如
我的书被/让/叫同学借走了。
电脑被/让/叫我弄坏了。
否定词要放在"被"前。
例如
我的电脑没被弄坏。
他从来没被/让/叫老师批评过。
"被"不能用"让"和"叫"
例如
我的自行车被偷了。
那本词典被借走了。
他被打了。
文依凡
2013.3.22.

绘制者：泰国留学生文依凡

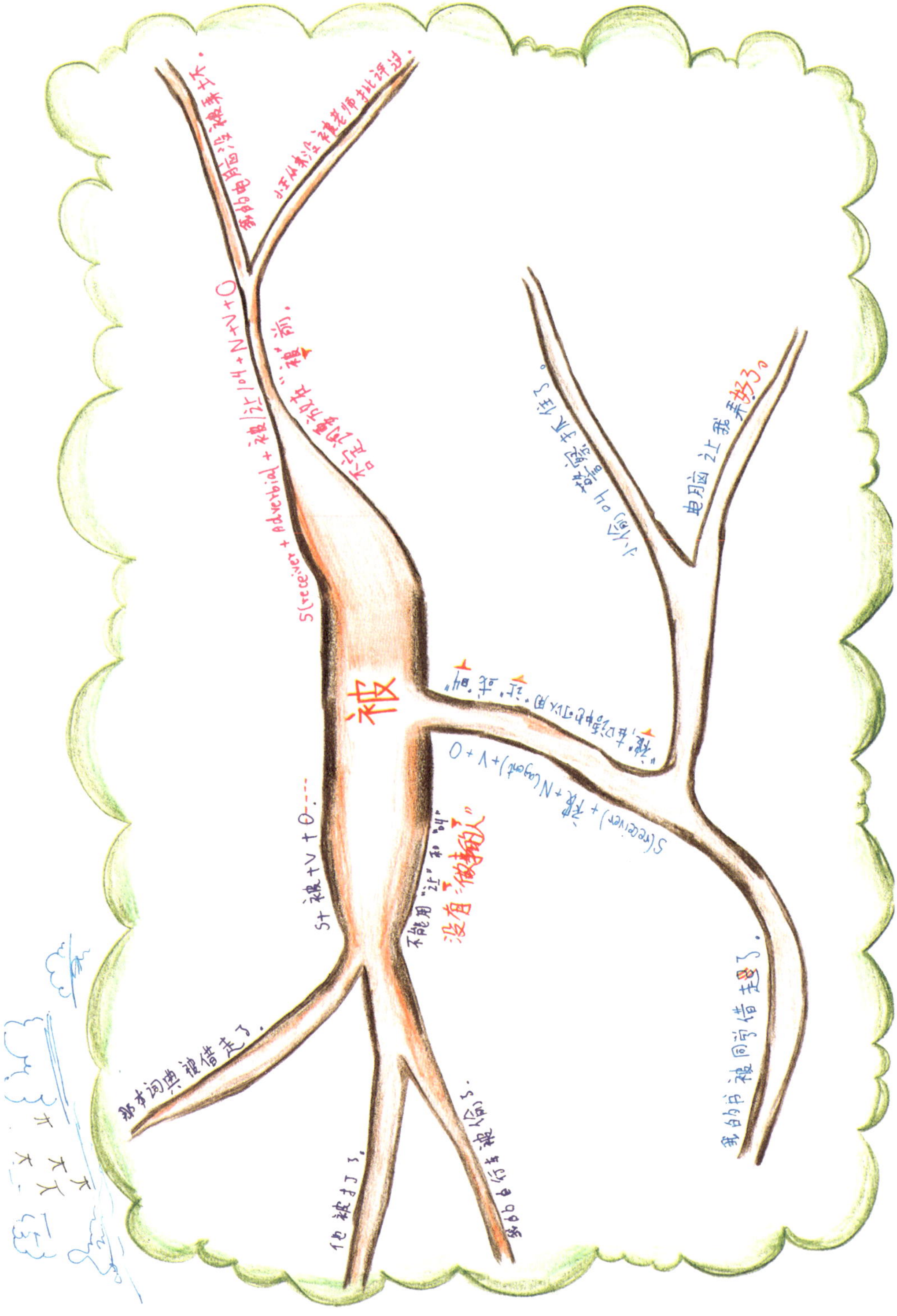
被
S(receiver) + Adverbial + 被/让/叫 + N + V + O
否定词放在"被"前。
我的电脑没被弟弟打坏。
小王从来没被老师批评过。
S(receiver) + 被 + N(agent) + V + O
小偷叫警察抓住了。
电脑让我弄好了。
我的书被同学借走了。
S + 被 + V + O……
不能用"让"和"叫"
没有"做动作的人"
那本词典被借走了。
他被打了。
我的自行车被偷了。

绘制者：泰国留学生何雪薇

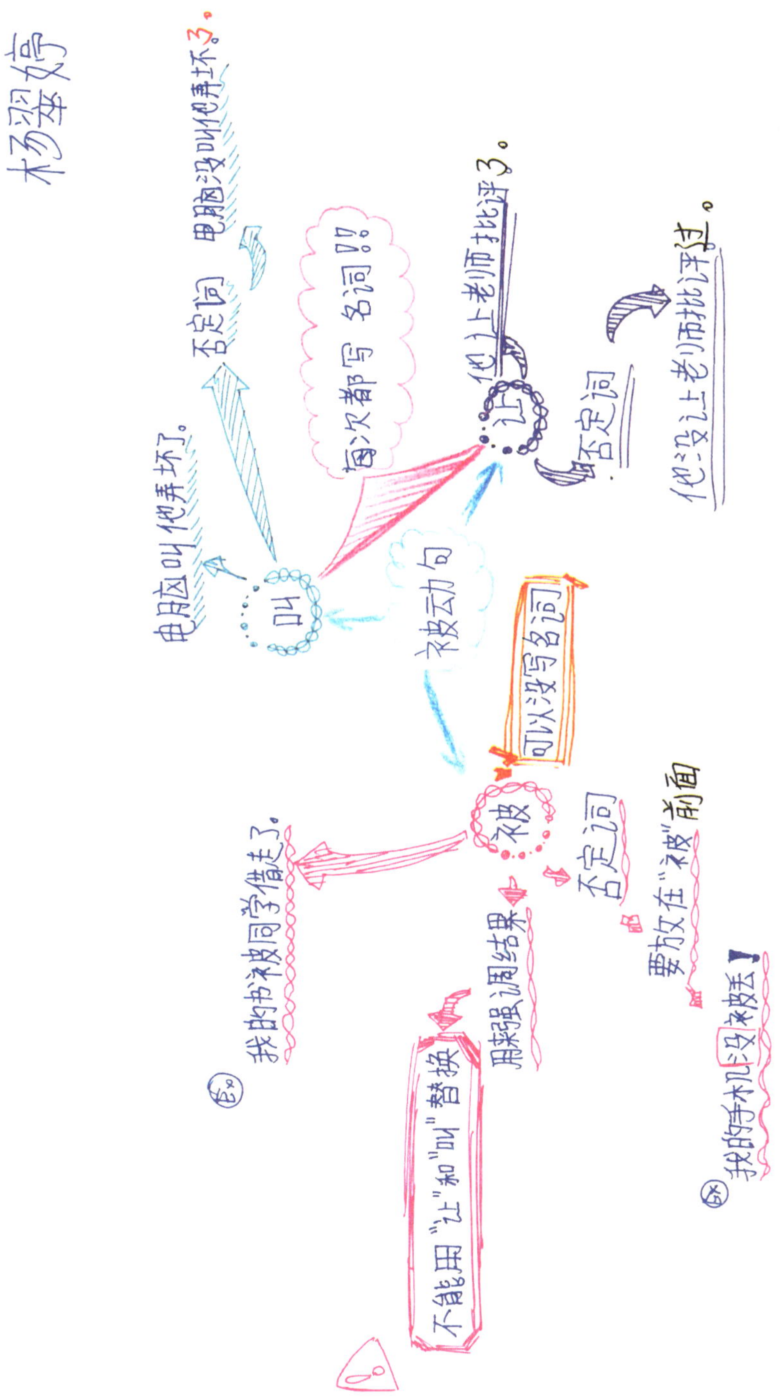
杨翠婷
叫
电脑叫他弄坏了。
否定词
电脑没叫他弄坏了。
每次都写名词!!
让
他让老师批评了。
否定词
他没让老师批评过。
被动句
可以没写名词
被
我的书被同学借走了。
强调结果
不能用"让"和"叫"替换
否定词
要放在"被"前面
我的手机没被丢!

绘制者：泰国留学生杨翠婷

周秋娴
被动句
消极、不好
S+V+O
S+把+O+V——。
口语
叫
让
O+叫+S+V
O+让+S+V
作业让人写完了。
被
O+被+(S)+V——。

绘制者：泰国留学生周秋娴

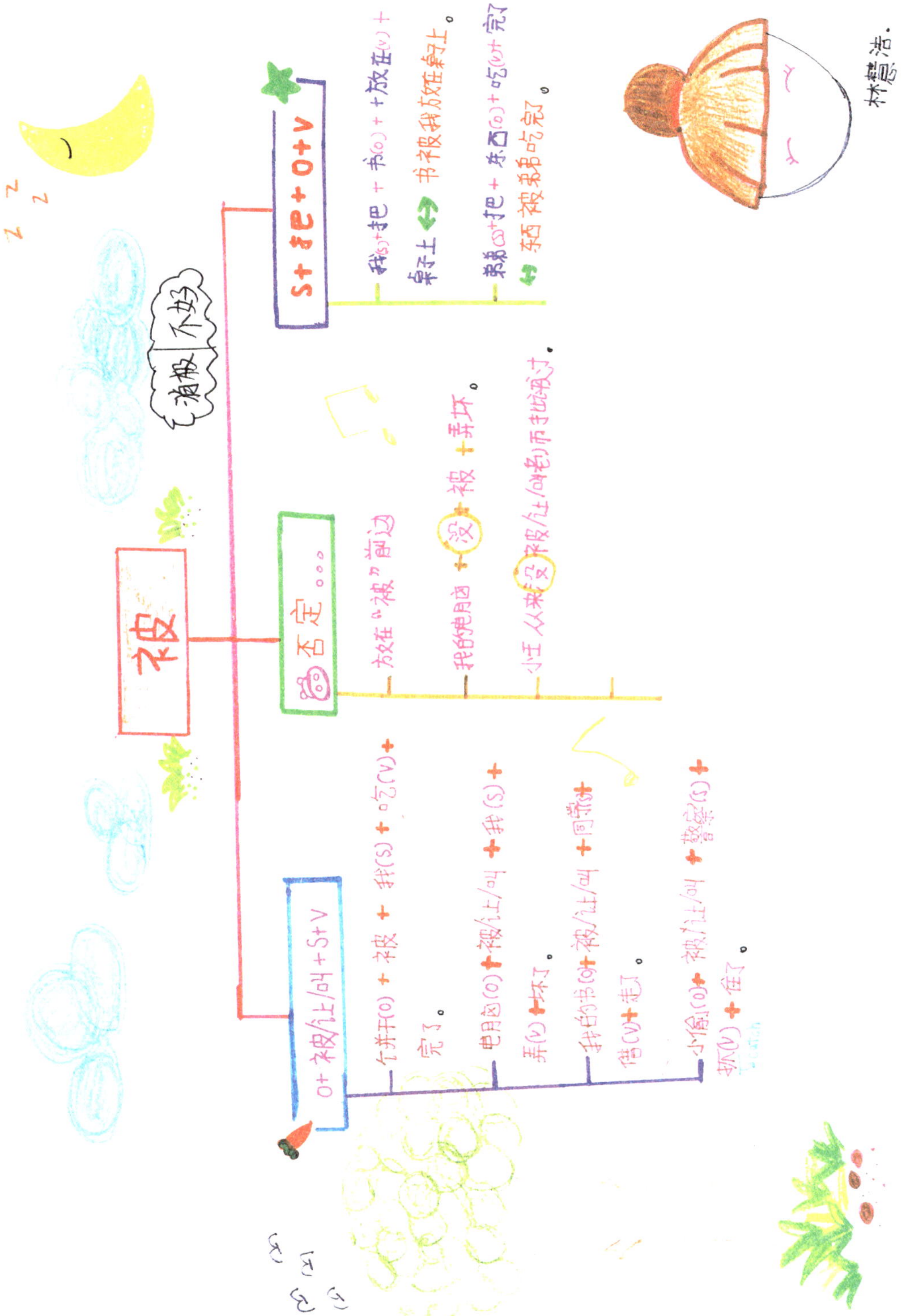
被
消极 不好
S+把+O+V
我(S)+把+书(O)+放在(V)+桌子上 ↔ 书被我放在桌子上。
弟弟(S)+把+东西(O)+吃(V)+完了 ↔ 东西被弟弟吃完了。
否定…
放在"被"前边
我的电脑+没+被+弄坏。
小王从来没被/让/叫老师批评过。
O+被/让/叫+S+V
饼干(O)+被+我(S)+吃(V)+完了。
电脑(O)+被/让/叫+我(S)+弄(V)+坏了。
我的书(O)+被/让/叫+同学+借(V)+走了。
小偷(O)+被/让/叫+警察(S)+抓(V)+住了。
林慧洁.

绘制者：泰国留学生林慧洁

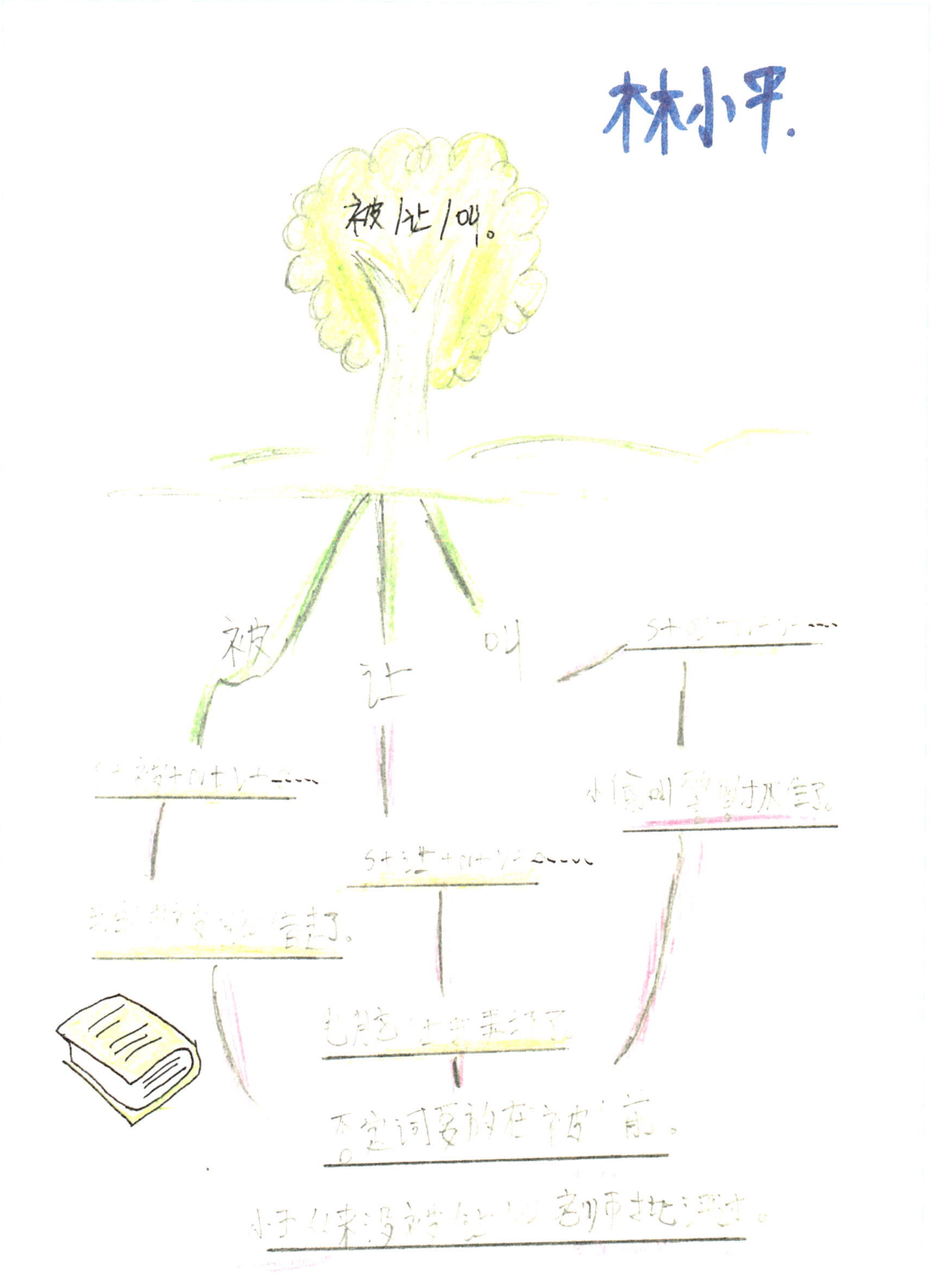
林小平
被/让/叫。
被
让
叫
小偷叫警察抓住了。
否定词要放在"被"前。

绘制者：泰国留学生林小平

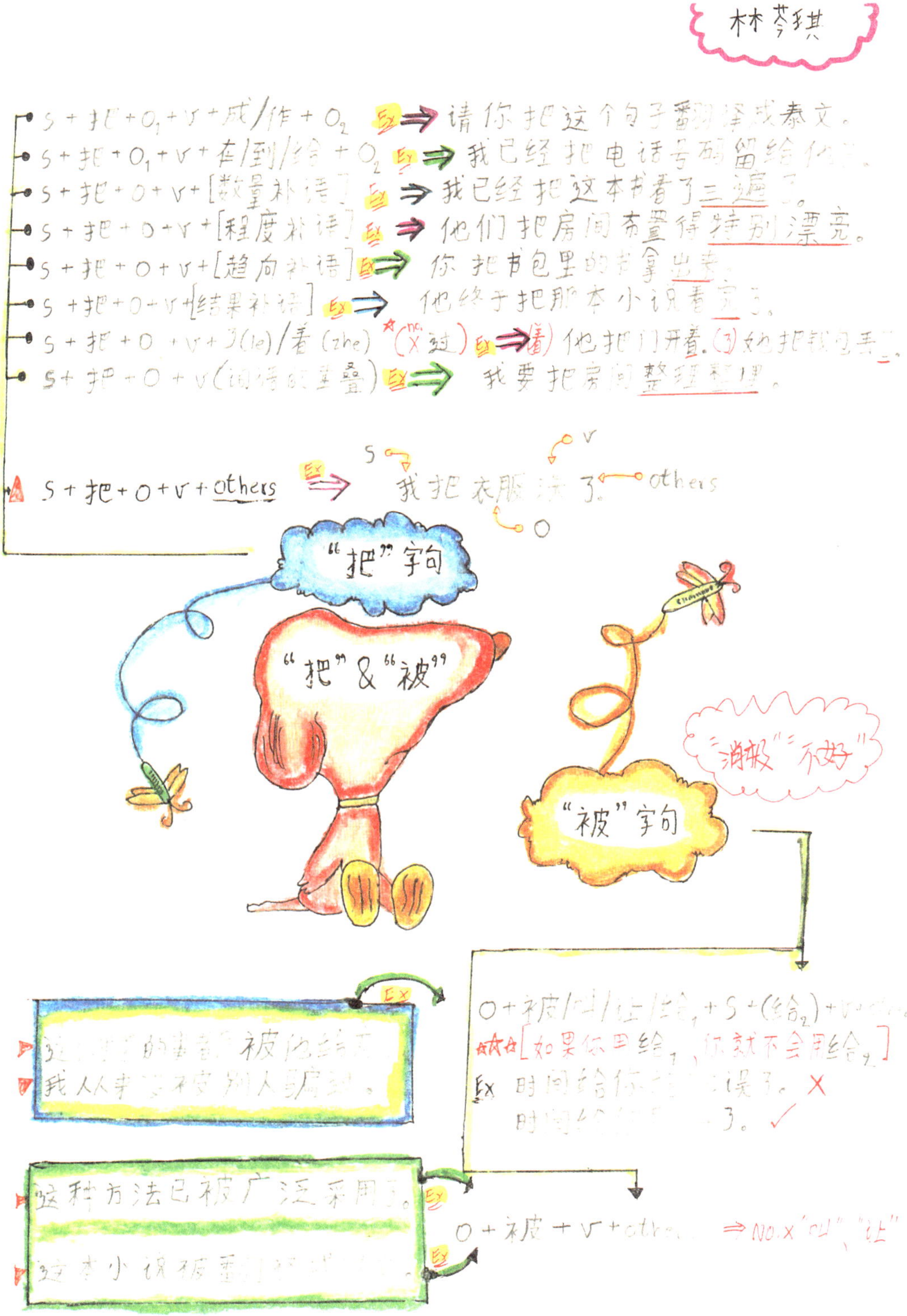
林芩琪
S + 把 + O1 + V + 成/作 + O2 Ex ⇒ 请你把这个句子翻译成泰文。
S + 把 + O1 + V + 在/到/给 + O2 Ex ⇒ 我已经把电话号码留给你了。
S + 把 + O + V + [数量补语] Ex ⇒ 我已经把这本书看了三遍了。
S + 把 + O + V + [程度补语] Ex ⇒ 他们把房间布置得特别漂亮。
S + 把 + O + V + [趋向补语] Ex ⇒ 你把书包里的书拿出来。
S + 把 + O + V + [结果补语] Ex ⇒ 他终于把那本小说看完了。
S + 把 + O + V + 了(le)/着(zhe)
S + 把 + O + V (动词的重叠) Ex ⇒ 我要把房间整理整理。
S + 把 + O + V + others Ex ⇒ 我把衣服洗了。
"把"字句
"把" & "被"
消极 "不好"
"被"字句
O + 被/叫/让/给1 + S + (给2) + V + others
[如果你用给1，你就不会用给2]
Ex 时间给你 … 误了。X
这种方法已被广泛采用了。
O + 被 + V + others ⇒ No. X "叫"、"让"

绘制者：泰国留学生林芩琪

短文思维导图

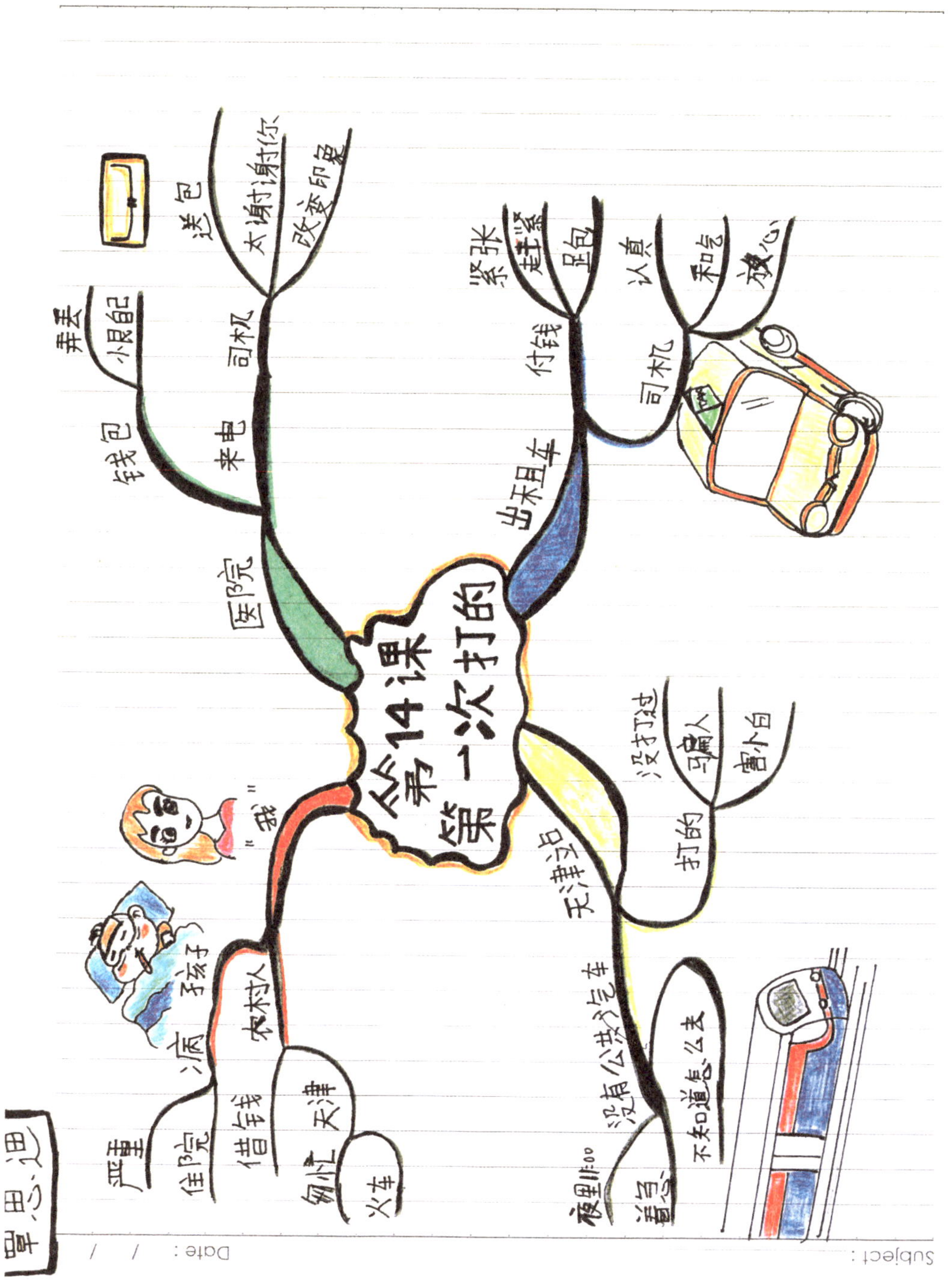
第14课 第一次打的
医院
来电
钱包
司机
出租车
付钱
天津站
打的
"我"
孩子
农村人
借钱
火车

绘制者：泰国留学生覃思迪

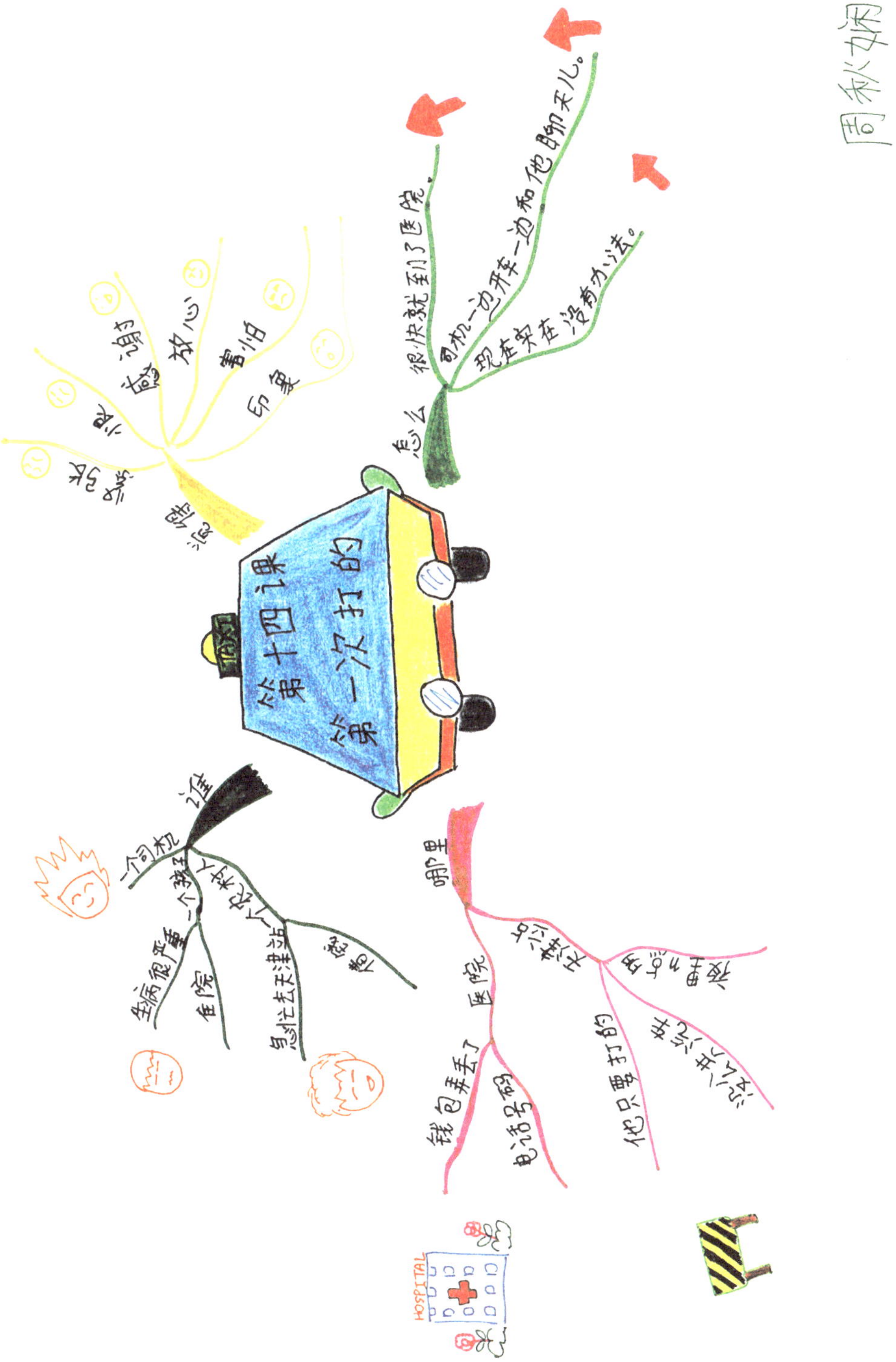
第十四课
第一次打的

绘制者：泰国留学生周秋娴

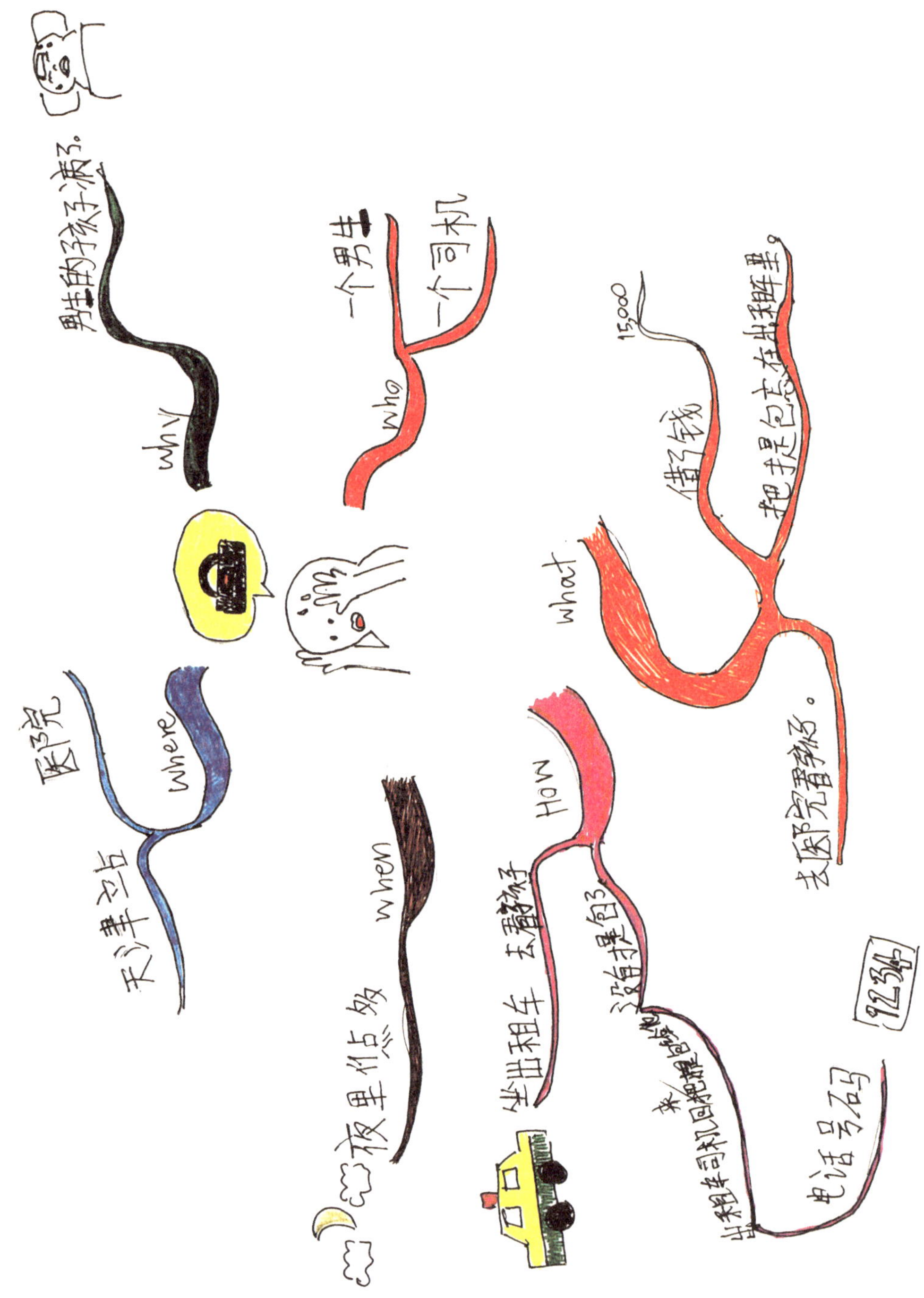
why
男生的孩子病了。
who
一个男生
一个司机
what
借钱
15,000
把提包忘在出租车里。
去医院看孩子。
where
医院
天津市
when
夜里1点多
How
坐出租车
去看孩子
电话号码
92345

绘制者：泰国留学生周文豪

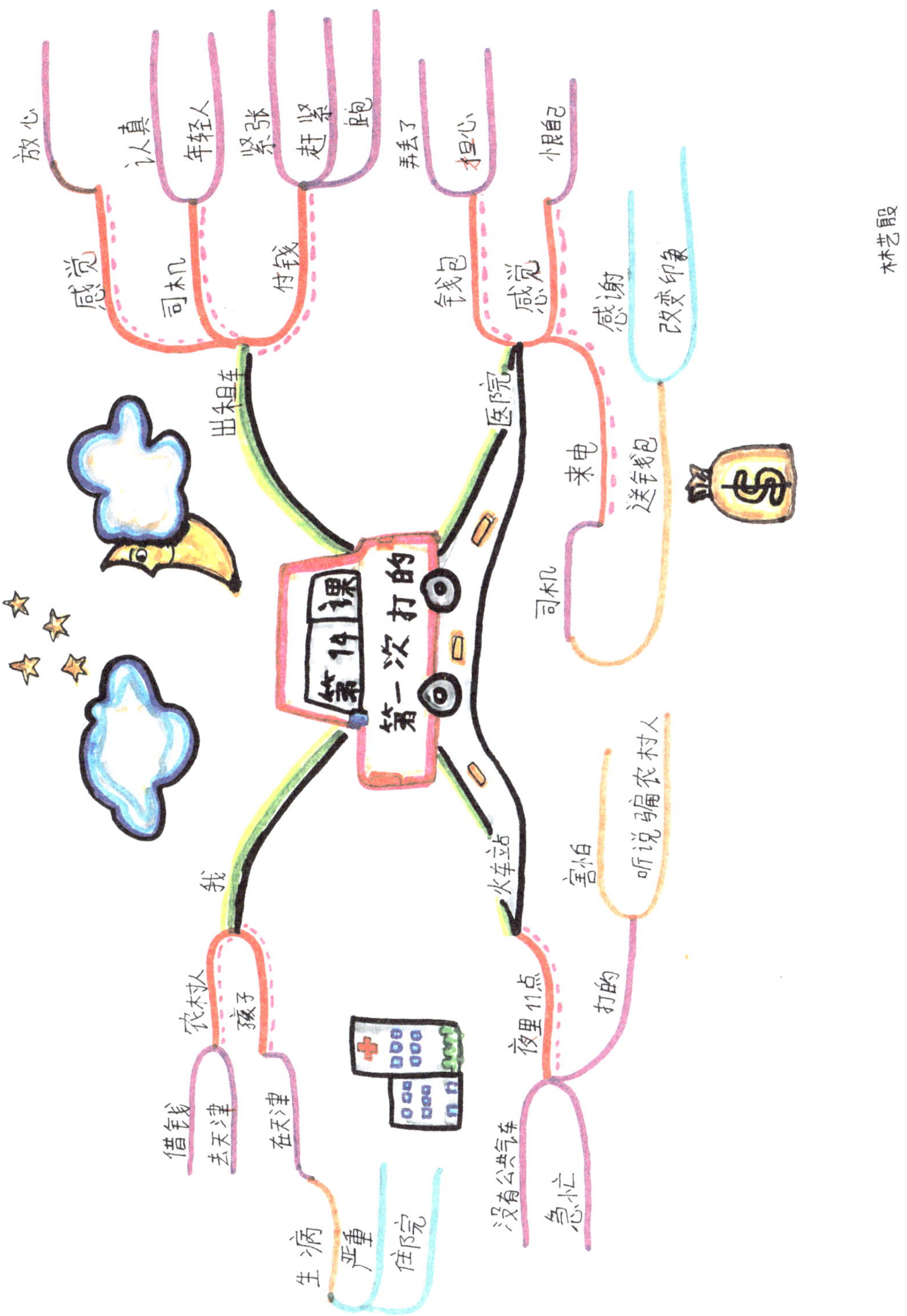

第14课
第一次打的
出租车
感觉
放心
司机
认真
年轻人
付钱
紧张
赶紧
跑
医院
钱包
丢了
担心
感觉
恨自己
感谢
改变印象
来电
送钱包
司机
火车站
害怕
听说骗农村人
打的
夜里11点
没有公共汽车
急忙
我
农村人
孩子
借钱
去天津
在天津
生病
严重
住院
林艺殷

绘制者：泰国留学生林艺殷

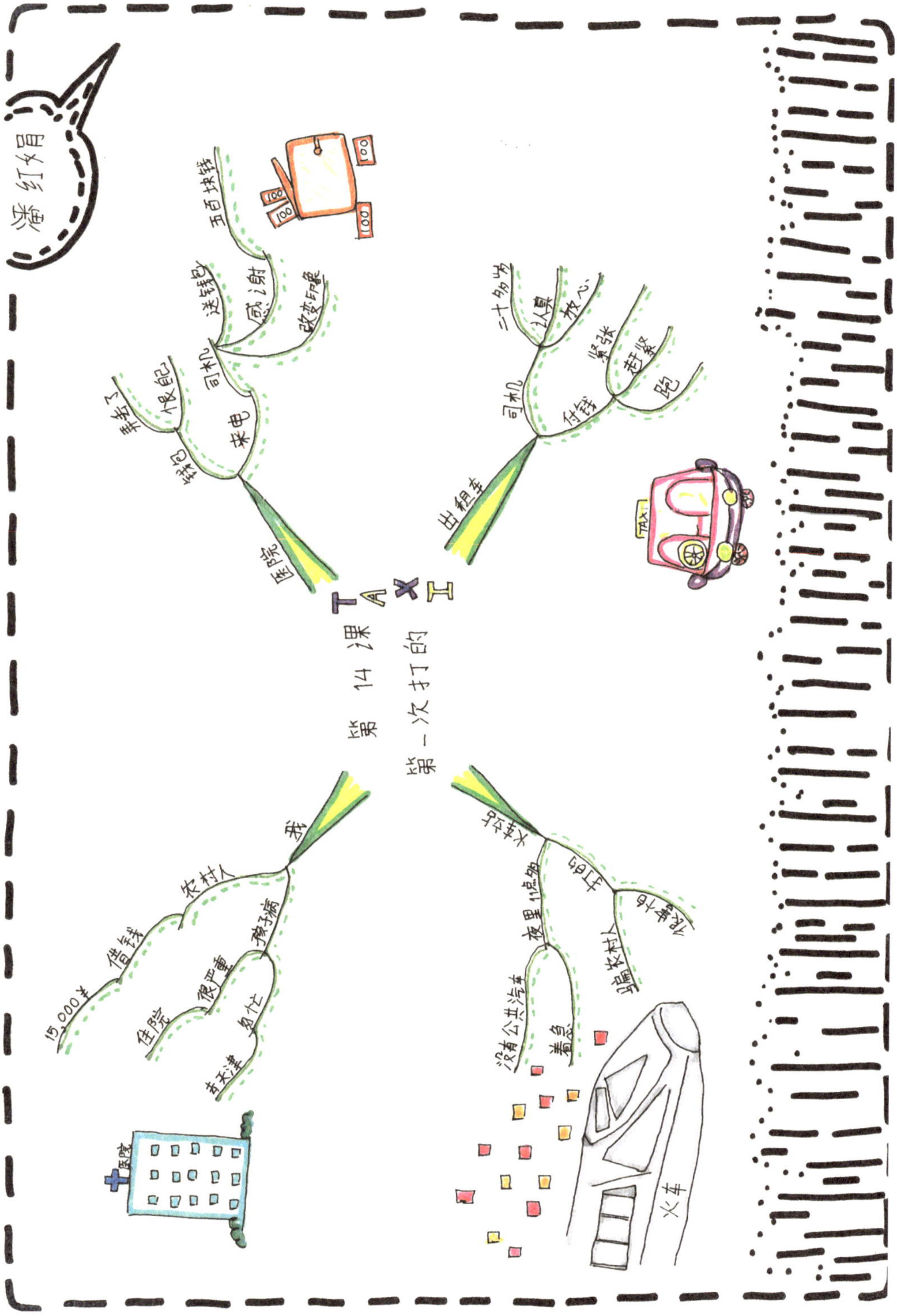
潘红娟
TAXI
第14课
第一次打的
医院
钱包
来电
司机
送钱包
感谢
改变印象
五百块钱
出租车
司机
付钱
放心
紧张
赶紧
跑
我
农村人
借钱
孩子病
住院
很严重
火车站
夜里11点多
没有公共汽车
着急
打的
骗农村人
医院
火车

绘制者：泰国留学生潘红娟

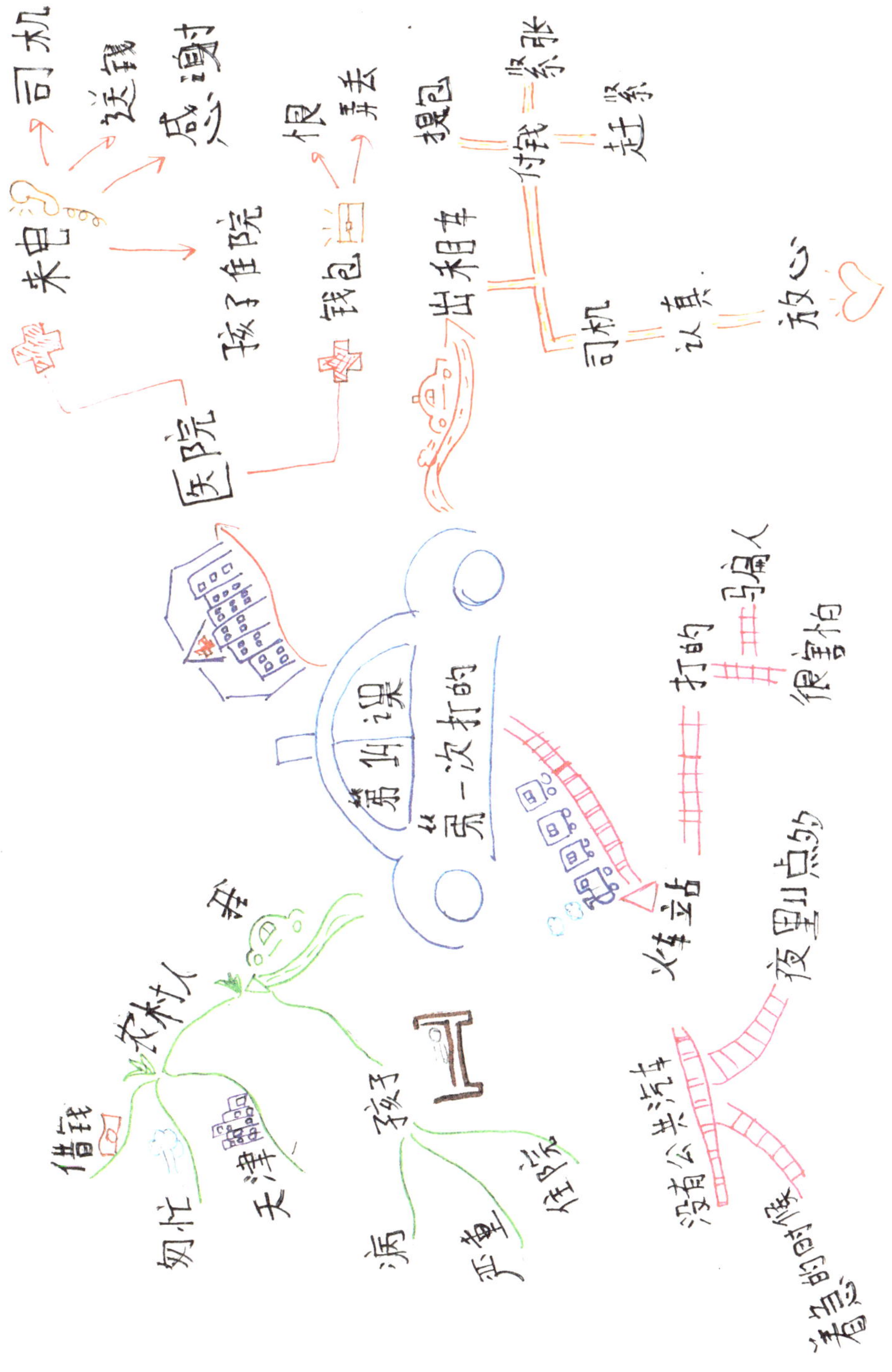
第14课
另一次打的
医院
来电话
孩子住院
司机
送钱
感谢
钱包
很
弄丢
出租车
提包
付钱
紧张
赶紧
司机
认真
放心
火车站
打的
骗人
很害怕
夜里11点多
没有公共汽车
着急的时候
农村人
借钱
匆忙
天津
孩子
病
严重
住院

绘制者：泰国留学生陈圆圆

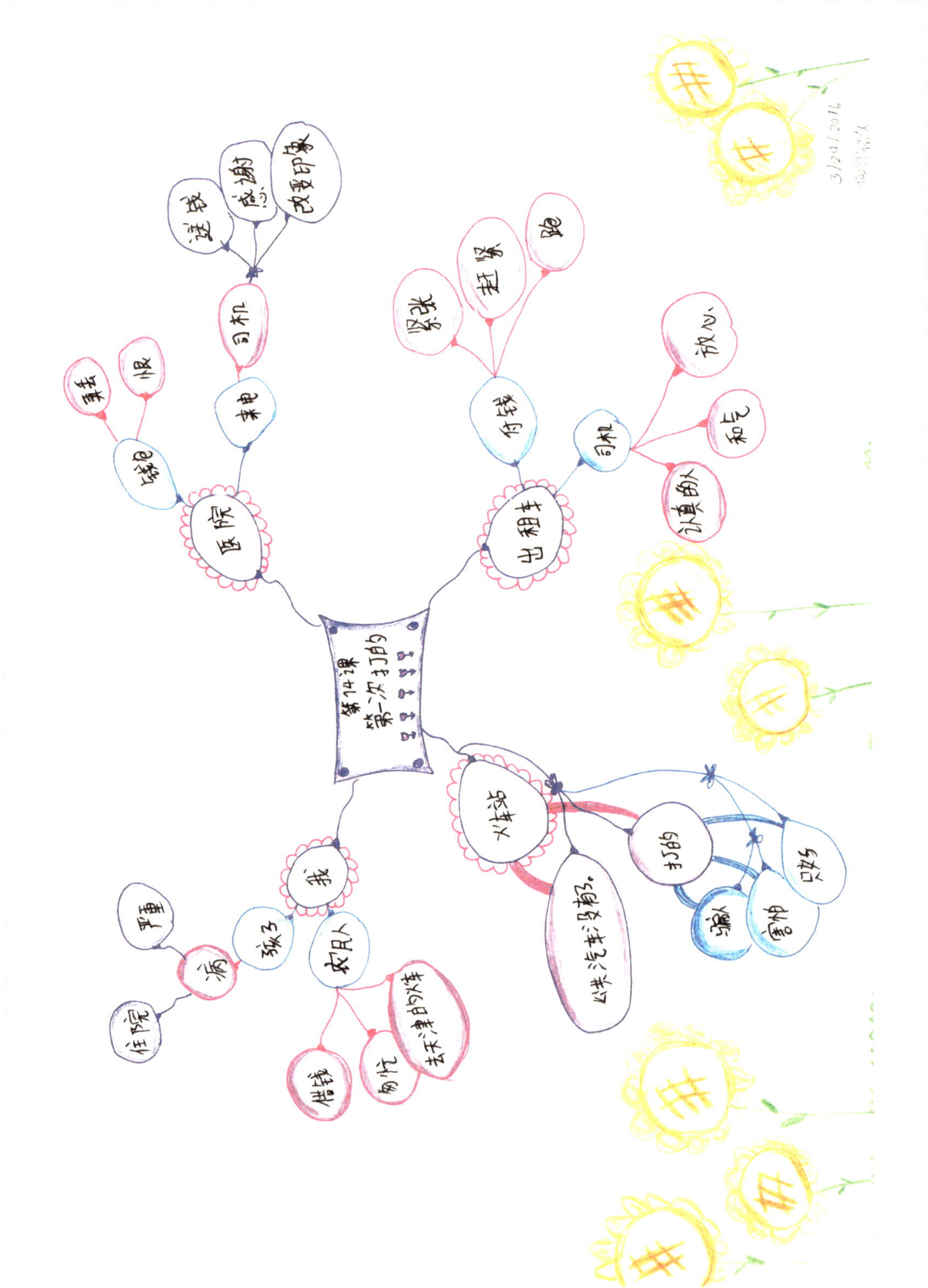
第14课
第一次打的
医院
出租车
火车站
我
司机
付钱
紧张
赶紧
跑
放心
和气
认真的人
来电
送我
感谢
改变印象
孩子
病
严重
住院
打的
害怕
公共汽车没有了。
借钱
帮忙
去天津的火车

绘制者：泰国留学生何雪微

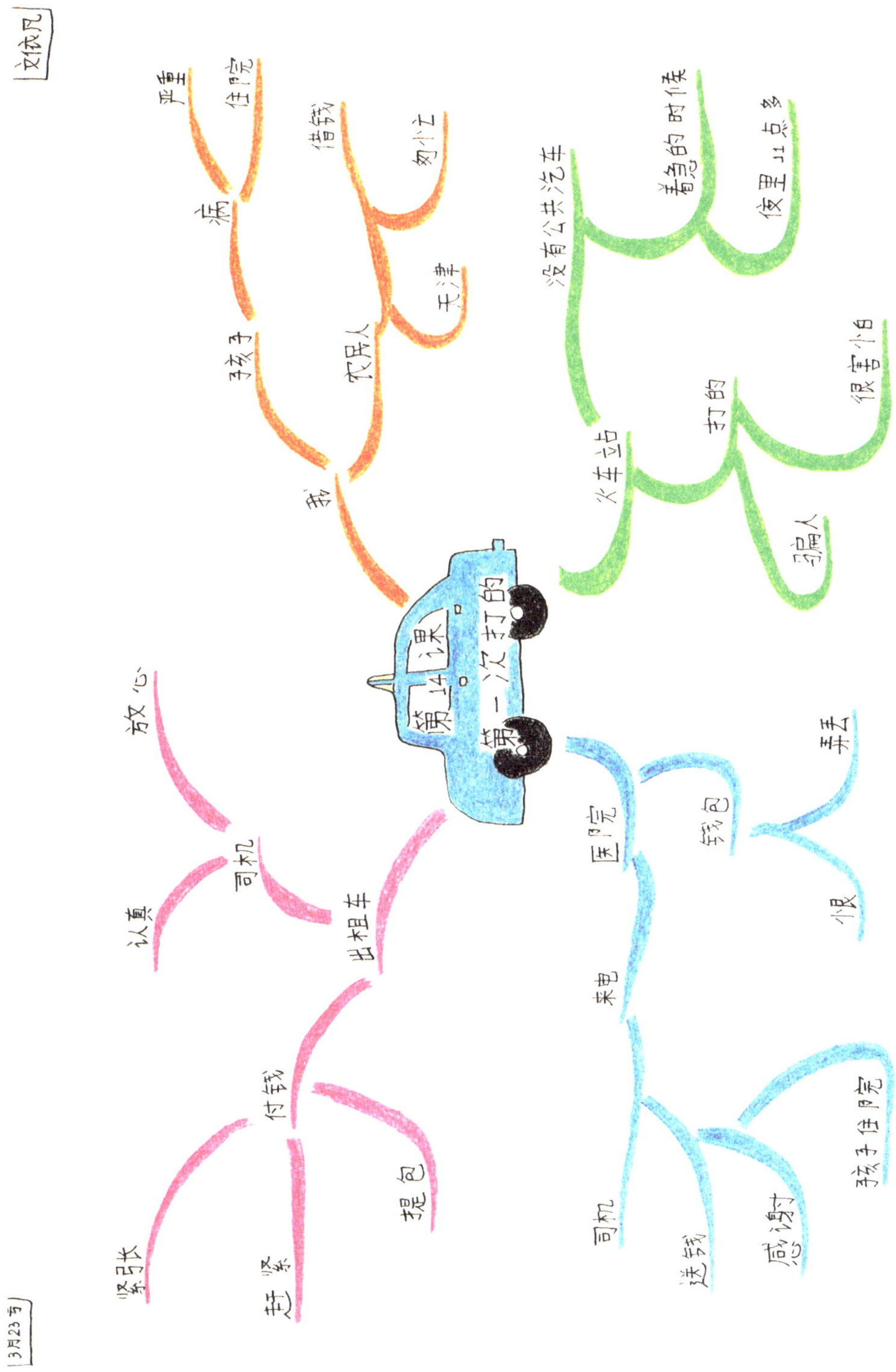
文依凡
第14课 第一次打的
我
孩子
病
严重
住院
农民人
借钱
天津
火车站
没有公共汽车
着急的时候
夜里11点多
打的
很害怕
骗人
医院
钱包
丢
假
司机
送钱
感谢
孩子住院
出租车
司机
放心
认真
付钱
紧张
赶紧
提包
3月23号

绘制者：泰国留学生文依凡

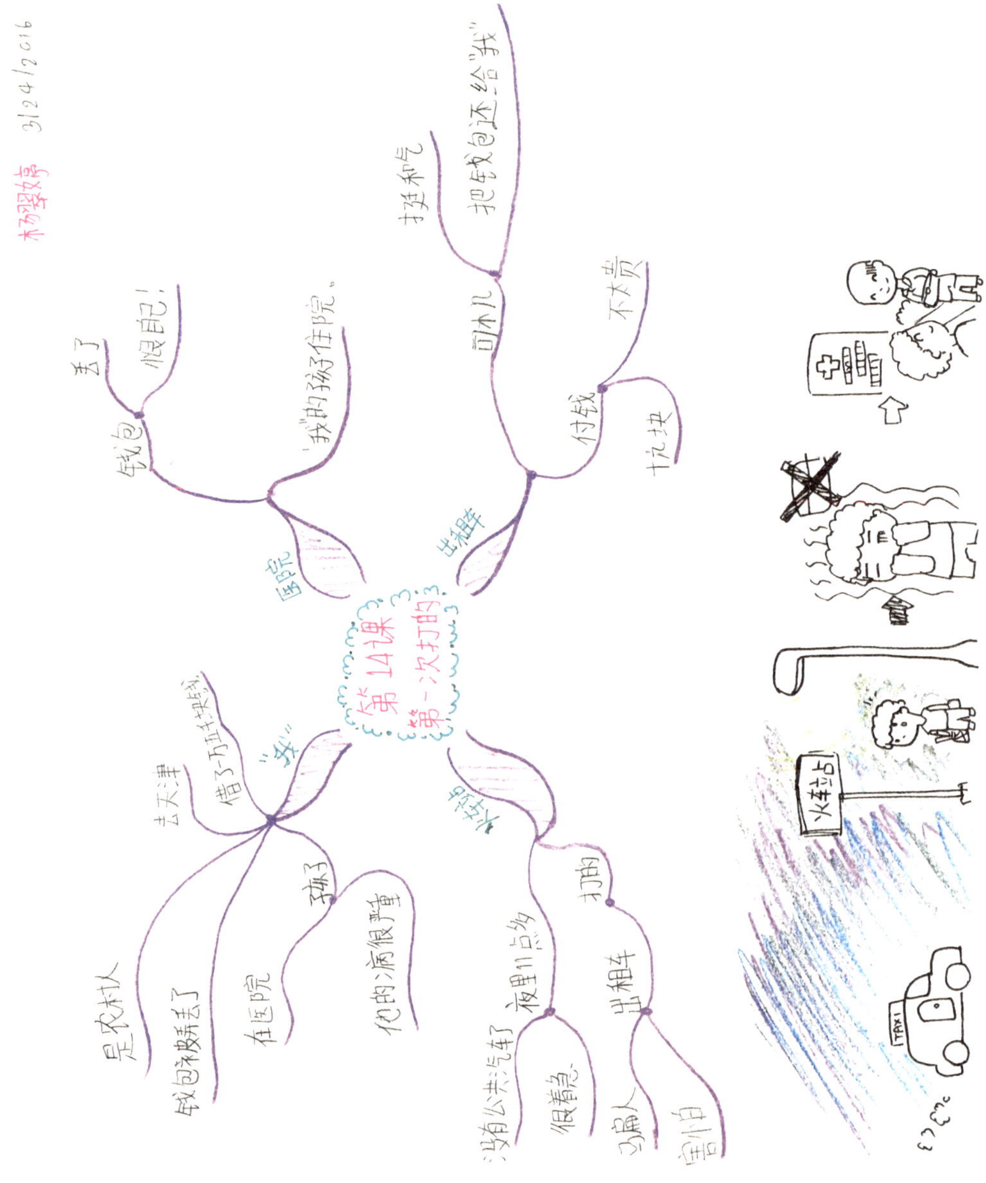
杨翠婷 3/24/2016
第14课
第一次打的
医院
钱包
丢了
假的！
"我"的孙子住院。
出租车
挺和气
把钱包还给"我"
付钱
不太贵
"我"
去天津
孙子
他的病很严重
是农村人
在医院
火车站
打的
夜里11点钟
没有公共汽车
很着急
出租车
骗人
害怕
火车站
TAXI

绘制者：泰国留学生杨翠婷

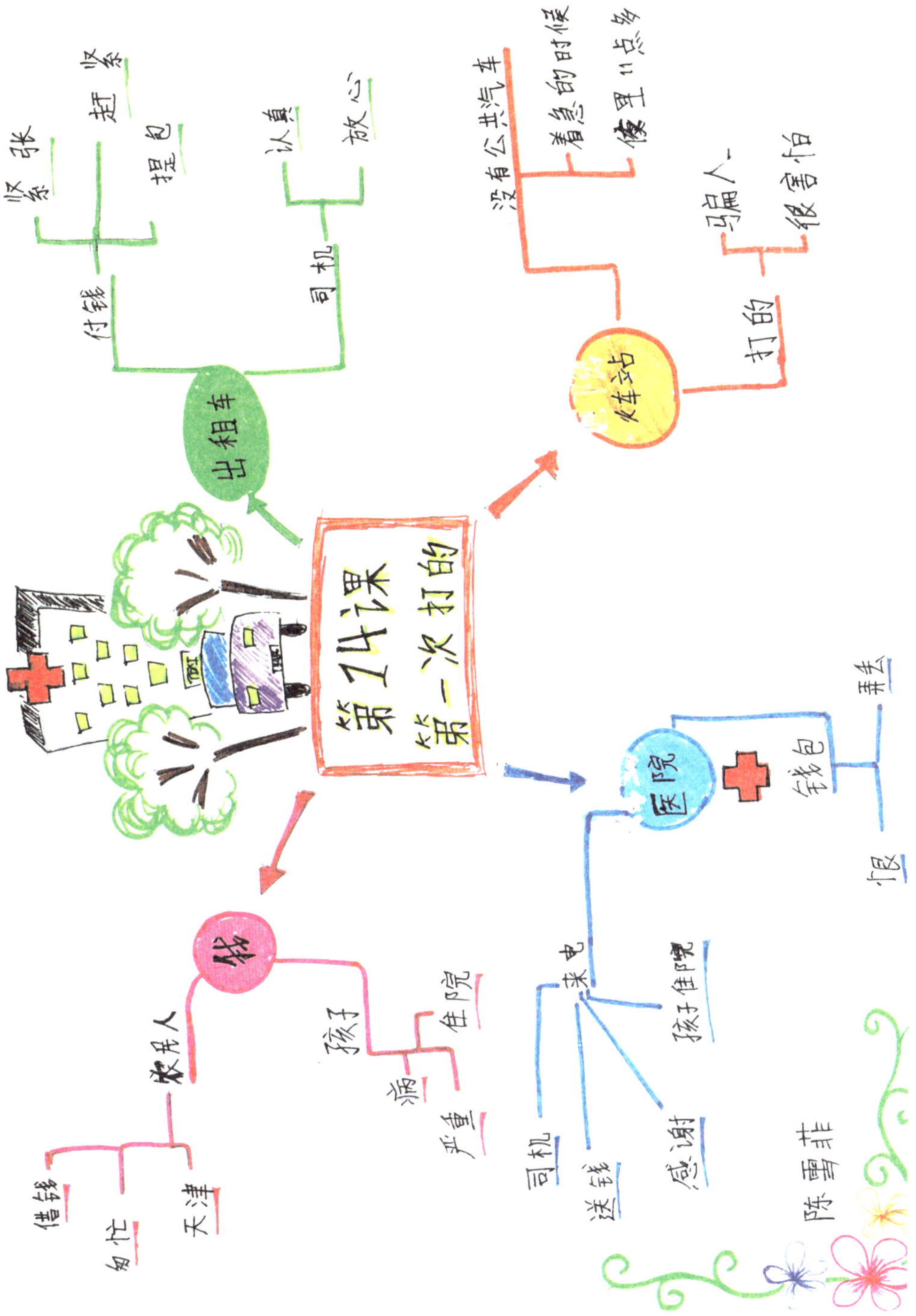
第14课
第一次打的
出租车
付钱
紧张
赶紧
司机
认真
放心
火车站
没有公共汽车
着急的时候
打的
骗人
很害怕
医院
钱包
假
来电
司机
送钱
感谢
孩子住院
钱
借钱
天津
孩子
病
严重
住院
陈雪菲

绘制者：泰国留学生陈雪菲

写作思维导图

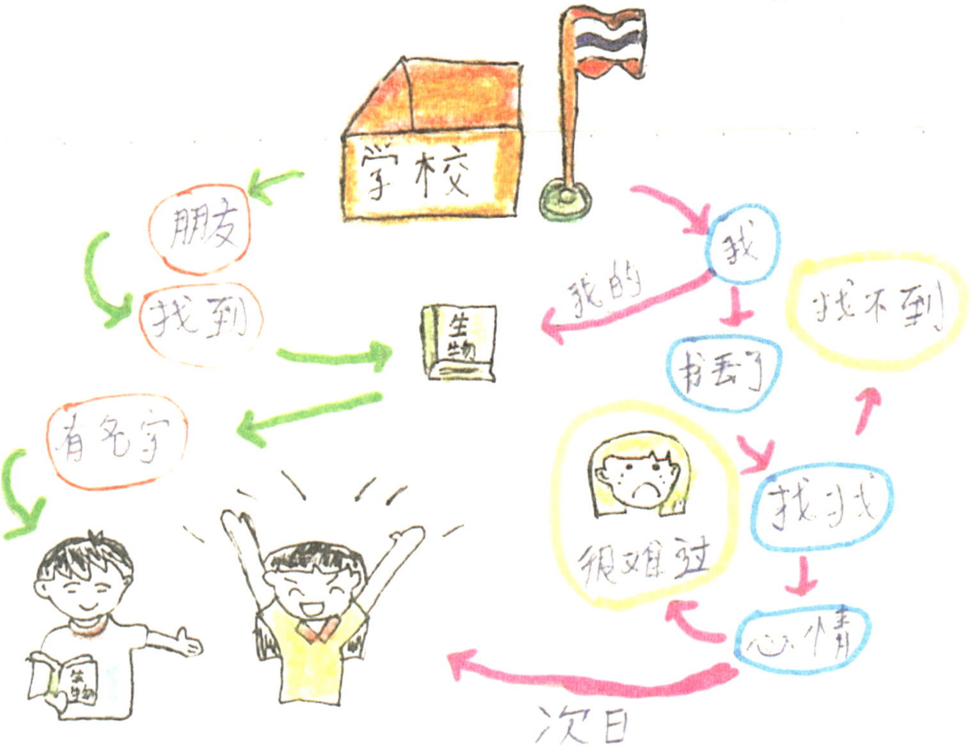
学校
朋友
找到
有名字
我
我的
书丢了
找不到
很难过
找找
心情
次日
生物

大概是高中的时候，我在学校学习生物。我很喜欢生物。每天我都要看生物书。有一天我的生物书丢了，怎么办？我赶紧去找，但是我找不到，我的心情很难过。第二日，我的朋友把书还回来了。我很开心，我问他："你怎么知道这是我的书呢？"他回答："我看见书上写着你的名字。"我非常感谢他的帮助。（作者：泰国留学生林岑琪）

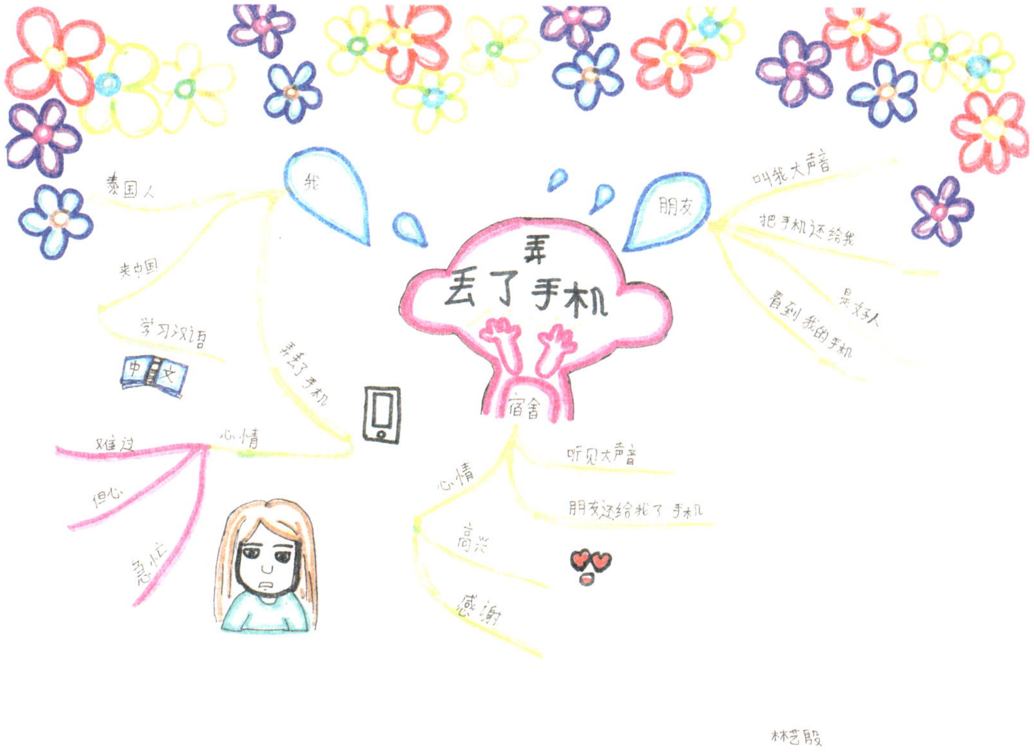
弄
丢了手机
我
泰国人
来中国
学习汉语
中文
弄丢了手机
心情
难过
但心
急忙
朋友
叫我大声音
把手机还给我
是好人
看到我的手机
宿舍
听见大声音
朋友还给我了手机
心情
高兴
感谢
林艺殷

我是泰国人，来中国学习汉语，现在我学了半年的汉语。有一天下课以后我才发现我的手机找不到了。我很着急，也不知道怎么着。没有办法，我的心情又难过又担心。我回到宿舍以后，我听见有人大声叫我，我匆忙跑出去看，是我的朋友来把手机还给我，我很高兴也很感谢她。（作者：泰国留学生林艺殷）

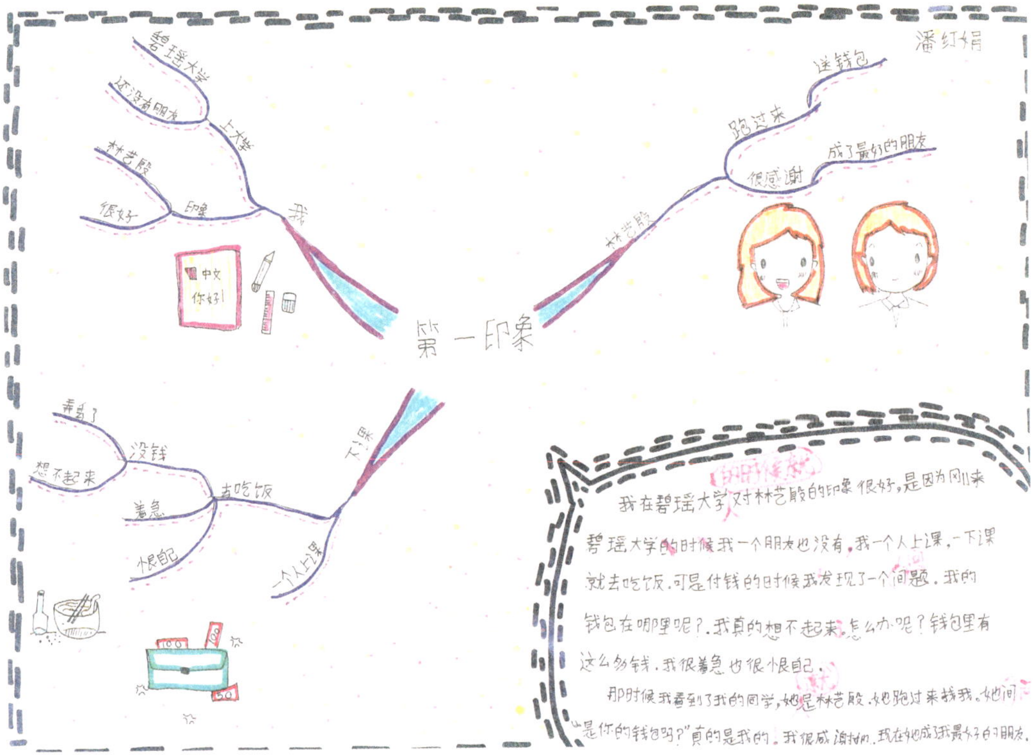

潘红娟
第一印象
我
碧瑶大学
还没有朋友
上大学
林艺殷
很好
印象
中文
你好!
林艺殷
路过来
送钱包
很感谢
成了最好的朋友
下课
没钱
想不起来
去吃饭
着急
恨自己
一个人上课

我在碧瑶大学的时候就对林艺殷的印象很好，是因为刚来碧瑶大学的时候我一个朋友也没有，我一个人上课，一下课就去吃饭。可是付钱的时候我发现了一个问题。我的钱包在哪里呢？我真的想不起来了，怎么办呢？钱包里有这么多钱，我很着急，也很恨自己。那时候我看到了我的同学，她就是林艺殷。她跑过来找我，她问我：“这是你的钱包吗？”真的是我的！我很感谢她。现在她成了我最好的朋友。（作者：泰国留学生潘红娟）

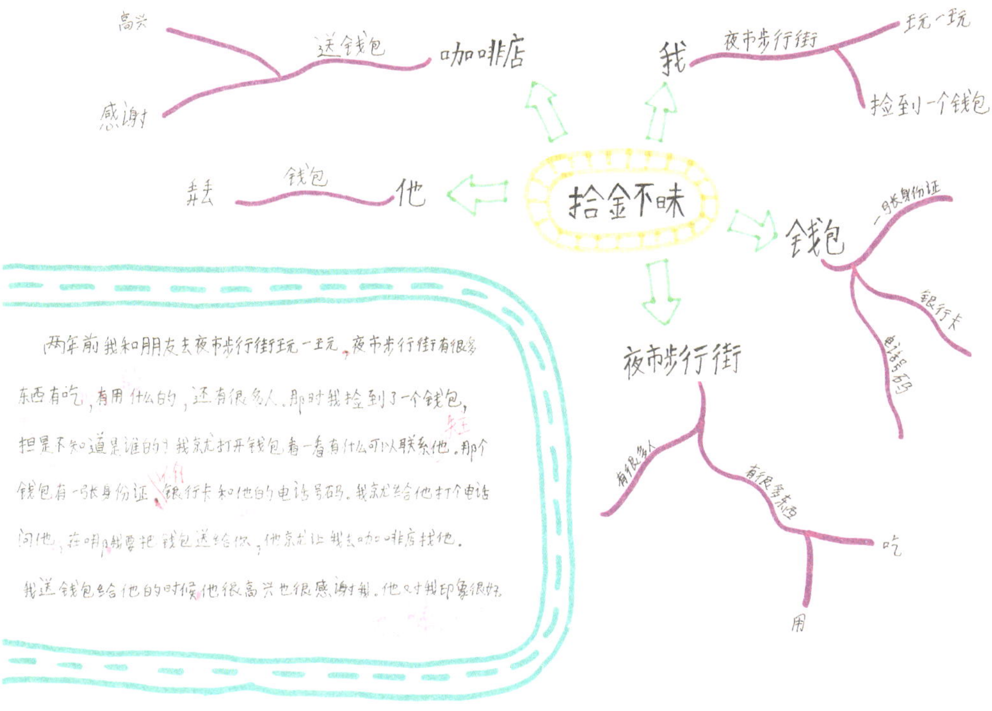
拾金不昧
我
夜市步行街
玩一玩
捡到一个钱包
咖啡店
送钱包
高兴
感谢
他
钱包
钱包
一张身份证
银行卡
电话号码
夜市步行街
有很多人
有很多东西
吃
用
两年前我和朋友去夜市步行街玩一玩，夜市步行街有很多
东西有吃，有用什么的，还有很多人，那时我捡到了一个钱包，
但是不知道是谁的，我就打开钱包看一看有什么可以联系他，那个
钱包有一张身份证，银行卡和他的电话号码，我就给他打个电话
问他，在哪，我要把钱包送给你，他就让我去咖啡店找他。
我送钱包给他的时候他很高兴也很感谢我。他对我印象很好

两年前我和朋友去夜市步行街玩儿。夜市步行街有很多东西。有吃的、用的，什么的，还有很多人。那时我捡到一个钱包，但是不知道是谁的，我就打开钱包看看有什么可以联系失主。那个钱包里有一张身份证，还有银行卡和他的电话号码。我就给他打了个电话，问他在哪儿，我要把钱包送还给他。他就让我去咖啡店找他。我送钱包给他的时候，他很高兴也很感谢我。他对我印象很好！（作者：泰国留学生林玉美）

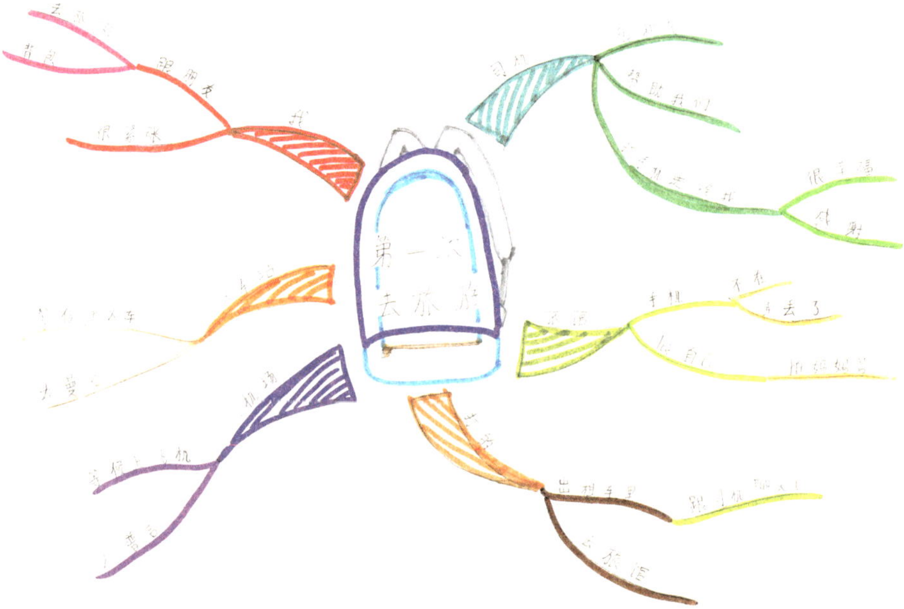

有一天，我跟朋友打算去旅游。我们每个人背一个背包。我很紧张。一到时间我就跟朋友一起去火车站。在等候上车去曼谷。然后我们去机场，再等候着上飞机去吉普。到吉普的时候，我们打的去旅馆。在出租车里，司机一边开车一边跟我们聊天儿。到了旅馆，司机帮我们拿背包下来。他很和气。然后我们付了钱，进了旅馆。我想上网，于是我找手机，可是它不在了。我也不知道我的手机在哪儿。手机被弄丢了。我很恨自己。我很害怕妈妈骂我。这时有人来找我，我想知道是谁来找我呢？于是，我下楼去看看。我看见了那个司机。他来这里把手机还给我。他看到有手机在车里，还看到了在手机里有我的照片。我太幸运了，太感谢他了。（作者：泰国留学生吴文静）

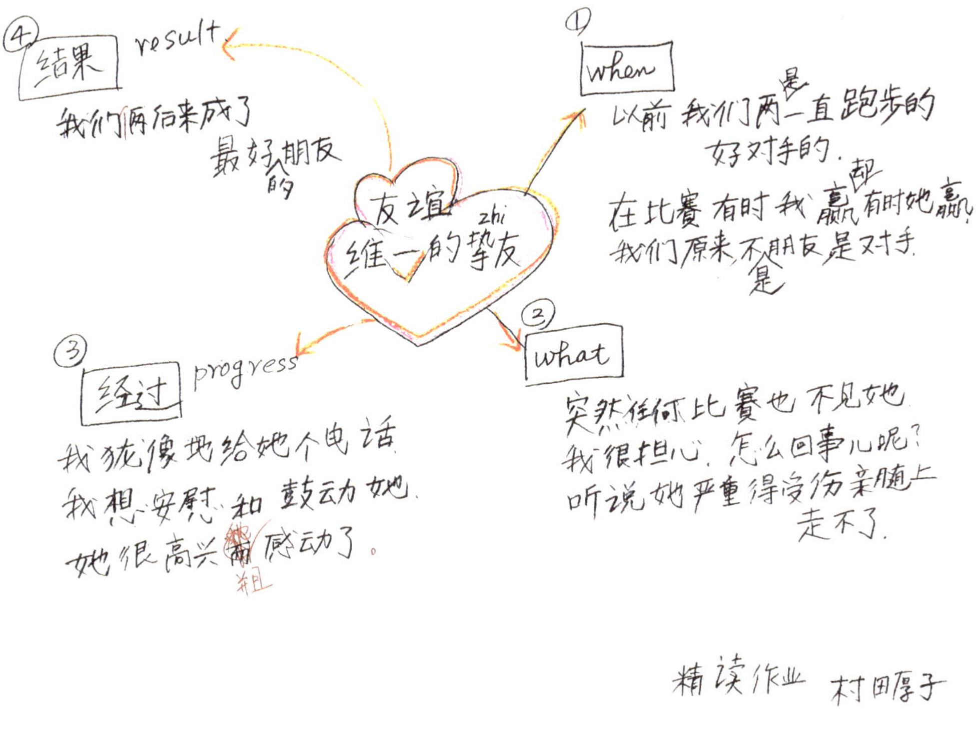

友谊
维一的挚友
zhi
① when
以前我们两是一直跑步的好对手的.
在比赛有时我赢却有时她赢.
我们原来不是朋友是对手.
③ what
突然任何比赛也不见她
我很担心. 怎么回事儿呢?
听说她严重得受伤亲腿上
走不了.
③ 经过 progress
我犹豫地给她个电话
我想安慰和鼓动她
她很高兴并且感动了。
④ 结果 result
我们俩后来成了
最好的朋友
精读作业 村田厚子

我的故事是关于友谊的。她是我唯一的挚友。以前我们俩一直是跑步的好对手，所以原来我们不是朋友而是竞赛对手。在比赛的时候，有时我赢，也有时她赢。可是突然任何比赛也不见她了。我很担心，也很奇怪，怎么回事呢？后来听说她腿受伤了，很严重，走不了了。我犹豫地给她打了个电话。我想安慰一下她，鼓励她。她很高兴，并且感动了。于是，我们俩后来成了最好的朋友。（作者：日本留学生村田厚子）

教材原文

飞回来的信鸽

（发展汉语初级综合Ⅱ第15课）

词语学习

1	信鸽	xìngē	carrier pigeon; homer
2	家庭	jiātíng	family
3	相识	xiāngshí	be acquainted with each other
4	任何	rènhé	any
5	唯一	wéiyī	only; sole
6	相同	xiāngtóng	same
7	父子	fùzǐ	father and son
8	养	yǎng	keep; raise
9	鸽子	gēzi	pigeon; dove
10	心爱	xīn'ài	treasured
11	雨点	yǔdiǎn	raindrop
12	比赛	bǐsài	match; competition
13	北上	běishàng	go north
14	安慰	ānwèi	comfort; console
15	棒	bàng	great
16	雷雨	léiyǔ	thunderstorm
17	盼望	pànwàng	long for
18	耐心	nàixīn	patient; with patience
19	几乎	jīhū	almost; nearly
20	抱	bào	cherish
21	腿	tuǐ	leg
22	受伤	shòushāng	be injured; be wounded
	受	shòu	suffer
	伤	shāng	injury

23	飞落	fēiluò	alight; fly and land
24	阳台	yángtái	balcony
25	收养	shōuyǎng	adopt; take in and bring up
26	治	zhì	cure
27	主人	zhǔrén	owner; master
28	日子	rìzi	day; time
29	铃	líng	bell; ring

走进课文

飞回来的信鸽

两个家庭，一家在南方，一家在北方，既不相识，也没有任何关系，唯一相同的是，都有一个10岁的儿子。南方的父子都爱好养鸽子，他们有一只心爱的信鸽叫"小雨点儿"。有一天，他们让小雨点儿参加了信鸽比赛。小雨点儿和许多信鸽一起被装上了北上的火车。

看着越开越快、越开越远的火车，儿子开始担心起来："小雨点儿会回来吗？"

爸爸安慰他说："当然会回来，我们的小雨点儿不是最棒的吗？"

"棒是棒，可是，它不会遇到雷雨吗？不会被别人打下来吗？"儿子天天都在担心，天天都在盼望。可是，别的鸽子都回来了，只有他家的小雨点儿还没回来。爸爸也很着急，可他还是对儿子说："耐心点儿，它一定会回来的。"几个月过去了，就当父子俩几乎不抱任何希望的时候，小雨点儿却回来了！它的腿上，多了一封信。

信上说：小鸽子在北方的城市遇到了雷雨，受了伤，飞落在我家的阳台上。我们收养了它，现在它的伤治好了，我们让它飞回自己的家。下面是我家的电话号码。如果它回到家，请给我们打电话。谢谢！

信读完了，父子俩高兴得不得了！这时，北方的爸爸正在安慰儿子："放心，小鸽子一回到家，它的主人就会来电话的。"

"它的家在哪儿？"

“它的家我们不知道，但是它知道。”

“它不会迷路吗？不会再遇到大雨吗？不会被别人打下来吗？”

北方的儿子天天都在担心，天天都在盼望，可是日子一天一天过去了，电话还是没打来。北方的爸爸也很着急，但还是对儿子说：“耐心点儿，相信它一定会平安回到自己的家的，也许它的家很远很远。”

就在他们几乎已经不抱任何希望的时候，电话铃响了。南北两家后来成了最好的朋友。

词语思维导图

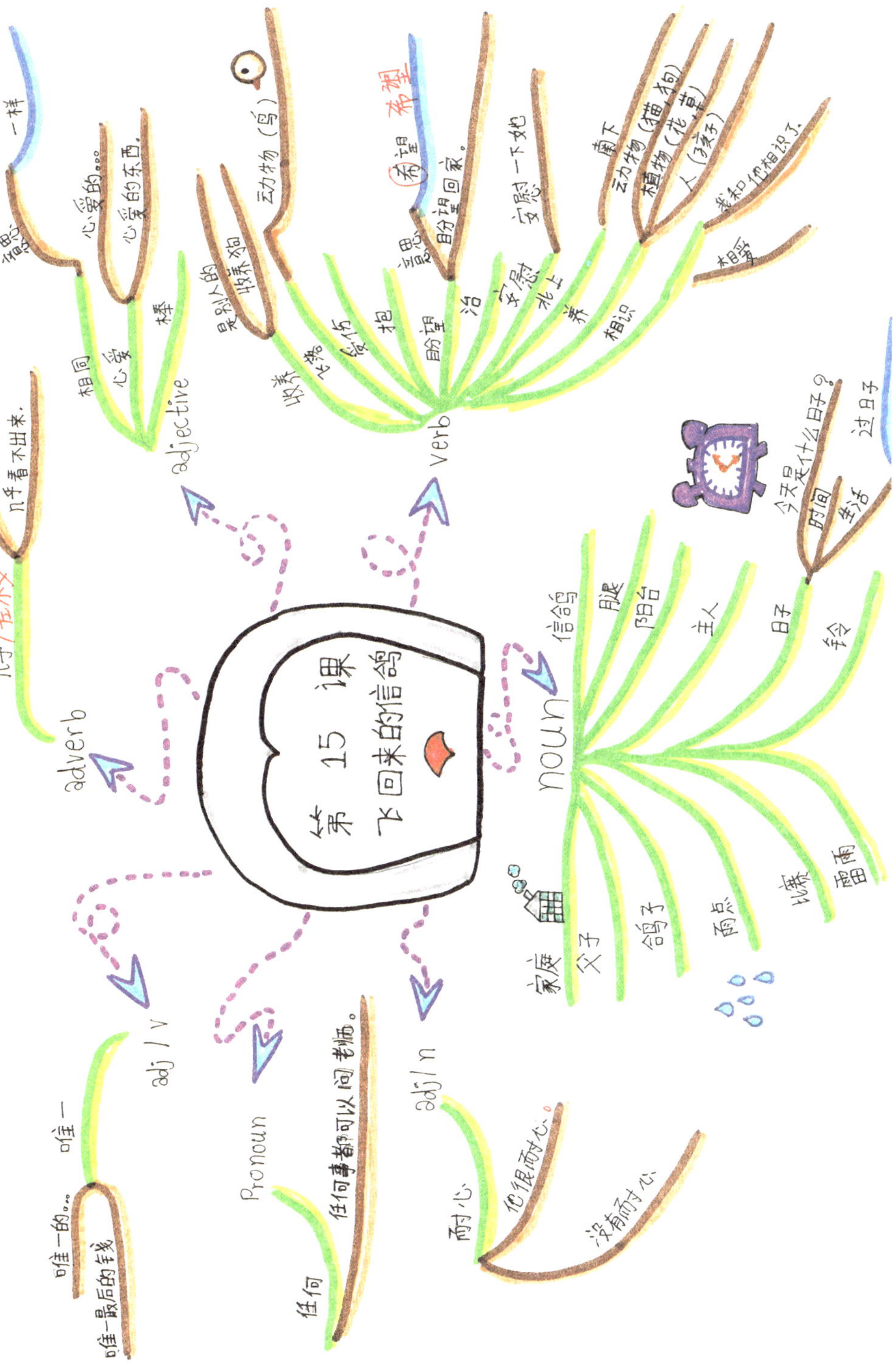

第15课
飞回来的信鸽
noun
信鸽
腿
阳台
主人
日子
铃
家庭
父子
鸽子
雨点
比赛
雷雨
今天是什么日子？
时间
生活
过日子
verb
收养
心疼
受伤
抱
盼望
治
安慰
北上
养
相识
是别人的收养狗
动物（鸟）
盼望回家。
希望
安慰一下她
南下
动物（猫，狗）
植物（花，草）
人（孩子）
我和他相识了。
adjective
相同
心爱
棒
心爱的…
心爱的东西。
一样
adverb
几乎
差不多
几乎听不见。
几乎看不出来。
adj / v
唯一
唯一的…
唯一最后的钱
Pronoun
任何
任何事都可以问老师。
adj / n
耐心
他很耐心。
没有耐心

绘制者：泰国留学生林艺殷

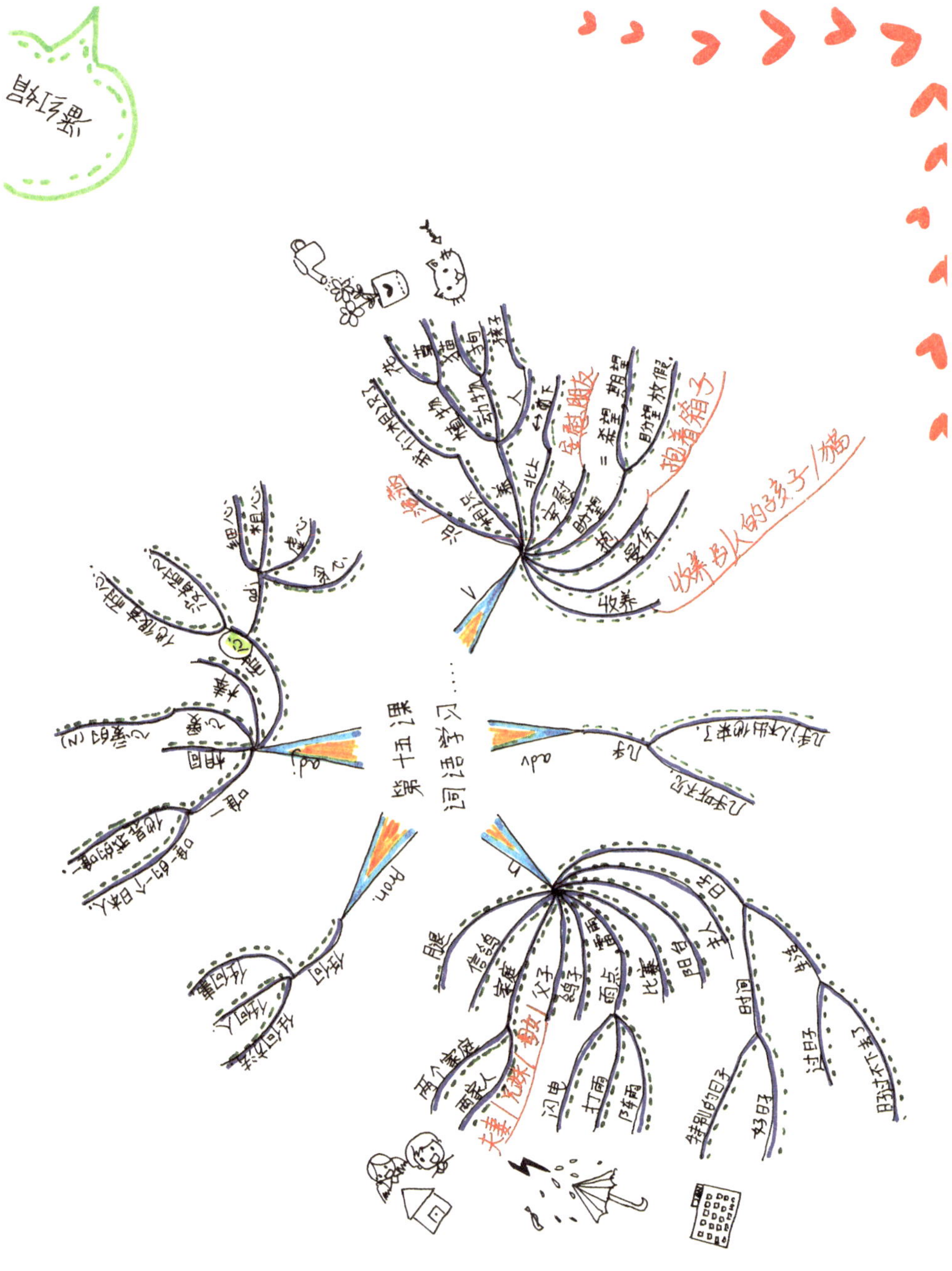
第十五课
词语学习……
安慰朋友
抱着箱子
收养别人的孩子/猫

绘制者：泰国留学生潘红娟

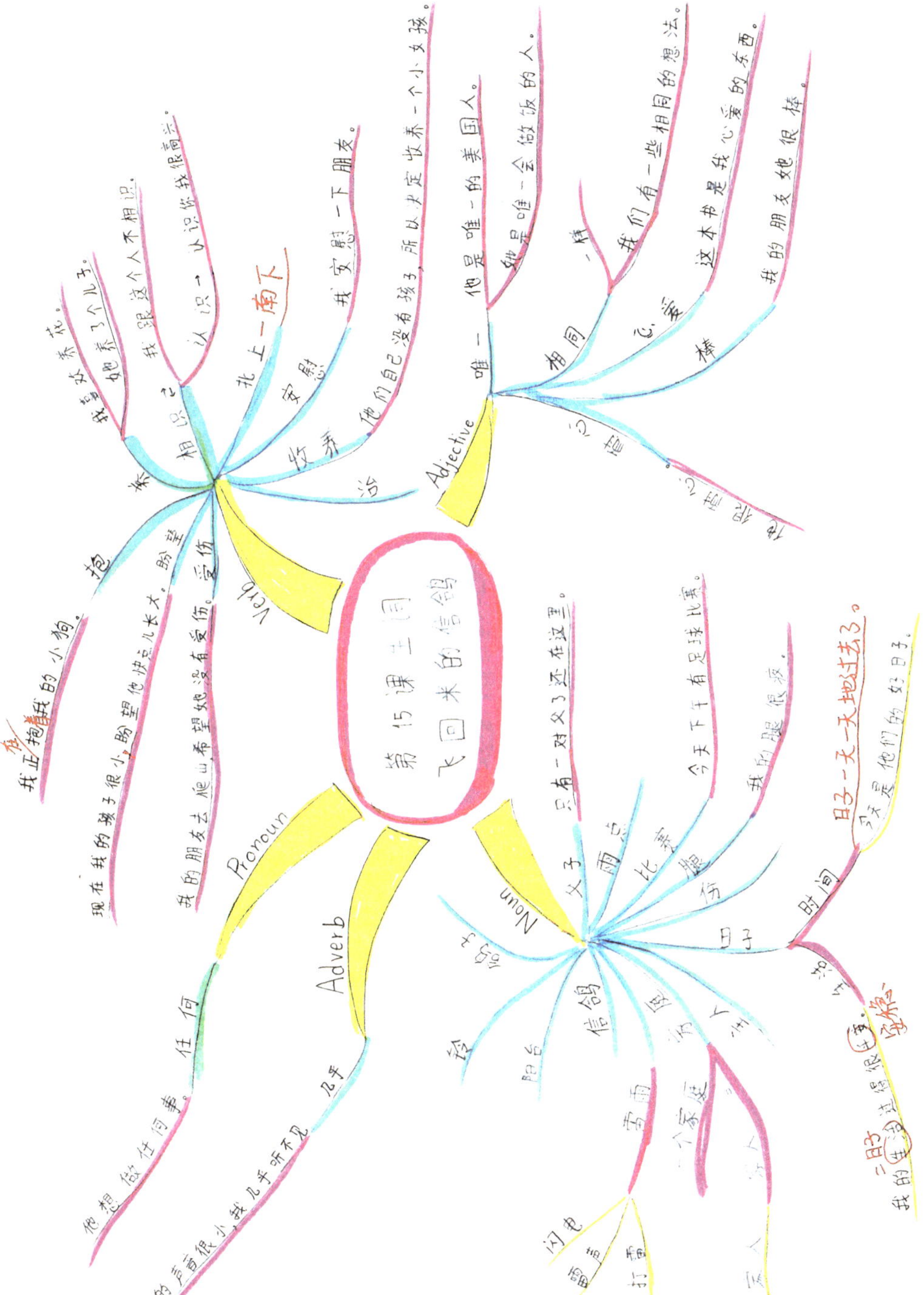
飞回来的信鸽
Verb
Adjective
Noun
Pronoun
Adverb

绘制者：泰国留学生吴文静

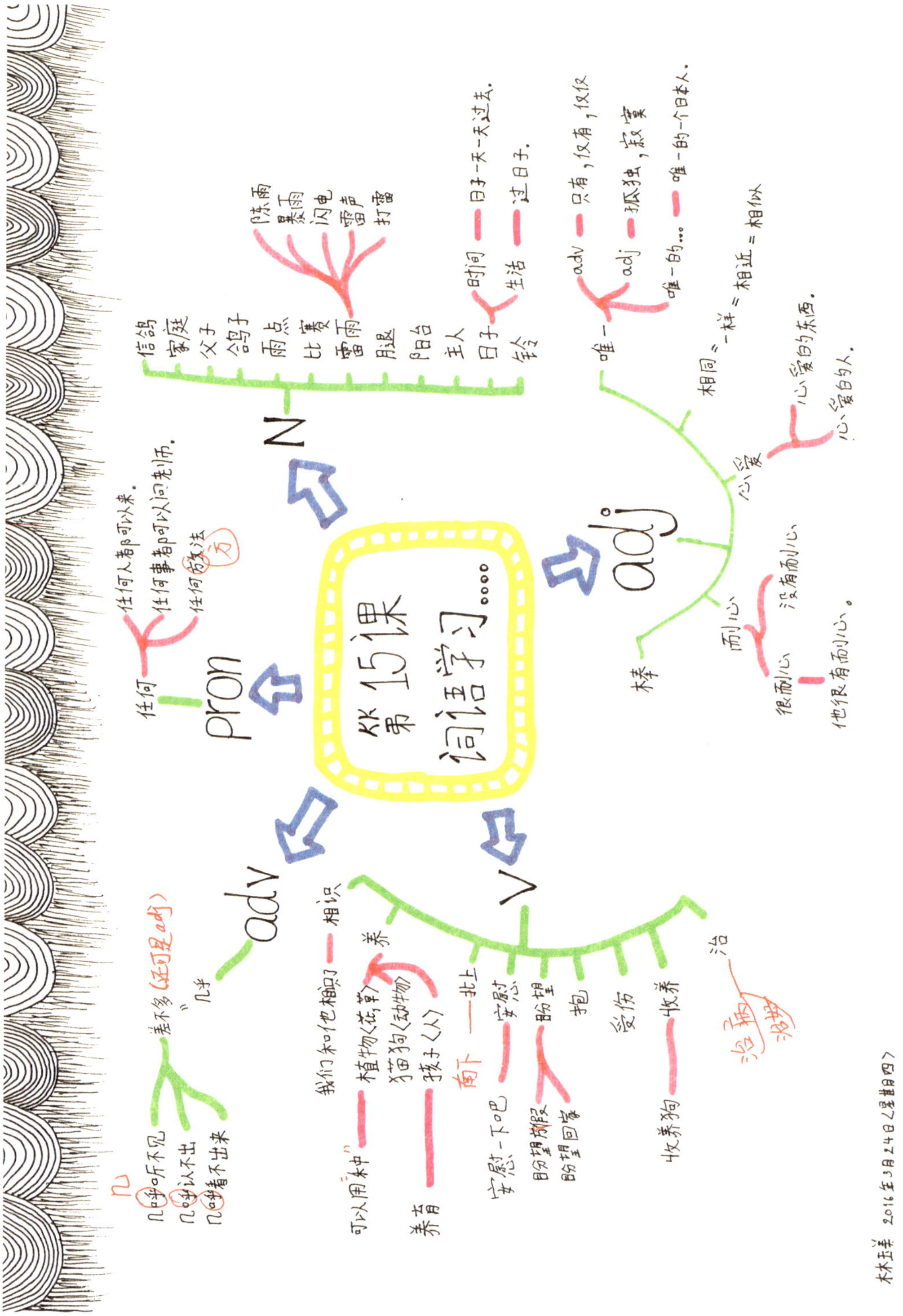
第15课
词语学习....
N
adj
V
adv
pron

绘制者：泰国留学生林玉美

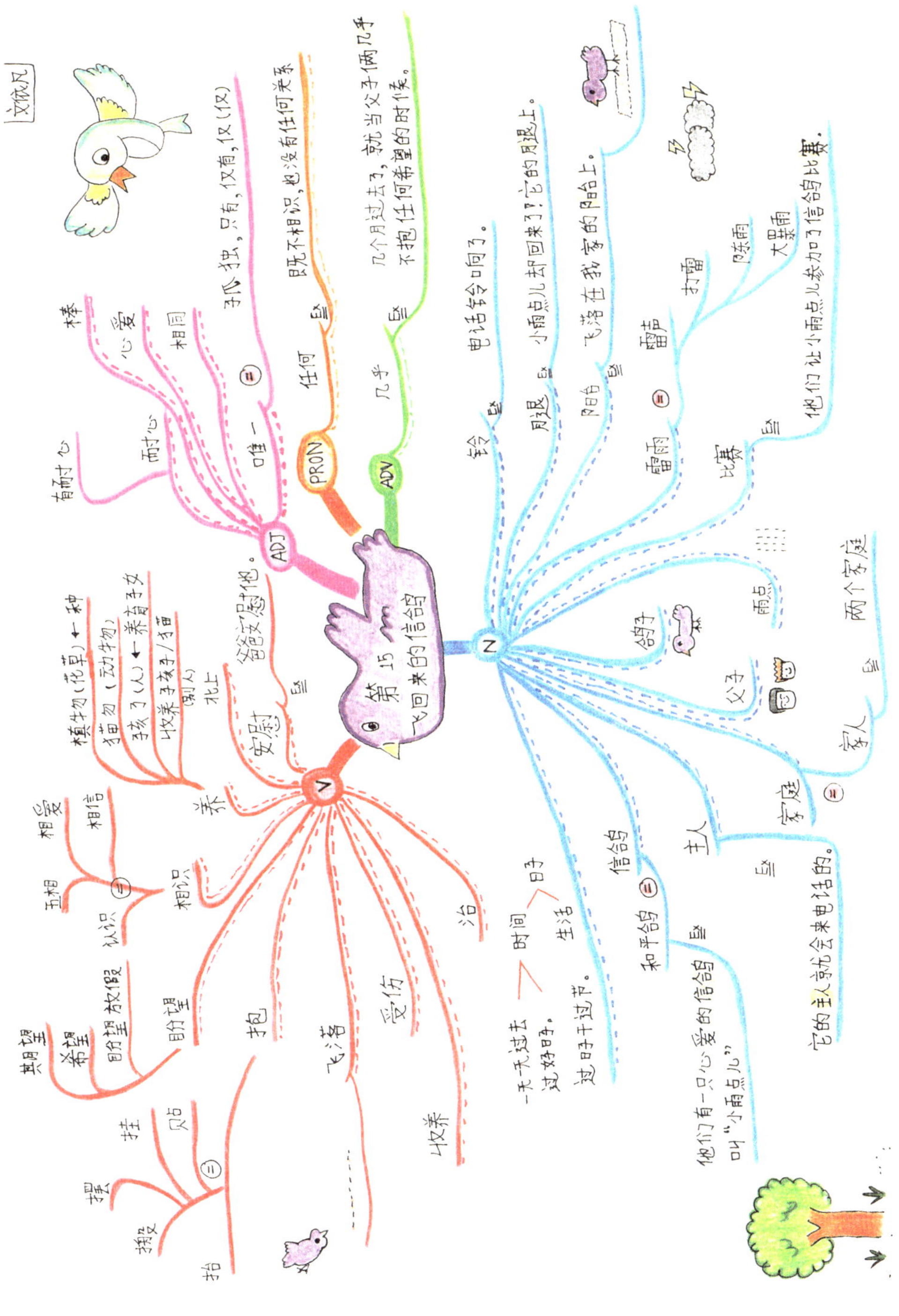

绘制者：泰国留学生文依凡

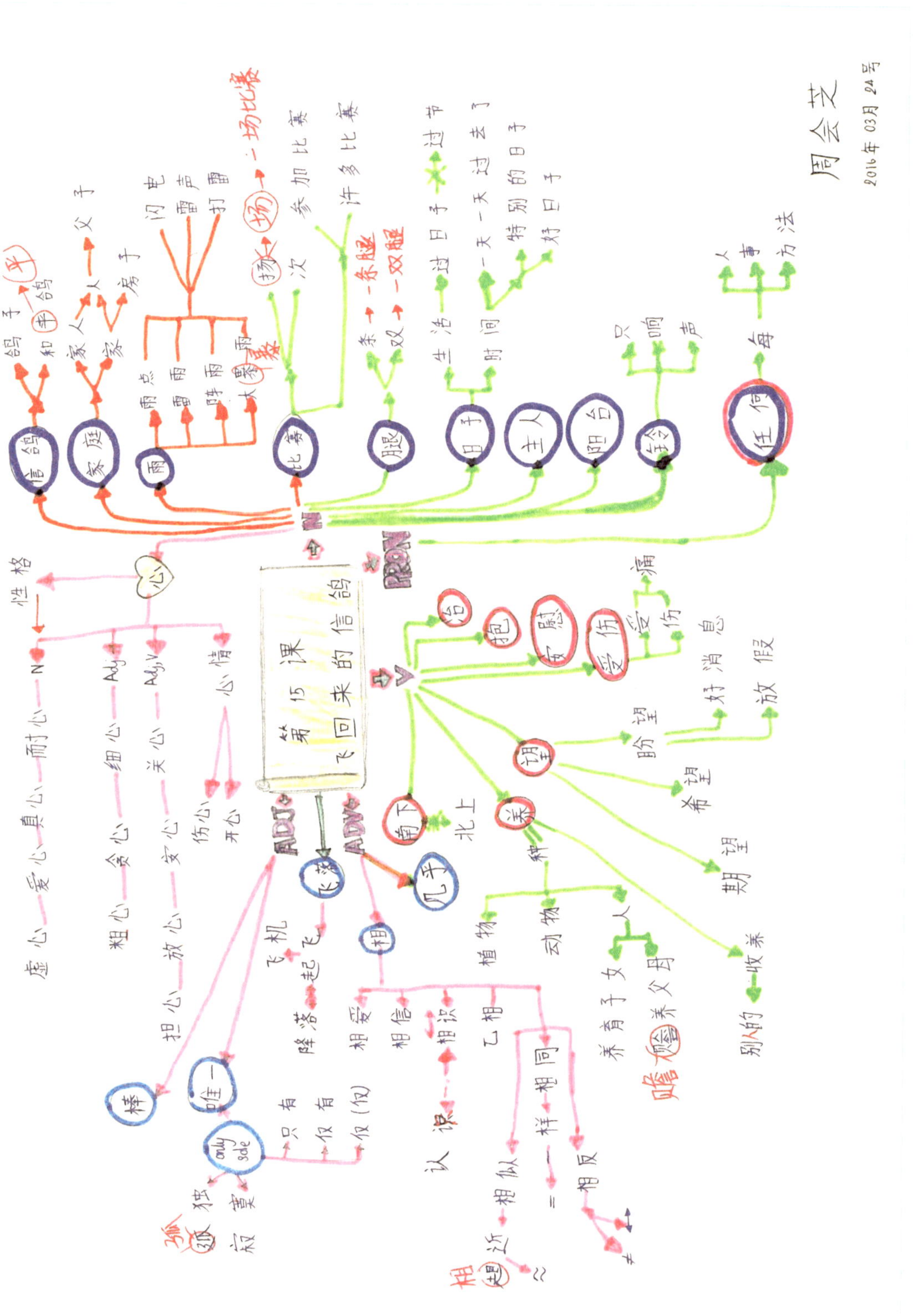
第15课
飞回来的信鸽
周会芝
2016年03月24号

绘制者：泰国留学生周会芝

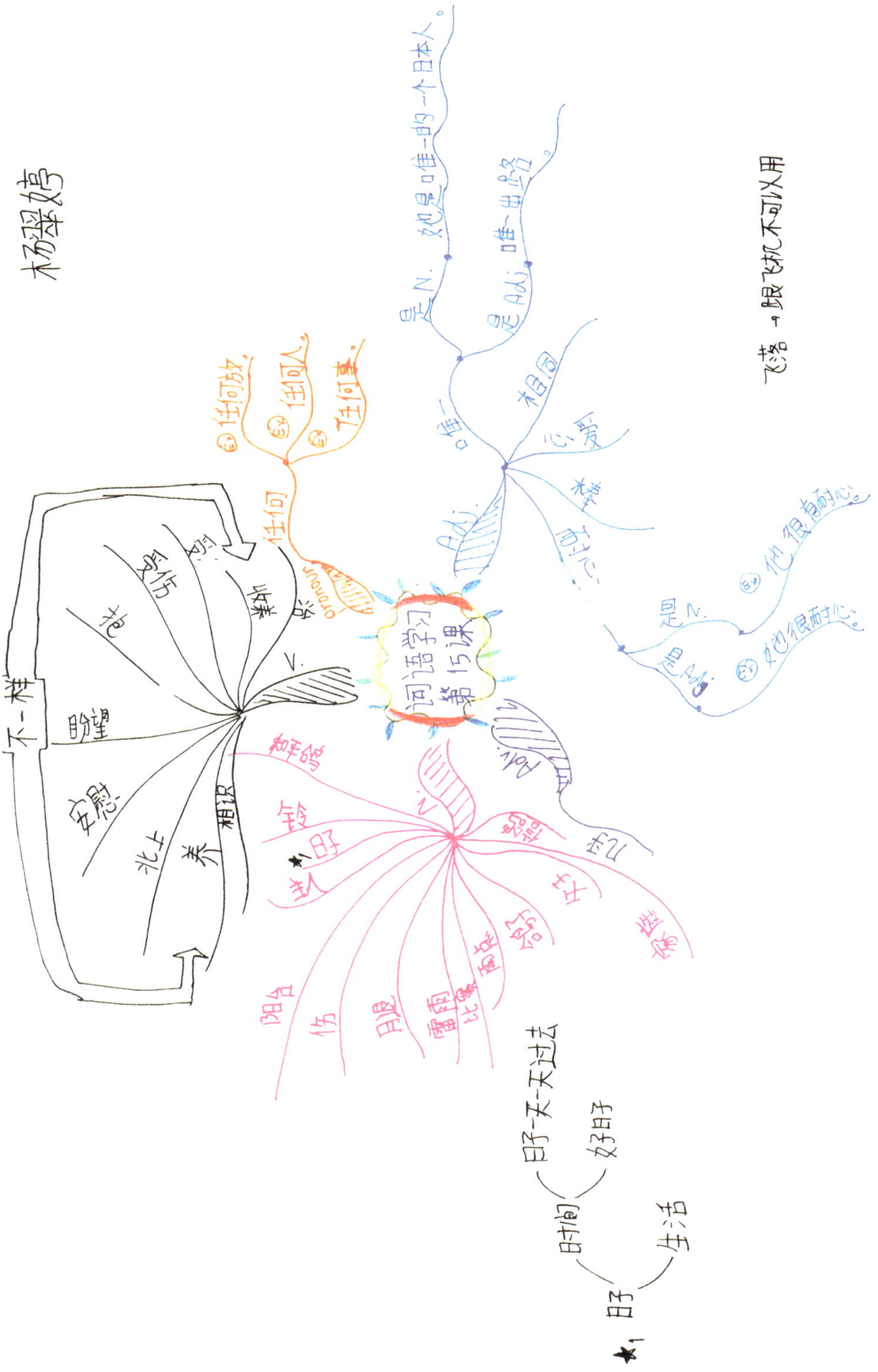

绘制者：泰国留学生杨翠婷

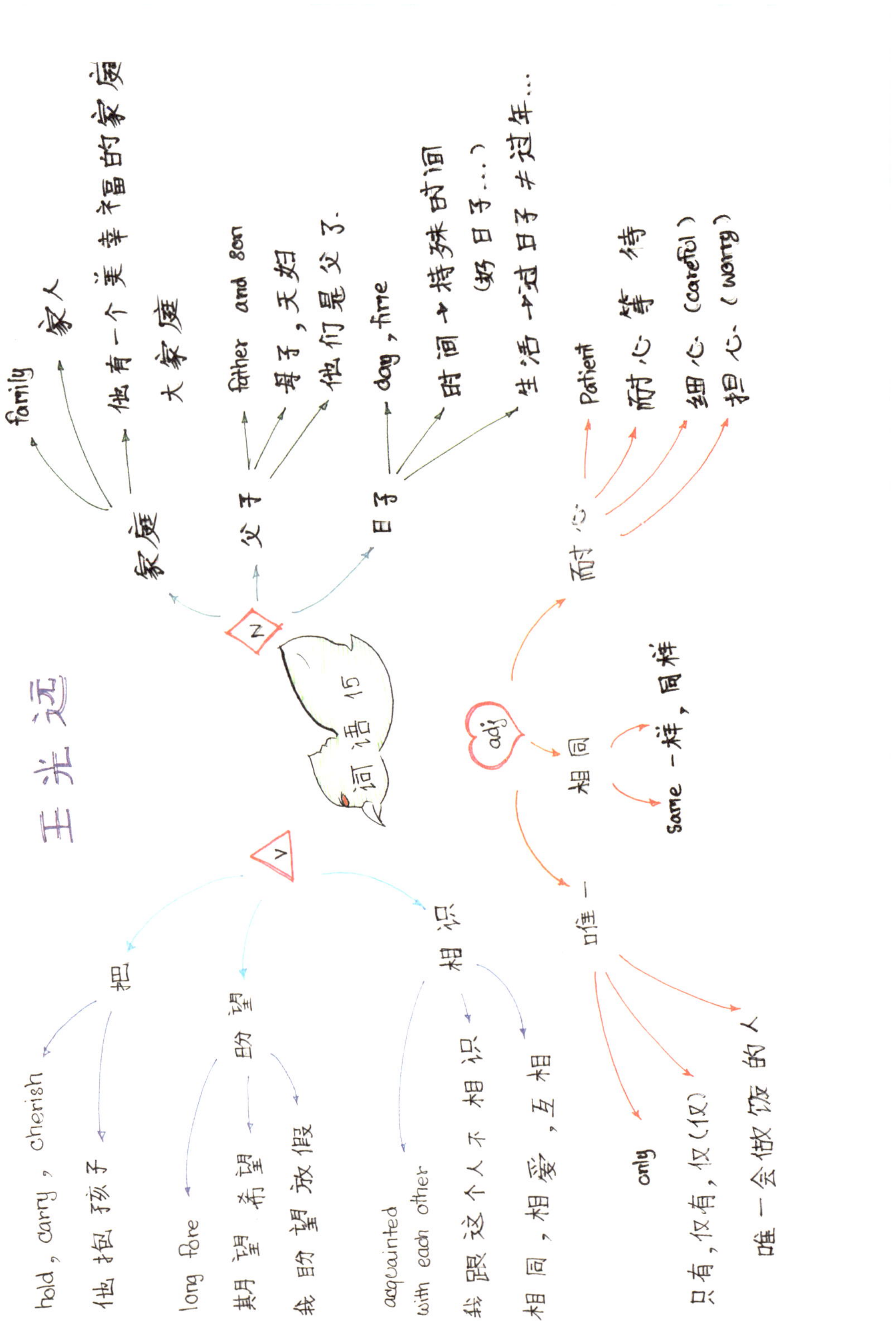
王光远
词语15
N
家庭
family
家人
他有一个美幸福的家庭
大家庭
父子
father and son
母子，夫妇
他们是父子.
日子
day，time
时间+特殊时间
(好日子…)
生活+过日子+过年…
V
把
hold，carry，cherish
他抱孩子
盼望
long for
期望 希望
我盼望放假
相识
acquainted with each other
我跟这个人不相识
相同，相爱，互相
adj
耐心
Patient
耐心等待
细心（careful）
担心（worry）
相同
一样，同样
same
唯一
only
只有，仅有，仅(仅)
唯一会做饭的人

绘制者：泰国留学生王光远

短文思维导图

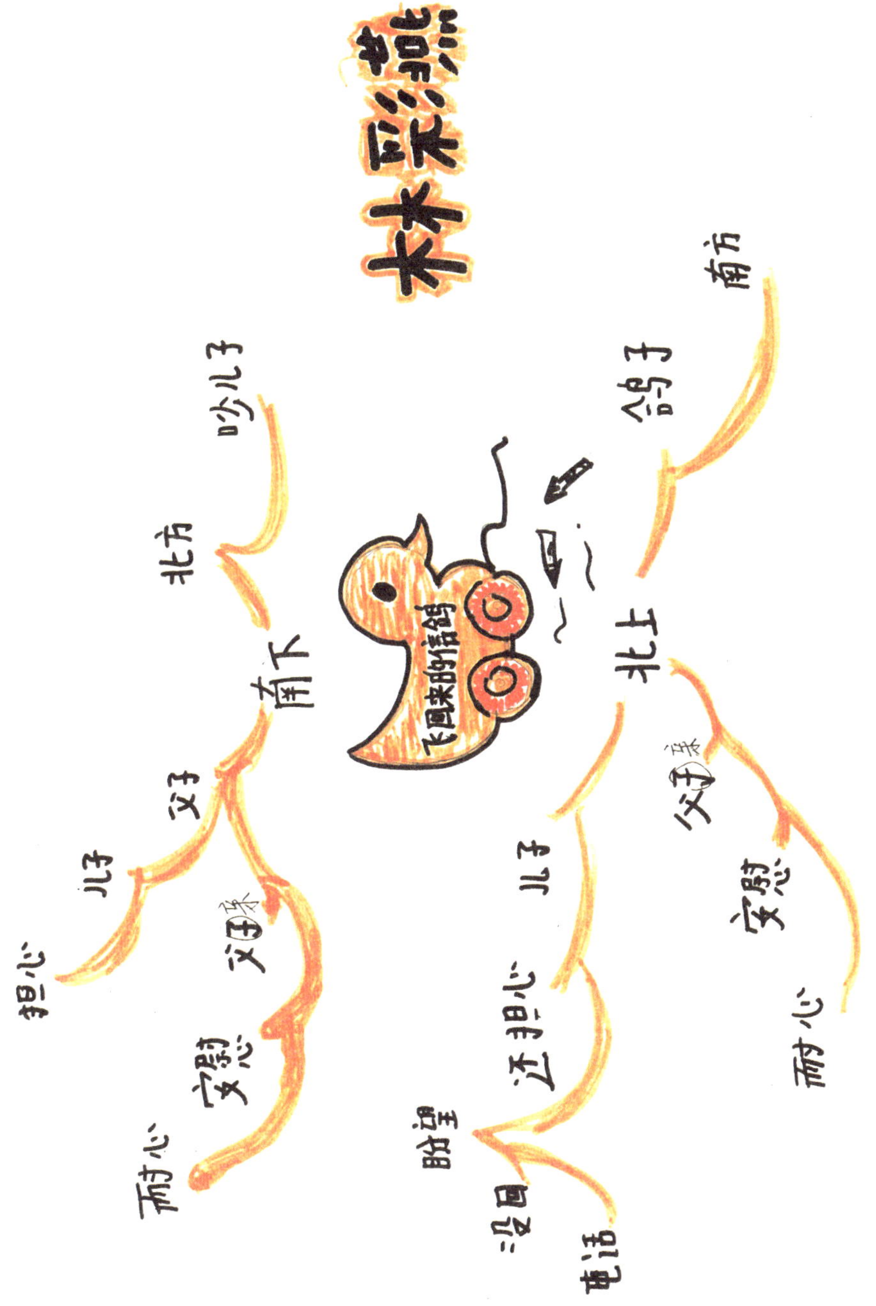
林彩燕
飞回来的鸽子
南下
北上
北方
南方
鸽子
儿子
担心
安慰
耐心
还担心
盼望
没有
电话

绘制者：泰国留学生林彩燕

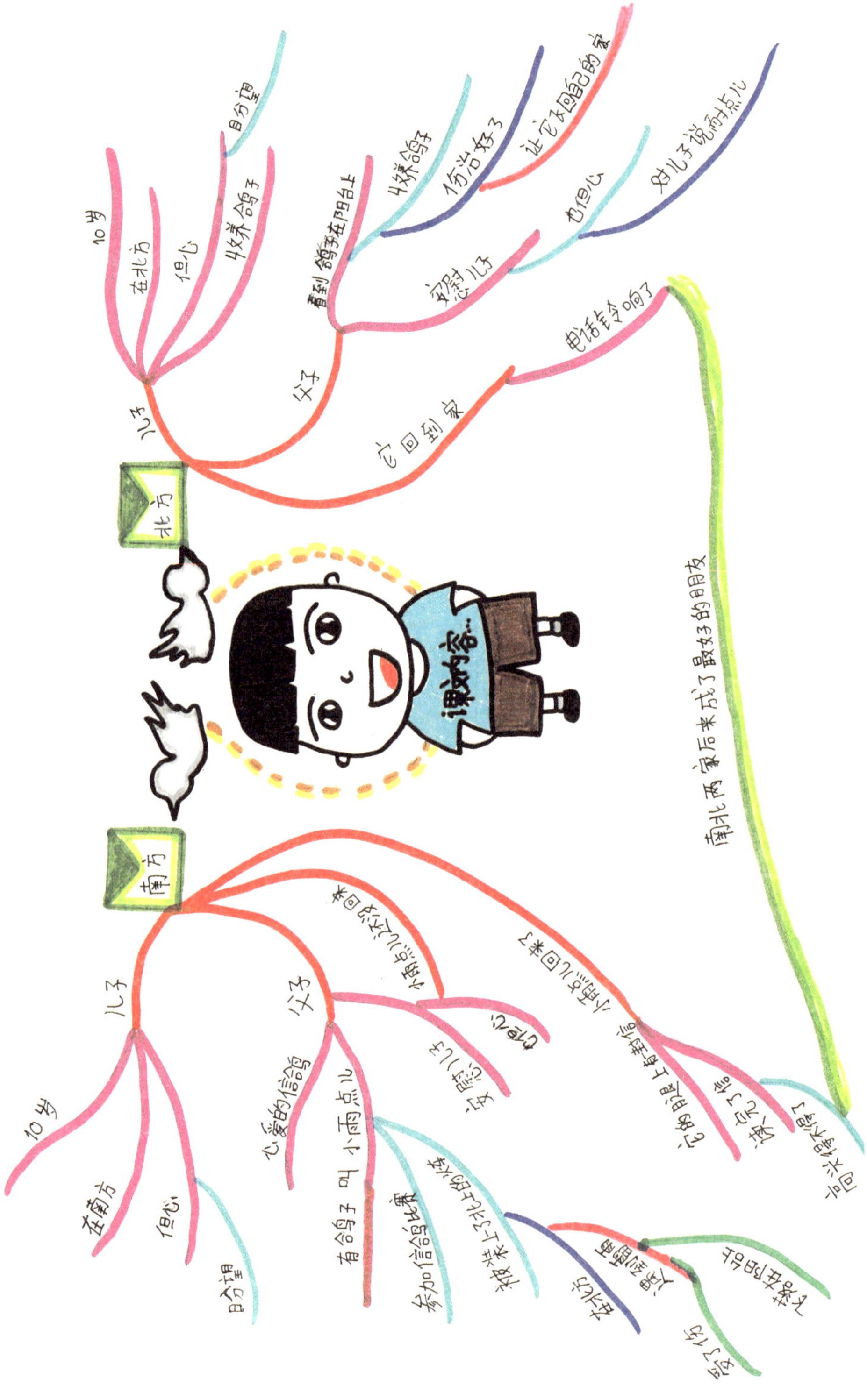
北方
儿子
10岁
在北方
父子
它回到家
电话铃响了
南北两家后来成了最好的朋友
南方
儿子
10岁
在南方
父子
心爱的信鸽
有鸽子
参加信鸽比赛
它的腿上有封信
读了信
课内容…

绘制者：泰国留学生林艺殷

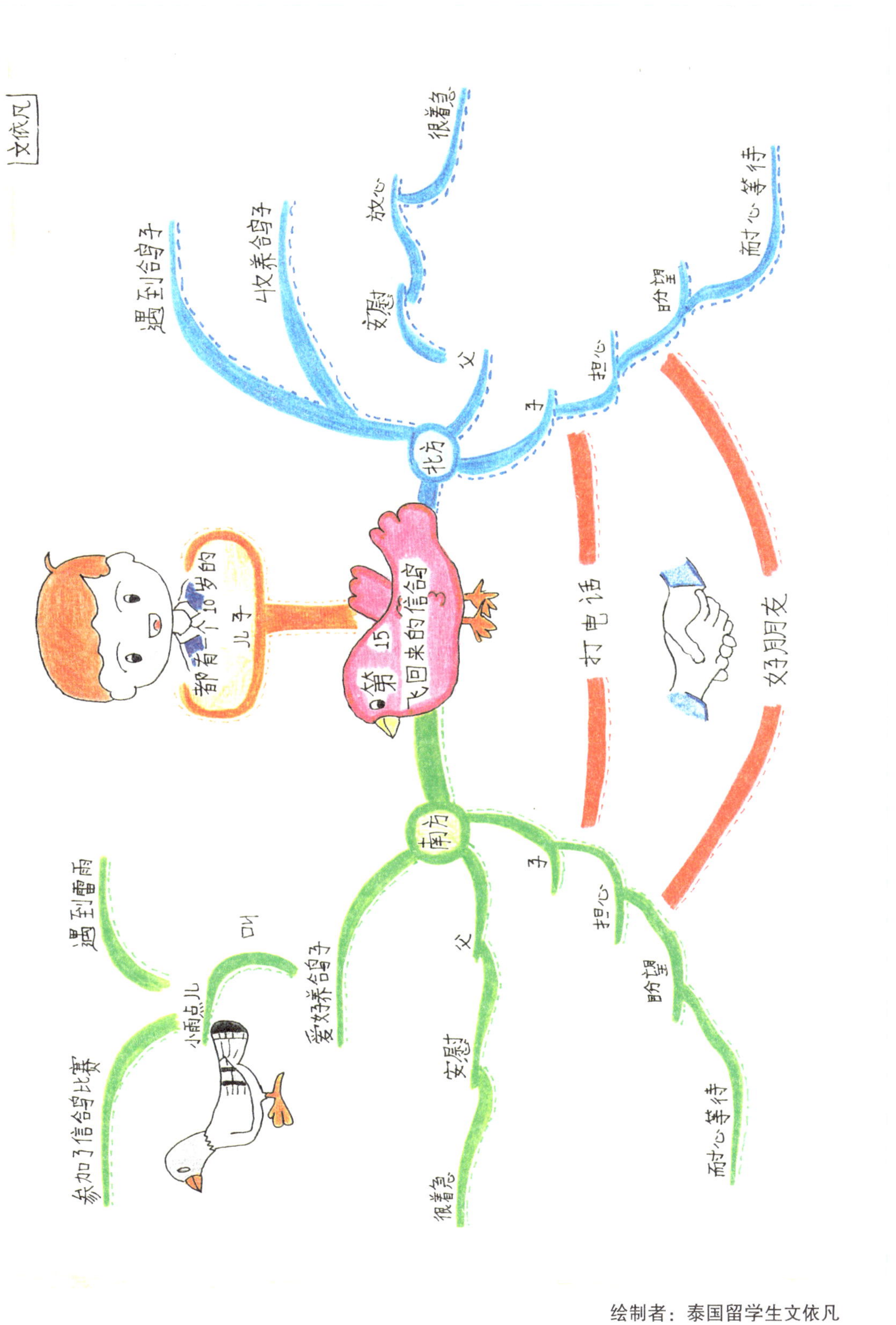
文依凡
第15课
飞回来的信鸽
都有一个10岁的
儿子
北方
遇到鸽子
收养鸽子
父
安慰
放心
很着急
子
担心
盼望
耐心等待
打电话
好朋友
南方
爱好养鸽子
小雨点儿
叫
遇到雷雨
参加了信鸽比赛
父
安慰
很着急
子
担心
盼望
耐心等待

绘制者：泰国留学生文依凡

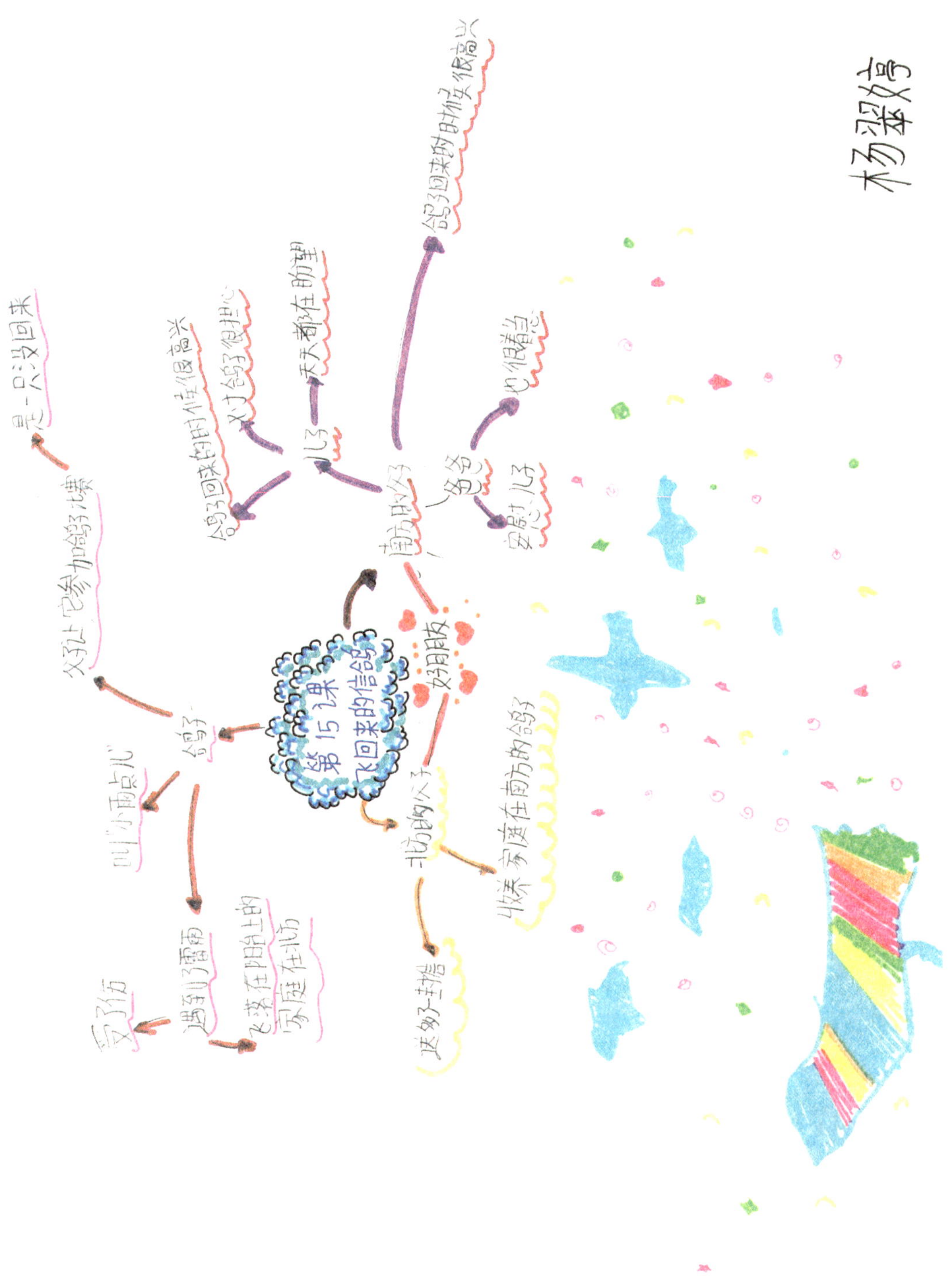
第15课
飞回来的信鸽
杨翠婷

绘制者：泰国留学生杨翠婷

第15课
飞回来的信鸽

绘制者：泰国留学生吴文静

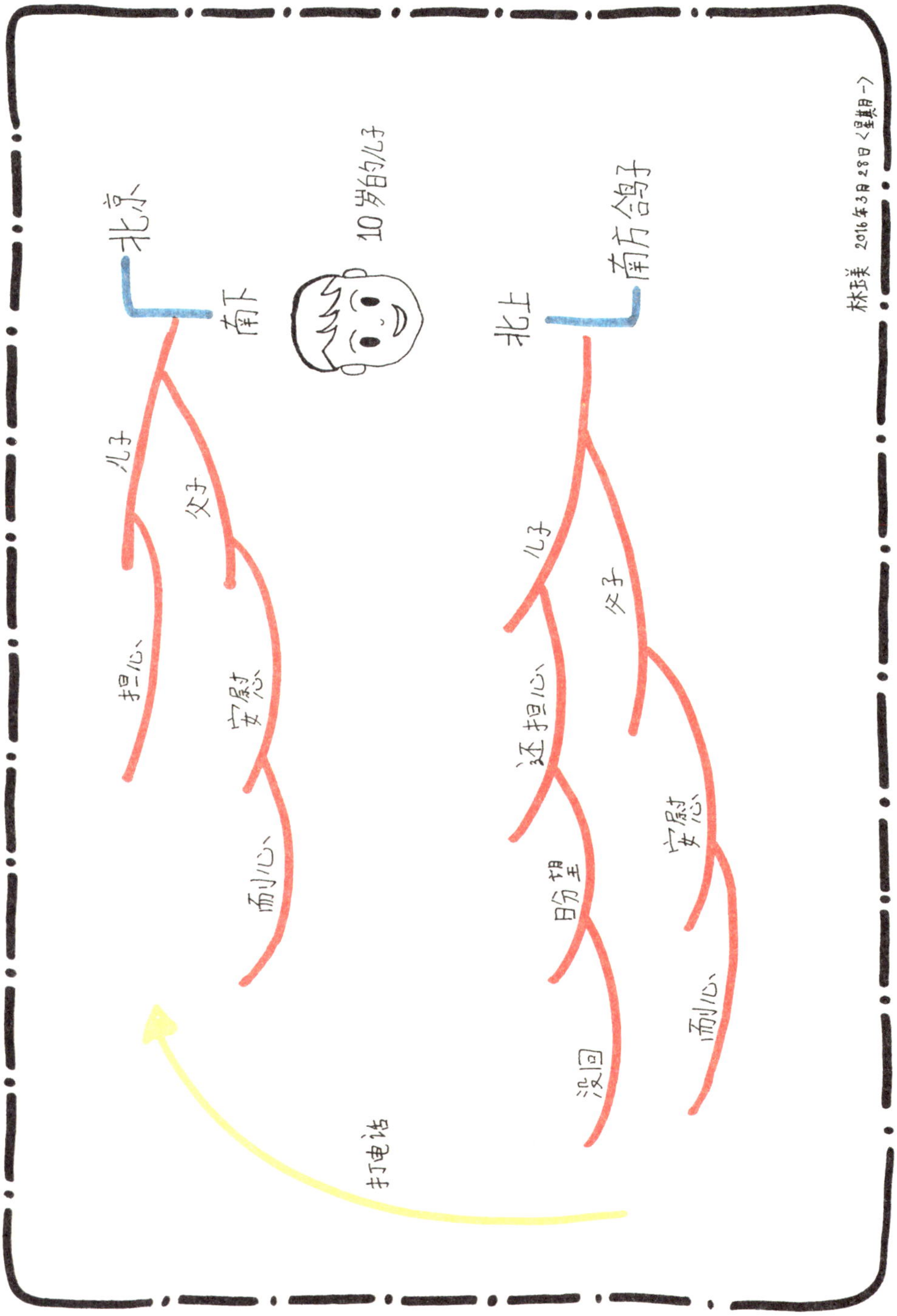
北京
南下
10岁的儿子
北上
南方鸽子
儿子
父子
担心
安慰
耐心
还担心
盼望
没回
打电话
林玉美 2016年3月28日（星期一）

绘制者：泰国留学生林玉美

教材原文

把表拨快三分钟

（发展汉语初级综合 Ⅱ 第16课）

词语学习

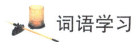

1	拨	bō	set (a clock/watch)
2	当	dāng	act as; work as
3	经理	jīnglǐ	manager
4	秘书	mìshū	secretary
5	优点	yōudiǎn	merit; strong point
6	守时	shǒushí	be on time; be punctual
7	爱惜	àixī	use sparingly; treasure
8	浪费	làngfèi	waste; squander
9	取得	qǔdé	get; achieve
10	成功	chénggōng	success
11	酒店	jiǔdiàn	hotel
12	准时	zhǔnshí	punctual; on time; on schedule
13	计算	jìsuàn	estimate; calculate
14	需要	xūyào	need; want; require; demand; take
15	提前	tíqián	do (sth.) in advance or ahead of time
16	当时	dāngshí	at that time; then
17	下班	xiàbān	get off work
18	堵车	dǔchē	traffic jam
19	放弃	fàngqì	give up
20	乘	chéng	by (bus/car/train/plane/boat, etc.)
21	一路	yílù	all the way
22	不满	bùmǎn	be dissatisfied; be discontented
23	解释	jiěshì	explain; explanation
24	难道	nándào	used in a rhetorical question

25 访问 fǎngwèn visit
26 领导 lǐngdǎo leader; boss
27 客户 kèhù customer; client
28 好处 hǎochu benefit

走进课文

把表拨快三分钟

我的一位朋友，大学一毕业就当上了一个公司的经理秘书。

上班的第一天，经理问她："你觉得自己最大的优点是什么？"

"我很守时，从来不迟到；我很爱惜时间，从来不浪费一分钟。"

"这很好，爱惜时间的人，才有可能取得成功。"

经理对她的回答表示很满意。"为了欢迎你，今晚五点半我们在酒店为你举行一个欢迎会，你现在先回去休息一下吧，晚上见。"

"谢谢您！我五点半一定准时到。"

朋友计算了一下，从她住的地方到酒店只需要30分钟的时间。她不想去得太早，打算提前几分钟到酒店。不到五点钟，她就出门了。五点她坐上了出租车。可是，由于当时正是下班时间，路上堵车，这是她原来没有想到的情况。为了能准时到酒店，她只好放弃了坐出租车，改乘地铁。虽然她下了车一路快跑，可还是迟到了三分钟。

经理看起来很不满："你不是说自己是个很守时的人吗？"

"对不起！没想到堵车这么严重。"

她想解释一下自己迟到的原因，可是经理并不愿意听她的解释："你为什么不早三分钟出门呢？"

"对不起！对不起！我下次一定注意。"

"你自己的时间重要，别人的时间就不重要吗？你难道不知道这里所有的人都在等你吗？"

从那以后，我的朋友把自己的手表、手机和闹钟都拨快了三分钟。上班、开会、访问客户，她再也不迟到了，因此，领导、同事、客户对她都很满意。

您为什么不把表也拨快几分钟呢？那肯定会对您有什么好处的。

词语思维导图

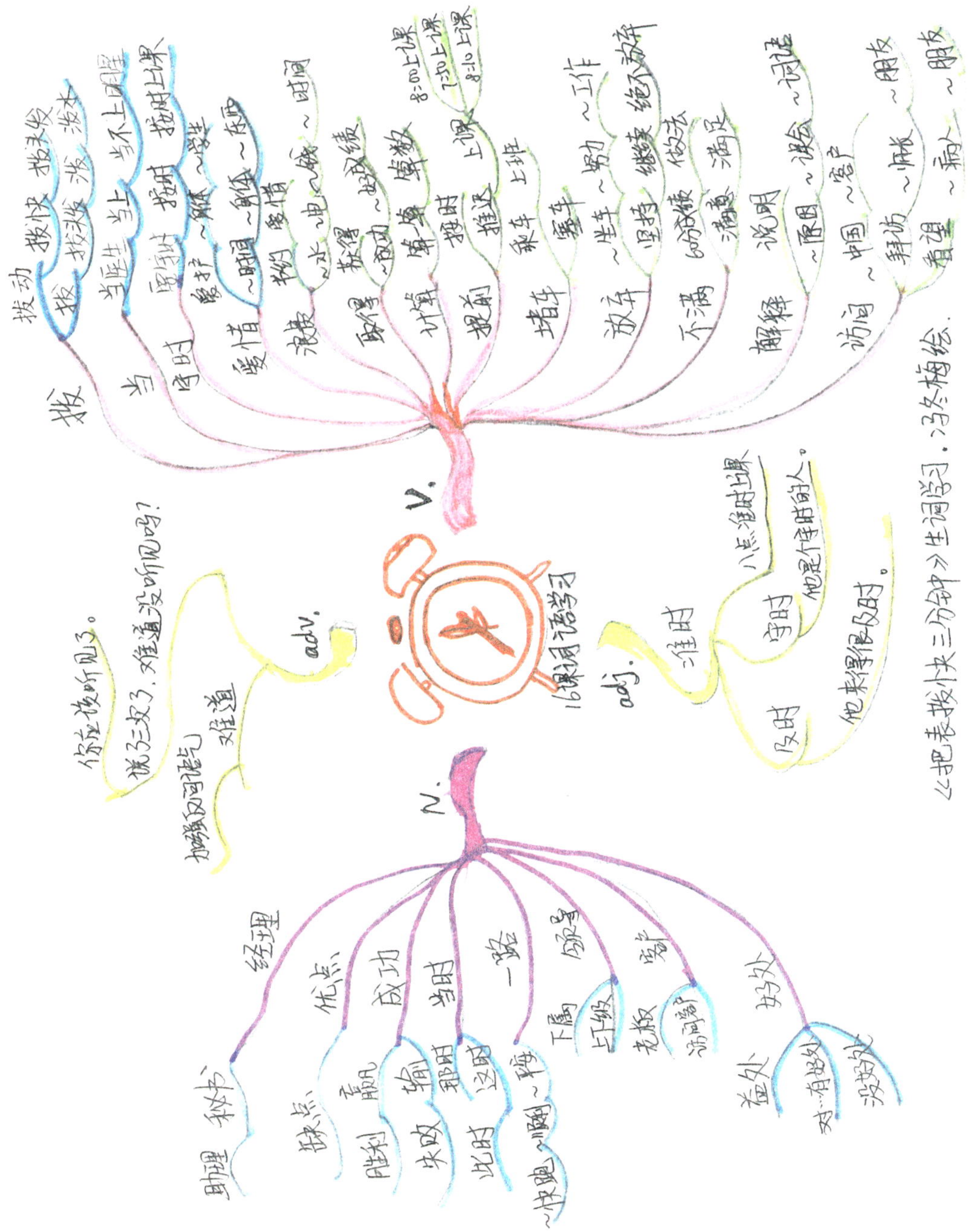
16课词语学习
v.
n.
adj.
adv.
《把表拨快三分钟》生词学习，冯冬梅绘.

绘制者：冯冬梅

语法思维导图

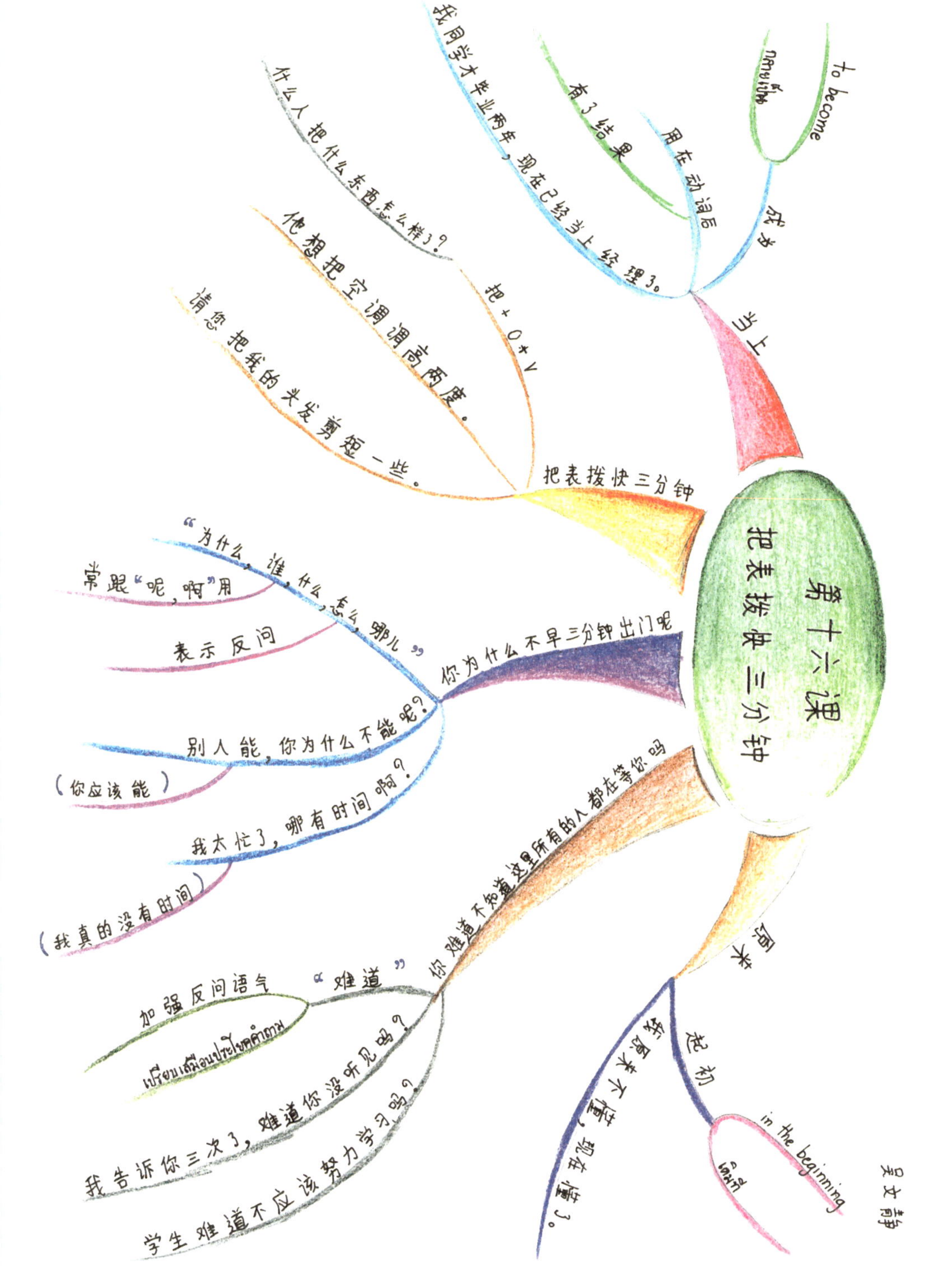
第十六课
把表拨快三分钟
当上
成为
to become
用在动词后
有了结果
我同学才毕业两年，现在已经当上经理了。
把表拨快三分钟
把＋O＋V
什么人把什么东西怎么样了？
他想把空调调高两度。
请您把我的头发剪短一些。
你为什么不早三分钟出门呢
"为什么，谁，什么，怎么，哪儿"
常跟"呢，啊"用
表示反问
别人能，你为什么不能呢？
（你应该能）
我太忙了，哪有时间啊？
（我真的没有时间）
你难道不知道这里所有的人都在等你吗
"难道"
加强反问语气
我告诉你三次了，难道你没听见吗？
学生难道不应该努力学习吗？
原来
起初
in the beginning
我原来不懂，现在懂了。
吴文静

绘制者：泰国留学生吴文静

吴文静
反问句
用带有疑问词
为什么
怎么
什么
谁
哪儿
常跟
呢
啊
用
别人能做，你为什么不能呢？
我很忙，哪有时间啊？
这个人很有名，谁不认识他呢？
你怎么来得这么晚啊！
我什么时候说过这样的话啊？
你怎么能放弃学习中医啊！
表示强调
否定形式，表示肯定的意思
肯定形式，表示否定的意思
有这样服务的吗？（没有这样服务的）
有人喜欢做很累的工作吗？（没有人喜欢）
我不是告诉你了吗？（肯定是我告诉你了）
你不是做得很好吗？（肯定是你做得很好）
你不是大学学生吗？（你肯定是大学学生）
这不是你的书吗？（肯定是你的书）

绘制者：泰国留学生吴文静

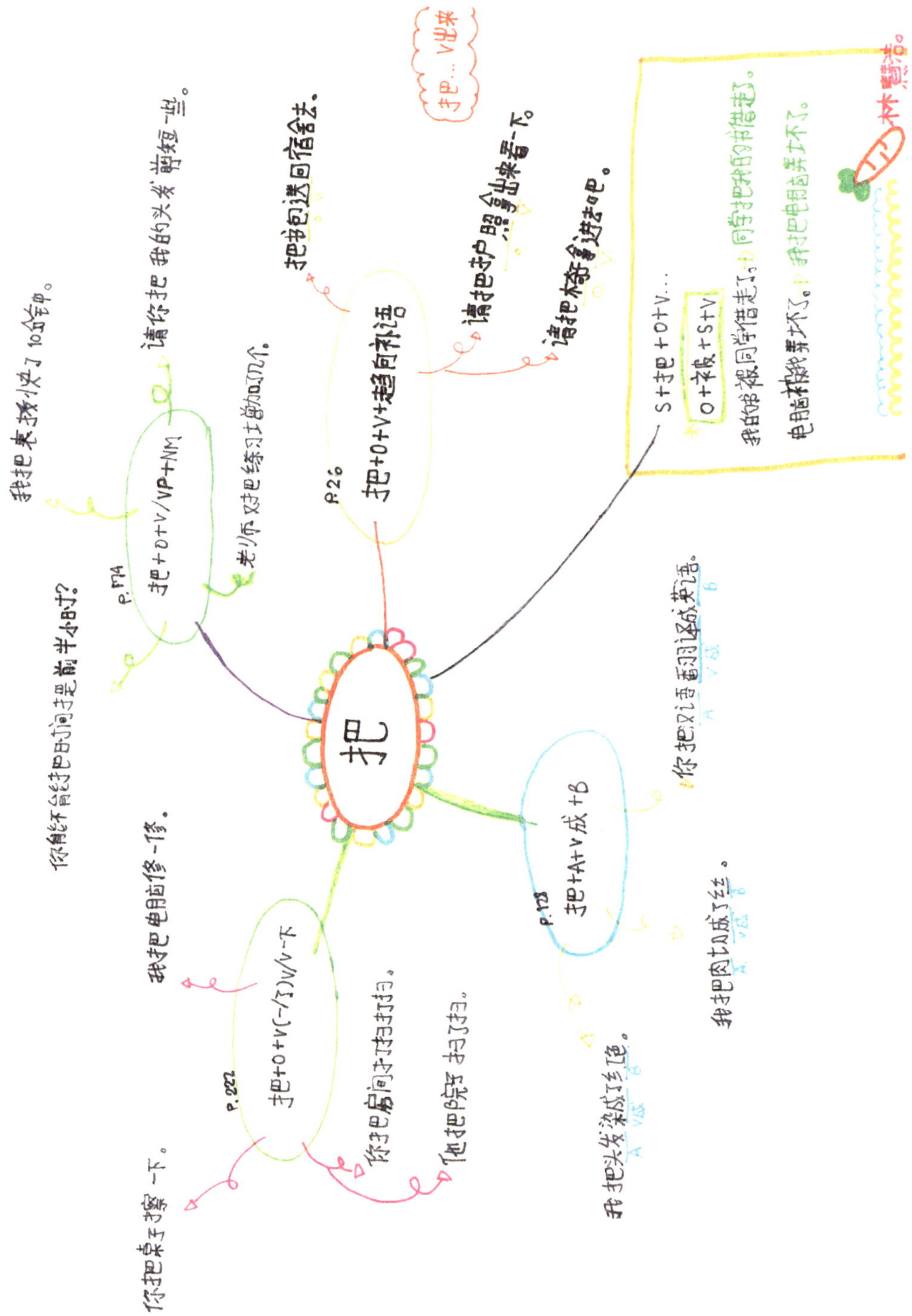
把
把+O+V+趋向补语
把+O+V/VP+NM
把+A+V成+B
S+把+O+V…
O+被+S+V

绘制者：泰国留学生林慧洁

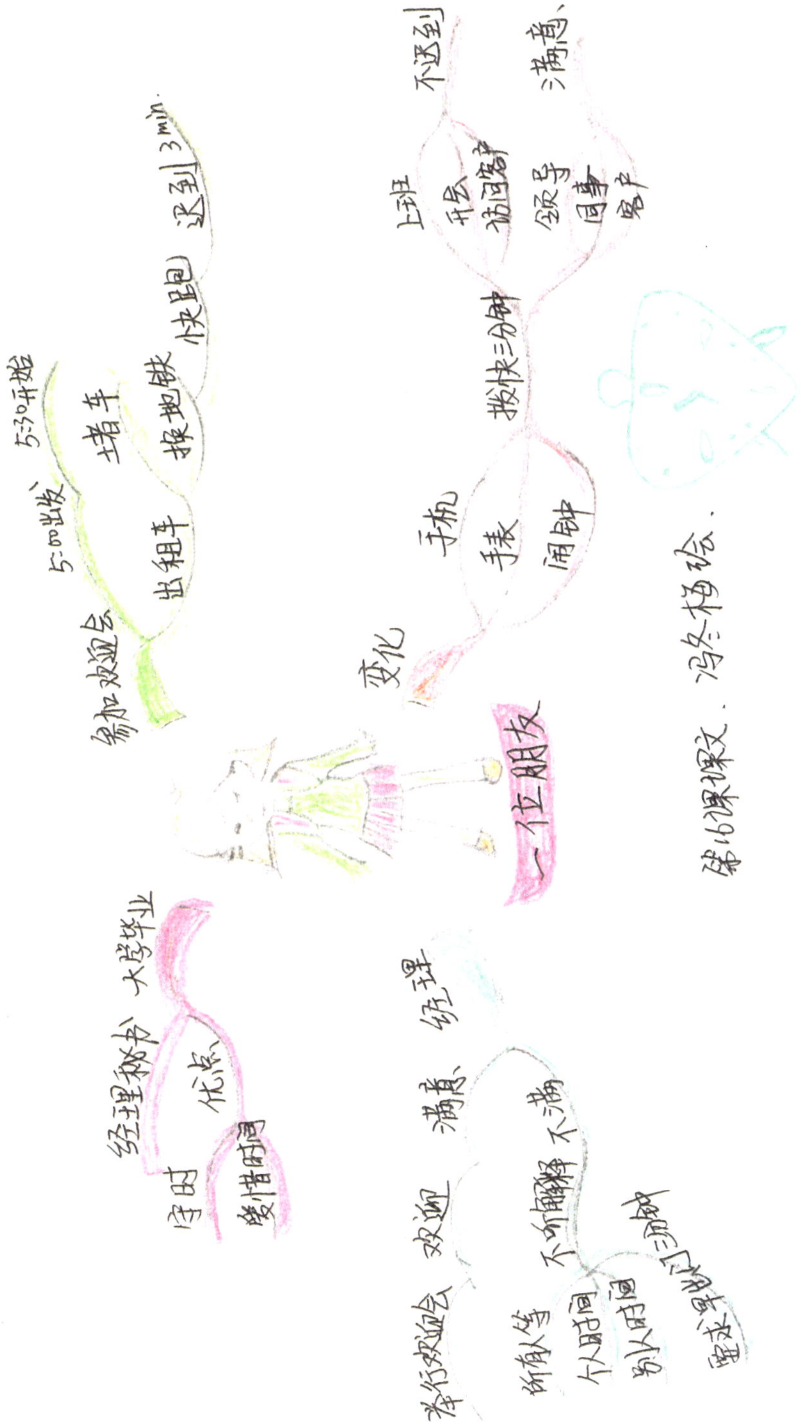

一位朋友
变化
手机
手表
闹钟
上班
开会
领导
同事
客户
不迟到
参加欢迎会
出租车
堵车
换地铁
快跑
经理秘书
大学毕业
优点
守时
爱惜时间
经理
满意
不满
欢迎
举行欢迎会
个人时间
别人时间

绘制者：冯冬梅

教材原文

约会

（发展汉语初级综合Ⅱ第17课）

词语学习

1	之间	zhījiān	between; among
2	尽管	jǐnguǎn	though; even though
3	约	yuē	make an appointment
4	中心	zhōngxīn	center
5	广场	guǎngchǎng	square; plaza
6	特意	tèyì	for a special purpose; specially
7	束	shù	bundle; bunch
8	地点	dìdiǎn	place; site; locale
9	遇到	yùdào	run into; encounter; come across
10	这时	zhèshí	(at) this time or moment
11	不再	búzài	no longer
12	到底	dàodǐ	1. at last; in the end; finally 2. used in a question for emphasis
13	一片	yí piàn	a vast expanse of
14	黑暗	hēi'àn	dark; darkness
15	扔	rēng	throw; toss; throw away
16	眼镜	yǎnjìng	glasses
17	孤零零	gūlínglíng	solitary; lonely
18	椅子	yǐzi	chair
19	于是	yúshì	so; then; thereupon; hence
20	离开	líkāi	leave; depart
21	长相	zhǎngxiàng	looks; features
22	情人	qíngrén	lover
23	感到	gǎndào	feel; sense

24	十分	shífēn	very; fully; completely
25	寂寞	jìmò	lonely
26	不知不觉	bù zhī bù jué	unconsciously; unwittingly
27	失望	shīwàng	lose hope; be disappointed
28	忽然	hūrán	suddenly; all of a sudden
29	朝	cháo	facing; towards

走进课文

约会

那是六年前的一个情人节。当时，我有一个女朋友。不过，我感觉我们之间已经有了问题。尽管这样，我还是跟她约好了晚上在市中心广场见面。下班以后，我特意买了一大束鲜花，准备送给她。

我提前到了约会地点。等了好长时间，她也没来。我开始担心她会不会遇到了麻烦。这时，我的手机响了，她告诉我不能来了，因为她不再爱我了。我一直担心的事情到底还是发生了。接完电话，我感觉广场一片黑暗。

不知过了多久，我突然想起了我手中的鲜花。“女朋友没了，这鲜花还有什么用？”可是旁边没有垃圾箱，我不能把它扔在干净的广场上。

这时，我看到离我不远的地方，有一个姑娘。她长长的头发，戴着眼镜，孤零零地坐在椅子上，于是，我就改变了主意：把花送给这个姑娘吧。我走向那个姑娘，把鲜花放在她手里，说了一句“节日快乐”。说完，我马上离开了广场。

过了很长时间，我也没能找到新的女朋友。我常常想起那次“送花”的事和那个女孩儿。其实我连她的长相都没有看清楚，可是很奇怪，我很想再见到她！

又一个情人节到来了，在这个没有情人的情人节晚上，我感到十分的寂寞，就不知不觉地来到了市中心广场。我不知道到底自己来干什么。

我来到一年前那个姑娘坐过的长椅，我很失望，那个椅子是空的。

我刚想离开，忽然，看到一个姑娘朝我走来，她的头发长长的，戴着眼镜……是她，就是一年前那个姑娘！

又是一年的情人节，她成了我的妻子！现在我们生活得很幸福。

词语思维导图

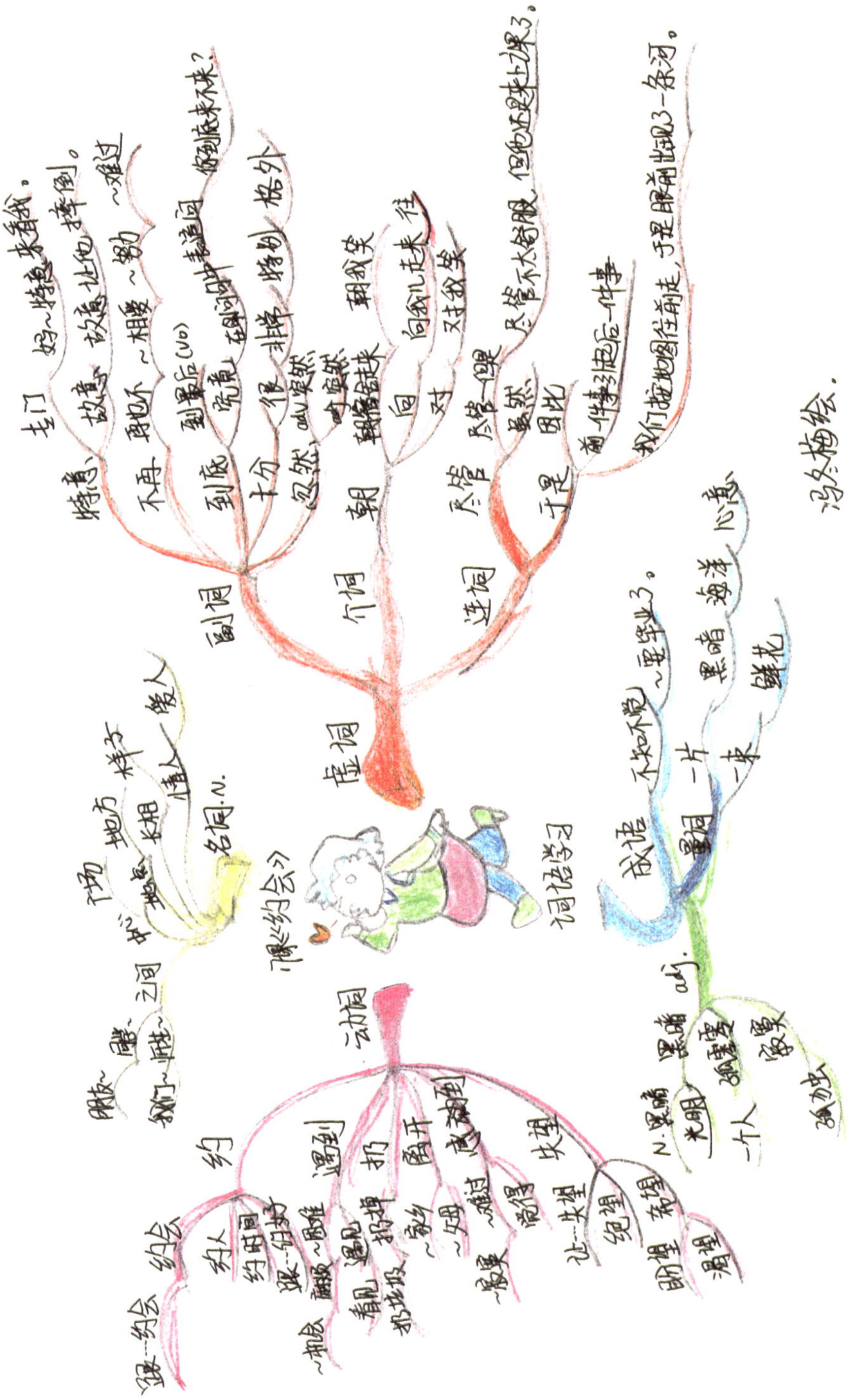
虚词
副词
介词
连词
动词
词语学习
成语
量词
冯冬梅绘。

绘制者：冯冬梅

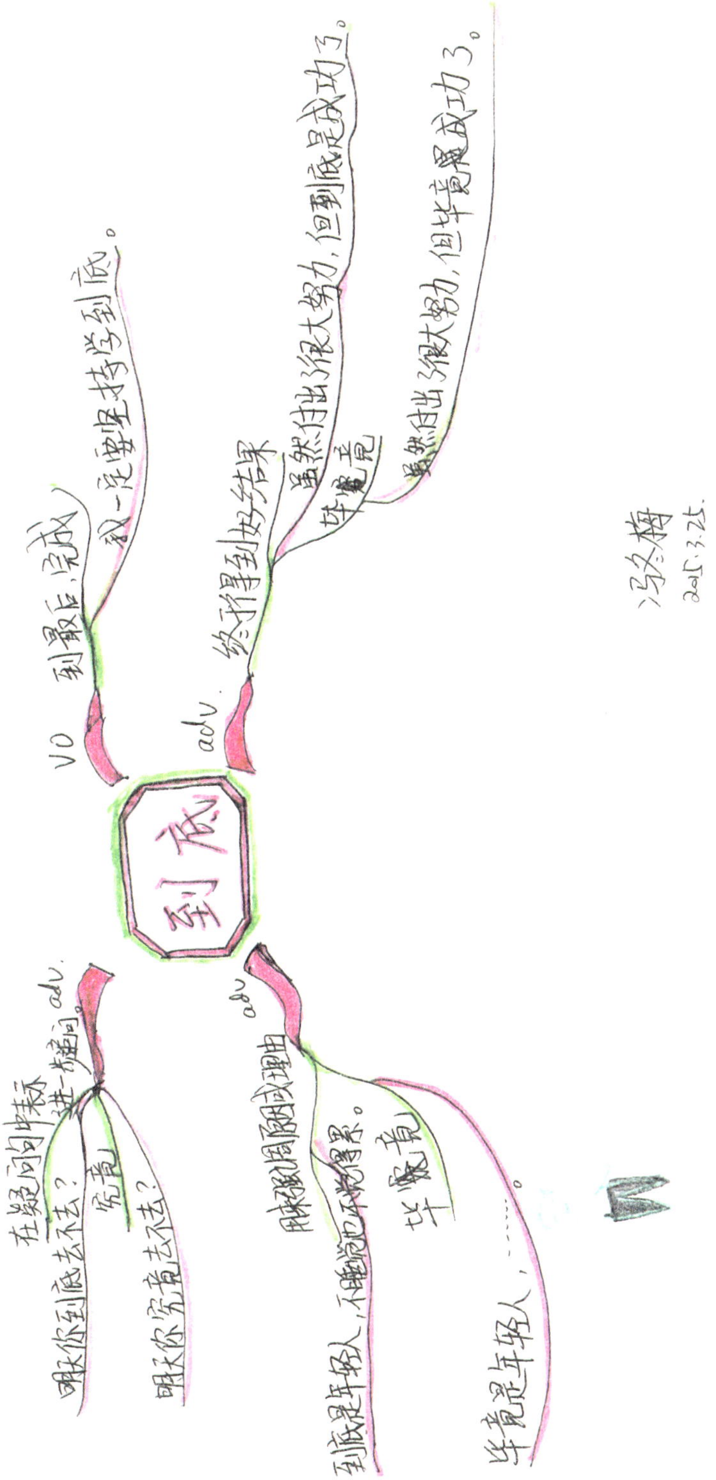
到底
VO
adv.
adv.
adv.
到最后，完成
我一定要坚持学到底。
明天你到底去不去？
明天你究竟去不去？
毕竟
究竟
冯冬梅
2015.3.25

绘制者：冯冬梅

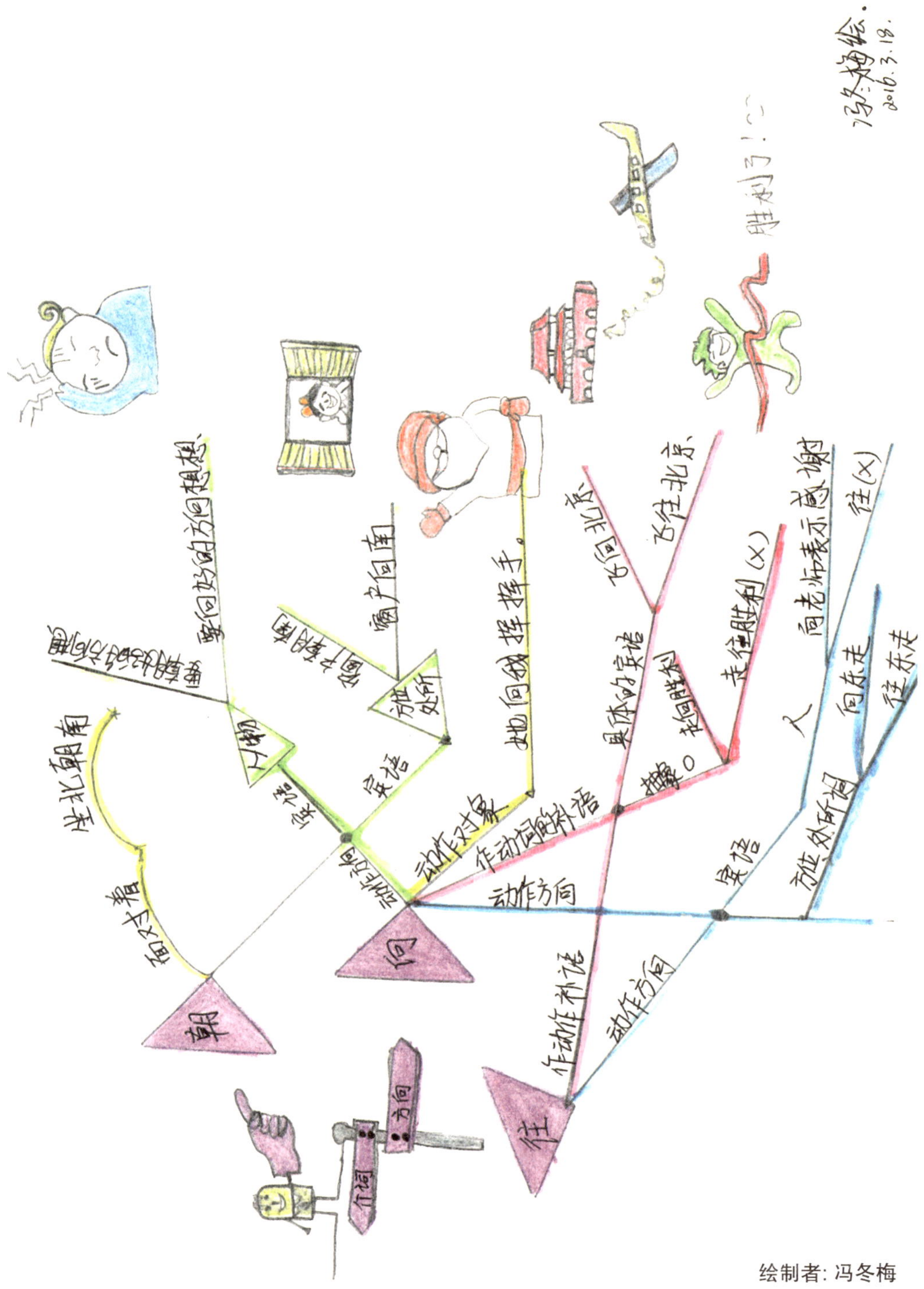
朝
向
往
面对着
坐北朝南
动作对象
动作方向
作动词的补语
宾语
方位处所词
向东走
往东走
飞向北京
飞往北京
胜利了!
冯冬梅绘.
2016.3.18.

绘制者: 冯冬梅

注：有交叉点的同一个颜色的线条表示两个词语有相同的意义

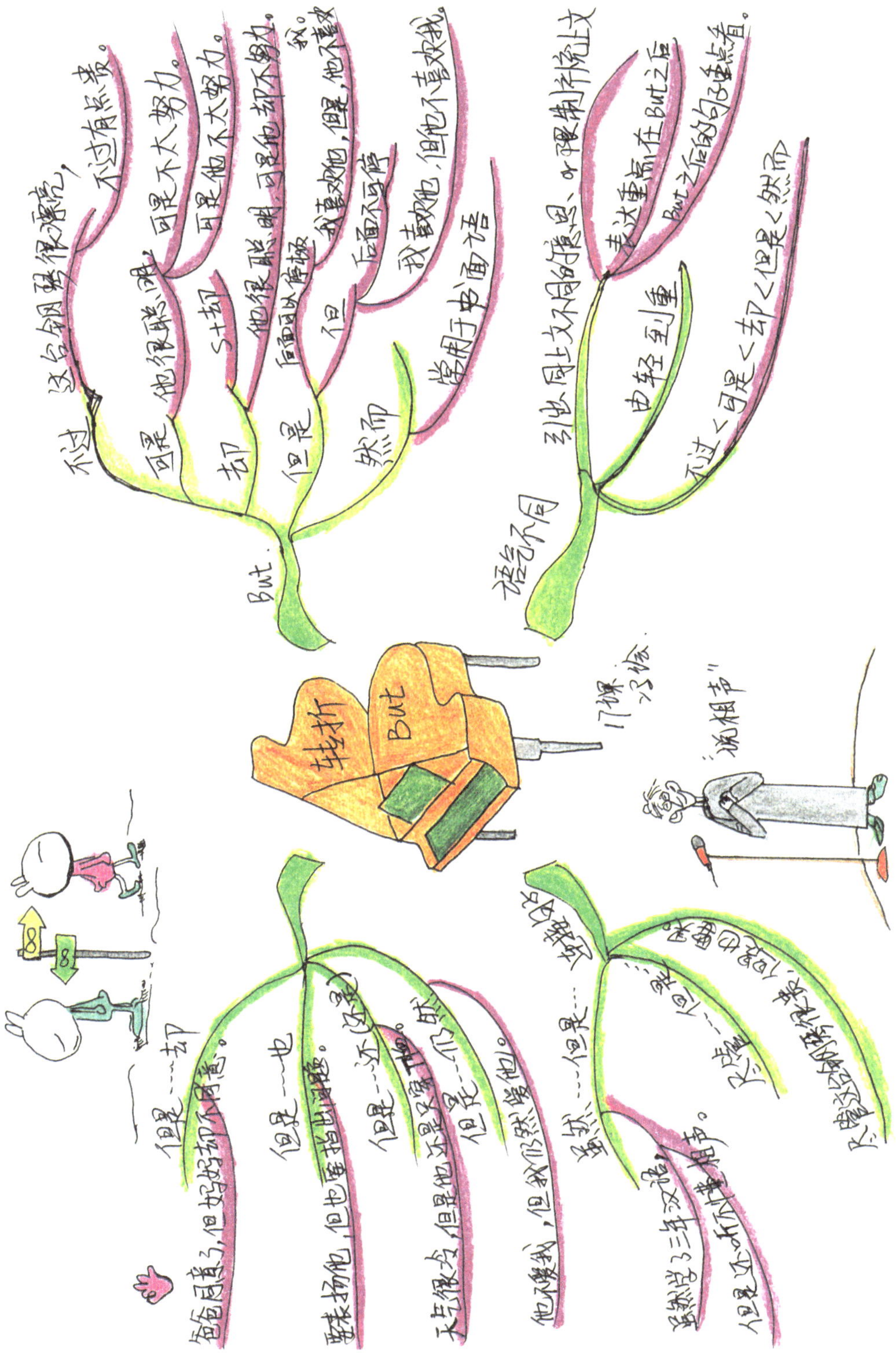

转折
But
不过
可是
却
但是
然而
语气不同

绘制者：冯冬梅

短文思维导图

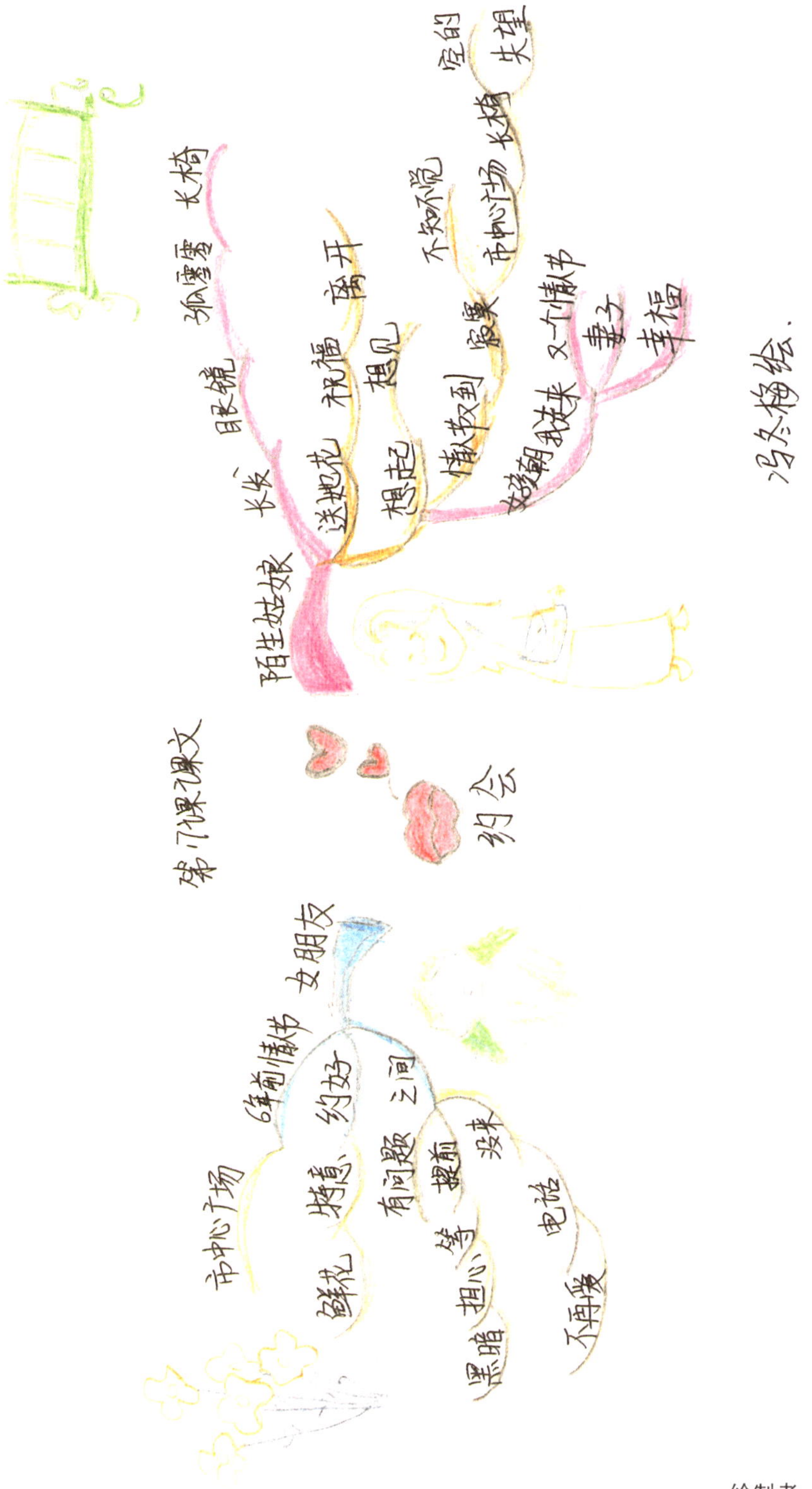
第17课课文
约会
陌生姑娘
长椅
女朋友
市中心广场
冯冬梅绘.

绘制者：冯冬梅

教材原文

听电影

（发展汉语初级综合Ⅱ第18课）

词语学习

1	志愿者	zhìyuànzhě	volunteer
2	盲人	mángrén	blind person
3	放	fàng	show; play; project
4	即使	jíshǐ	even if
5	幕布	mùbù	cinema screen; (theater) curtain
6	花盆	huāpén	flowerpot
7	鲜花	xiānhuā	fresh flowers; flowers
8	左右	zuǒyòu	(used after a number) about; around; or so
9	话筒	huàtǒng	microphone
10	讲解员	jiǎngjiěyuán	narrator
11	观众	guānzhòng	audience
12	花香	huāxiāng	fragrance of flowers
13	脚步声	jiǎobùshēng	sound of footsteps
14	讲解	jiǎngjiě	explain; narrate
15	画面	huàmiàn	movie frame; frame
16	山村	shāncūn	mountain village
17	部	bù	used of movies, books, etc.
18	蔬菜	shūcài	vegetable
19	生命	shēngmìng	life; vitality
20	似的	shìde	used after a noun, a pronoun, or averb to indicate similarity
21	点头	diǎntóu	nod one's head; nod
22	不时	bùshí	frequently; often

23	编	biān	weave; braid
24	静	jìng	quiet; silent; calm; peaceful
25	亲眼	qīnyǎn	(see) with one's own eyes
26	老奶奶	lǎonǎinai	(respectful form of address for old women used by children) grandma; granny
27	月光	yuèguāng	moonlight
28	洒	sǎ	sprinkle; spill; spread

走进课文

听电影

这是一场特殊的电影，几个志愿者要给盲人朋友们放电影，即使这些观众完全看不见，也要让他们和正常人一样“看”电影。

小电影院里坐着30多位盲人。在他们面前，有一块幕布，幕布前还放了几个花盆，屋子里飘着鲜花的香味。一位20多岁左右的姑娘，手拿着话筒站在幕布前，她就是这场电影的讲解员，这一切虽然观众们都看不见，但是，他们闻到了花香，也听到了姑娘轻轻的脚步声。

电影开始了，音乐响起来了，女孩开始讲解电影的画面：“这是一个小山村，春天来了，山上的草绿了，开满了鲜花……”

“姐姐，绿色是什么样子的？”一个小男孩儿问。

女孩儿停了一下，尽管她已经把这部电影看了十几遍，讲解也练习了十来遍，但没想到，第一个问题就这么难。她想了想，告诉男孩儿：“绿色就是小草的颜色、蔬菜的颜色，也是生命的颜色。”男孩儿好像听懂了似的，点了点头。人们不时地提出各种各样的问题，女孩儿耐心地回答着所有的问题。

女孩儿继续讲解着每一个画面。

“现在，一个八九岁的小女孩儿，她的名字叫小丽，正和爷爷在草地上玩儿，草地上到处都是黄色的花儿，爷爷用鲜花编成了一个小花帽，戴在了小丽的头上……

“戴着花帽的小丽太漂亮了，她高兴极了……”人们静静地听着，好像亲眼看到了似的。

“现在是晚上……”女孩儿继续讲解。

“很黑吗？是不是什么也看不见啊？”有个老奶奶有点儿不放心地问道。

女孩儿告诉她，没关系，有美丽的月光。

“可是，姐姐，月光是什么样子的？”又是那个男孩儿问。

女孩儿笑着告诉他：“月光像水似的。”小男孩儿忽然高兴地说：“我听到水洒在地上的声音了，真好听！”

女孩儿笑了，她今天不但看见了月光，好像也听见了月光的声音似的。

词语思维导图

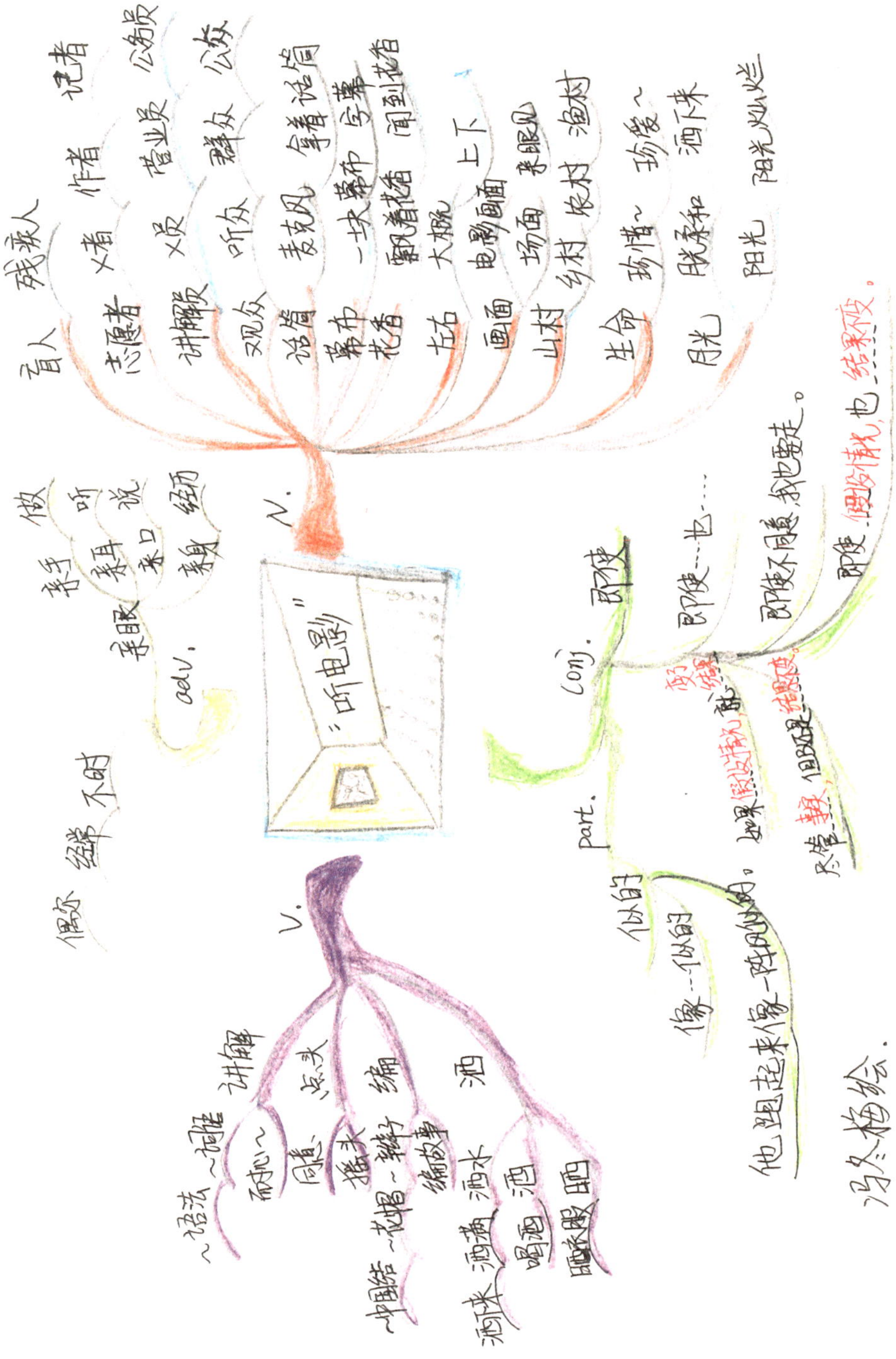

绘制者：冯冬梅

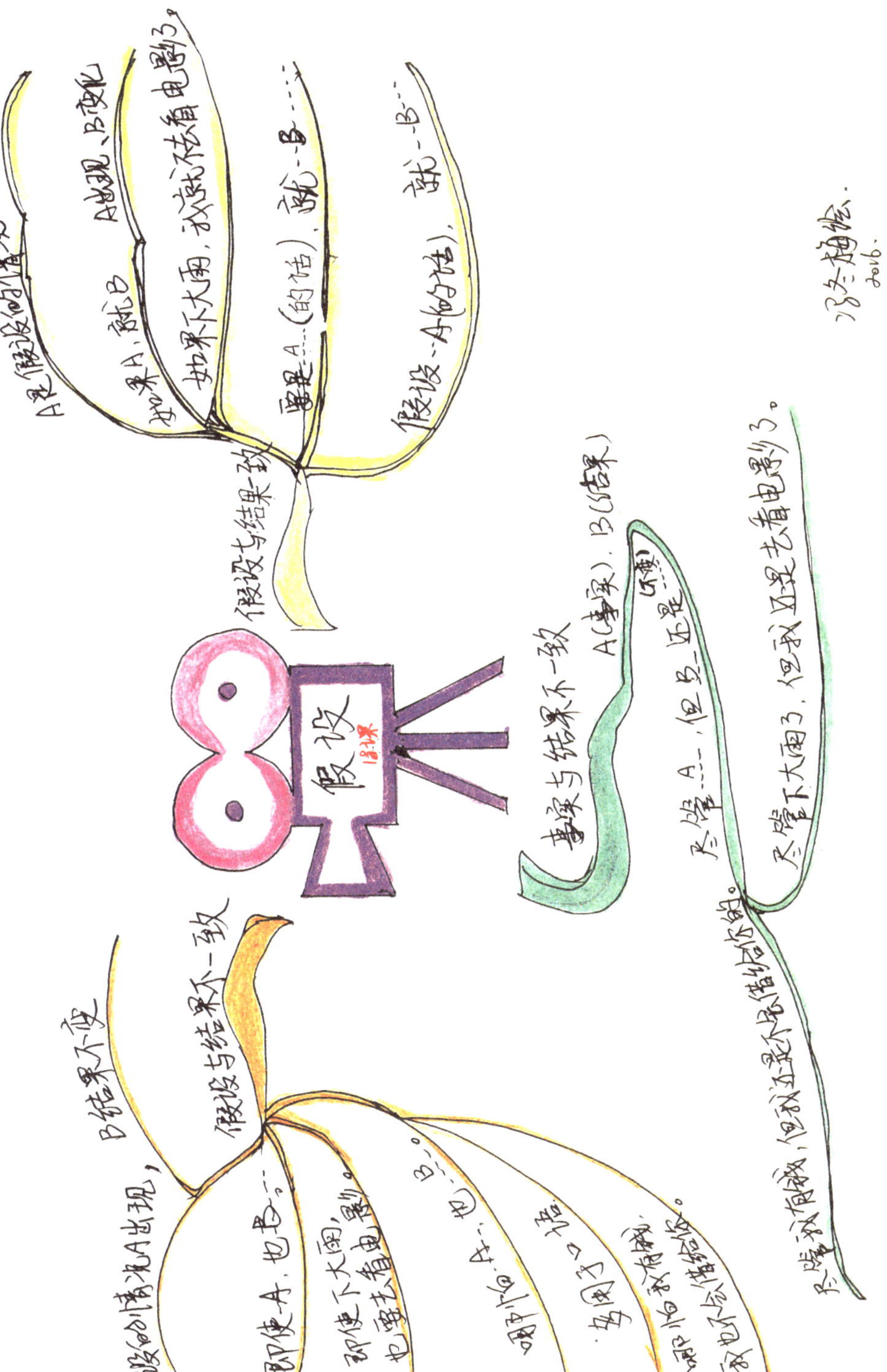
假设
18课
假设与结果一致
A是假设的情况 B是结果
如果A，就B
A出现，B变化
如果下大雨，我就不去看电影了。
要是A……(的话)，就……B……
假设……A的话，就……B……
事实与结果不一致
A(事实)，B(结果)
尽管A……，但B……还是……(不变)
尽管下大雨了，但我还是去看电影了。
尽管我有钱，但我还是不会借给你的。
假设与结果不一致
假设的情况A出现，B结果不变
即使A，也B……
即使下大雨，也要去看电影。
哪怕A……，也……B……
多用于口语
哪怕我有钱，我也不会借给你。
冯冬梅
2016.

绘制者：冯冬梅

短文思维导图

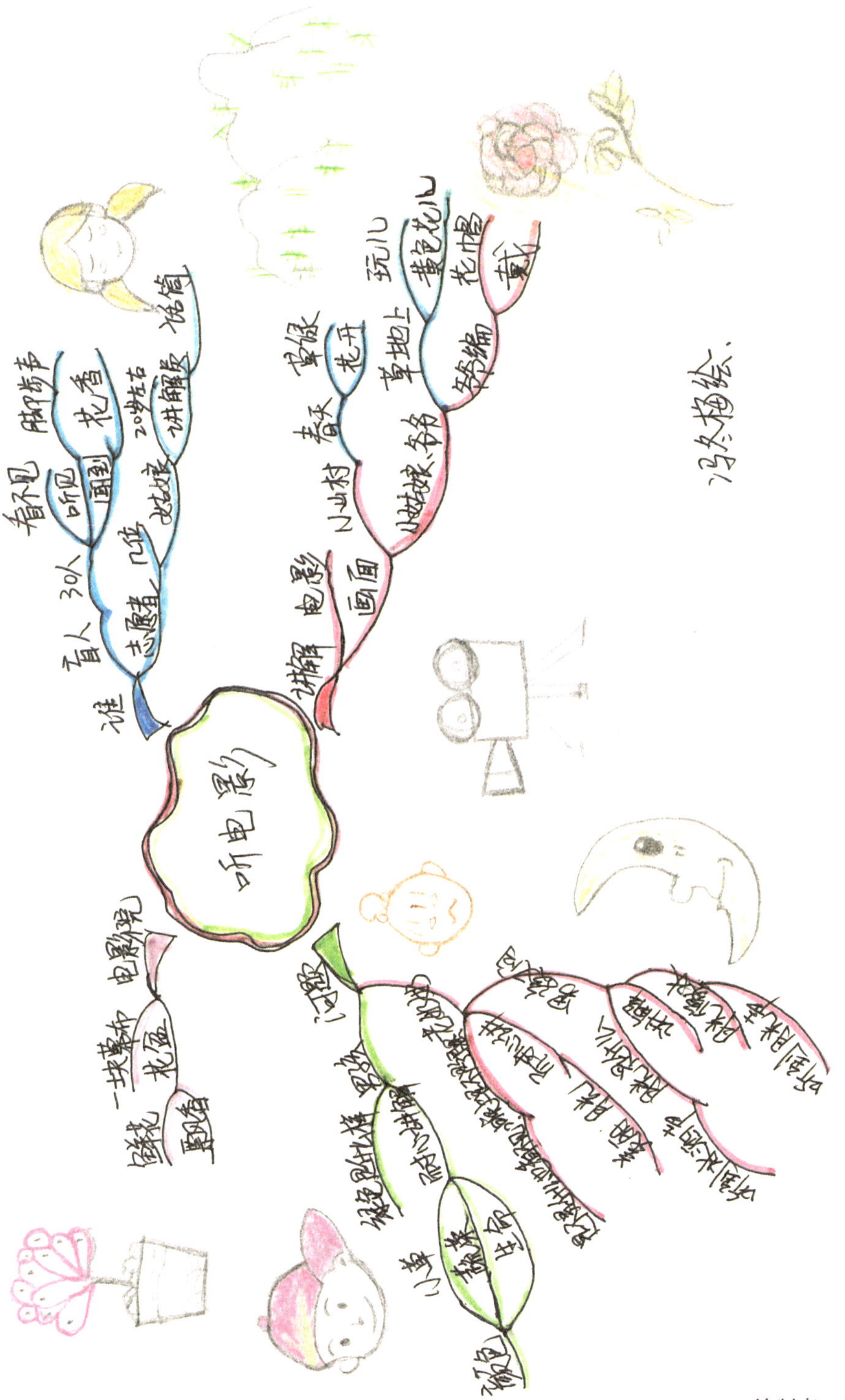
听电影
冯冬梅绘.

绘制者：冯冬梅

教材原文

笔友
（发展汉语初级综合Ⅱ第19课）

词语学习

1	笔友	bǐyǒu	pen-friend; pen pal
2	说法	shuōfǎ	statement; view; argument
3	只有	zhǐyǒu	only; alone
4	通信	tōngxìn	communicate by letter; correspond
5	好	hǎo	in order to; so that
6	粉色	fěnsè	pink
7	怦	pēng	pound; thump
8	情书	qíngshū	love letter
9	地址	dìzhǐ	address
10	陌生	mòshēng	strange; unfamiliar
11	母语	mǔyǔ	mother tongue
12	优美	yōuměi	graceful; fine; exquisite; polished
13	流畅	liúchàng	(of writing) easy and smooth
14	吃力	chīlì	requiring effort; laborious; strenuous
15	礼貌	lǐmào	polite; civil
16	曾经	céngjīng	ever; once
17	提出	tíchū	put forward
18	请求	qǐngqiú	request
19	好在	hǎozài	luckily
20	保持	bǎochí	keep; maintain
21	包裹	bāoguǒ	parcel
22	去世	qùshì	die; pass away
23	保存	bǎocún	preserve; conserve; keep
24	接受	jiēshòu	accept; admit; take in
25	死	sǐ	die
26	张	zhāng	used of human face, mouth, etc.
27	仍然	réngrán	still; yet; as yet

走进课文

笔友

那一年我21岁，正在学习英语，当时流行一种说法：只有经常跟英语国家的笔友通信，英语才能进步。班上的同学几乎人人都有笔友了，我决定也找一个笔友，好快点儿提高我的英语水平。后来在一本杂志上，我选中了一位叫爱丽丝的美国女孩儿。

朋友告诉我，女孩子都喜欢粉色，所以我买了很贵的粉色信纸和信封。

“亲爱的笔友……”写信时我很紧张，心怦怦地跳，像第一次写情书，又像小学生第一次参加考试。

回信很快就从美国寄来了。爱丽丝在信上说：“我不知道我的地址怎么会出现在杂志上，也从来没想过找笔友。不过能收到陌生人的信，真是一件好事，我很高兴能成为你的笔友……”

那封信我看了很多遍，感到非常幸福！

英语是爱丽丝的母语，她的信写得不但优美而且流畅，可是我的信却写得很吃力，当时我的英语水平还不高。我从心里感谢她有耐心和我通信。

我和爱丽丝通了很多年信，却一直没见过面，我也不知道她的年龄，因为问女孩子的年龄是不礼貌的。我曾经提出过要一张她的照片，她却说：“真对不起，我现在没有照片，等照了再寄给你吧。我担心你看了我的照片会失望，一般的美国女人都比我漂亮。”可是，我等啊等，却一直没收到她的照片。我有点儿后悔自己提出这样的请求，好在爱丽丝常常寄给我一些英文杂志和小礼物。

后来我工作了，有了女朋友，结了婚，有了孩子，我和爱丽丝一直保持着通信。我很想带着我的妻子和孩子，去美国和爱丽丝见面，但是却因为工作太忙，一直没有机会。

有一天，我突然收到了一个包裹，是从爱丽丝的家乡寄来的，但上面并不是她的名字。我一边开包裹一边想：寄包裹的人是谁呢？

包裹里面有几本杂志，还有一封短信：“您好！我是爱丽丝的好朋友。我很难过地告诉您，她在上星期日去世了。爱丽丝经常告诉我，她很高兴收到您的信，您的每一封信她都认真地保存着。信封里有一张爱丽丝的照片，请您接受她的照片。她说只有在她死后才能寄给您。她是一位善良可爱的老人。”

那是一张美丽的脸，是一张虽然老了却仍然非常可爱的脸。

词语思维导图

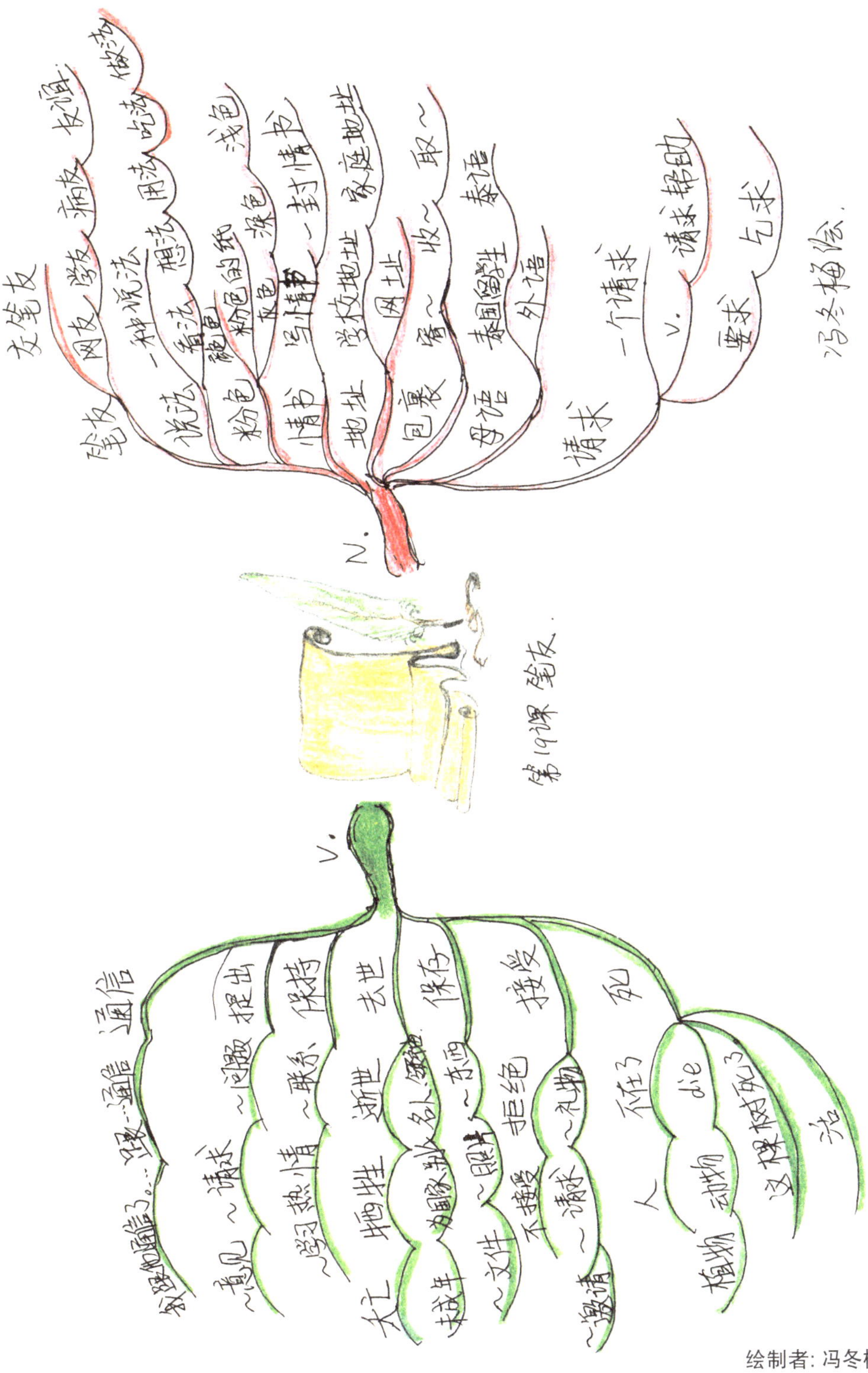

绘制者：冯冬梅

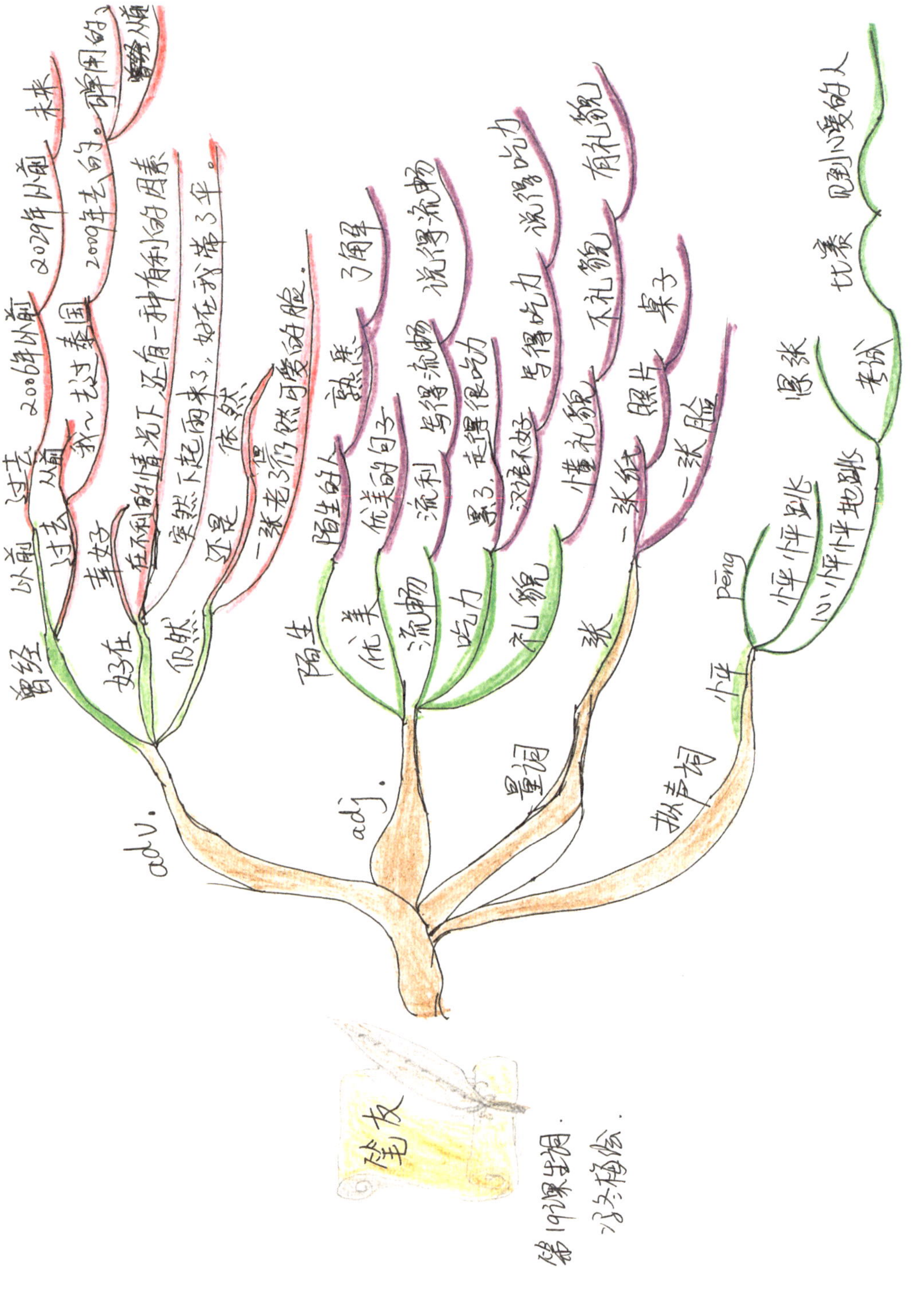
adv.
adj.
量词
拟声词

绘制者：冯冬梅

语法思维导图

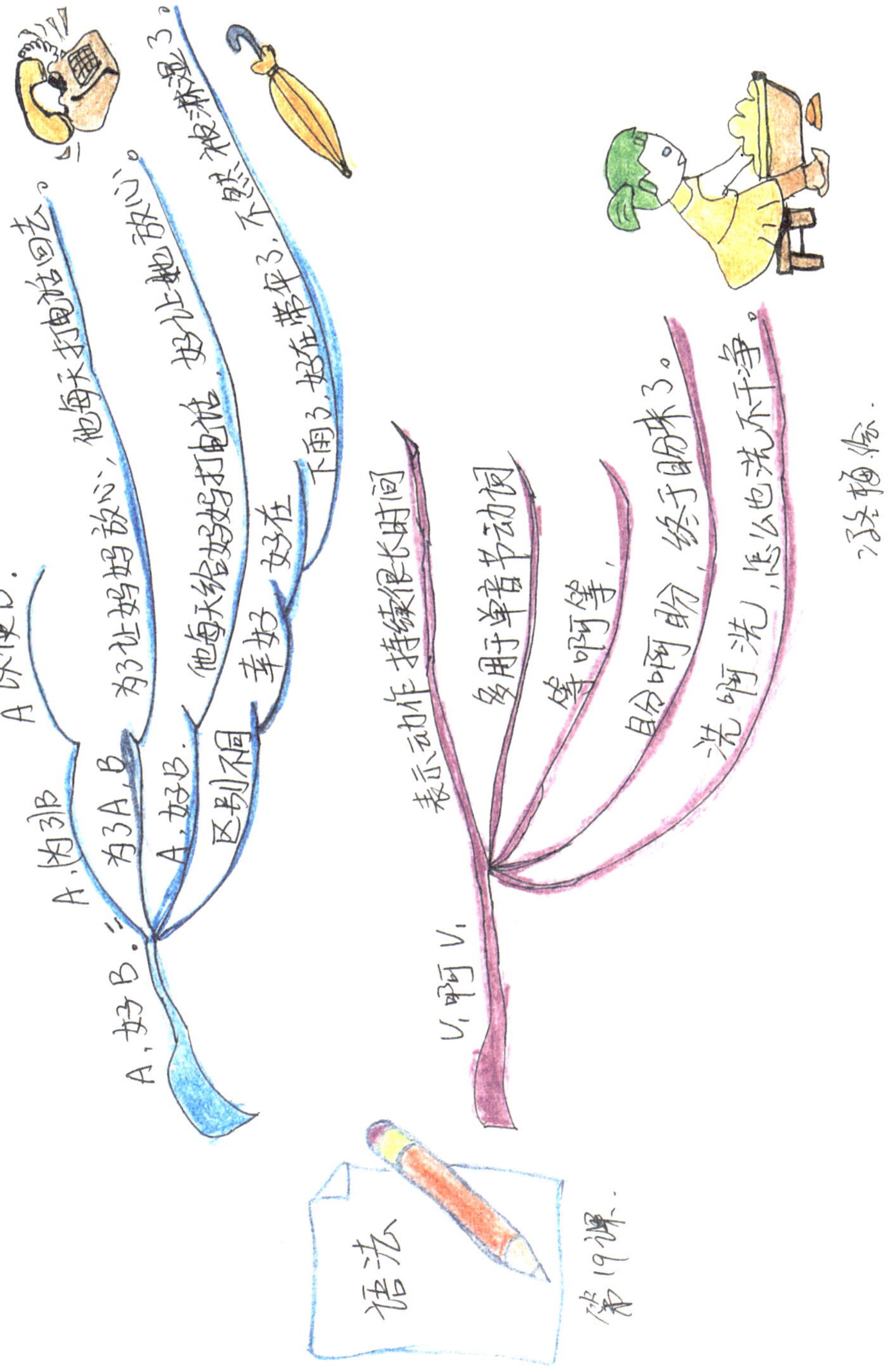

语法
第19课.
A，好B。
A，因为B
A以便B。
为了A，B
为了让妈妈放心，他每天打电话回去。
A，好B。
他每天给妈妈打电话，好让她放心。
区别不同
幸好
好在
下雨了，好在带伞了，不然被淋湿了。
V啊V
表示动作持续很长时间
多用于单音节动词
等啊等，
盼啊盼，终于盼来了。
洗啊洗，怎么也洗不干净。

绘制者：冯冬梅

短文思维导图

人物
事件
“我”
爱丽丝
美国人
老人
母语
英语
去世
美丽
去世后
写信
短信
照片
寄包裹
POST
第19课《笔友》
冯冬梅绘

绘制者：冯冬梅

教材原文

第一人格

（发展汉语初级综合Ⅱ第20课）

词语学习

1	人格	réngé	human dignity; personality
2	乞丐	qǐgài	beggar
3	可怜	kělián	poor; pitiable
4	只	zhī	used for one of certain paired things
5	女主人	nǚzhǔrén	hostess
6	砖	zhuān	brick
7	情愿	qíngyuàn	be willing to
8	整整	zhěngzhěng	full; solid; whole
9	全部	quánbù	whole; all
10	毛巾	máojīn	towel
11	亲手	qīngshǒu	with one's own hands; personally
12	汗水	hànshuǐ	sweat
13	擦	cā	towel; wipe with rags
14	了不起	liǎobuqǐ	amazing
15	感激	gǎnjī	be grateful
16	尊敬	zūnjìng	respect
17	夫人	fūrén	madam
18	纪念	jìniàn	memento
19	健全	jiànquán	sound; healthy
20	理解	lǐjiě	understand
21	靠	kào	depend on; rely on
22	劳动	láodòng	labor; work
23	永远	yǒngyuǎn	always; forever
24	老板	lǎobǎn	boss
25	千万	qiānwàn	must; be sure to
26	建	jiàn	build
27	座	zuò	used for building or mountains and other similar large and immovable objects

走进课文

第一人格

一个乞丐来到一家门前要钱，这个可怜的人只有一只手。

女主人指着门前的一堆砖对他说："请您帮我把这些砖搬到屋子后面去，我给您20元钱。"

那人生气地说："我只有一只手啊，怎么能干这种活儿呢？"女主人用一只手搬起了两块砖："您看，一只手也能干活儿。我能，您为什么不能呢？"

他很吃惊，然后不太情愿地用一只手搬起砖来。他一次只能搬两块，整整搬了两个多小时，终于把那堆砖全部搬到屋子后面去了。女主人不但给了他20元钱，还拿出一条白毛巾，亲手帮他把脸上的汗擦了擦，笑着对他说："您真了不起！"那人感激地说："谢谢您！"

女主人说："不用谢我，这些钱和尊敬是您用自己的汗水换来的。"

乞丐问："夫人，您能把这条毛巾也留给我作纪念吗？"

过了几天，又有一个乞丐来到那家要钱，他是个健全的人。女主人把他领到屋子后面，指着那堆砖对他说："如果您帮我把砖搬到屋子前面去，我就给您20元钱。"那人说："我要是干得了那么累的活儿，能做乞丐吗？"说完生气地走了。

有人不理解地问她："上次您让那个人把砖从屋子前面搬到后面，这次您又让这个人把砖从屋子后面搬到前面。您到底是想把砖放在哪儿呢？"

她说："把砖放在屋子前面和后面，对我来说都一样。可是搬不搬对乞丐来说，可就不一样了。靠劳动吃饭，永远是人的第一人格。"

很多年以后，一个看上去很有钱的人来到那家，他只有一只手。他对女主人说："从那天起，我一直记着您的话：'我能，你为什么不能呢？'谢谢您把一个乞丐变成了老板！"

女主人笑着说："您可千万别谢我，这是您自己努力的结果。"

"夫人，为了感谢您，我决定给您建一座新房子。"

女主人说："谢谢您！我不需要，您还是去帮那些没有手的人吧。"

词语思维导图

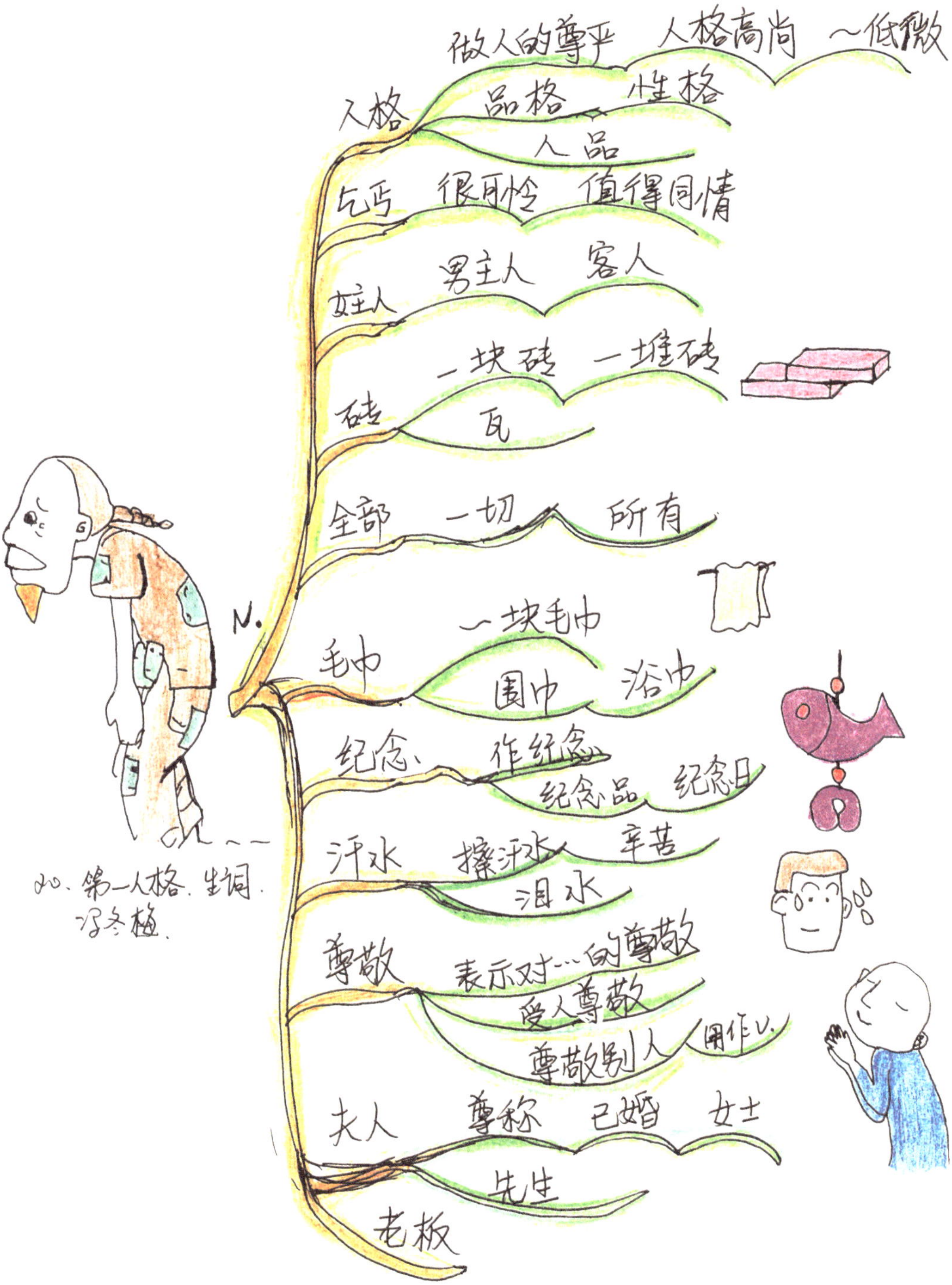

N.
人格
做人的尊严
人格高尚
~低微
品格
性格
人品
乞丐
很可怜
值得同情
女主人
男主人
客人
砖
一块砖
一堆砖
瓦
全部
一切
所有
毛巾
一块毛巾
围巾
浴巾
纪念
作纪念
纪念品
纪念日
汗水
擦汗水
辛苦
泪水
尊敬
表示对…的尊敬
受人尊敬
尊敬别人
用作v.
夫人
尊称
已婚
女士
先生
老板
20、第一人格. 生词.
冯冬梅.

绘制者：冯冬梅

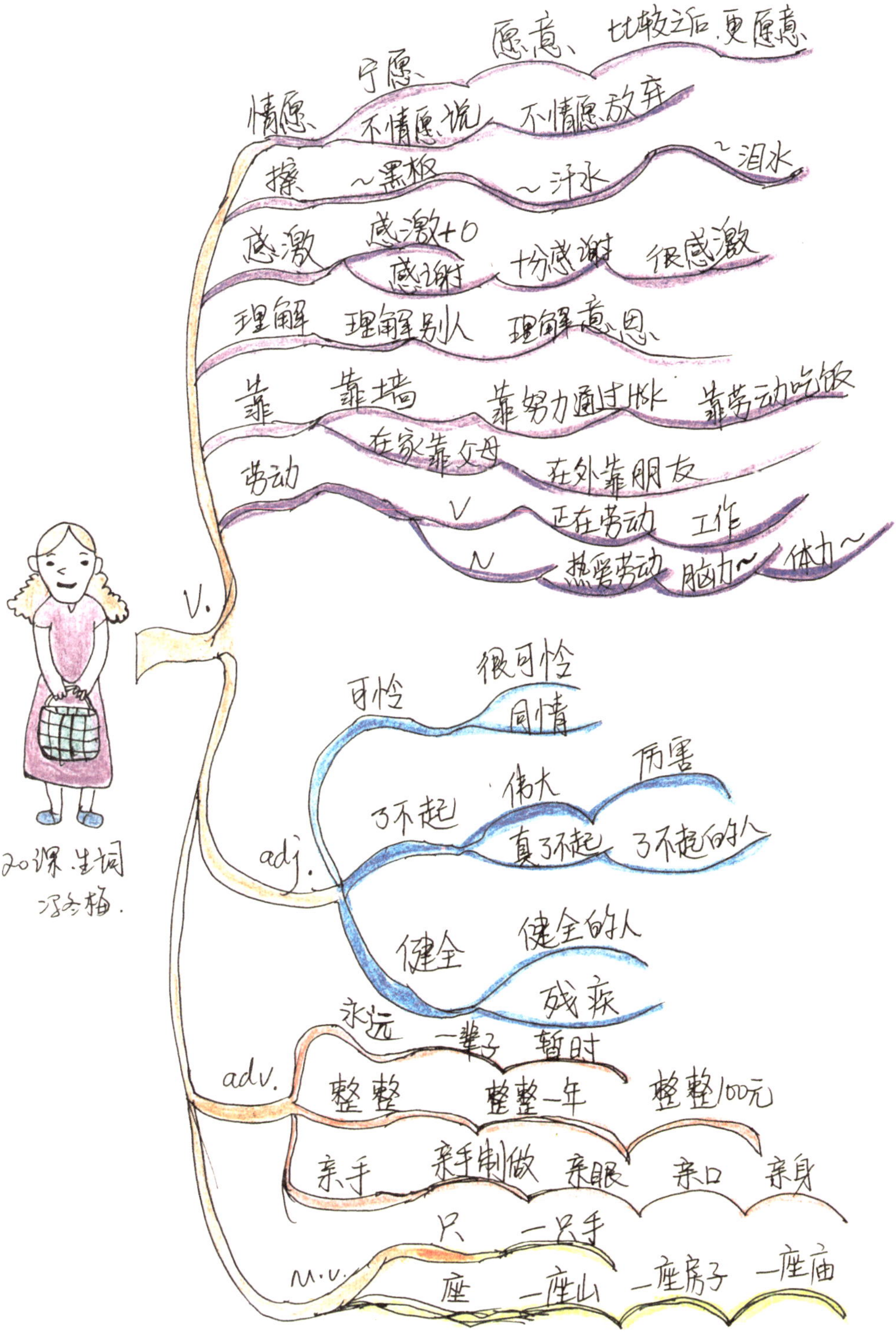
20课 生词
冯冬梅.
V.
情愿
宁愿
愿意、
比较之后 更愿意
不情愿说
不情愿放弃
擦
~黑板
~汗水
~泪水
感激
感激+O
感谢
十分感谢
很感激
理解
理解别人
理解意思
靠
靠墙
靠努力通过HSK
靠劳动吃饭
在家靠父母
在外靠朋友
劳动
V
正在劳动
工作
N
热爱劳动
脑力~
体力~
adj.
可怜
很可怜
同情
了不起
伟大
厉害
真了不起
了不起的人
健全
健全的人
残疾
adv.
永远
一辈子
暂时
整整
整整一年
整整100元
亲手
亲手制做
亲眼
亲口
亲身
M.V.
只
一只手
座
一座山
一座房子
一座庙

绘制者：冯冬梅

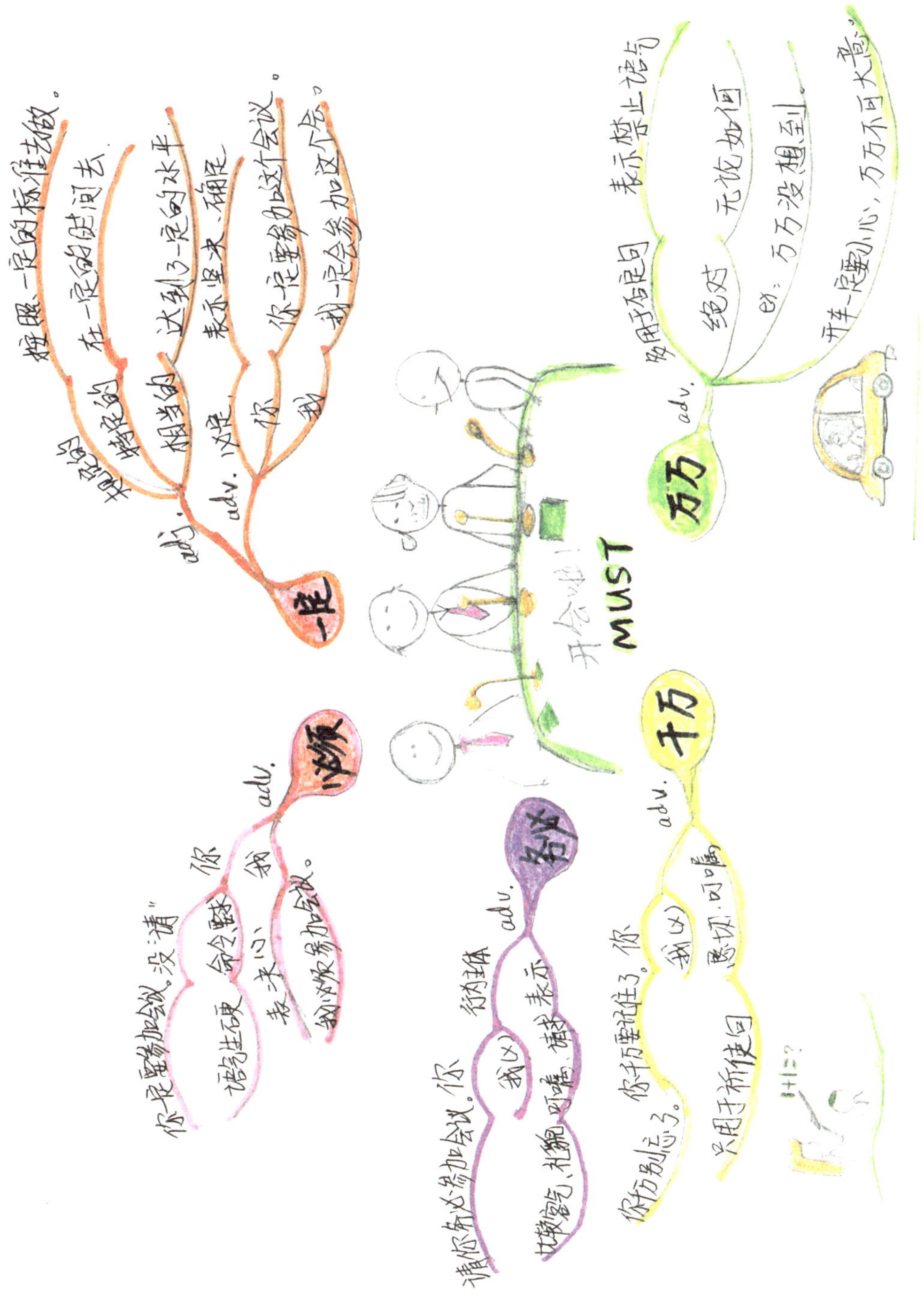
MUST
开会啦!
一定
必须
务必
千万
万万
冯冬梅绘。

绘制者: 冯冬梅

语法思维导图

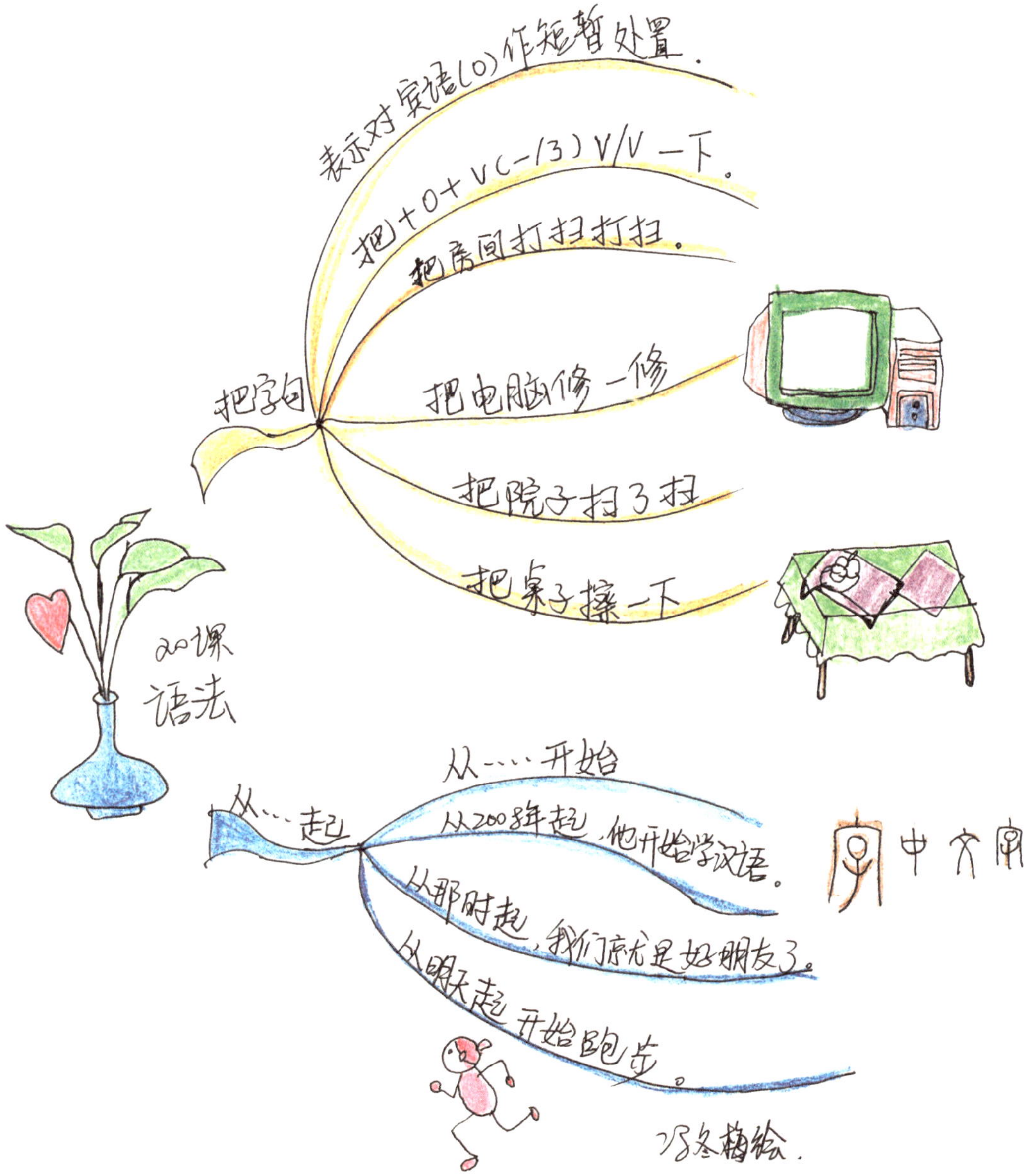
20课
语法
把字句
表示对宾语(O)作短暂处置.
把+O+V(一/了)V/V一下.
把房间打扫打扫.
把电脑修一修
把院子扫了扫
把桌子擦一下
从……起
从……开始
从2008年起,他开始学汉语.
从那时起,我们就是好朋友了.
从明天起开始跑步.
冯冬梅绘.

绘制者：冯冬梅

短文思维导图

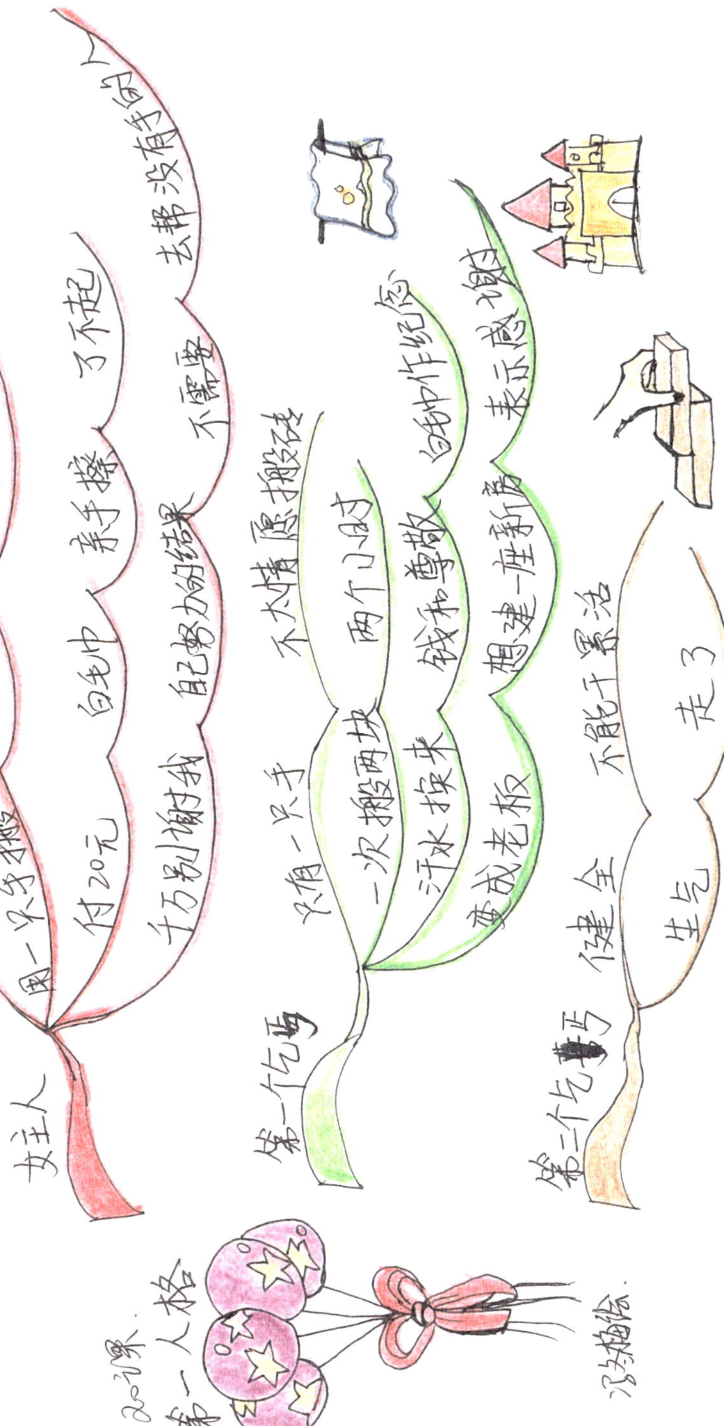
女主人
请乞丐搬砖
用一只手搬
我能
为什么你不能
付20元
白毛巾
擦手
了不起
千万别谢我
自己努力的结果
不需要
去帮没有手的人
靠劳动吃饭
第一人格
第一个乞丐
只有一只手
不太情愿搬砖
一次搬两块
两个小时
汗水换来
钱和尊敬
白毛巾作纪念
变成老板
想建一座新房
表示感谢
第二个乞丐
健全
不能干累活
生气
走了
22课
第一人格
冯冬梅

绘制者：冯冬梅

教材原文

愚公移山

（发展汉语初级综合Ⅱ第21课）

词语学习

1	愚公移山	Yúgōng yí shān	Foolish Old Man who removed the mountains—spirit of perseverance
2	移	yí	remove
3	挡	dǎng	get in the way; block the way
4	不管	bùguǎn	no matter (what, how, etc.)
5	翻	fān	cross; climb over
6	方便	fāngbiàn	convenient; handy
7	带领	dàilǐng	guide; lead
8	孙子	sūnzi	grandson; son's son
9	赞成	zànchéng	agree with; approve of
10	同意	tóngyì	agree; consent; approve
11	年纪	niánjì	age
12	再说	zàishuō	besides; what's more
13	土	tǔ	soil
14	石头	shítou	stone; rock
15	商量	shāngliang	discuss; talk over
16	半天	bàntiān	long time; quite a while
17	运	yùn	carry
18	挖	wā	dig
19	帮忙	bāng máng	help; give (or lend) a hand
20	往返	wǎngfǎn	travel to and fro
21	春夏秋冬	chūn xià qiū dōng	spring, summer, fall and winter
22	子孙	zǐ sūn	posterity
23	延续	yánxù	continue; last
24	神仙	shénxiān	supernatural being; immortal
25	精神	jīngshén	spirit; mind
26	感动	gǎndòng	move; touch; impress

27 派 pài send; dispatch
28 背 bēi carry on one's back
29 毅力 yìlì willpower
30 到底 dàodǐ till the end; to the end

专名 Proper Names

1 太行山 Tàiháng Shān Mount Taihang
2 王屋山 Wángwū Shān Mount Wangwu
3 玉帝 Yùdì Jade Emperor (the Supreme Deity of Taoism)

走进课文

愚公移山

很久很久以前，有一个叫愚公的老人，他家的门前有两座大山，一座叫太行山，一座叫王屋山。这两座大山挡住了他家的路，不管去哪儿，他们都得翻过这两座大山，出门很不方便。

于是，愚公决定带领全家搬走这两座大山。那一年愚公已经90多岁了。儿子、孙子都表示赞成，只有愚公的妻子不同意，她说："你都这么大年纪了，连石头都搬不动，怎么可能搬走那么两座大山呢？再说，那么多的土和石头放到哪去呢？"是啊，这真是个大问题。大家商量了半天，决定把土和石头运到东边的大海里去。

第二天，愚公就带着全家人开始挖山，不管是男人还是女人，都去挖土搬石，连七八岁的小孩子也去帮忙。他们把土和石头运到大海，往返一次，就需要一年的时间。即使这样，他们还是不停地挖呀运呀。不管春夏秋冬，全家人一天也没有休息过。

有一个聪明的老人，觉得他们太可笑了，就对愚公说："您可太笨了，您这么大年纪了，连山上的树都挖不动，怎么可能搬走两座大山呢？"愚公说："我死了，还有儿子；儿子死了，还有孙子，子子孙孙会永远延续下去。山虽然高，却不能再长高了，挖一点就会少一点儿，为什么搬不走呢？"

愚公一家人不停地挖山。两座大山的神仙害怕极了，他们把这件事告诉了玉帝。玉帝被愚公一家人不怕困难的精神感动了，就派两个神仙把两座大山背走了。

愚公移山的故事告诉我们：不管多么困难的事，只要有毅力，坚持到底，就能成功。

词语思维导图

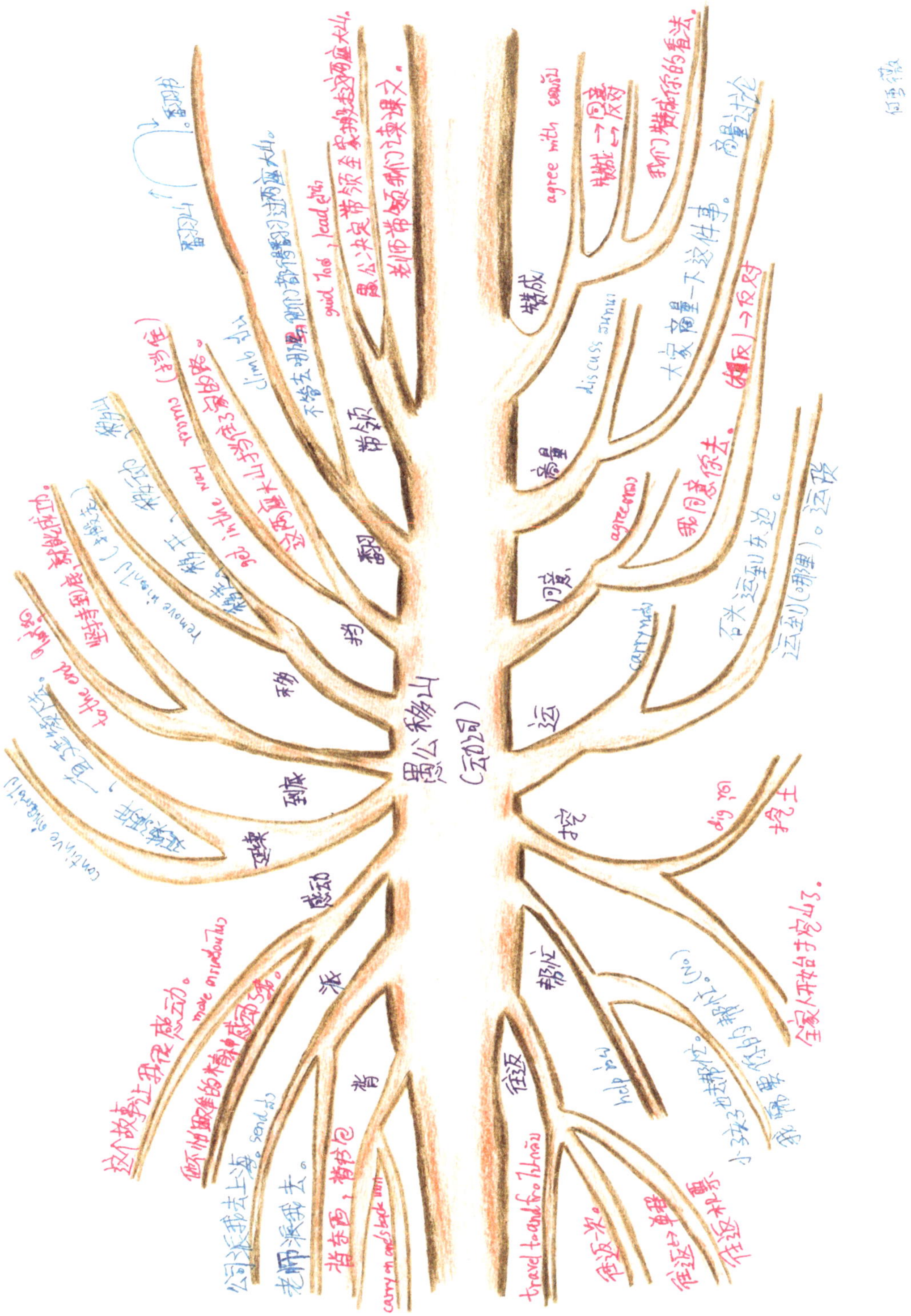

绘制者：泰国留学生何雪薇

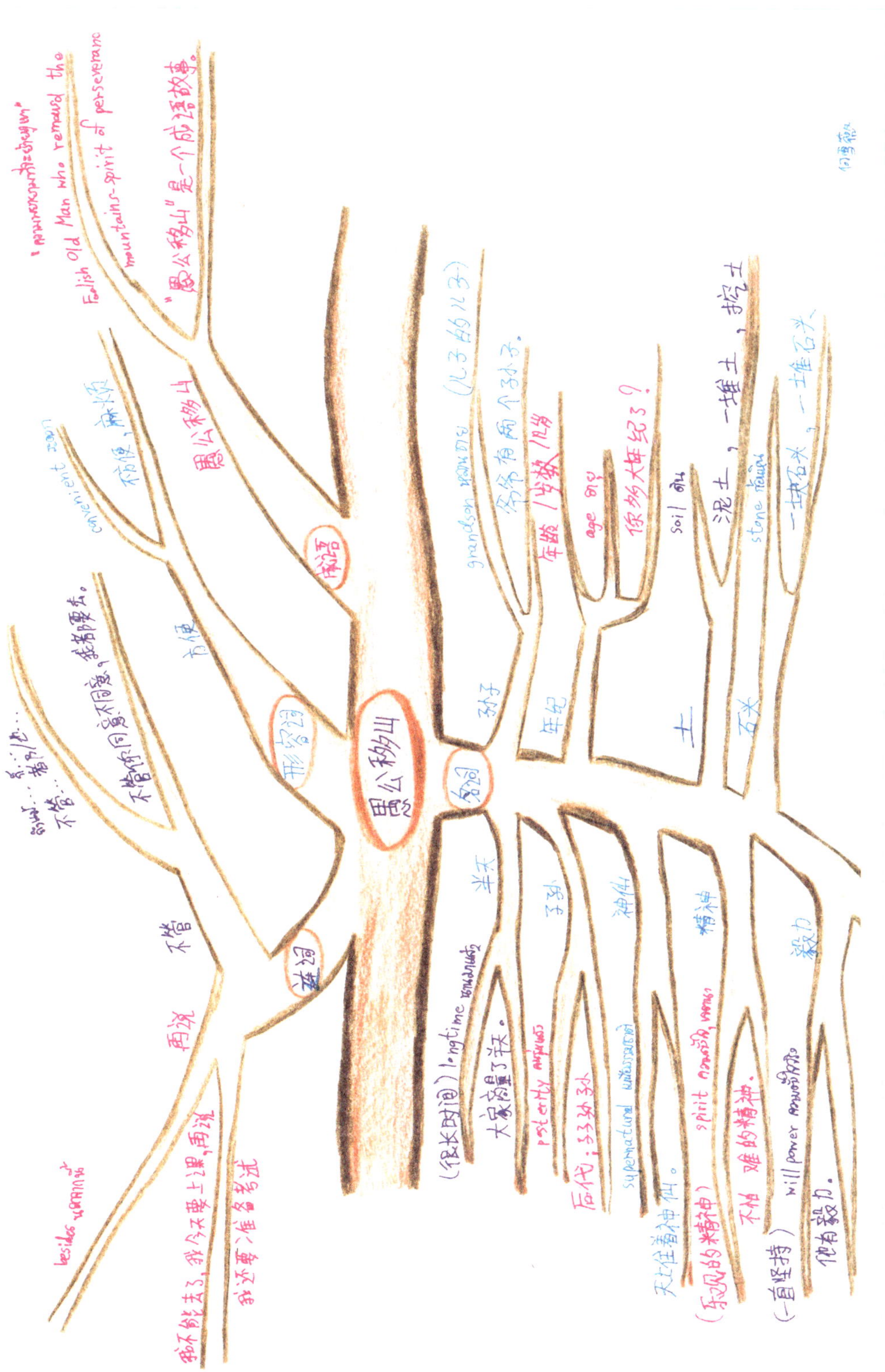
愚公移山
成语
形容词
连词
名词
不管
再说
方便
孙子
年纪
土
石头
半天
子孙
神仙
精神
毅力

绘制者：泰国留学生何雪薇

语法思维导图

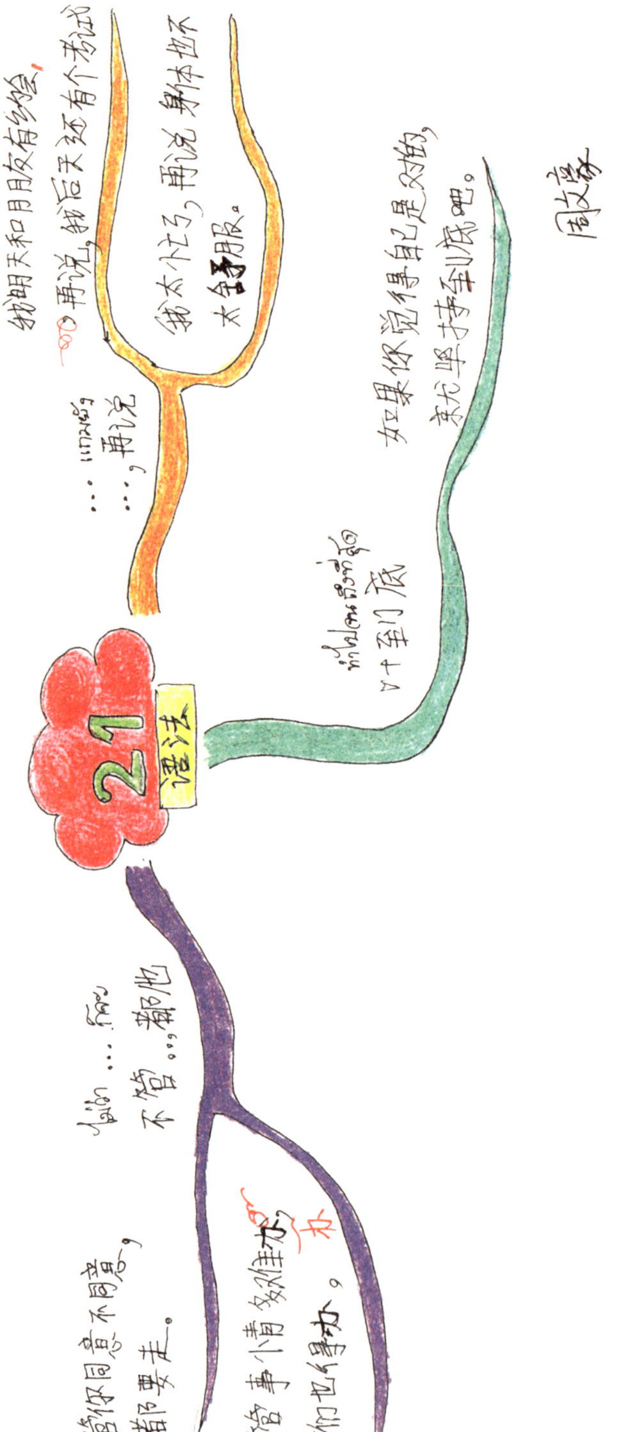
21
语法
……，再说
他明天和朋友有约会，再说，他后天还有个考试
我太忙了，再说，身体也不太舒服。
……到底
如果你觉得自己是对的，就坚持到底吧。
不管……，都也
不管你同意不同意，我都要走。
不管事情多难办，我们也得办。
周文豪

绘制者：泰国留学生周文豪

短文思维导图

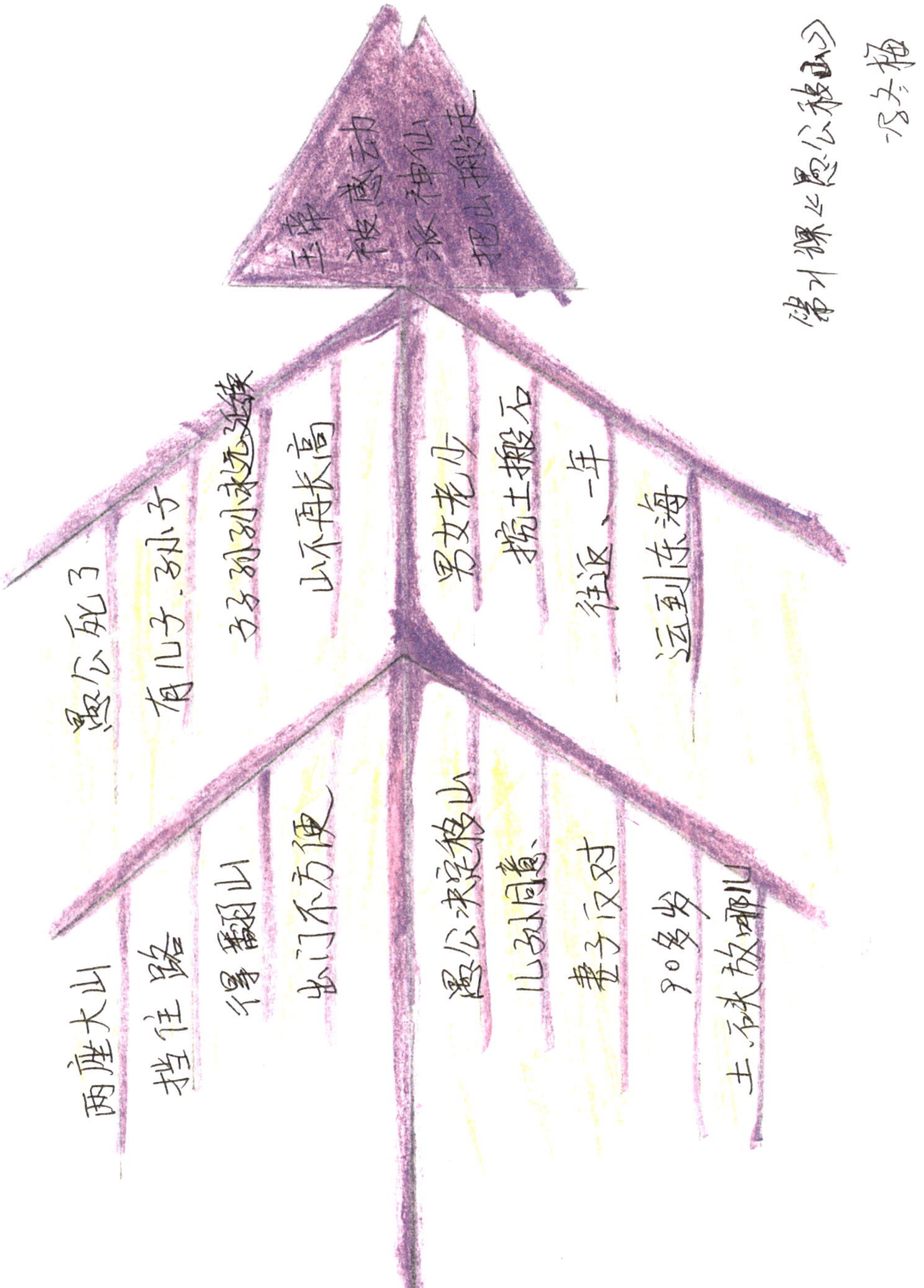
第11课《愚公移山》
冯冬梅
玉帝
被感动
派神仙
把山搬走
愚公死了
有儿子、孙子
山不再长高
男女老少
挖土搬石
往返一年
运到东海
两座大山
挡住路
得翻山
出门不方便
愚公决定移山
儿孙同意
妻子反对
90多岁
土石放哪儿

绘制者：冯冬梅

教材原文

卡

（发展汉语初级综合 Ⅱ 第22课）

词语学习

1	现金	xiànjīn	ready money; cash
2	不必	búbì	need not; not have to
3	只要	zhǐyào	so long as
4	插	chā	insert
5	自动取款机	zìdòng qǔkuǎnjī	ATM (Automated Teller Machine)
6	如今	rújīn	today; now
7	百分之…	bǎifēnzhī …	percent, shown by the symbol %
8	旅馆	lǚguǎn	inn; hotel
9	钥匙	yǎoshi	key
10	安全	ānquán	safe
11	危险	wēixiǎn	dangerous
12	名片	míngpiàn	name card
13	将来	jiānglái	future; aftertime
14	解决	jiějué	solve; settle
15	代替	dàitì	substitute for, replace
16	机器	jīqì	machine
17	毛病	máobìng	proble; fault; something wrong
18	计划	jìhuà	plan; project
19	可怕	kěpà	terrible; horrible
20	欠	qiàn	owe; be in debt
21	债	zhài	debt
22	成为	chéngwéi	become
23	卡奴	kǎ'nú	card slave
24	时代	shídài	times; age; era

25	通行证	tōngxíngzhèng	pass; permit
26	既然	jìrán	since; as
27	订	dìng	draw up; work out
28	享受	xiǎngshòu	enjoy
29	密码	mìmǎ	password

走进课文

卡

如今，我们的钱包里现金越来越少，各种各样的卡却越来越多了。买东西的时候，即使你一分钱都没有，也不必担心。只要你的卡里有钱，就可以买任何你想要的东西。如果需要现金，只要把卡插进银行的自动取款机里，钱就出来了，多方便啊！

如今，人们的钱包里百分之百都有卡。打电话用卡，坐车用卡，到食堂吃饭用卡，到图书馆借书用卡，在旅馆里开门，不用钥匙，也用卡。我们的生活已经离不开卡了。

卡使我们的生活变得更安全、更方便了。旅行的时候，要是带着现金那多危险啊！可是如果带着卡，那可就安全多了，丢了也没关系，马上给银行打个电话，就不用担心卡里的钱被别人取走。另外，卡只有名片那么大，又轻又小。卡的好处真不少。有人说，将来也许有一天，我们就完全不需要现金了，只要有卡，就什么事都能解决了。但是也有人说，卡永远不可能完全代替现金，因为用卡就必须用机器，要是机器出了毛病，卡就不如现金方便了。

卡还有另外一个问题，那就是用卡买东西的人，常常不清楚卡里还有多少钱，所以就放心地买，有时可能比计划多花好多钱。不但浪费，更可怕的是，还可能欠银行的债，成为“卡奴”呢。所以，用卡买东西得有计划，需要的买，不需要的就不买。

你的钱包里有几张卡？都是什么卡？你的生活被它改变了吗？你觉得用卡真的比用现金方便吗？用现金买东西的时候，你能清清楚楚地看着钱从钱包里拿出来，变成了你想要的东西。当钱包变轻了，你就知道该省着点花了。用卡就没那么清楚了。可是现在，你和我都已经不能没有卡了，因为卡是电脑和网络时代的通行证。既然我们已经离不开卡了，那我们就给自己订一个计划，然后好好儿地享受它带给我们的方便吧。不过，你可千万别忘记了密码！

词语思维导图

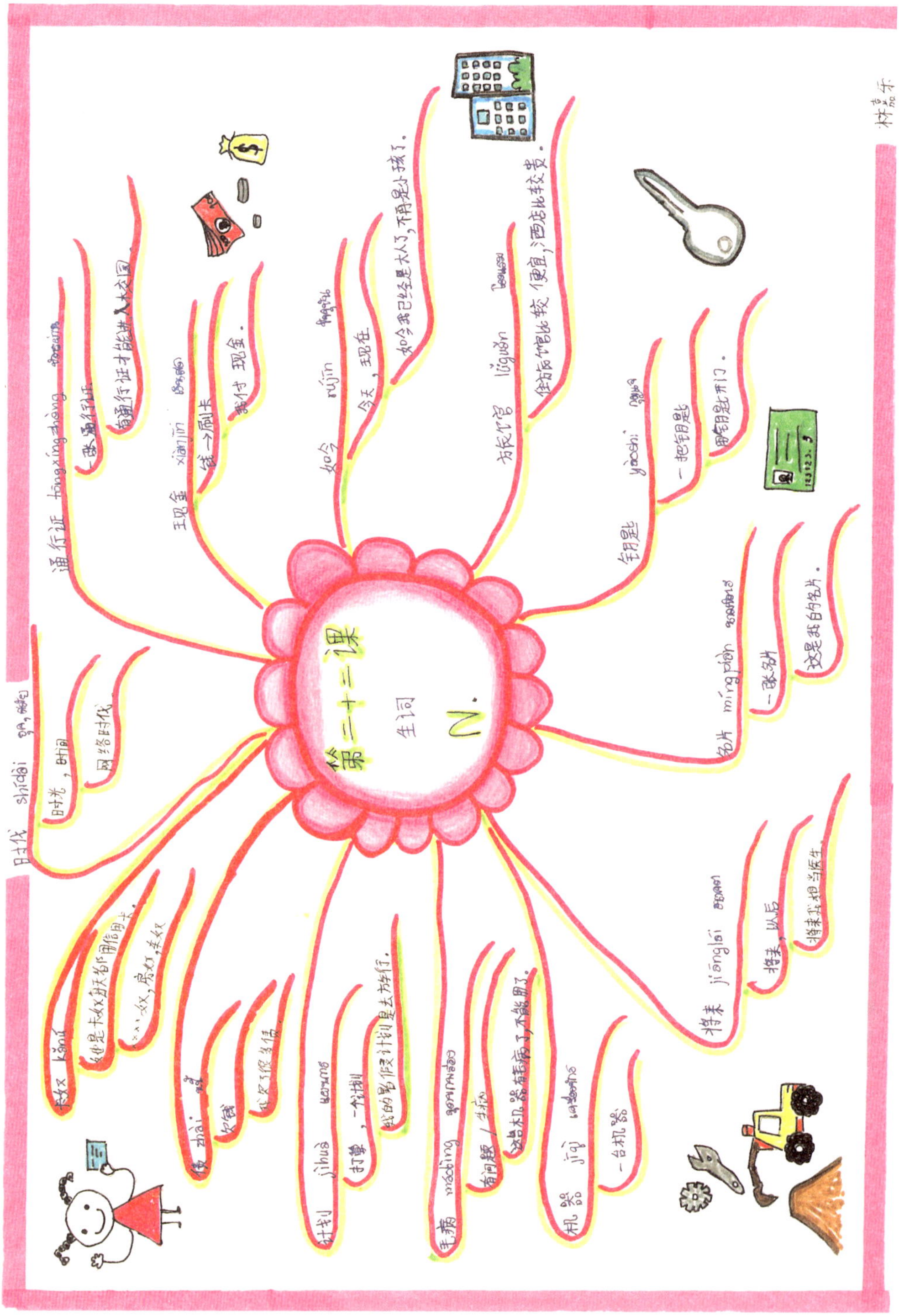
第二十二课
生词
N.
通行证 tōngxíngzhèng
一张通行证
现金 xiànjīn
支付现金.
如今 rújīn
今天，现在
如今我已经是大人了，不再是小孩了。
旅馆 lǚguǎn
钥匙 yàoshi
一把钥匙
名片 míngpiàn
一张名片
这是我的名片.
将来 jiānglái
将来，以后
机器 jīqì
一台机器
毛病 máobìng
计划 jìhuà
时代 shídài
时光，时间
网络时代
林嘉乐

绘制者：泰国留学生林嘉乐

第二十二课
生词
V.
qiàn 欠
欠钱，欠债
还—还钱
dàitì 代替
你代替我去吧。
Chéngwéi 成为
jiějué 解决
解决问题
解决困难
chā 插
插进去，插钥匙
dìng 订
订餐，订酒店
订机票
xiǎngshòu 享受
享受生活、享受阳光。
林嘉乐

绘制者：泰国留学生林嘉乐

N
V
ADJ
ADV
Conj
解决问题 解决 jiějué
只要有卡，就什么事都能解决了。
输入~。密码 mìmǎ
你可千万别忘了密码
一张名片 名片 míngpiàn
现金
刷卡
注意安全！
安全 ānquán
危险 wēixiǎn
那多危险啊！
只要
只要有卡，就什么事都能解决了。
既然
第22课
林嘉乐

绘制者：泰国留学生林嘉乐

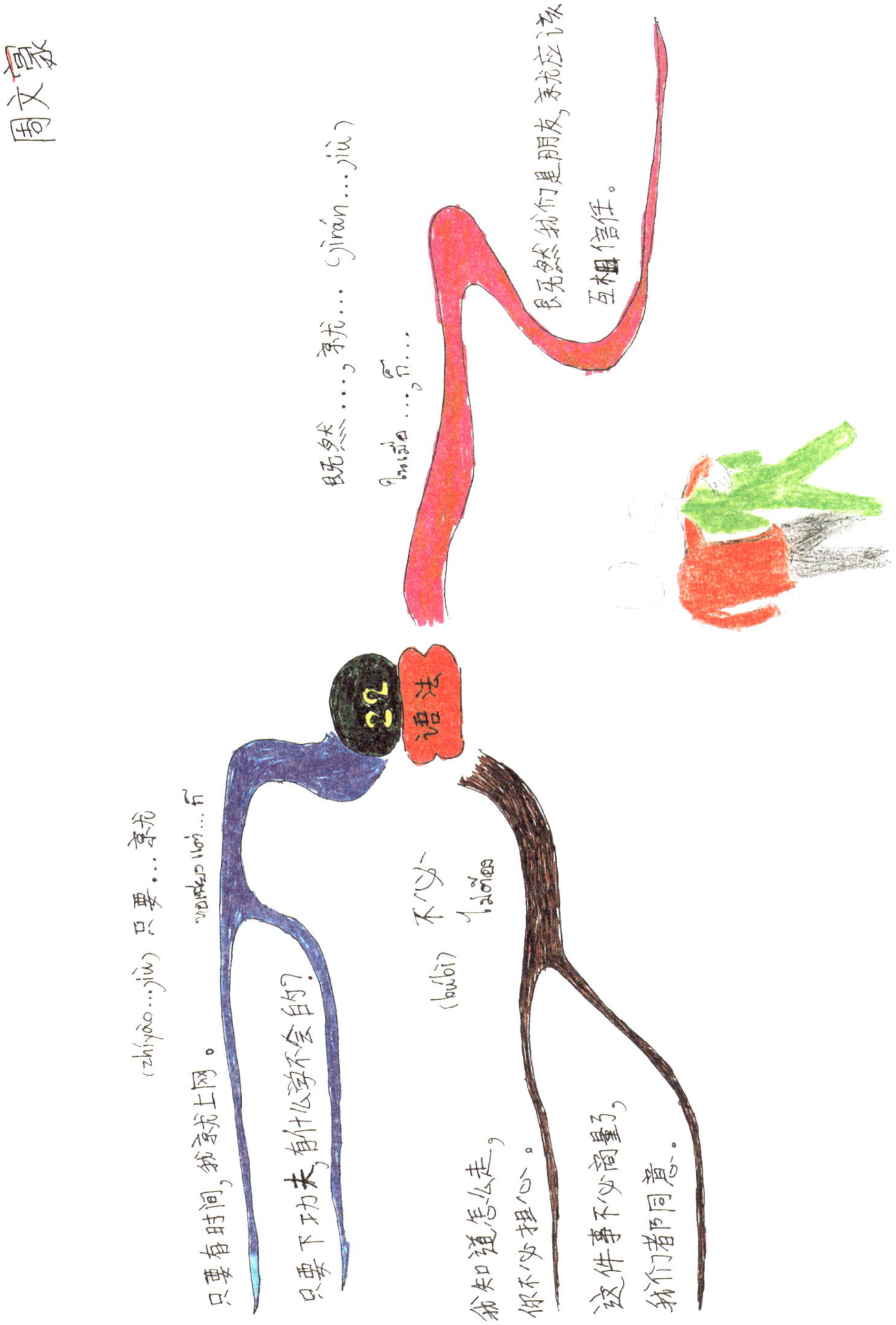

周文豪
语法
既然……，就……（jìrán…jiù）
既然我们是朋友，就应该互相信任。
只要……就（zhǐyào…jiù）
只要有时间，我就上网。
只要下功夫，有什么学不会的？
不必（búbì）
我知道怎么走，你不必担心。
这件事不必商量了，我们都同意。

绘制者：泰国留学生周文豪

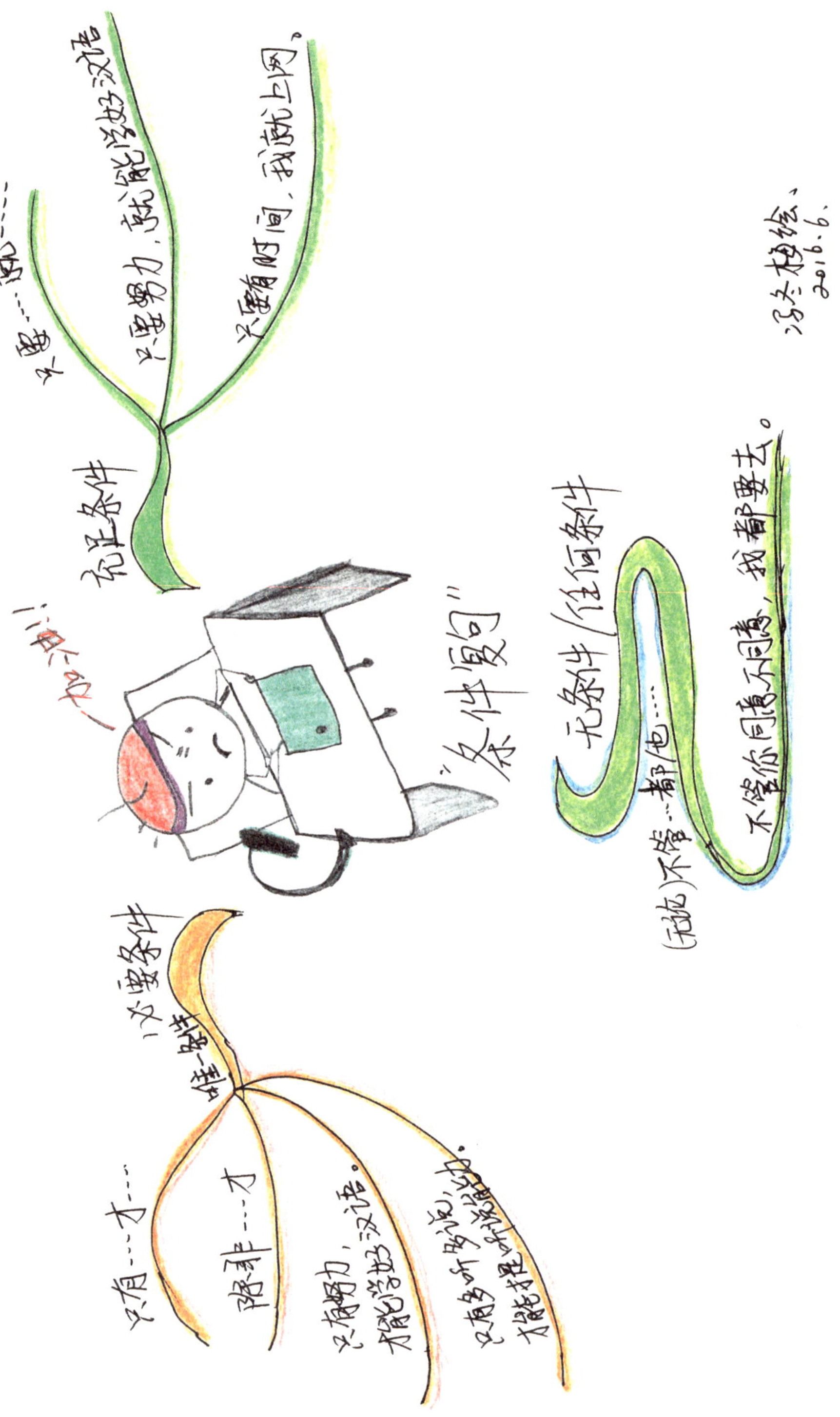
"条件复句"
加油!!!
充足条件
只要……就……
只要努力，就能学好汉语
只要有时间，我就上网。
必要条件
唯一条件
只有……才……
除非……才
只有努力，才能学好汉语。
无条件/任何条件
(无论)不管……都/也……
不管你同意不同意，我都要去。
冯冬梅绘
2016.6.

绘制者：冯冬梅

短文思维导图

卡比现金好
用卡比用现金方便。
用现金更好。
正
反
CARD
有卡就什么事都能解决
生活离不开卡：
打电话、
坐车、
食堂吃饭、
借书、住旅馆
卡永远不可能代替现金。
卡：安全、方便
轻、小
现金：危险
卡：机器
浪费钱
欠债
卡奴
现金：
清楚
省着点儿
第22课《卡》
冯冬梅

绘制者：冯冬梅

教材原文

YUANWEN

我的低碳生活

（发展汉语初级综合Ⅱ第23课）

词语学习

1	低碳	dītàn	low-carbon
2	铅笔	qiānbǐ	pencil
3	省	shěng	save; economize; be frugal
4	节约	jiéyuē	economize; save
5	小气	xiǎoqì	petty; stingy
6	公交车	gōngjiāochē	public transport vehicle; bus
7	节能灯	jiénéngdēng	energy-saving light
8	用电量	yòngdiànliàng	electricity consumption
9	使命	shǐmìng	use
10	寿命	shòumìng	life-span; life
11	倍	bèi	times; -fold
12	电器	diànqì	electrical appliance
13	不仅	bùjǐn	not only
14	拔	bá	pull out; pull up
15	电源	diànyuán	power supply; power source
16	自来水	zìláishuǐ	running water; tap water
17	瓶装水	píngzhuāngshuǐ	bottled water
18	用来	yònglái	be used for
19	浇	jiāo	water; irrigate
20	水缸	shuǐgāng	water vat
21	接	jiē	collect; catch; take hold of
22	小看	xiǎokàn	look down upon
23	宝贵	bǎoguì	valuable; precious
24	电梯	diàntī	life; elevator

25	一次性	yícìxìng	disposable; throwaway
26	通风	tōngfēng	ventilate
27	管	guǎn	concern oneself with; bother about
28	闲事	xiánshì	other people's business
29	连	lián	even
30	笑话	xiàohuà	laugh at; ridicule

走进课文

我的低碳生活

小时候，因为家里穷，作业本的背面也要写字；铅笔用到短得都快拿不住了，虽然写起来不太舒服，但是却能给家里省一点儿钱。现在生活好了，可是我节约的习惯却怎么也改不了，就是因为太节约了，大家说我太“小气”。

邻居家都买了汽车，我们家却是一人一辆自行车，能骑车就不坐公交车，能坐公交车就不坐出租车。

我家的灯都是节能灯，节能灯的好处真不少，用电量是普通灯的五分之一，使用寿命却是普通灯的5-6倍。不用的电器，不仅要关机，还要拔下电源。衣服脏了，我都是用手洗，从来不用洗衣机洗。

家里人只喝自来水，不喝瓶装水。洗菜的水用来浇花，洗衣服的水擦地、洗厕所。我家院子里放着一口大水缸，接雨水用来浇花。可别小看这口大缸，就是因为有了它，省了不少水。水是宝贵的，能省就省。

在公司里我也同样“小气”。打印文件的时候，纸都是两面用；上下楼很少坐电梯；从来不用一次性筷子和纸杯；天气热了，就打开窗户通风，少用空调。

我不但“小气”，还好“管闲事”。别人空调开得太低，我管；连别人洗手时水开得太大，我也管……

过去很多人怎么也不能理解我的做法，觉得我不会生活。现在那些原来笑话过我的人，也开始向我学习节约的方法了。

词语思维导图

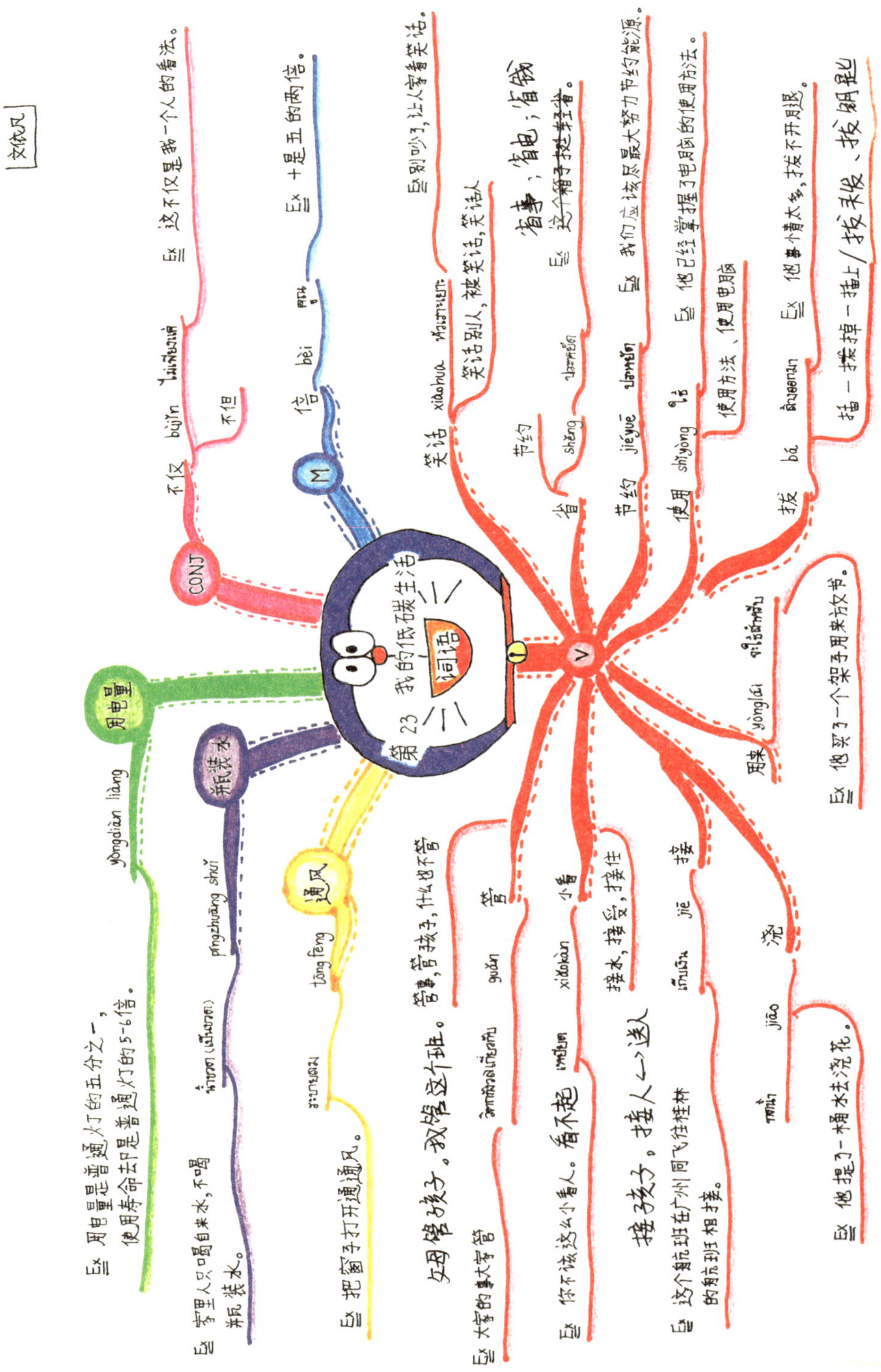
文依凡
第23课 我的低碳生活
词语
CONJ
不仅 bùjǐn
不但
Ex 这不仅是我一个人的看法。
M
倍 bèi
Ex 十是五的两倍。
V
笑话 xiàohua
Ex 别吵了，让人家看笑话。
省 shěng
节约
节约 jiéyuē
Ex 我们应该尽最大努力节约能源。
使用 shǐyòng
使用方法、使用电脑
Ex 他已经掌握了电脑的使用方法。
拔 bá
用来 yònglái
Ex 他买了一个架子用来放书。
浇 jiāo
Ex 他提了一桶水去浇花。
接 jiē
小看 xiǎokàn
看不起
Ex 你不该这么小看人。
管 guǎn
通风 tōngfēng
Ex 把窗子打开通通风。
瓶装水 píngzhuāng shuǐ
Ex 家里人只喝自来水，不喝瓶装水。
用电量 yòngdiàn liàng
Ex 用电量是普通灯的五分之一，使用寿命却是普通灯的5-6倍。

绘制者：泰国留学生文依凡

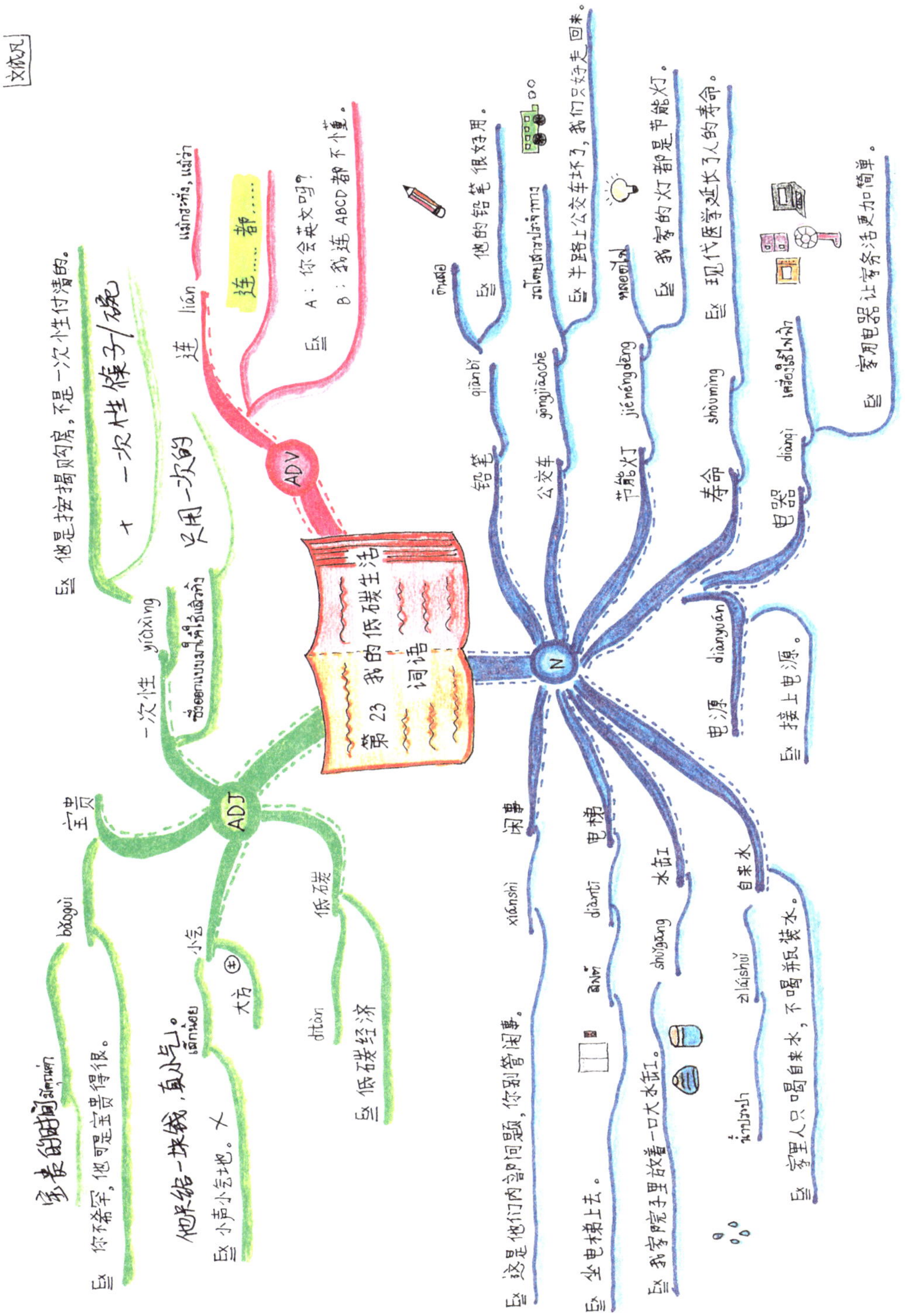
文依凡
第23 我的低碳生活
词语
ADJ
宝贵 bǎoguì
宝贵的时间 มีคุณค่า
Ex 你稀罕，他可是宝贵得很。
小气
他只给一块钱，真小气。 เด็กน้อย
大方 ±
Ex 小声小气地。✗
低碳 dītàn
Ex 低碳经济
一次性 yícìxìng
ซึ่งออกแบบมาให้ใช้แล้วทิ้ง
只用一次的
+ 一次性筷子/碗
Ex 他是按揭购房，不是一次性付清的。
ADV
连 lián แม้กระทั่ง, แม้ว่า
连……都……
Ex A：你会英文吗？
B：我连ABCD都不懂。
N
铅笔 qiānbǐ ดินสอ
Ex 他的铅笔很好用。
公交车 gōngjiāochē รถโดยสารประจำทาง
Ex 半路上公交车坏了，我们只好走回来。
节能灯 jiénéngdēng หลอดไฟ
Ex 我家的灯都是节能灯。
寿命 shòumìng
Ex 现代医学延长了人的寿命。
电器 diànqì เครื่องใช้ไฟฟ้า
Ex 家用电器让家务活更加简单。
电源 diànyuán
Ex 接上电源。
自来水 zìláishuǐ น้ำประปา
Ex 家里人只喝自来水，不喝瓶装水。
水缸 shuǐgāng
Ex 我家院子里放着一口大水缸。
电梯 diàntī ลิฟท์
Ex 坐电梯上去。
闲事 xiánshì
Ex 这是他们内部问题，你别管闲事。

绘制者：泰国留学生文依凡

语法思维导图

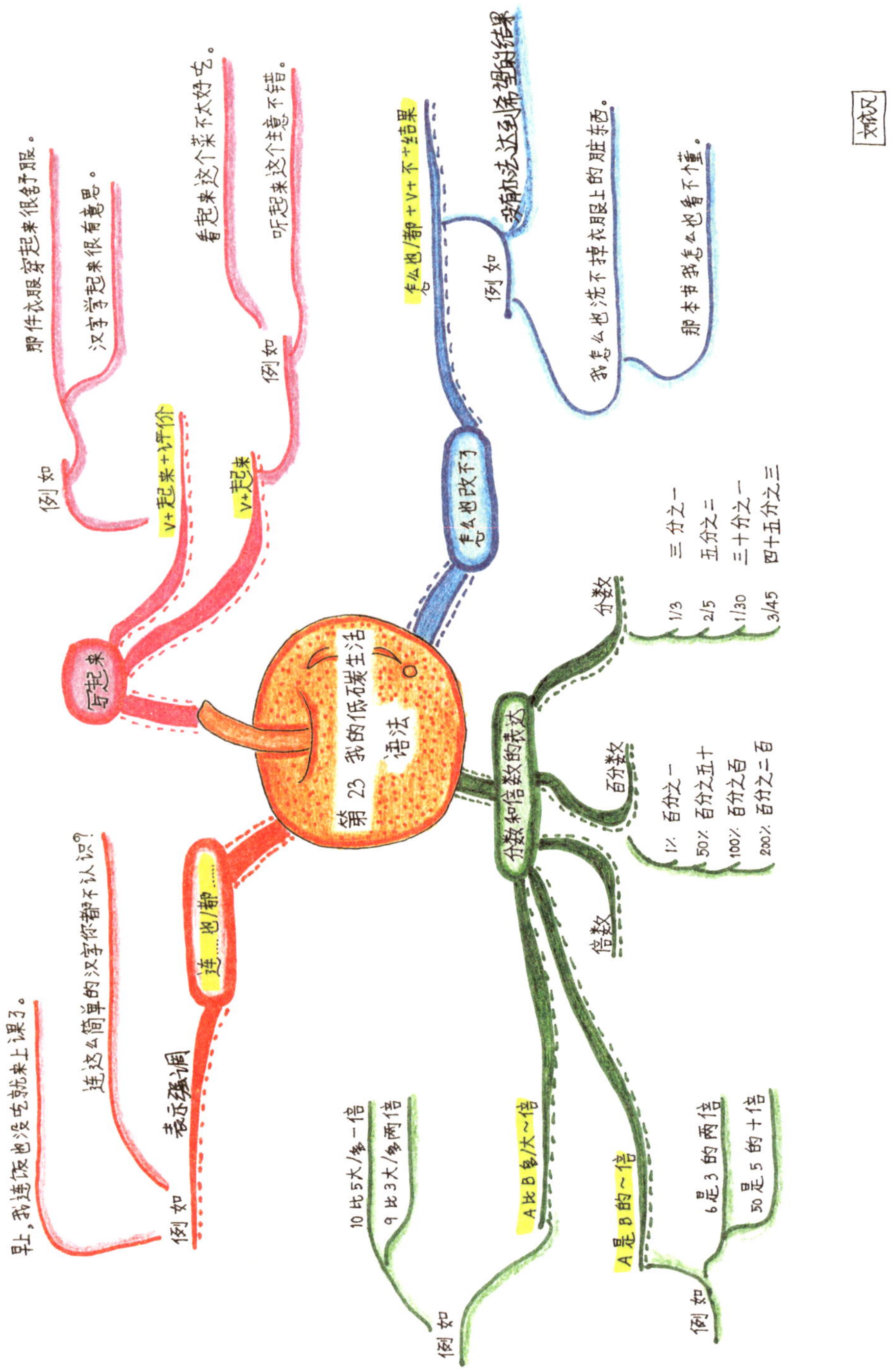
第23 我的低碳生活
语法
写起来
V+起来+评价
例如
那件衣服穿起来很舒服。
汉字学起来很有意思。
V+起来
例如
看起来这个菜不太好吃。
听起来这个主意不错。
连……也/都……
表示强调
例如
早上，我连饭也没吃就来上课了。
连这么简单的汉字你都不认识？
怎么也改不了
怎么也/都+V+不+结果
没有办法达到希望的结果
例如
我怎么也洗不掉衣服上的脏东西。
那本书我怎么也看不懂。
分数和倍数的表达
分数
1/3 三分之一
2/5 五分之二
1/30 三十分之一
3/45 四十五分之三
百分数
1% 百分之一
50% 百分之五十
100% 百分之百
200% 百分之二百
倍数
A比B多/大~倍
例如
10比5大/多一倍
9比3大/多两倍
A是B的~倍
例如
6是3的两倍
50是5的十倍
文依凡

绘制者：泰国留学生文依凡

短文思维导图

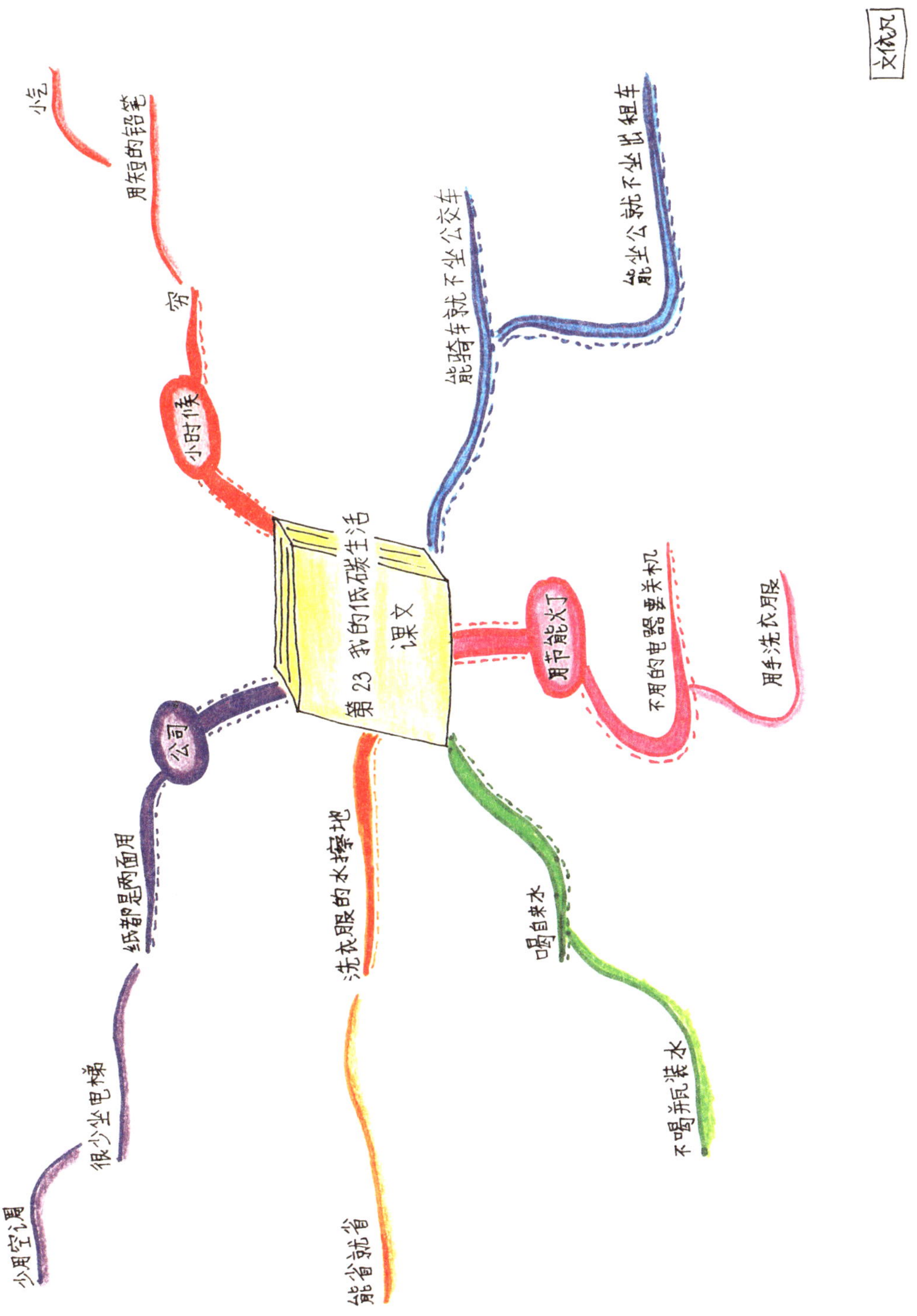
文依凡
第23 我的低碳生活
课文
小时候
穷
用短的铅笔
公司
纸都是两面用
很少坐电梯
少用空调
洗衣服的水擦地
能省就省
喝自来水
不喝瓶装水
用节能灯
不用的电器要关机
用手洗衣服
能骑车就不坐公交车
能坐公交就不坐出租车

绘制者：泰国留学生文依凡

父子长城

（发展汉语初级综合Ⅱ第24课）

词语学习

1	以来	yǐlái	since
2	壶	hú	kettle; bottle
3	迈	mài	step; walk; stride
4	抓	zhuā	seize; grab; grasp
5	提	tí	carry; lift
6	哪怕	nǎpài	no matter how; even if
7	男子汉	nánzǐhàn	real man; man of honor
8	登	dēng	ascend; climb
9	烽火台	fēnghuǒtái	beacon; tower
10	望	wàng	look into the distance; look far ahead
11	眼前	yǎnqián	before one's eyes
12	幼小	yòuxiǎo	young and little
13	隔	gé	be at a distance from (in space or time)
14	段	duàn	used to indicate time or distance
15	遍	biàn	all over; everywhere
16	强壮	qiángzhuàng	strong
17	肩	jiān	shoulder
18	懂事	dǒngshì	sensible; intelligent
19	信任	xìnrèn	trust
20	运动会	yùndònghuì	sporting event; sporting game
21	成绩	chéngjì	result; achievement
22	不断	búduàn	continually
23	山顶	shāndǐng	top of a mountain; hilltop
24	夕阳	xīyáng	setting sun

25	沿着	yánzhe	along (a certain route)
26	差点儿	chàdiǎnr	nearly
27	多亏	duōkuī	be lucky; thanks to
28	点	diǎn	light; kindle; ignite
29	操心	cāoxīn	concern about; worry about
30	搜集	sōují	gather; collect
31	有关	yǒuguān	relate to; be about
32	资料	zīliào	information; data
33	优秀	yōuxiù	outstanding; excellent
34	决心	juéxīn	resolve; determine
35	专业	zhuānyè	special field of study; major

走进课文

父子长城

十几年以来，父亲坚持经常带着儿子爬长城。

第一次带儿子爬长城时，儿子才五岁。两壶水，几个水果，几个面包，就是他们爬长城带的全部东西。当时儿子太小了，有时候，他小小的腿，还不能迈上长城那高高的台阶，父亲只好从后面抓住儿子的衣服，把他轻轻地提上去。一路上，哪怕儿子再累，父亲也不背他："带儿子来爬长城的目的，就是要把他锻炼成男子汉。既然来了，就要让他用自己的脚登上长城。"当父子俩终于站到了高高的烽火台上的时候，望着眼前高大的烽火台，看着身边幼小的儿子，父亲心里非常感动：这么小的孩子，能自己登上长城，真的很了不起！

从此，每隔一段时间，父子俩就要爬一次长城。

开始的时候，他们坐火车去。后来，儿子能骑自行车了，他们就骑自行车去。从家里到最近的长城，也要骑六七个小时。十几年来，他们几乎爬遍了北京附近的每一段长城。

儿子十六岁那年，父亲忽然发现，儿子的身体强壮了，个子跟自己一样高了，肩和自己一样宽了，也变得懂事了，可以信任了。在学校运动会上，儿子参加长跑比赛，取得了好成绩。学习也越来越努力了。爬长城使他学到了在学校里学不到的东西，使他懂得了，人生就像爬长城一样，想要取得好成绩，就要不断努力。

就在这一年，发生了一件难忘的事。有一天，父子俩又去爬长城。当他们爬上高高的山顶时，已经是下午五六点钟了。夕阳下的长城，真是太美了！他们拍了许多照片，几乎忘记了时间。当他们沿着一条从来没走过的路下山时，天已经黑了。路越来越难走，父亲眼睛不好，差点儿从山上掉下去，多亏儿子手快，一把拉住了父亲。

父亲想继续走，可是儿子想了想，说："我们就在这儿等到天亮吧，万一遇到什么危险呢。"这次，不是儿子听父亲的，而是父亲听了儿子的话。父子俩来到一条小河边，他们点起一堆火，父子俩背靠着背，等着天亮。儿子的背又强壮又温暖，父亲感到：儿子真的长大了。

从那以后，再去长城，就都交给儿子来安排了，用不着父亲操心了。

十几年以来，他们照了很多长城的照片，还搜集了很多有关长城的历史资料。现在，儿子十八岁了，学习成绩很优秀，考上了大学。因为他决心要写一部有关长城的历史，所以他选择了历史专业。

词语思维导图

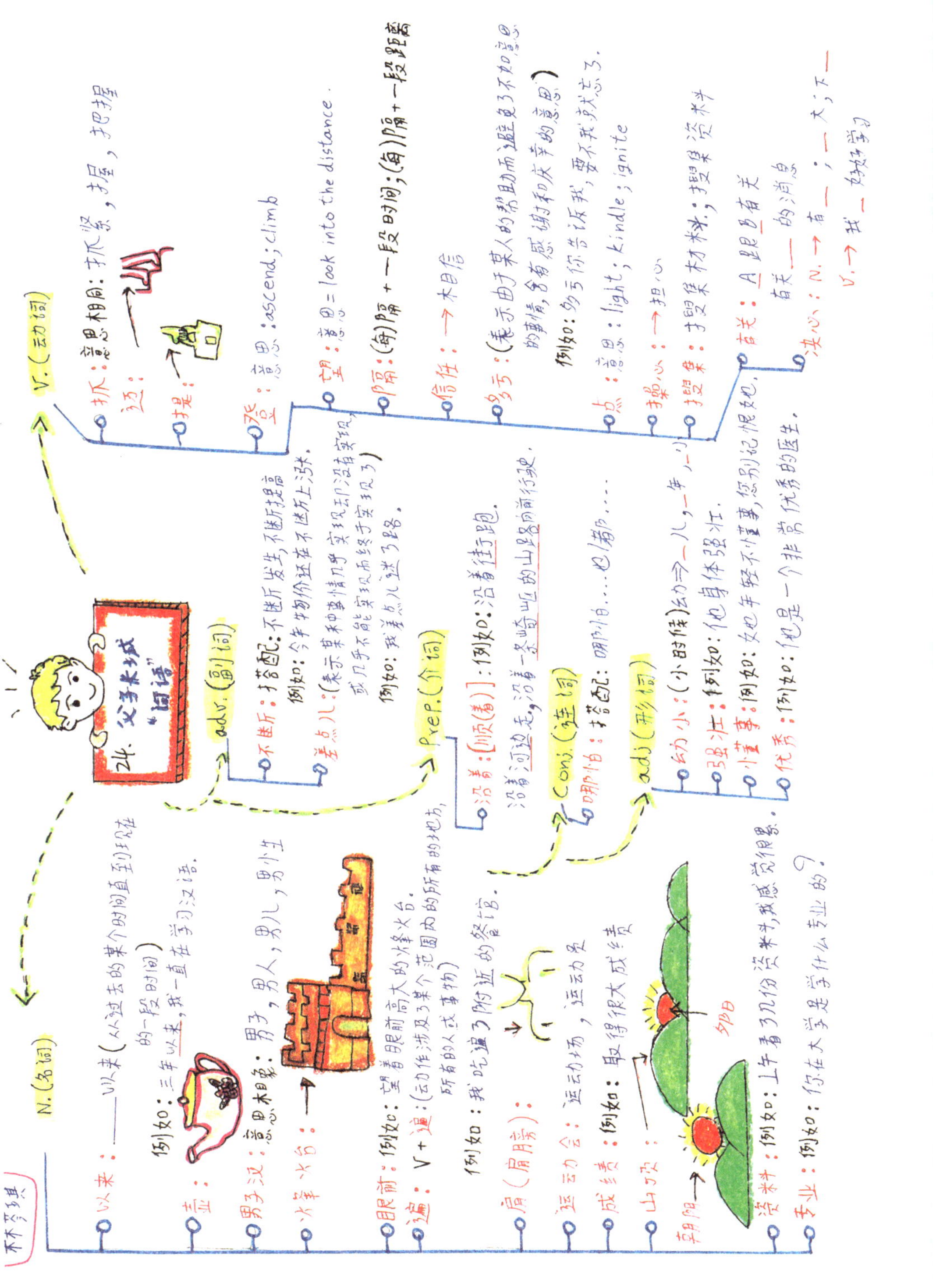
林苓琪
24. 父子长城“词语”
N.(名词)
以来：——以来(从过去的某个时间直到现在的一段时间)
例如：三年以来，我一直在学习汉语。
壶：
男子汉：意思相象：男子，男人，男儿，男小生
烽火台：→
眼前：例如：望着眼前高大的烽火台。
遍：V+遍：(动作涉及了某个范围内的所有的地方，所有的人或事物)
例如：我吃遍了附近的餐馆。
肩(肩膀)：
运动会：运动场，运动员
成绩：例如：取得很大成绩
山坡：
朝阳→
夕阳
资料：例如：上午看了几份资料，我感觉很累。
专业：例如：你在大学是学什么专业的？
adv.(副词)
不断：搭配：不断发生，不断提高
例如：今年物价还在不断上涨。
差点儿：(表示某种事情几乎实现却没有实现，或几乎不能实现而终于实现了)
例如：我差点儿迷了路。
Prep.(介词)
沿着：[顺(着)]：例如：沿着街跑。
沿着河边走，沿着一条崎岖的山路向前行驶。
Conj.(连词)
哪怕：搭配：哪怕……也/都……
adj(形词)
幼小：(小时候)幼→_儿，_年，_小
强壮：例如：他身体强壮。
懂事：例如：她年轻不懂事，您别记恨她。
优秀：例如：他是一个非常优秀的医生。
V.(动词)
抓：意思相同：抓紧，握，把握
适：
提：
登：意思：ascend；climb
望：意思=look into the distance.
隔：(每)隔+一段时间；(每)隔+一段距离
信任：→相信
多亏：(表示由于某人的帮助而避免了不如意思的事情，含有感谢和庆幸的意思)
例如：多亏你告诉我，要不我就忘了。
点：意思：light；kindle；ignite
操心：→担心
搜集：搜集材料；搜集资料
有关：A跟B有关
有关___的消息
决心：N.→有_；_大；下_
V.→我_好好学习

绘制者：泰国留学生林苓琪

语法思维导图

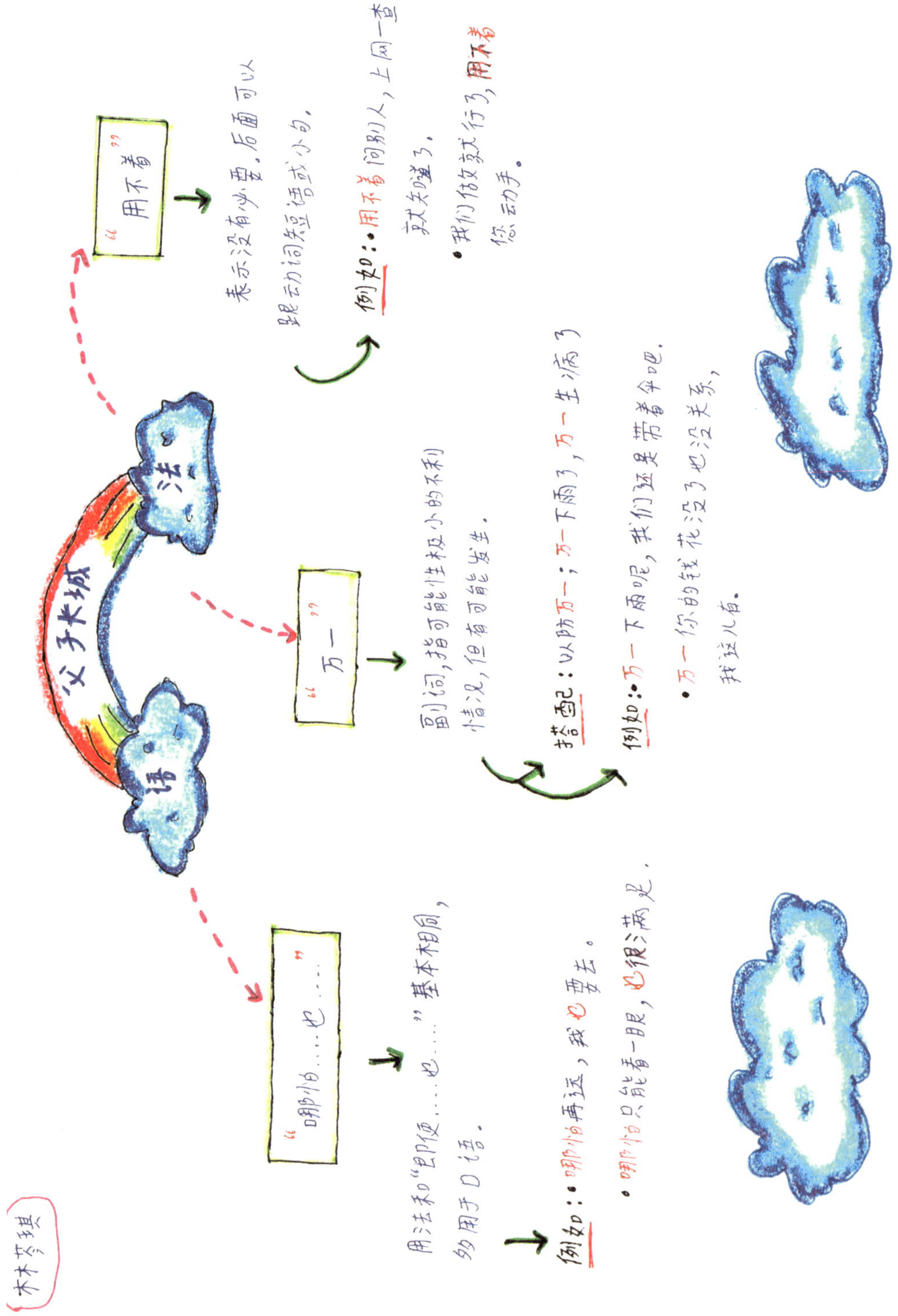
林芩琪
父子长城
语
法
“用不着”
表示没有必要，后面可以跟动词短语或小句。
例如：•用不着问别人，上网一查就知道了。
•我们做就行了，用不着您动手。
“万一”
副词，指可能性极小的不利情况，但有可能发生。
搭配：以防万一；万一下雨了，万一生病了
例如：•万一下雨呢，我们还是带着伞吧。
•万一你的钱花没了也没关系，我这儿有。
“哪怕……也……”
用法和“即便……也……”基本相同，多用于口语。
例如：•哪怕再远，我也要去。
•哪怕只能看一眼，也很满足。

绘制者：泰国留学生林芩琪

短文思维导图

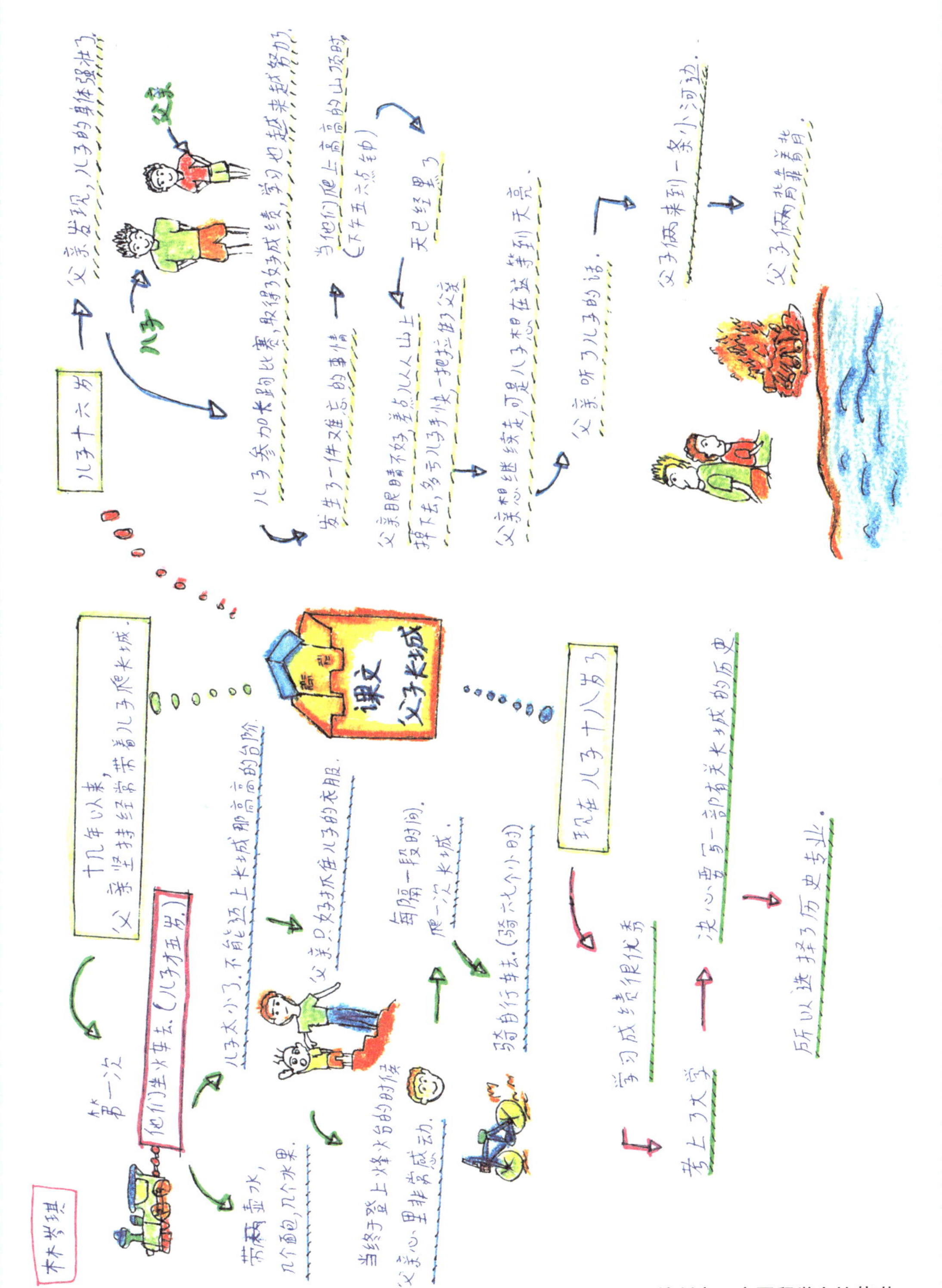
林芩琪
第一次
他们坐火车去。(儿子才五岁。)
十几年以来，父亲坚持经常带着儿子爬长城。
带两壶水，几个面包，几个水果。
儿子太小了，不能爬上长城那高高的台阶。
父亲只好抓住儿子的衣服。
当终于登上烽火台的时候，父亲心里非常感动。
每隔一段时间，爬一次长城。
骑自行车。(骑六个小时)
课文 父子长城
现在儿子十八岁了
学习成绩很优秀
考上了大学
决心要写一部有关长城的历史
所以选择了历史专业。
儿子十六岁
父亲发现，儿子的身体强壮了。
儿子
父亲
儿子参加长跑比赛，取得了好成绩，父亲也越来越努力。
发生了一件难忘的事情
当他们爬上高高的山顶时，(下午五点钟)
父亲眼睛不好，差点儿从山上掉下去，多亏儿子手快，一把拉住了父亲
天已经黑了。
父亲想继续走，可是儿子想在这等到天亮。
父亲听了儿子的话。
父子俩来到一条小河边。
父子俩背靠着背。

绘制者：泰国留学生林芩琪

教材原文

搭车去柏林

（发展汉语初级综合Ⅱ第25课）

词语学习

1	搭车	dāchē	hitchhike; get a ride
2	招手	zhāoshǒu	move one's hand as a signal; beckon; wave
3	穿越	chuānyuè	pass through
4	行程	xíngchéng	distance of travel
5	公里	gōnglǐ	kilometer
6	目的	mùdì	purpose; aim
7	竟然	jìngrán	unexpectedly; to one's surprise
8	年底	niándǐ	end of the year
9	舍不得	shěbude	be loath to part with or give up
10	便车	biànchē	car in which one may have a free ride
11	由	yóu	by (sb.)
12	摄像机	shèxiàngjī	video camera
13	拍	pāi	shoot (a movie)
14	旅途	lǚtú	journey; trip
15	说服	shuōfú	persuade
16	签证官	qiānzhèngguān	visa officer
17	签证	qiānzhèng	visa
18	拒绝	jùjué	refuse; turn down
19	想象	xiǎngxiàng	imagine; imagination
20	像	xiàng	portrait; photo
21	打火机	dǎhuǒjī	lighter
22	浪漫	làngmàn	romantic
23	边界	biānjiè	border; boundary
24	落山	luòshān	(the sun) goes down

25	中央	zhōngyāng	center
26	拥抱	yōngbào	embrace; hug
27	亲吻	qīnwěn	kiss
28	漫长	màncháng	endless; long

走进课文

搭车去柏林

两个北京小伙子用招手搭车的方式，从北京来到了柏林。他们一共穿越了13个国家，搭车88次，走了3个半月，行程1.6万多公里。他们的目的竟然是要送给其中一个人的女朋友一件特别的情人节礼物。

我一定会去柏林看你

2008年底，德国姑娘伊卡要离开北京回老家柏林了。她最舍不得的人是男朋友谷岳。告别的时候，谷岳说："我一定会去柏林看你的，等着我！"

从北京到柏林，坐飞机只需要十几个小时，可是谷岳说的"去"，却是搭便车去。朋友刘畅愿意陪他一起去，一路上由刘畅用摄像机拍下这次旅途的故事。

说服了十二个国家的签证官

最难办的是签证。他们要一次又一次地去十二个国家的大使馆说明自己的理由，每个大使馆都要去上许多次。终于，在半年后，签证办好了。签证一下来，他们就带着简单的行李和摄像机上路了。

曾经被1000多位司机拒绝

搭车并不像想象的那么容易，从北京到柏林，这两个中国小伙子曾经被1000多位司机拒绝过。汽车一辆接一辆地开过去，却没有人愿意让他们搭车。最长的一次，从第一天早晨，到第二天天黑下来了，才有一个好心人让他们搭车，他们在路边整整等了两天。

两个人都会说英语，却不会说俄语。谷岳在北京就请人用俄语写了四张卡片："我们俩要从中国搭便车一路到德国。""如果方便的话，能带我们一段吗？""不好意思，我们可能没有钱给您，但是有香烟和微笑。""非常感谢您！"

遇到很多有意思的人和事

在土耳其，他们遇到了一个热情的开车人，不仅半夜带着他们参观城市，竟然还帮助他们找宾馆。"我们没有钱，想找便宜的地方住。"那个人却说："你们坐了我的车，就是我的客人，宾馆钱我已经付了。"

在乌兹别克斯坦，当他们把一个有毛泽东像的打火机送给一个老人时，他竟然用标准的汉语说出"毛泽东"三个字。

最浪漫的礼物

在德国和捷克边界，谷岳和刘畅搭上了去德国的最后一辆车。在去往柏林的路上，谷岳很激动："这三个月来，我每天都朝着太阳落山的方向走，因为太阳落山的方向就是柏林，伊卡在那儿等着我。"

在柏林的街道中央，谷岳和伊卡拥抱在一起亲吻，两个人一激动，也不管刘畅就在身边了。刘畅拍摄下了这感人的画面。经过了漫长的旅途，谷岳把一份浪漫的情人节礼物送给了伊卡。

词语思维导图

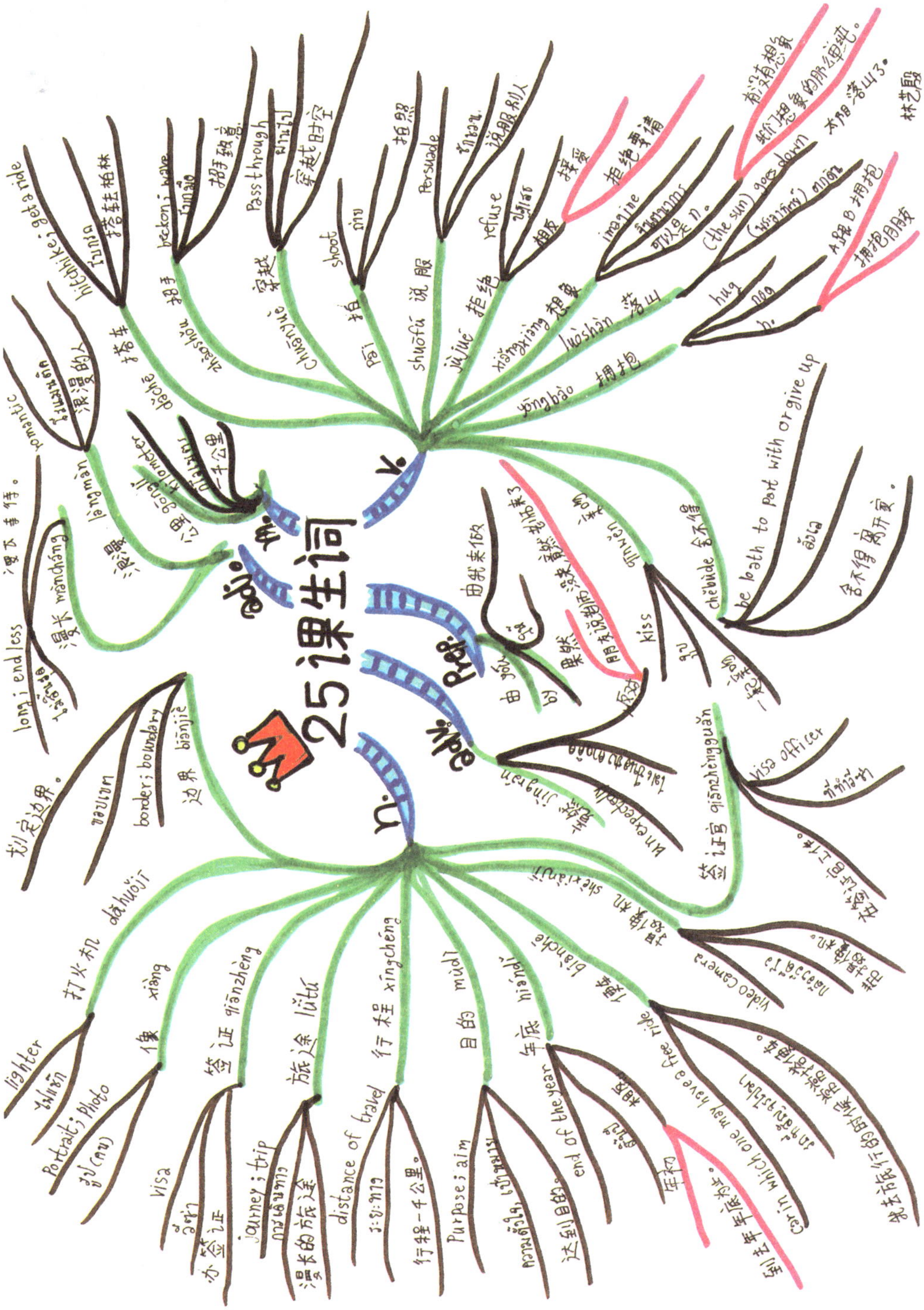

25课生词
v.
n.

绘制者：泰国留学生林艺殷

语法思维导图

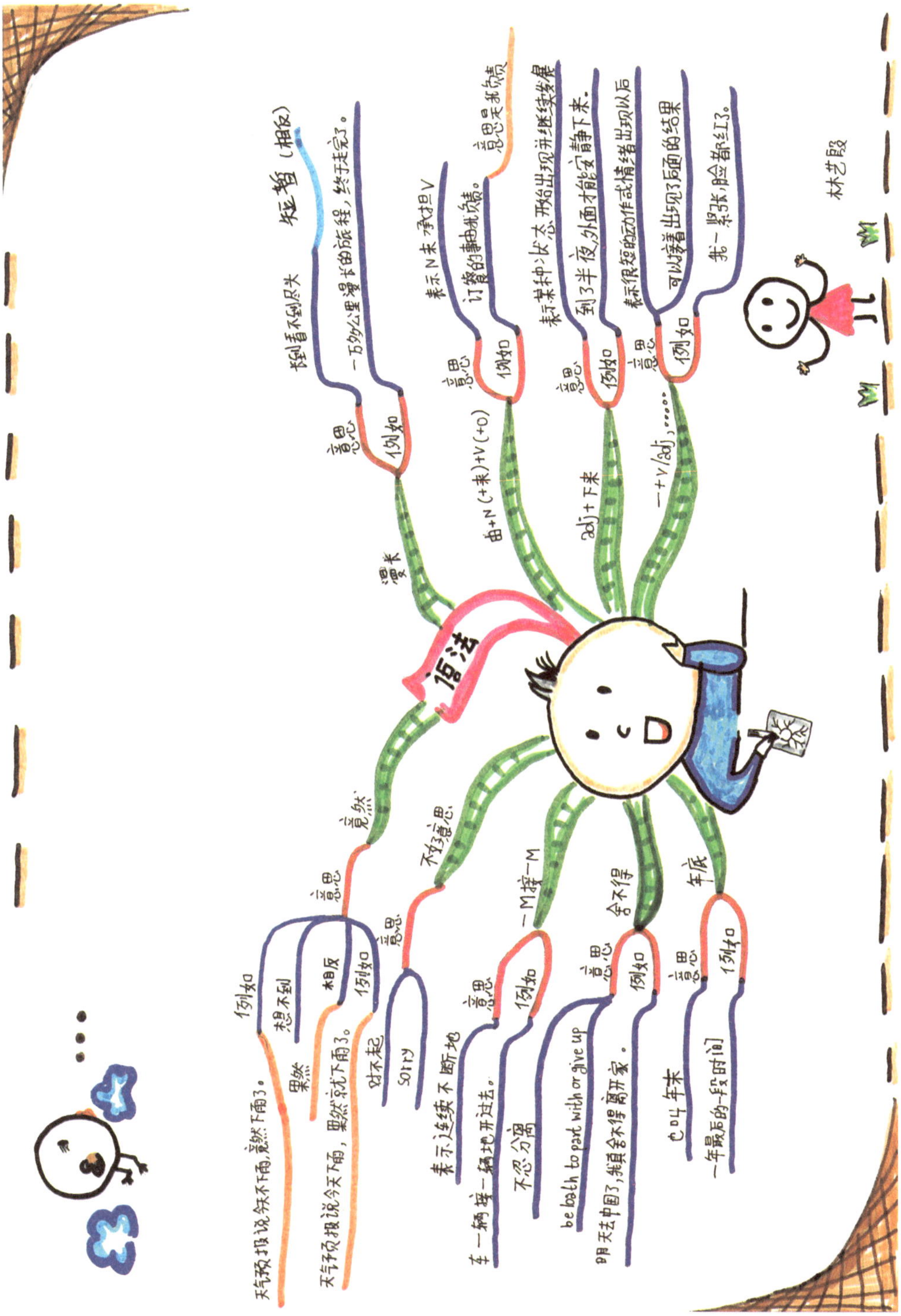
语法
漫长
短暂（相反）
由+N（+来）+V（+O）
adj+下来
一+V/adj，……
竟然
不好意思
一M接一M
舍不得
年底
林艺殷

绘制者：泰国留学生林艺殷

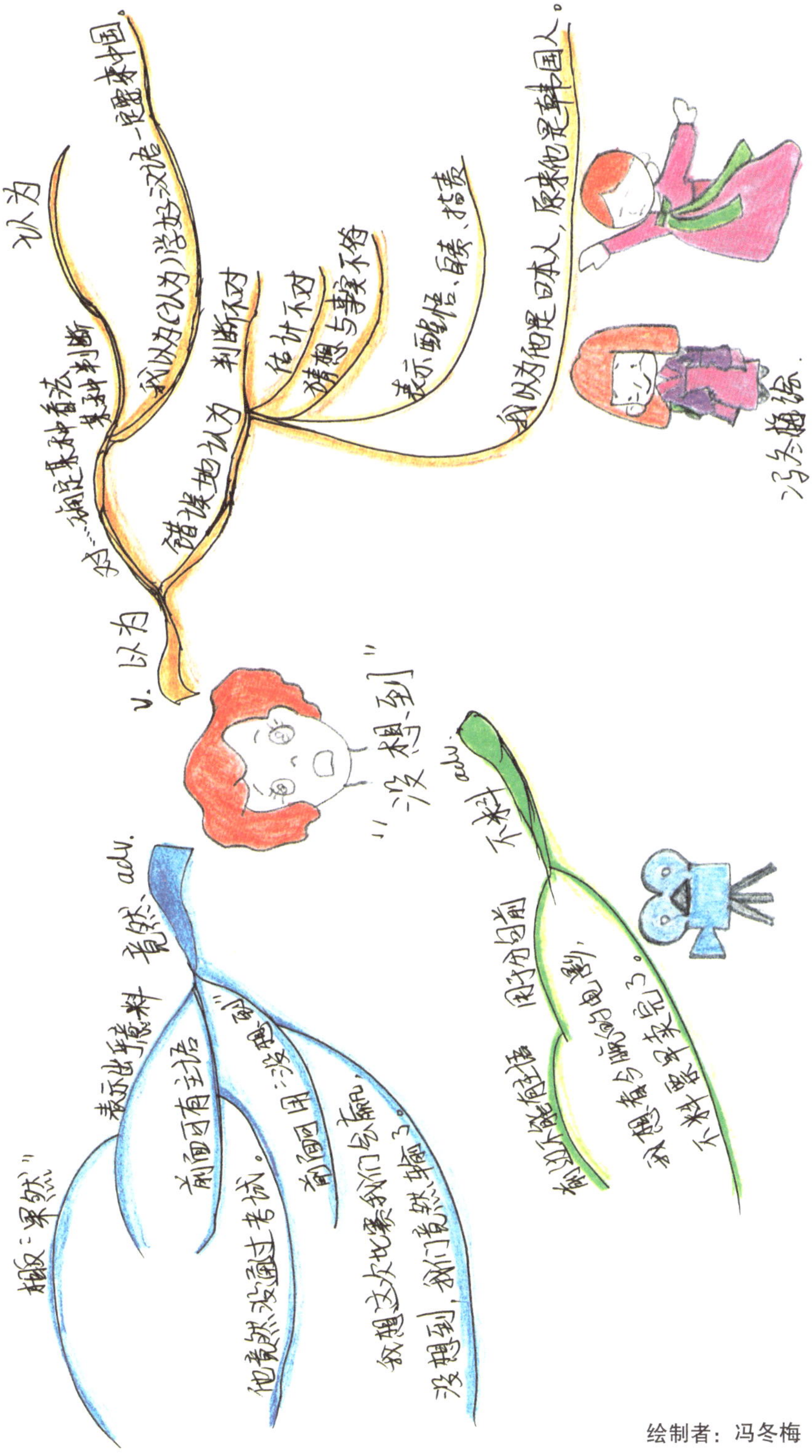
"没想到"
竟然、adv.
表示出乎意料
相反："果然"
前面可有主语
他竟然没通过考试。
前面可用"没想到"
我想这次比赛我们会赢，
没想到，我们竟然输了。
不料 adv.
用于分句前
前边不能有主语
我想看今晚的电影，
不料票早卖完了。
v. 以为
对……确定某种看法
某种判断
认为
我以为(认为)学好汉语一定要来中国。
错误地认为
判断不对
估计不对
猜想与事实不符
表示醒悟、自责、指责
我以为他是日本人，原来他是韩国人。
冯冬梅绘.

绘制者：冯冬梅

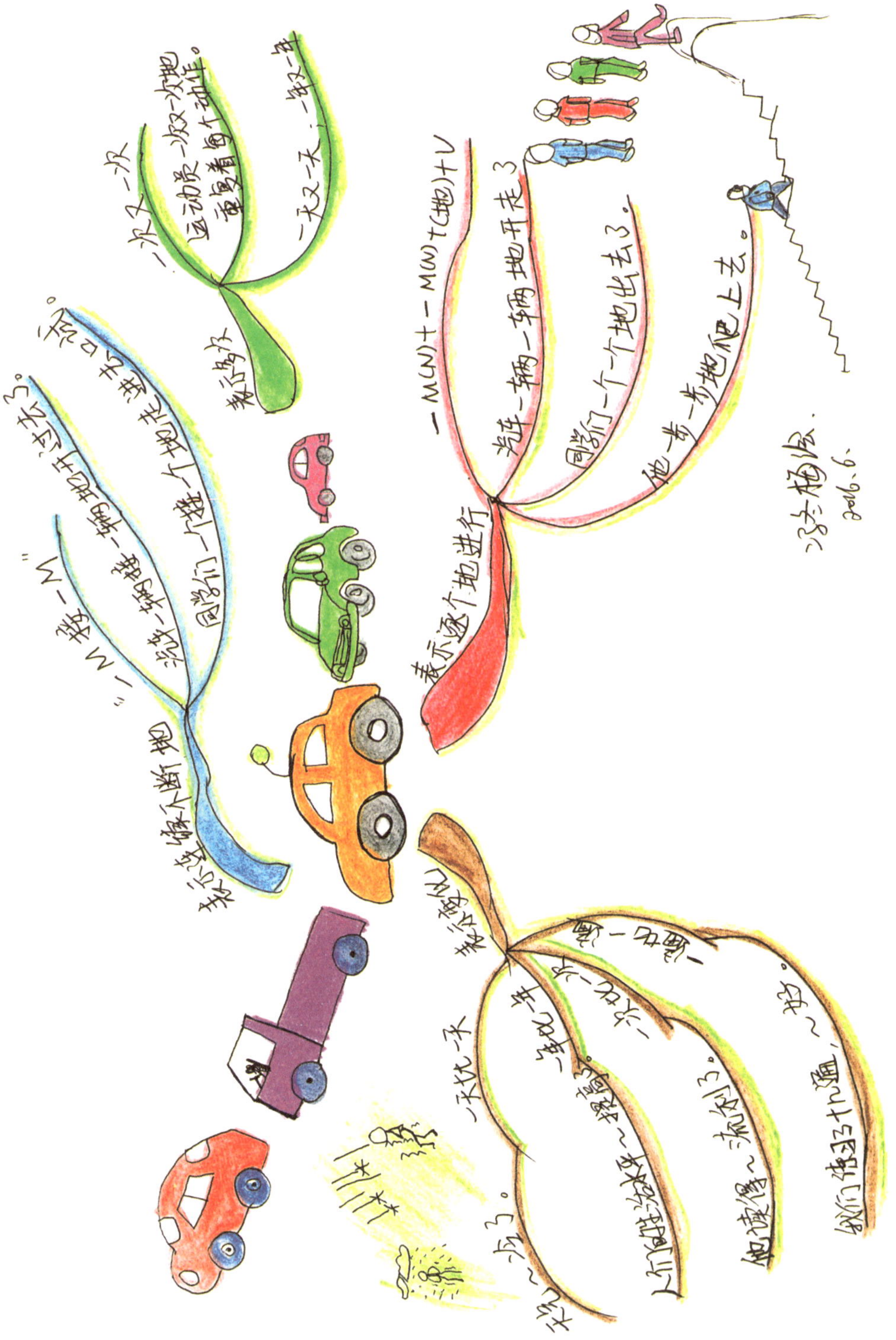
表示逐个地进行
一M(N)+一M(N)+(地)+V
汽车一辆一辆地开走了
同学们一个一个地出去了。
他一步一步地爬上去。
表示连续不断地
表示多次
一次又一次
一天又一天，一年又一年
表示程度深
冯冬梅
2016.6.

绘制者：冯冬梅

短文思维导图

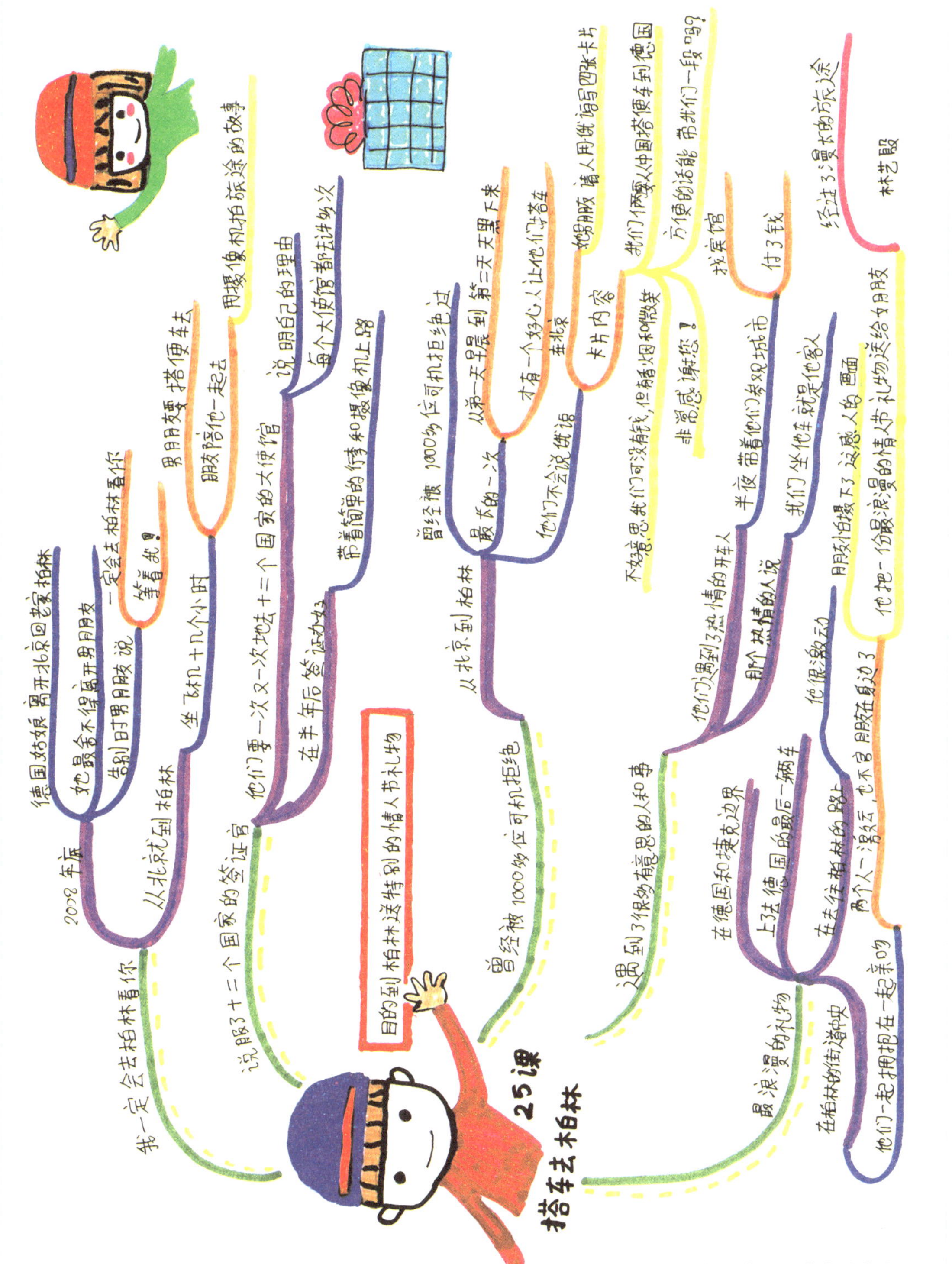

25课
搭车去柏林
目的：到柏林送特别的情人节礼物
我一定会去柏林看你
2008年底
德国姑娘 离开北京回老家柏林
她舍不得离开男朋友
告别时男朋友说
一定会去柏林看你
等着我！
从北京到柏林
坐飞机十几个小时
男朋友要 搭便车去
朋友陪他一起去
用摄像机拍旅途的故事
说服了十三个国家的签证官
他们要一次又一次地去十三个国家的大使馆
说明自己的理由
每个大使馆都去许多次
在半年后签证办好
带着简单的行李和摄像机上路
曾经被1000多位司机拒绝
曾经被1000多位司机拒绝过
最长的一次
从第一天早晨到第二天天黑下来
才有一个好心人让他们搭车
他们不会说德语
卡片内容
出发前 请人用德语写四张卡片
我们俩要从中国搭便车到德国
方便的话能带我们一段吗？
不好意思，我们可没有钱，但有烟和微笑
非常感谢您！
遇到了很多有意思的人和事
他们遇到了热情的开车人
半夜 带着他们参观城市
找宾馆
付了钱
那个热情的人说
我们坐他车就是他家人
他很激动
朋友拍摄下了这感人的画面
他把一份最浪漫的情人节礼物送给女朋友
经过了漫长的旅途
林艺殷
在德国和捷克边界
上了去德国的最后一辆车
在去往柏林的路上
最浪漫的礼物
在柏林的街道中
他们一起拥抱在一起亲吻

绘制者：泰国留学生林艺殷

HSK

五级词语

HSK Wuji Ciyu

HSK五级词语

Unit 01（哎～包含）～ Unit 04（表达～不得了）

Unit 01

āi 哎	àn 暗
āi 唉	áoyè 熬夜
àihù 爱护	bǎwò 把握
àixī 爱惜	bǎi 摆
àixīn 爱心	bànlǐ 办理
ānwèi 安慰	bàngwǎn 傍晚
ānzhuāng 安装	bāoguǒ 包裹
àn 岸	bāohán 包含

Unit 02

bāokuò 包括	bàodào 报到
báo 薄	bàodào 报道
bǎobèi 宝贝	bàogào 报告
bǎoguì 宝贵	bàoshè 报社
bǎochí 保持	bàoyuàn 抱怨
bǎocún 保存	bèi 背
bǎoliú 保留	bēiguān 悲观
bǎoxiǎn 保险	bèijǐng 背景

Unit 03

bèizi 被子	bìjìng 毕竟
běnkē 本科	bìmiǎn 避免
běnlǐng 本领	biānjí 编辑
běnzhì 本质	biānpào 鞭炮
bǐlì 比例	biàn 便
bǐcǐ 彼此	biànlùn 辩论
bìrán 必然	biāodiǎn 标点
bìyào 必要	biāozhì 标志

Unit 04

biǎodá 表达	bōfàng 播放
biǎomiàn 表面	bózi 脖子
biǎomíng 表明	bówùguǎn 博物馆
biǎoqíng 表情	bǔchōng 补充
biǎoxiàn 表现	búduàn 不断
bīngjīlíng 冰激凌	bújiàndé 不见得
bìngdú 病毒	bù'ān 不安
bōli 玻璃	bùdéliǎo 不得了

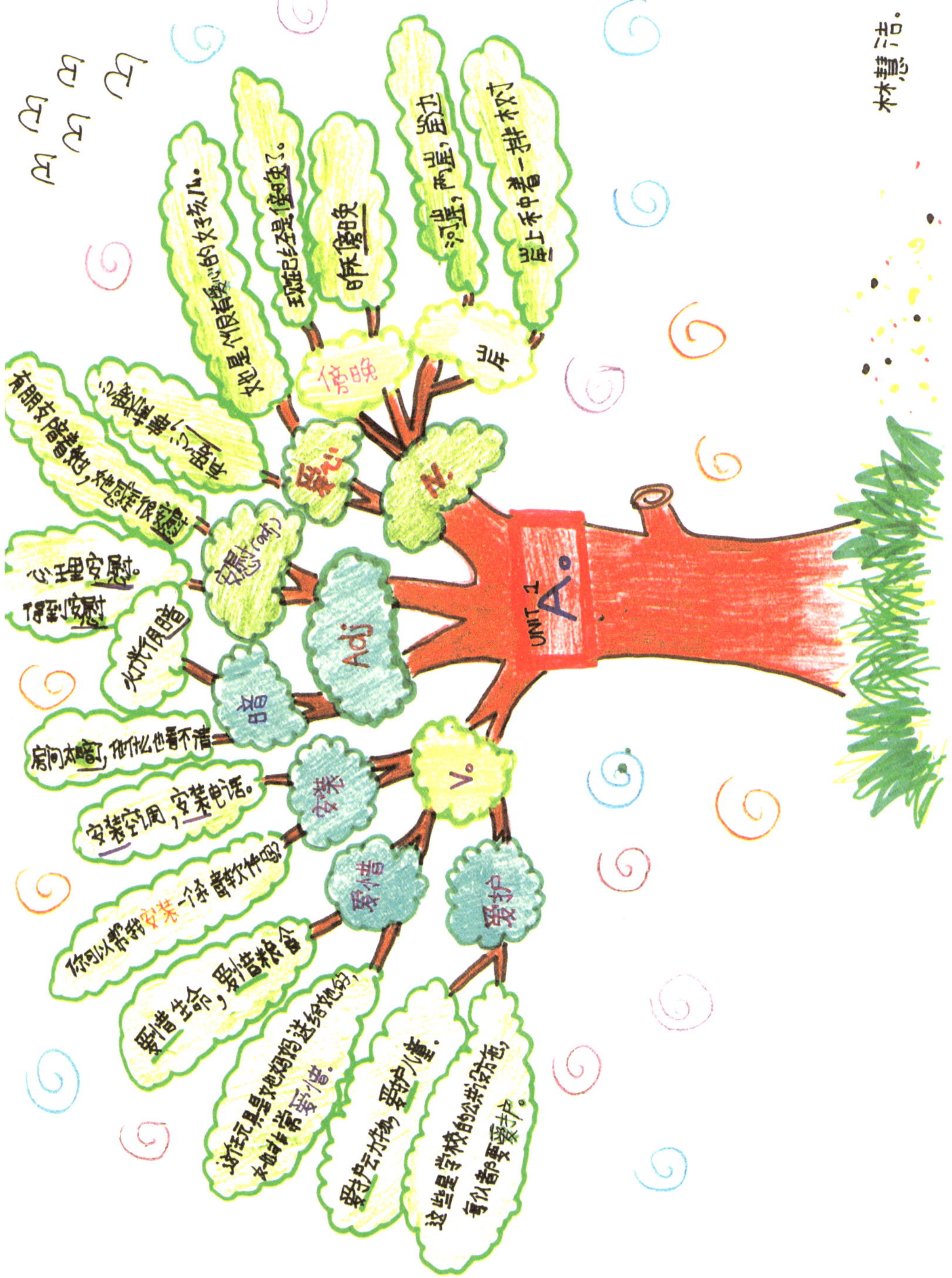
林慧洁。
UNIT 1
A。
Adj
N.
V。
傍晚
岸
安装
爱惜
爱护
暗

绘制者：泰国留学生林慧洁

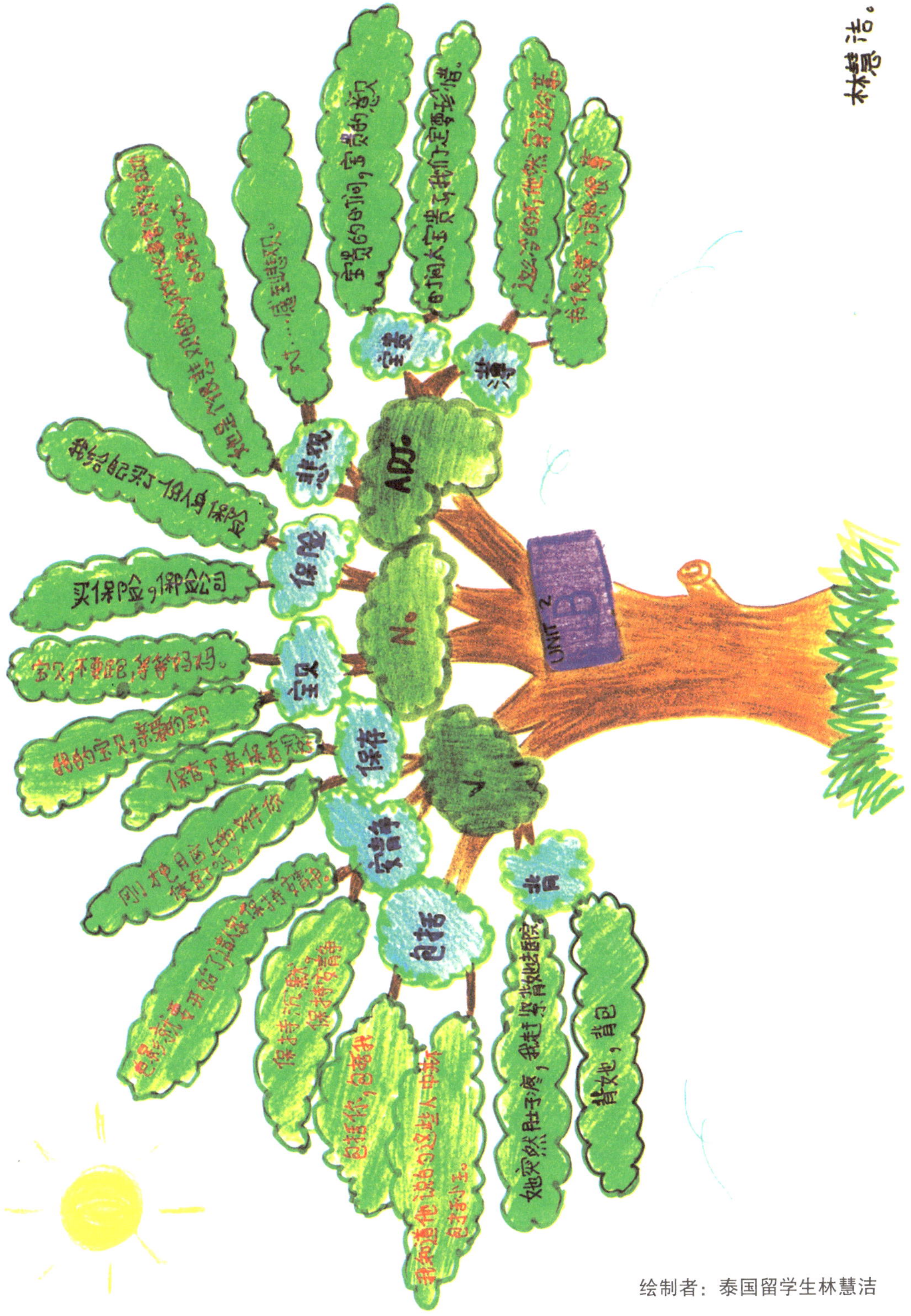
林慧洁。
UNIT 2
ADJ.
N.
V.
宝贵
薄
悲观
保险
宝贝
保存
包括
背
买保险，保险公司
宝贝，不要跑，等等妈妈。

绘制者：泰国留学生林慧洁

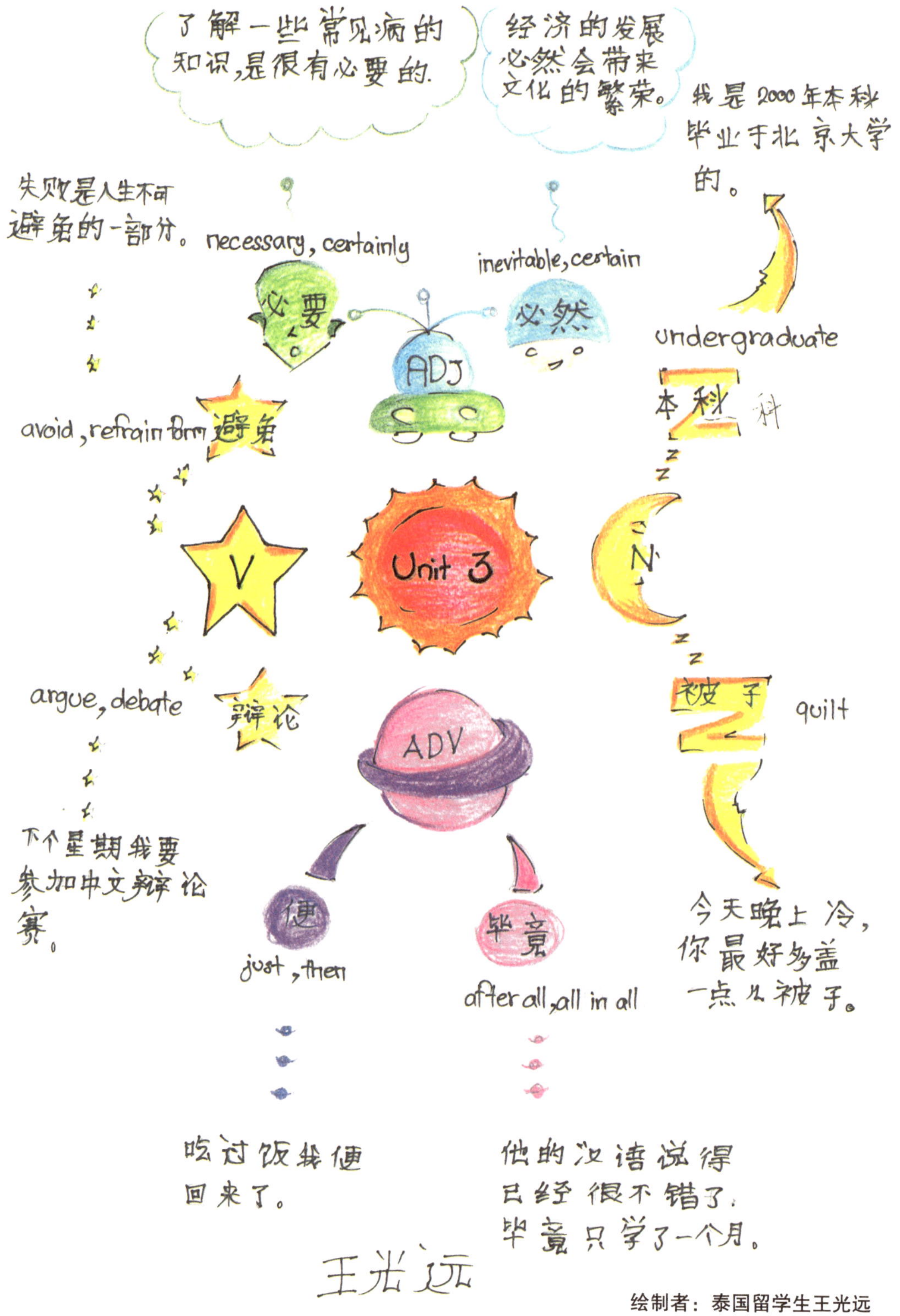
了解一些常见病的知识，是很有必要的.
经济的发展必然会带来文化的繁荣。
我是2000年本科毕业于北京大学的。
失败是人生不可避免的一部分。
necessary, certainly
必要
ADJ
inevitable, certain
必然
undergraduate
本科
avoid, refrain form
避免
V
Unit 3
N
argue, debate
辩论
被子
quilt
ADV
下个星期我要参加中文辩论赛。
便
just, then
毕竟
after all, all in all
今天晚上冷，你最好多盖一点儿被子。
吃过饭我便回来了。
他的汉语说得已经很不错了，毕竟只学了一个月。
王光远

绘制者：泰国留学生王光远

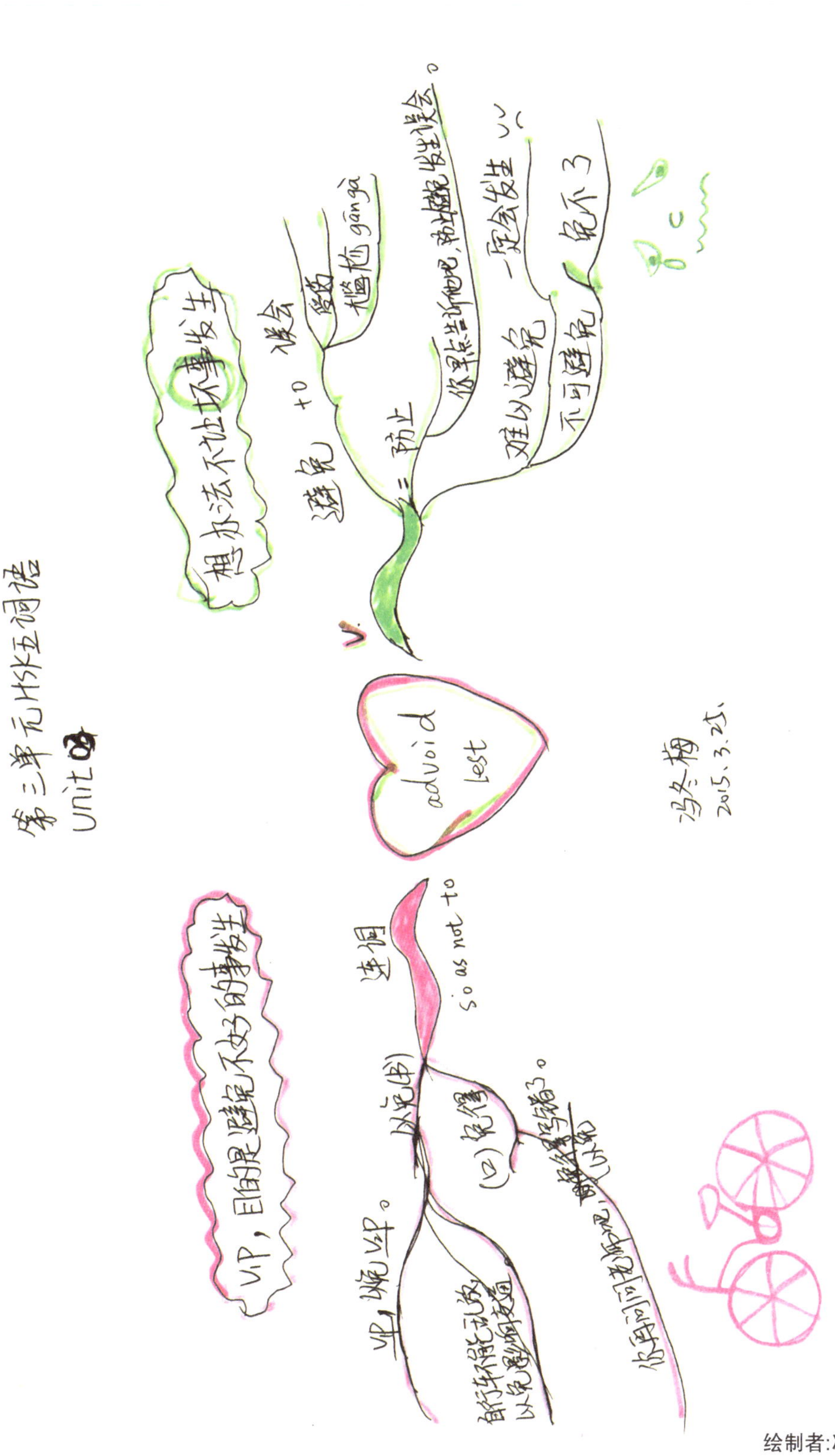
避免 + O
防止
avoid
lest
so as not to

绘制者:冯冬梅

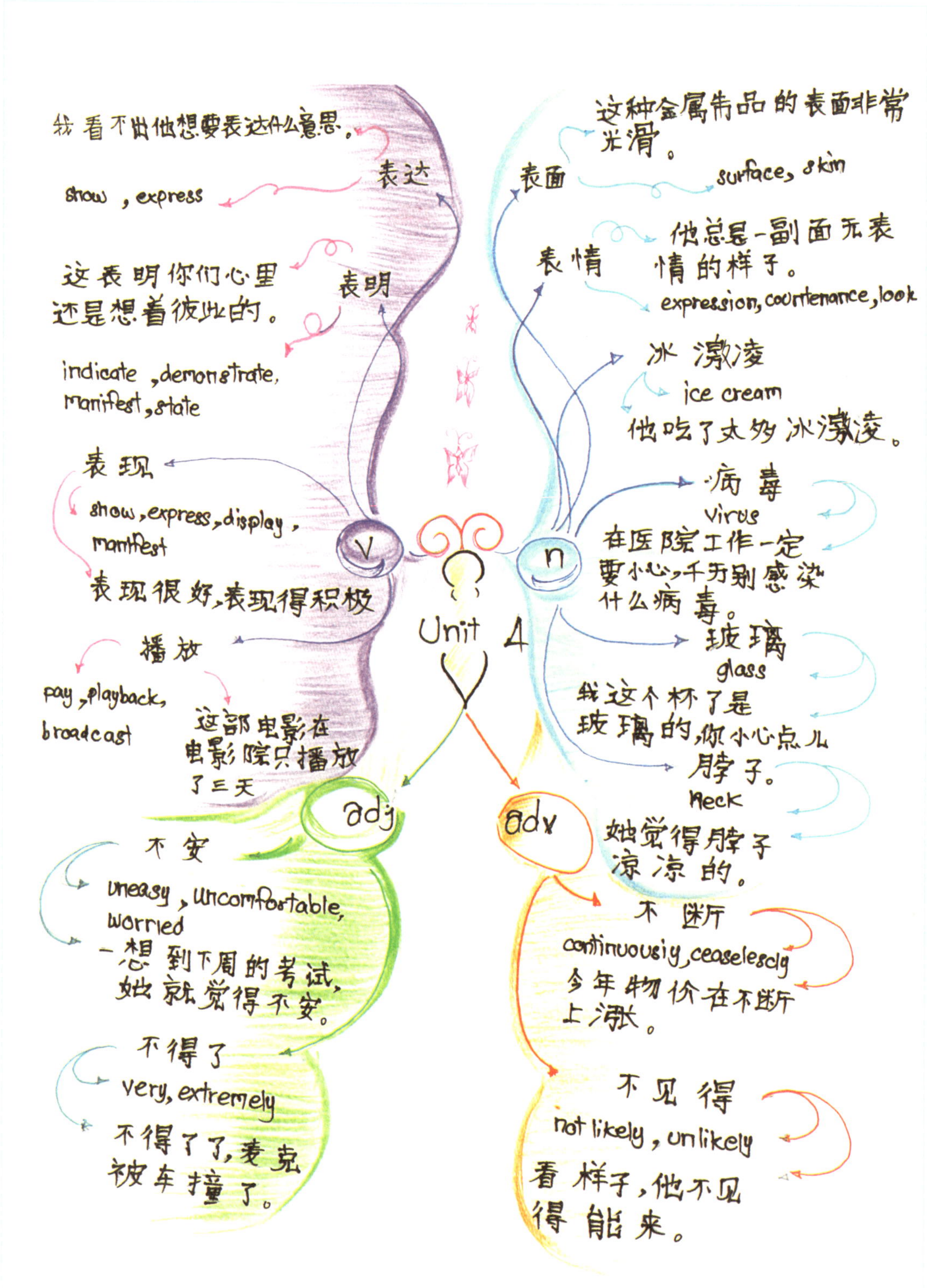
Unit 4
v
表达
我看不出他想要表达什么意思。
show, express
表明
这表明你们心里还是想着彼此的。
indicate, demonstrate, manifest, state
表现
show, express, display, manifest
表现很好，表现得积极
播放
pay, playback, broadcast
这部电影在电影院只播放了三天
n
表面
这种金属制品的表面非常光滑。
surface, skin
表情
他总是一副面无表情的样子。
expression, countenance, look
冰激凌
ice cream
他吃了太多冰激凌。
病毒
virus
在医院工作一定要小心，千万别感染什么病毒。
玻璃
glass
我这个杯子是玻璃的，你小心点儿
脖子
neck
她觉得脖子凉凉的。
adj
不安
uneasy, uncomfortable, worried
一想到下周的考试，她就觉得不安。
不得了
very, extremely
不得了了，麦克被车撞了。
adv
不断
continuously, ceaselessly
今年物价在不断上涨。
不见得
not likely, unlikely
看样子，他不见得能来。

绘制者：泰国留学生王光远

Unit 05（不耐烦 ~ 惭愧）~ Unit 08（成人 ~ 翅膀）

Unit 05

búnàifán 不耐烦
bùrán 不然
bùrú 不如
búyàojǐn 不要紧
bùzú 不足
bù 布
bùzhòu 步骤
bùmén 部门
cáichǎn 财产
cǎifǎng 采访
cǎiqǔ 采取
cǎihóng 彩虹
cǎi 踩
cānkǎo 参考
cānyù 参与
cánkuì 惭愧

Unit 06

cāochǎng 操场
cāoxīn 操心
cè 册
cèyàn 测验
céngjīng 曾经
chāzi 叉子
chājù 差距
chā 插
chāi 拆
chǎnpǐn 产品
chǎnshēng 产生
chángtú 长途
chángshí 常识
chāo 抄
chāojí 超级
cháo 朝

Unit 07

cháoshī 潮湿
chǎo 吵
chǎojià 吵架
chǎo 炒
chēkù 车库
chēxiāng 车厢
chèdǐ 彻底
chénmò 沉默
chèn 趁
chēng 称
chēnghu 称呼
chēngzàn 称赞
chéngfèn 成分
chéngguǒ 成果
chéngjiù 成就
chénglì 成立

Unit 08

chéngrén 成人
chéngshú 成熟
chéngyǔ 成语
chéngzhǎng 成长
chéngkěn 诚恳
chéngdān 承担
chéngrèn 承认
chéngshòu 承受
chéngdù 程度
chéngxù 程序
chīkuī 吃亏
chítáng 池塘
chízǎo 迟早
chíxù 持续
chǐzi 尺子
chìbǎng 翅膀

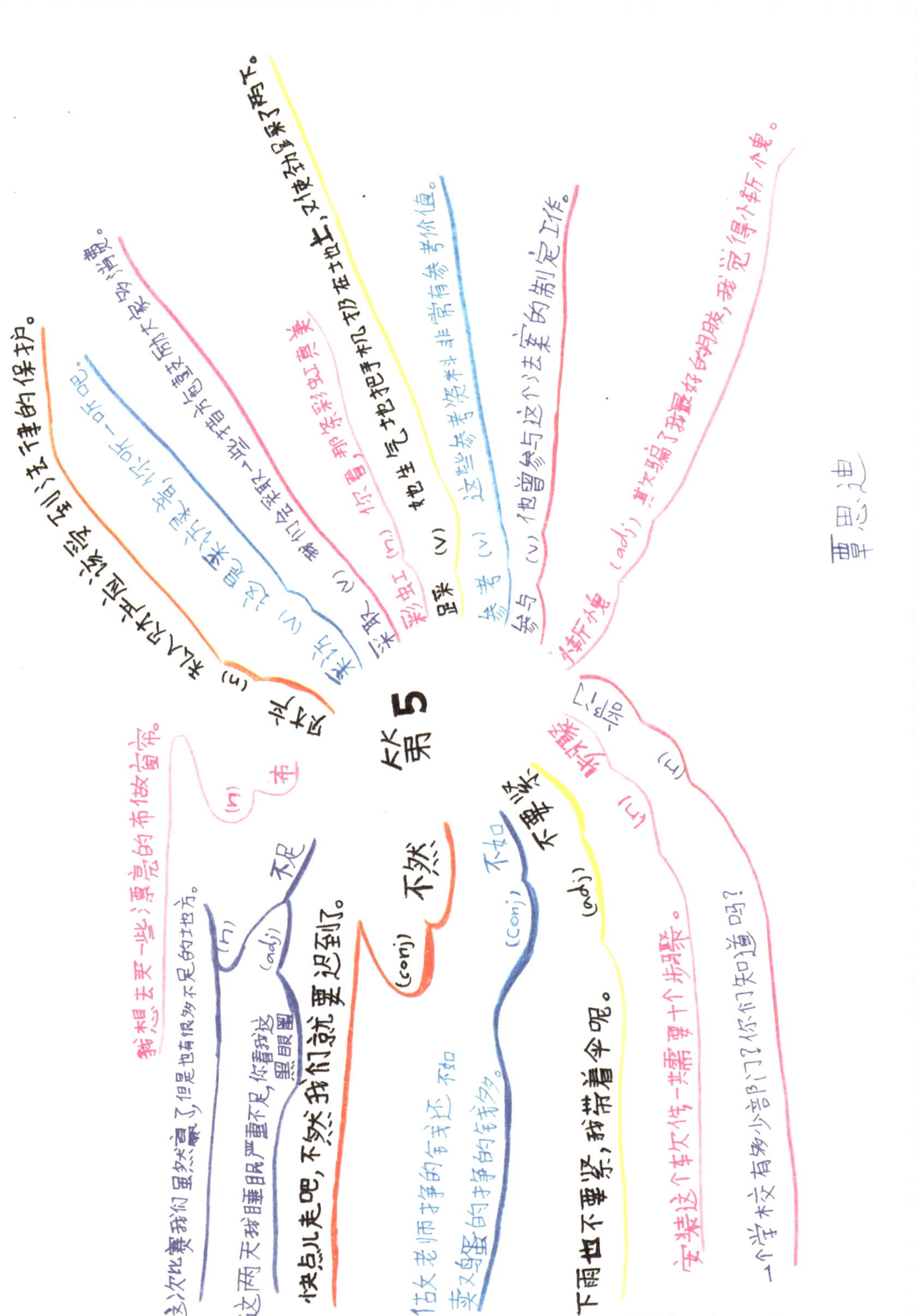
第5课
不然 (conj) 快点儿走吧，不然我们就要迟到了。
不要紧 (adj) 下雨也不要紧，我带着伞呢。
步骤 (n) 安装这个软件一共需要十个步骤。
部门 (n) 一个学校有多少部门？你们知道吗？
不足 (adj) 这两天我睡眠严重不足，你看我这黑眼圈。
(n) 这次比赛我们虽然赢了，但是也有很多不足的地方。
布 (n) 我想去买一些漂亮的布做窗帘。
参考 (v) 这些参考资料非常有参考价值。
参与 (v) 他曾参与这个法案的制定工作。
踩 (v) 他生气地把手机扔在地上，又使劲踩了两下。
彩虹 (n) 你看，那条彩虹真美
采取 (v) 我们会采取一些措施鼓励大家多消费。
惭愧 (adj) 我欺骗了我最好的朋友，我觉得很惭愧。
覃思迪

绘制者：泰国留学生覃思迪

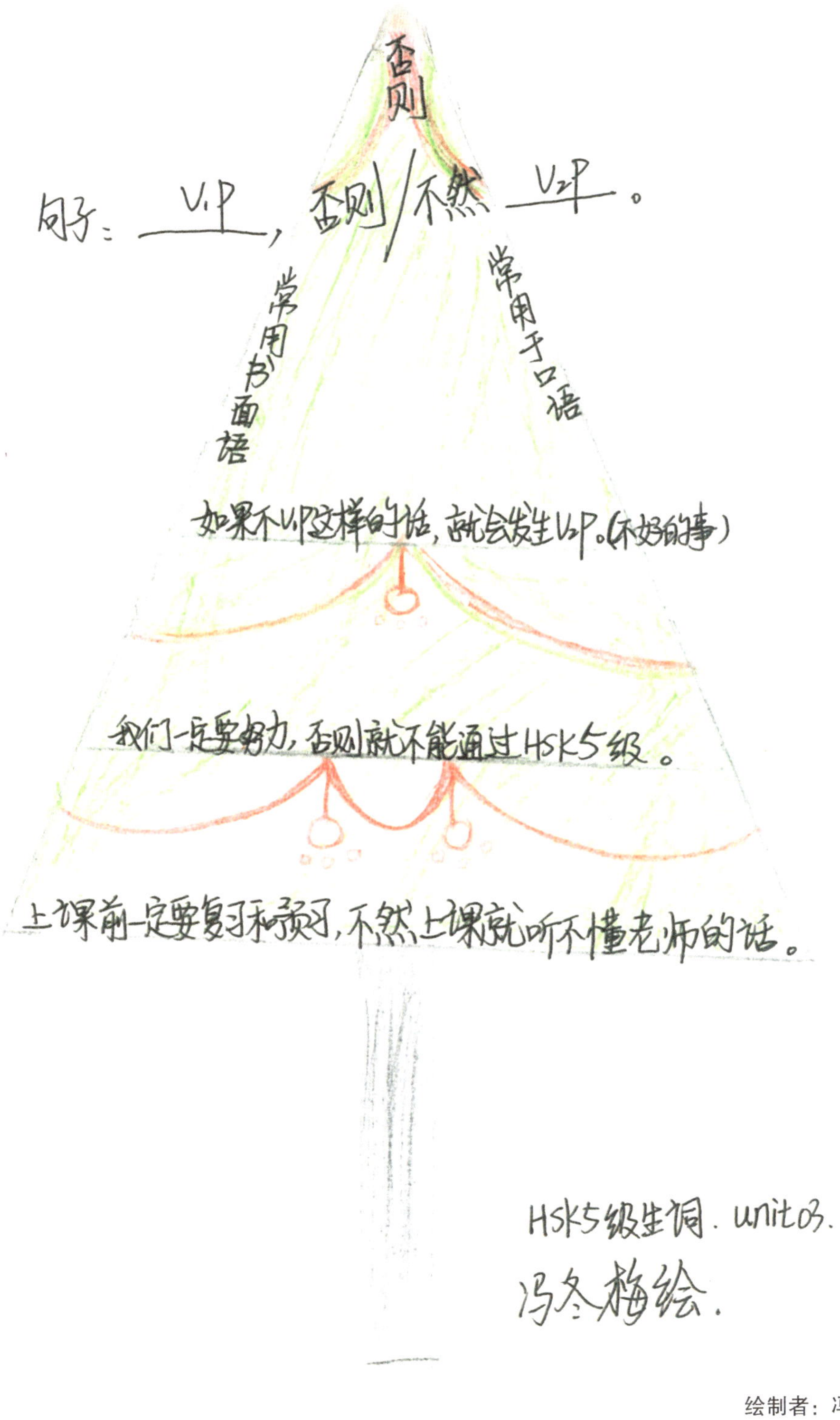
否则
句子：V1P，否则/不然 V2P。
常用书面语
常用于口语
如果不V1P这样的话，就会发生V2P。(不好的事)
我们一定要努力，否则就不能通过HSK5级。
上课前一定要复习和预习，不然上课就听不懂老师的话。
HSK5级生词. unit03.
冯冬梅绘.

绘制者：冯冬梅

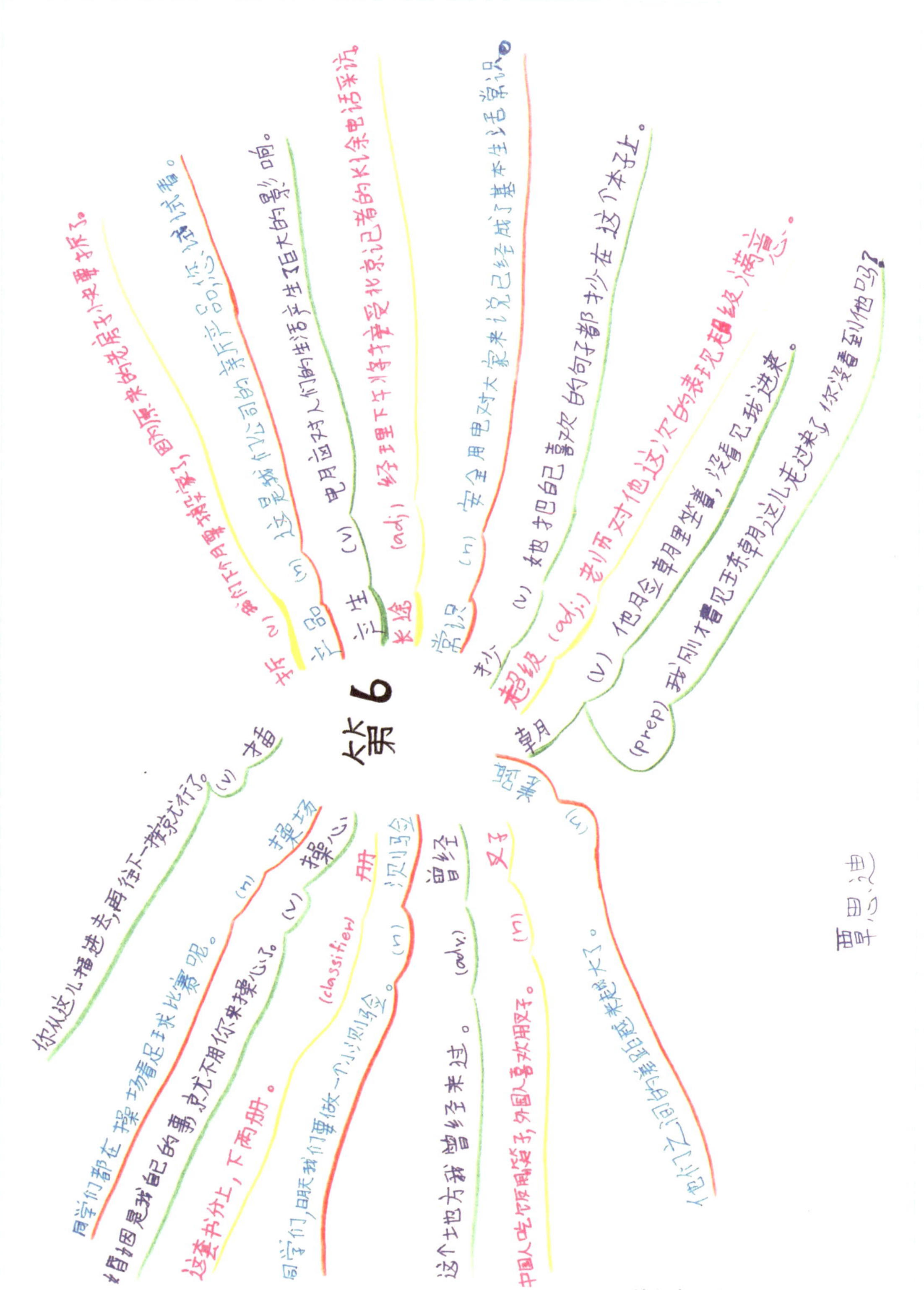

绘制者：泰国留学生覃思迪

林彩燕
7
潮湿
潮湿的天气。
吵
这里实在太吵了。
吵架
他们经常吵架。
炒
青椒炒牛肉。
沉默
他这个人太沉默了。
趁
称
你帮我把这袋米称一下。
称呼
您怎么称呼？
称赞
成分
这种新药的成分非常复杂。
车厢
车厢里人特别多。
彻底
成果
8
成人
他已经是成人了。
成熟
他的想法还不太成熟。
成语
成语大多由四个字组成。
成长
诚恳
他为人非常诚恳。
承担
承认
承受
尺子
迟早
这个问题迟早要解决。
吃亏
程序
程度

绘制者：泰国留学生林彩燕

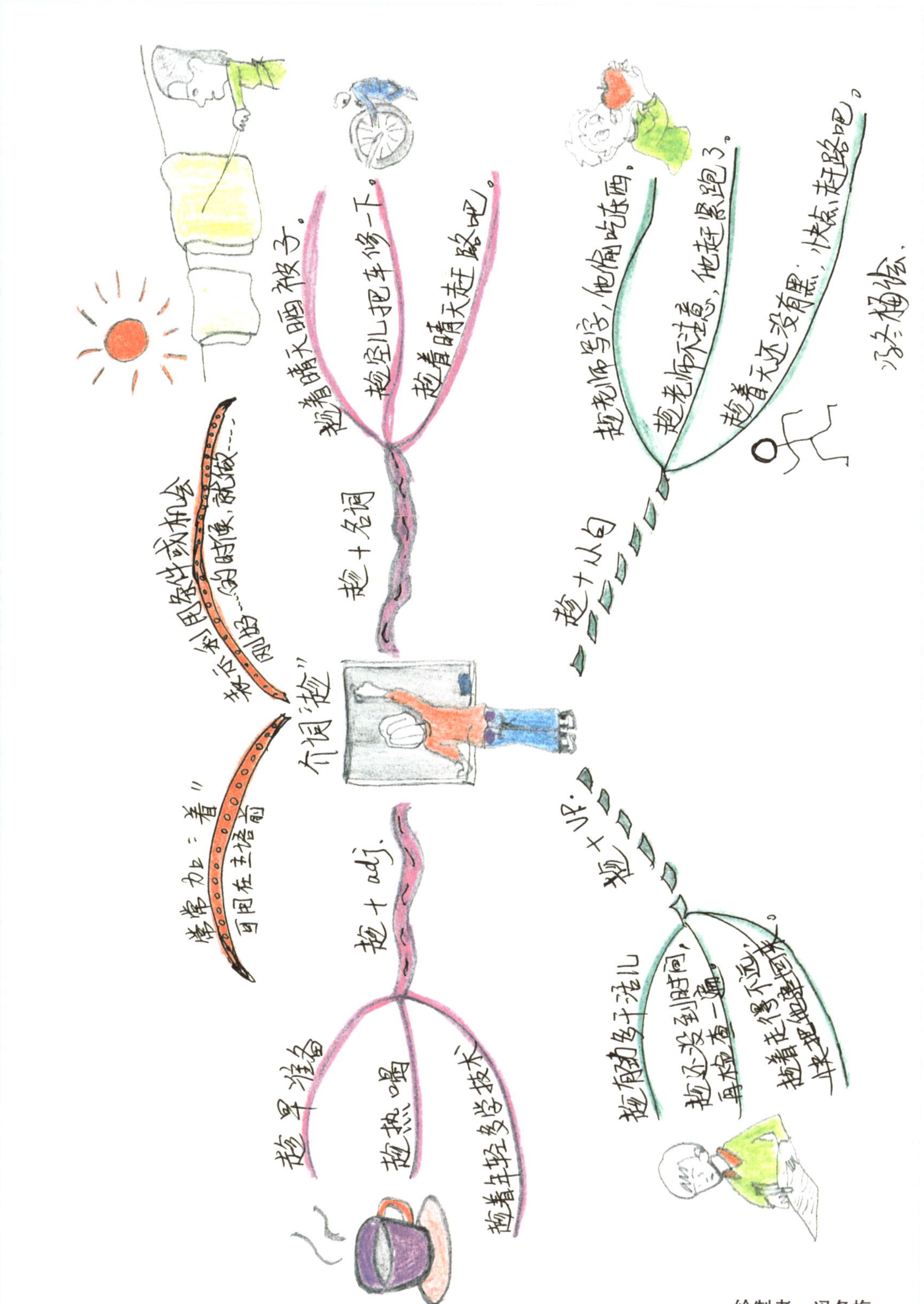

绘制者：冯冬梅

Unit 09（冲～初级）～Unit 12（打喷嚏～单位）

Unit 09

chōng 冲
chǒu 丑
chōngdiànqì 充电器
chòu 臭
chōngfèn 充分
chūbǎn 出版
chōngmǎn 充满
chūkǒu 出口
chóngfù 重复
chūsè 出色
chǒngwù 宠物
chūshì 出示
chōuti 抽屉
chūxí 出席
chōuxiàng 抽象
chūjí 初级

Unit 10

chúfēi 除非
chuǎng 闯
chúxī 除夕
chuàngzào 创造
chǔlǐ 处理
chuī 吹
chuánbō 传播
cíhuì 词汇
chuánrǎn 传染
cízhí 辞职
chuánshuō 传说
cǐwài 此外
chuántǒng 传统
cìyào 次要
chuānglián 窗帘
cìjī 刺激

Unit 11

cōngmáng 匆忙
cù 醋
cóngcǐ 从此
cuī 催
cóngér 从而
cúnzài 存在
cóngqián 从前
cuòshī 措施
cóngshì 从事
dāying 答应
cūcāo 粗糙
dádào 达到
cùjìn 促进
dǎgōng 打工
cùshǐ 促使
dǎjiāodao 打交道

Unit 12

dǎpēnti 打喷嚏
dàitì 代替
dǎting 打听
dàikuǎn 贷款
dàfāng 大方
dàiyù 待遇
dàshà 大厦
dānrèn 担任
dàxiàng 大象
dānchún 单纯
dàxíng 大型
dāndiào 单调
dāi 呆
dāndú 单独
dàibiǎo 代表
dānwèi 单位

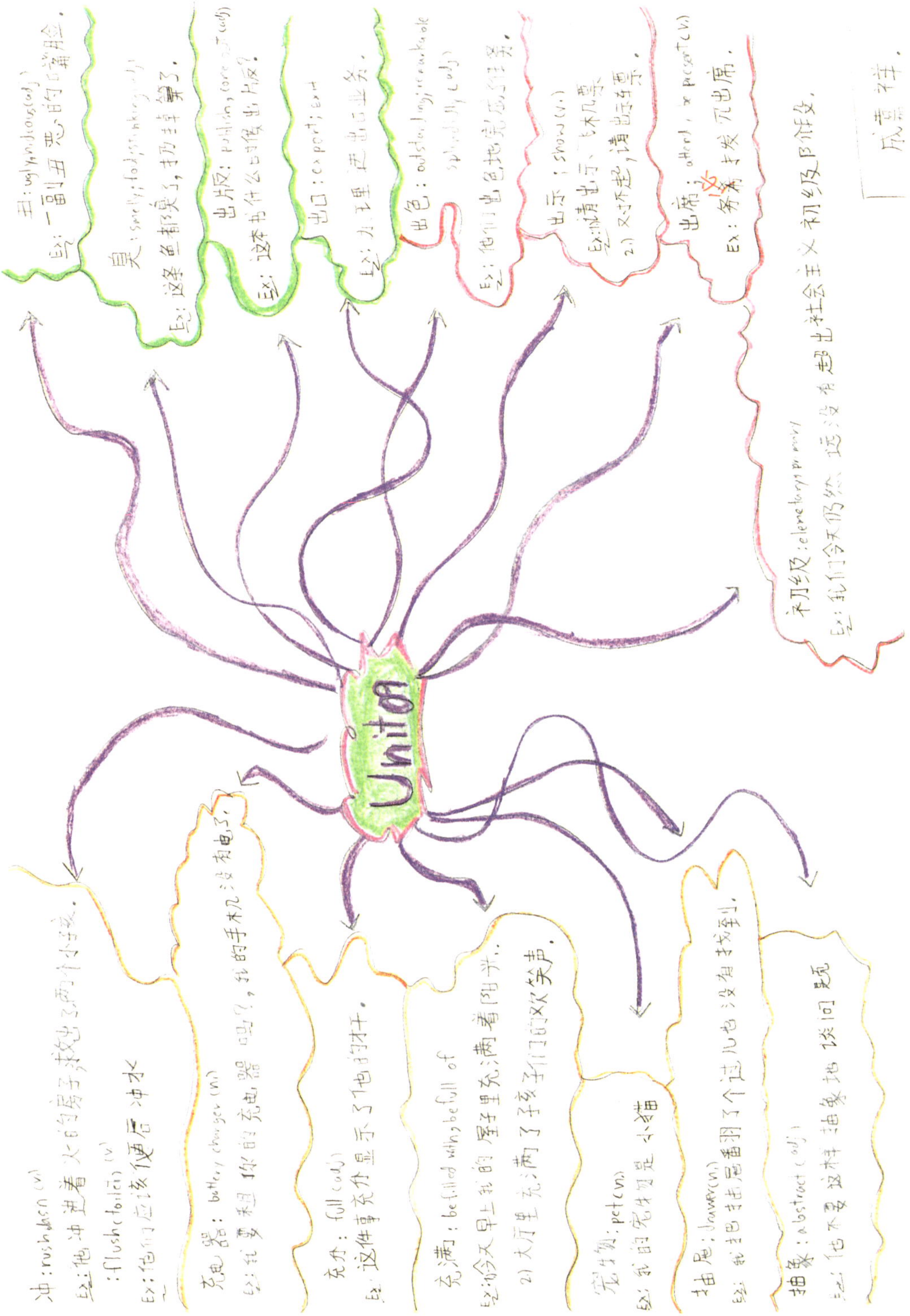
Union

绘制者：泰国留学生成嘉祥

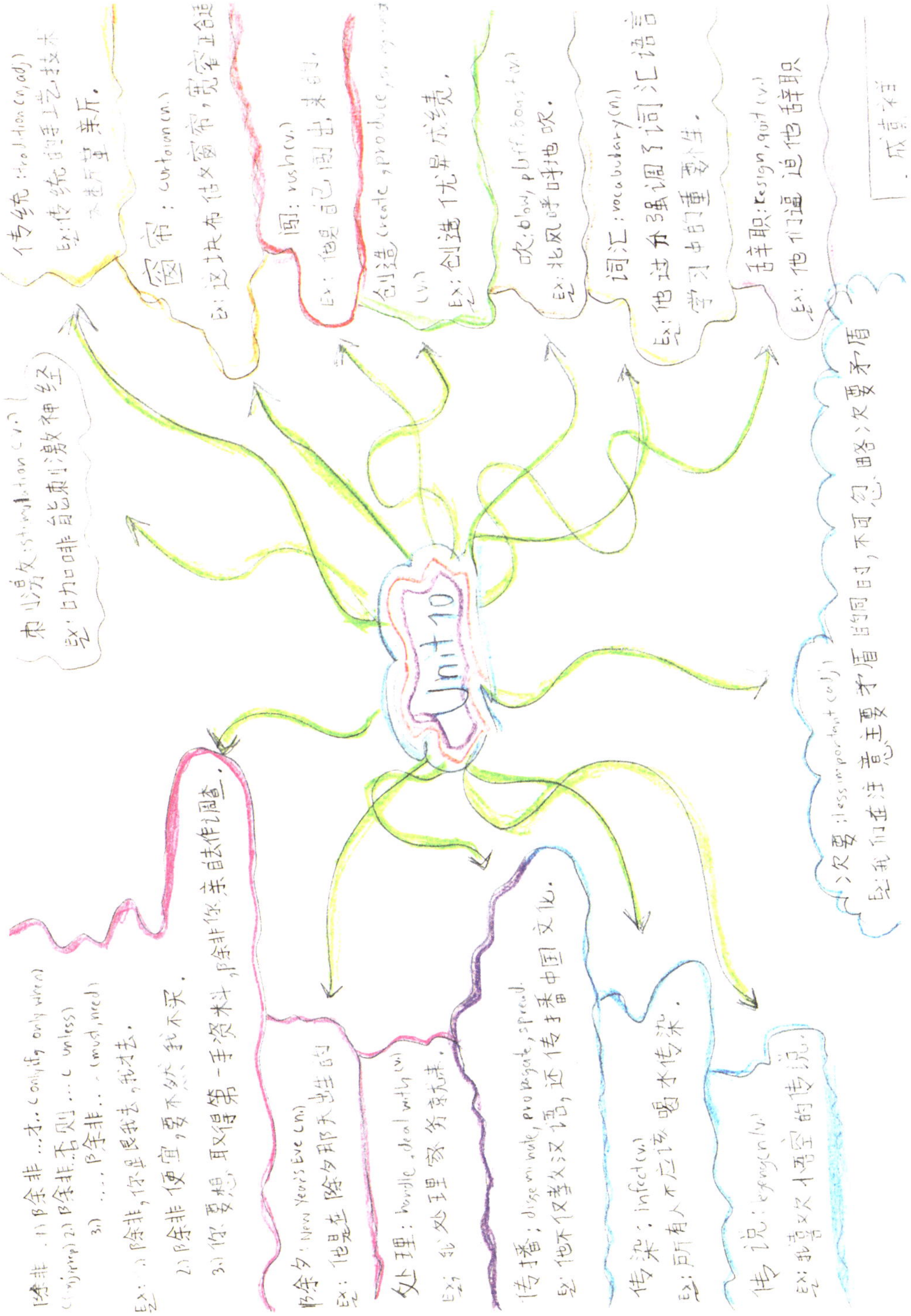
Unit 10
除夕：New Year's Eve (n.)
例：他是在除夕那天出生的
处理：handle, deal with (v.)
例：我处理家务就来。
传播：disseminate, propagate, spread
例：他不仅教汉语，还传播中国文化。
传染：infect (v.)
例：所有人不应该喝水传染。
传说：legend (n.)
例：我喜欢悟空的传说。
次要：less important (adj.)
例：我们在注意主要矛盾的同时，不可忽略次要矛盾
刺激：stimulation (v.)
例：咖啡能刺激神经
传统：tradition (n., adj.)
窗帘：curtain (n.)
闯：rush (v.)
创造：create, produce
例：创造优异成绩。
吹：blow
例：北风呼呼地吹。
词汇：vocabulary (n.)
辞职：resign, quit (v.)
例：他们逼迫他辞职

绘制者：泰国留学生成嘉祥

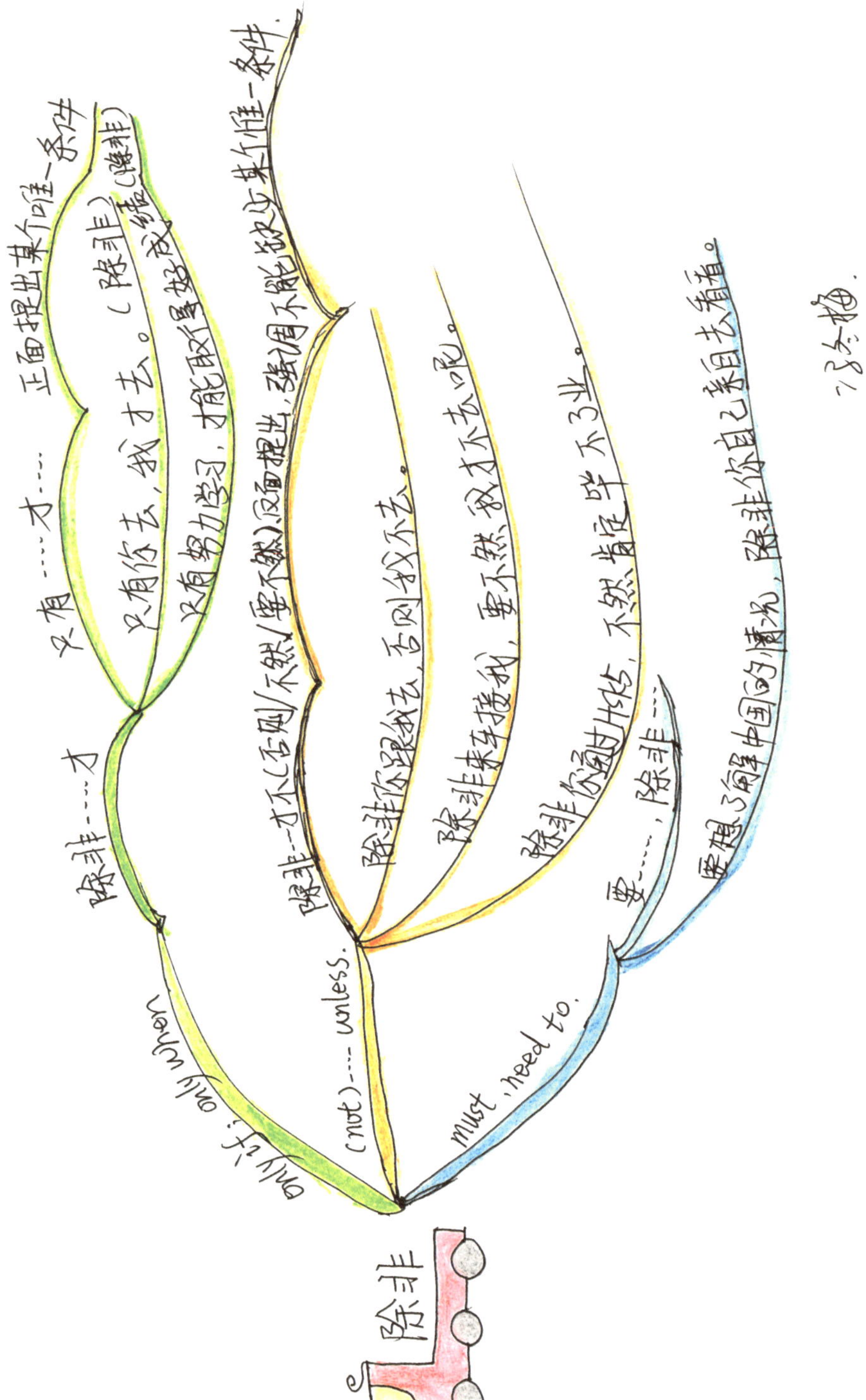
除非
only when
除非……才
只有……才……
正面提出某个唯一条件
只有你去，我才去。（除非）
只有努力学习，才能取得好成绩。（除非）
(not)…… unless.
除非……才/不(否则/不然/要不然)反面提出，强调不能缺少某个唯一条件。
除非你跟我去，否则我不去。
除非来车接我，要不然我才不去呢。
除非你按时上课，不然肯定毕不了业。
must, need to.
要……，除非……
要想了解中国的情况，除非你自己亲自去看看。
冯冬梅.

绘制者：冯冬梅

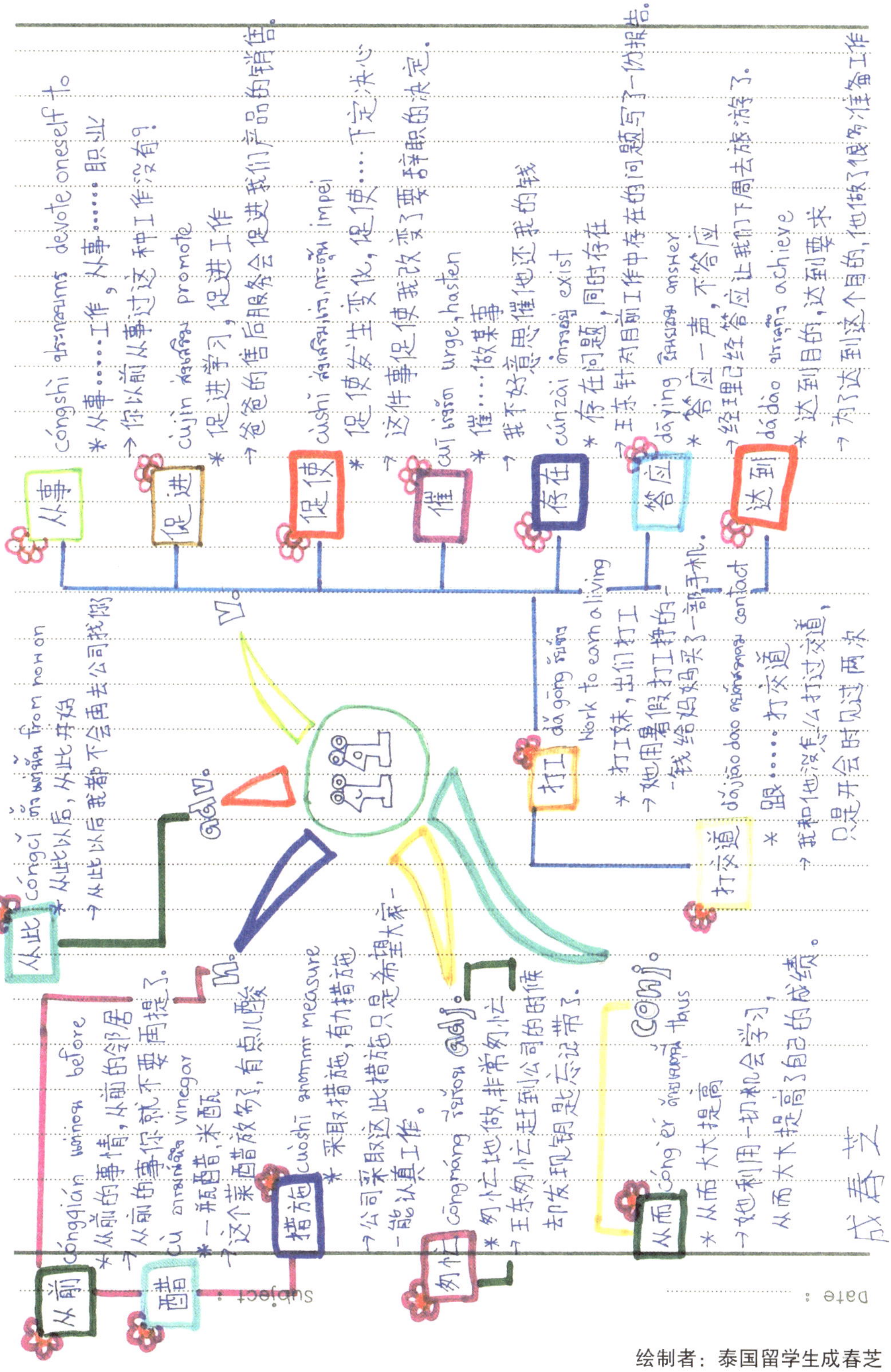
Subject :
从前 cóngqián before
* 从前的事情，从前的邻居
→ 从前的事你就不要再提了。
醋 cù vinegar
* 一瓶醋，米醋
→ 这个菜醋放多了，有点儿酸
n.
措施 cuòshī measure
* 采取措施，有力措施
→ 公司采取这些措施只是希望大家一能认真工作。
匆忙 cōngmáng adj.
* 匆忙地做，非常匆忙
→ 王东匆忙赶到公司的时候却发现钥匙忘记带了。
从而 cóng'ér thus
conj.
* 从而大大提高
→ 她利用一切机会学习，从而大大提高了自己的成绩。
成春芝
Date :
从此 cóngcǐ from now on
* 从此以后，从此开始
→ 从此以后我都不会再去公司找你
adv.
11
v.
打工 dǎgōng work to earn a living
* 打工妹，出们打工
→ 她用暑假打工挣的钱给妈妈买了一部手机。
打交道 dǎjiāo dao contact
* 跟……打交道
→ 我和他没怎么打过交道，只是开会时见过两次
从事 cóngshì devote oneself to
* 从事……工作，从事……职业
→ 你以前从事过这种工作没有？
促进 cùjìn promote
* 促进学习，促进工作
→ 爸爸的售后服务会促进我们产品的销售。
促使 cùshǐ impel
* 促使发生变化，促使……下定决心
→ 这件事促使我改变了要辞职的决定。
催 cuī urge, hasten
* 催……做某事
→ 我不好意思催他还我的钱
存在 cúnzài exist
* 存在问题，同时存在
→ 王东针对目前工作中存在的问题写了一份报告。
答应 dāying answer
* 答应一声，不答应
→ 经理已经答应让我们下周去旅游了。
达到 dádào achieve
* 达到目的，达到要求
→ 为了达到这个目的，他做了很多准备工作

绘制者：泰国留学生成春芝

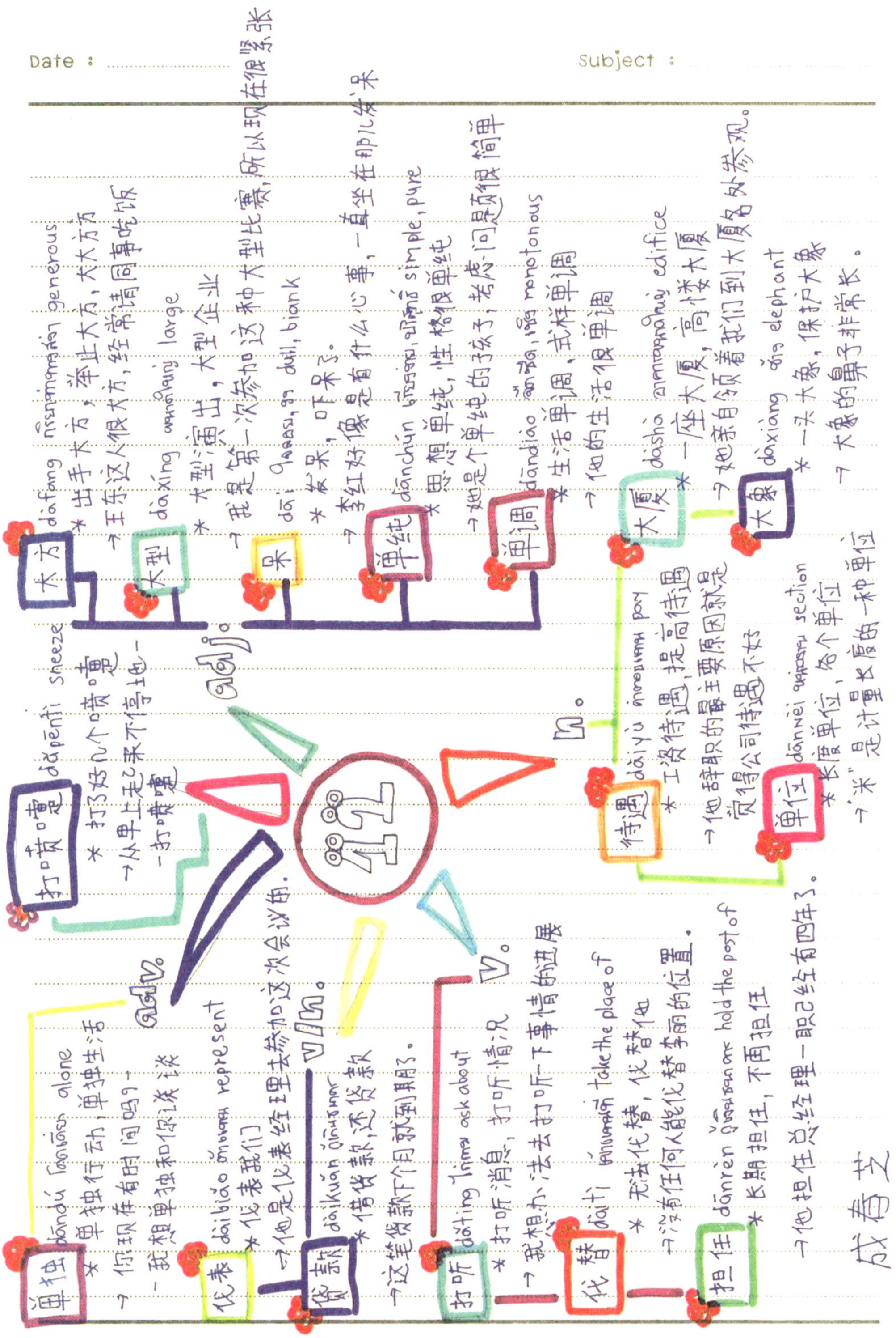

Date :
Subject :
大方
大型
呆
单纯
单调
大厦
大象
待遇
单位
打喷嚏
单独
代表
贷款
打听
代替
担任
adj.
n.
v.
adv.
vn.
成春芝

绘制者：泰国留学生成春芝

Unit 13（单元 ~ 等待）~ Unit 16（吨 ~ 发票）

Unit 13

dānyuán 单元
dǎozhì 导致
dānwù 耽误
dǎoyǔ 岛屿
dǎnxiǎoguǐ 胆小鬼
dǎoméi 倒霉
dàn 淡
dàodá 到达
dāngdì 当地
dàodé 道德
dāngxīn 当心
dàolǐ 道理
dǎng 挡
dēngjì 登记
dǎoyǎn 导演
děngdài 等待

Unit 14

děngyú 等于
dìwèi 地位
dī 滴
dìzhèn 地震
díquè 的确
dì 递
dírén 敌人
diǎnxīn 点心
dìdào 地道
diànchí 电池
dìlǐ 地理
diàntái 电台
dìqū 地区
diào 钓
dìtǎn 地毯
dǐng 顶

Unit 15

dònghuàpiàn 动画片
duàn 断
dòng 冻
duī 堆
dòng 洞
duìbǐ 对比
dòufu 豆腐
duìdài 对待
dòu 逗
duìfāng 对方
dúlì 独立
duìshǒu 对手
dútè 独特
duìxiàng 对象
dùguò 度过
duìhuàn 兑换

Unit 16

dūn 吨
ěrhuán 耳环
dūn 蹲
fābiǎo 发表
dùn 顿
fāchóu 发愁
duōkuī 多亏
fādá 发达
duōyú 多余
fādǒu 发抖
duǒ 朵
fāhuī 发挥
duǒcáng 躲藏
fāmíng 发明
èliè 恶劣
fāpiào 发票

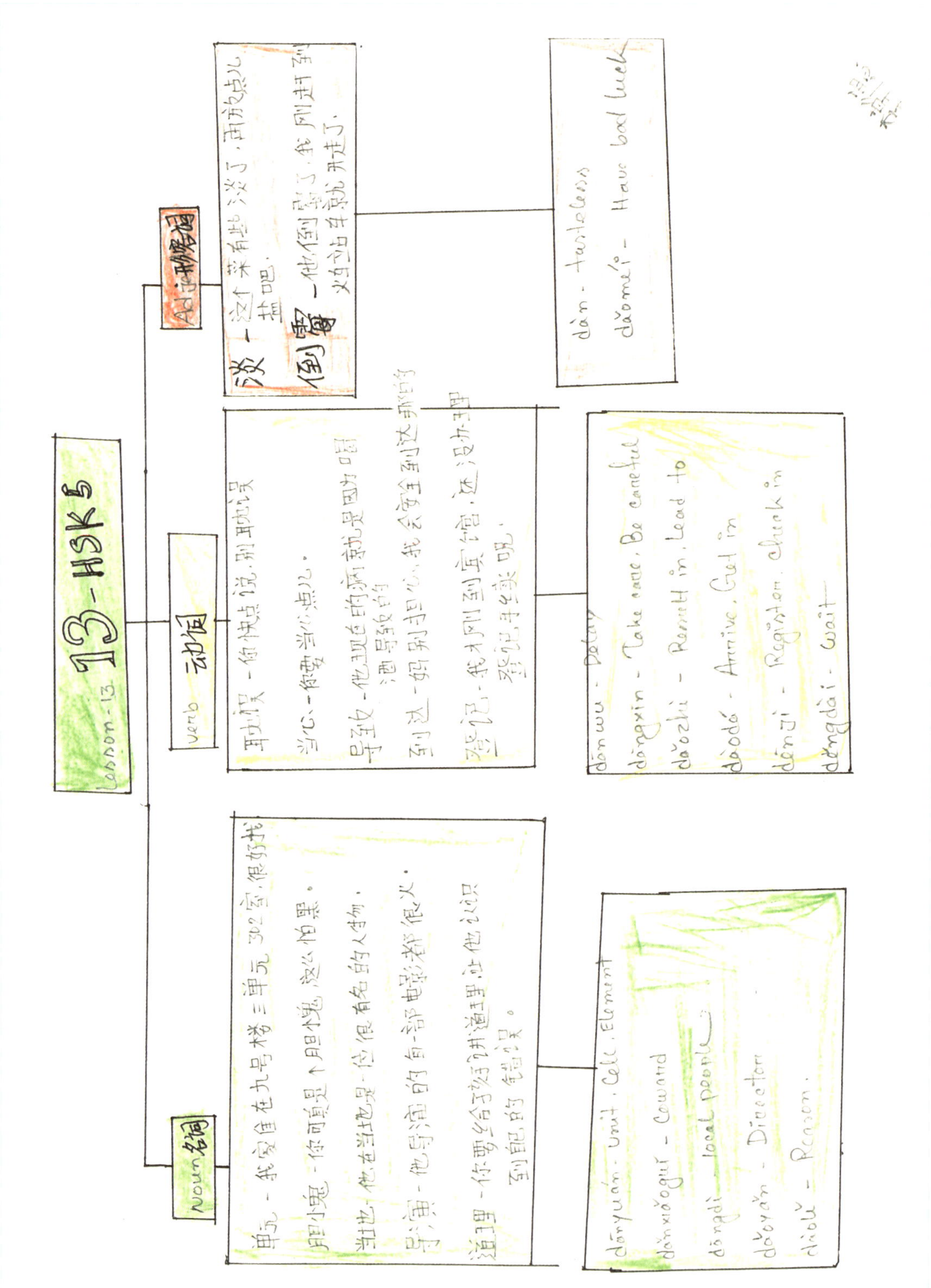
Lesson-13
13-HSK5
Adj 形容词
verb 动词
Noun 名词

绘制者：孟加拉国留学生李翰德

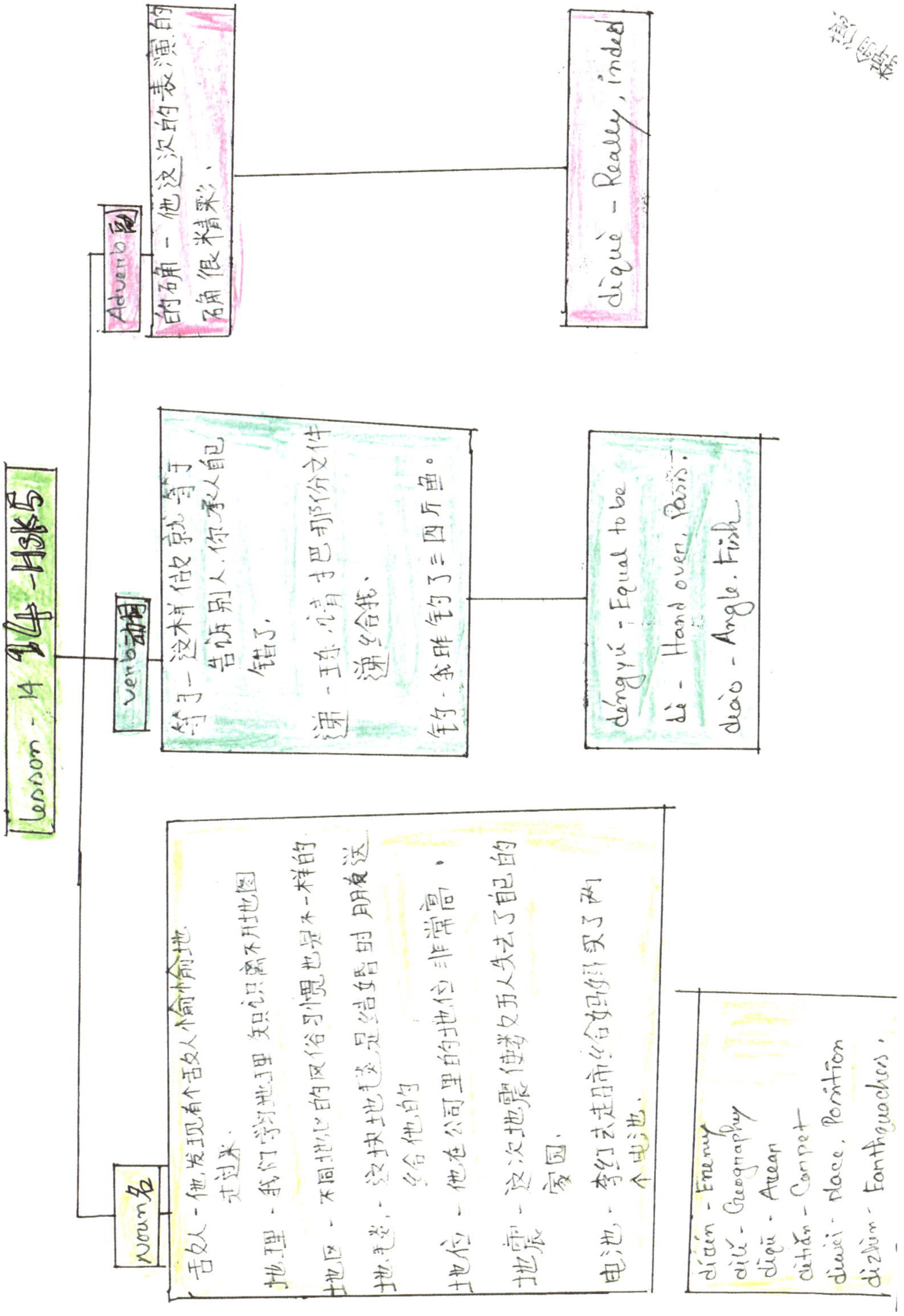
Adverb 副
verb 动词
Noun 名
díquè - Really, indeed
děngyú - Equal to be
dì - Hand over, Pass
diào - Angle, Fish

绘制者：孟加拉国留学生李翰德

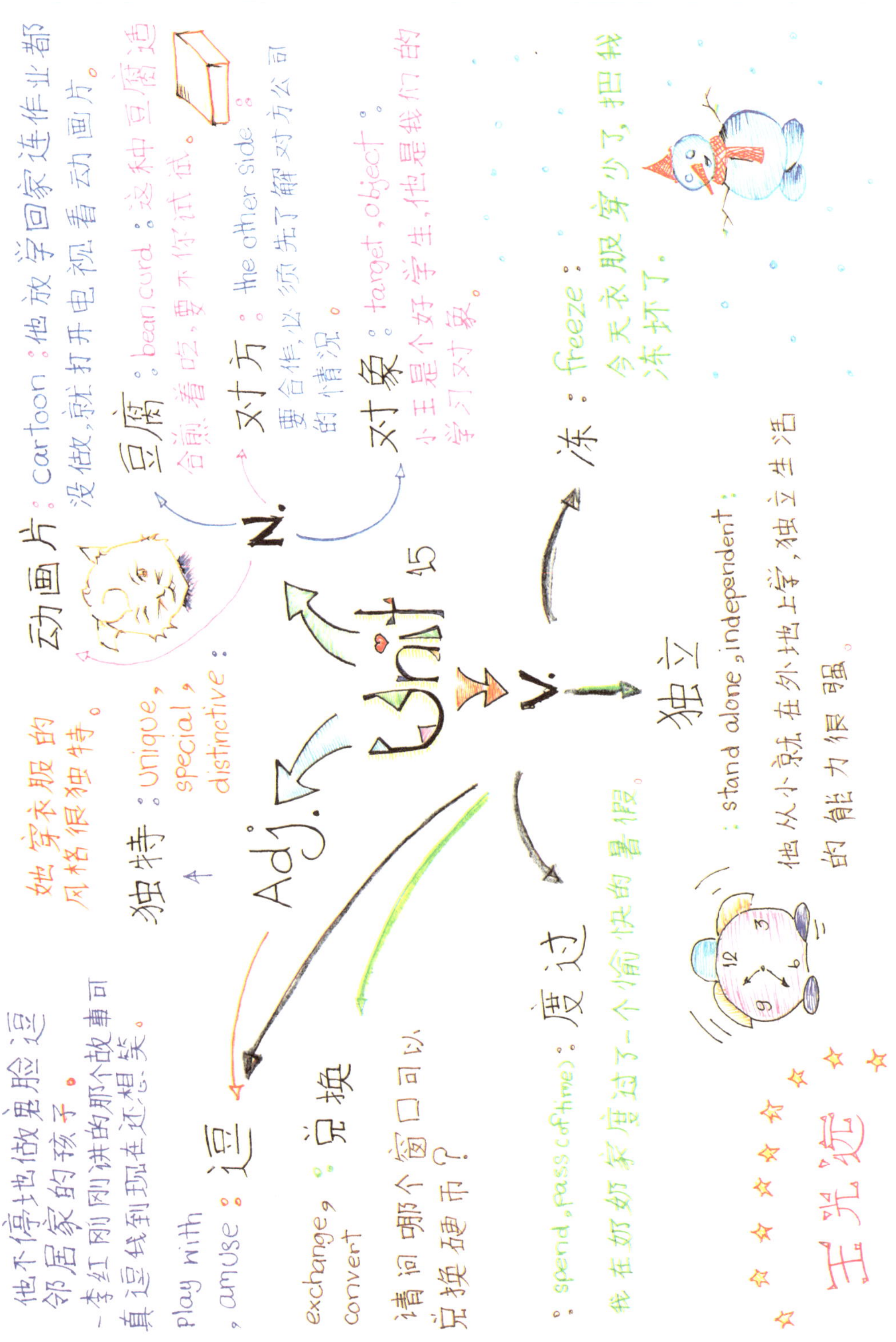
Unit 15
N.
动画片：cartoon：他放学回家连作业都没做，就打开电视看动画片。
豆腐：bean curd：这种豆腐适合煎着吃，要不你试试。
对方：the other side：要合作，必须先了解对方公司的情况。
对象：target，object：小王是个好学生，他是我们的学习对象。
V.
冻：freeze：今天衣服穿少了，把我冻坏了。
独立：stand alone，independent：他从小就在外地上学，独立生活的能力很强。
度过：spend，pass(of time)：我在奶奶家度过了一个愉快的暑假。
兑换：exchange，convert：请问哪个窗口可以兑换硬币？
逗：play with，amuse：他不停地做鬼脸逗邻居家的孩子。李红刚刚讲的那个故事真逗，我到现在还想笑。
Adj.
独特：unique，special，distinctive：她穿衣服的风格很独特。
王光远

绘制者：泰国留学生王光远

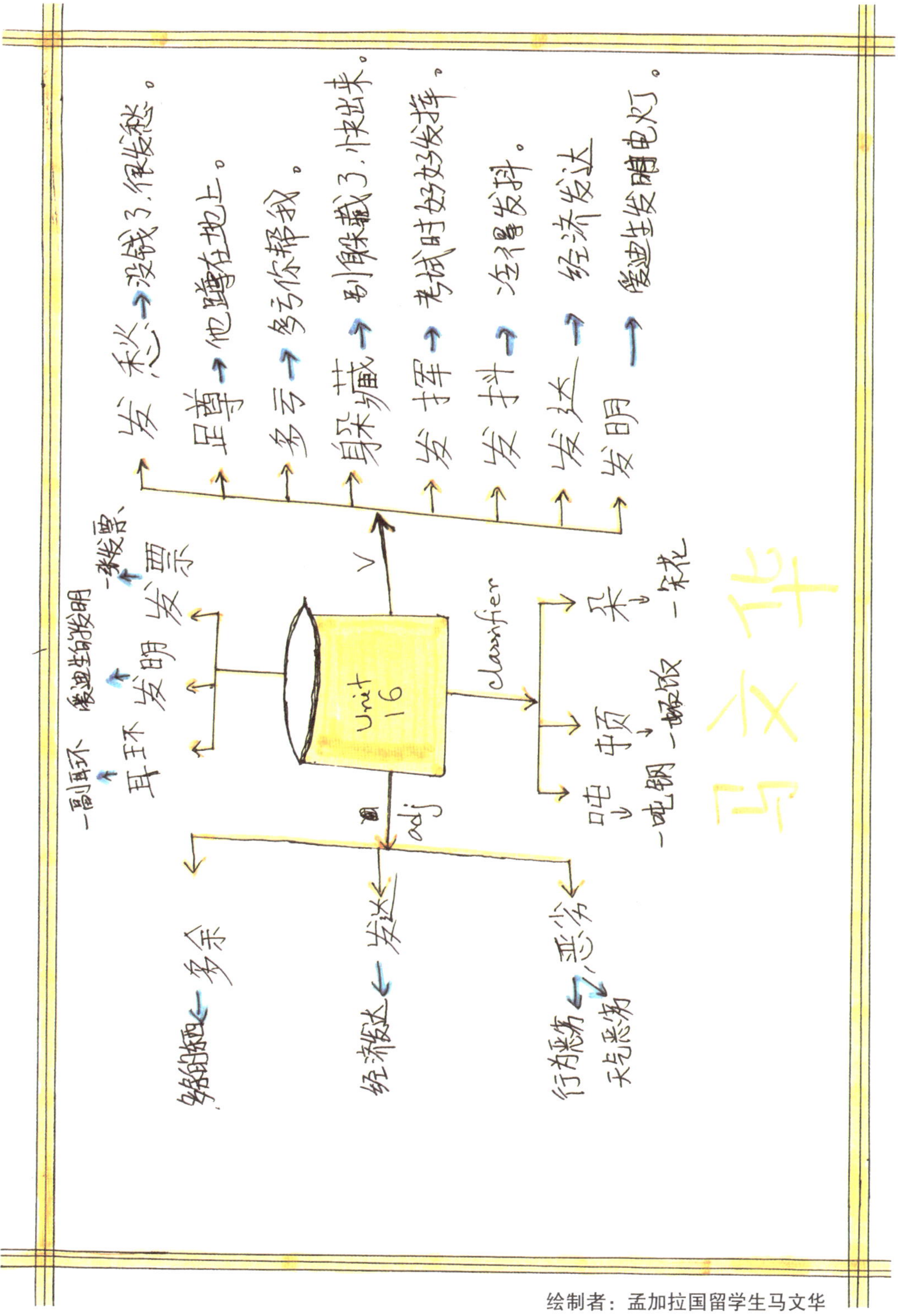
Unit 16
V
adj
classifier
马文华

绘制者：孟加拉国留学生马文华

Unit 17（发言～仿佛）～Unit 20（干燥～个人）

Unit 17

fāyán 发言
fákuǎn 罚款
fǎyuàn 法院
fān 翻
fánróng 繁荣
fǎn'ér 反而
fǎnfù 反复
fǎnyìng 反应
fǎnyìng 反映
fǎnzhèng 反正
fànwéi 范围
fāng 方
fāng'àn 方案
fāngshì 方式
fáng'ài 妨碍
fǎngfú 仿佛

Unit 18

fēi 非
féizào 肥皂
fèihuà 废话
fēnbié 分别
fēnbù 分布
fēnpèi 分配
fēnshǒu 分手
fēnxī 分析
fēnfēn 纷纷
fèndòu 奋斗
fēnggé 风格
fēngjǐng 风景
fēngsú 风俗
fēngxiǎn 风险
fēngkuáng 疯狂
fěngcì 讽刺

Unit 19

fǒudìng 否定
fǒurèn 否认
fú 扶
fúzhuāng 服装
fú 幅
fǔdǎo 辅导
fùnǚ 妇女
fùzhì 复制
gǎigé 改革
gǎijìn 改进
gǎishàn 改善
gǎizhèng 改正
gài 盖
gàikuò 概括
gàiniàn 概念
gāncuì 干脆

Unit 20

gānzào 干燥
gǎnjǐn 赶紧
gǎnkuài 赶快
gǎnjī 感激
gǎnshòu 感受
gǎnxiǎng 感想
gànhuór 干活儿
gāngtiě 钢铁
gāodàng 高档
gāojí 高级
gǎo 搞
gàobié 告别
géwài 格外
gébì 隔壁
gèbié 个别
gèrén 个人

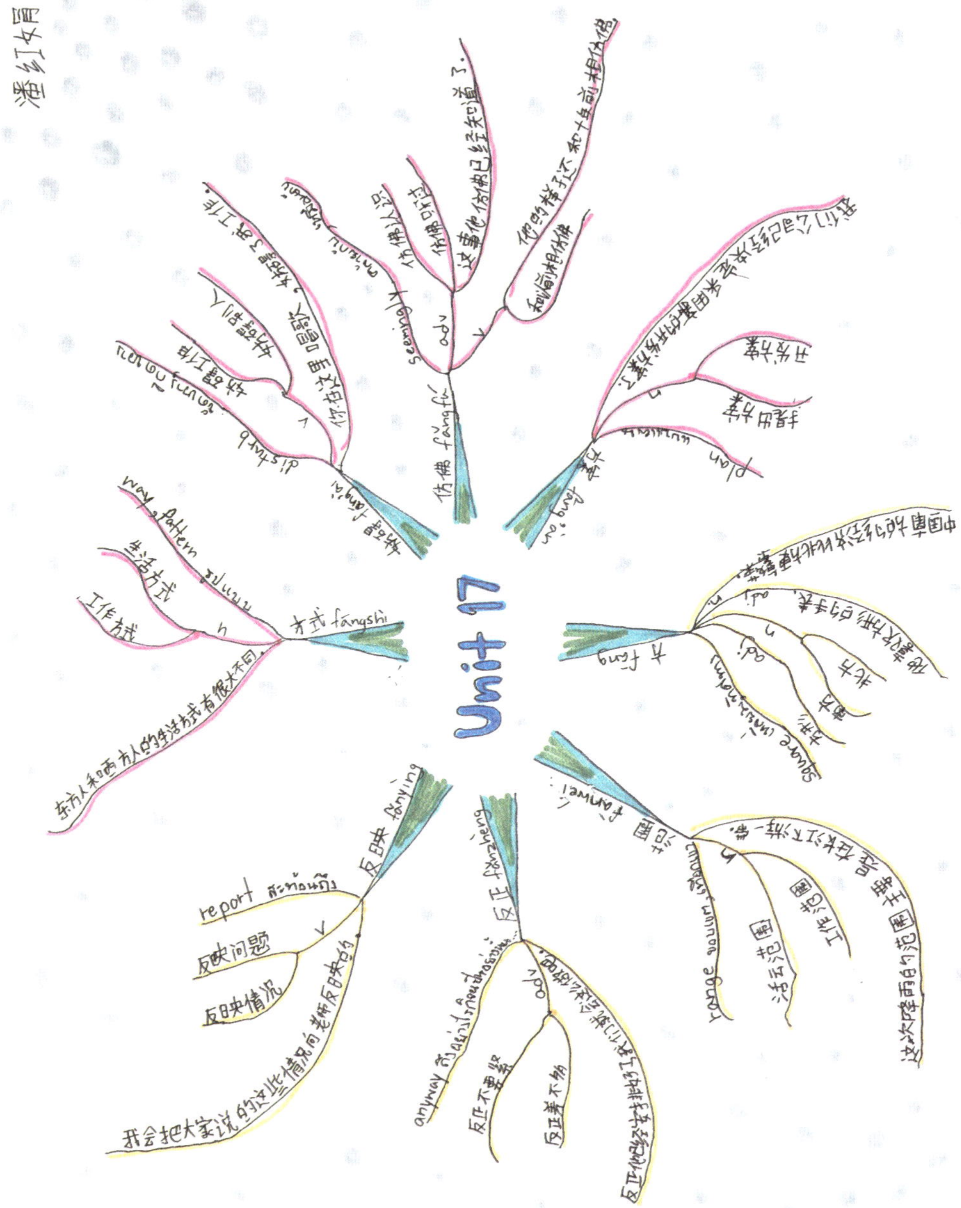

潘红娟
Unit 17
方式 fāngshì
生活方式
工作方式
way, pattern
反映 fǎnyìng
report
反映问题
反映情况
反正 fǎnzhèng
反正不要紧
反正差不多
anyway
范围 fànwéi
range
活动范围
工作范围
方 fāng
仿佛 fǎngfú
seemingly
打扰 dǎrǎo
disturb
打扰工作
方案
plan
提出方案

绘制者：泰国留学生潘红娟

HSK五级词语

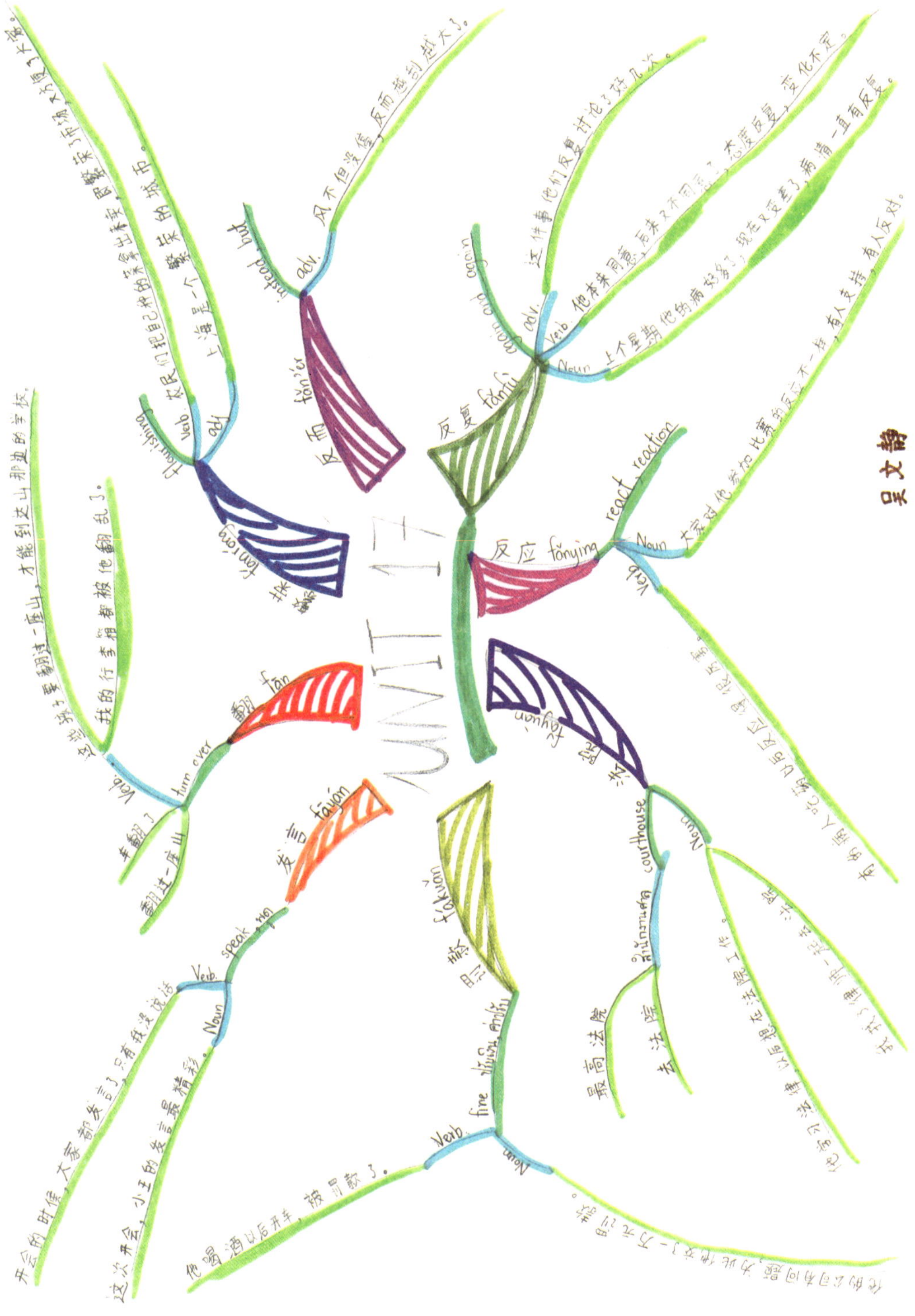

绘制者：泰国留学生吴文静

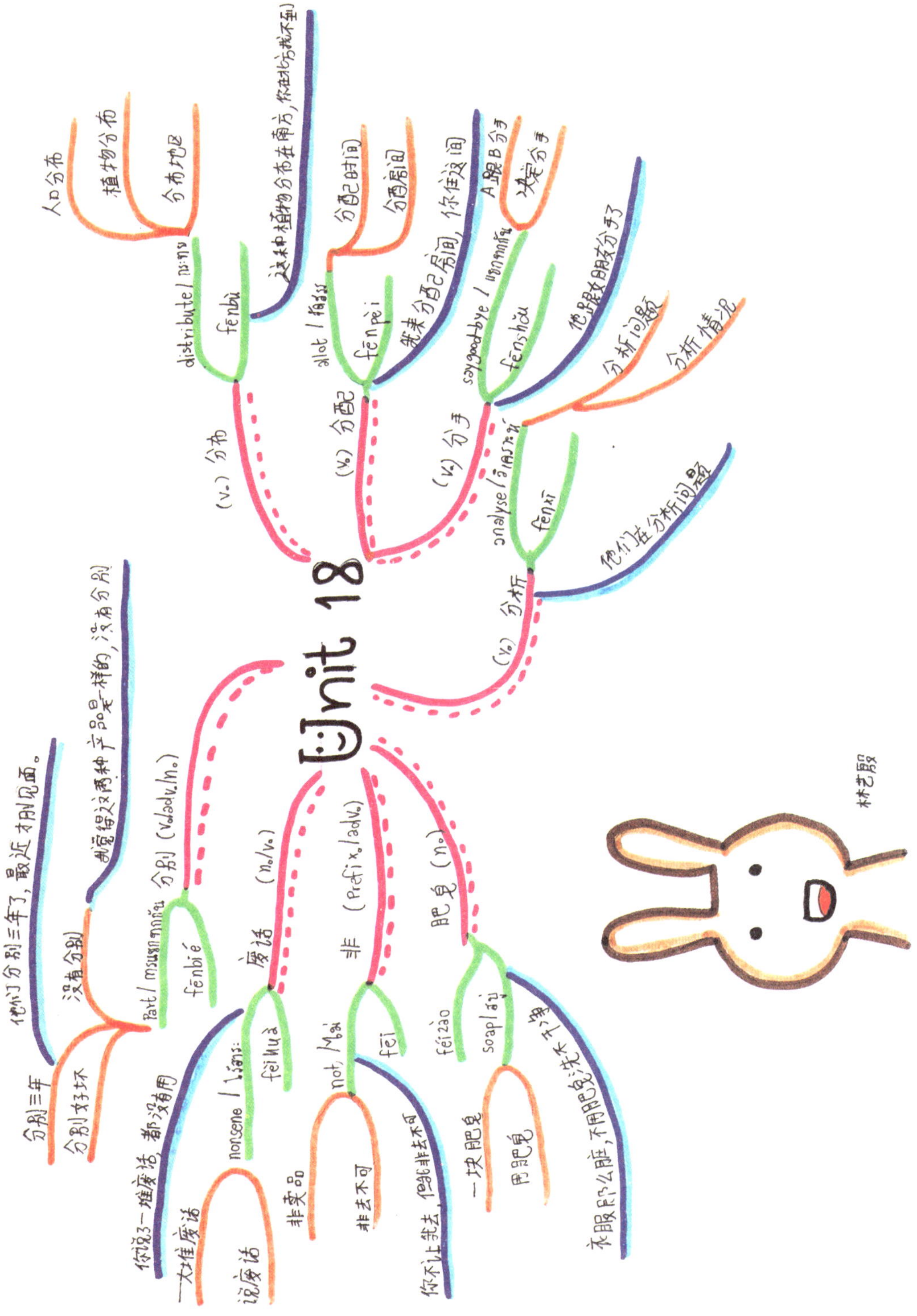
Unit 18
(v.) 分布
distribute
fēnbù
人口分布
植物分布
分布地区
这种植物分布在南方，你在北方找不到
(v.) 分配
allot
fēnpèi
分配时间
分配房间
我来分配房间，你住这间
(v.) 分手
say goodbye
fēnshǒu
A跟B分手
决定分手
他跟女朋友分手了
(v.) 分析
analyse
fēnxī
分析问题
分析情况
他们在分析问题
分别 (v./adv./n.)
part
fēnbié
分别三年
分别好坏
没有分别
他们分别三年了，最近才刚见面。
废话 (n./v.)
nonsense
fèihuà
说废话
一大堆废话
你说了一堆废话，都没有用
非 (prefix./adv.)
not
fēi
非卖品
非去不可
你不让我去，但我非去不可
肥皂 (n.)
soap
féizào
一块肥皂
用肥皂
衣服这么脏，不用肥皂洗不干净
林艺殷

绘制者：泰国留学生林艺殷

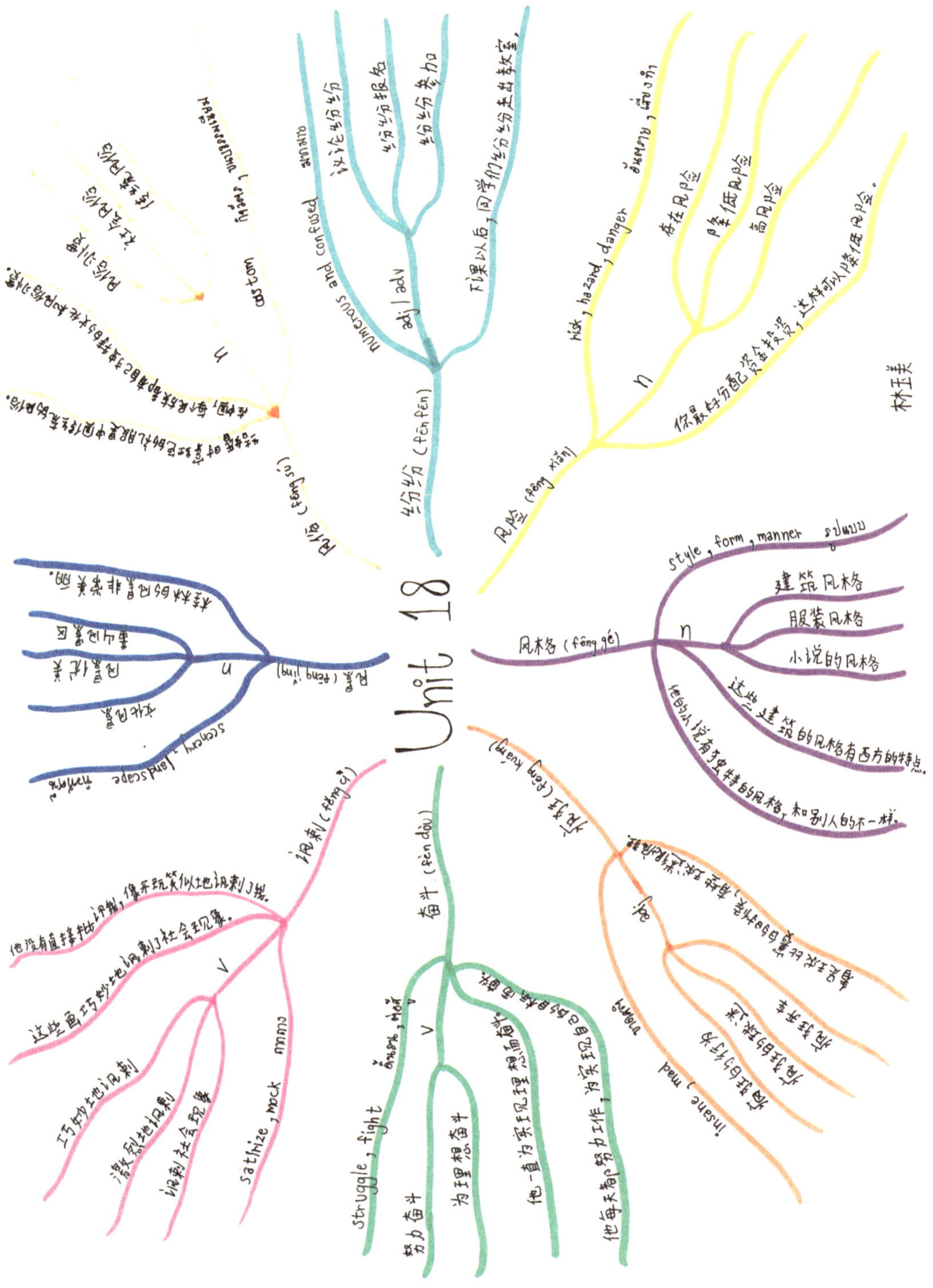
Unit 18
风格 (fēng gé)
n
style, form, manner
建筑风格
服装风格
小说的风格
这些建筑的风格有西方的特点。
他的小说有独特的风格，和别人的不一样。
风险 (fēng xiǎn)
n
risk, hazard, danger
存在风险
降低风险
高风险
你最好分配资金投资，这样可以降低风险。
纷纷 (fēn fēn)
adj / adv
numerous and confused
议论纷纷
纷纷报名
纷纷参加
下课以后，同学们纷纷走出教室。
奋斗 (fèn dòu)
v
struggle, fight
努力奋斗
为理想奋斗
讽刺 (fěng cì)
v
satirize, mock
巧妙地讽刺
激烈地讽刺
讽刺社会现象
这些画巧妙地讽刺了社会现象。
风俗 (fēng sú)
n
custom
风景 (fēng jǐng)
n
scenery, landscape
林玉美

绘制者：泰国留学生林玉美

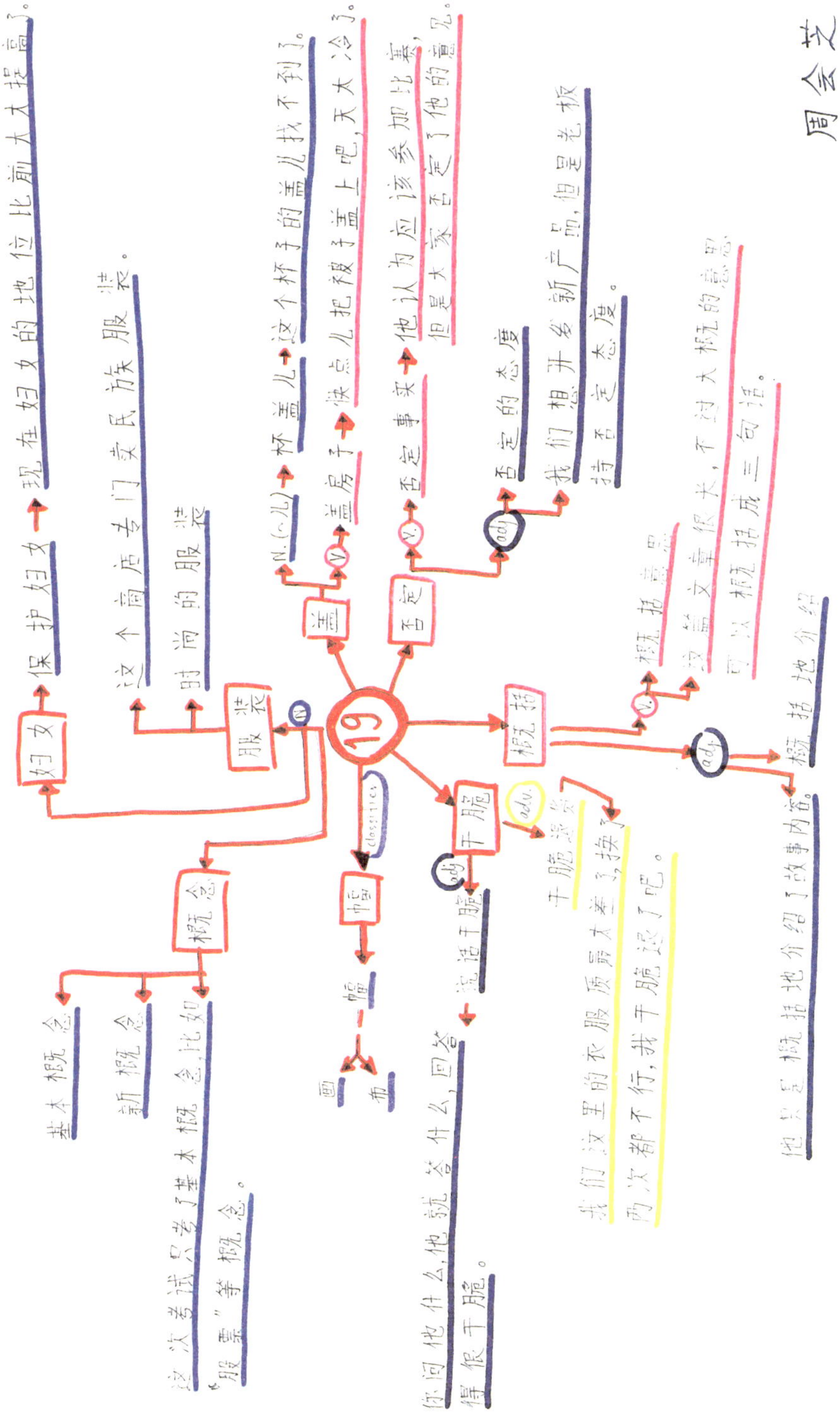
周会芝
19
妇女
保护妇女
现在妇女的地位比前大大提高了。
服装
这个商店专门卖民族服装。
时尚的服装
盖
N.(~儿)
杯盖儿
这个杯子的盖儿找不到了。
V.
盖房子
快点儿把被子盖上吧，天太冷了。
否定
V.
否定事实
他认为应该参加比赛，但是大家否定了他的意见。
adj.
否定的态度
我们想开发新产品，但是老板持否定态度。
概括
V.
概括意思
这篇文章很长，不过大概的意思可以概括成三句话。
adj.
概括地介绍
他只是概括地介绍了故事内容。
干脆
adv.
干脆退货
我们这里的衣服质量太差了，换了两次都不行，我干脆退了吧。
adj.
说话干脆
你问他什么，他就答什么，回答得很干脆。
概念
基本概念
新概念
这次考试只考了基本概念，比如"服装"等概念。
幅
classifier
一幅
画
布

绘制者：泰国留学生周会芝

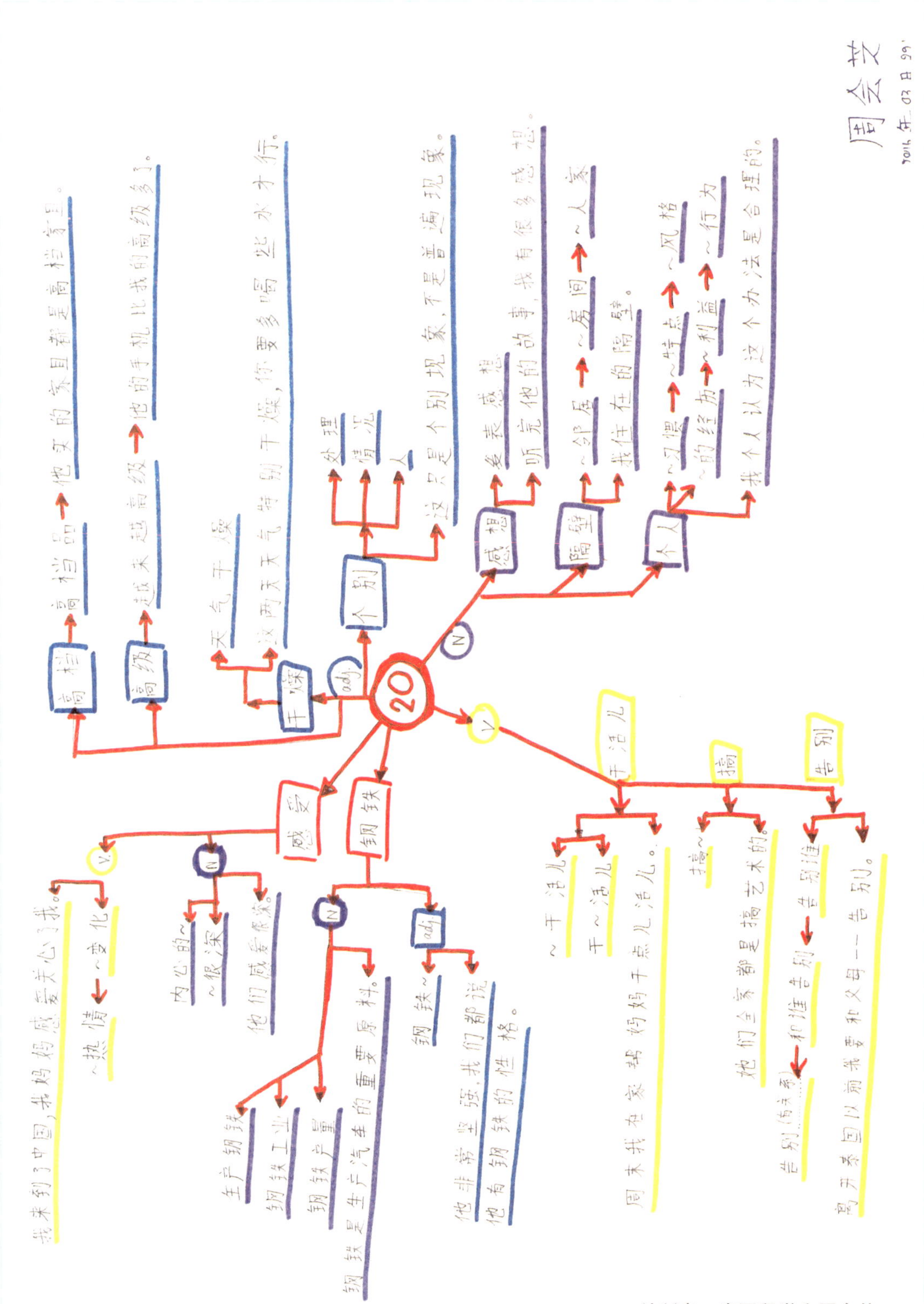

绘制者：泰国留学生周会芝

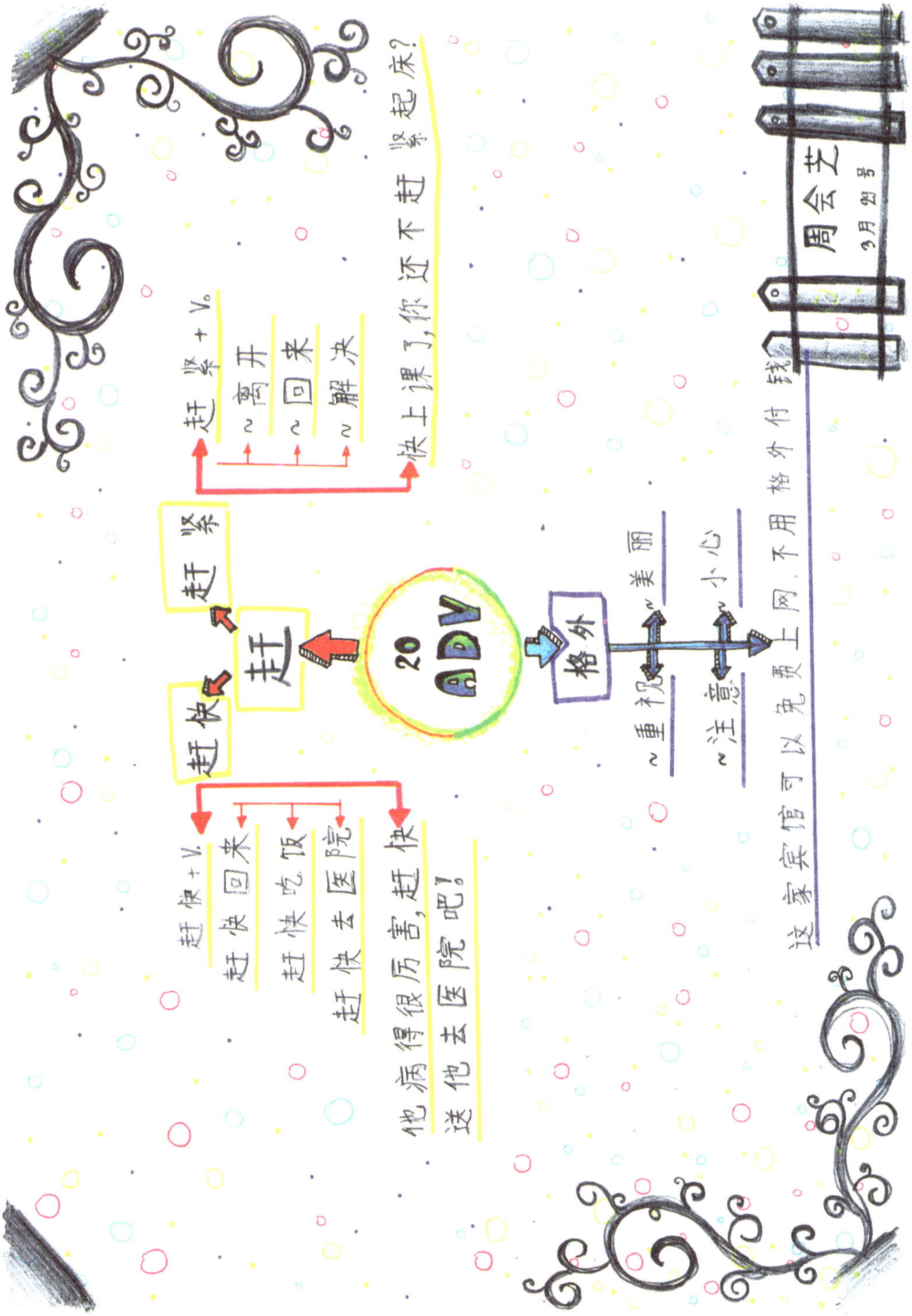
20 ADV
赶
赶快
赶快 + V.
赶快回来
赶快吃饭
赶快去医院
他病得很厉害，赶快送他去医院吧！
赶紧
赶紧 + V.
~离开
~回来
~解决
快上课了，你还不赶紧起床？
格外
~重视
~美丽
~注意
~小心
这家宾馆可以免费上网，不用格外付钱。
周会芝
3月29号

绘制者：泰国留学生周会芝

Unit 21（个性~功能）~ Unit 24（规矩 ~ 海关）

Unit 21

gèxìng
个性

gè zì
各自

gēn
根

gēnběn
根本

gōngchǎng
工厂

gōngchéngshī
工程师

gōngjù
工具

gōngrén
工人

gōngyè
工业

gōngbù
公布

gōngkāi
公开

gōngpíng
公平

gōngyù
公寓

gōngyuán
公元

gōngzhǔ
公主

gōngnéng
功能

Unit 22

gōngxǐ
恭喜

gòngxiàn
贡献

gōutōng
沟通

gòuchéng
构成

gūgu
姑姑

gūniang
姑娘

gǔdài
古代

gǔdiǎn
古典

gǔpiào
股票

gǔtou
骨头

gǔwǔ
鼓舞

gǔzhǎng
鼓掌

gùdìng
固定

guàhào
挂号

guāi
乖

guǎiwānr
拐弯儿

Unit 23

guàibude
怪不得

guānbì
关闭

guānchá
观察

guāndiǎn
观点

guānniàn
观念

guān
官

guǎnzi
管子

guànjūn
冠军

guānghuá
光滑

guānglín
光临

guāngmíng
光明

guāngpán
光盘

guǎngchǎng
广场

guǎngdà
广大

guǎngfàn
广泛

guīnà
归纳

Unit 24

guīju
规矩

guīlǜ
规律

guīmó
规模

guīzé
规则

guìtái
柜台

gǔn
滚

guō
锅

guóqìngjié
国庆节

guówáng
国王

guǒrán
果然

guǒshí
果实

guòfèn
过分

guòmǐn
过敏

guòqī
过期

hā
哈

hǎiguān
海关

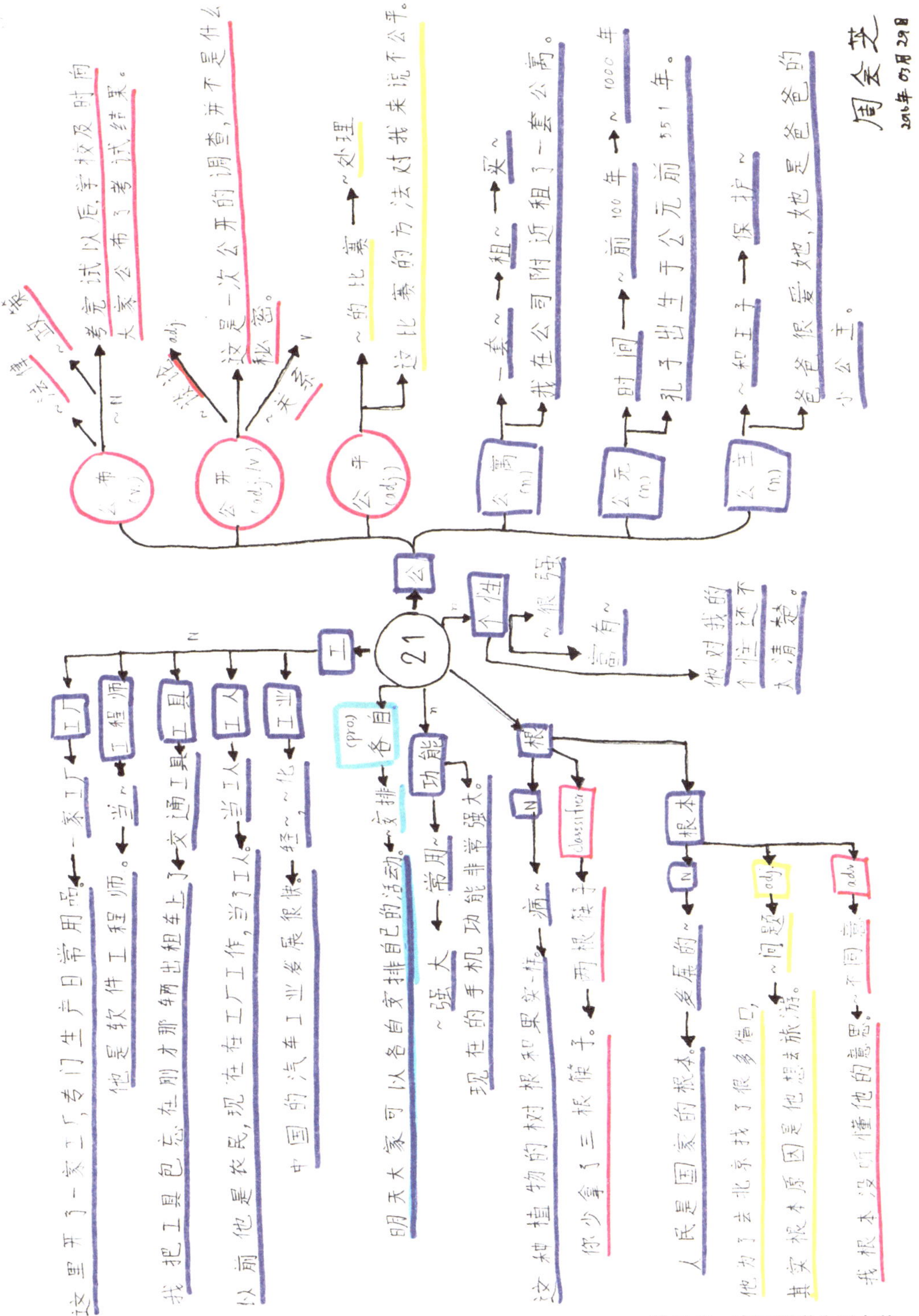

21
公
公布
公开
公平
公寓
公元
公主
工
工厂
工程师
工具
工人
工业
个性
各自
功能
根
根本
周会芝

绘制者：泰国留学生周会芝

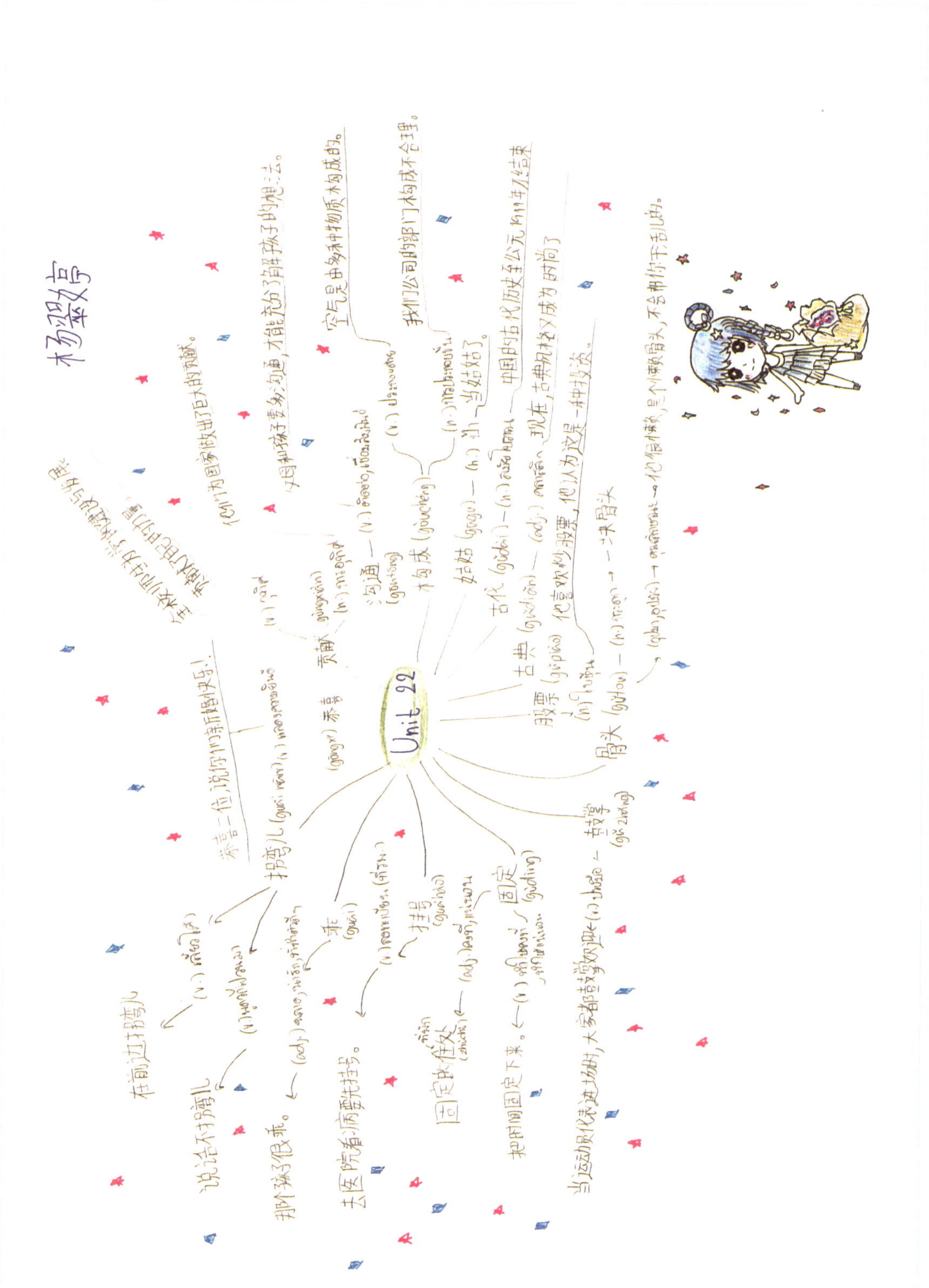
杨翠婷
Unit 22

绘制者：泰国留学生杨翠婷

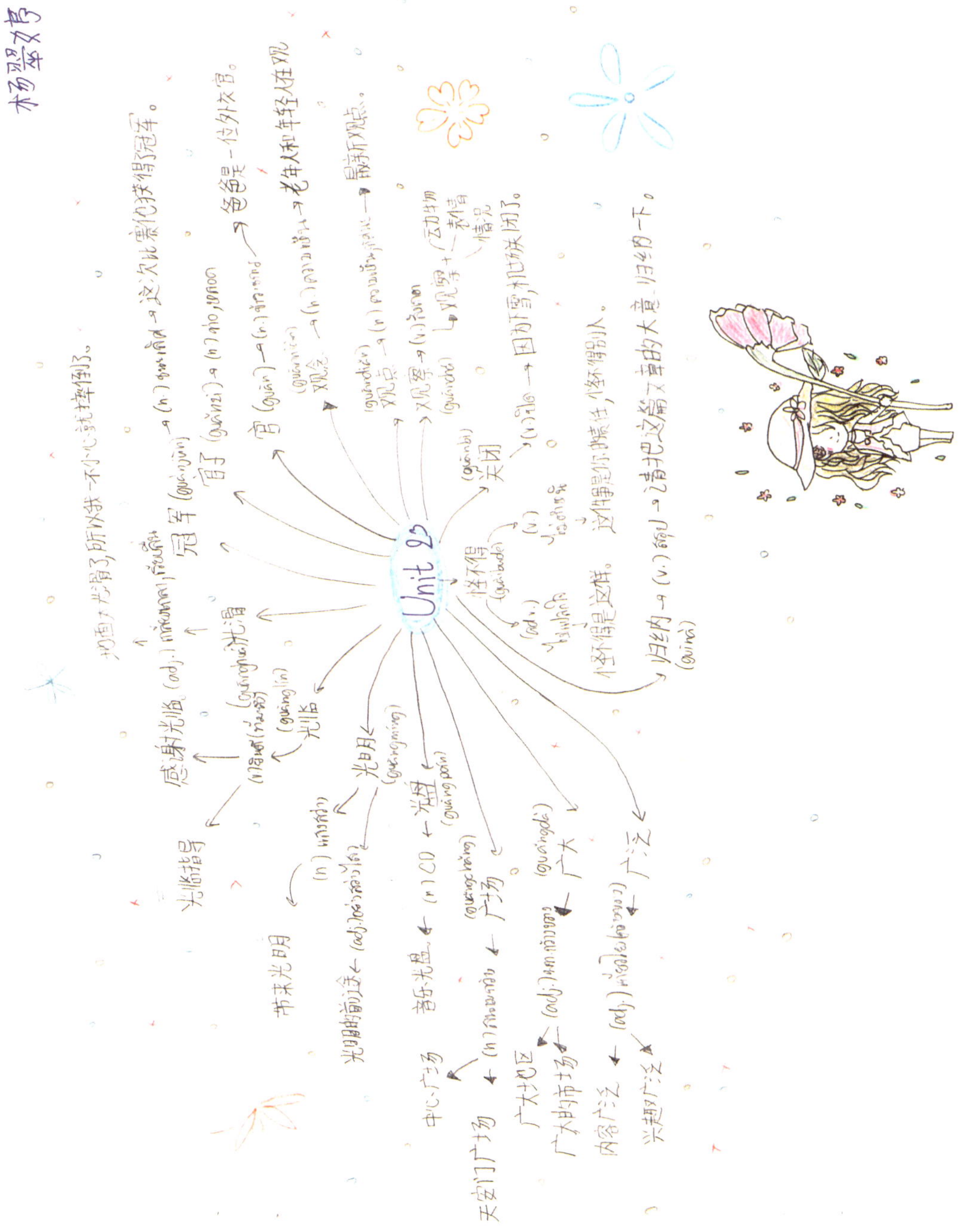

绘制者：泰国留学生杨翠婷

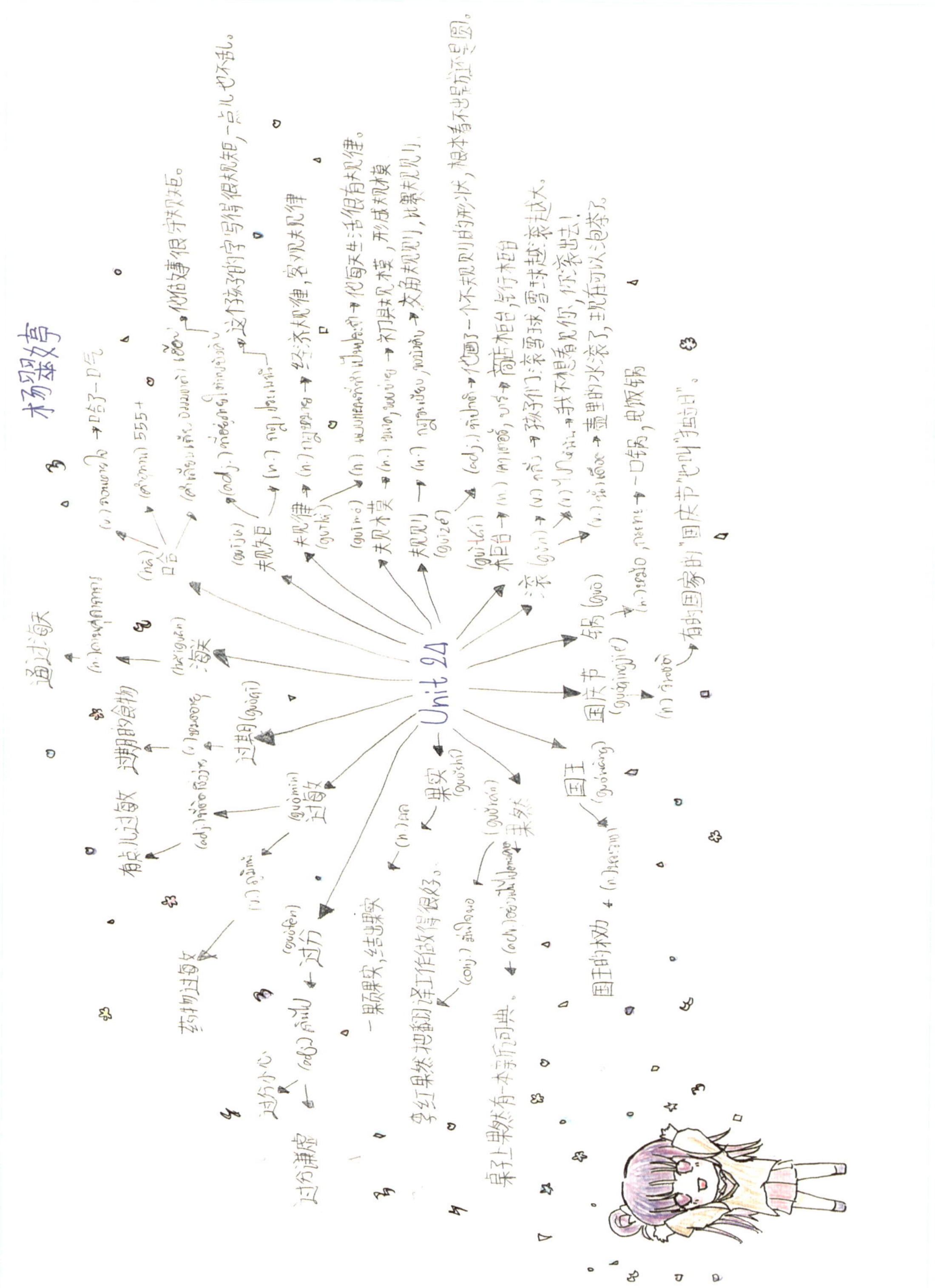
杨翠婷
Unit 24
哈
规矩
规律
规模
规则
柜台
滚
锅
国庆节
国王
果实
果然
过分
过敏
过期
海关
这个孩子们守纪律很规矩，一点儿也不乱。
这个城市很乱，发展不规则。
有的国家的"国庆节"也叫"独立日"。
王的权力
过分小心
过分满意
药物过敏
有点儿过敏
过期的食物
通过海关
一颗果实，结出果实
桌子上果然有一本新词典。

绘制者：泰国留学生杨翠婷

HSK五级词语

Unit 25（海鲜 ~ 恨）~ Unit 28（火柴 ~ 记录）

Unit 25

- hǎixiān 海鲜
- hǎn 喊
- hángyè 行业
- háohuá 豪华
- hàokè 好客
- hàoqí 好奇
- héfǎ 合法
- hélǐ 合理
- hétong 合同
- héyǐng 合影
- hézuò 合作
- hébì 何必
- hékuàng 何况
- hépíng 和平
- héxīn 核心
- hèn 恨

Unit 26

- hóuzi 猴子
- hòubèi 后背
- hòuguǒ 后果
- hūrán 忽然
- hūshì 忽视
- hūxī 呼吸
- húshuō 胡说
- hútòng 胡同
- hú 壶
- húdié 蝴蝶
- hútu 糊涂
- huāshēng 花生
- huá 划
- huáyì 华裔
- huá 滑
- huàxué 化学

Unit 27

- huàtí 话题
- huáiniàn 怀念
- huáiyùn 怀孕
- huǎnjiě 缓解
- huànxiǎng 幻想
- huāngzhāng 慌张
- huángjīn 黄金
- huī 灰
- huīchén 灰尘
- huīxīn 灰心
- huī 挥
- huīfù 恢复
- huìlǜ 汇率
- hūnlǐ 婚礼
- hūnyīn 婚姻
- huóyuè 活跃

Unit 28

- huǒchái 火柴
- huǒbàn 伙伴
- huòxǔ 或许
- jīqì 机器
- jīròu 肌肉
- jīběn 基本
- jīliè 激烈
- jígé 及格
- jíqí 极其
- jímáng 急忙
- jízhěn 急诊
- jíhé 集合
- jítǐ 集体
- jízhōng 集中
- jìsuàn 计算
- jìlù 记录

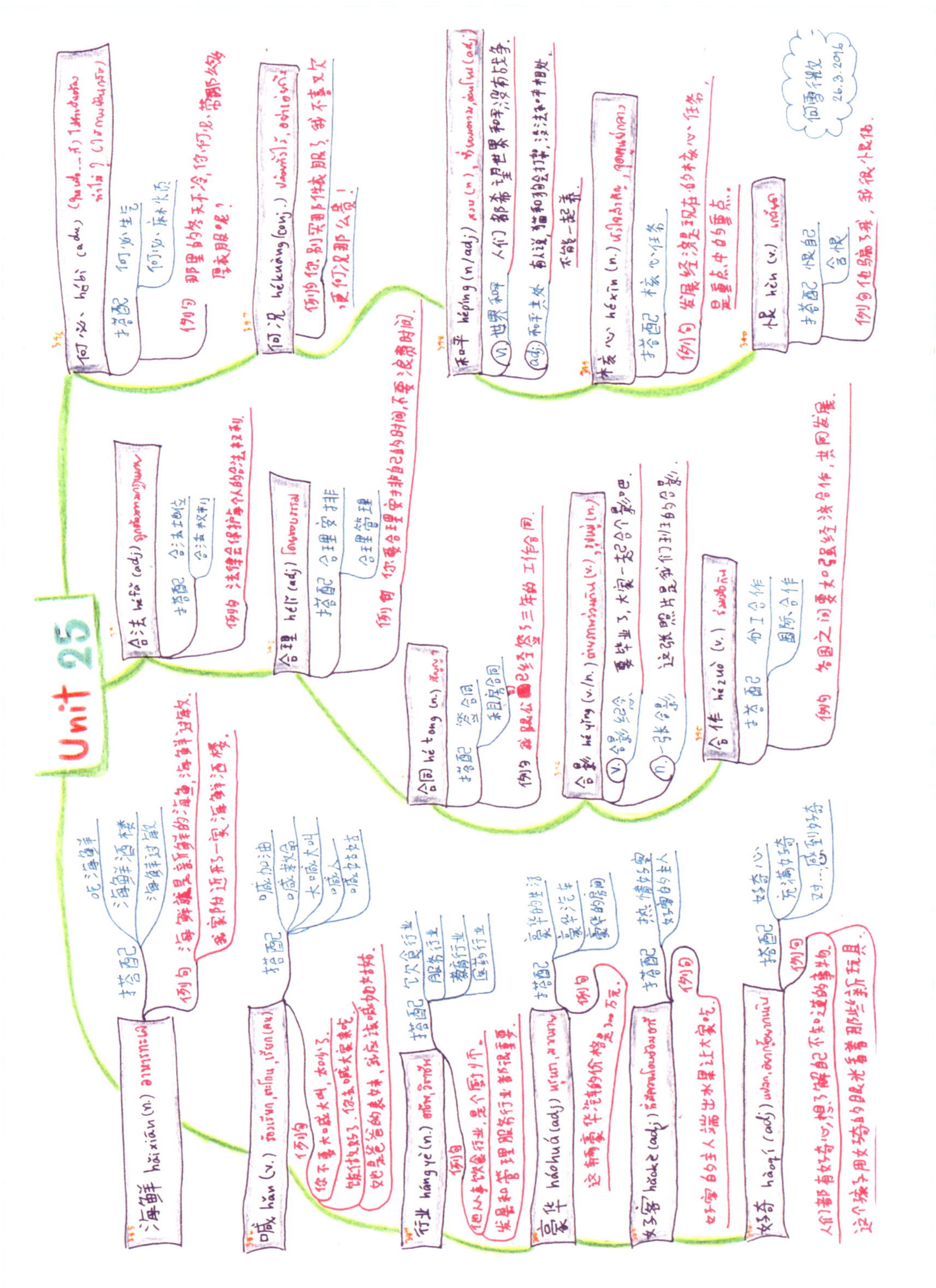
Unit 25
海鲜 hǎixiān (n.)
喊 hǎn (v.)
行业 hángyè (n.)
豪华 háohuá (adj)
好客 hàokè (adj)
好奇 hàoqí (adj)
合法 héfǎ (adj)
合理 hélǐ (adj)
合同 hétong (n.)
合影 héyǐng (v./n.)
合作 hézuò (v.)
何必 hébì
何况 hékuàng (conj.)
和平 hépíng (n/adj)
核心 héxīn (n.)
恨 hèn (v.)

绘制者：泰国留学生何雪微

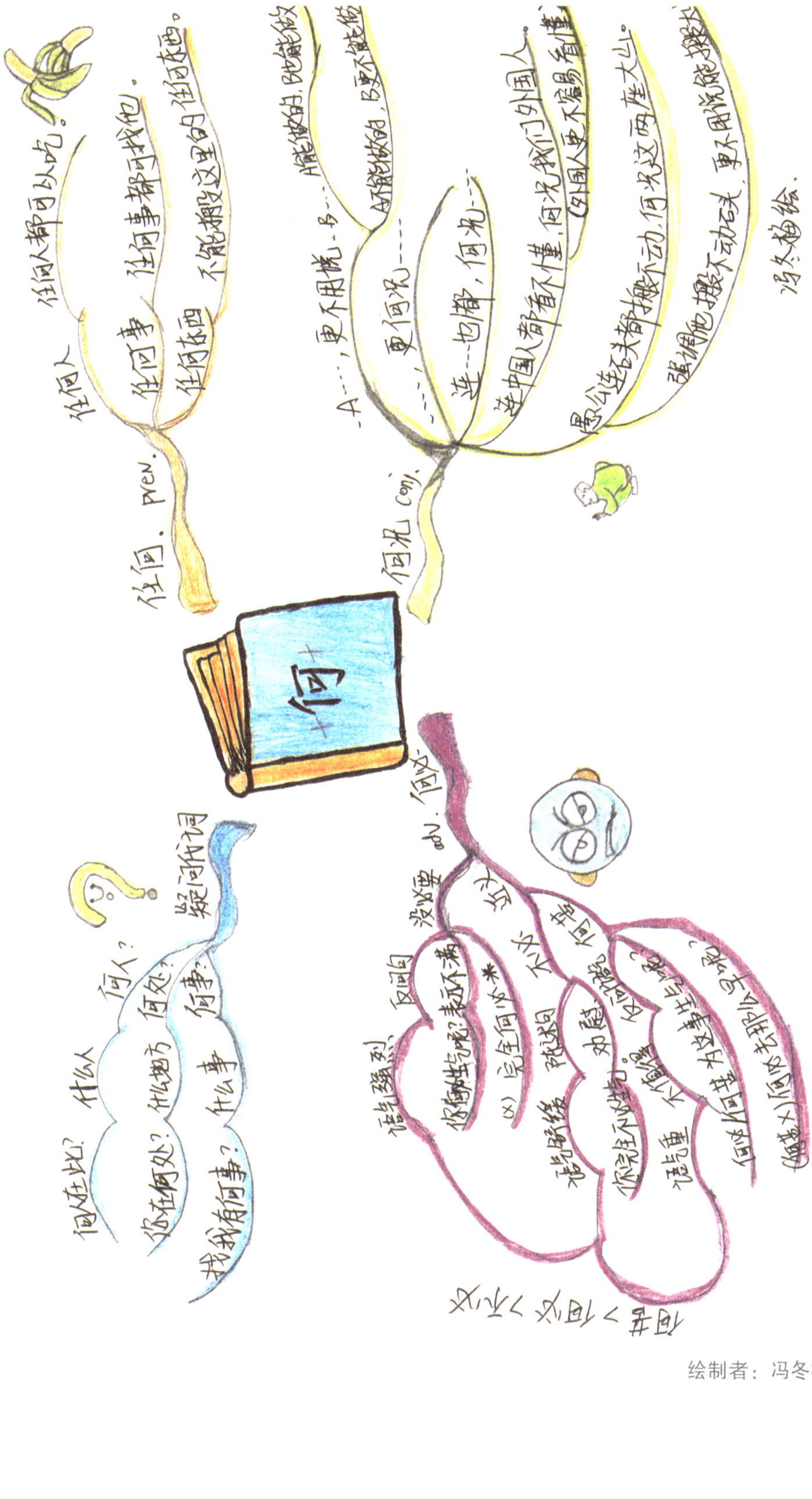

何
任何. pron.
任何人
任何人都可以吃。
任何事
任何事都可以找他。
任何东西
不能拥有这里的任何东西。
何况 conj.
更何况……
连……也/都，何况……
连中国人都看不懂，何况我们外国人。
何必 adv.
没必要
反问
疑问代词
何人？
何处？
何事？
什么人
什么地方
什么事
您在何处？
找我有何事？

绘制者：冯冬梅

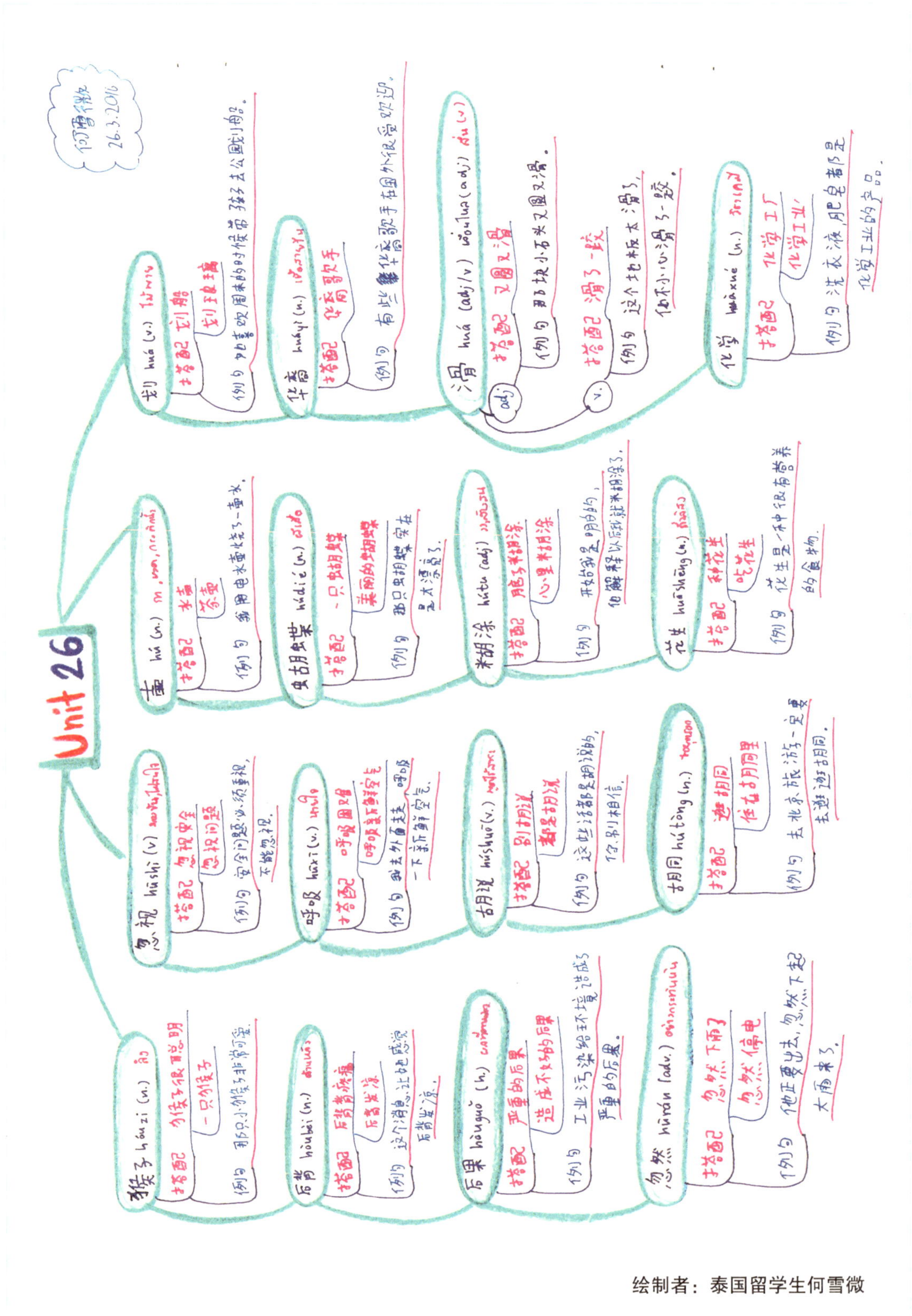
Unit 26
猴子 hóuzi (n.)
搭配 猴子很聪明
一只猴子
后背 hòubèi (n.)
搭配 后背疼痛
后背发凉
后果 hòuguǒ (n.)
搭配 严重的后果
造成不好的后果
忽然 hūrán (adv.)
搭配 忽然下雨了
忽然停电
忽视 hūshì (v)
搭配 忽视安全
忽视问题
呼吸 hūxī (v.)
搭配 呼吸困难
呼吸新鲜空气
胡说 húshuō (v.)
搭配 别胡说
都是胡说
胡同 hútòng (n.)
搭配 进胡同
住在胡同里
壶 hú (n.)
搭配 水壶
茶壶
蝴蝶 húdié (n.)
搭配 一只蝴蝶
美丽的蝴蝶
糊涂 hútu (adj)
搭配 脑子糊涂
心里糊涂
花生 huāshēng (n.)
搭配 种花生
吃花生
划 huá (v.)
搭配 划船
划玻璃
华裔 huáyì (n.)
搭配 华裔歌手
滑 huá (adj/v)
搭配 又圆又滑
搭配 滑了一跤
化学 huàxué (n.)
搭配 化学工厂
化学工业

绘制者：泰国留学生何雪微

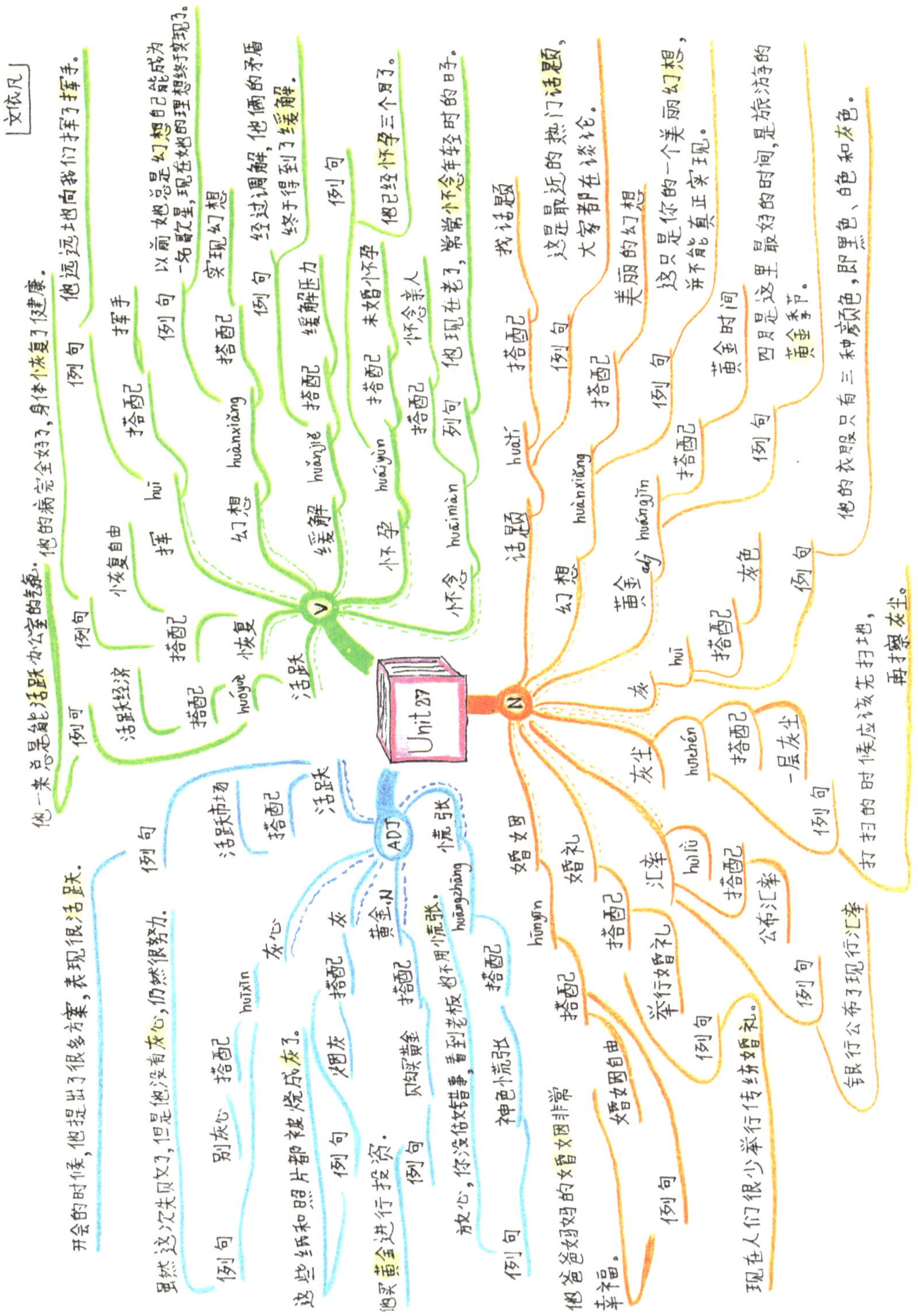
文依凡
Unit 27
V
活跃 huóyuè
搭配 活跃经济
例句 他一来总是能活跃办公室的气氛。
恢复
搭配 恢复自由
例句 他的病完全好了，身体恢复了健康。
挥 huī
搭配 挥手
例句 他远远地向我们挥了挥手。
幻想 huànxiǎng
搭配 实现幻想
例句 以前她总是幻想自己能成为一名歌星，现在她的理想终于实现了。
缓解 huǎnjiě
搭配 缓解压力
例句 经过调解，他俩的矛盾终于得到了缓解。
怀孕 huáiyùn
搭配 未婚怀孕
例句 她已经怀孕三个月了。
怀念 huáiniàn
搭配 怀念亲人
例句 他现在老了，常常怀念年轻时的日子。
ADJ
活跃
搭配 活跃市场
例句 开会的时候，他提出了很多方案，表现很活跃。
灰心 huīxīn
搭配 别灰心
例句 虽然这次失败了，但是他没有灰心，仍然很努力。
灰
搭配 烟灰
例句 这些纸和照片都被烧成灰了。
黄金 N
搭配 购买黄金
例句 他买黄金进行投资。
慌张 huāngzhāng
搭配 神色慌张
例句 放心，你没做错事，看到老板也不用慌张。
N
话题 huàtí
搭配 找话题
例句 这是最近的热门话题，大家都在谈论。
幻想 huànxiǎng
搭配 美丽的幻想
例句 这只是你的一个美丽幻想，并不能真正实现。
黄金 adj huángjīn
搭配 黄金时间
例句 四月是这里最好的时间，是旅游的黄金季节。
灰 huī
搭配 灰色
例句 他的衣服只有三种颜色，即黑色、白色和灰色。
灰尘 huīchén
搭配 一层灰尘
例句 打扫的时候应该先扫地，再擦灰尘。
汇率 huìlǜ
搭配 公布汇率
例句 银行公布了现行汇率
婚礼
搭配 举行婚礼
例句 现在人们很少举行传统婚礼。
婚姻 hūnyīn
搭配 婚姻自由
例句 他爸爸妈妈的婚姻非常幸福。

绘制者：泰国留学生文依凡

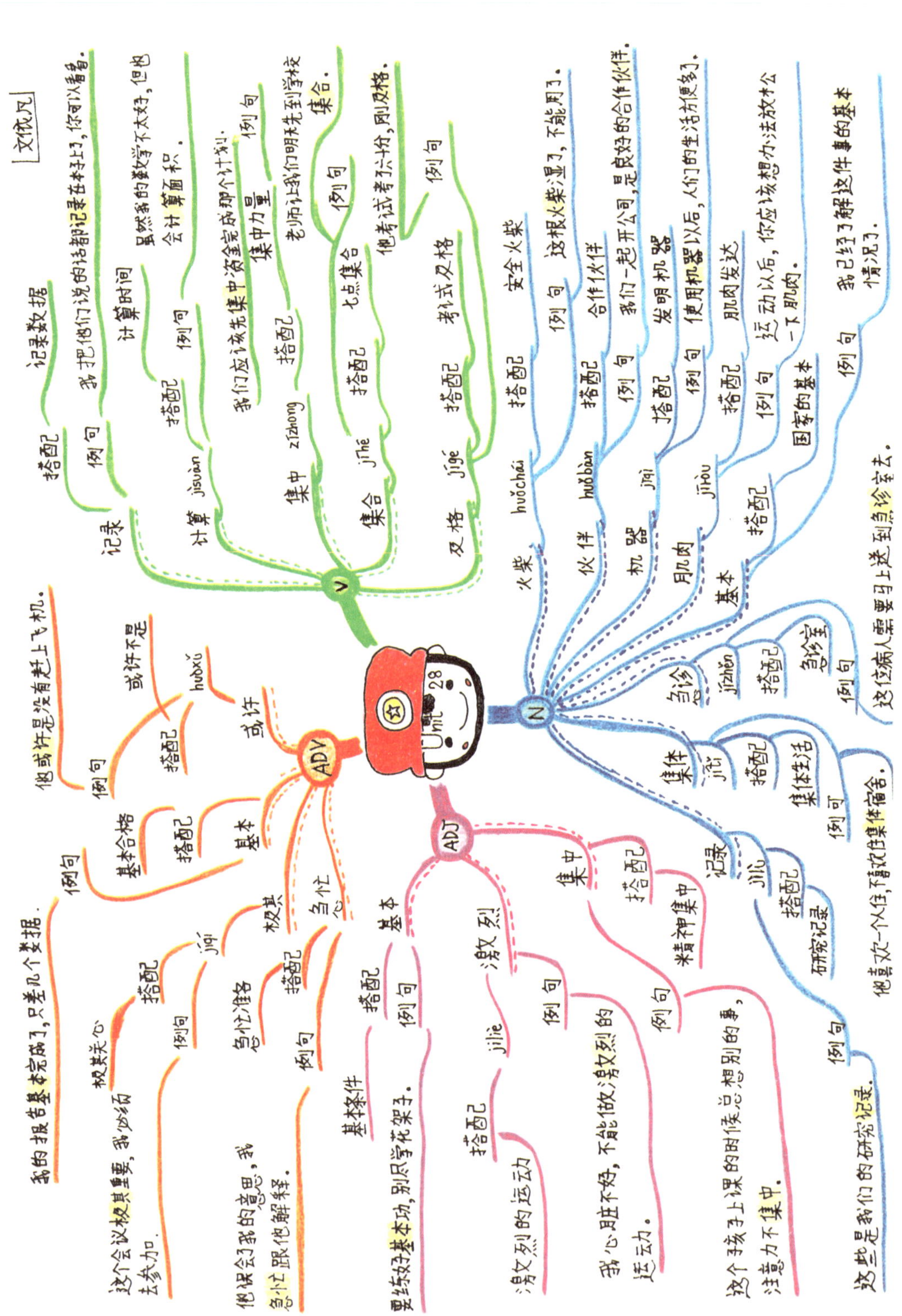
文依凡
Unit 28
V
记录
搭配
记录数据
例句
我把他们说的话都记录在本子上，你可以看看。
计算 jìsuàn
搭配
计算时间
例句
虽然我的数学不太好，但也会计算面积。
集中 jízhōng
搭配
集中力量
例句
我们应该先集中资金完成那个计划。
集合 jíhé
搭配
七点集合
例句
老师让我们明天先到学校集合。
及格 jígé
搭配
考试及格
例句
他考试考了六十分，刚及格。
N
火柴 huǒchái
搭配
安全火柴
例句
这根火柴湿了，不能用了。
伙伴 huǒbàn
搭配
合作伙伴
例句
我们一起开公司，是良好的合作伙伴。
机器 jīqì
搭配
发明机器
例句
使用机器以后，人们的生活方便多了。
肌肉 jīròu
搭配
肌肉发达
例句
运动以后，你应该想办法放松一下肌肉。
基本
搭配
国家的基本
例句
我已经了解这件事的基本情况了。
急诊 jízhěn
搭配
急诊室
例句
这位病人需要马上送到急诊室去。
集体 jítǐ
搭配
集体生活
例句
他喜欢一个人住，不喜欢集体宿舍。
记录 jìlù
搭配
研究记录
例句
这些是我们的研究记录。
ADJ
集中
搭配
精神集中
例句
这个孩子上课的时候总想别的事，注意力不集中。
激烈 jīliè
搭配
激烈的运动
例句
我心脏不好，不能做激烈的运动。
基本
搭配
基本条件
例句
要练好基本功，别只学花架子。
ADV
或许 huòxǔ
搭配
或许不是
例句
他或许是没有赶上飞机。
基本
搭配
基本合格
例句
我的报告基本完成了，只差几个数据。
极其 jíqí
搭配
极其关心
例句
这个会议极其重要，我必须去参加。
急忙
搭配
急忙准备
例句
他误会了我的意思，我急忙跟他解释。

绘制者：泰国留学生文依凡

Unit 29（记忆～价值）～Unit 32（接触～尽快）

Unit 29

jìyì 记忆	jiāwù 家务
jìlù 纪录	jiāxiāng 家乡
jìlǜ 纪律	jiābīn 嘉宾
jìniàn 纪念	jiǎ 甲
jìlǐngdài 系领带	jiǎrú 假如
jìmò 寂寞	jiǎshè 假设
jiāzi 夹子	jiǎzhuāng 假装
jiātíng 家庭	jiàzhí 价值

Unit 30

jiàshǐ 驾驶	jiǎn 捡
jià 嫁	jiǎndāo 剪刀
jiānjué 坚决	jiǎnlì 简历
jiānqiáng 坚强	jiǎnzhí 简直
jiānbǎng 肩膀	jiànlì 建立
jiānjù 艰巨	jiànshè 建设
jiānkǔ 艰苦	jiànzhù 建筑
jiānzhí 兼职	jiànshēn 健身

Unit 31

jiànpán 键盘	jiāoshuǐ 胶水
jiǎngjiu 讲究	jiǎodù 角度
jiǎngzuò 讲座	jiǎohuá 狡猾
jiàngyóu 酱油	jiàocái 教材
jiāohuàn 交换	jiàoliàn 教练
jiāojì 交际	jiàoxun 教训
jiāowǎng 交往	jiēduàn 阶段
jiāo 浇	jiēshi 结实

Unit 32

jiēchù 接触	jiè 戒
jiēdài 接待	jièzhi 戒指
jiējìn 接近	jiè 届
jiéshěng 节省	jièkǒu 借口
jiégòu 结构	jīnshǔ 金属
jiéhé 结合	jǐnjí 紧急
jiélùn 结论	jǐnshèn 谨慎
jiézhàng 结账	jǐnkuài 尽快

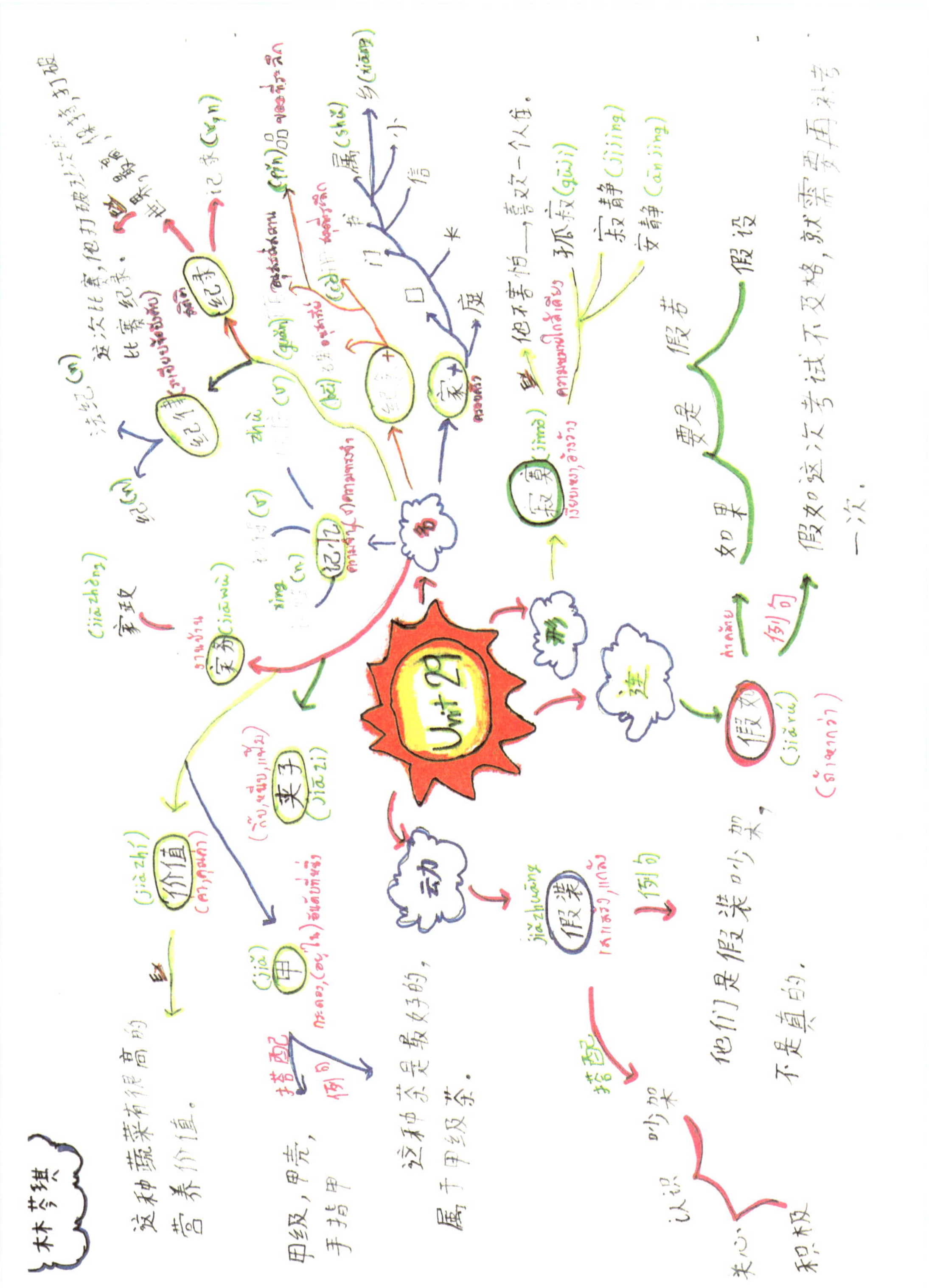
Unit 29

绘制者：泰国留学生林芩琪

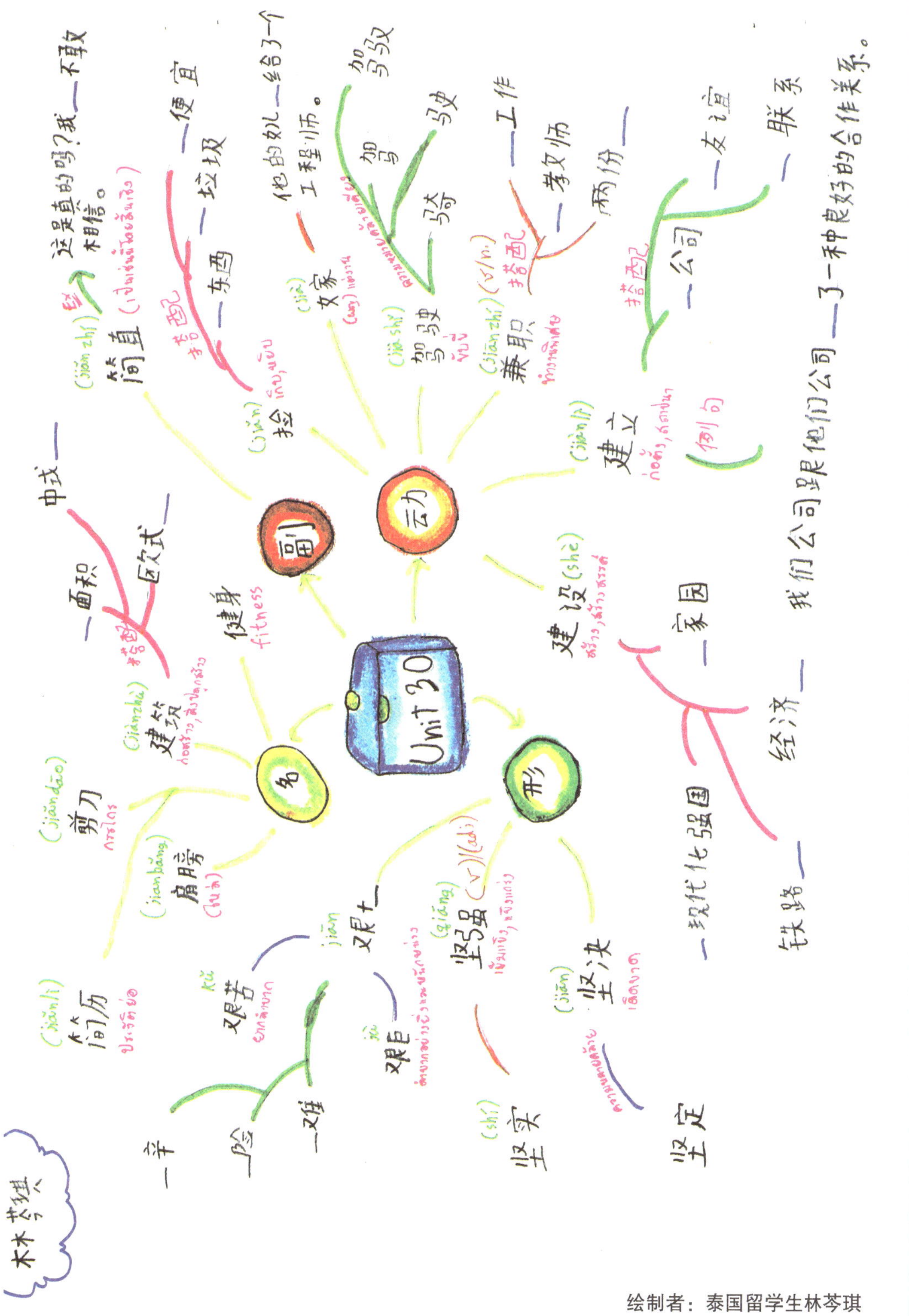
Unit 30

绘制者：泰国留学生林芩琪

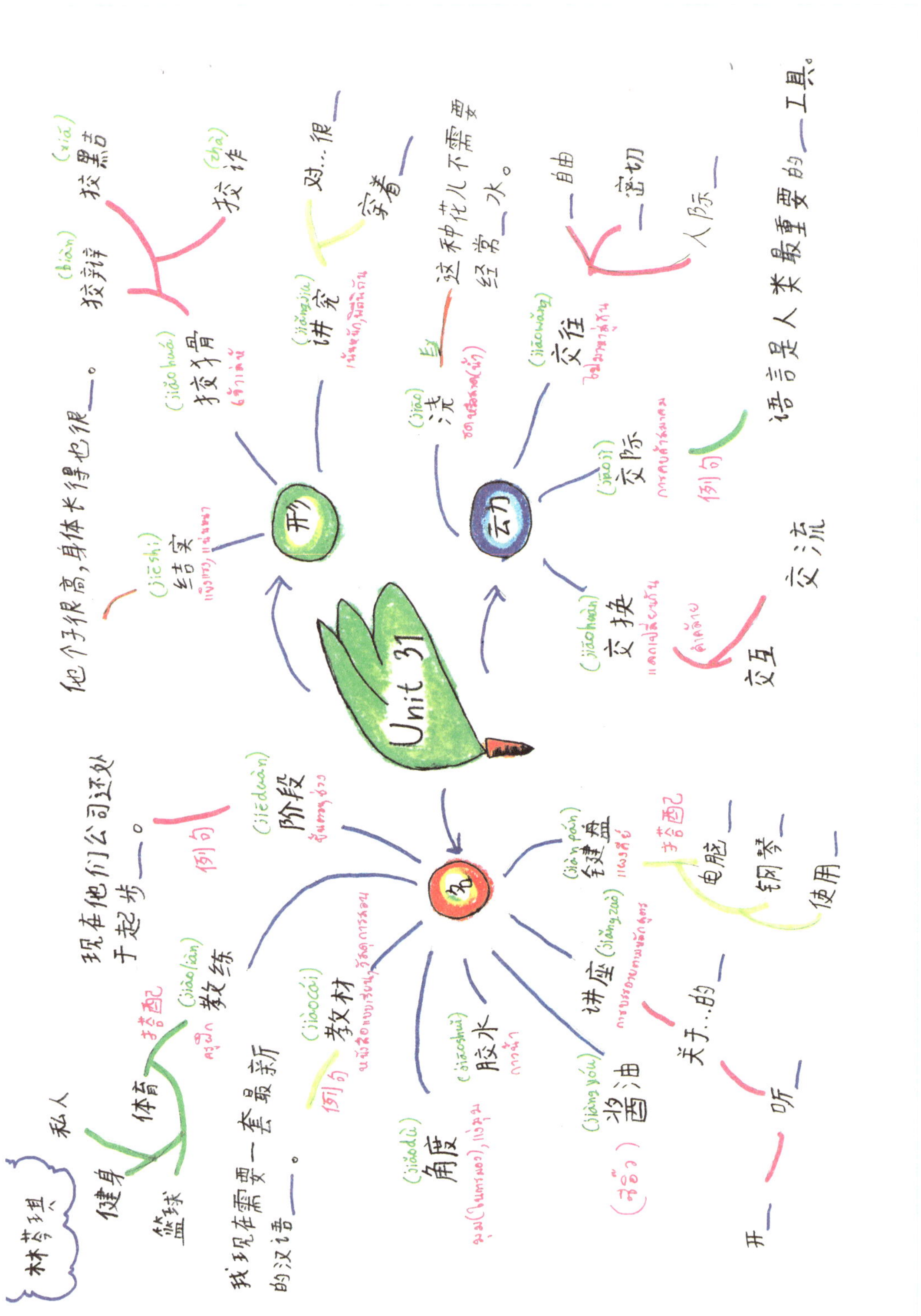
Unit 31
林芩琪
形
结实
狡猾
狡辩
狡黠
狡诈
讲究
对…很
穿着
他个子很高，身体长得也很___。
动
浇
这种花儿不需要经常___水。
交往
交际
交换
交互
交流
自由
密切
人际
例句
语言是人类最重要的___工具。
名
阶段
现在他们公司还处于起步___。
例句
教练
搭配
私人
健身
体育
篮球
教材
例句
我现在需要一套最新的汉语___。
胶水
角度
酱油
讲座
键盘
搭配
电脑
钢琴
使用
关于…的
听
开

绘制者：泰国留学生林芩琪

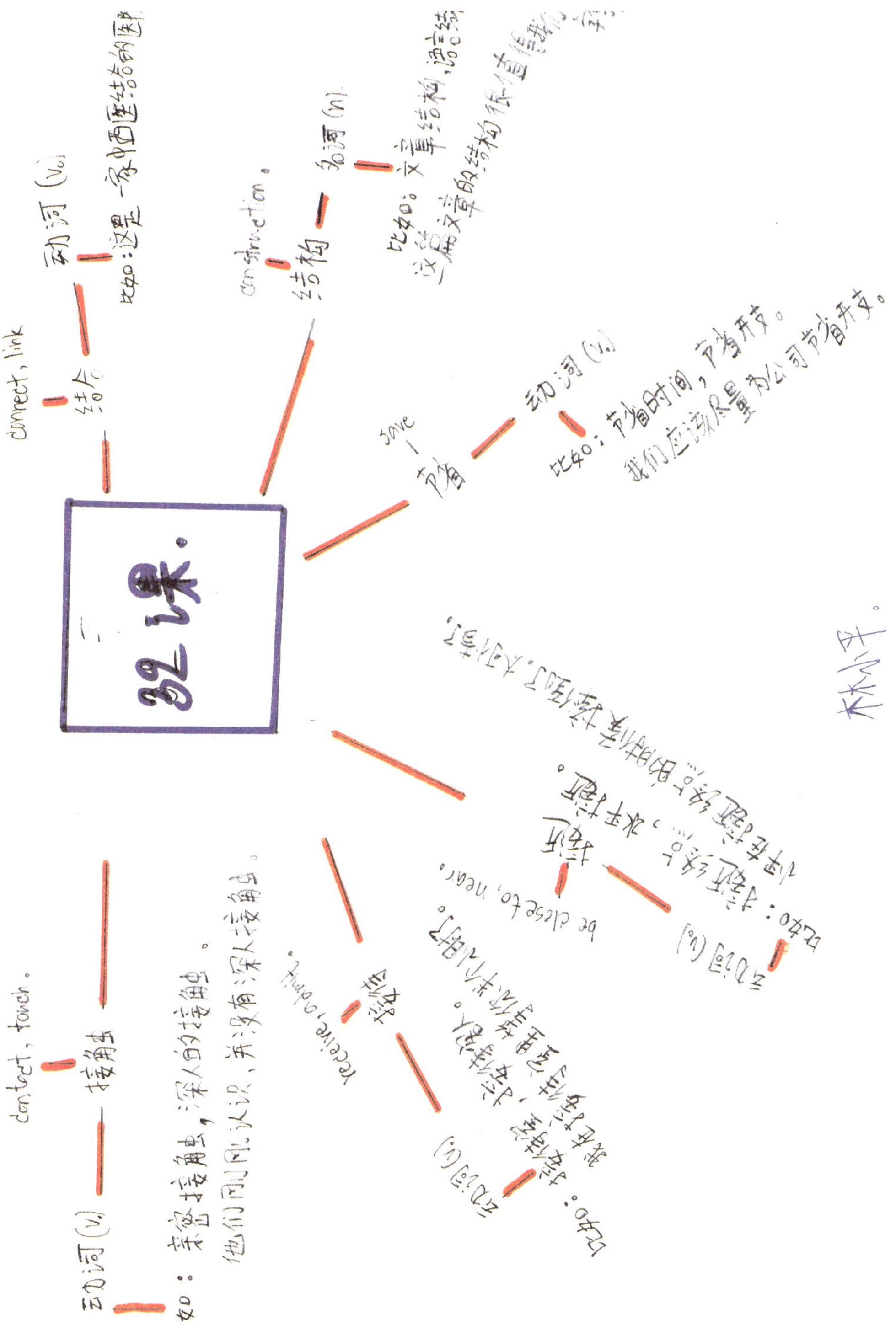
connect, link
结合
动词(v.)
construction
结构
名词(n.)
save
节省
动词(v.)
比如：节省时间，节省开支。
我们应该尽量为公司节省开支。
contact, touch
接触
动词(v.)
他们刚刚认识，并没有深入接触。
be close to, near
接近
receive, accept
接受
林小平

绘制者：泰国留学生林小平

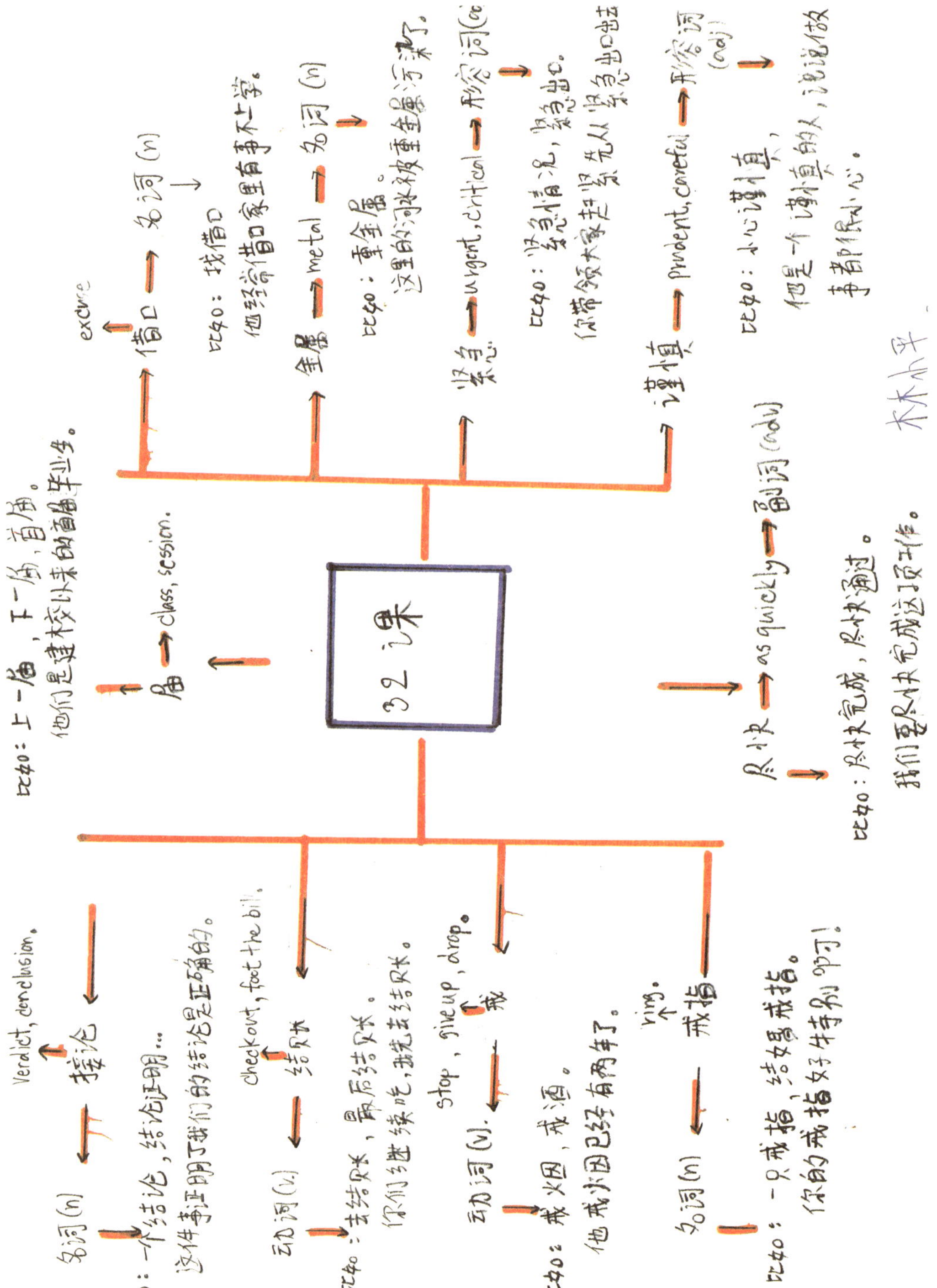
32课
届 → class, session.
比如：上一届，下一届，首届。
他们是建校以来的首届毕业生。
借口 → 名词 (n)
excuse
比如：找借口
他经常借口家里有事不上学。
金属 → metal → 名词 (n)
比如：重金属。
这里的河水被重金属污染了。
紧急 → urgent, critical → 形容词
比如：紧急情况，紧急出口。
谨慎 → prudent, careful → 形容词 (adj)
比如：小心谨慎，
他是一个谨慎的人，说话做事都很小心。
尽快 → as quickly → 副词 (adv)
比如：尽快完成，尽快通过。
我们要尽快完成这项工作。
结论 → 名词 (n)
verdict, conclusion.
比如：一个结论，结论证明…
这件事证明了我们的结论是正确的。
结账 → 动词 (v)
checkout, foot the bill.
比如：去结账，最后结账。
你们继续吃，我先去结账。
戒 → 动词 (v).
stop, give up, drop.
比如：戒烟，戒酒。
他戒烟已经有两年了。
戒指 → 名词 (n)
ring.
比如：一只戒指，结婚戒指。
你的戒指好特别啊！
林小平

绘制者：泰国留学生林小平

Unit 33（尽力～桔子）～ Unit 36（控制～老板）

Unit 33

jìnlì
尽力

jìnliàng
尽量

jìnbù
进步

jìnkǒu
进口

jìndài
近代

jīngdiǎn
经典

jīngshāng
经商

jīngyíng
经营

jīnglì
精力

jīngshén
精神

jiǔbā
酒吧

jiù
救

jiùhùchē
救护车

jiùjiu
舅舅

jūrán
居然

júzi
桔子

Unit 34

jùdà
巨大

jùbèi
具备

jùtǐ
具体

jùlèbù
俱乐部

jùshuō
据说

juān
捐

juésài
决赛

juéxīn
决心

juésè
角色

juéduì
绝对

jūnshì
军事

jūnyún
均匀

kǎchē
卡车

kāifā
开发

kāifàng
开放

kāimùshì
开幕式

Unit 35

kāishuǐ
开水

kǎn
砍

kànbuqīng
看不清

kànwàng
看望

kào
靠

kē
颗

kějiàn
可见

kěkào
可靠

kěpà
可怕

kè
克

kèfú
克服

kèkǔ
刻苦

kèguān
客观

kèchéng
课程

kōngjiān
空间

kòngxián
空闲

Unit 36

kòngzhì
控制

kǒuwèi
口味

kuā
夸

kuāzhāng
夸张

kuàijì
会计

kuān
宽

kūnchóng
昆虫

kuòdà
扩大

làjiāo
辣椒

lán
拦

làn
烂

lǎngdú
朗读

láodòng
劳动

láojià
劳驾

lǎobǎixìng
老百姓

lǎobǎn
老板

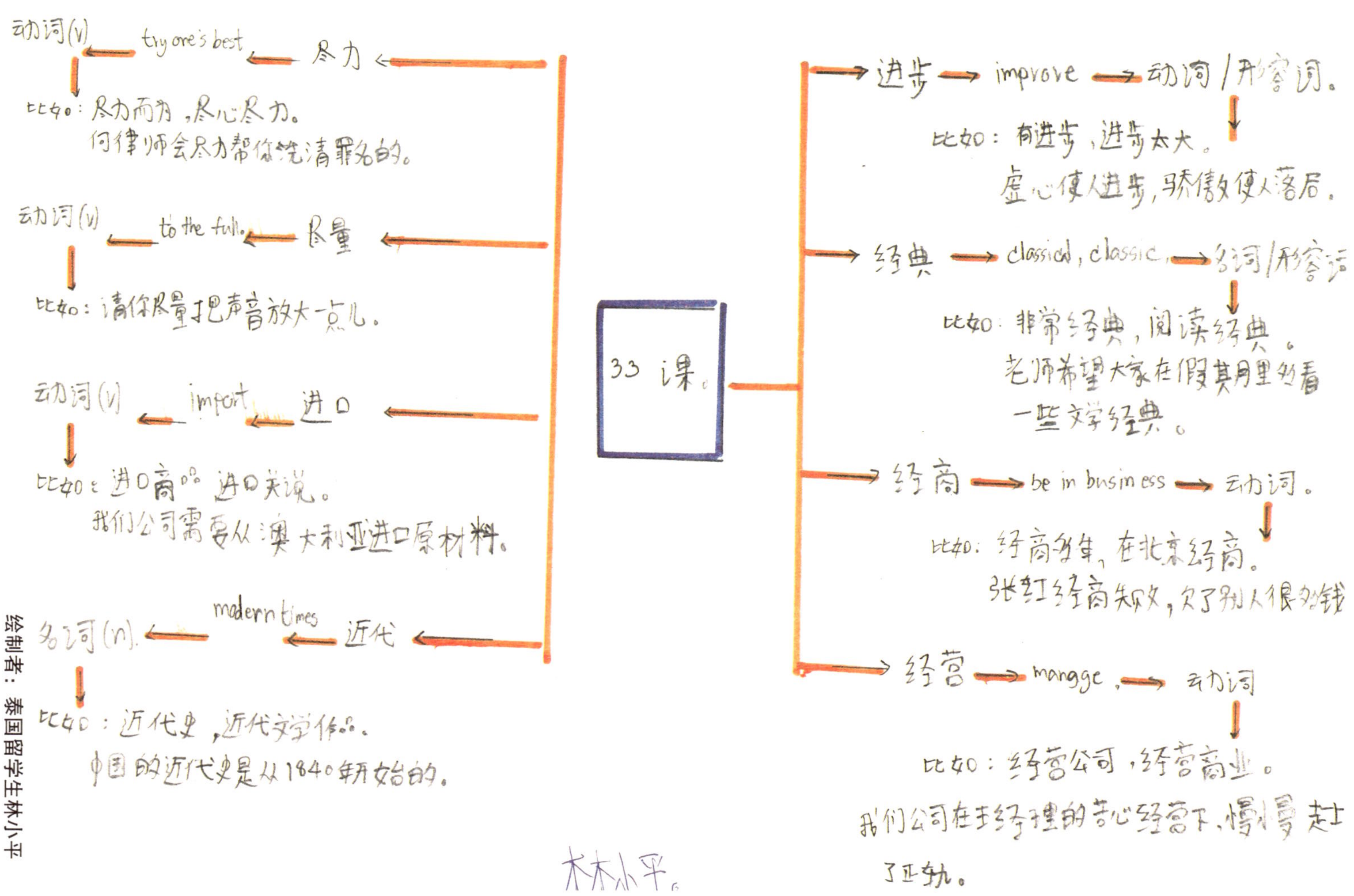
33 课。
尽力 → try one's best → 动词(v)
比如：尽力而为，尽心尽力。
何律师会尽力帮你洗清罪名的。
尽量 → to the full. → 动词(v)
比如：请你尽量把声音放大一点儿。
进口 → import → 动词(v)
比如：进口商品，进口关税。
我们公司需要从澳大利亚进口原材料。
近代 → modern times → 名词(n).
比如：近代史，近代文学作品。
中国的近代史是从1840钘始的。
进步 → improve → 动词/形容词。
比如：有进步，进步太大。
虚心使人进步，骄傲使人落后。
经典 → classical, classic → 名词/形容词
比如：非常经典，阅读经典。
老师希望大家在假期里多看一些文学经典。
经商 → be in business → 动词。
比如：经商多年，在北京经商。
张红经商失败，欠了别人很多钱
经营 → mangge → 动词
比如：经营公司，经营商业。
我们公司在王经理的苦心经营下，慢慢走上了正轨。
林小平。

绘制者：泰国留学生林小平

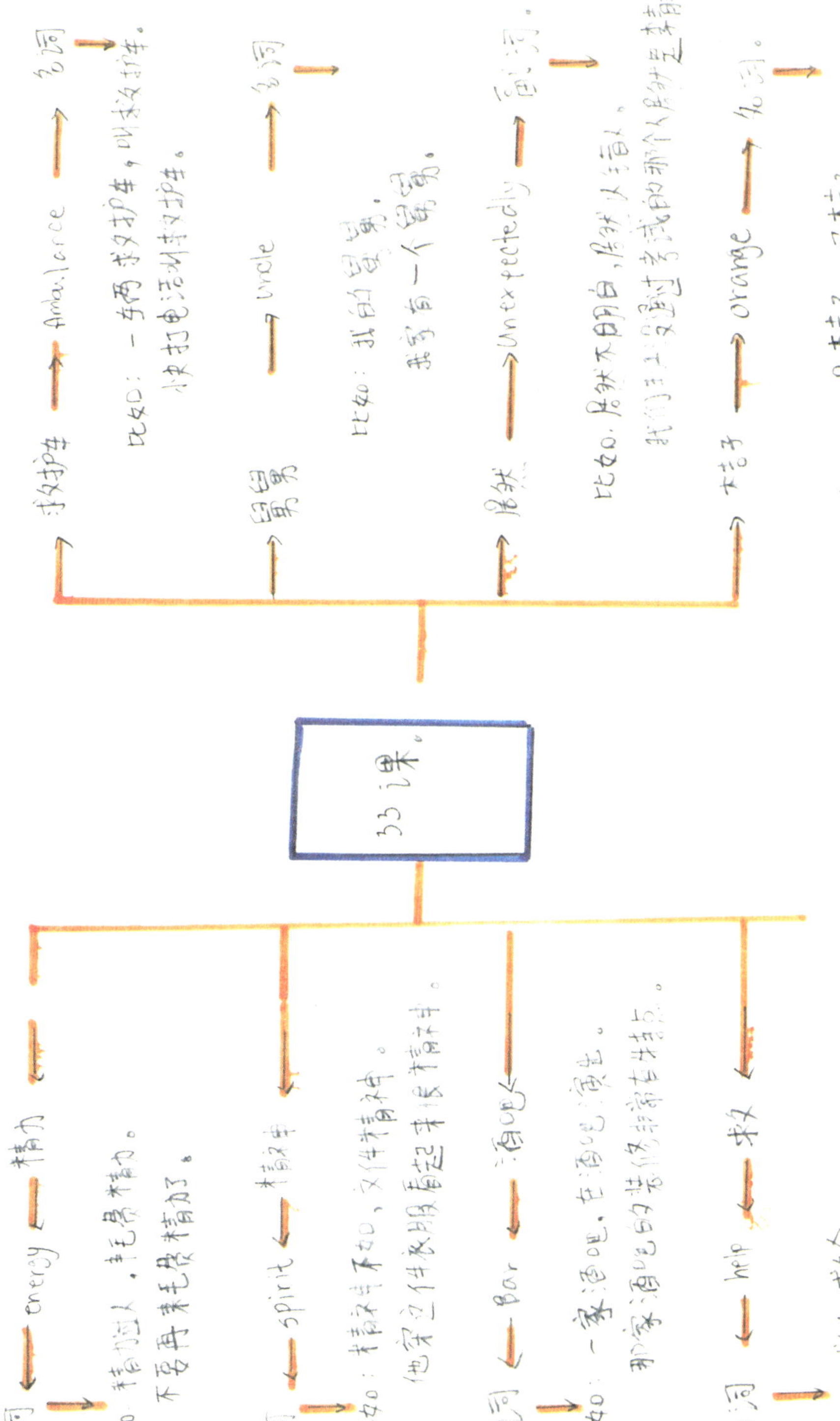
33课
救护车
Ambulance
名词
舅舅
Uncle
名词
居然
Unexpectedly
副词
橘子
orange
名词
比如：一只橘子，买橘子。
我买了一只橘子。
精力
energy
名词
精神
spirit
名词
酒吧
Bar
名词
救
help
动词
比如：救人，救命。
林小平

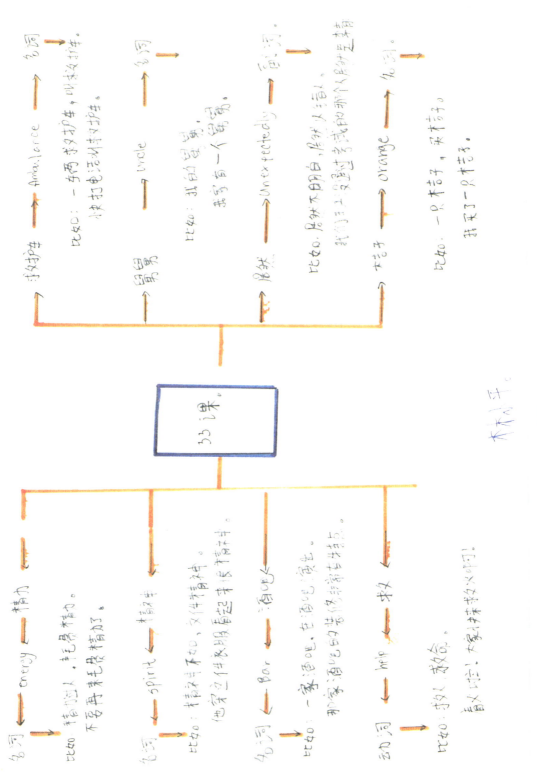

绘制者：泰国留学生林小平

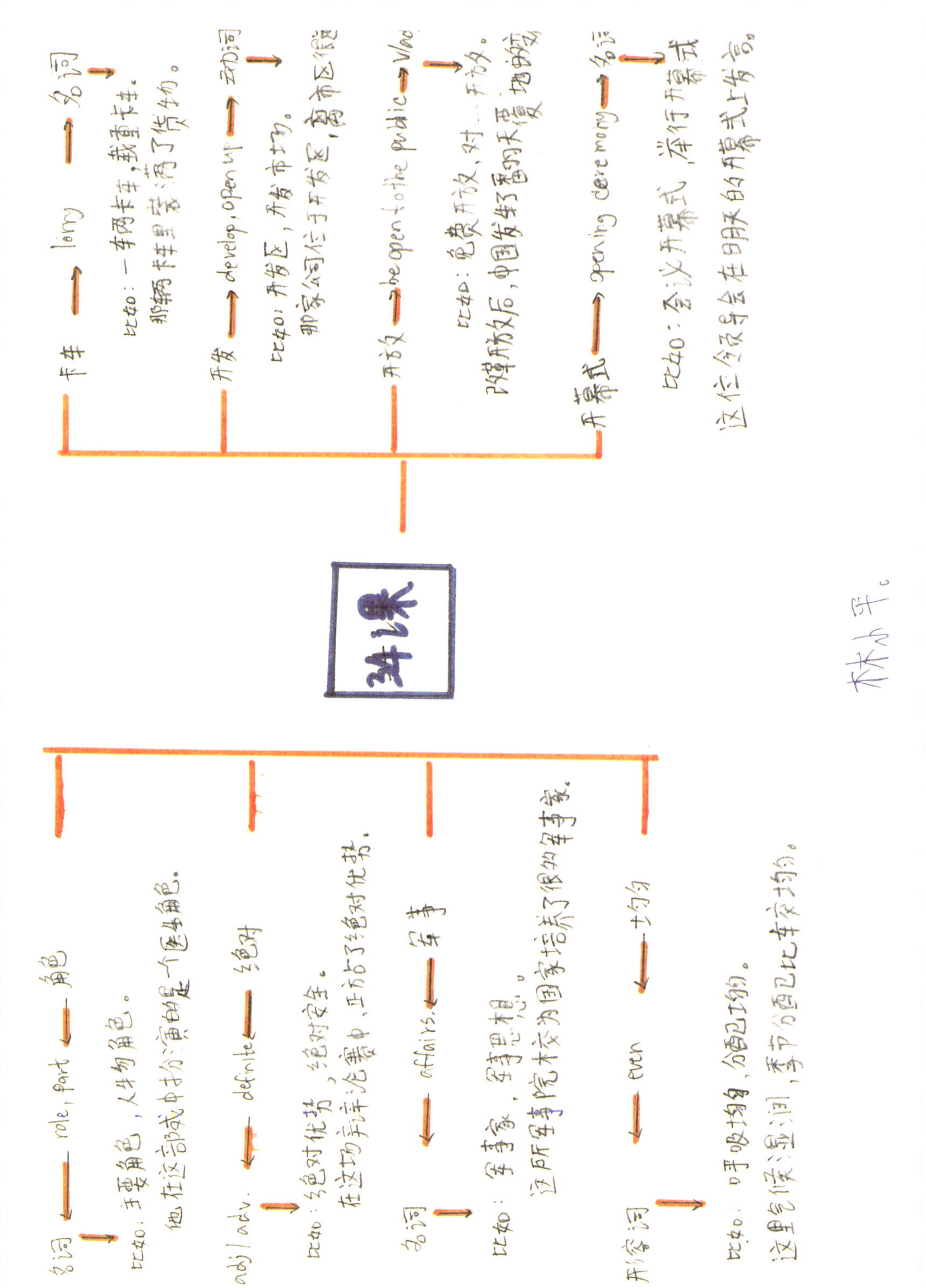
34课
卡车 → lorry → 名词
比如：一辆卡车，载重卡车。
那辆卡车里装满了货物。
开发 → develop, open up → 动词
比如：开发区，开发市场。
那家公司位于开发区，离市区很
开放 → be open to the public → v.
比如：免费开放，对……开放。
改革开放后，中国发生了翻天覆地的变
开幕式 → opening ceremony → 名词
比如：会议开幕式，举行开幕式
这位领导会在明天的开幕式上发言。
角色 → role, part → 名词
比如：主要角色，人物角色。
他在这部戏中扮演的是一个医生角色。
绝对 → definite → adj./adv.
比如：绝对优势，绝对安全。
在这场辩论赛中，正方占了绝对优势。
军事 → affairs → 名词
比如：军事家，军事思想。
这所军事院校为国家培养了很多军事家。
均匀 → even → 形容词
比如：呼吸均匀，分配均匀。
这里气候湿润，季节分配比较均匀。
林小平。

绘制者：泰国留学生林小平

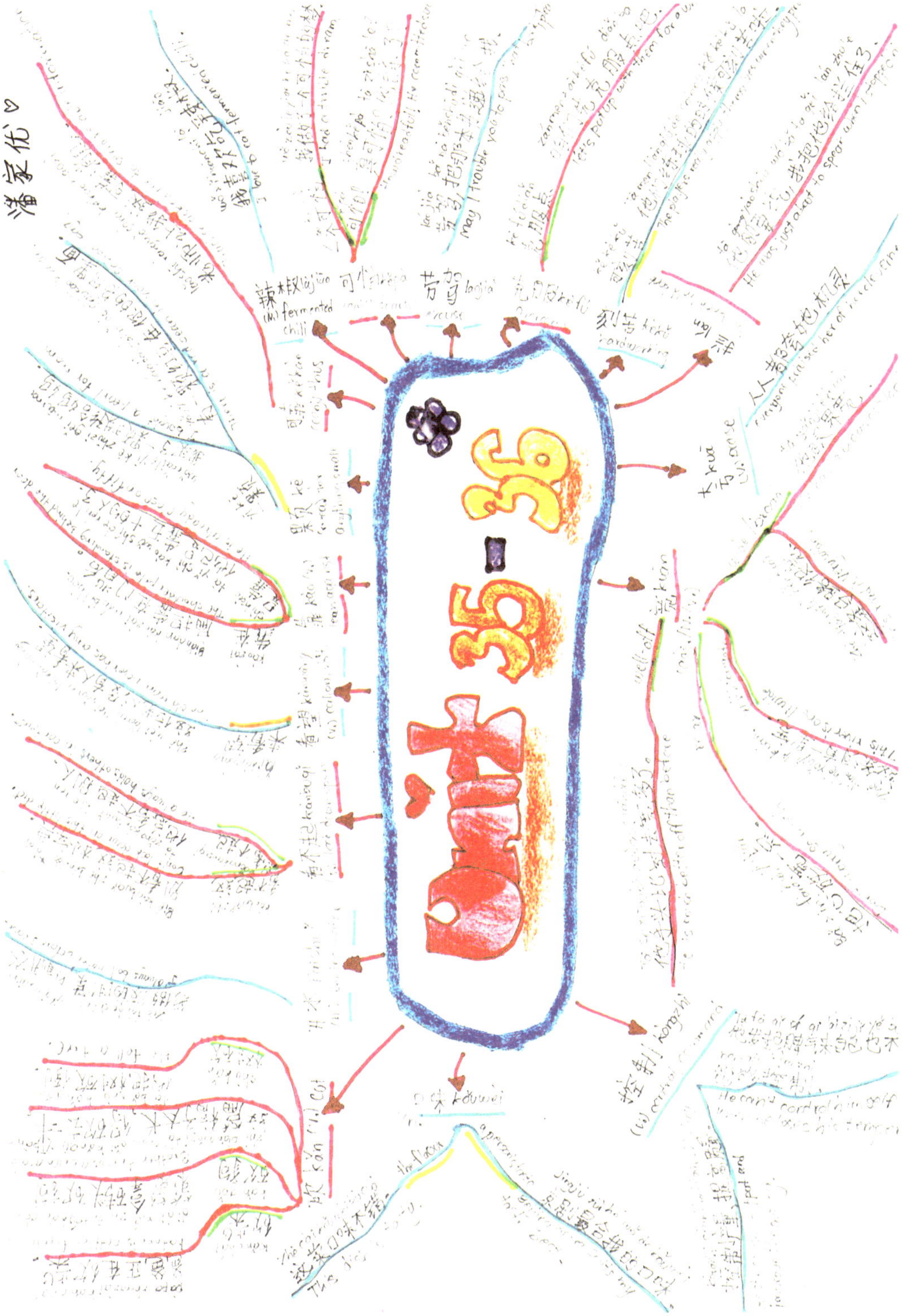
潘家优
Unit 35-36

绘制者：泰国留学生潘家优

Unit 37（老婆 ~ 立刻）~ Unit 40（落后 ~ 秘密）

Unit 37

- lǎopo 老婆
- lǎoshi 老实
- lǎoshǔ 老鼠
- lǎolao 姥姥
- lèguān 乐观
- léi 雷
- lèixíng 类型
- lěngdàn 冷淡
- límǐ 厘米
- líhūn 离婚
- lí 梨
- lǐlùn 理论
- lǐyóu 理由
- lìliàng 力量
- lìjí 立即
- lìkè 立刻

Unit 38

- lìrùn 利润
- lìxī 利息
- lìyì 利益
- lìyòng 利用
- liánmáng 连忙
- liánxù 连续
- liánhé 联合
- liàn'ài 恋爱
- liánghǎo 良好
- liángshi 粮食
- liàng 亮
- liǎobuqǐ 了不起
- lièchē 列车
- línshí 临时
- línghuó 灵活
- líng 铃

Unit 39

- língjiàn 零件
- língshí 零食
- lǐngdǎo 领导
- lǐngyù 领域
- liúlǎn 浏览
- liúchuán 流传
- liúlèi 流泪
- lóng 龙
- lòu 漏
- lùdì 陆地
- lùxù 陆续
- lùqǔ 录取
- lùyīn 录音
- lúnliú 轮流
- lùnwén 论文
- luóji 逻辑

Unit 40

- luòhòu 落后
- mà 骂
- màikèfēng 麦克风
- mántou 馒头
- mǎnzú 满足
- máobìng 毛病
- máodùn 矛盾
- màoxiǎn 冒险
- màoyì 贸易
- méimao 眉毛
- méitǐ 媒体
- méitàn 煤炭
- měishù 美术
- mèilì 魅力
- mèngxiǎng 梦想
- mìmì 秘密

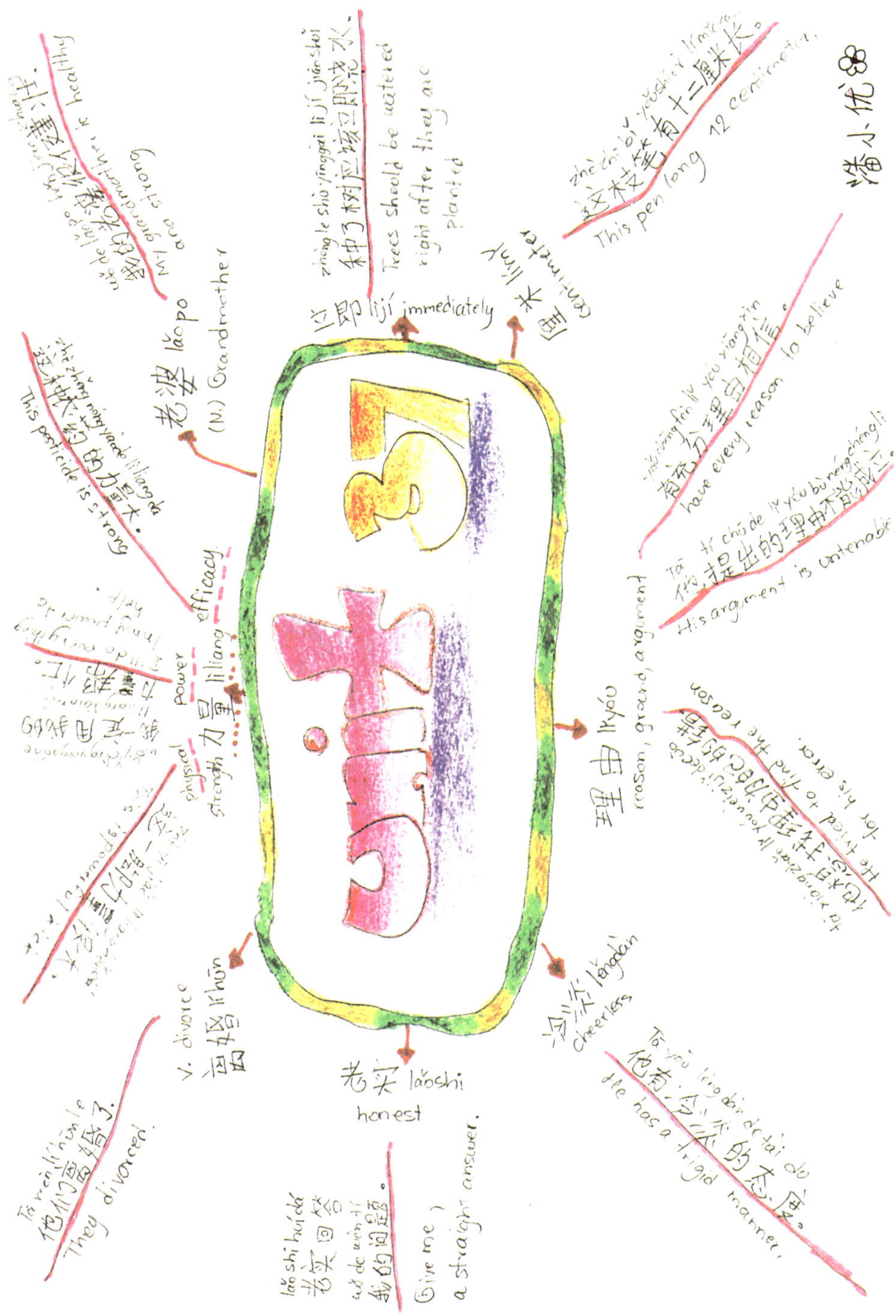
老婆 lǎopo (N.) Grandmother
立即 lìjí immediately
厘米 límǐ centimeter
理由 lǐyóu reason, ground, argument
冷淡 lěngdàn cheerless
老实 lǎoshi honest
离婚 líhūn v. divorce
力量 lìliang physical strength power efficacy
潘小优
Trees should be watered right after they are planted
This pen long 12 centimeter
have every reason to believe
His argument is untenable
He has a frigid manner.
Give me a straight answer.
They divorced.
This pesticide is strong

绘制者：泰国留学生潘家优

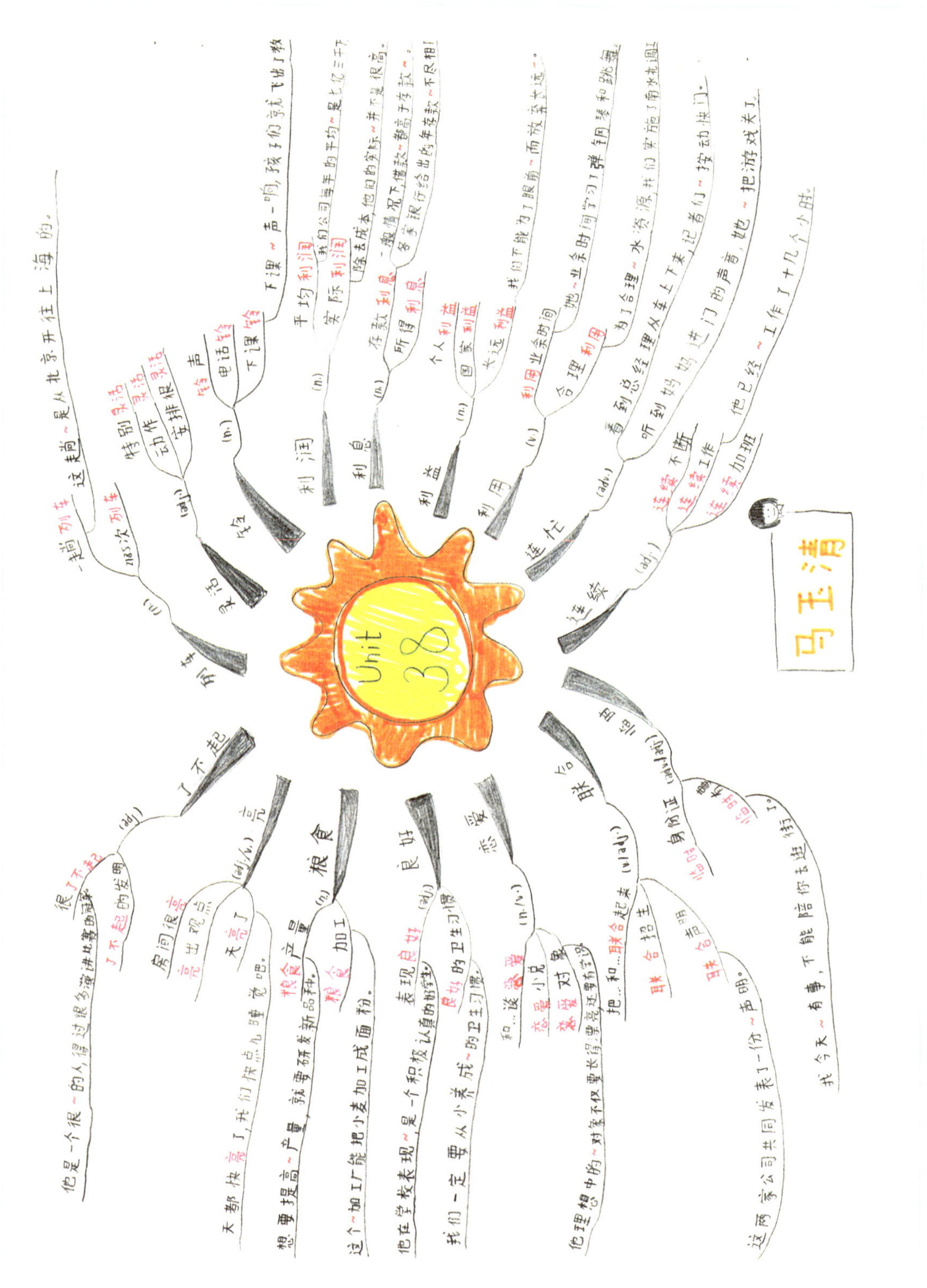
Unit 38
马玉清
利润
利息
利益
利用
连忙
连续
联合
恋爱
良好
粮食
亮
了不起
灵活
铃
列车

绘制者：泰国留学生马玉清

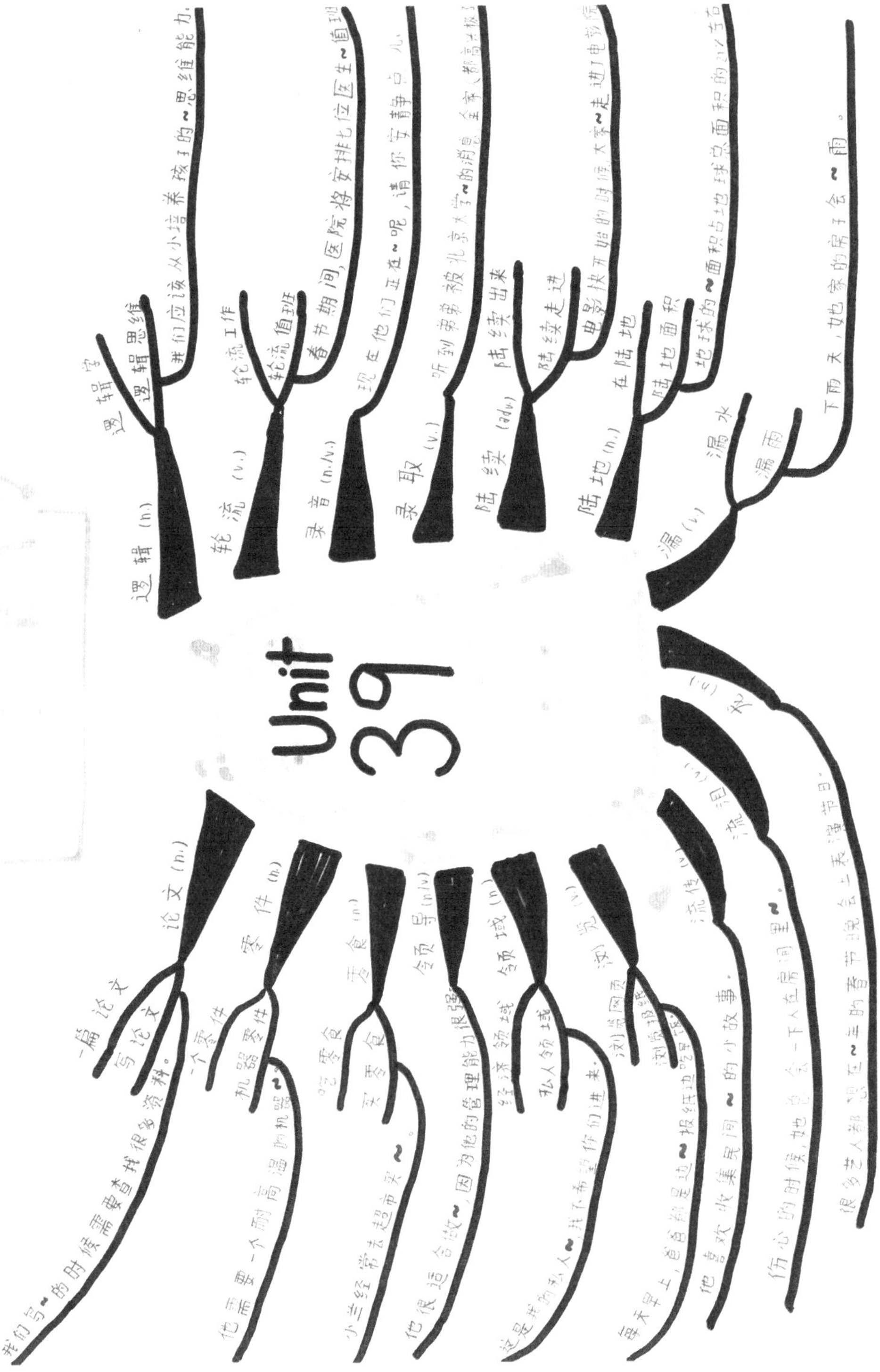
Unit 39
逻辑 (n.)
轮流 (v.)
录音 (n./v.)
录取 (v.)
陆续 (adv.)
陆地 (n.)
漏 (v.)
论文 (n.)
零件 (n.)
零食 (n.)
领导 (n./v.)
领域 (n.)
浏览 (v.)
流传 (v.)
流泪 (v.)

绘制者：泰国留学生马玉清

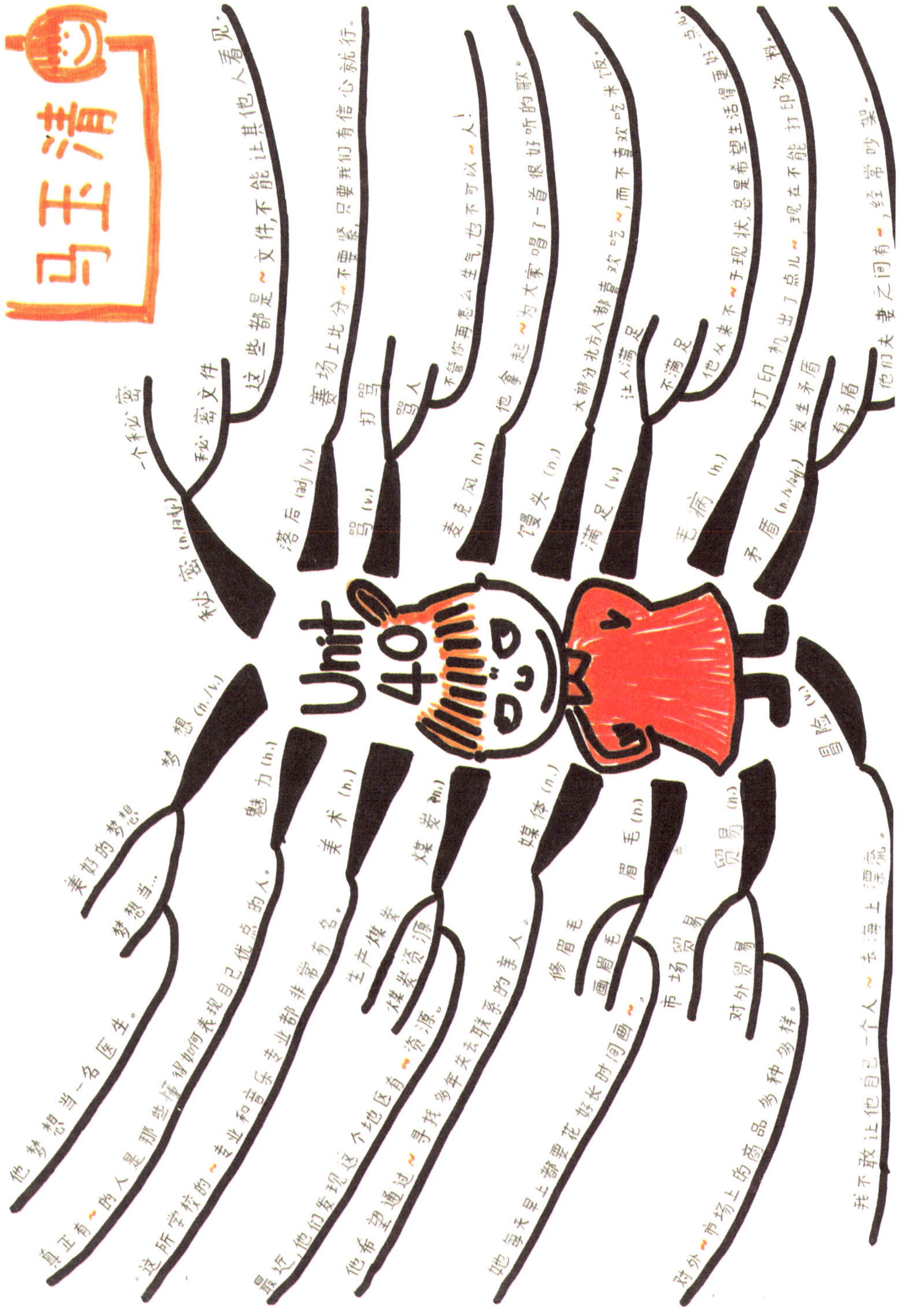
马玉清
Unit 40
秘密 (n./adj.)
一个秘密
秘密文件
这些都是~文件，不能让其他人看见。
落后 (adj./v.)
赛场上比分~不要紧，只要我们有信心就行。
骂 (v.)
打骂
骂人
不管你再怎么生气，也不可以~人！
麦克风 (n.)
他拿起~为大家唱了一首很好听的歌。
馒头 (n.)
大部分北方人都喜欢吃~，而不喜欢吃米饭。
满足 (v.)
让人满足
不满足
他从来不~于现状，总是希望生活得更好一点儿。
毛病 (n.)
打印机出了点儿~，现在不能打印资料。
矛盾 (n./v./adj.)
发生矛盾
有矛盾
他们夫妻之间有~，经常吵架。
梦想 (n./v.)
美好的梦想
梦想当...
他梦想当一名医生。
魅力 (n.)
真正有~的人是那些懂得如何表现自己优点的人。
美术 (n.)
这所学校的~专业和音乐专业都非常有名。
煤炭 (n.)
生产煤炭
煤炭资源
最近，他们发现这个地区有~资源。
媒体 (n.)
他希望通过~寻找多年失去联系的亲人。
眉毛 (n.)
修眉毛
画眉毛
她每天早上都要花好长时间画~。
贸易 (n.)
市场贸易
对外贸易
对外~市场上的商品多种多样。
冒险 (v.)
我不敢让他自己一个人~去海上漂流。

绘制者：泰国留学生马玉清

Unit 41（秘书～命令）～ Unit 44（欧洲～疲劳）

Unit 41

mìshū 秘书
mìqiè 密切
mìfēng 蜜蜂
miànduì 面对
miànjī 面积
miànlín 面临
miáotiao 苗条
miáoxiě 描写
míngpái 名牌
míngpiàn 名片
míngshènggǔjì 名胜古迹
míngquè 明确
míngxiǎn 明显
míngxīng 明星
mǐngǎn 敏感
mìnglìng 命令

Unit 42

mìngyùn 命运
mō 摸
mófǎng 模仿
móhu 模糊
mótè 模特
mótuōchē 摩托车
mòshēng 陌生
mǒu 某
mùtou 木头
mùbiāo 目标
mùlù 目录
mùqián 目前
nǎpà 哪怕
nánguài 难怪
nánmiǎn 难免
nǎodai 脑袋

Unit 43

nèibù 内部
nèikē 内科
nèn 嫩
nénggàn 能干
néngyuán 能源
èn 嗯
niándài 年代
niánjì 年纪
niàn 念
nìngkě 宁可
niúzǎikù 牛仔裤
nóngcūn 农村
nóngmín 农民
nóngyè 农业
nóng 浓
nǚshì 女士

Unit 44

ōuzhōu 欧洲
ǒurán 偶然
pāi 拍
pài 派
pànwàng 盼望
péixùn 培训
péiyǎng 培养
péicháng 赔偿
pèifú 佩服
pèihé 配合
pén 盆
pèng 碰
pī 批
pī 披
pīzhǔn 批准
píláo 疲劳

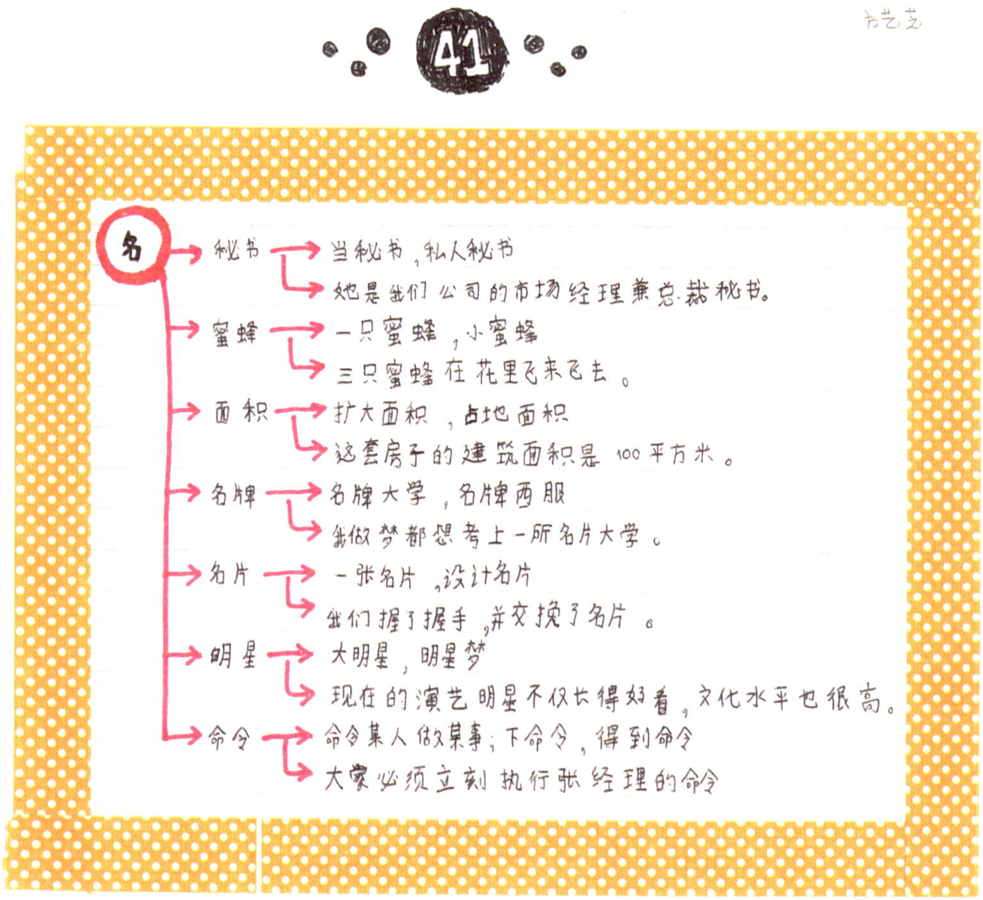
41
方艺芝
名
秘书
当秘书，私人秘书
她是我们公司的市场经理兼总裁秘书。
蜜蜂
一只蜜蜂，小蜜蜂
三只蜜蜂在花里飞来飞去。
面积
扩大面积，占地面积
这套房子的建筑面积是100平方米。
名牌
名牌大学，名牌西服
我做梦都想考上一所名牌大学。
名片
一张名片，设计名片
我们握了握手，并交换了名片。
明星
大明星，明星梦
现在的演艺明星不仅长得好看，文化水平也很高。
命令
命令某人做某事；下命令，得到命令
大家必须立刻执行张经理的命令

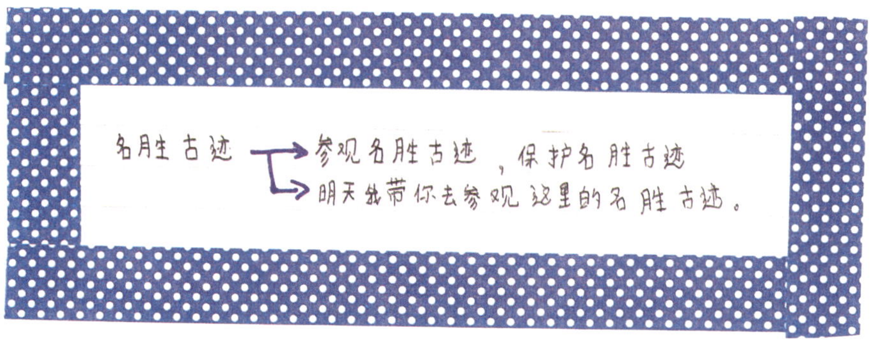
名胜古迹
参观名胜古迹，保护名胜古迹
明天我带你去参观这里的名胜古迹。

【1】

绘制者：泰国留学生方艺芝

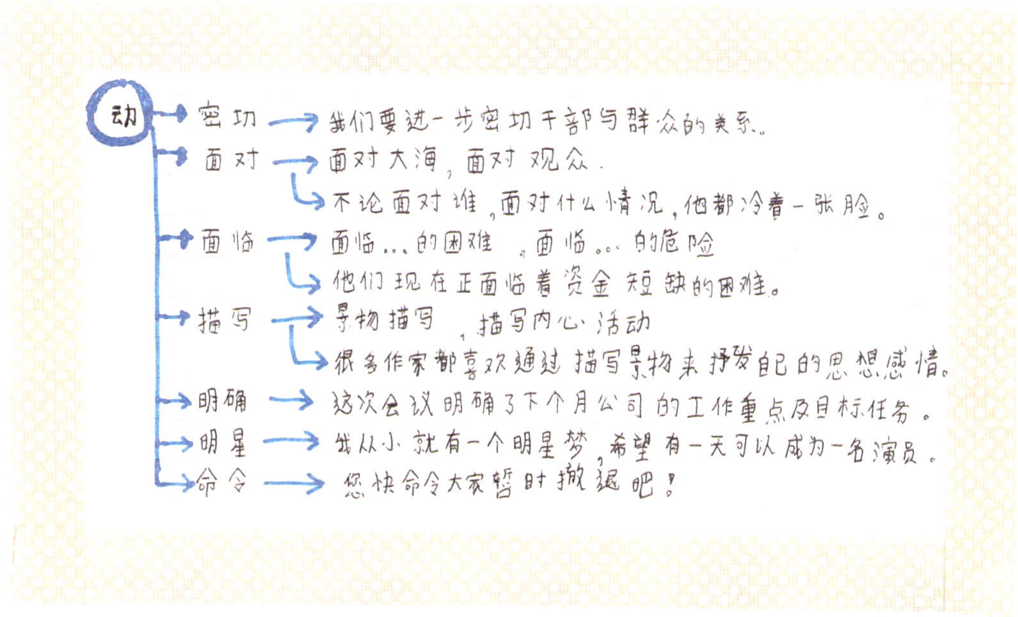
动
密切
我们要进一步密切干部与群众的关系。
面对
面对大海，面对观众.
不论面对谁，面对什么情况，他都冷着一张脸。
面临
面临…的困难，面临…的危险
他们现在正面临着资金短缺的困难。
描写
景物描写，描写内心活动
很多作家都喜欢通过描写景物来抒发自己的思想感情。
明确
这次会议明确了下个月公司的工作重点及目标任务。
明星
我从小就有一个明星梦，希望有一天可以成为一名演员。
命令
您快命令大家暂时撤退吧！

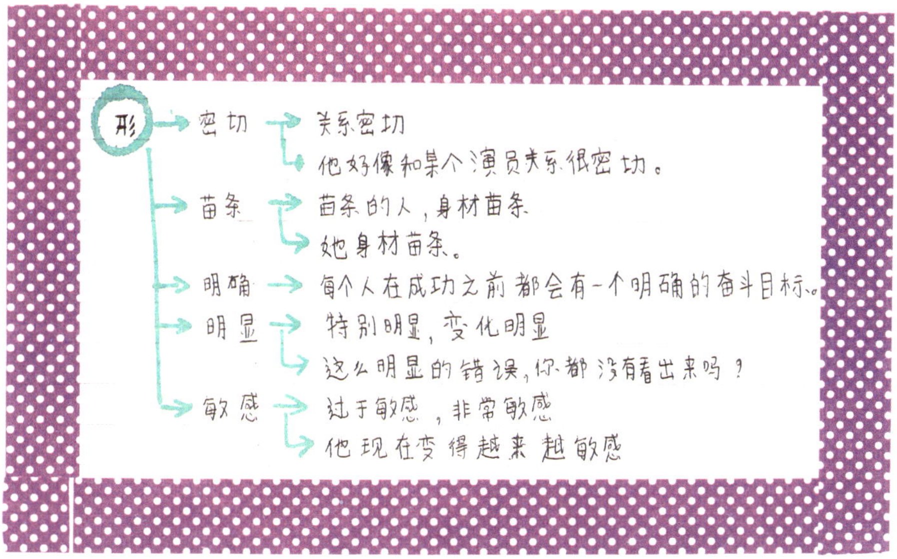
形
密切
关系密切
他好像和某个演员关系很密切。
苗条
苗条的人，身材苗条
她身材苗条。
明确
每个人在成功之前都会有一个明确的奋斗目标。
明显
特别明显，变化明显
这么明显的错误，你都没有看出来吗？
敏感
过于敏感，非常敏感
他现在变得越来越敏感

【2】

绘制者：泰国留学生方艺芝

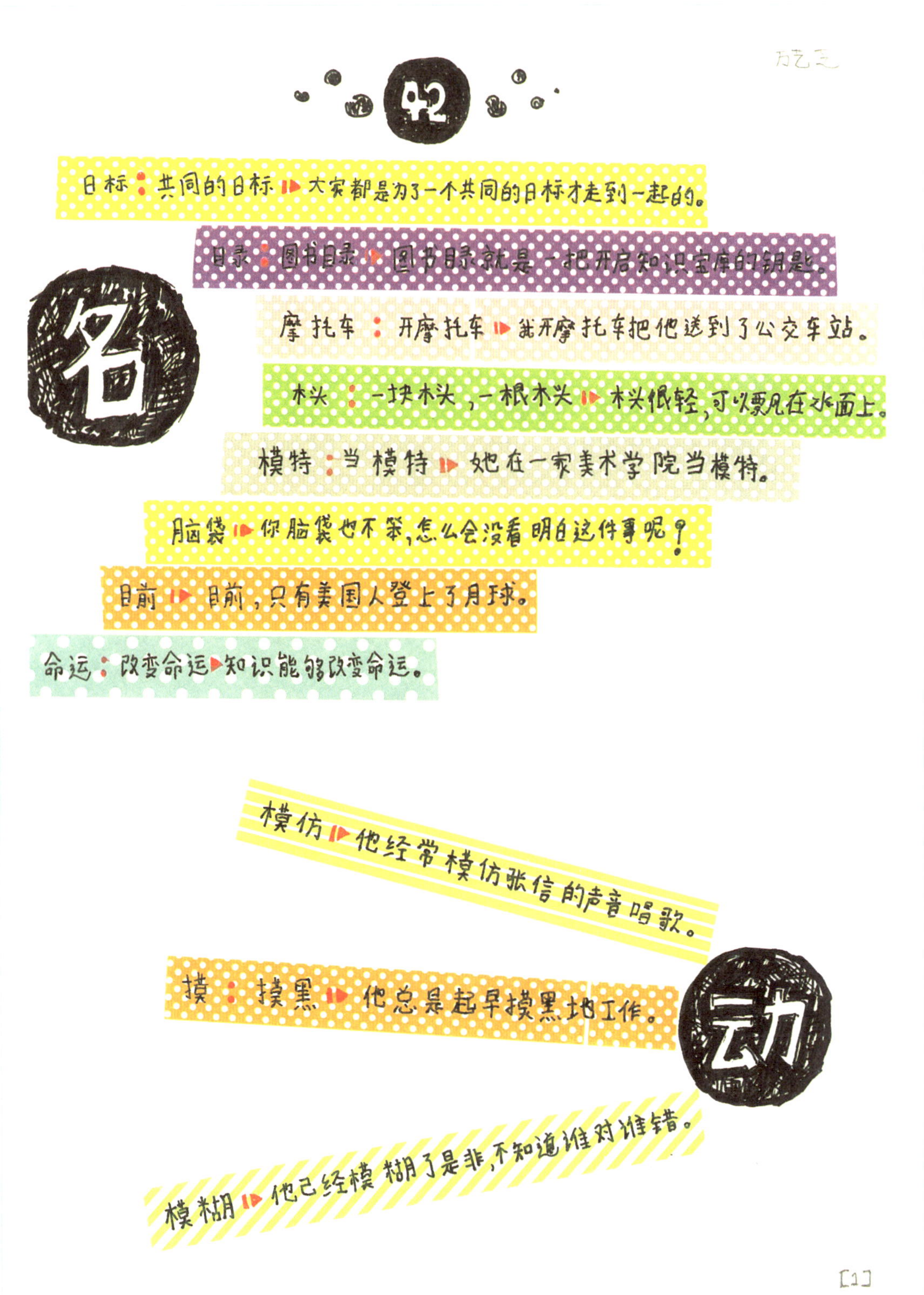
方艺芝
42
目标：共同的目标 ▶ 大家都是为了一个共同的目标才走到一起的。
目录：图书目录 ▶ 图书目录就是一把开启知识宝库的钥匙。
摩托车：开摩托车 ▶ 我开摩托车把他送到了公交车站。
木头：一块木头，一根木头 ▶ 木头很轻，可以漂在水面上。
模特：当模特 ▶ 她在一家美术学院当模特。
脑袋 ▶ 你脑袋也不笨，怎么会没看明白这件事呢？
目前 ▶ 目前，只有美国人登上了月球。
命运：改变命运 ▶ 知识能够改变命运。
名
模仿 ▶ 他经常模仿张信的声音唱歌。
摸：摸黑 ▶ 他总是起早摸黑地工作。
动
模糊 ▶ 他已经模糊了是非，不知道谁对谁错。
[1]

绘制者：泰国留学生方艺芝

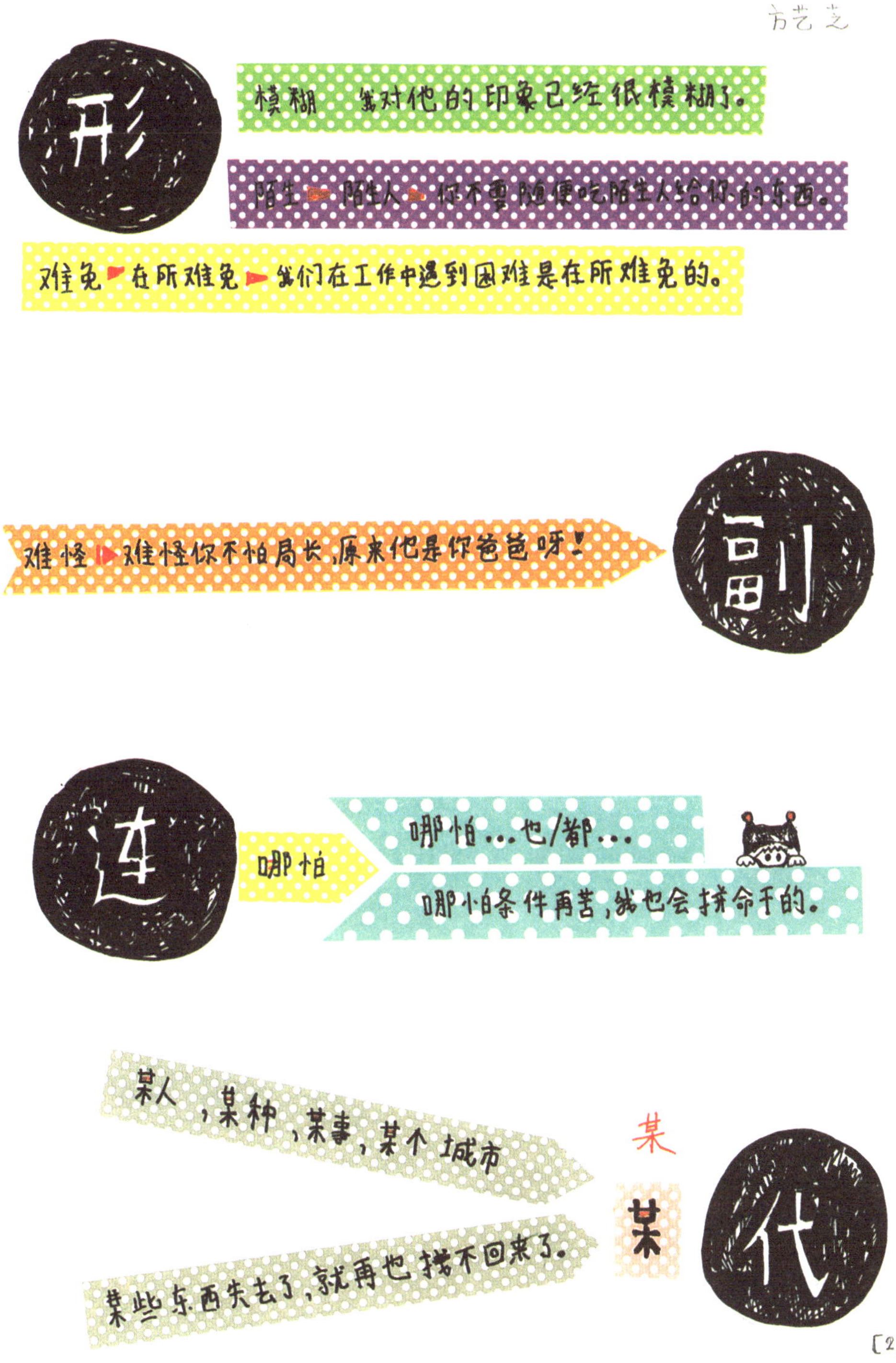
方艺芝
形
模糊 我对他的印象已经很模糊了。
陌生 陌生人 你不要随便吃陌生人给你的东西。
难免 在所难免 我们在工作中遇到困难是在所难免的。
副
难怪 难怪你不怕局长，原来他是你爸爸呀！
连
哪怕
哪怕…也/都…
哪怕条件再苦，我也会拼命干的。
某
某人，某种，某事，某个城市
某些东西失去了，就再也找不回来了。
某
代
[2]

绘制者：泰国留学生方艺芝

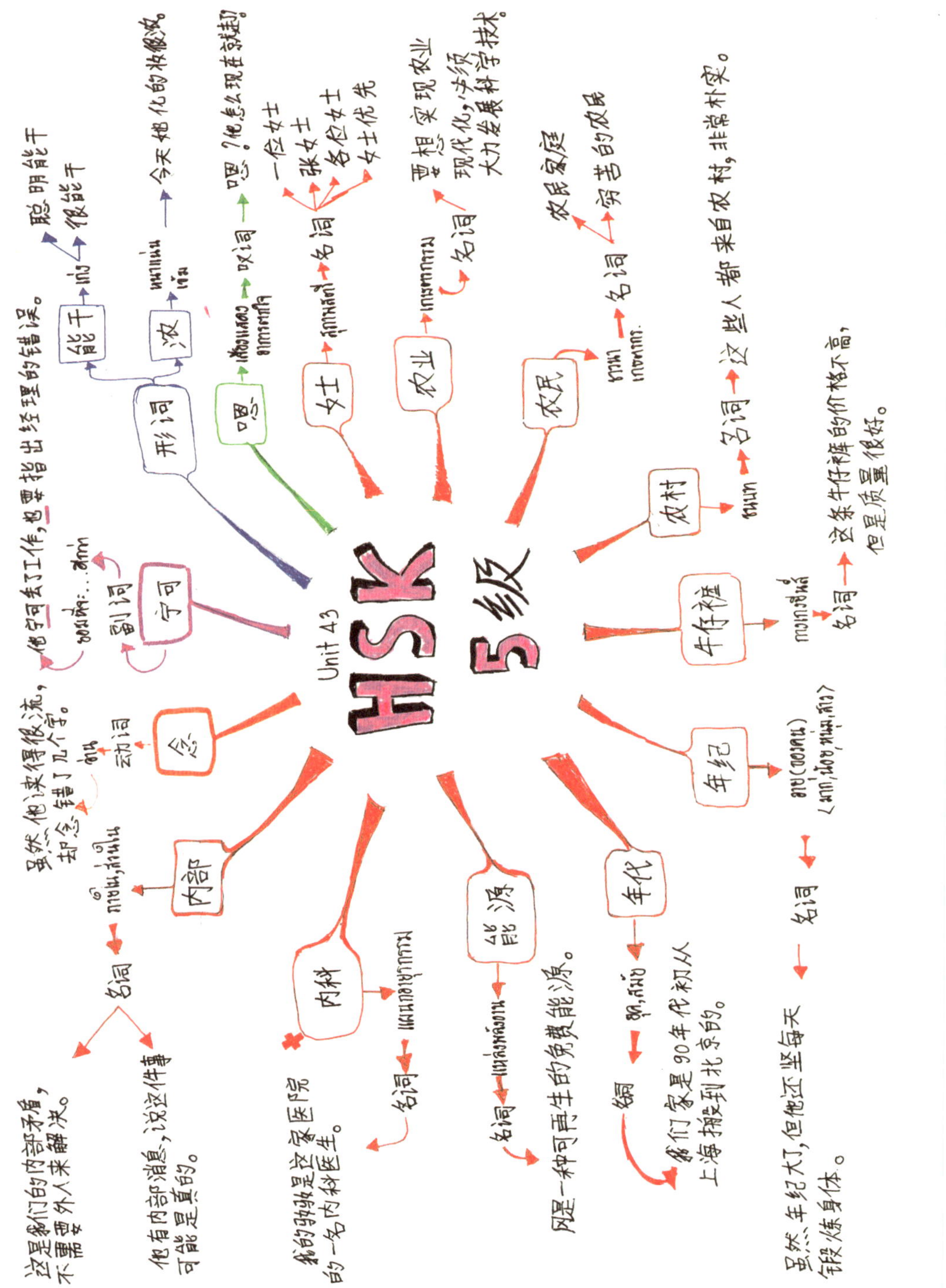
Unit 43
HSK 5级
能干
浓
嗯
女士
农业
农民
农村
牛仔裤
年纪
年代
能源
内科
内部
念
宁可
形词
副词
动词
名词
聪明能干
很能干
今天她化的妆很浓。
嗯？他怎么现在就走？
一位女士
张女士
各位女士
女士优先
要想实现农业现代化，必须大力发展科学技术。
农民家庭
穷苦的农民
这些人都来自农村，非常朴实。
这条牛仔裤的价格不高，但是质量很好。
虽然年纪大了，但他还坚持每天锻炼身体。
我们家是90年代初从上海搬到北京的。
风是一种可再生的免费能源。
我的姐姐是这家医院的一名内科医生。
他有内部消息，说这件事可能是真的。
这是我们的内部矛盾，不需要外人来解决。
虽然他读得很流，却念错了几个字。
他宁可去工作，也要指出经理的错误。

绘制者：泰国留学生陈雪菲

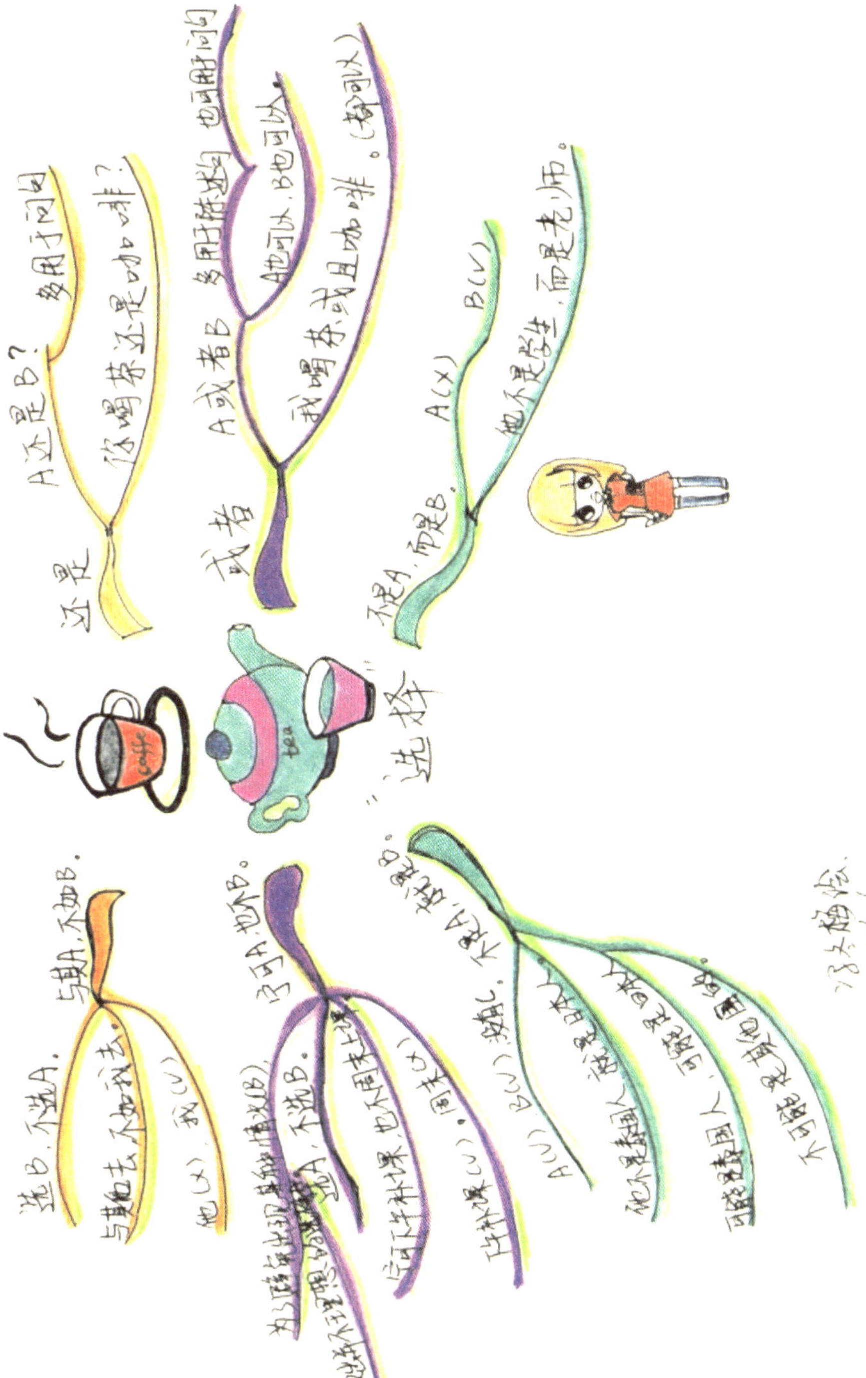
选择
还是
A还是B？ 多用于问句
你喝茶还是咖啡？
或者
A或者B 多用于陈述句 也可用于问句
A也可以，B也可以。
我喝茶或者咖啡。(都可以)
不是A，而是B。
A(×) B(√)
他不是学生，而是老师。
与其A，不如B。
与其他去，不如我去。
他(×) 我(√)
宁可A，也不B。
coffee
tea

绘制者：冯冬梅

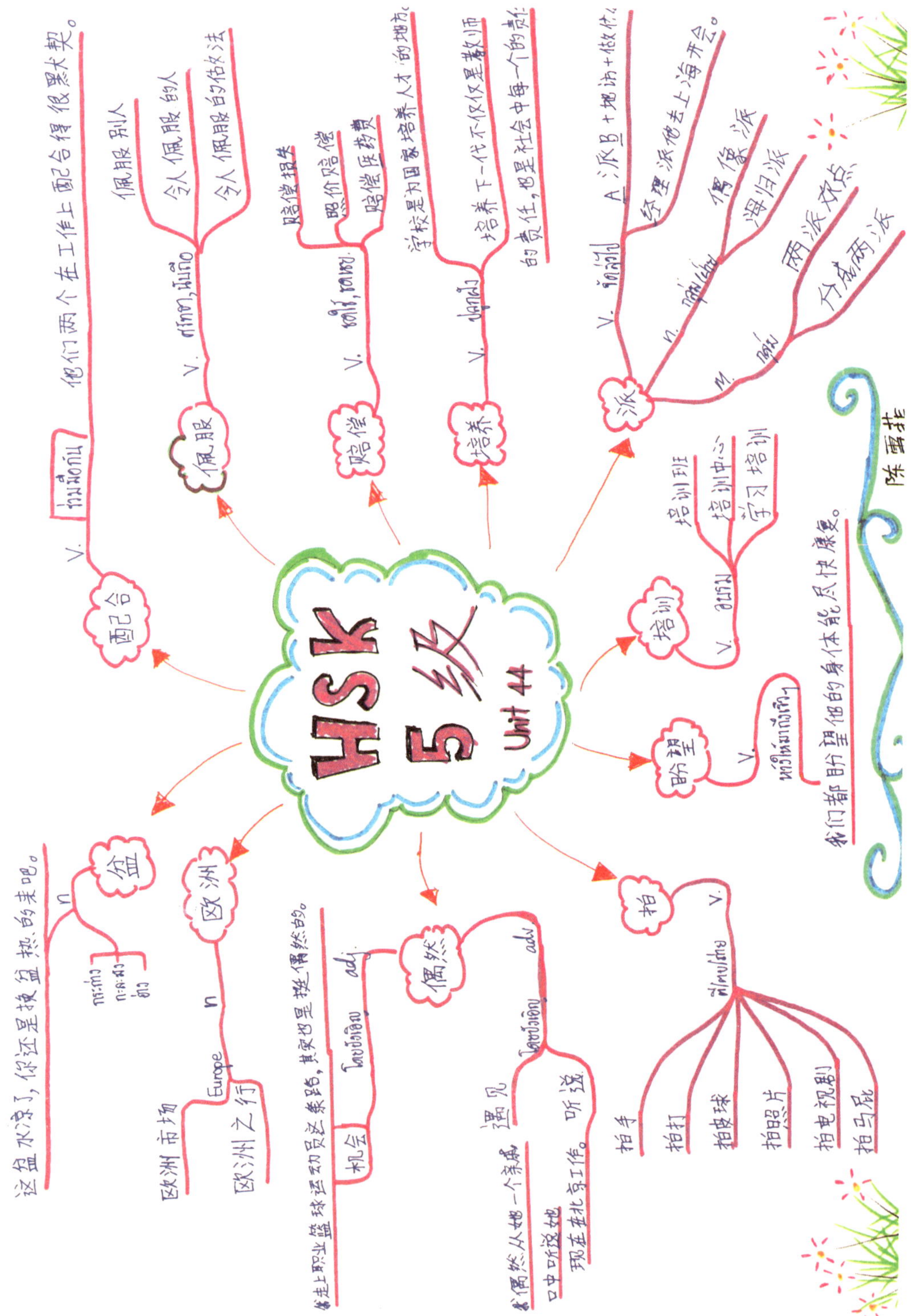
HSK 5级
Unit 44
配合
V.
他们两个在工作上配合得很默契。
佩服
V.
佩服别人
令人佩服的人
令人佩服的做法
赔偿
V.
赔偿损失
照价赔偿
赔偿医药费
培养
V.
培养下一代不仅仅是教师的责任，也是社会中每一个的责任
学校是为国家培养人才的地方
派
V.
A派B+地方+做什么
经理派他去上海开会。
n.
偶像派
海归派
m.
两派观点
分成两派
培训
V.
培训班
培训中心
学习培训
盼望
V.
我们都盼望他的身体能尽快康复。
拍
V.
拍手
拍打
拍皮球
拍照片
拍电视剧
拍马屁
偶然
adv
遇见
听说
我偶然从她一个亲戚口中听说她现在在北京工作。
adj
机会
篮球上职业篮球运动员这条路，其实也是挺偶然的。
欧洲
n
Europe
欧洲市场
欧洲之行
盆
n
这盆水凉了，你还是换盆热的来吧。
陈雪菲

绘制者：泰国留学生陈雪菲

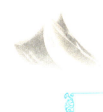

Unit 45（匹 ~ 凭）~ Unit 48（轻视 ~ 全面）

Unit 45

- pǐ 匹
- piàn 片
- piànmiàn 片面
- piāo 飘
- pīnyīn 拼音
- píndào 频道
- píng 平
- píng'ān 平安
- píngcháng 平常
- píngděng 平等
- píngfāng 平方
- pínghéng 平衡
- píngjìng 平静
- píngjūn 平均
- píngjià 评价
- píng 凭

Unit 46

- pòqiè 迫切
- pòchǎn 破产
- pòhuài 破坏
- qīdài 期待
- qījiān 期间
- qíyú 其余
- qíjì 奇迹
- qǐyè 企业
- qǐfā 启发
- qìfēn 气氛
- qìyóu 汽油
- qiānxū 谦虚
- qiān 签
- qiántú 前途
- qiǎn 浅
- qiàn 欠

Unit 47

- qiāng 枪
- qiángdiào 强调
- qiángliè 强烈
- qiáng 墙
- qiǎng 抢
- qiāoqiāo 悄悄
- qiáo 瞧
- qiǎomiào 巧妙
- qiē 切
- qīnài 亲爱
- qīnqiè 亲切
- qīnzì 亲自
- qínfèn 勤奋
- qīng 青
- qīngchūn 青春
- qīngshàonián 青少年

Unit 48

- qīngshì 轻视
- qīngyì 轻易
- qīngdān 清单
- qíngjǐng 情景
- qíngxù 情绪
- qǐngqiú 请求
- qìngzhù 庆祝
- qiúmí 球迷
- qūshì 趋势
- qǔxiāo 取消
- qǔ 娶
- qùshì 去世
- quān 圈
- quánlì 权力
- quánlì 权利
- quánmiàn 全面

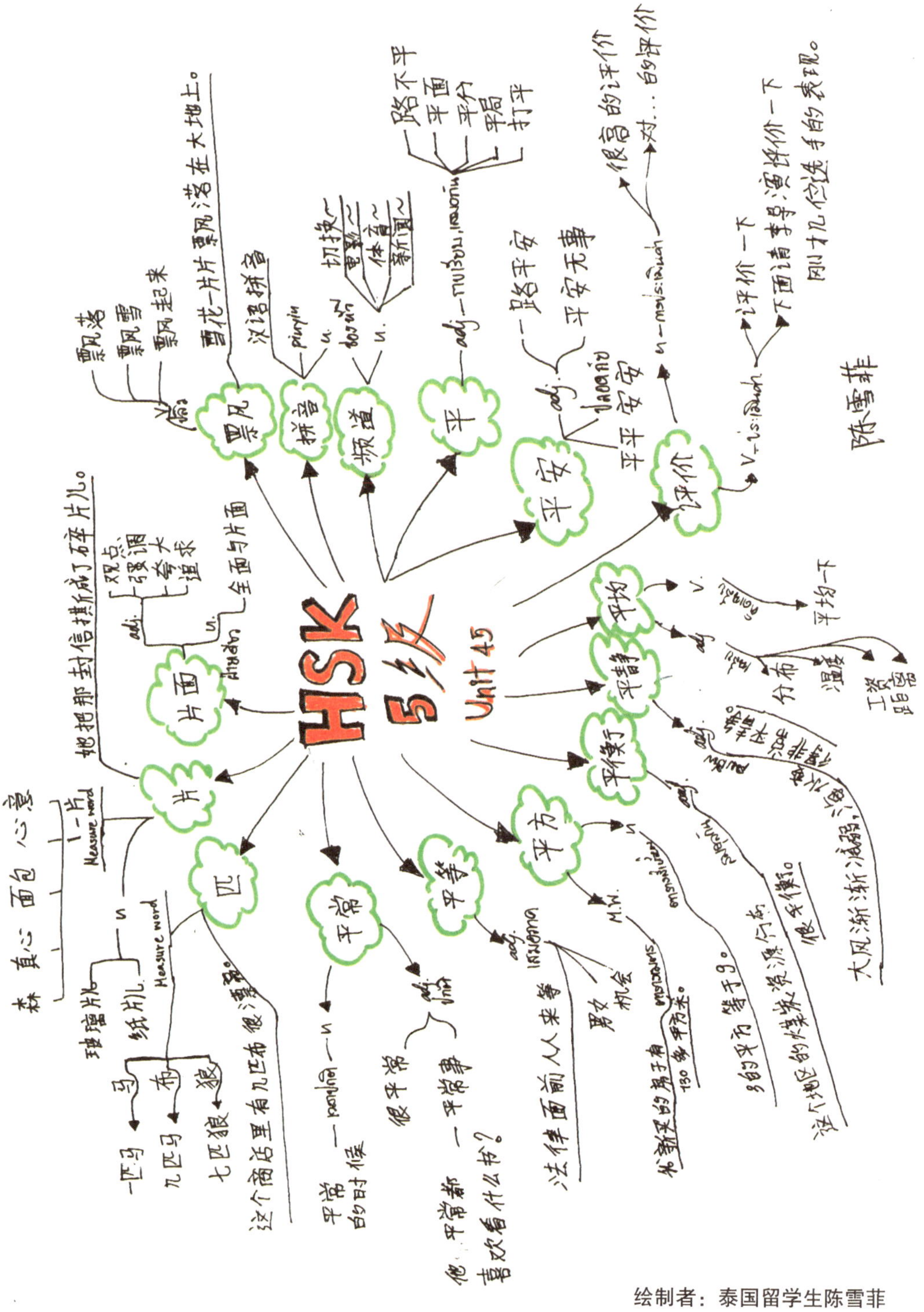
HSK 5级
Unit 45
飘
拼音
频道
平
平安
评价
平均
平静
平衡
平方
平等
平常
匹
片
片面
雪花一片片飘落在大地上。
她把那封信撕成了碎片儿。
汉语拼音
一路平安
平安无事
法律面前人人平等
他平常都喜欢看什么书？
陈雪菲

绘制者：泰国留学生陈雪菲

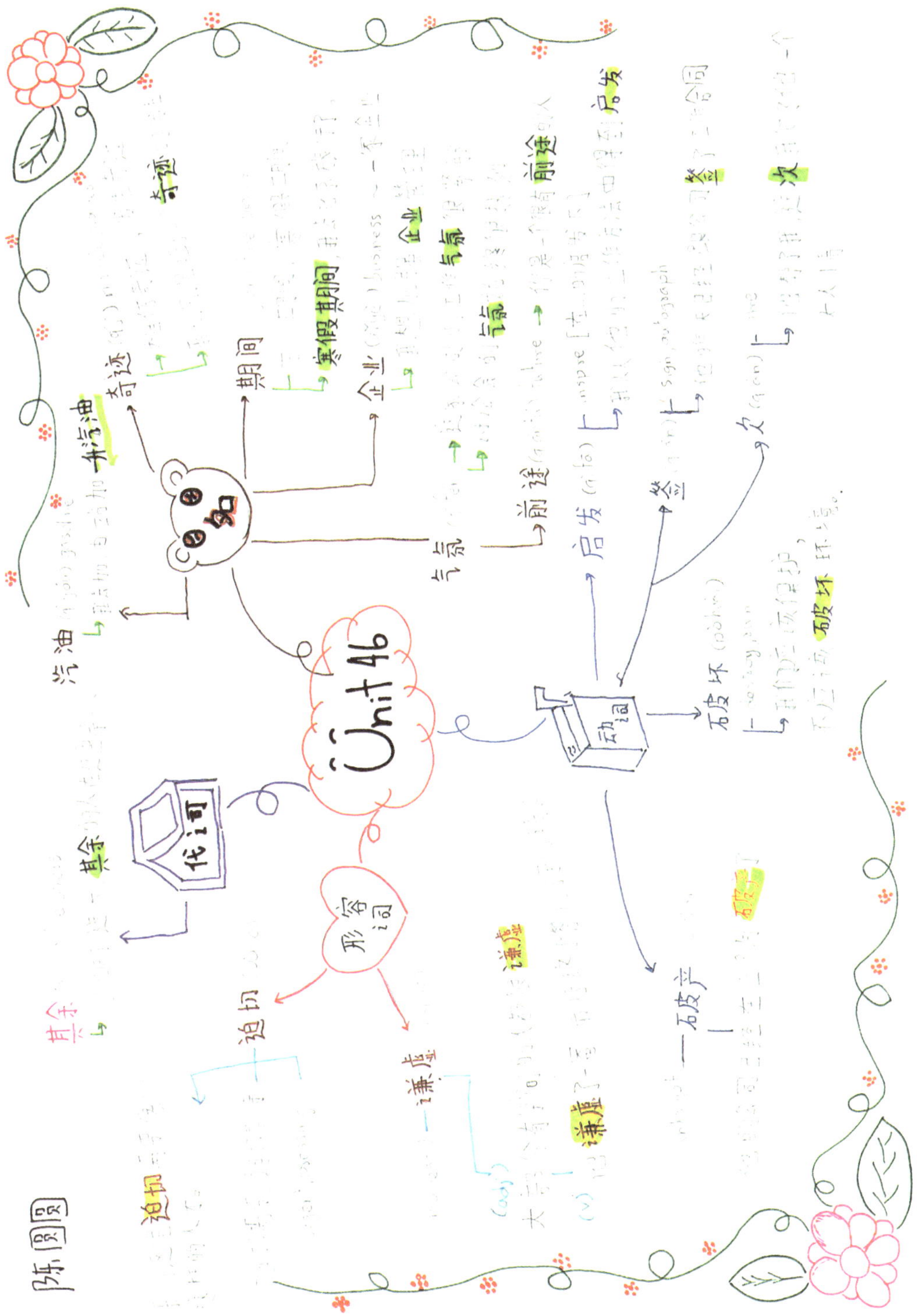

Unit 46
代词
其余
动词
汽油
奇迹
期间
企业
气氛
前途
启发
签
欠
破坏
破产
形容词
迫切
谦虚
陈圆圆

绘制者：泰国留学生陈圆圆

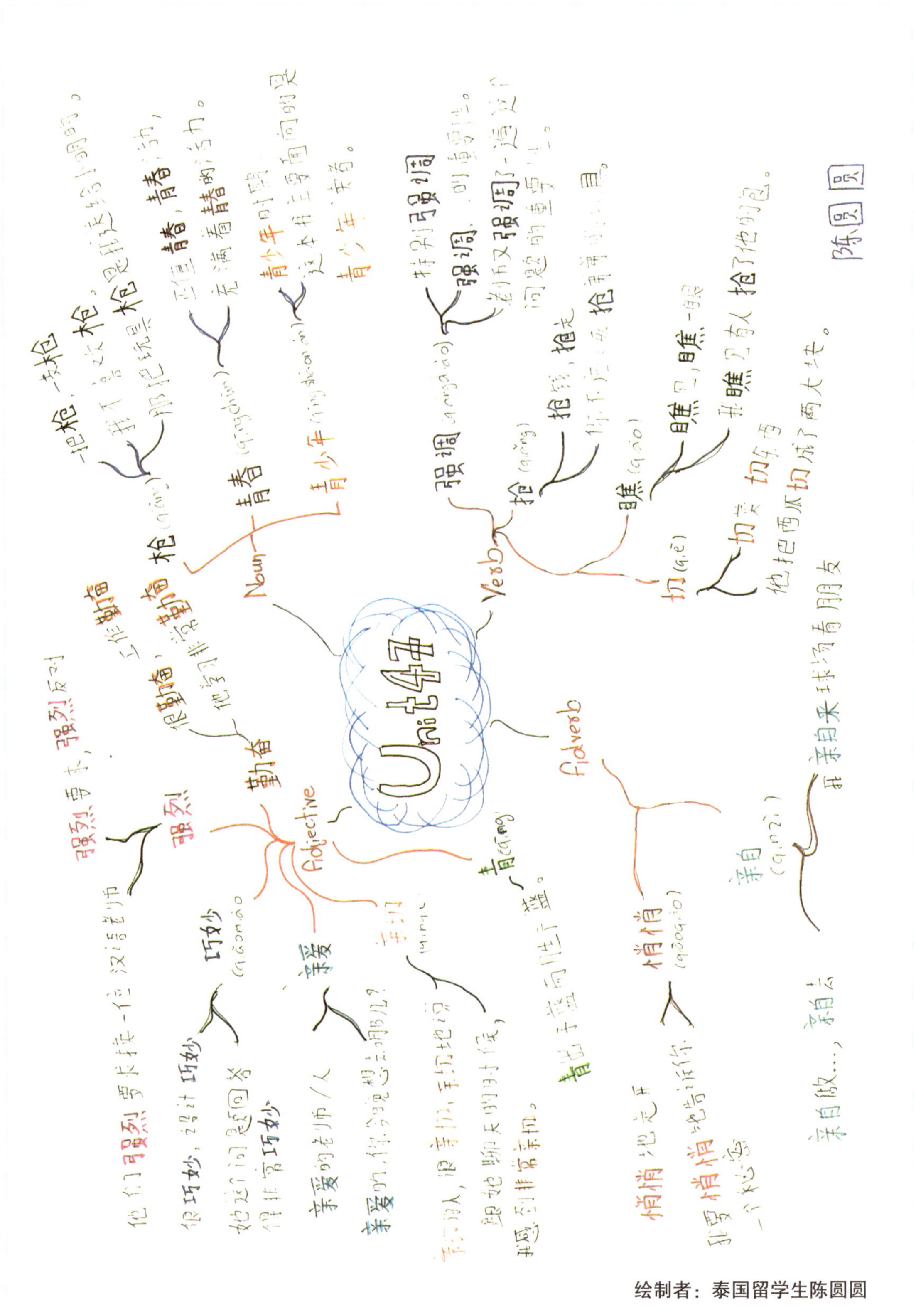
Unit 47
Noun
Verb
Adjective
Adverb

绘制者：泰国留学生陈圆圆

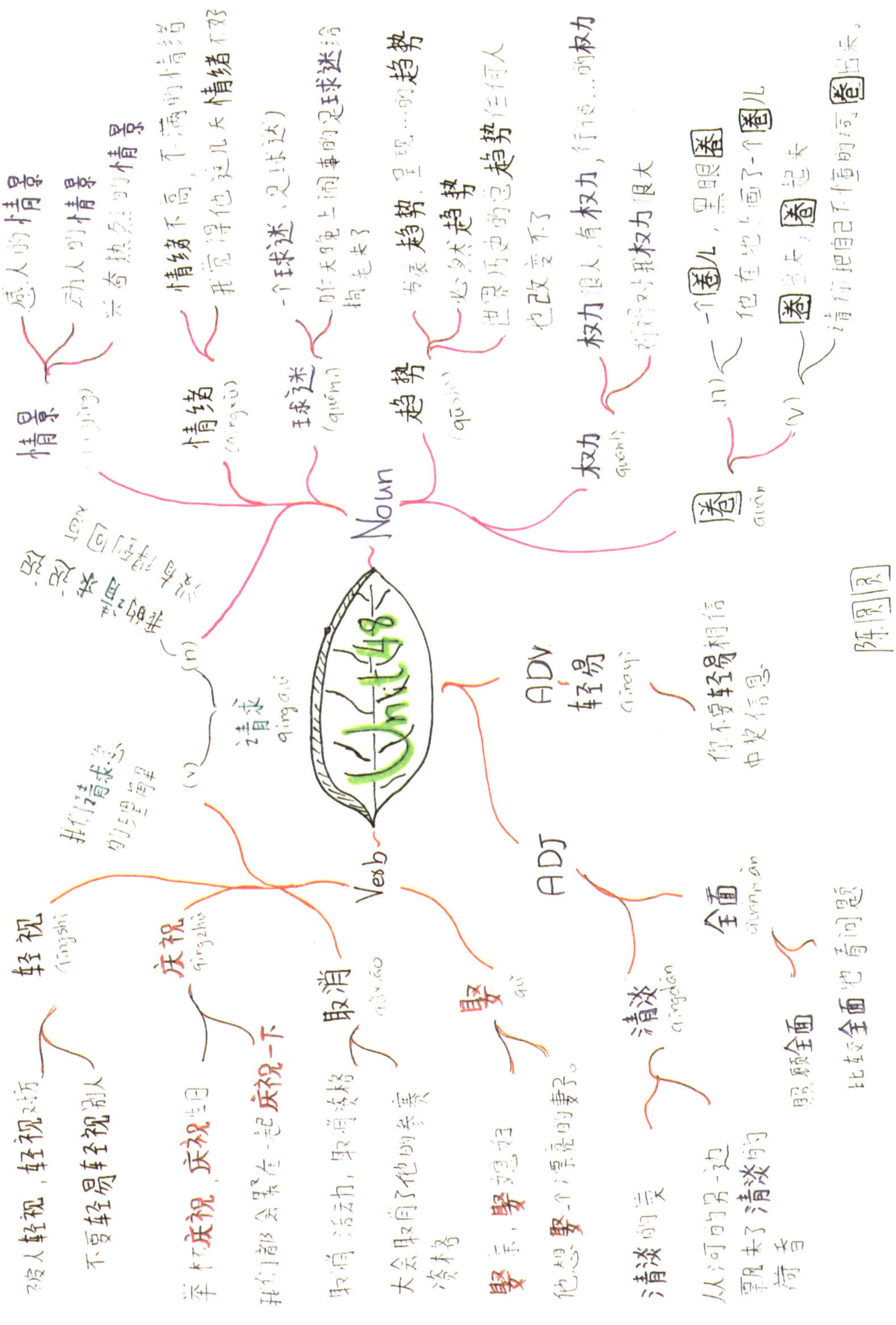

Unit 48
Noun
情景
感人的情景
动人的情景
兴奋热烈的情景
情绪
情绪不高，不满的情绪
我觉得他这几天情绪不好
球迷
一个球迷（足球迷）
趋势
必然趋势
世界历史的总趋势任何人也改变不了
权力
权力很大，有权力
圈
(n)
一个圈儿，黑眼圈
他在地上画了一个圈儿
(v)
请你把自己不懂的词圈出来。
Verb
轻视
不要轻易轻视别人
庆祝
我们都会聚在一起庆祝一下
取消
取消活动，取消资格
大会取消了他的参赛资格
娶
娶亲，娶媳妇
他想娶一个漂亮的妻子。
请求
(v)
(n)
我的请求没有得到回应
ADJ
清淡
清淡的菜
从河的另一边飘来了清淡的荷香
全面
照顾全面
比较全面地看问题
ADV
轻易
你不要轻易相信中奖信息
陈圆圆

绘制者：泰国留学生陈圆圆

Unit 49（劝～人事）～Unit 52（蛇～生动）

Unit 49

quàn
劝

quēfá
缺乏

quèdìng
确定

quèrèn
确认

qún
群

ránshāo
燃烧

rào
绕

rè'ài
热爱

rèliè
热烈

rèxīn
热心

réncái
人才

rénkǒu
人口

rénlèi
人类

rénmínbì
人民币

rénshēng
人生

rénshì
人事

Unit 50

rénwù
人物

rényuán
人员

rěnbúzhù
忍不住

rìcháng
日常

rìchéng
日程

rìlì
日历

rìqī
日期

rìyòngpǐn
日用品

rìzi
日子

rúhé
如何

rújīn
如今

ruǎn
软

ruǎnjiàn
软件

ruò
弱

sǎ
洒

sǎngzi
嗓子

Unit 51

sècǎi
色彩

shā
杀

shāmò
沙漠

shātān
沙滩

shǎ
傻

shài
晒

shānchú
删除

shǎndiàn
闪电

shànzi
扇子

shànliáng
善良

shànyú
善于

shānghài
伤害

shāngpǐn
商品

shāngwù
商务

shāngyè
商业

shàngdàng
上当

Unit 52

shé
蛇

shěbùde
舍不得

shèbèi
设备

shèjì
设计

shèshī
设施

shèjī
射击

shèyǐng
摄影

shēn
伸

shēncái
身材

shēnfèn
身份

shēnkè
深刻

shénhuà
神话

shénmì
神秘

shēng
升

shēngchǎn
生产

shēngdòng
生动

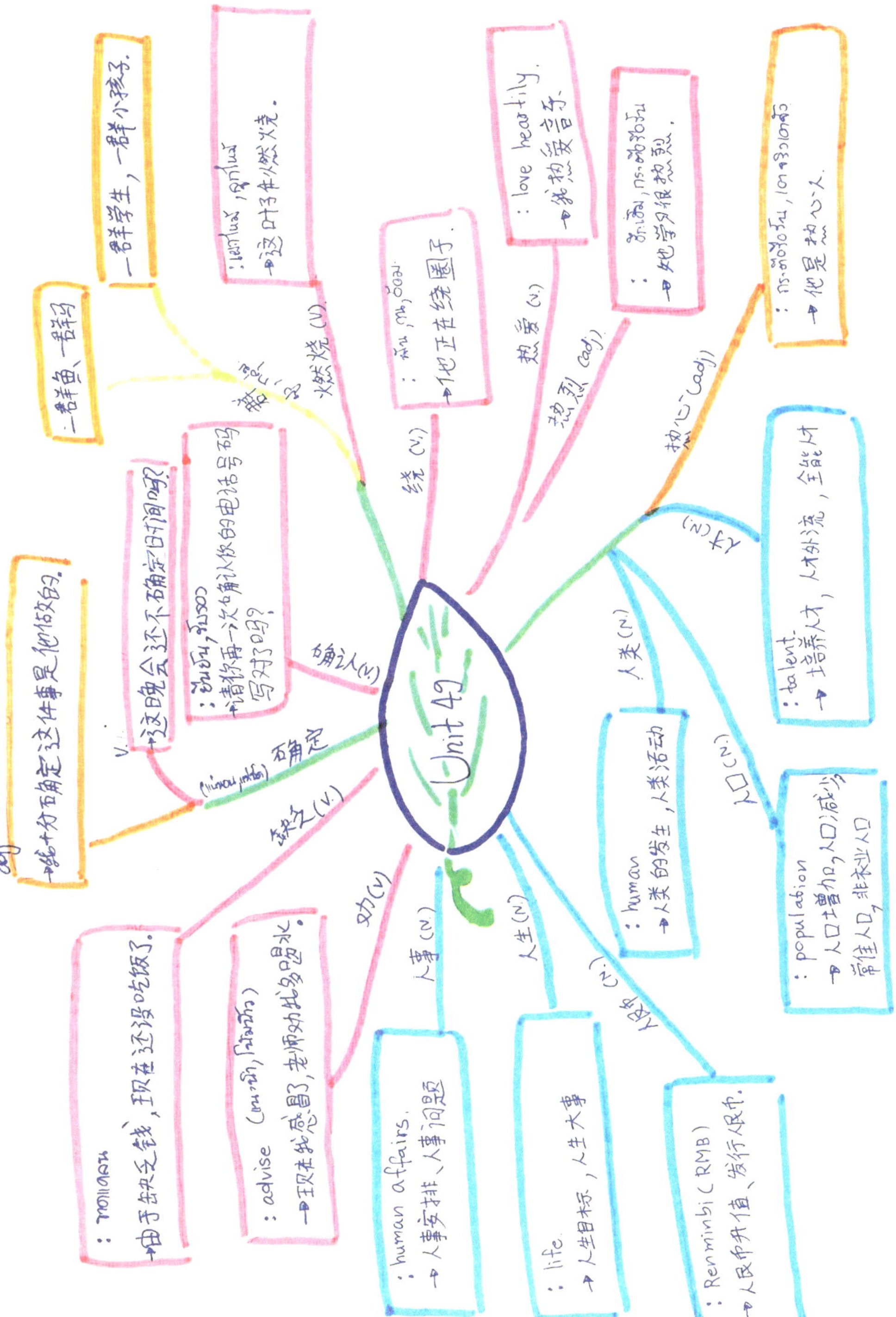
王晓彤
Unit 49
确定
确认(v.)
缺乏(v.)
劝(v.)
人事(n.)
人生(n.)
人民币(n.)
人类(n.)
人口(n.)
人才(n.)
热心(adj.)
热烈(adj.)
热爱(v.)
绕(v.)
燃烧(v.)
一群学生，一群小孩子。
human affairs
人事安排、人事问题
life
人生目标，人生大事
Renminbi (RMB)
人民币升值、发行人民币。
human
人类的发生，人类活动
population
talent
我热爱音乐。
他正在绕圈子。

绘制者：泰国留学生王晓彤

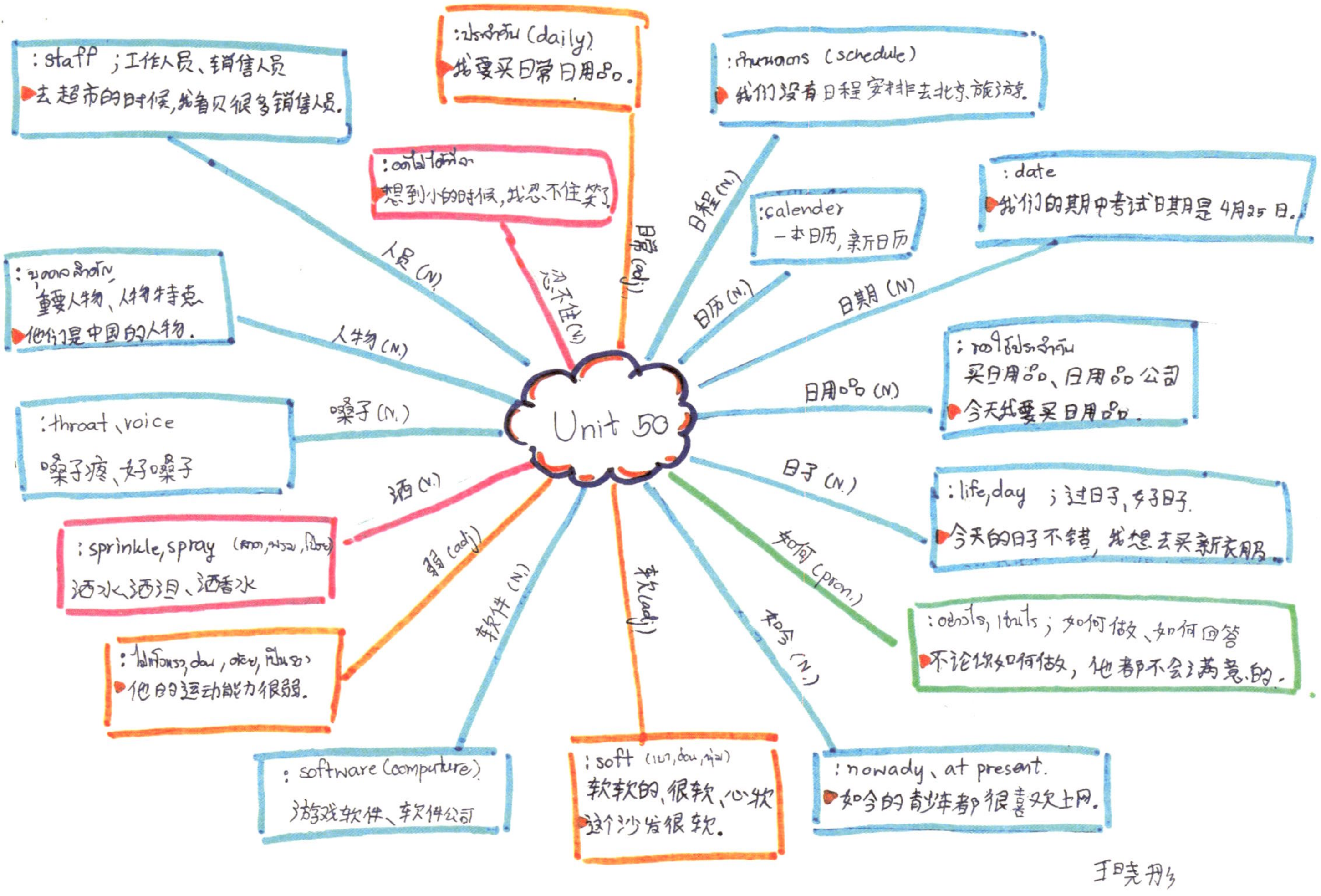
Unit 50
日常 (adj)
(daily)
我要买日常日用品。
日程 (N.)
(schedule)
我们没有日程安排去北京旅游。
日历 (N.)
:calender
一本日历，新日历
日期 (N)
: date
我们的期中考试日期是4月25日。
日用品 (N)
买日用品、日用品公司
今天我要买日用品。
日子 (N.)
: life, day ；过日子，好日子
今天的日子不错，我想去买新衣服。
如何 (pron.)
如何做、如何回答
不论你如何做，他都不会满意的。
如今 (N.)
: nowady、at present.
如今的青少年都很喜欢上网。
软 (adj)
: soft
软软的，很软，心软
这个沙发很软。
软件 (N.)
: software (computure)
游戏软件、软件公司
弱 (adj)
他的运动能力很弱。
洒 (V.)
: sprinkle, spray
洒水、洒泪、洒香水
嗓子 (N.)
: throat、voice
嗓子疼、好嗓子
人物 (N.)
重要人物、人物特点
他们是中国的人物。
人员 (N)
: staff ；工作人员、销售人员
去超市的时候，我看见很多销售人员。
忍不住 (V)
想到小的时候，我忍不住笑了。
王晓彤

绘制者：泰国留学生王晓彤

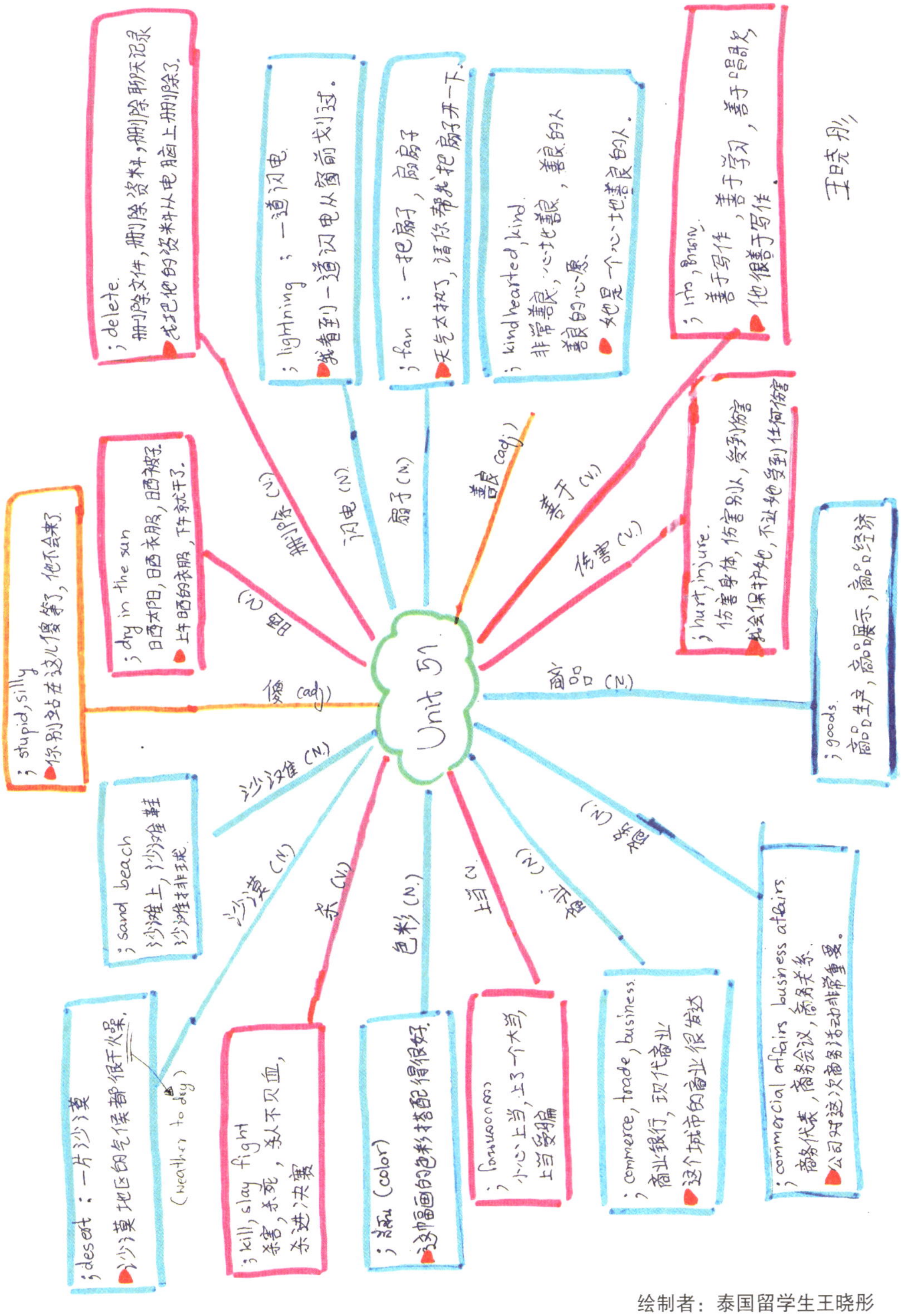
Unit 51
删除 (V.)
闪电 (N.)
扇子 (N.)
善良 (adj.)
善于 (V.)
伤害 (V.)
商品 (N.)
商务 (N.)
商业 (N.)
上当 (V.)
色彩 (N.)
杀 (V.)
沙漠 (N.)
沙滩 (N.)
傻 (adj.)
晒 (V.)
王晓彤

绘制者：泰国留学生王晓彤

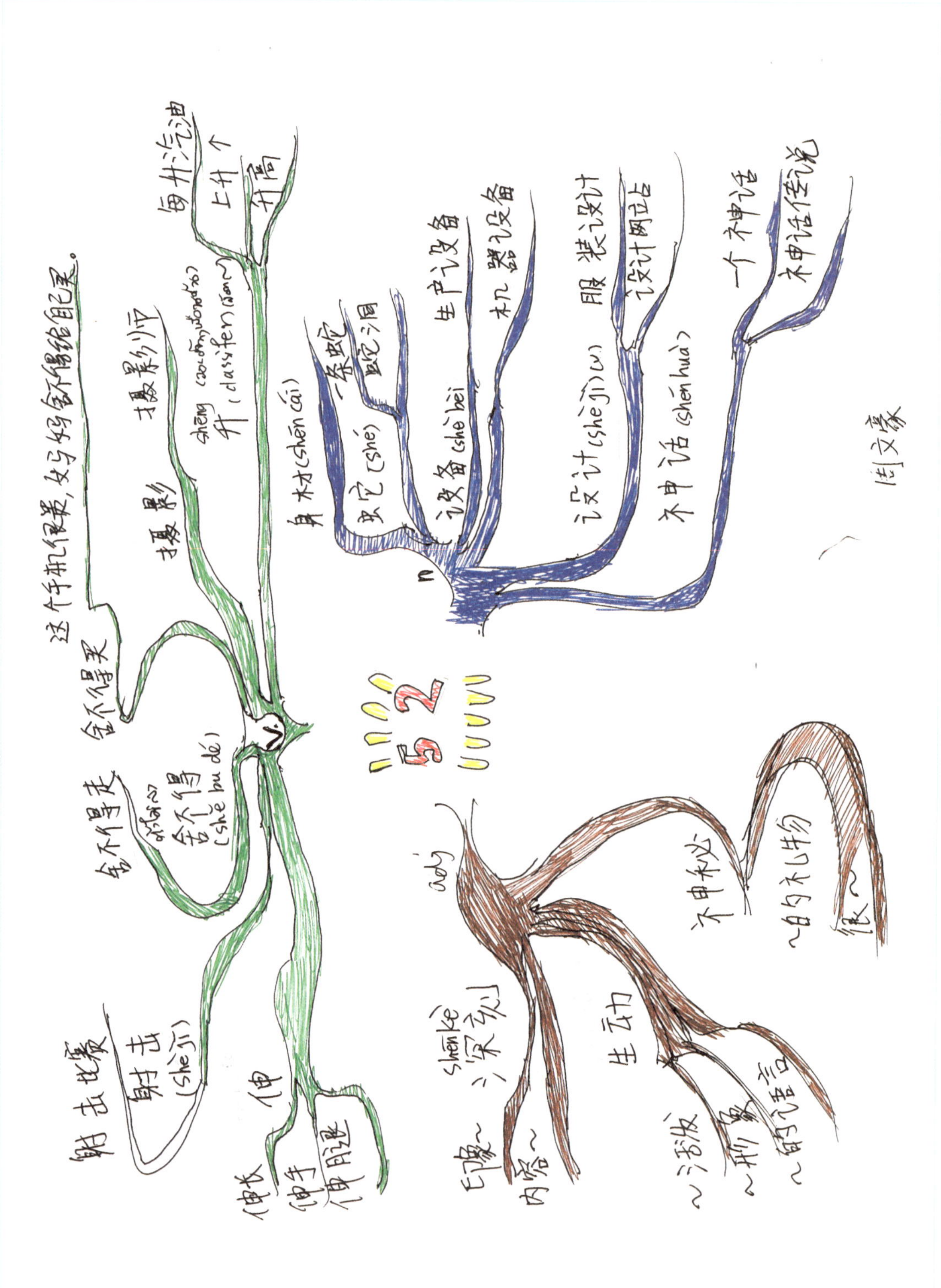

绘制者：泰国留学生周文豪

Unit 53（生长～时髦）～ Unit 56（蔬菜～私人）

Unit 53

shēngzhǎng 生长
shēngdiào 声调
shéngzi 绳子
shěnglüè 省略
shènglì 胜利
shīmián 失眠
shīqù 失去
shīyè 失业
shī 诗
shīzi 狮子
shīrùn 湿润
shítou 石头
shíchā 时差
shídài 时代
shíkè 时刻
shímáo 时髦

Unit 54

shíqī 时期
shíshàng 时尚
shíhuà 实话
shíjiàn 实践
shíxí 实习
shíxiàn 实现
shíyàn 实验
shíyòng 实用
shíwù 食物
shǐjìnr 使劲儿
shǐzhōng 始终
shìbīng 士兵
shìchǎng 市场
shìde 似的
shìshí 事实
shìwù 事物

Unit 55

shìxiān 事先
shìjuàn 试卷
shōuhuò 收获
shōujù 收据
shǒugōng 手工
shǒushù 手术
shǒutào 手套
shǒuxù 手续
shǒuzhǐ 手指
shǒu 首
shòumìng 寿命
shòushāng 受伤
shūjià 书架
shūzi 梳子
shūshì 舒适
shūrù 输入

Unit 56

shūcài 蔬菜
shúliàn 熟练
shǔyú 属于
shǔbiāo 鼠标
shù 数
shùjù 数据
shùmǎ 数码
shuāidǎo 摔倒
shuǎi 甩
shuāngfāng 双方
shuì 税
shuōbudìng 说不定
shuōfú 说服
sīchóu 丝绸
sīháo 丝毫
sīrén 私人

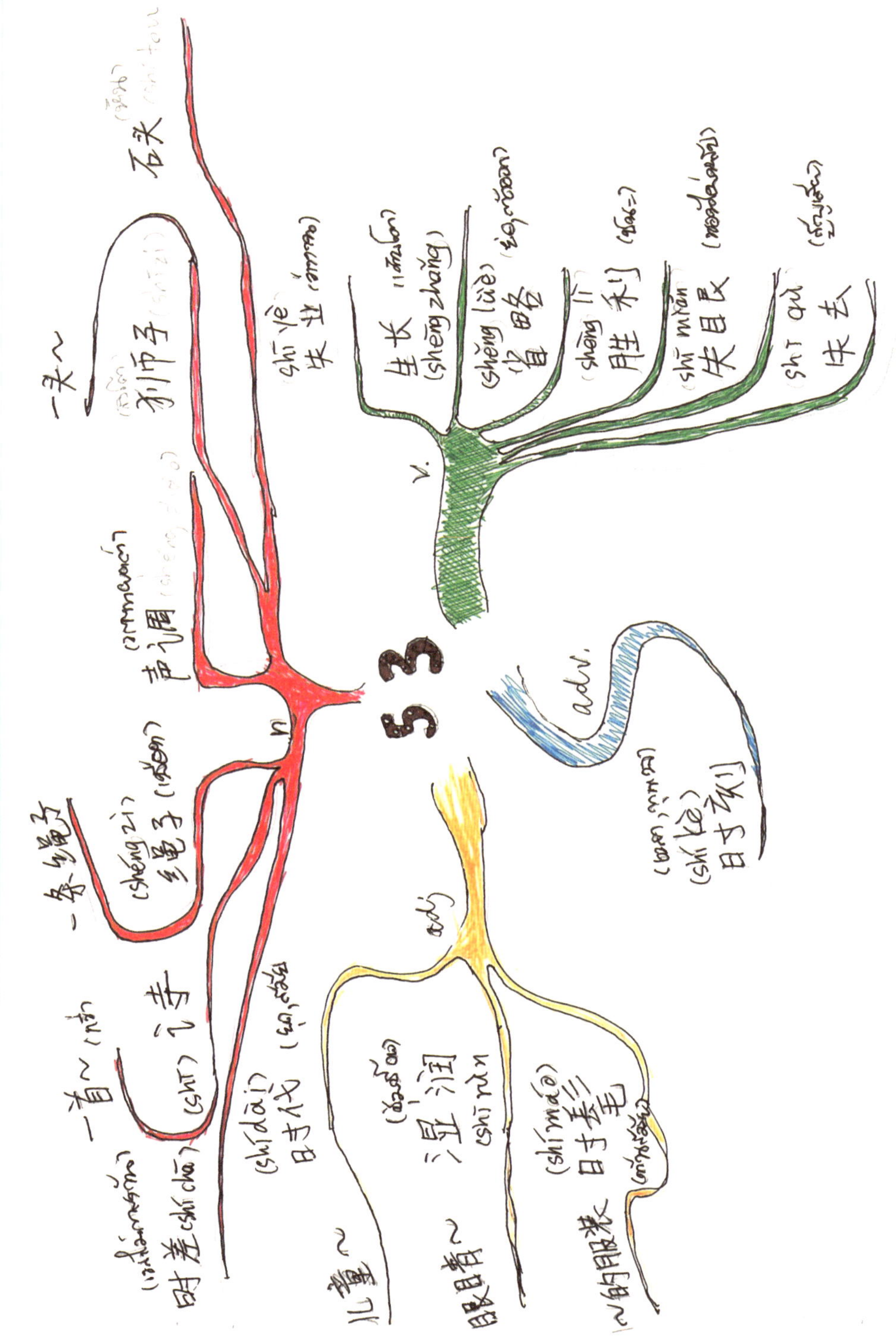
53
n.
v.
adv.
adj.
石头
声调
生长
省略
胜利
失眠
失去
周文豪

绘制者：泰国留学生周文豪

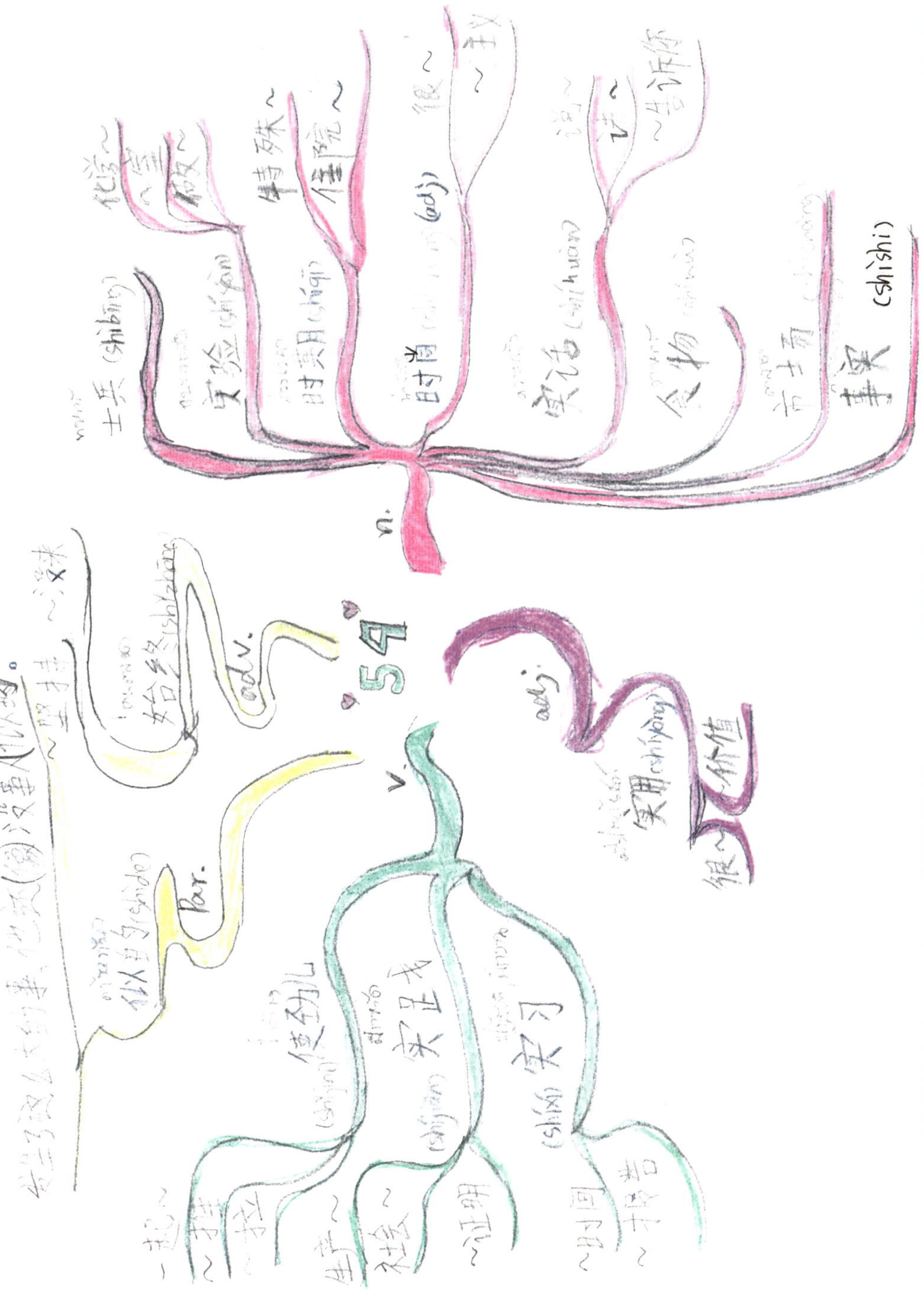
54
n.
士兵 (shìbīng)
实验 (shíyàn)
时期 (shíqī)
时尚 (adj.)
实话 (shíhuà)
食物
事实 (shìshí)
adj.
实用 (shíyòng)
价值
v.
使劲儿
实践
实习
adv.
始终
par.
似的

绘制者：泰国留学生周文豪

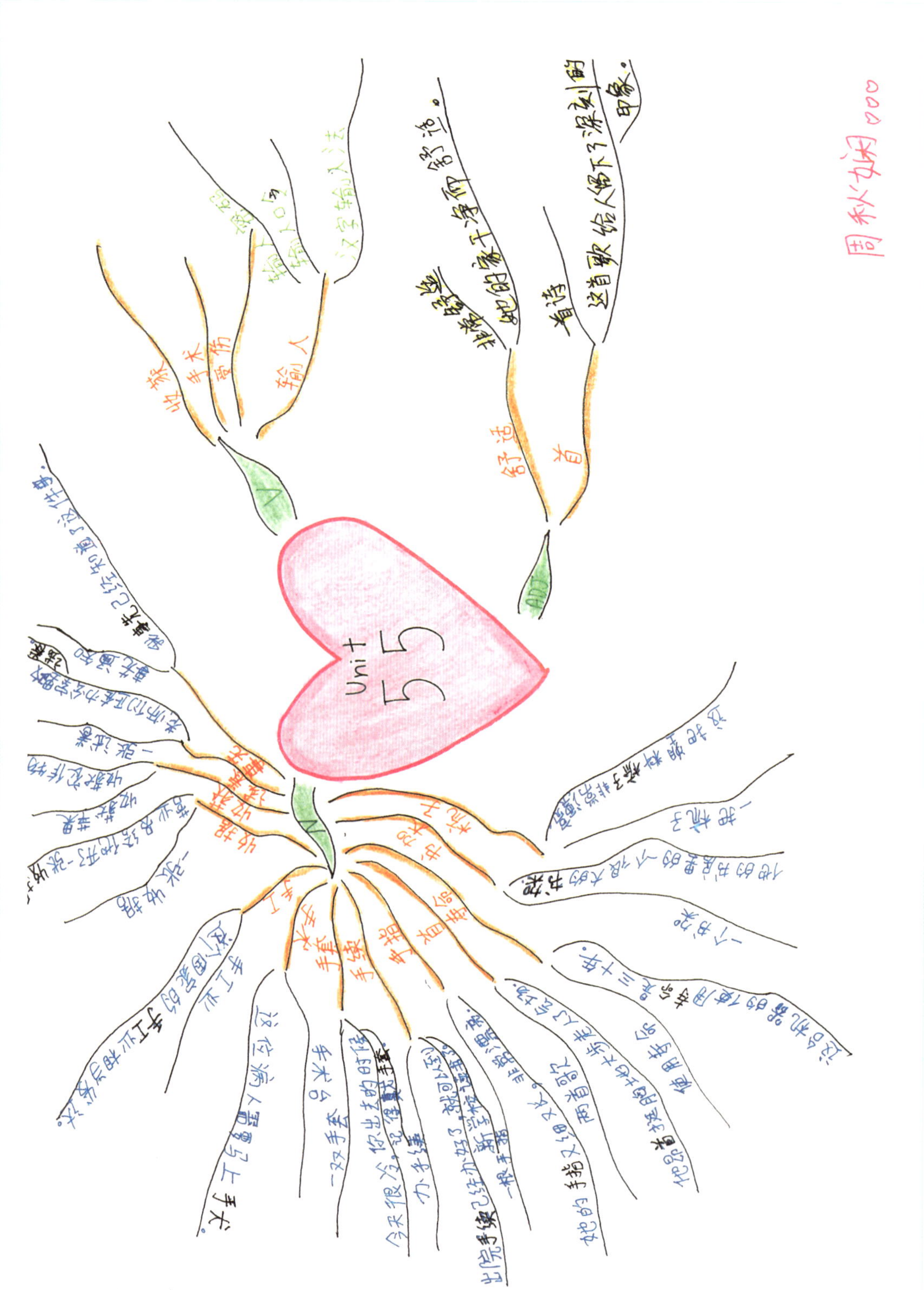
Unit 5

绘制者：泰国留学生周秋娴

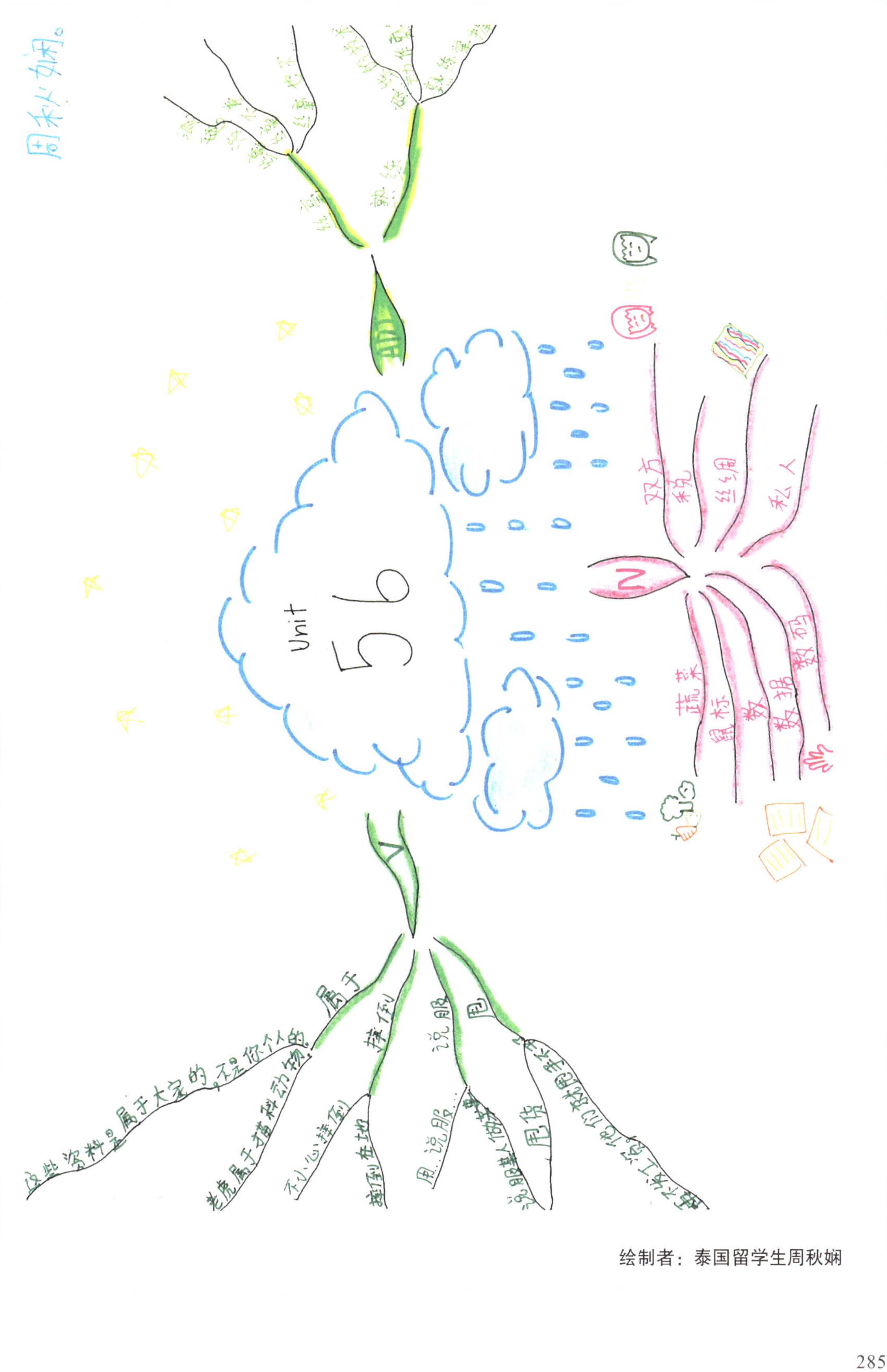
Unit
56

绘制者：泰国留学生周秋娴

Unit 57（思考～太极拳）～ Unit 60（投入～歪）

Unit 57

sīkǎo 思考
sīxiǎng 思想
sī 撕
sìhū 似乎
sōusuǒ 搜索
sùshè 宿舍
suíshēn 随身
suíshí 随时
suíshǒu 随手
suì 碎
sǔnshī 损失
suōduǎn 缩短
suǒ 所
suǒ 锁
táijiē 台阶
tàijíquán 太极拳

Unit 58

tàitai 太太
tánpàn 谈判
tǎnshuài 坦率
tàng 烫
táo 逃
táobì 逃避
táo 桃
táoqì 淘气
tǎojiàhuánjià 讨价还价
tào 套
tèsè 特色
tèshū 特殊
tèzhēng 特征
téngài 疼爱
tíchàng 提倡
tígāng 提纲

Unit 59

tíwèn 提问
tímù 题目
tǐhuì 体会
tǐtiē 体贴
tǐxiàn 体现
tǐyàn 体验
tiānkōng 天空
tiānzhēn 天真
tiáopí 调皮
tiáozhěng 调整
tiǎozhàn 挑战
tōngcháng 通常
tǒngyī 统一
tòngkǔ 痛苦
tòngkuài 痛快
tōu 偷

Unit 60

tóurù 投入
tóuzī 投资
tòumíng 透明
tūchū 突出
tǔdì 土地
tǔdòu 土豆
tǔ 吐
tùzi 兔子
tuán 团
tuīcí 推辞
tuījiàn 推荐
tuīguǎng 推广
tuì 退
tuìbù 退步
tuìxiū 退休
wāi 歪

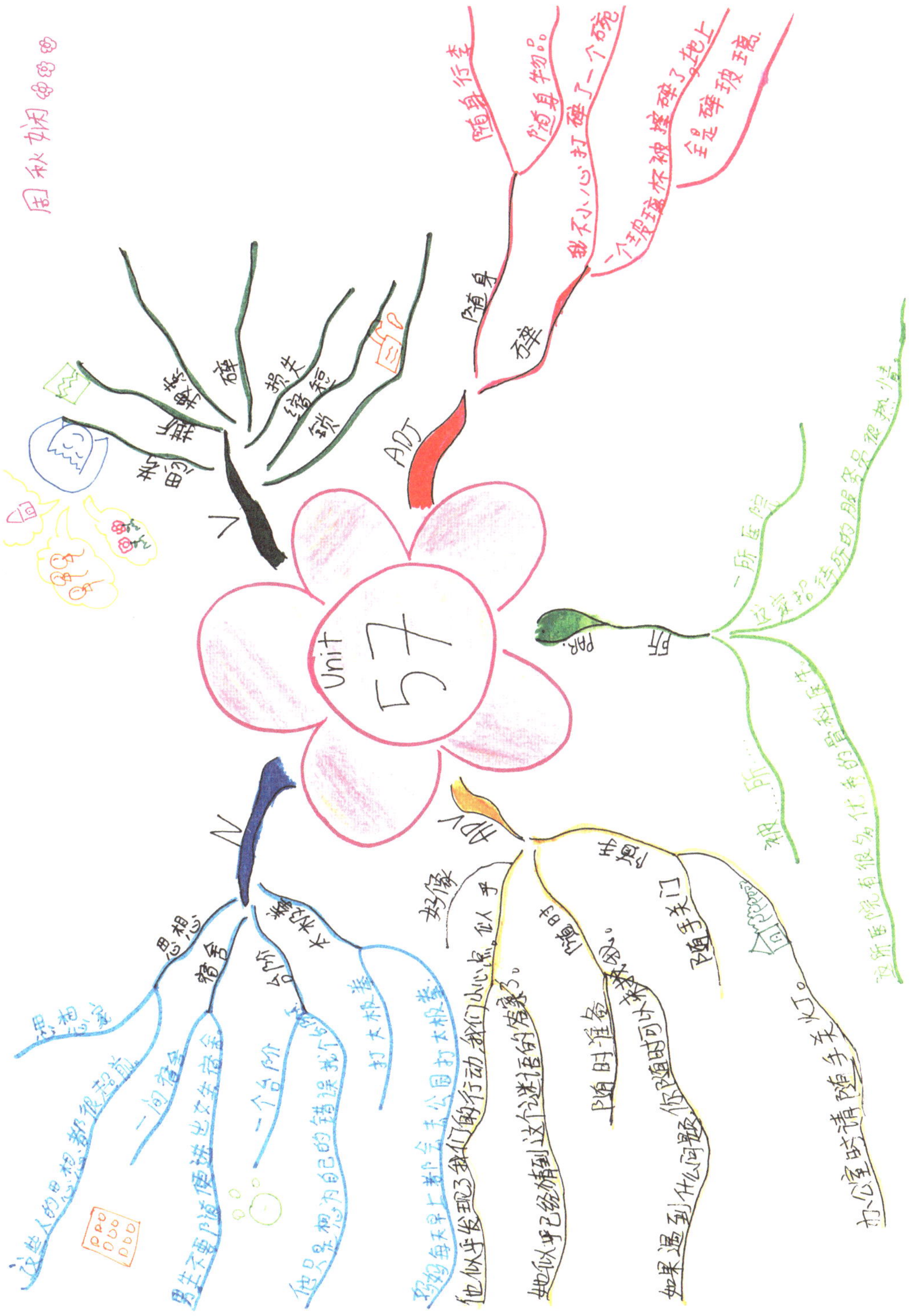
Unit
57
V
N
ADJ
ADV
PRP.

绘制者：泰国留学生周秋娴

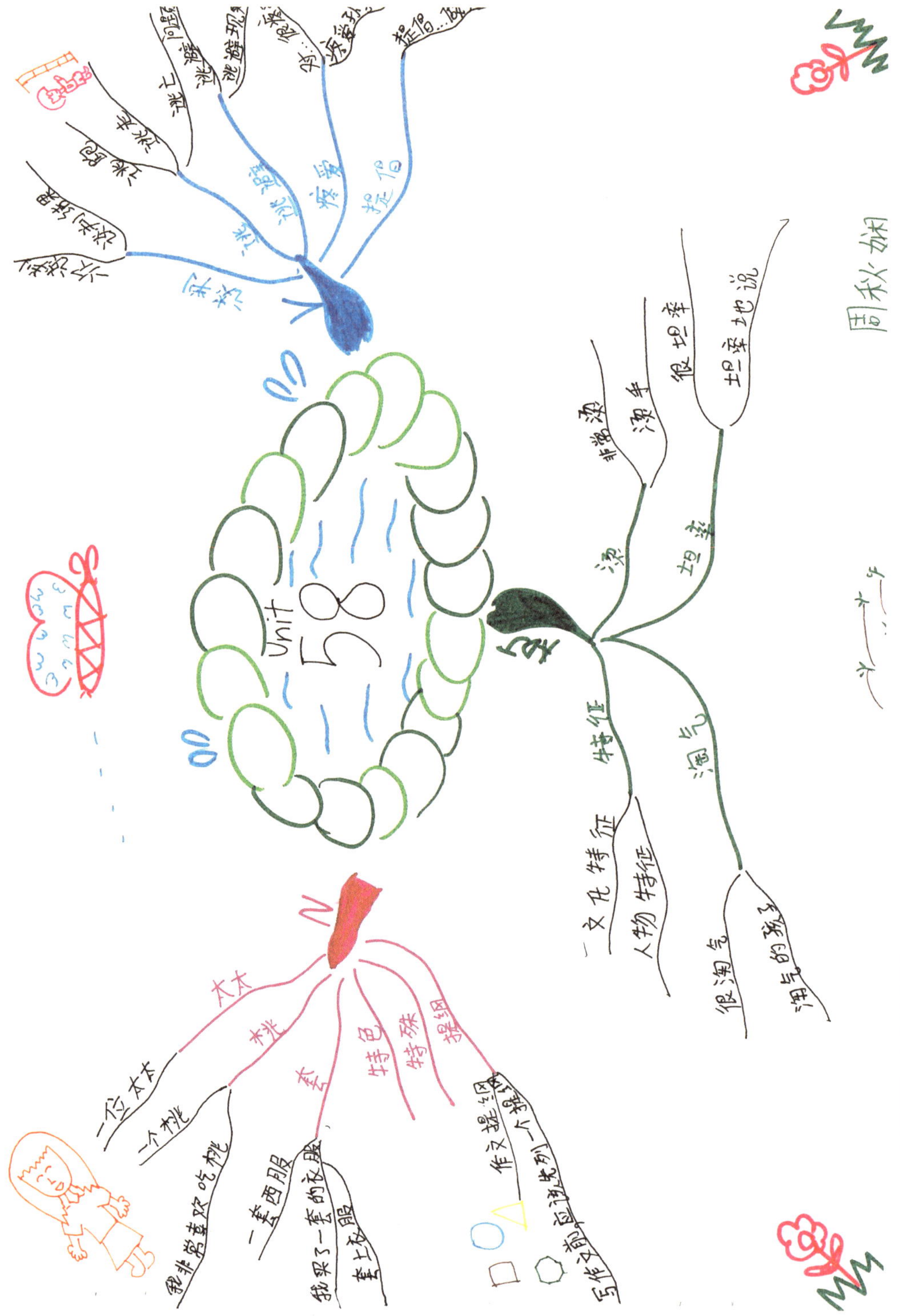
Unit 58
采访
逃跑
逃避
疼爱
提倡
逃亡
逃走
逃避问题
太太
一位太太
一个桃
我非常喜欢吃桃
套
一套西服
我买了一套的衣服
套上衣服
特色
特殊
提纲
作文提纲
特征
文化特征
人物特征
淘气
很淘气
淘气的孩子
坦率
很坦率
坦率地说
浓
非常浓
周秋娴

绘制者：泰国留学生周秋娴

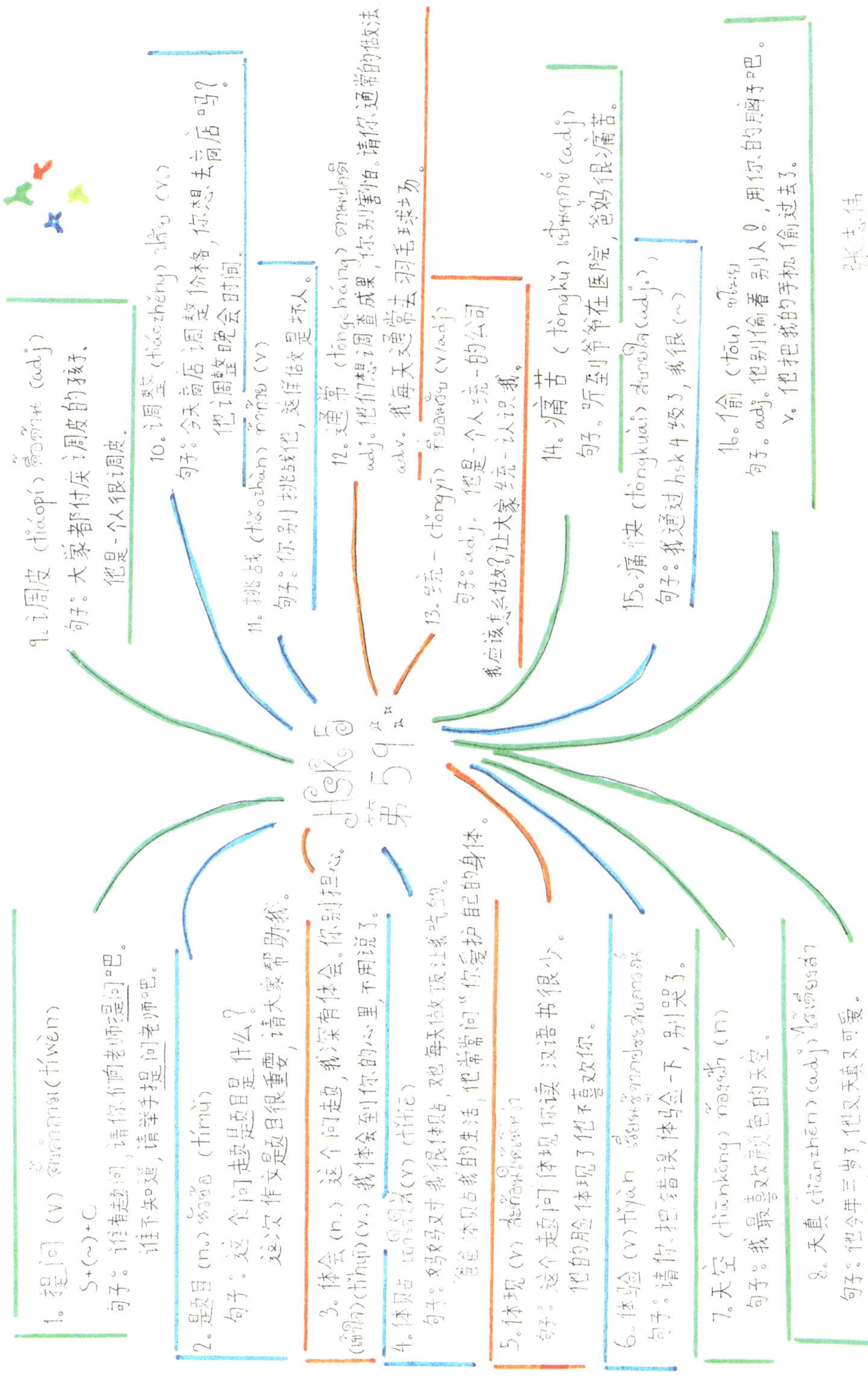
HSK 5 第59
1. 提问 (v) ตั้งคำถาม (tíwèn)
S+(~)+C
句子：谁有趣问，请你们向老师提问吧。
谁不知道，请举手提问老师吧。
2. 题目 (n.) หัวข้อ (tímù)
句子：这个问题题目是什么？
这次作文题目很重要，请大家帮助我。
3. 体会 (n.) 这个问题，我深有体会。你别担心。
(เข้าใจ)(tǐhuì)(v.) 我体会到你的心里，不用说了。
4. 体贴 (v) (tǐtiē)
句子：妈妈对我很体贴，她每天做饭让我吃的。
爸爸体贴我的生活，他常常问"你爱护自己的身体。
5. 体现 (v)
句子：这个题问体现你读汉语书很少。
他的脸体现了他不喜欢你。
6. 体验 (v) tǐyàn
句子：请你把错误体验一下，别哭了。
7. 天空 (tiānkōng) ท้องฟ้า (n)
句子：我最喜欢颜色的天空。
8. 天真 (tiānzhēn) (adj) ไร้เดียงสา
句子：他今年三岁了，他又天真又可爱。
天真的孩子，你别打他。
9. 调皮 (tiáopí) ดื้อด้าน (adj)
句子：大家都讨厌调皮的孩子。
他是一个人很调皮。
10. 调整 (tiáozhěng) ปรับ (v.)
句子：今天商店调整价格，你想去商店吗？
他调整晚会时间。
11. 挑战 (tiǎozhàn) ท้าทาย (v)
句子：你别挑战他，这样做是坏人。
12. 通常 (tōngcháng) ตามปกติ
adj. 他们想调查成果，你别害怕。请你通常的做法
adv. 我每天通常去羽毛球场。
13. 统一 (tǒngyī) (v/adj)
句子：adj. 他是一个人统一的公司
我应该怎么做？让大家统一认识我。
14. 痛苦 (tòngkǔ) เจ็บปวด (adj)
句子。听到爷爷在医院，爸妈很痛苦。
15. 痛快 (tòngkuài) สบายใจ (adj.)
句子：我通过hsk4级了，我很(~)
16. 偷 (tōu) ขโมย
句子。adj. 他别偷看别人！，用你的脑子吧。
v. 他把我的手机偷过去了。
张志伟

绘制者：泰国留学生周秋娴

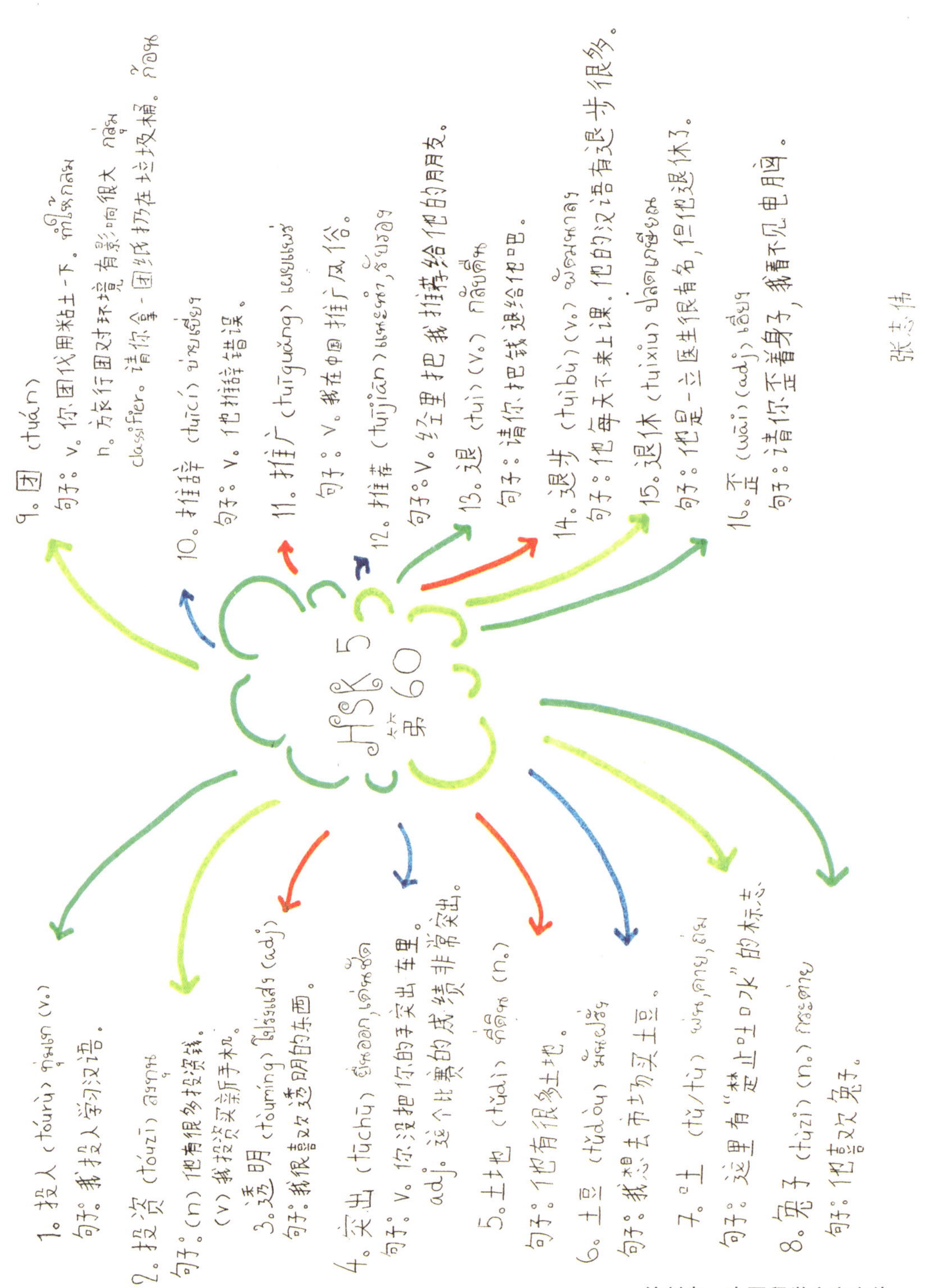
HSK 5
第60
1. 投入 (tóurù) (v.)
句子：我投入学习汉语。
2. 投资 (tóuzī)
句子：(n) 他有很多投资钱。
(v) 我投资买新手机。
3. 透明 (tòumíng) (adj)
句子：我很喜欢透明的东西。
4. 突出 (tūchū)
句子：v. 你没把你的手突出车里。
adj. 这个比赛的成绩非常突出。
5. 土地 (tǔdì) (n.)
句子：他有很多土地。
6. 土豆 (tǔdòu)
句子：我想去市场买土豆。
7. 吐 (tǔ/tù)
句子：这里有"禁止吐口水"的标志。
8. 兔子 (tùzi) (n.)
句子：他喜欢兔子。
9. 团 (tuán)
句子：v. 你团代用米粘土一下。
n. 旅行团对环境有影响很大
classifier. 请你拿一团纸扔在垃圾桶。
10. 推辞 (tuīcí)
句子：v. 他推辞错误。
11. 推广 (tuīguǎng)
句子：v. 我在中国推广风俗。
12. 推荐 (tuījiàn)
句子：v. 经理把我推荐给他的朋友。
13. 退 (tuì) (v.)
句子：请你把钱退给他吧。
14. 退步 (tuìbù) (v.)
句子：他每天不来上课，他的汉语有退步很多。
15. 退休 (tuìxiū)
句子：他是一个医生很有名，但他退休了。
16. 歪 (wāi) (adj)
句子：请你歪着身子，我看不见电脑。
张志伟

绘制者：泰国留学生张志伟

Unit 61（外公～围绕）～ Unit 64（雾～县）

Unit 61

wàigōng 外公
wàijiāo 外交
wánměi 完美
wánshàn 完善
wánzhěng 完整
wánjù 玩具
wànyī 万一
wángzǐ 王子
wǎngluò 网络
wǎngfǎn 往返
wēihài 危害
wēixié 威胁
wēixiào 微笑
wéifǎn 违反
wéijīn 围巾
wéirào 围绕

Unit 62

wéiyī 唯一
wéixiū 维修
wěidà 伟大
wěiba 尾巴
wěiqu 委屈
wèibì 未必
wèilái 未来
wèiyú 位于
wèizhì 位置
wèi 胃
wèikǒu 胃口
wēnnuǎn 温暖
wēnróu 温柔
wénjiàn 文件
wénjù 文具
wénmíng 文明

Unit 63

wénxué 文学
wénzì 文字
wén 闻
wěn 吻
wěndìng 稳定
wènhòu 问候
wòshì 卧室
wòshǒu 握手
wūzi 屋子
wúnài 无奈
wúshù 无数
wúsuǒwèi 无所谓
wǔshù 武术
wù 勿
wùlǐ 物理
wùzhì 物质

Unit 64

wù 雾
xīqǔ 吸取
xīshōu 吸收
xìjù 戏剧
xì 系
xìtǒng 系统
xìjié 细节
xiā 瞎
xiàzài 下载
xià 吓
xiàlìngyíng 夏令营
xiānyàn 鲜艳
xiǎnde 显得
xiǎnrán 显然
xiǎnshì 显示
xiàn 县

林慧洁
UNIT 61
ADJ.
V.
N.

绘制者：泰国留学生林慧洁

未来的一年，展望未来
青少年是国家的未来和希望。
维修了，维修工人
空调又坏了，你快找人来维修吧
位于东方
广州位于中国的南方。
文具，文具店
你的铅笔放在文具盒里。
一份文件，文件夹
他找了半天，也没找到那份文件。
一条尾巴，兔子尾巴
那条狗一直冲我摇尾巴。
伟大的事业。
他一生中有许多伟大的发现
唯一的选择
未来
维修
位于
文具
文件
尾巴
伟大
唯一
Adj/n.
V.
N.
Adj.
unit 62
林慧洁

绘制者：泰国留学生林慧洁

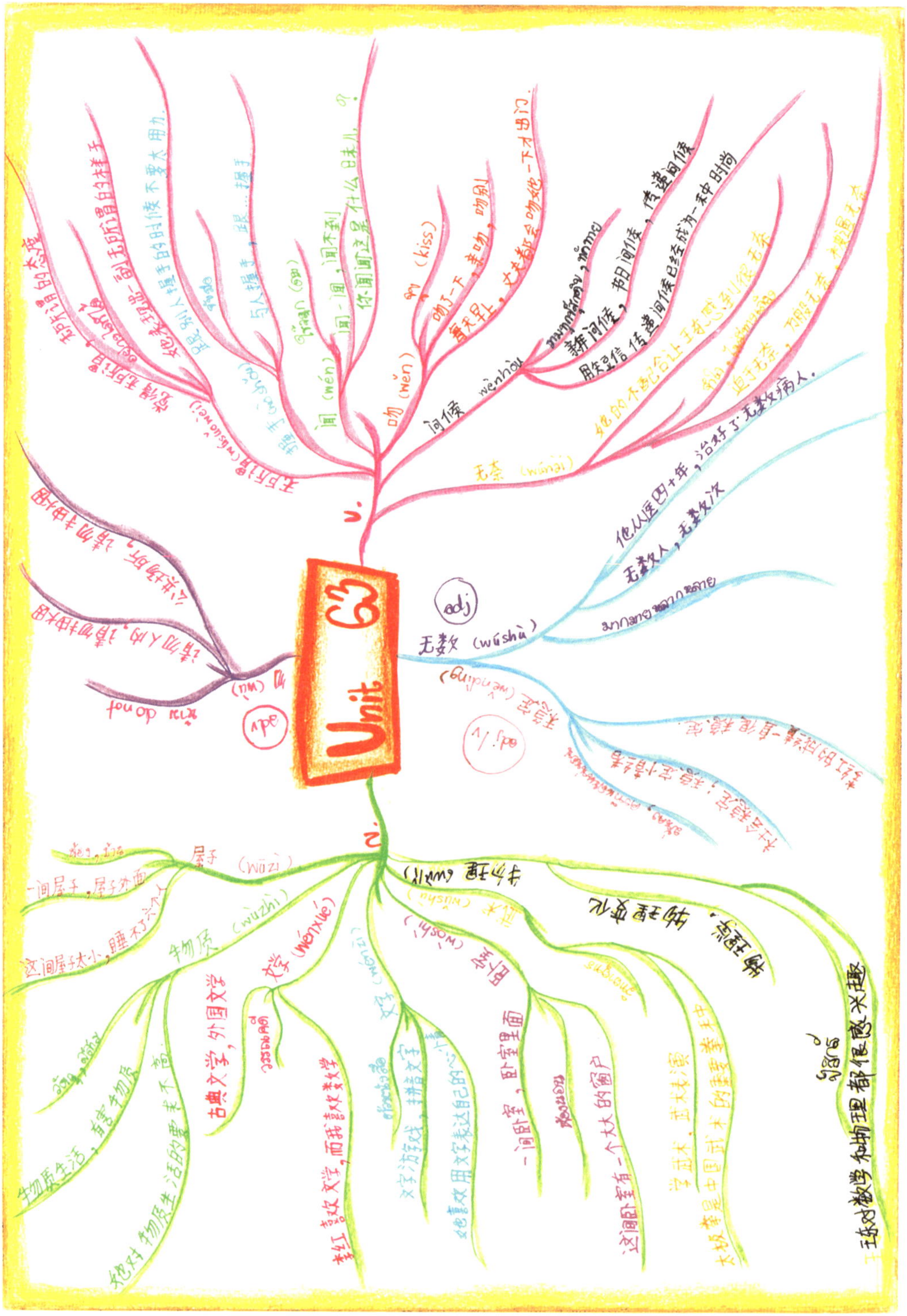
Unit 63
v.
n.
adj
无数 (wúshù)
他从医四十年，治好了无数病人。
无数人，无数次
无奈 (wúnài)
问候 wènhòu
吻 (wěn)
吻了一下，亲吻，吻别
闻 (wén)
闻一闻，闻不到
无所谓 (wúsuǒwèi)
屋子 (wūzi)
一间屋子，屋子外面
这间屋子太小，睡不了六个人
物质 (wùzhì)
物质生活，有害物质
文学 (wénxué)
古典文学，外国文学
文字 (wénzì)
文字游戏，描述文字
卧室 (wòshì)
一间卧室，卧室里面
这间卧室有一个大大的窗户
武术 (wǔshù)
物理 (wùlǐ)

绘制者：泰国留学生林嘉乐

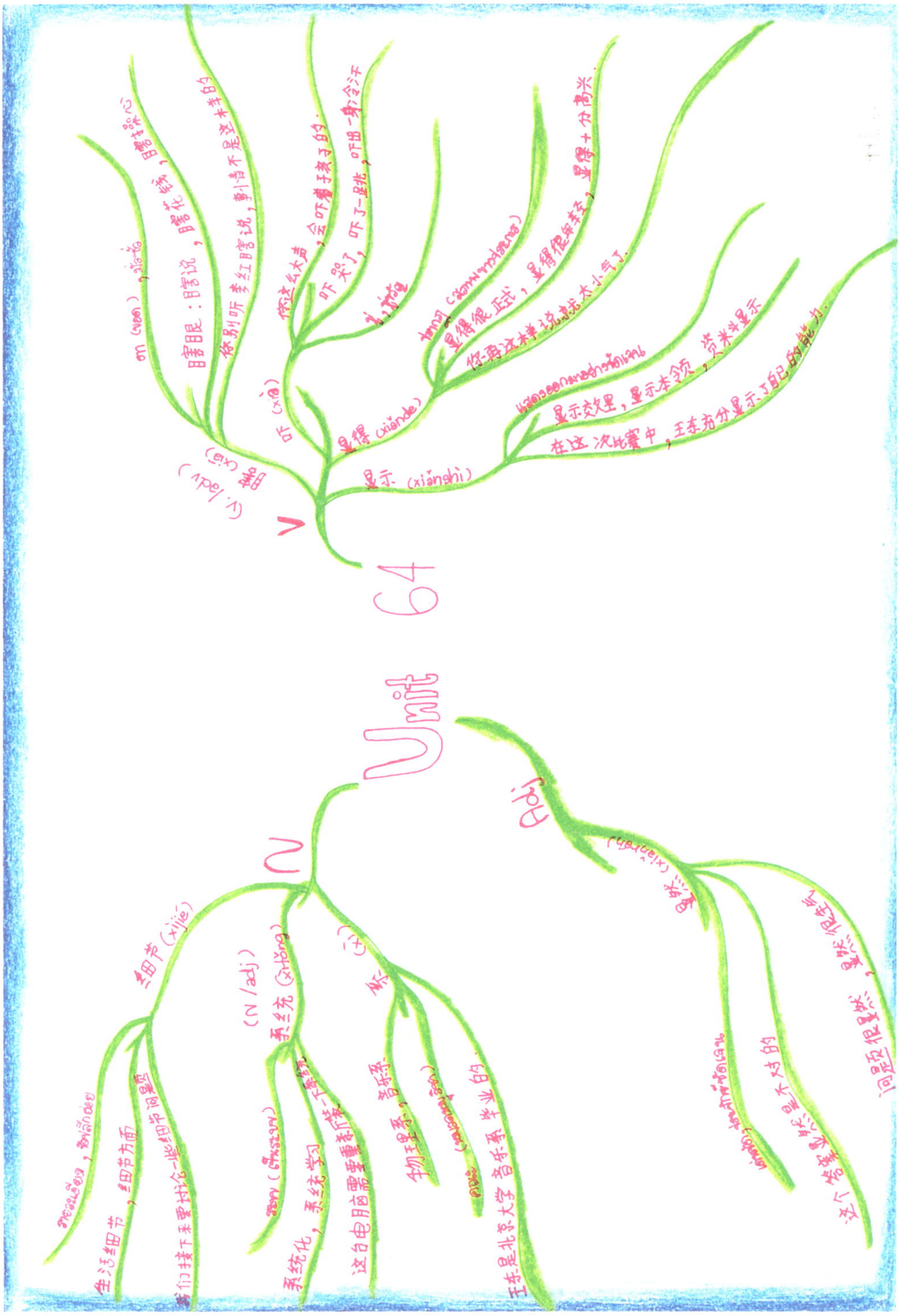

Unit 64
V
N
Adj

绘制者：泰国留学生林嘉乐

Unit 65（现代～项目）～Unit 68（兄弟～押金）

Unit 65

xiàndài 现代
xiànshí 现实
xiànxiàng 现象
xiànzhì 限制
xiāngchǔ 相处
xiāngdāng 相当
xiāngduì 相对
xiāngguān 相关
xiāngsì 相似
xiāngcháng 香肠
xiǎngshòu 享受
xiǎngniàn 想念
xiǎngxiàng 想象
xiàng 项
xiàngliàn 项链
xiàngmù 项目

Unit 66

xiàngqí 象棋
xiàngzhēng 象征
xiāofèi 消费
xiāohuà 消化
xiāojí 消极
xiāoshī 消失
xiāoshòu 销售
xiǎomài 小麦
xiǎoqi 小气
xiàoshùn 孝顺
xiàolǜ 效率
xiē 歇
xié 斜
xiězuò 写作
xiě 血
xīnlǐ 心理

Unit 67

xīnzàng 心脏
xīnshǎng 欣赏
xìnhào 信号
xìnrèn 信任
xíngdòng 行动
xíngrén 行人
xíngwéi 行为
xíngchéng 形成
xíngróng 形容
xíngshì 形式
xíngshì 形势
xíngxiàng 形象
xíngzhuàng 形状
xìngkuī 幸亏
xìngyùn 幸运
xìngzhì 性质

Unit 68

xiōngdì 兄弟
xiōng 胸
xiūxián 休闲
xiūgǎi 修改
xūxīn 虚心
xùshù 叙述
xuānbù 宣布
xuānchuán 宣传
xuélì 学历
xuéshù 学术
xuéwèn 学问
xúnzhǎo 寻找
xúnwèn 询问
xùnliàn 训练
xùnsù 迅速
yājīn 押金

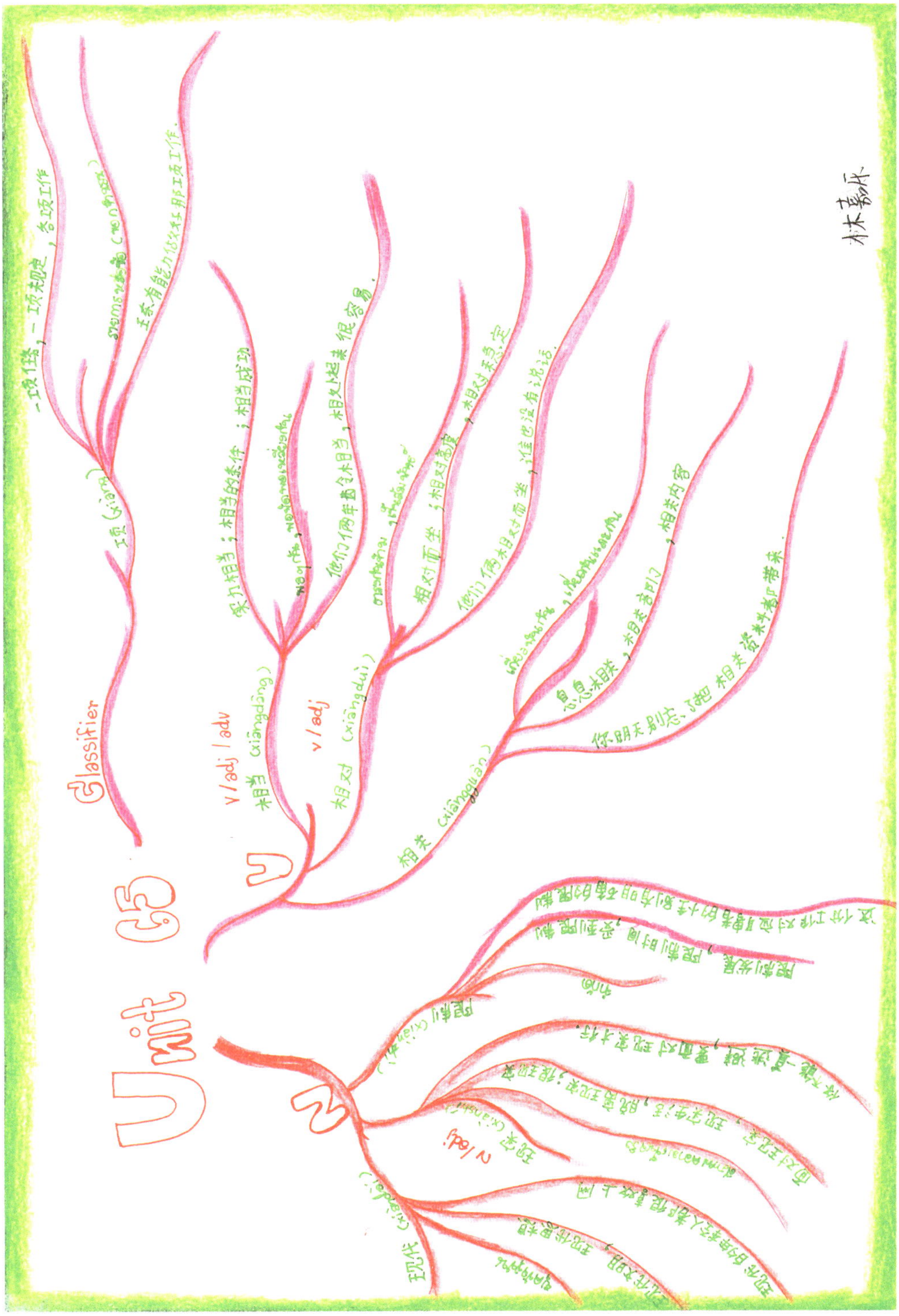
Unit 5
Classifier
项 (xiàng)
一项任务，一项规定，各项工作
相当 (xiāngdāng) v/adj/adv
实力相当；相当的条件；相当成功
他们俩年龄相当，相处起来很容易。
相对 (xiāngduì) v/adj
相对而言；相对稳定
他们俩相对而坐，谁也没有说话。
相关 (xiāngguān)
你明天别忘了把相关资料带来。
现代
限制 (xiànzhì)

绘制者：泰国留学生林慧洁

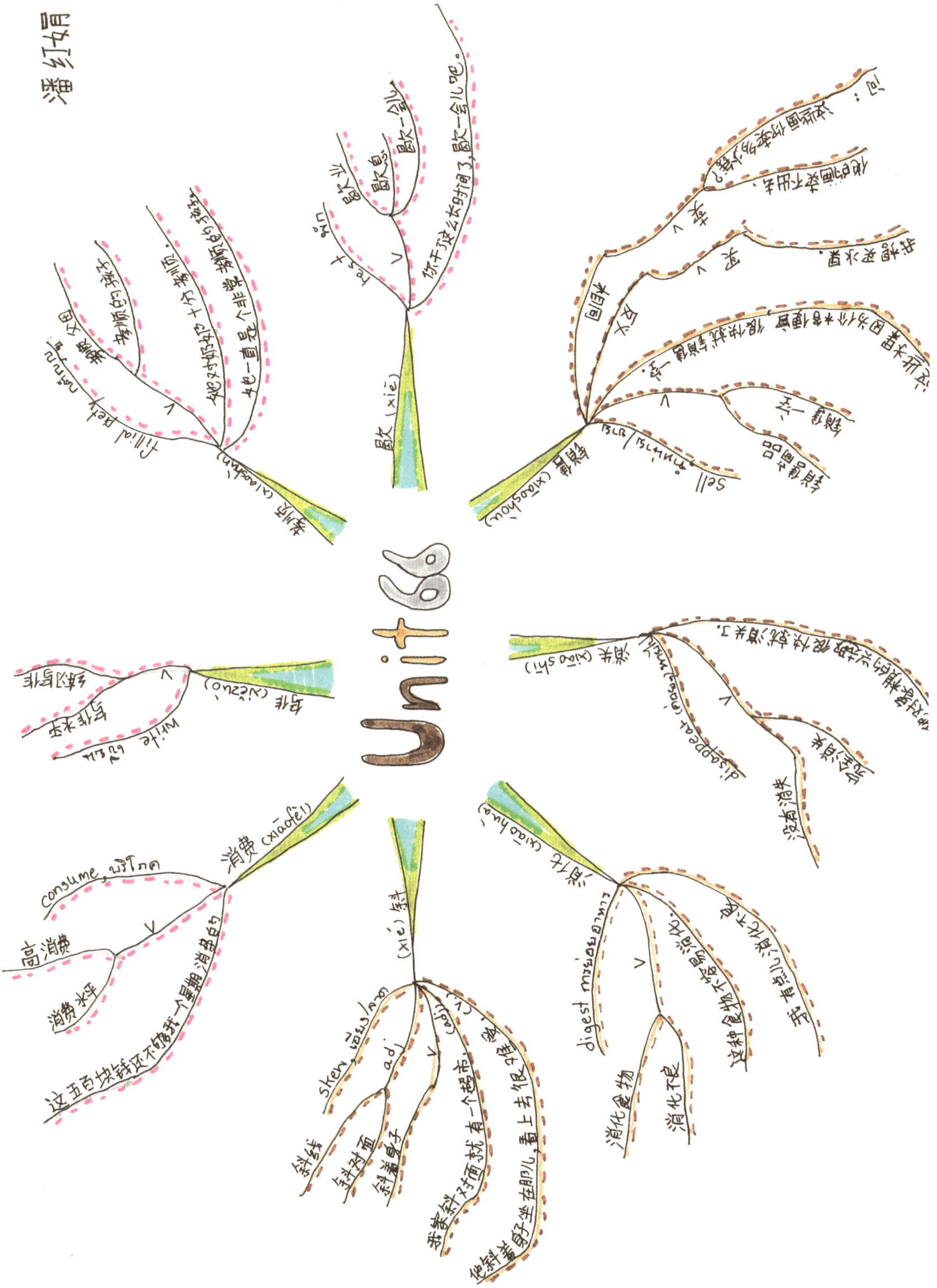
潘红娟
Unit 69
歇 (xiē)
rest
休息
歇一会儿
你干了这么长时间了，歇一会儿吧。
孝顺 (xiàoshùn)
filial piety
孝顺的孩子
销售 (xiāoshòu)
sell
写作 (xiězuò)
write
写作水平
消失 (xiāoshī)
disappear
渐渐消失
没有消失
消费 (xiāofèi)
consume
高消费
消费水平
这五百块钱还不够我一个星期消费的
斜 (xié)
skew
斜线
斜对面
斜着身子
我家斜对面就有一个超市。
消化 (xiāohuà)
digest
消化食物
消化不良

绘制者：泰国留学生潘红娟

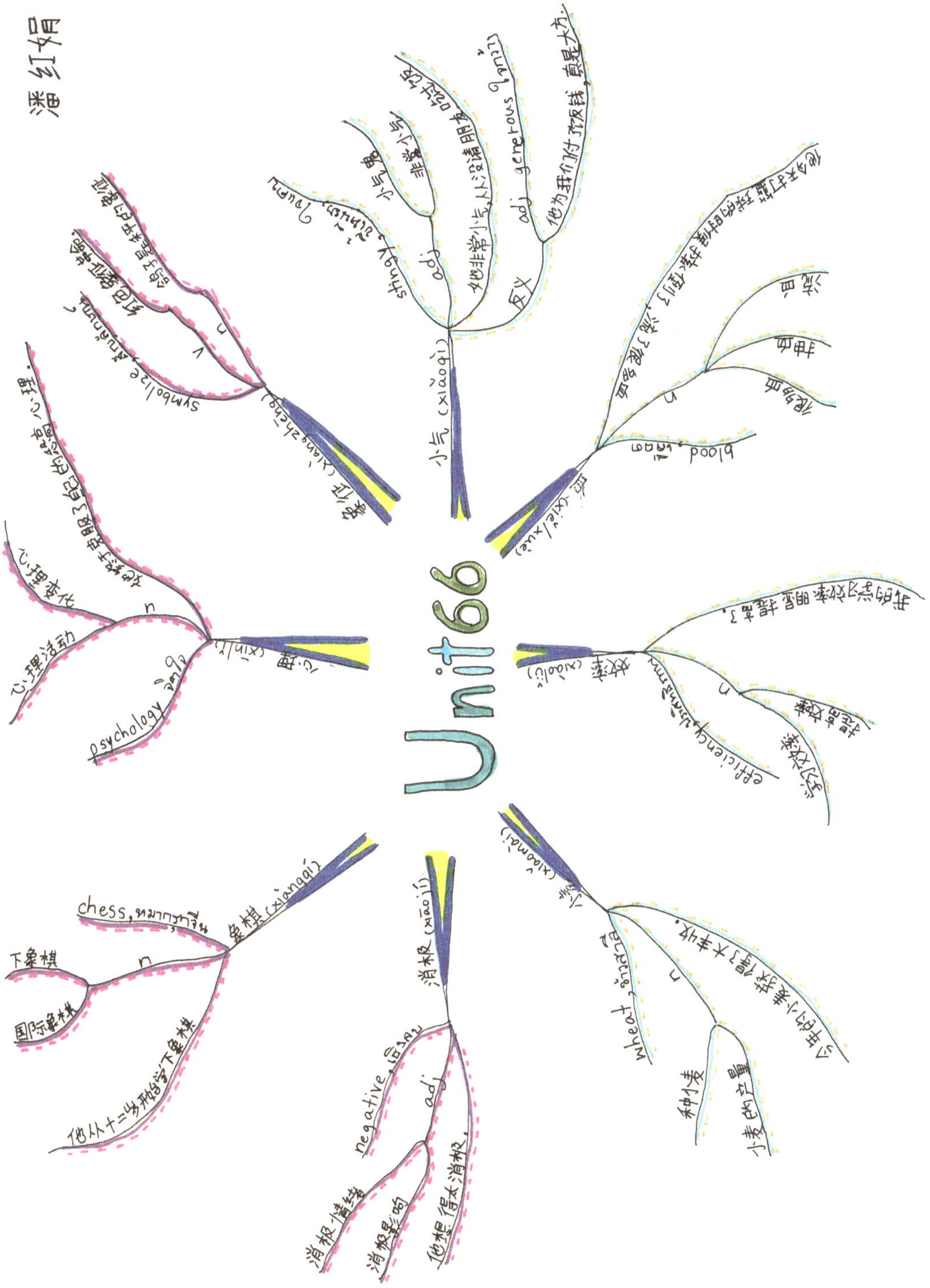
潘红娟
Unit66
小气 (xiǎoqi)
stingy
adj
反义
generous
血 (xiě/xuè)
blood
效率 (xiàolǜ)
efficiency
n
小麦 (xiǎomài)
wheat
种小麦
小麦的产量
消极 (xiāojí)
negative
adj
消极情绪
消极影响
他想得太消极。
象棋 (xiàngqí)
chess
n
下象棋
国际象棋
心理 (xīnlǐ)
psychology
心理活动
心理变化
象征 (xiàngzhēng)
symbolize
n
v

绘制者：泰国留学生潘红娟

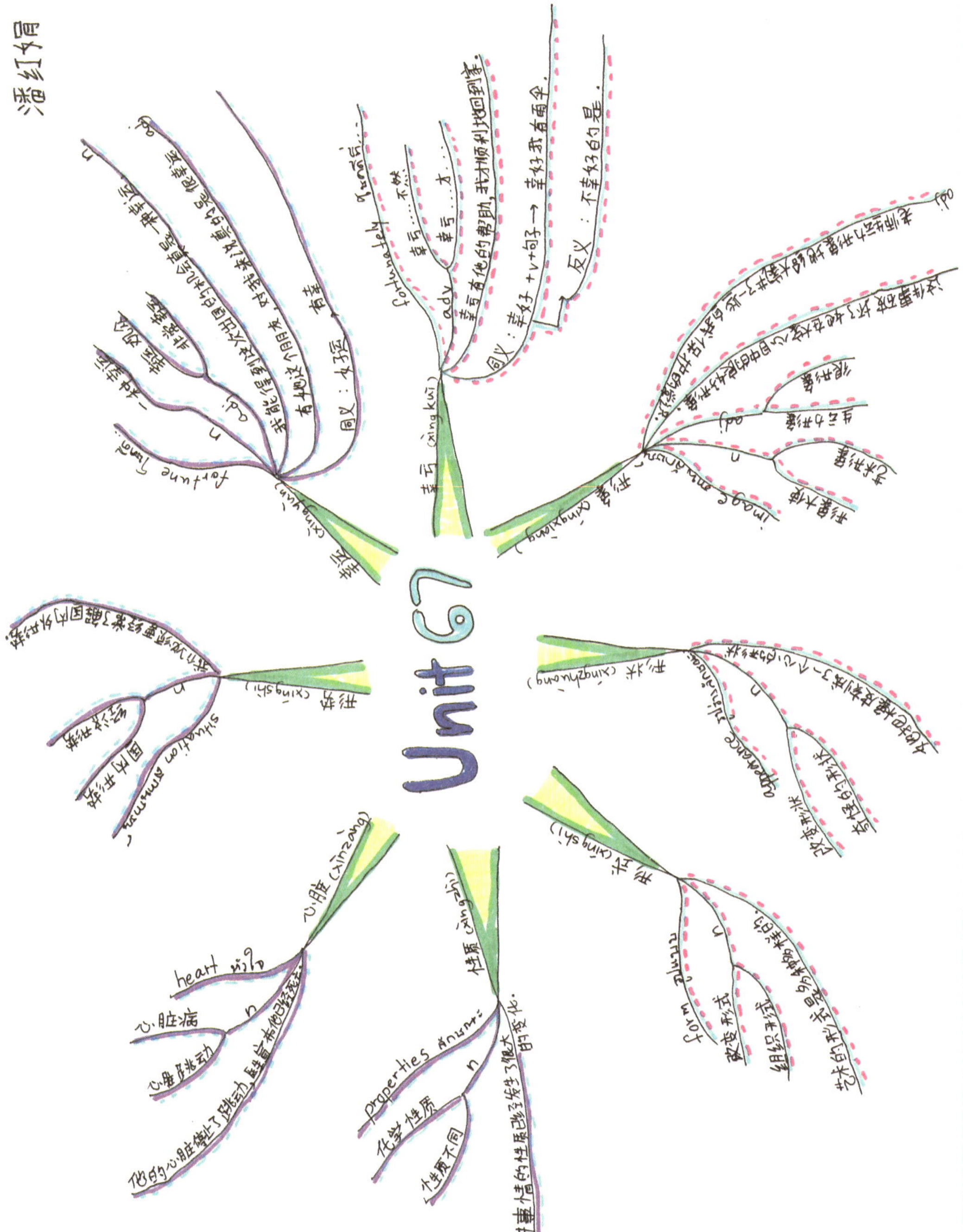
潘红娟
Unit 67
幸亏 (xìngkuī)
fortunately
形象 (xíngxiàng)
image
形状 (xíngzhuàng)
appearance
形式 (xíngshì)
form
性质 (xìngzhì)
properties
心脏 (xīnzàng)
heart
形势 (xíngshì)
situation
幸运 (xìngyùn)
fortune

绘制者：泰国留学生潘红娟

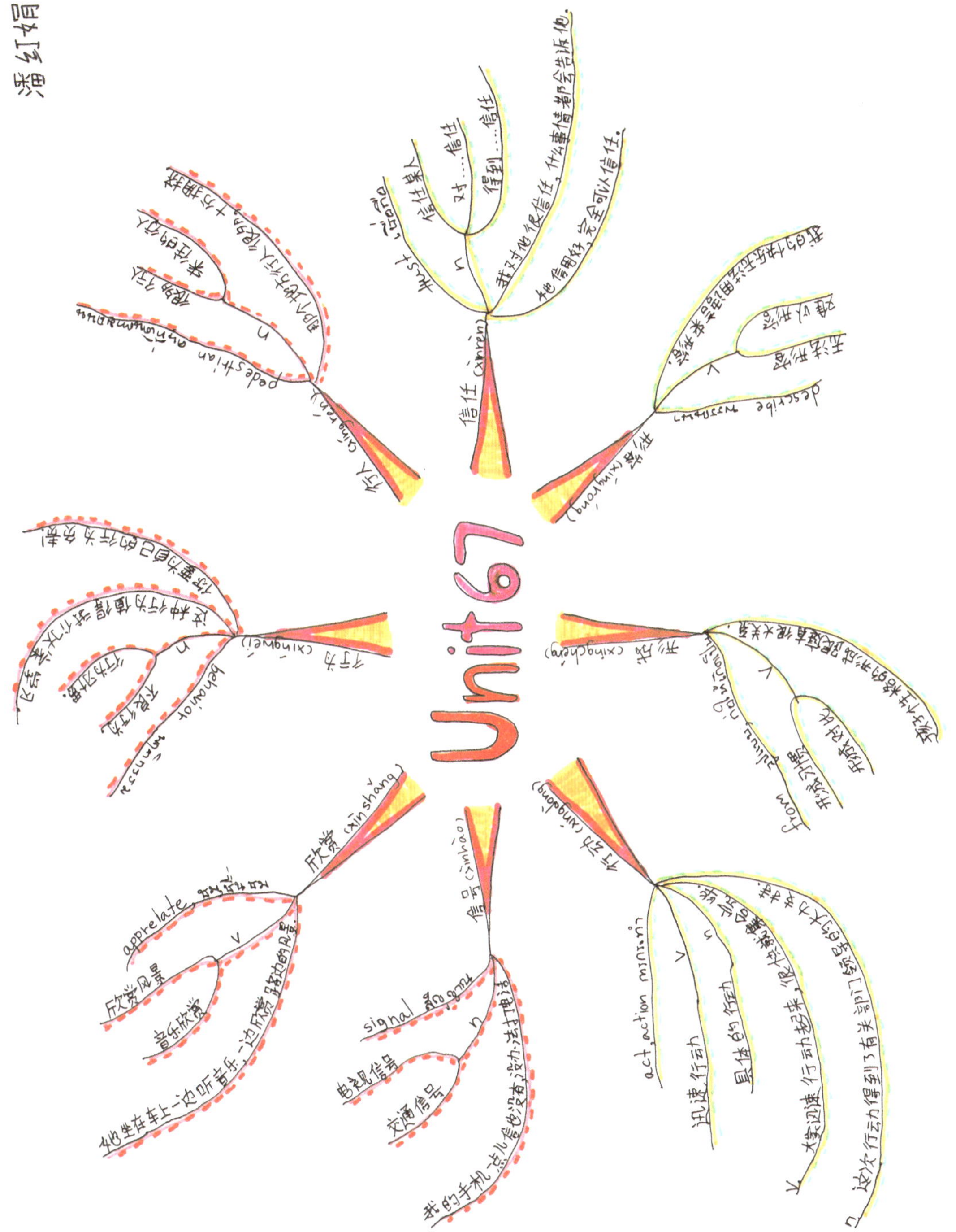
潘红娟
Unit67
信任 (xìnrèn)
我对他很信任，什么事情都会告诉他。
他信用好，完全可以信任。
形容 (xíngróng)
形成 (xíngchéng)
行动 (xíngdòng)
迅速行动
具体的行动
信号 (xìnhào)
电视信号
交通信号
欣赏 (xīnshǎng)
欣赏风景
音乐欣赏
行为 (xíngwéi)
行人 (xíngrén)

绘制者：泰国留学生潘红娟

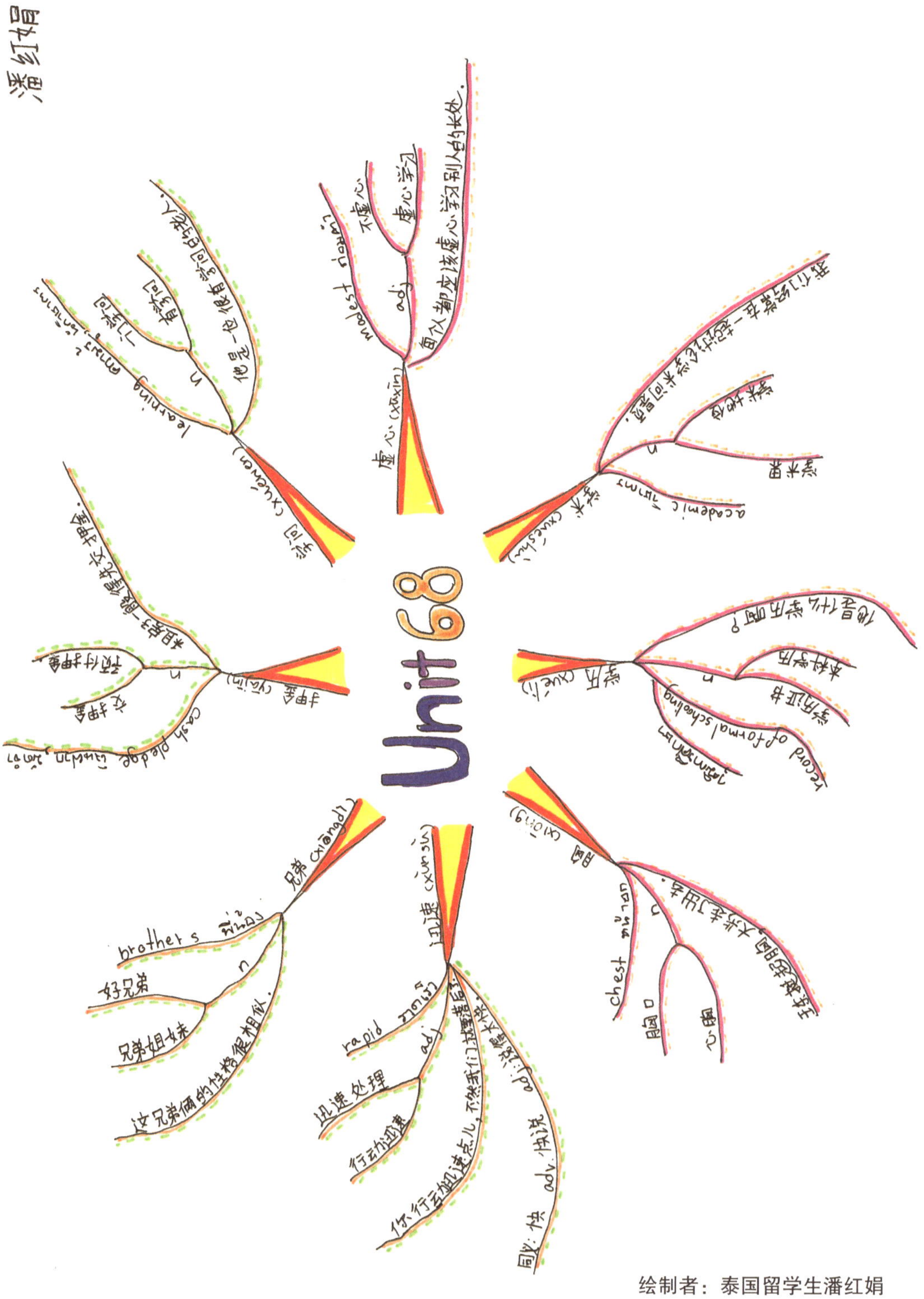
潘红娟
Unit 68
虚心 (xūxīn)
adj.
不虚心
虚心学习
每个人都应该虚心学习别人的长处。
学术
academic
n
我们经常在一起讨论学术问题。
学历
n
record of formal schooling
他有什么学历呢？
学历证书
高学历
胸 (xiōng)
chest
n
胸口
心胸
迅速
rapid
adj.
迅速处理
行动迅速
兄弟
brothers
n
好兄弟
兄弟姐妹
这兄弟俩的性格很相似。
押金
cash pledge
n
交押金
预付押金
学问
learning
n
有学问
一门学问
他是一位很有学问的老人。

绘制者：泰国留学生潘红娟

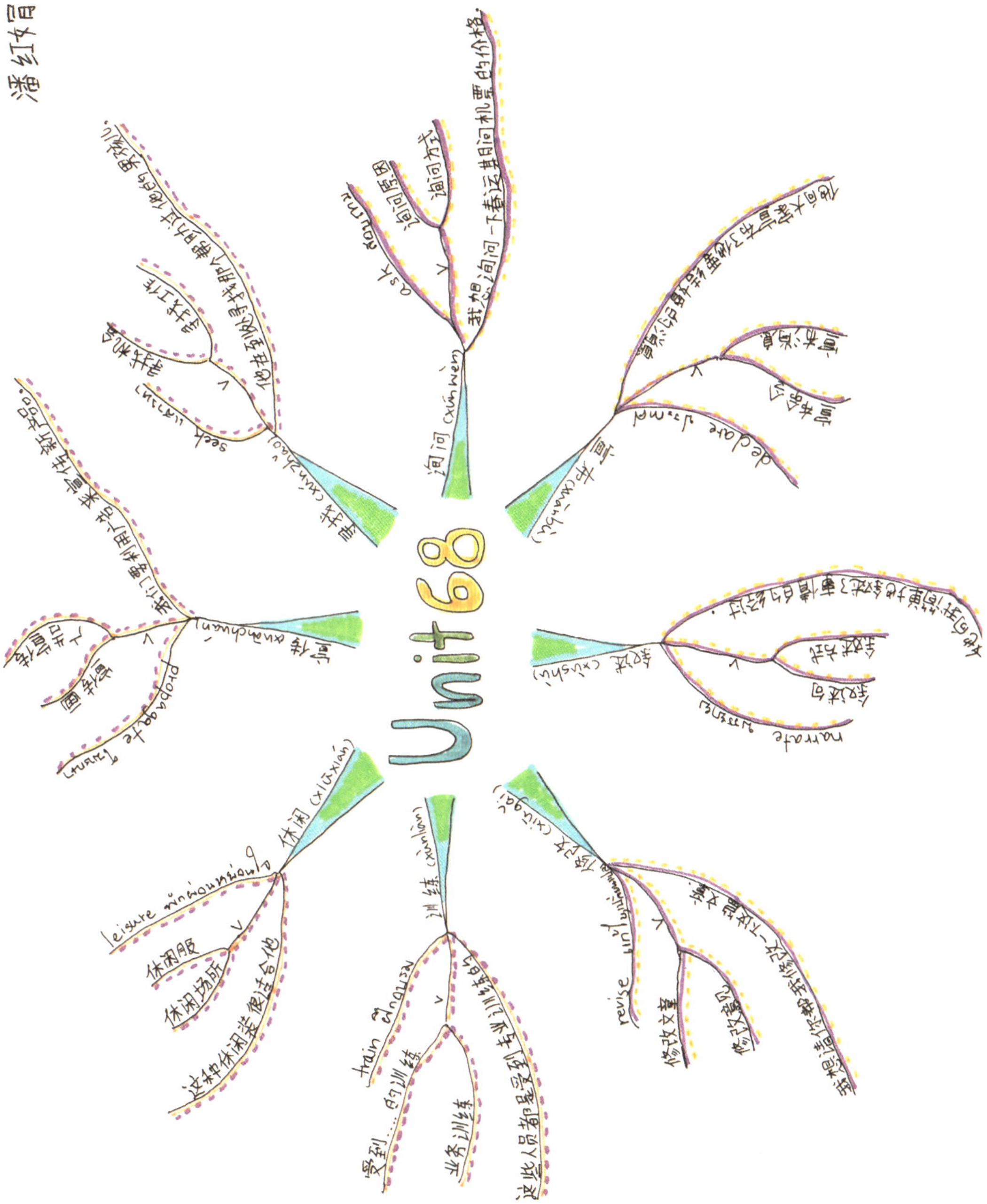
潘红娟
Unit 68
询问 (xúnwèn)
ask about
询问原因
询问方式
宣布 (xuānbù)
declare
叙述 (xùshù)
narrate
修改 (xiūgǎi)
revise
修改文章
训练 (xùnliàn)
train
业务训练
休闲 (xiūxián)
leisure
休闲服
休闲场所
这种休闲装很适合他
传播 (chuánbō)
propagate
寻找 (xúnzhǎo)
seek
寻找工作

绘制者：泰国留学生潘红娟

Unit 69（牙齿～一辈子）～ Unit 72（拥挤～语气）

Unit 69

yáchǐ 牙齿
yáncháng 延长
yánsù 严肃
yǎnjiǎng 演讲
yànhuì 宴会
yángtái 阳台
yǎng 痒
yàngshì 样式
yāo 腰
yáo 摇
yǎo 咬
yàobù 要不
yèwù 业务
yèyú 业余
yè 夜
yíbèizi 一辈子

Unit 70

yídàn 一旦
yílǜ 一律
yízài 一再
yízhì 一致
yīrán 依然
yídòng 移动
yímín 移民
yíhàn 遗憾
yíwèn 疑问
yǐ 乙
yǐjí 以及
yǐlái 以来
yì 亿
yìwù 义务
yìlùn 议论
yìwài 意外

Unit 71

yìyì 意义
yīnér 因而
yīnsù 因素
yín 银
yìnshuā 印刷
yīngjùn 英俊
yīngxióng 英雄
yíngjiē 迎接
yíngyǎng 营养
yíngyè 营业
yǐngzi 影子
yìngfù 应付
yìngyòng 应用
yìng 硬
yìngjiàn 硬件
yōngbào 拥抱

Unit 72

yōngjǐ 拥挤
yǒngqì 勇气
yònggōng 用功
yòngtú 用途
yōuhuì 优惠
yōuměi 优美
yōushì 优势
yōujiǔ 悠久
yóuyù 犹豫
yóuzhá 油炸
yóulǎn 游览
yǒulì 有利
yòuéryuán 幼儿园
yúlè 娱乐
yǔqí 与其
yǔqì 语气

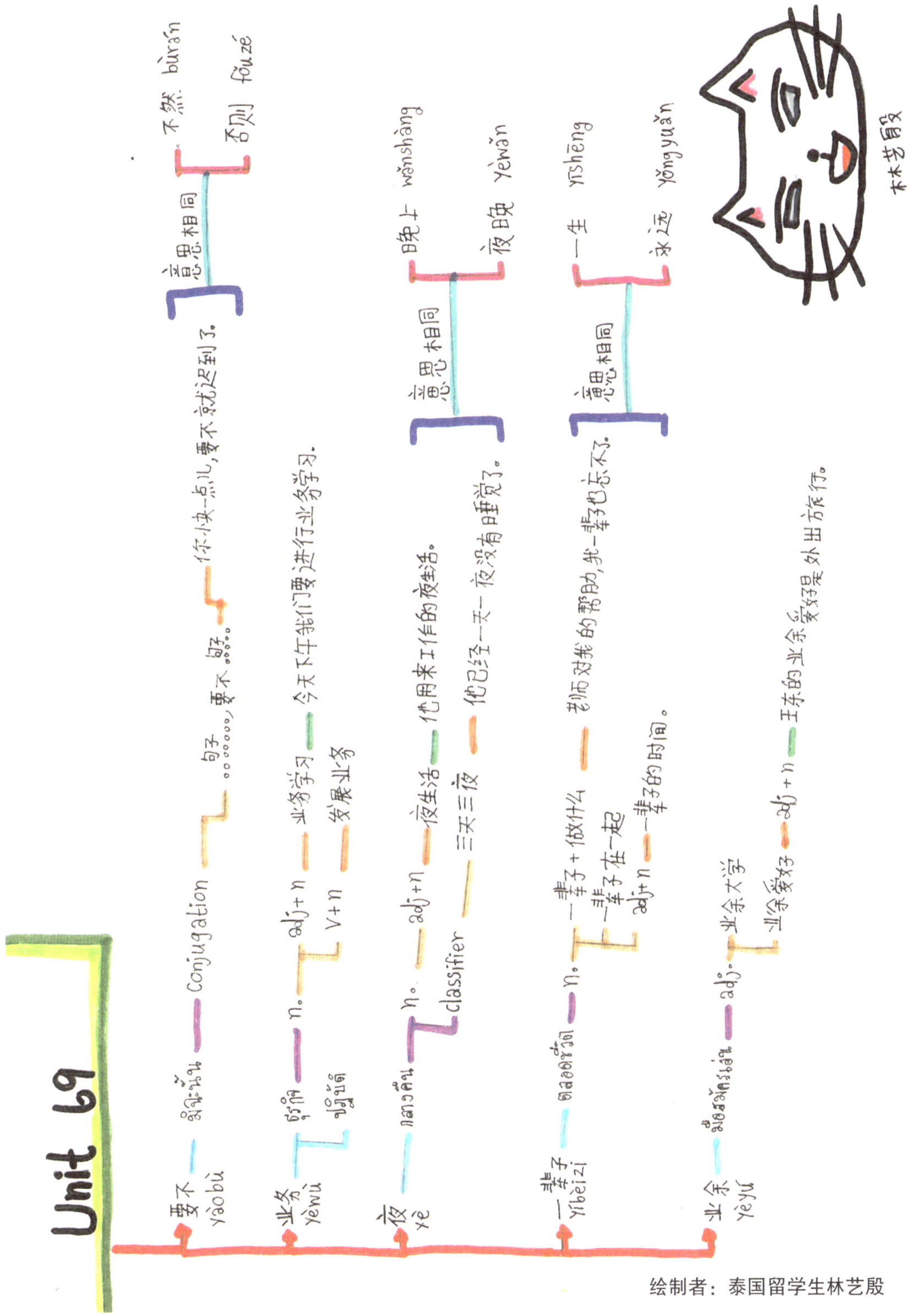

Unit 69
要不 yàobù
มิฉะนั้น
Conjugation
……句子……，要不……句子。
你快一点儿，要不就迟到了。
意思相同
不然 bùrán
否则 fǒuzé
业务 yèwù
ธุรกิจ
ปฏิบัติ
n.
adj+n
业务学习
今天下午我们要进行业务学习。
v+n
发展业务
夜 yè
กลางคืน
n.
adj+n
夜生活
他用来工作的夜生活。
classifier
三天三夜
他已经一天一夜没有睡觉了。
意思相同
晚上 wǎnshàng
夜晚 yèwǎn
一辈子 yíbèizi
ตลอดชีวิต
n.
一辈子+做什么
老师对我的帮助，我一辈子也忘不了。
一辈子在一起
adj+n
一辈子的时间。
意思相同
一生 yìshēng
永远 yǒngyuǎn
业余 yèyú
มือสมัครเล่น
adj.
业余大学
业余爱好
adj+n
王东的业余爱好是外出旅行。
林艺殷

绘制者：泰国留学生林艺殷

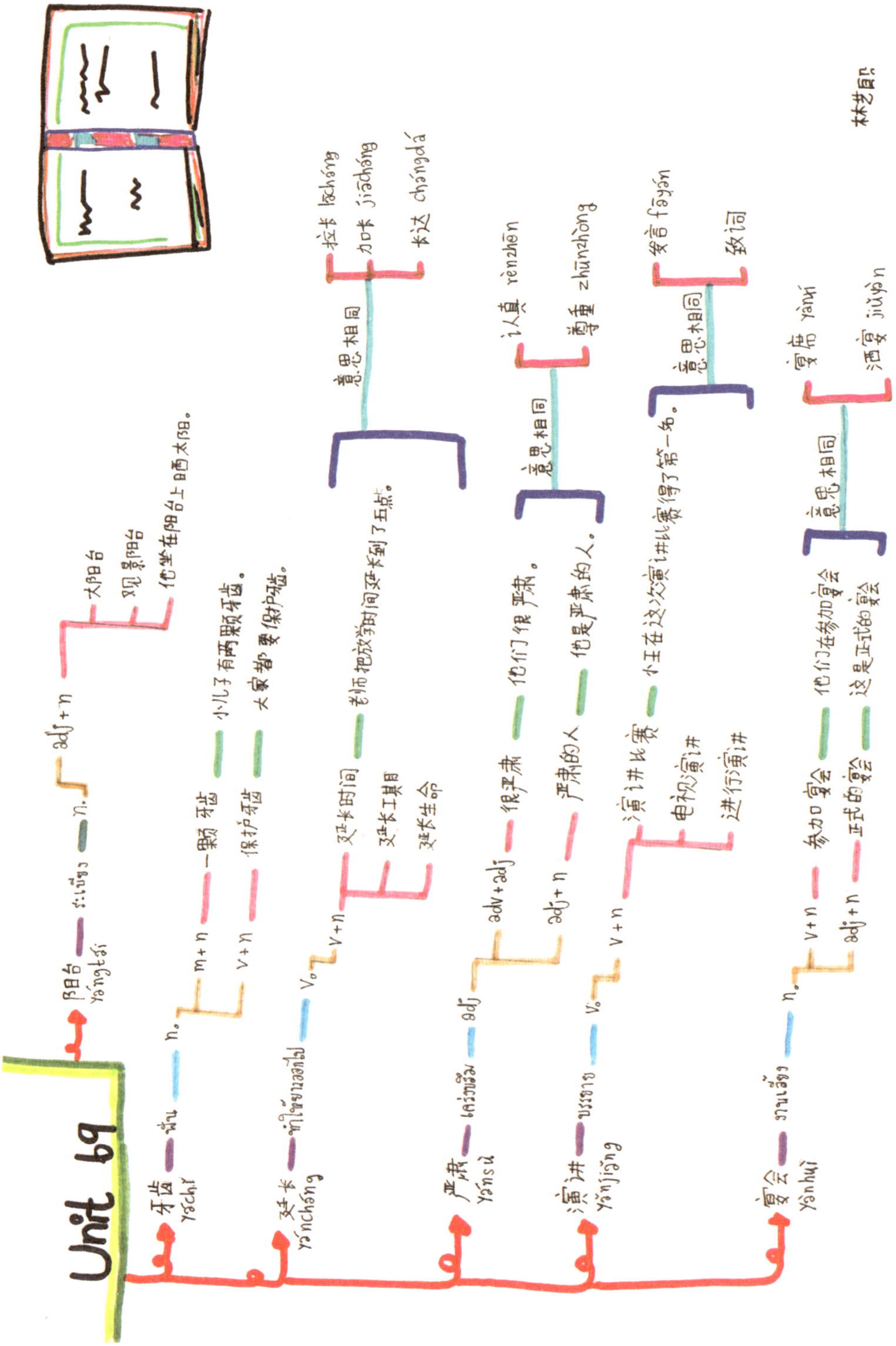
Unit 69
阳台 yángtái
n.
adj + n
太阳台
观景阳台
他坐在阳台上晒太阳。
牙齿 yáchǐ
n.
m + n
一颗牙齿
小儿子有两颗牙齿。
v + n
保护牙齿
大家都要保护牙齿。
延长 yánchǎng
v.
v + n
延长时间
延长工期
延长生命
老师把放学时间延长到了五点。
意思相同
拉长 lācháng
加长 jiācháng
长达 chángdá
严肃 yánsù
adj
adv + adj
很严肃
他们很严肃。
adj + n
严肃的人
他是严肃的人。
意思相同
认真 rènzhēn
尊重
演讲 yǎnjiǎng
v.
v + n
演讲比赛
电视演讲
进行演讲
小王在这次演讲比赛得了第一名。
意思相同
发言 fāyán
致词
宴会 yànhuì
n.
v + n
参加宴会
他们在参加宴会
adj + n
正式的宴会
这是正式的宴会
意思相同
宴席 yànxí
酒宴 jiǔyàn

绘制者：泰国留学生林艺殷

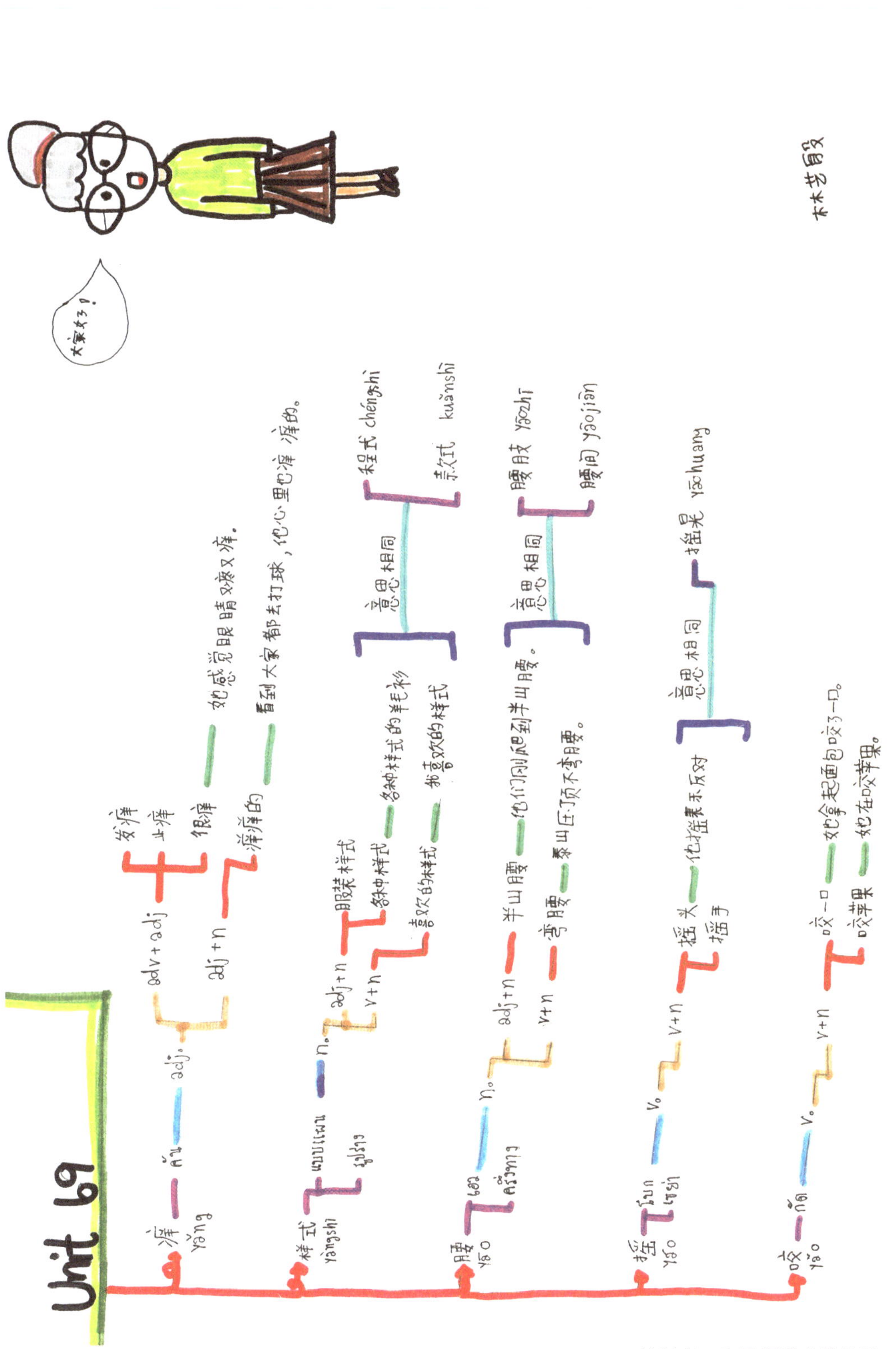
Unit 69
痒 yǎng
คัน
adj.
adv+adj
发痒
止痒
很痒
她感觉眼睛又疼又痒。
adj+n
痒痒的
看到大家都去打球，他心里也痒痒的。
样式 yàngshì
n.
adj+n
服装样式
各种样式
各种样式的羊毛衫
v+n
喜欢的样式
我喜欢的样式
意思相同
程式 chéngshì
款式 kuǎnshì
腰 yāo
n.
adj+n
半山腰
他们刚爬到半山腰。
v+n
弯腰
泰山压顶不弯腰。
意思相同
腰肢 yāozhī
腰间 yāojiān
摇 yáo
v.
v+n
摇头
他摇头表示反对
摇手
意思相同
摇晃 yáohuàng
咬 yǎo
กัด
v.
v+n
咬一口
她拿起面包咬了一口。
咬苹果
她在咬苹果。
大家好！
林艺殷

绘制者：泰国留学生林艺殷

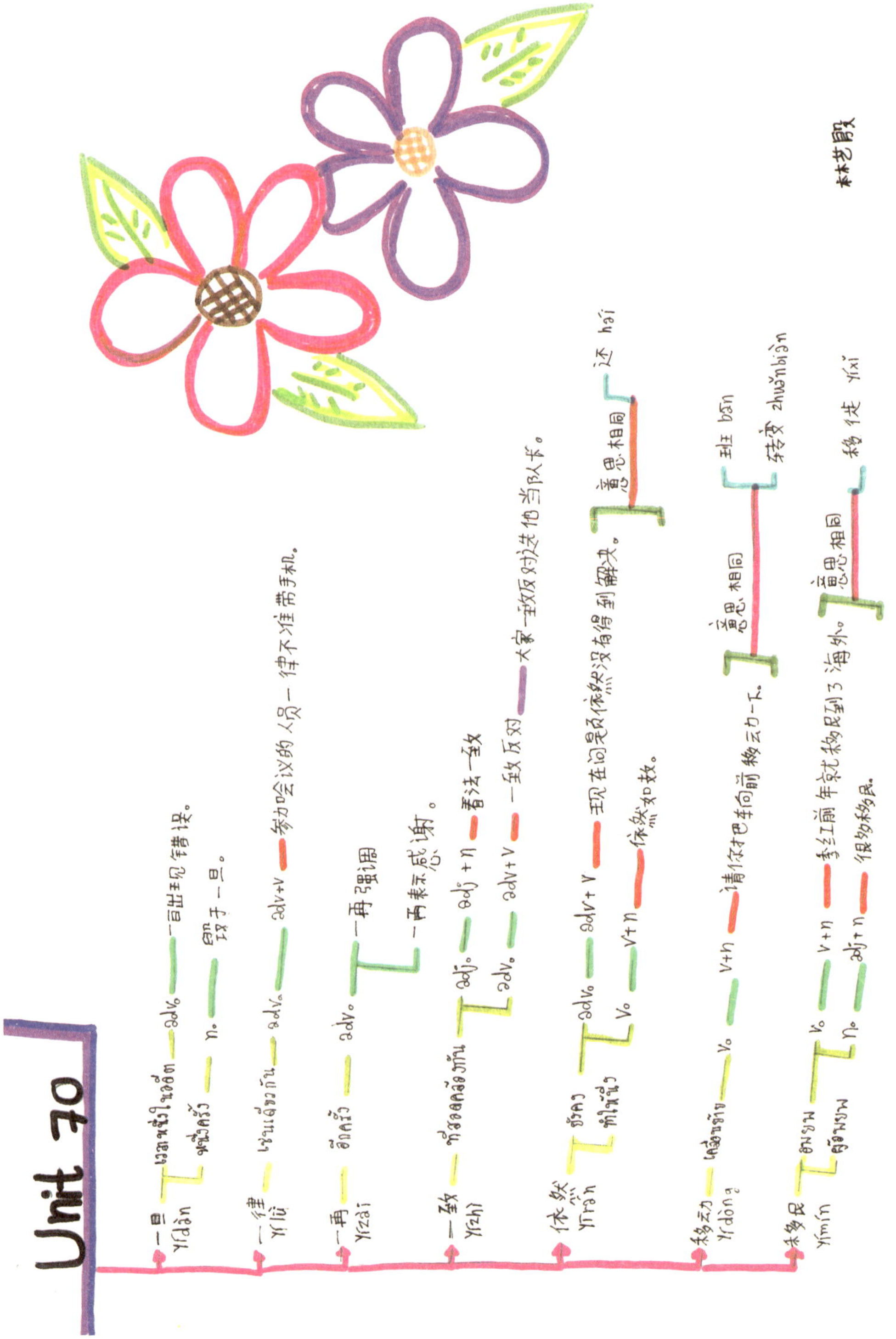
Unit 10
一旦 yídàn
一律 yílǜ
一再 yízài
一致 yízhì
依然 yīrán
移动 yídòng
移民 yímín
adv.
n.
v.
adj.
参加会议的人员一律不准带手机。
一再表示感谢。
看法一致
大家一致反对他当队长。
现在问题依然没有得到解决。
依然如故。
请你把车向前移动一下。
李红前年就移民到了海外。
林艺殷

绘制者：泰国留学生林艺殷

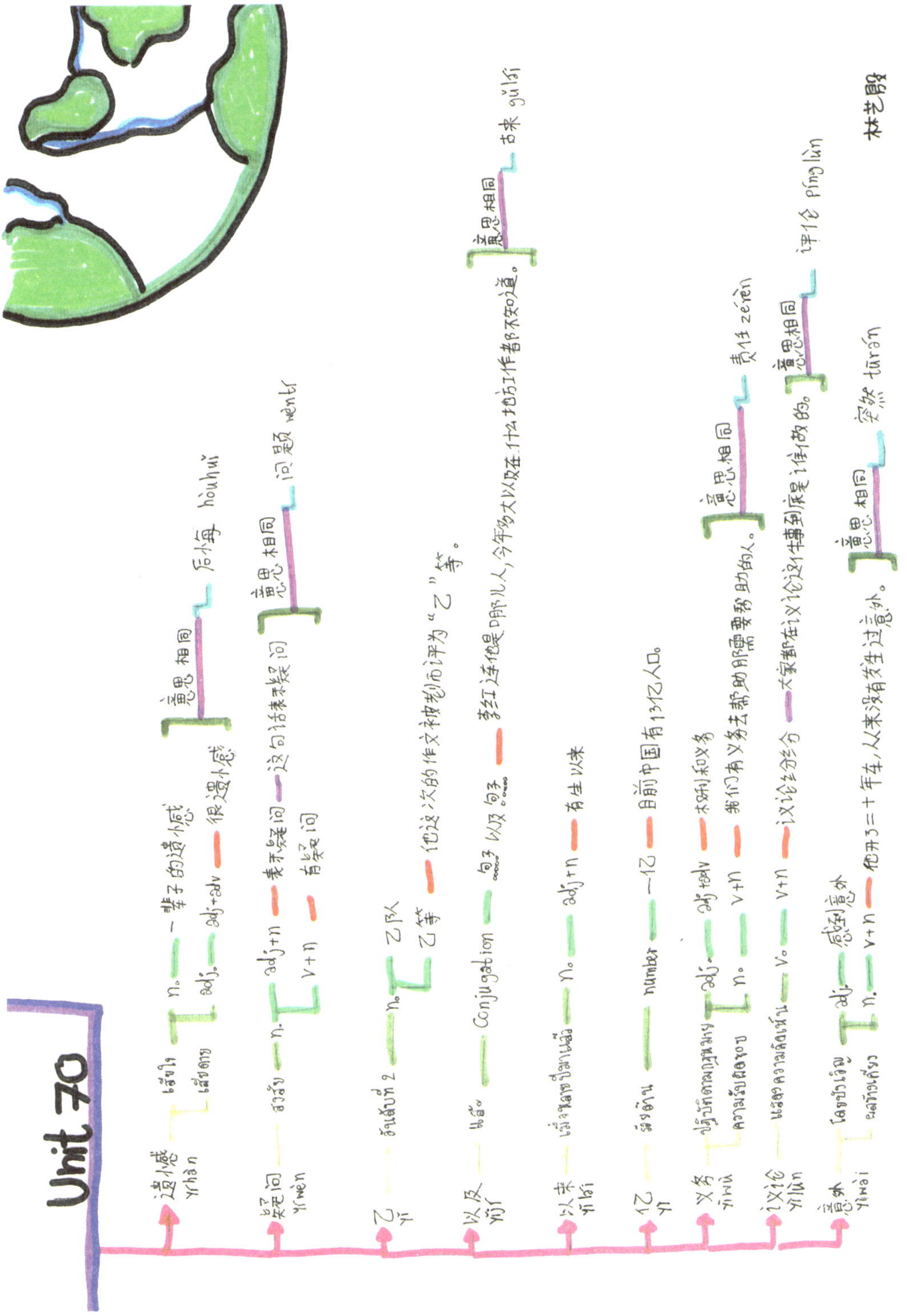
Unit 70
遗憾 yíhàn
n. 一辈子的遗憾
adj. adj+adv 很遗憾
意思相同 后悔 hòuhuǐ
疑问 yíwèn
n. adj+n 表示疑问 这句话表示疑问
v+n 有疑问
意思相同 问题 wèntí
乙 yǐ
n. 乙队
乙等 他这次的作文被老师评为“乙”等。
以及 yǐjí
Conjugation 句子 以及 句子 李红连他是哪儿人，今年多大以及在什么地方工作都不知道。
意思相同 古来 gǔlái
以来 yǐlái
n. adj+n 有生以来
亿 yì
number 一亿 目前中国有13亿人口。
义务 yìwù
adj. adj+adv 权利和义务
n. v+n 我们有义务去帮助那需要帮助的人。
意思相同 责任 zérèn
议论 yìlùn
v. v+n 议论纷纷 大家都在议论这件事到底是谁做的。
意思相同 评论 pínglùn
意外 yìwài
adj. 感到意外
n. v+n 他开了三十年车，从来没有发生过意外。
意思相同 突然 tūrán
林艺殷

绘制者：泰国留学生林艺殷

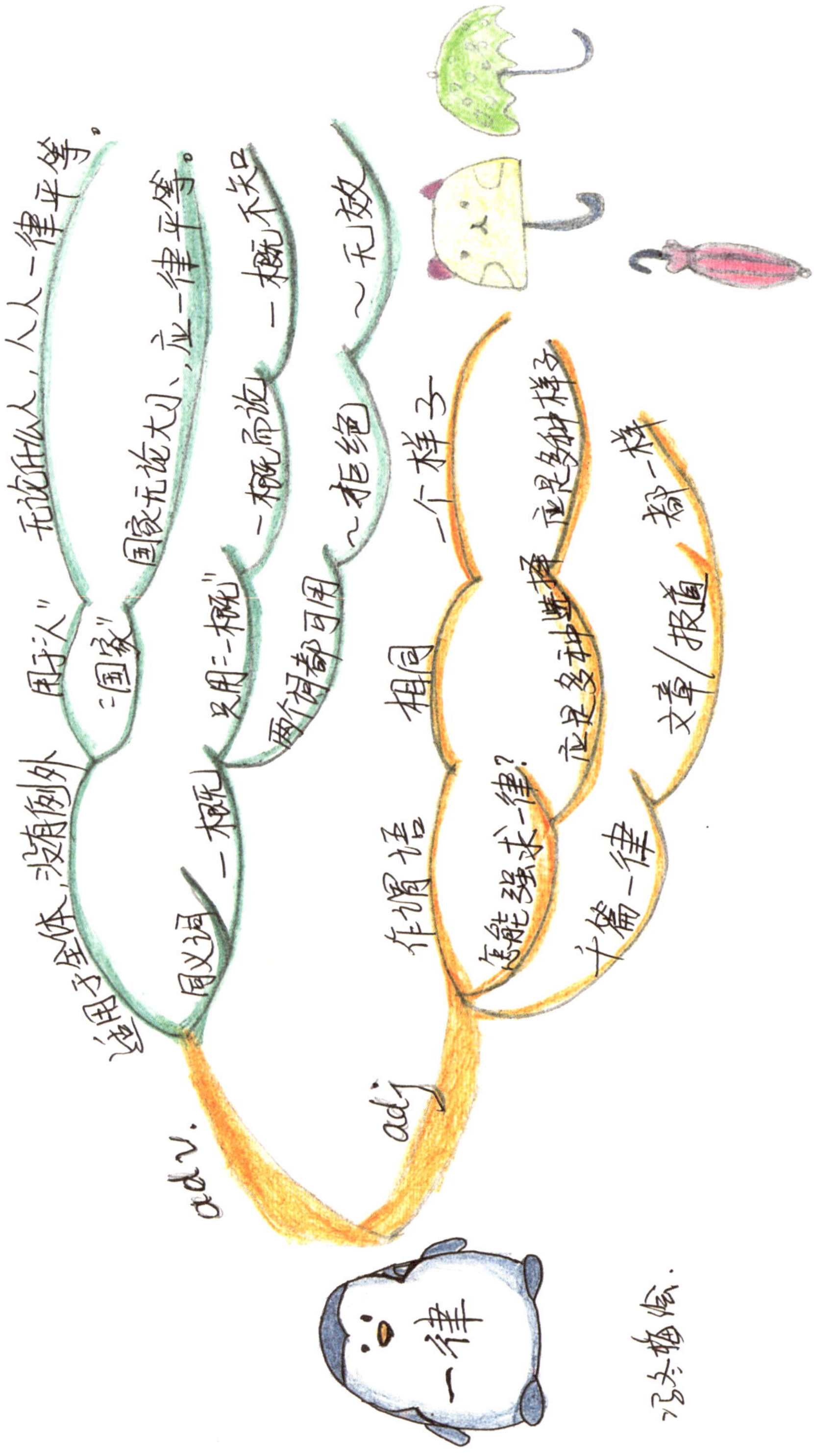
一律
adv.
适用于全体，没有例外
用于"人"
无论什么人，人人一律平等。
"国家"
国家无论大小，应一律平等。
同义词
一概
只用"一概"
一概而论
一概不知
两个词都可用
~拒绝
~无效
adj
作谓语
相同
一个样子
怎能强求一律？
应是多种多样
千篇一律
文章/报道
都一样
冯冬梅绘.

绘制者：冯冬梅

一再
adv.
again and again
一次又一次
一旦
adv.
once, in case, now that
N.
in a single day
一致
adv.
consistent
V.
冯冬梅绘

绘制者：冯冬梅

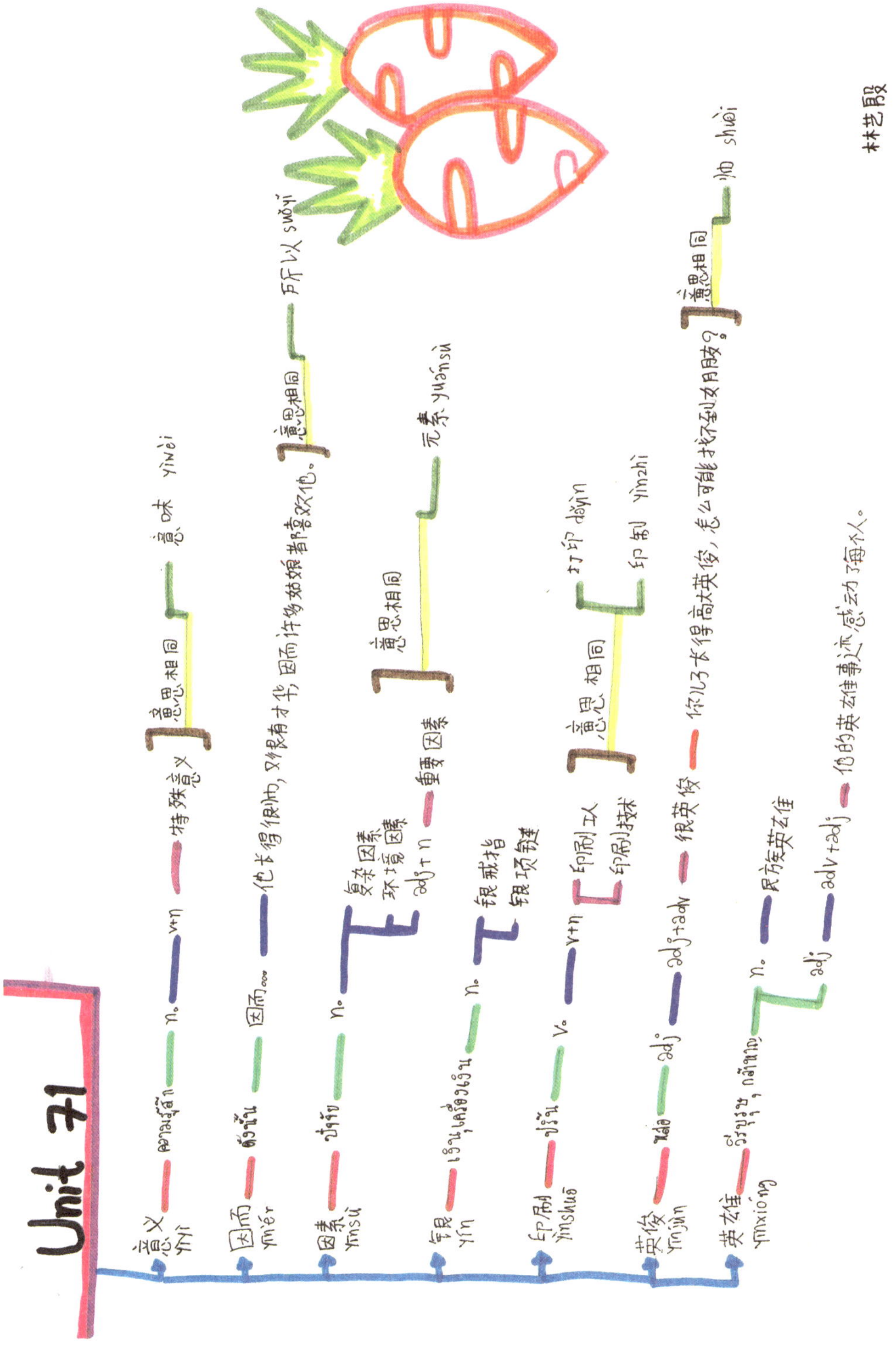
意义 yìyì
因而 yīn'ér
因素 yīnsù
银 yín
印刷 yìnshuā
英俊 yīngjùn
英雄 yīngxióng
意思相同
特殊意义
复杂因素
环境因素
重要因素
元素 yuánsù
所以 suǒyǐ
银戒指
银项链
印刷工人
印刷技术
打印 dǎyìn
印制 yìnzhì
很英俊
民族英雄
帅 shuài
林艺殷

绘制者：泰国留学生林艺殷

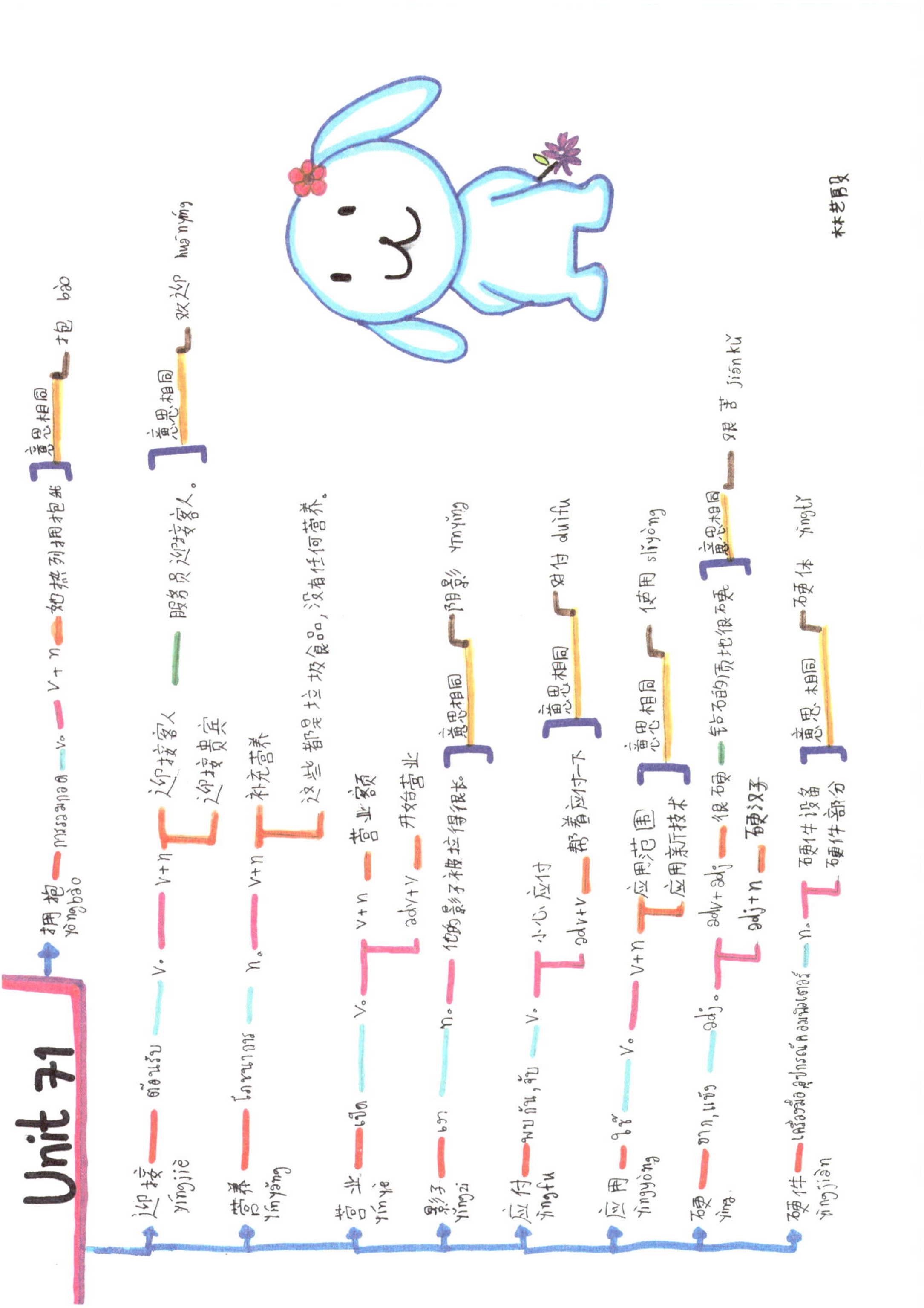
Unit 71
拥抱 yōngbào — การสวมกอด — v. — V+n — 她热烈拥抱我 — 意思相同 — 抱 bào
迎接 yíngjiē — ต้อนรับ — v. — V+n — 迎接客人 — 服务员迎接客人。 — 迎接贵宾 — 意思相同 — 欢迎 huānyíng
营养 yíngyǎng — โภชนาการ — n. — V+n — 补充营养 — 这些都是垃圾食品，没有任何营养。
营业 yíngyè — เปิด — v. — V+n — 营业额 — adv+V — 开始营业
影子 yǐngzi — เงา — n. — 他的影子被拉得很长。 — 意思相同 — 阴影 yīnyǐng
应付 yìngfu — พบกัน, จับ — v. — 小心应付 — adv+v — 帮着应付一下 — 意思相同 — 对付 duìfu
应用 yìngyòng — ใช้ — v. — V+n — 应用范围 — 应用新技术 — 意思相同 — 使用 shǐyòng
硬 yìng — ยาก, แข็ง — adj. — adv+adj — 很硬 — 钻石的质地很硬 — 意思相同 — 艰苦 jiānkǔ — adj+n — 硬汉子
硬件 yìngjiàn — เครื่องมือ อุปกรณ์คอมพิวเตอร์ — n. — 硬件设备 — 硬件部分 — 意思相同 — 硬体 yìngtǐ
林艺殷

绘制者：泰国留学生林艺殷

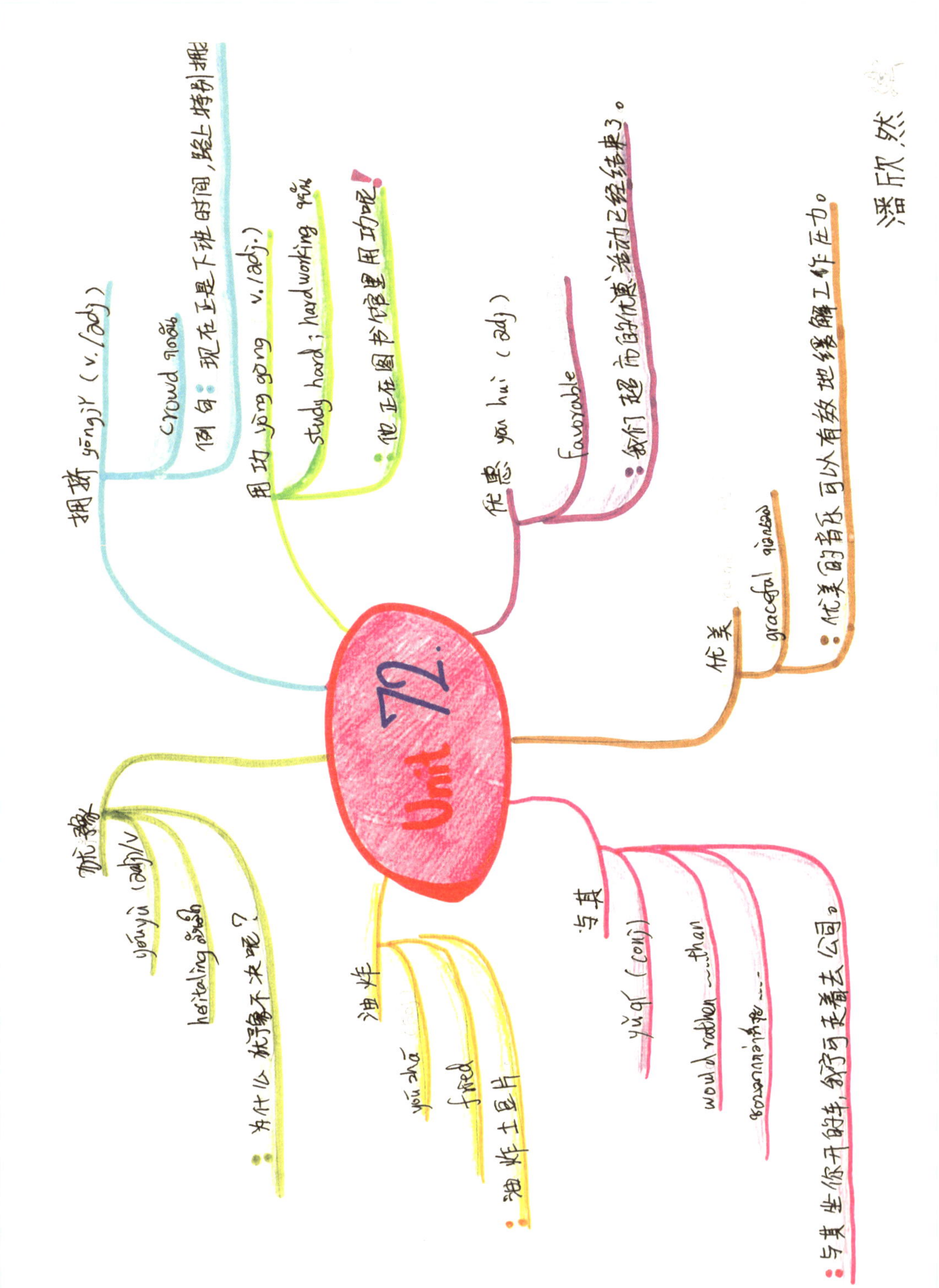
Unit 72
拥挤 yōngjǐ (v./adj.)
crowd
例句：现在正是下班时间，路上特别拥挤
用功 yònggōng v./adj.
study hard; hardworking
他正在图书馆里用功呢！
优惠 yōuhuì (adj)
favorable
我们超市的优惠活动已经结束了。
优美
graceful
优美的音乐可以有效地缓解工作压力。
与其
yǔqí (conj)
would rather ... than
与其
油炸
yóuzhá
fried
油炸土豆片
犹豫
yóuyù (adj)/v
hesitating
为什么犹豫不决呢？
潘欣然

绘制者：泰国留学生潘欣然

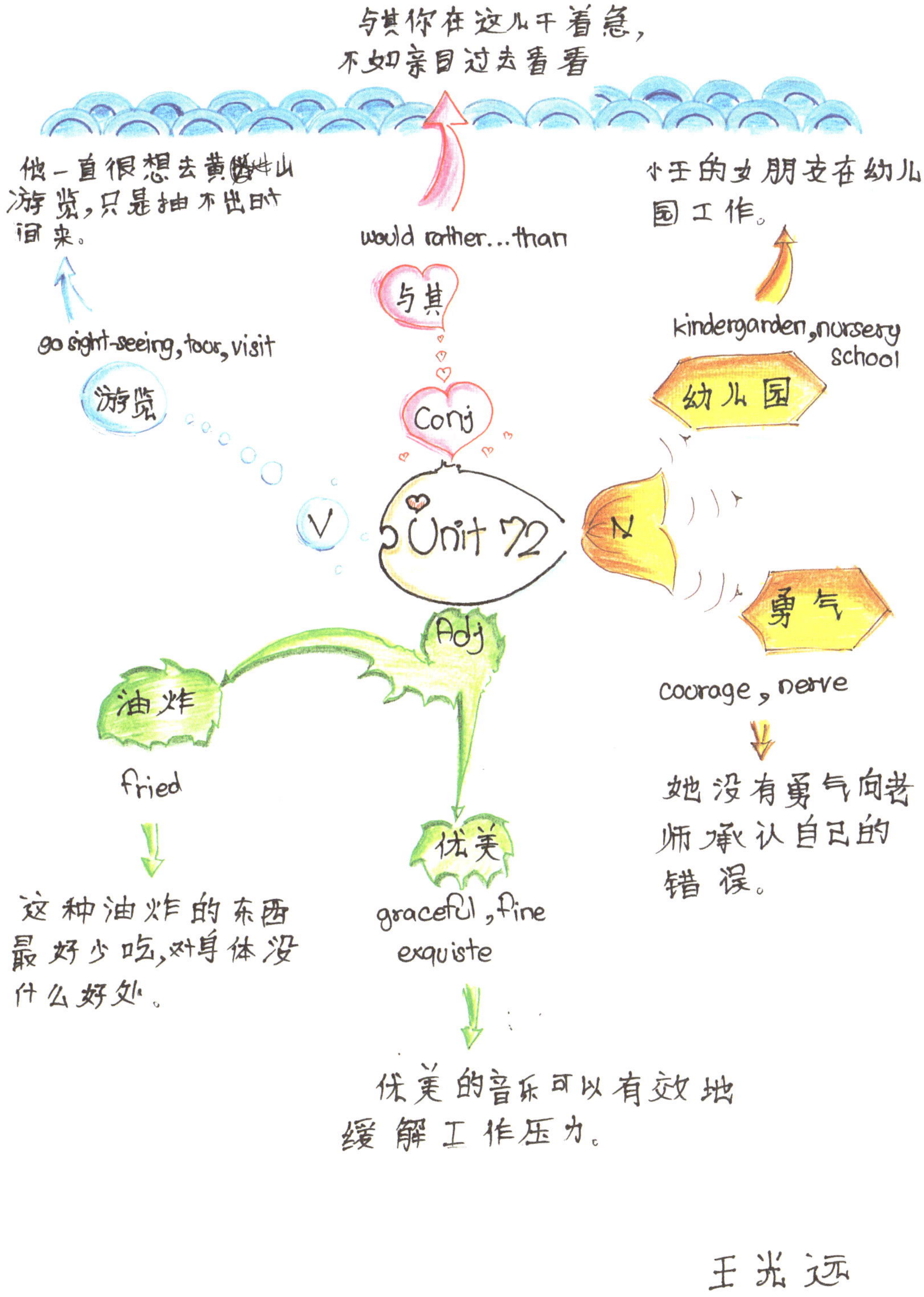
与其你在这儿干着急，
不如亲自过去看看
would rather…than
与其
Conj
Unit 72
V
游览
go sight-seeing, tour, visit
他一直很想去黄山游览，只是抽不出时间来。
N
幼儿园
kindergarden, nursery school
小王的女朋友在幼儿园工作。
勇气
courage, nerve
她没有勇气向老师承认自己的错误。
Adj
油炸
fried
这种油炸的东西最好少吃，对身体没什么好处。
优美
graceful, fine
exquiste
优美的音乐可以有效地缓解工作压力。
王光远

绘制者：泰国留学生王光远

Unit 73（玉米～灾害）～Unit 76（争论～执照）

Unit 73

yùmǐ 玉米	yuán 圆
yùbào 预报	yuànwàng 愿望
yùdìng 预订	yuèqì 乐器
yùfáng 预防	yūn 晕
yuándàn 元旦	yùnqì 运气
yuángōng 员工	yùnshū 运输
yuánliào 原料	yùnyòng 运用
yuánzé 原则	zāihài 灾害

Unit 74

zàisān 再三	zébèi 责备
zàihu 在乎	zhāi 摘
zàiyú 在于	zhǎi 窄
zànchéng 赞成	zhāntiē 粘贴
zànměi 赞美	zhǎnkāi 展开
zāogāo 糟糕	zhǎnlǎn 展览
zàochéng 造成	zhàn 占
zé 则	zhànzhēng 战争

Unit 75

zhǎngbèi 长辈	zhàocháng 照常
zhǎng 涨	zhéxué 哲学
zhǎngwò 掌握	zhēnduì 针对
zhànghù 账户	zhēnxī 珍惜
zhāodài 招待	zhēnshí 真实
zháohuǒ 着火	zhěnduàn 诊断
zháoliáng 着凉	zhèn 阵
zhàokāi 召开	zhèndòng 振动

Unit 76

zhēnglùn 争论	zhèngjiàn 证件
zhēngqǔ 争取	zhèngjù 证据
zhēngqiú 征求	zhèngfǔ 政府
zhēng 睁	zhèngzhì 政治
zhěnggè 整个	zhèng 挣
zhěngqí 整齐	zhī 支
zhěngtǐ 整体	zhīpiào 支票
zhèng 正	zhízhào 执照

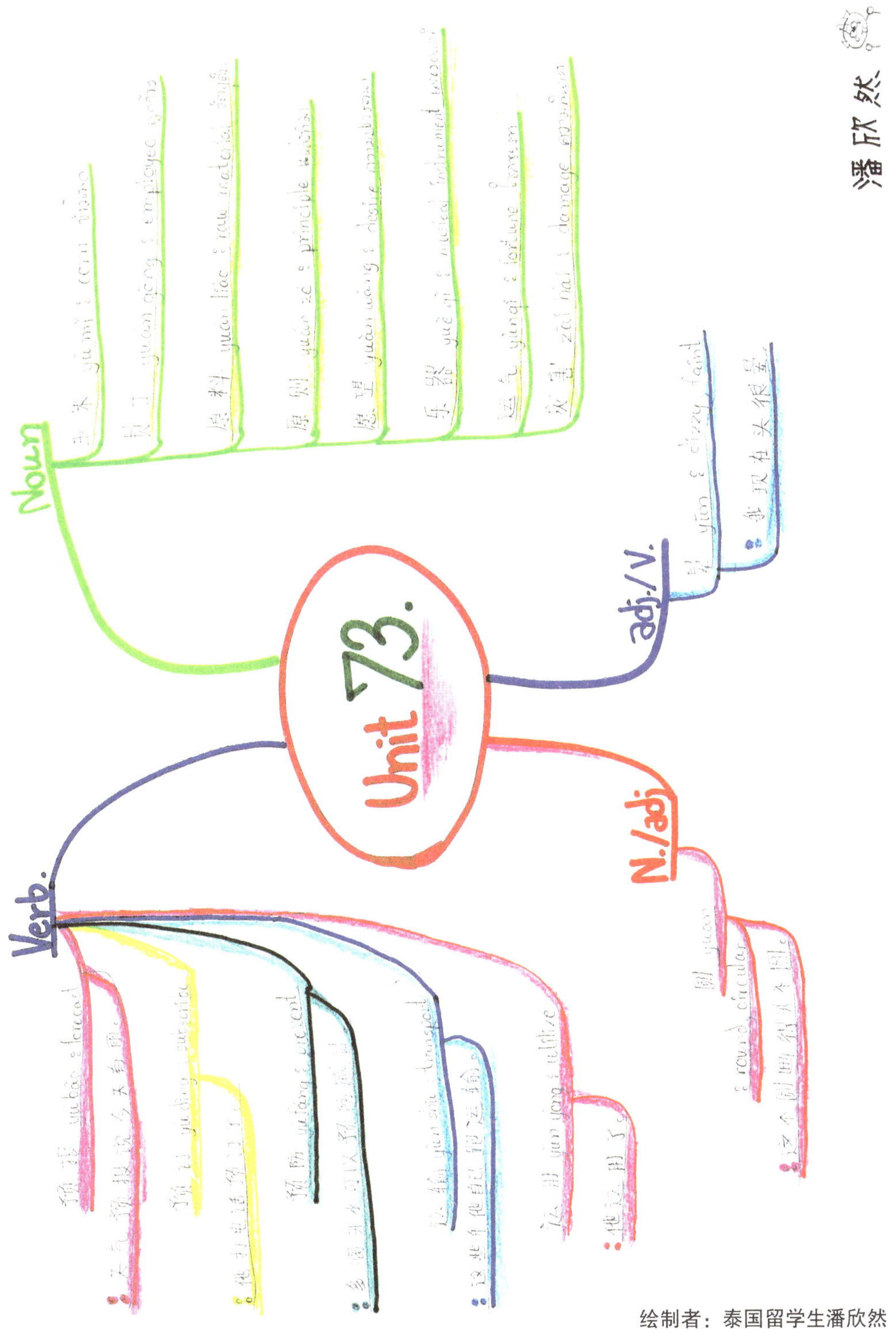
潘欣然
Unit 73.
Noun
Verb.
adj./V.
N./adj.

绘制者：泰国留学生潘欣然

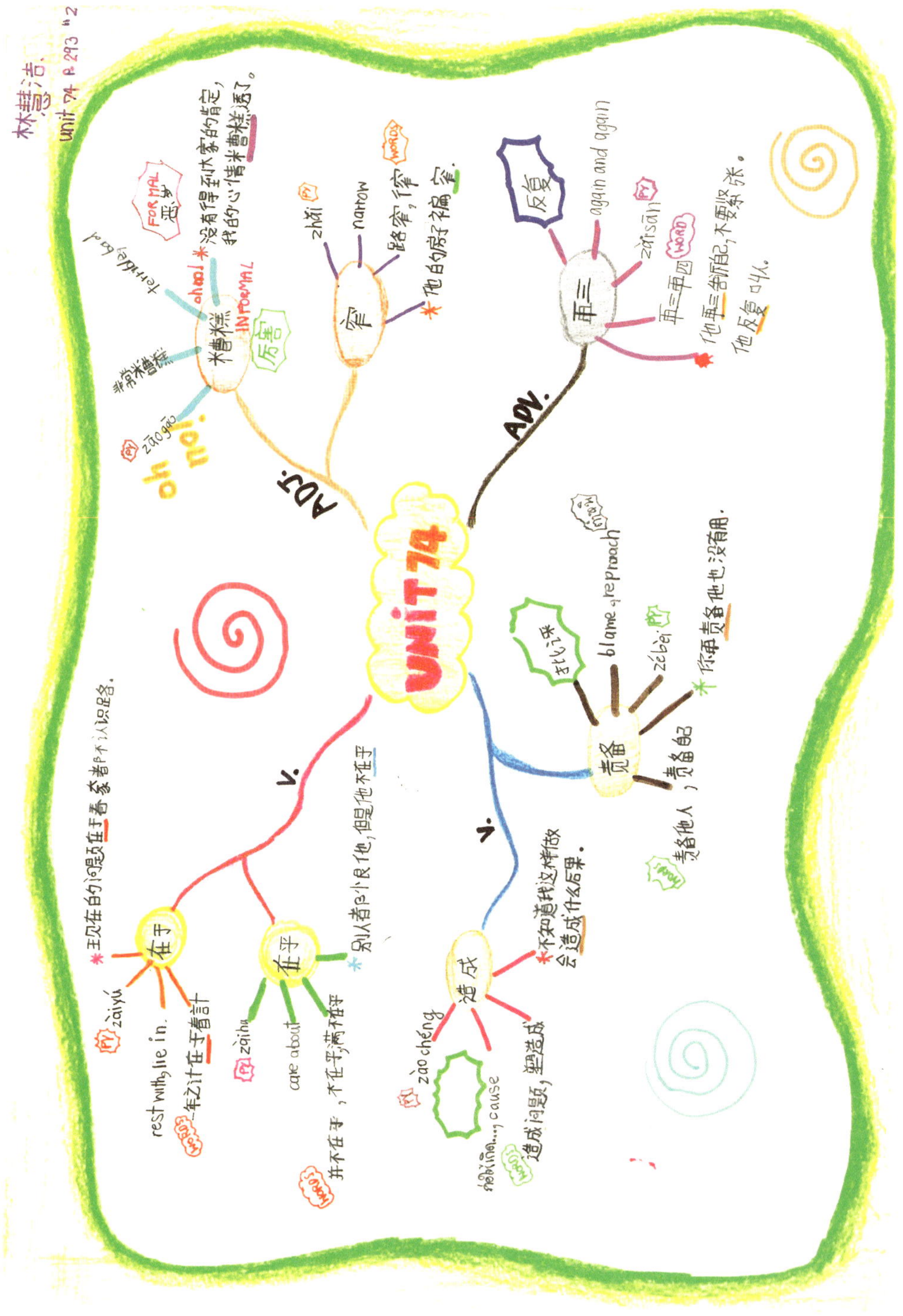
UNIT 74
ADJ.
ADV.
V.
糟糕
窄
再三
反复
责备
批评
造成
在乎
在于

绘制者：泰国留学生林慧洁

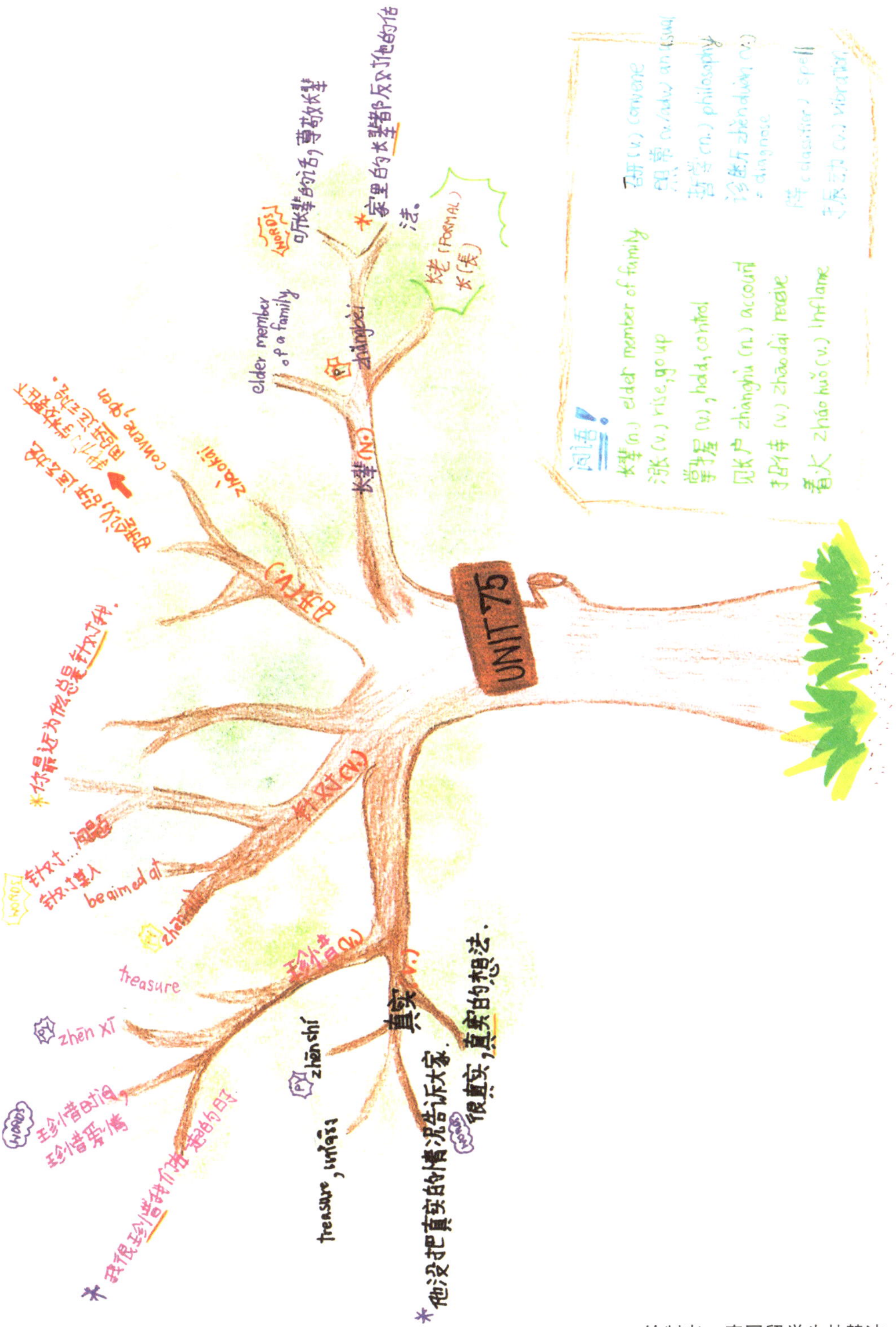
UNIT 75
长辈(N.)
zhǎngbèi
elder member of a family
听长辈的话，尊敬长辈
家里的长辈都反对他的想法。
针对(V.)
be aimed at
你最近为什么总是针对我。
珍惜
zhēn xī
treasure
珍惜时间，珍惜爱情
我很珍惜我们在一起的日子。
真实
zhēnshí
他没把真实的情况告诉大家。
很真实，真实的想法。
召开(V.)
zhàokāi
convene

绘制者：泰国留学生林慧洁

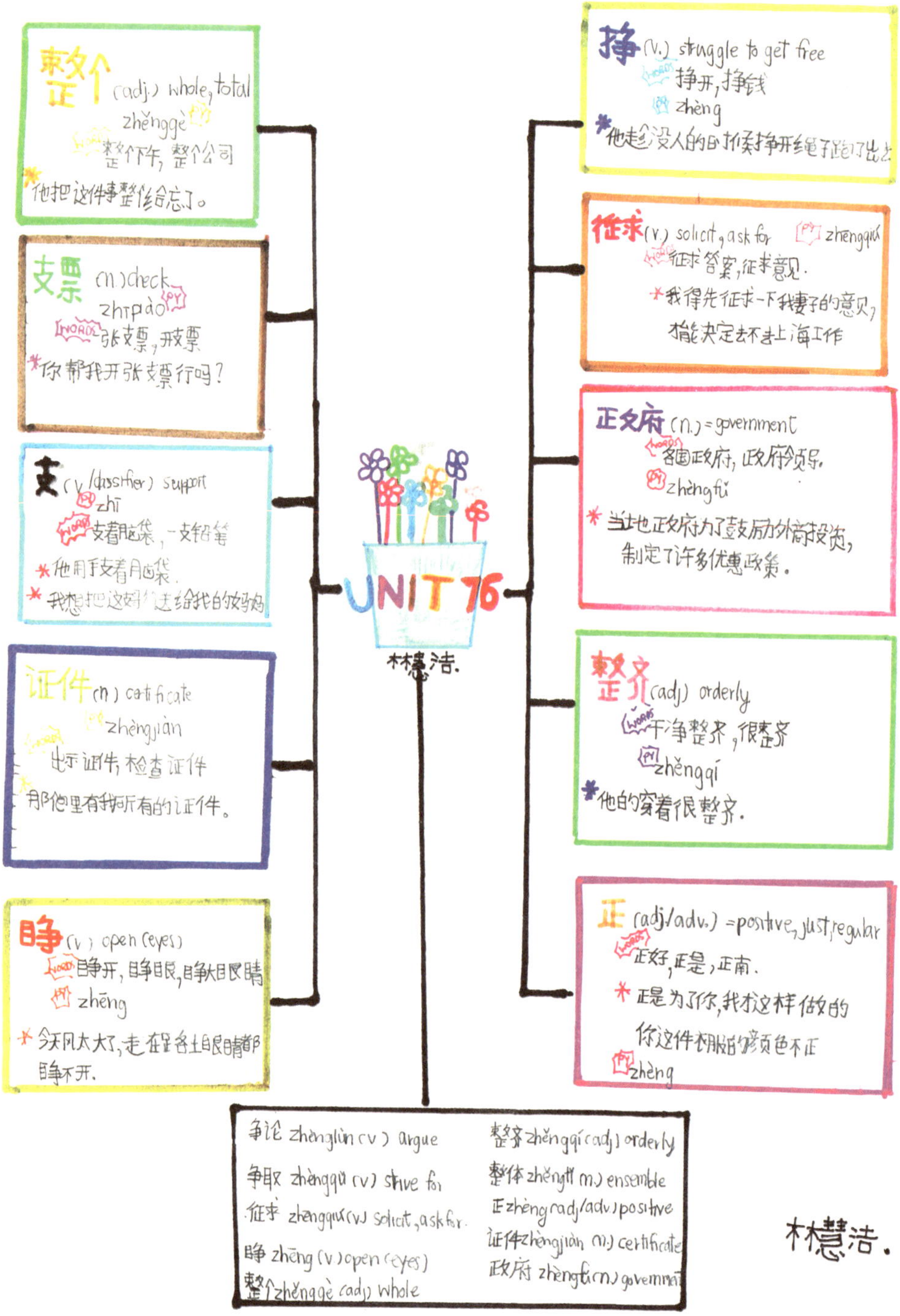
UNIT 16
林慧洁.
整个 (adj.) whole, total
zhěnggè
整个下午, 整个公司
他把这件事整个给忘了。
支票 (n.) check
zhīpiào
张支票, 开支票
你帮我开张支票行吗?
支 (v./classifier) support
zhī
支着脑袋, 一支铅笔
他用手支着脑袋.
证件 (n.) certificate
zhèngjiàn
出示证件, 检查证件
那个包里有我所有的证件。
睁 (v.) open (eyes)
睁开, 睁眼, 睁大眼睛
zhēng
今天风太大了, 走在路上眼睛都睁不开.
挣 (v.) struggle to get free
挣开, 挣钱
zhèng
征求 (v.) solicit, ask for
zhēngqiú
征求答案, 征求意见.
正文府 (n.) = government
各国政府, 政府领导.
zhèngfǔ
当地政府为了鼓励外商投资,
制定了许多优惠政策.
整齐 (adj.) orderly
干净整齐, 很整齐
zhěngqí
他的穿着很整齐.
正 (adj./adv.) = positive, just, regular
正好, 正是, 正南.
正是为了你, 我才这样做的
你这件衣服的颜色不正
zhèng
争论 zhēnglùn (v.) argue
争取 zhēngqǔ (v.) strive for
征求 zhēngqiú (v.) solicit, ask for.
睁 zhēng (v.) open (eyes)
整个 zhěnggè (adj.) whole
整齐 zhěngqí (adj.) orderly
整体 zhěngtǐ (n.) ensemble
正 zhèng (adj./adv.) positive
证件 zhèngjiàn (n.) certificate
政府 zhèngfǔ (n.) government
林慧洁.

绘制者：泰国留学生林慧洁

Unit 77（直～中旬）～ Unit 80（追求～字母）

Unit 77

zhí 直	zhìzào 制造
zhǐdǎo 指导	zhìzuò 制作
zhǐhuī 指挥	zhìliáo 治疗
zhìjīn 至今	zhìxù 秩序
zhìyú 至于	zhìhuì 智慧
zhìyuànzhě 志愿者	zhōngjiè 中介
zhìdìng 制定	zhōngxīn 中心
zhìdù 制度	zhōngxún 中旬

Unit 78

zhǒnglèi 种类	zhǔchí 主持
zhòngdà 重大	zhǔdòng 主动
zhòngliàng 重量	zhǔguān 主观
zhōudào 周到	zhǔrén 主人
zhū 猪	zhǔrèn 主任
zhúzi 竹子	zhǔtí 主题
zhúbù 逐步	zhǔxí 主席
zhújiàn 逐渐	zhǔzhāng 主张

Unit 79

zhǔ 煮	zhuǎngào 转告
zhùcè 注册	zhuāng 装
zhùfú 祝福	zhuāngshì 装饰
zhuā 抓	zhuāngxiū 装修
zhuājǐn 抓紧	zhuàngkuàng 状况
zhuānjiā 专家	zhuàngtài 状态
zhuānxīn 专心	zhuàng 撞
zhuǎnbiàn 转变	zhuī 追

Unit 80

zhuīqiú 追求	zìcóng 自从
zīxún 咨询	zìdòng 自动
zīshì 姿势	zìháo 自豪
zīgé 资格	zìjué 自觉
zījīn 资金	zìsī 自私
zīliào 资料	zìyóu 自由
zīyuán 资源	zìyuàn 自愿
zǐ 紫	zìmǔ 字母

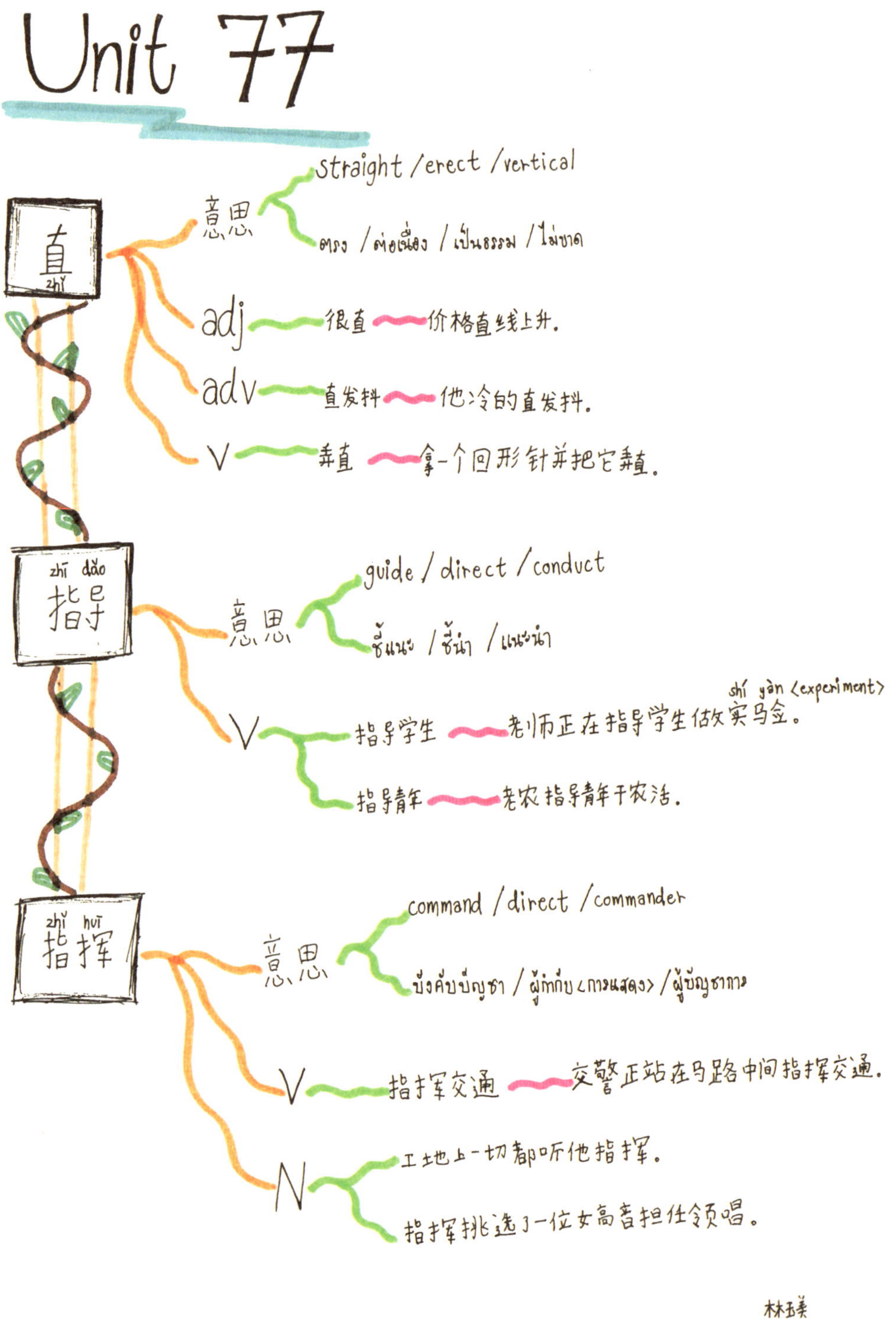
Unit 77
直 zhí
意思
straight / erect / vertical
ตรง / ต่อเนื่อง / เป็นธรรม / ไม่ขาด
adj 很直 价格直线上升。
adv 直发抖 他冷的直发抖。
V 弄直 拿一个回形针并把它弄直。
zhǐ dǎo 指导
意思
guide / direct / conduct
ชี้แนะ / ชี้นำ / แนะนำ
V
指导学生 老师正在指导学生做实验。
shí yàn <experiment>
指导青年 老农指导青年干农活。
zhǐ huī 指挥
意思
command / direct / commander
บังคับบัญชา / ผู้กำกับ <การแสดง> / ผู้บัญชาการ
V 指挥交通 交警正站在马路中间指挥交通。
N
工地上一切都听他指挥。
指挥挑选了一位女高音担任领唱。
林玉美

绘制者：泰国留学生林玉美

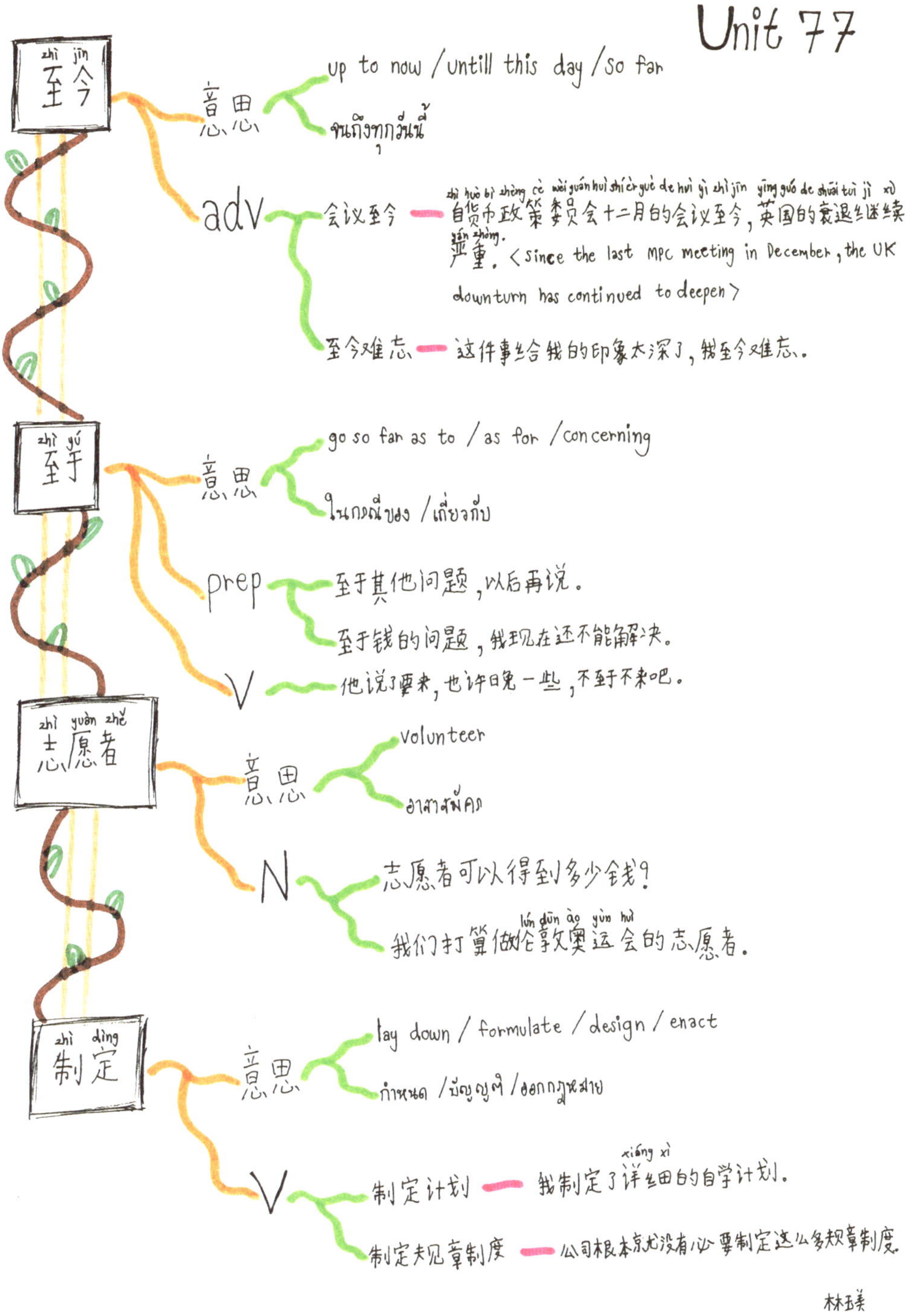
Unit 77
zhì jīn 至今
意思
up to now / untill this day / so far
จนถึงทุกวันนี้
adv
会议至今 — 自货币政策委员会十二月的会议至今，英国的衰退继续严重。<since the last MPC meeting in December, the UK downturn has continued to deepen>
至今难忘 — 这件事给我的印象太深了，我至今难忘。
zhì yú 至于
意思
go so far as to / as for / concerning
ในกรณีของ / เกี่ยวกับ
prep
至于其他问题，以后再说。
至于钱的问题，我现在还不能解决。
V
他说了要来，也许晚一些，不至于不来吧。
zhì yuàn zhě 志愿者
意思
volunteer
อาสาสมัคร
N
志愿者可以得到多少钱？
我们打算做伦敦奥运会的志愿者。
zhì dìng 制定
意思
lay down / formulate / design / enact
กำหนด / บัญญัติ / ออกกฎหมาย
V
制定计划 — 我制定了详细的自学计划。
制定规章制度 — 公司根本就没有必要制定这么多规章制度。
林玉美

绘制者：泰国留学生林玉美

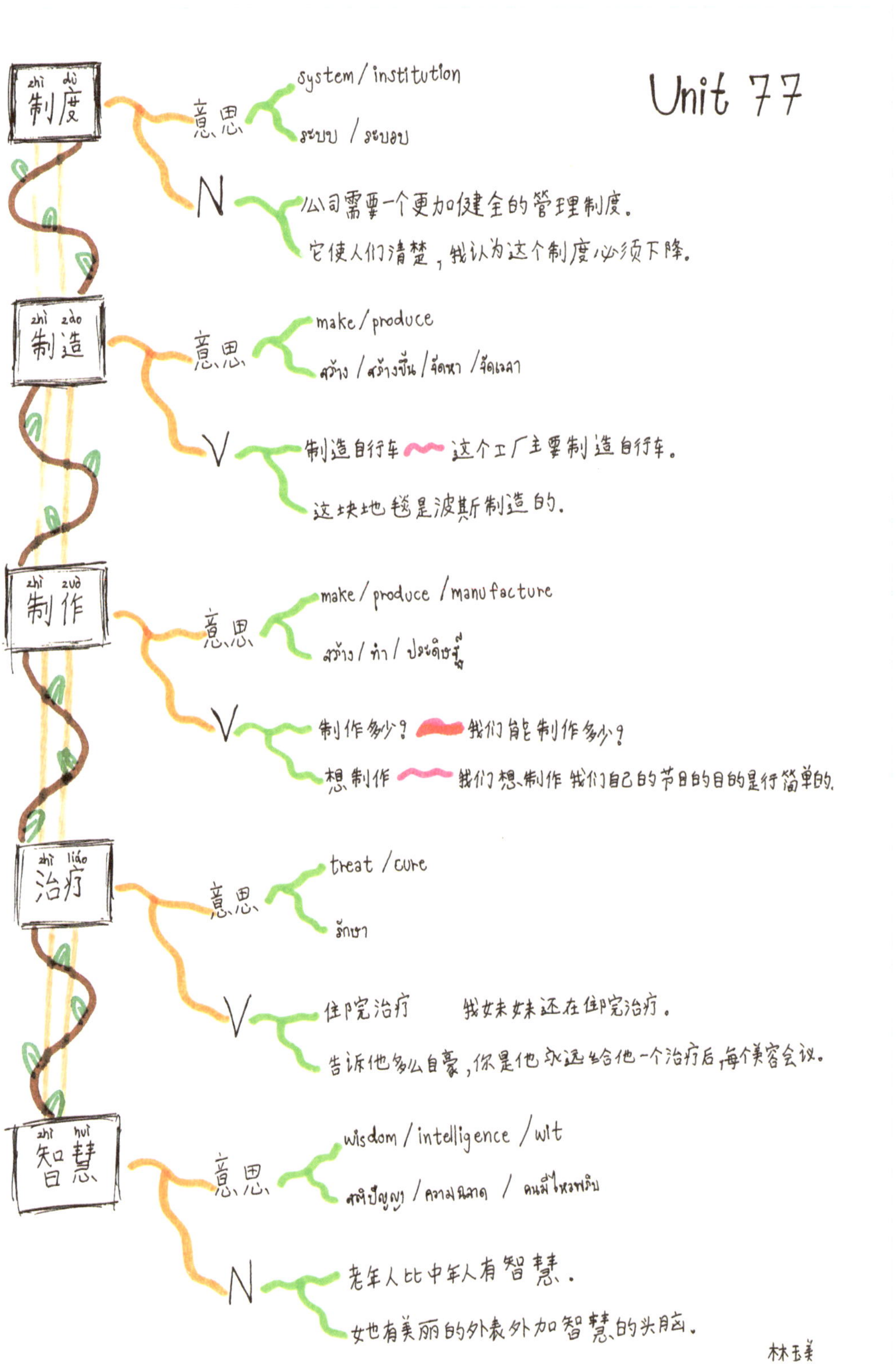
Unit 77
zhì dù
制度
意思
system / institution
ระบบ / ระบอบ
N
公司需要一个更加健全的管理制度。
它使人们清楚，我认为这个制度必须下降。
zhì zào
制造
意思
make / produce
สร้าง / สร้างขึ้น / จัดหา / จัดเวลา
V
制造自行车
这个工厂主要制造自行车。
这块地毯是波斯制造的。
zhì zuò
制作
意思
make / produce / manufacture
สร้าง / ทำ / ประดิษฐ์
V
制作多少?
我们能制作多少?
想制作
我们想制作 我们自己的节目的目的是行简单的。
zhì liáo
治疗
意思
treat / cure
รักษา
V
住院治疗
我妹妹还在住院治疗。
告诉他多么自豪，你是他永远给他一个治疗后，每个美容会议。
zhì huì
智慧
意思
wisdom / intelligence / wit
สติปัญญา / ความฉลาด / คนมีไหวพริบ
N
老年人比中年人有智慧。
她也有美丽的外表外加智慧的头脑。
林玉美

绘制者：泰国留学生林玉美

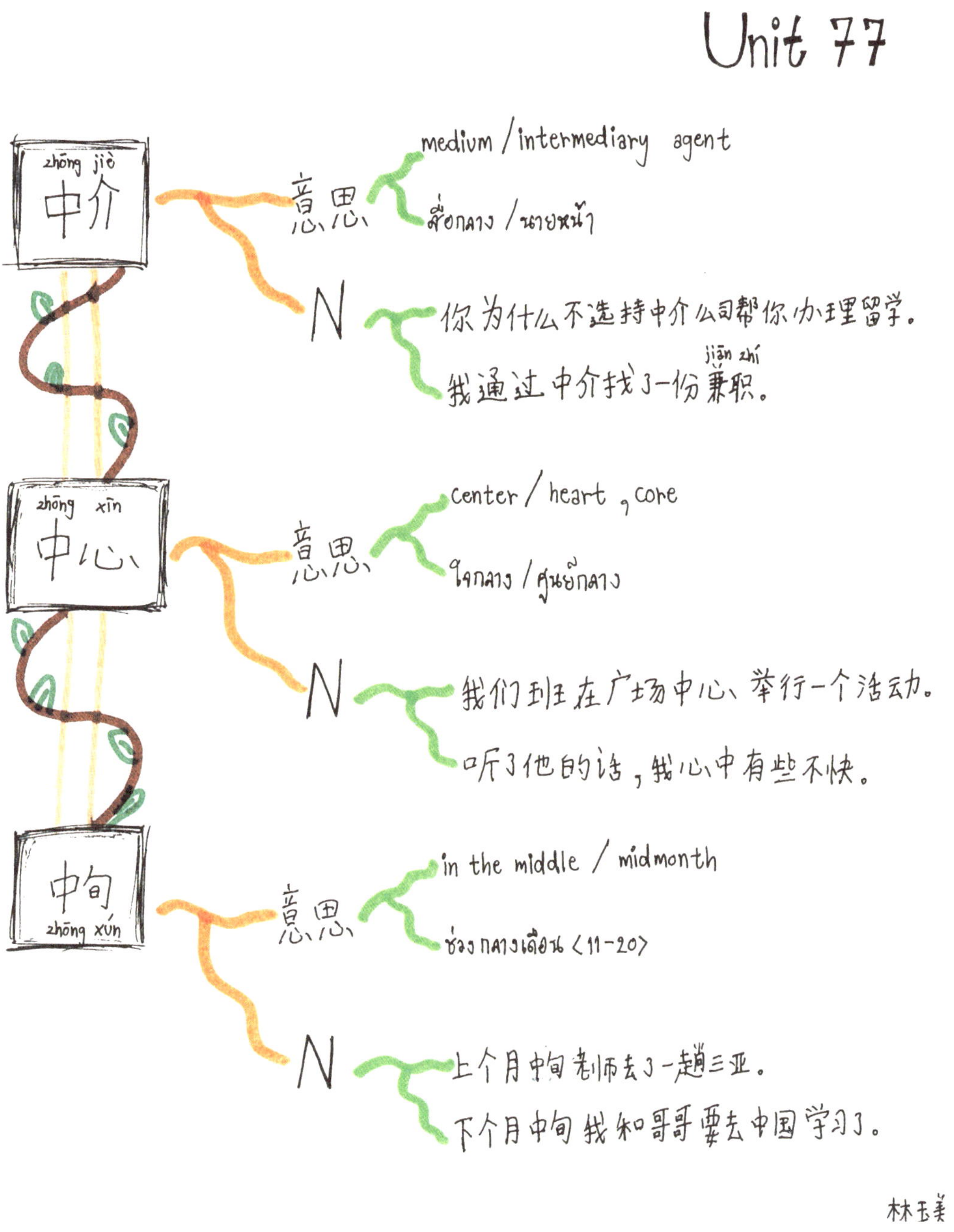

Unit 77
zhōng jiè
中介
意思
medium / intermediary agent
สื่อกลาง / นายหน้า
N
你为什么不选择中介公司帮你办理留学。
jiān zhí
我通过中介找了一份兼职。
zhōng xīn
中心
意思
center / heart , core
ใจกลาง / ศูนย์กลาง
N
我们班在广场中心、举行一个活动。
听了他的话，我心中有些不快。
中旬
zhōng xún
意思
in the middle / midmonth
ช่วงกลางเดือน <11-20>
N
上个月中旬老师去了一趟三亚。
下个月中旬我和哥哥要去中国学习。
林玉美

绘制者：泰国留学生林玉美

HSK五级词语

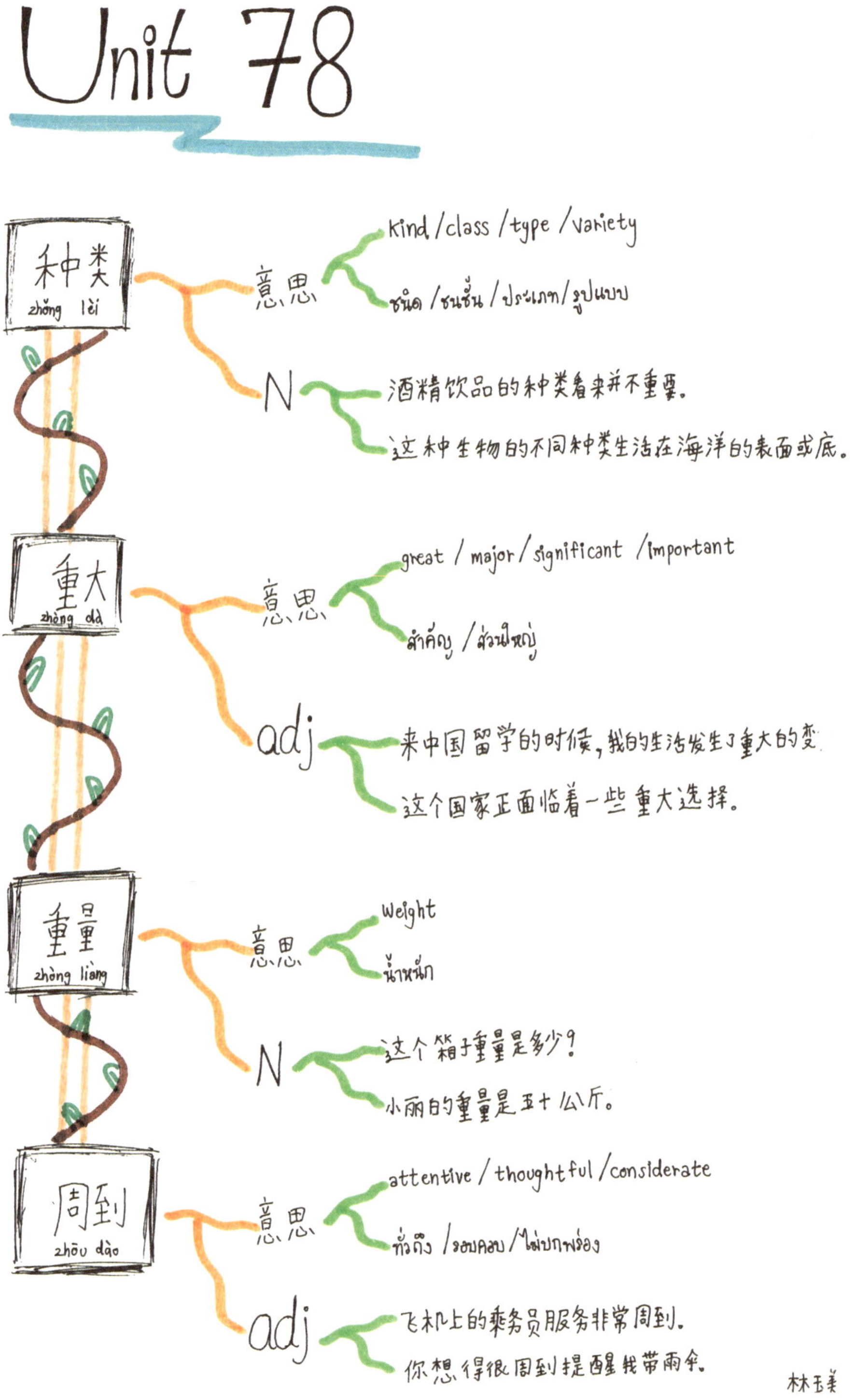
Unit 78
种类
zhǒng lèi
意思
kind / class / type / variety
ชนิด / ชนชั้น / ประเภท / รูปแบบ
N
酒精饮品的种类看来并不重要。
这种生物的不同种类生活在海洋的表面或底。
重大
zhòng dà
意思
great / major / significant / important
สำคัญ / ส่วนใหญ่
adj
来中国留学的时候，我的生活发生了重大的变
这个国家正面临着一些重大选择。
重量
zhòng liàng
意思
weight
น้ำหนัก
N
这个箱子重量是多少？
小丽的重量是五十公斤。
周到
zhōu dào
意思
attentive / thoughtful / considerate
ทั่วถึง / รอบคอบ / ไม่บกพร่อง
adj
飞机上的乘务员服务非常周到。
你想得很周到提醒我带雨伞。
林玉美

绘制者：泰国留学生林玉美

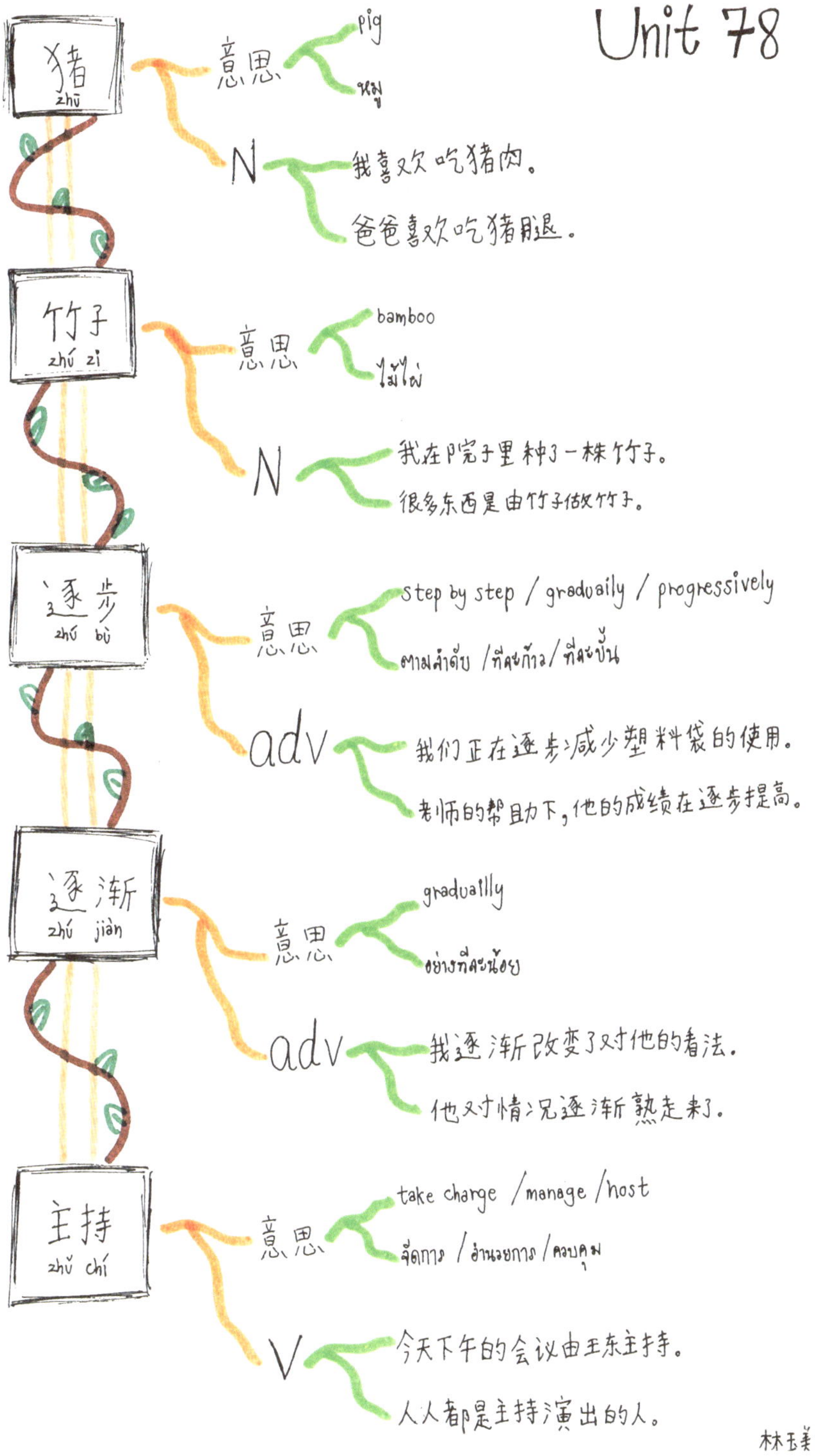

Unit 78
猪
zhū
意思
pig
หมู
N
我喜欢吃猪肉。
爸爸喜欢吃猪腿。
竹子
zhú zi
意思
bamboo
ไม้ไผ่
N
我在院子里种了一株竹子。
很多东西是由竹子做竹子。
逐步
zhú bù
意思
step by step / gradually / progressively
ตามลำดับ / ทีละก้าว / ทีละขั้น
adv
我们正在逐步减少塑料袋的使用。
老师的帮助下，他的成绩在逐步提高。
逐渐
zhú jiàn
意思
gradually
อย่างทีละน้อย
adv
我逐渐改变了对他的看法。
他对情况逐渐熟悉了。
主持
zhǔ chí
意思
take charge / manage / host
จัดการ / ดำเนินการ / ควบคุม
V
今天下午的会议由王东主持。
人人都是主持演出的人。
林玉美

绘制者：泰国留学生林玉美

HSK五级词语

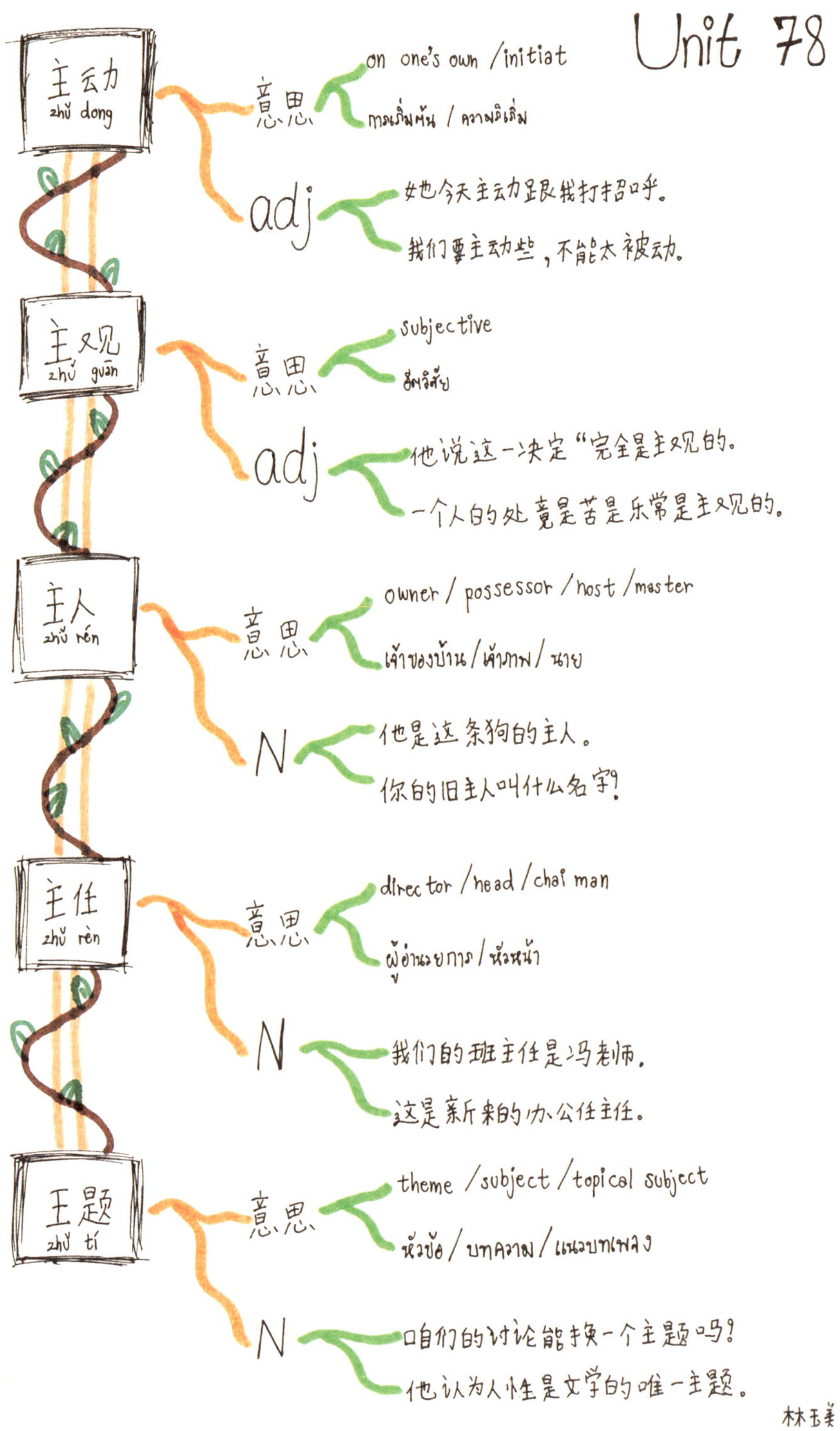
Unit 78
主动
zhǔ dong
意思
on one's own / initiat
adj
她今天主动跟我打招呼。
我们要主动些，不能太被动。
主观
zhǔ guān
意思
subjective
adj
他说这一决定"完全是主观的。
一个人的处境是苦是乐常是主观的。
主人
zhǔ rén
意思
owner / possessor / host / master
N
他是这条狗的主人。
你的旧主人叫什么名字?
主任
zhǔ rèn
意思
director / head / chai man
N
我们的班主任是冯老师.
这是新来的办公任主任。
主题
zhǔ tí
意思
theme / subject / topical subject
N
咱们的讨论能换一个主题吗?
他认为人性是文学的唯一主题。
林玉美

绘制者：泰国留学生林玉美

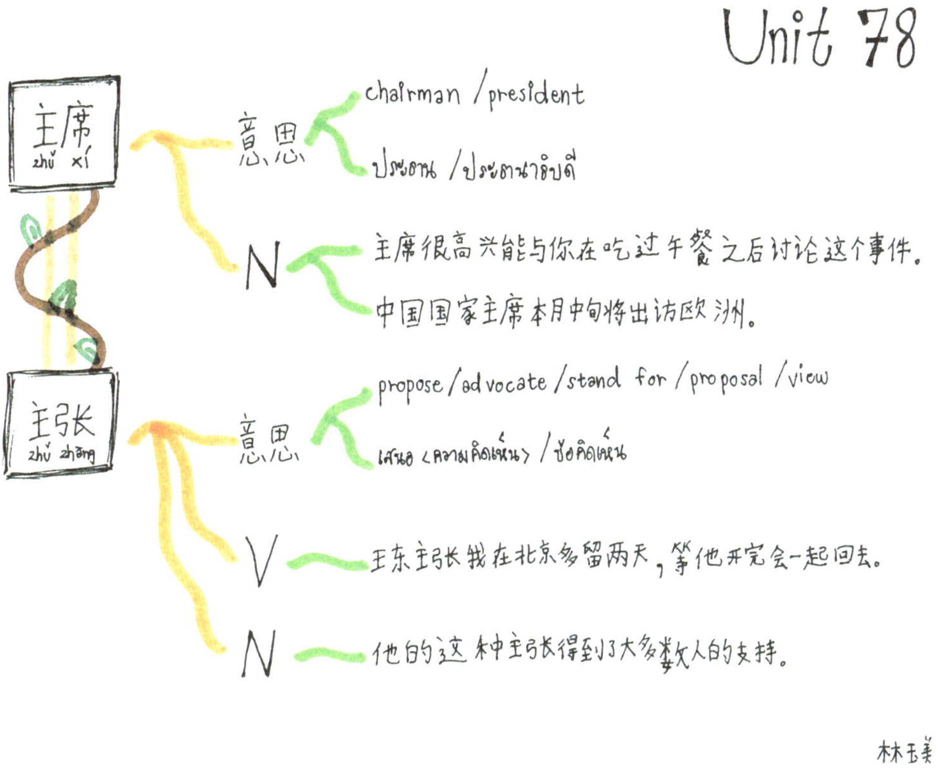
Unit 78
主席
zhǔ xí
意思
chairman / president
ประธาน / ประธานาธิบดี
N
主席很高兴能与你在吃过午餐之后讨论这个事件。
中国国家主席本月中旬将出访欧洲。
主张
zhǔ zhāng
意思
propose / advocate / stand for / proposal / view
เสนอ <ความคิดเห็น> / ข้อคิดเห็น
V
王东主张我在北京多留两天，等他开完会一起回去。
N
他的这种主张得到了大多数人的支持。
林玉美

HSK五级词语

绘制者：泰国留学生林玉美

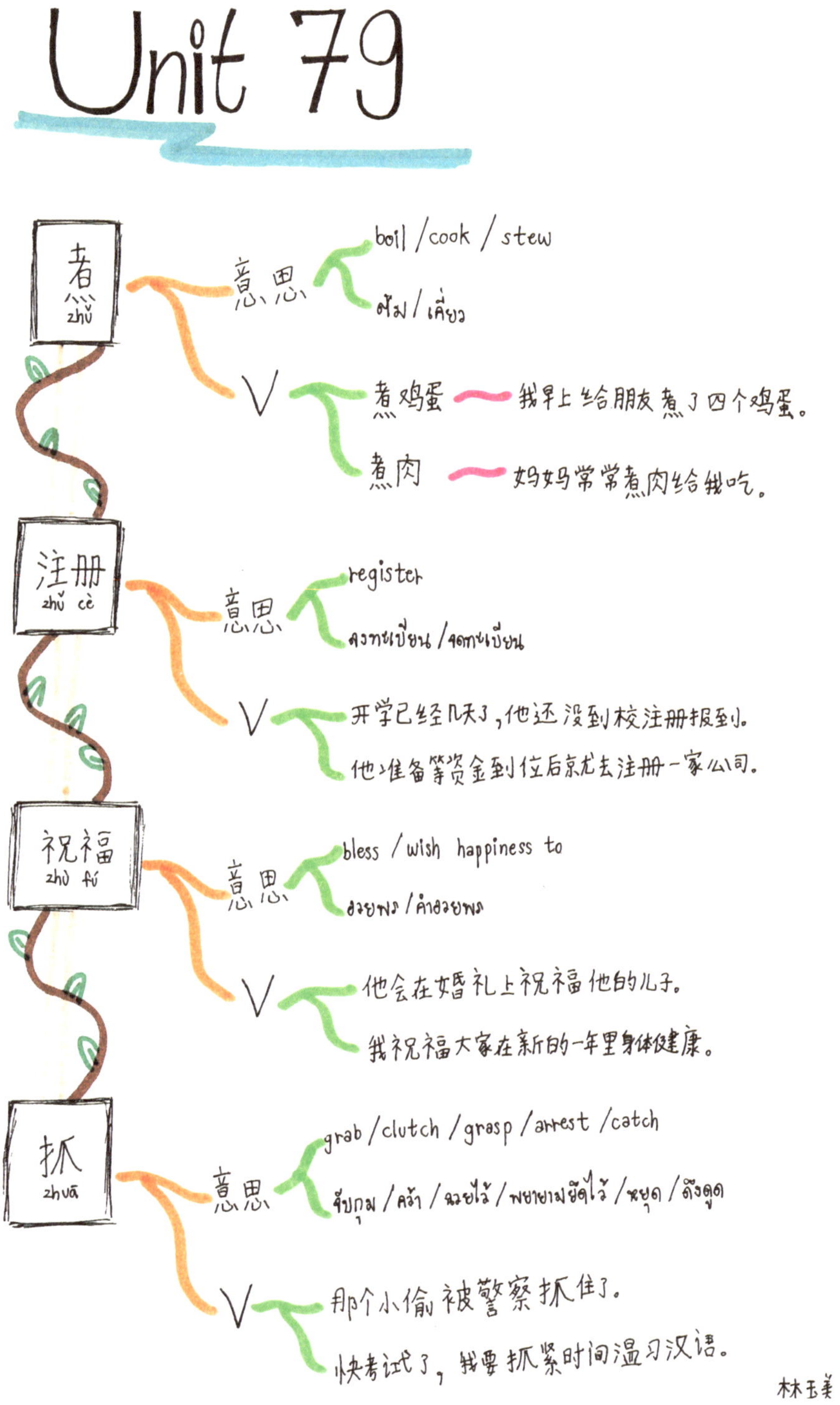
Unit 79
煮
zhǔ
意思
boil / cook / stew
ต้ม / เคี่ยว
V
煮鸡蛋
我早上给朋友煮了四个鸡蛋。
煮肉
妈妈常常煮肉给我吃。
注册
zhù cè
意思
register
ลงทะเบียน / จดทะเบียน
V
开学已经几天了，他还没到校注册报到。
他准备等资金到位后就去注册一家公司。
祝福
zhù fú
意思
bless / wish happiness to
อวยพร / คำอวยพร
V
他会在婚礼上祝福他的儿子。
我祝福大家在新的一年里身体健康。
抓
zhuā
意思
grab / clutch / grasp / arrest / catch
จับกุม / คว้า / ฉวยไว้ / พยายามยึดไว้ / หยุด / ดึงดูด
V
那个小偷被警察抓住了。
快考试了，我要抓紧时间温习汉语。
林玉美

绘制者：泰国留学生林玉美

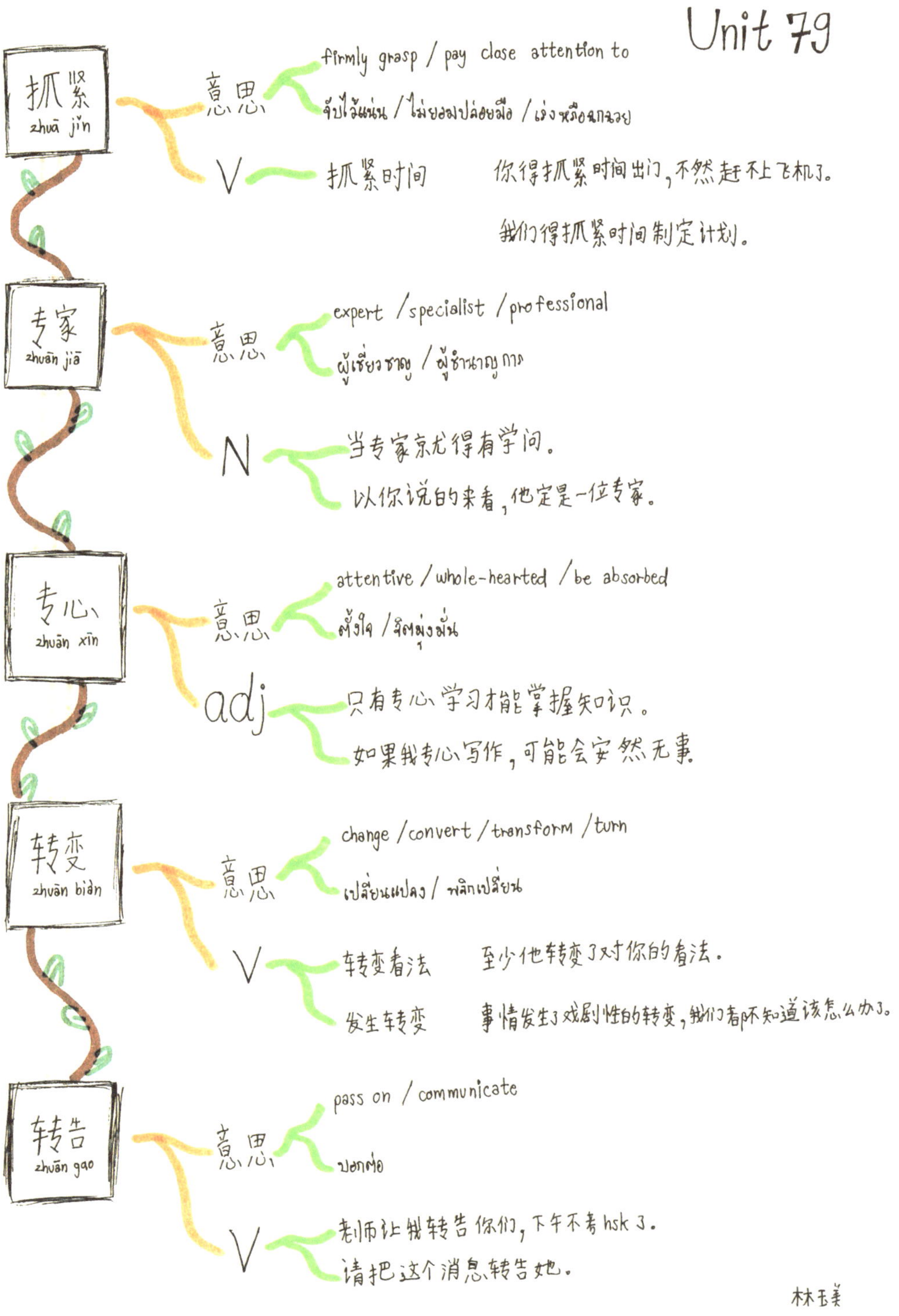
Unit 79
抓紧
zhuā jǐn
意思
firmly grasp / pay close attention to
จับไว้แน่น / ไม่ยอมปล่อยมือ / เร่งหรือฉกฉวย
V
抓紧时间
你得抓紧时间出门，不然赶不上飞机了。
我们得抓紧时间制定计划。
专家
zhuān jiā
意思
expert / specialist / professional
ผู้เชี่ยวชาญ / ผู้ชำนาญการ
N
当专家就得有学问。
以你说的来看，他定是一位专家。
专心
zhuān xīn
意思
attentive / whole-hearted / be absorbed
ตั้งใจ / จิตมุ่งมั่น
adj
只有专心学习才能掌握知识。
如果我专心写作，可能会安然无事。
转变
zhuǎn biàn
意思
change / convert / transform / turn
เปลี่ยนแปลง / พลิกเปลี่ยน
V
转变看法
至少他转变了对你的看法。
发生转变
事情发生了戏剧性的转变，我们都不知道该怎么办了。
转告
zhuǎn gào
意思
pass on / communicate
บอกต่อ
V
老师让我转告你们，下午不考hsk了。
请把这个消息转告她。
林玉美

绘制者：泰国留学生林玉美

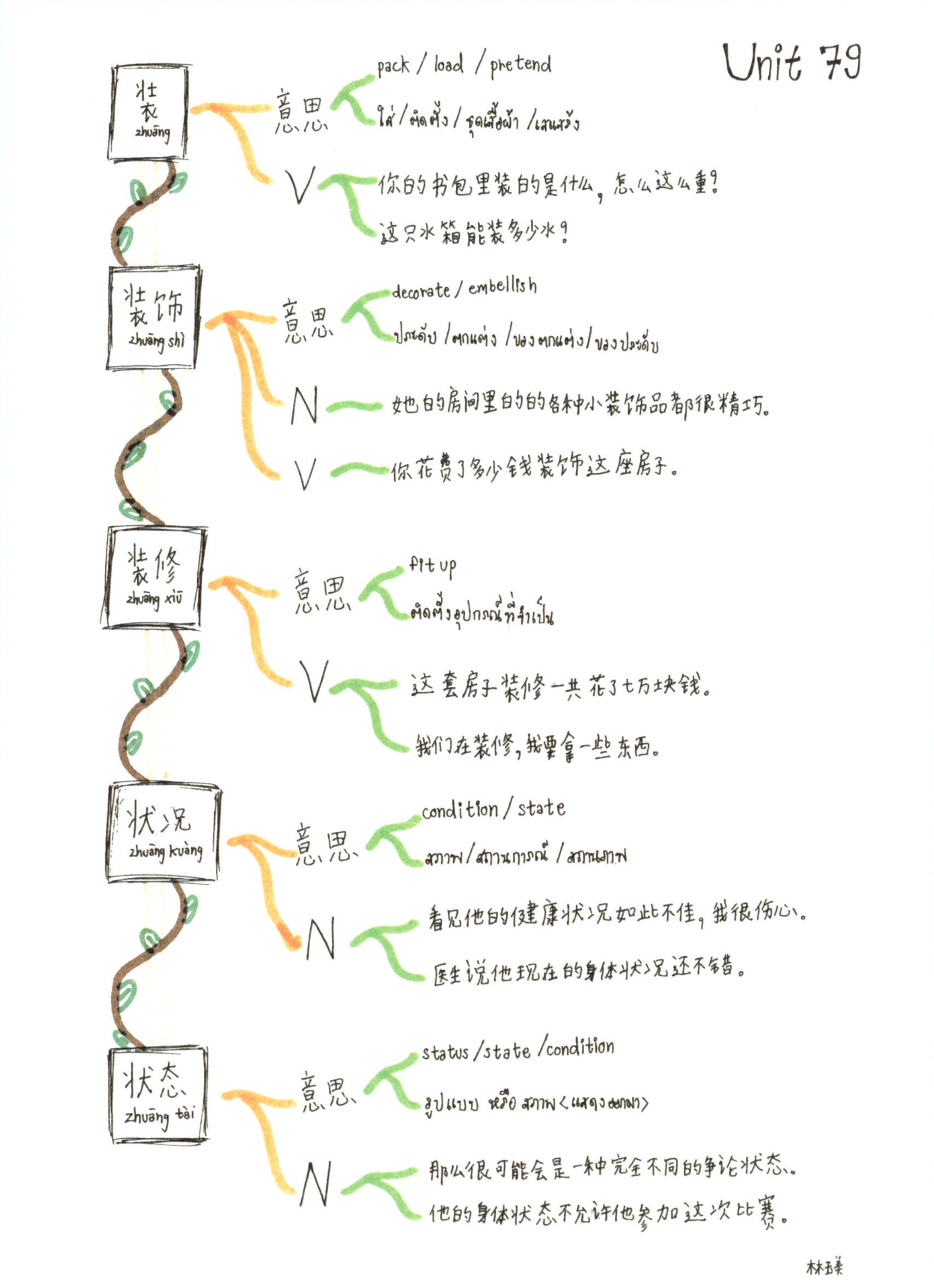
Unit 79
装
zhuāng
意思
pack / load / pretend
ใส่ / ติดตั้ง / ชุดเสื้อผ้า / แสร้ง
V
你的书包里装的是什么，怎么这么重？
这只水箱能装多少水？
装饰
zhuāng shì
意思
decorate / embellish
ประดับ / ตกแต่ง / ของตกแต่ง / ของประดับ
N
她的房间里的的各种小装饰品都很精巧。
V
你花费了多少钱装饰这座房子。
装修
zhuāng xiū
意思
fit up
ติดตั้งอุปกรณ์ที่จำเป็น
V
这套房子装修一共花了七万块钱。
我们在装修，我要拿一些东西。
状况
zhuàng kuàng
意思
condition / state
N
看见他的健康状况如此不佳，我很伤心。
医生说他现在的身体状况还不错。
状态
zhuàng tài
意思
status / state / condition
N
那么很可能会是一种完全不同的争论状态。
他的身体状态不允许他参加这次比赛。
林玉美

绘制者：泰国留学生林玉美

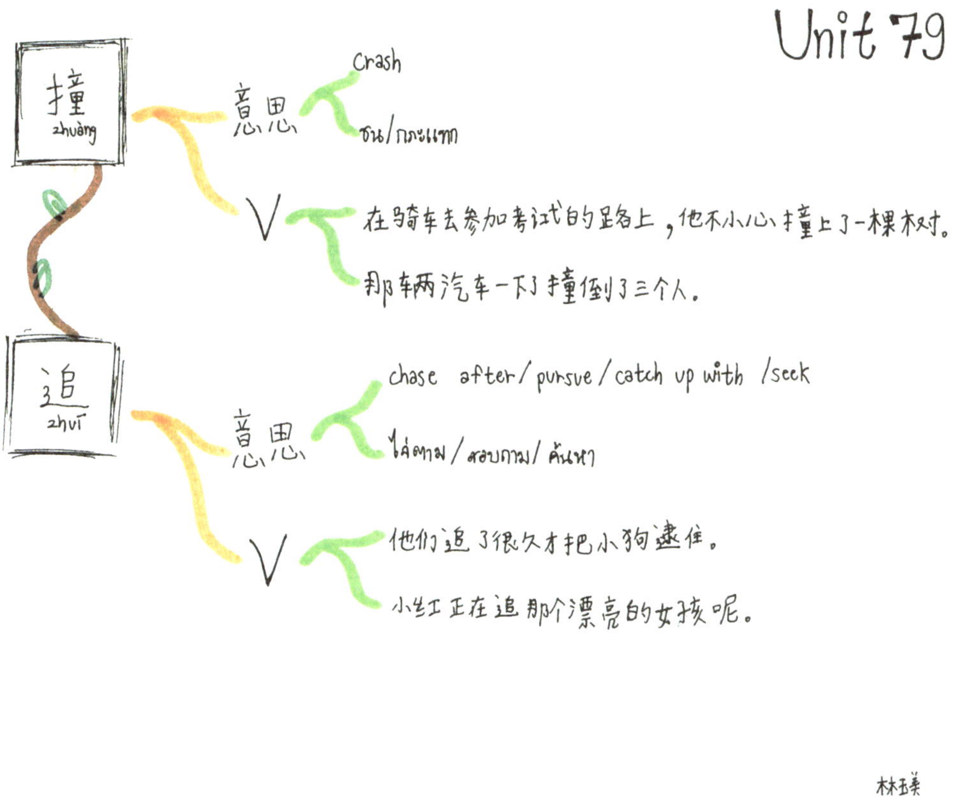
Unit 79
撞
zhuàng
意思
Crash
ชน/กระแทก
V
在骑车去参加考试的路上，他不小心撞上了一棵树。
那辆汽车一下子撞倒了三个人。
追
zhuī
意思
chase after/pursue/catch up with /seek
ไล่ตาม/สอบถาม/ค้นหา
V
他们追了很久才把小狗逮住。
小红正在追那个漂亮的女孩呢。
林玉美

绘制者：泰国留学生林玉美

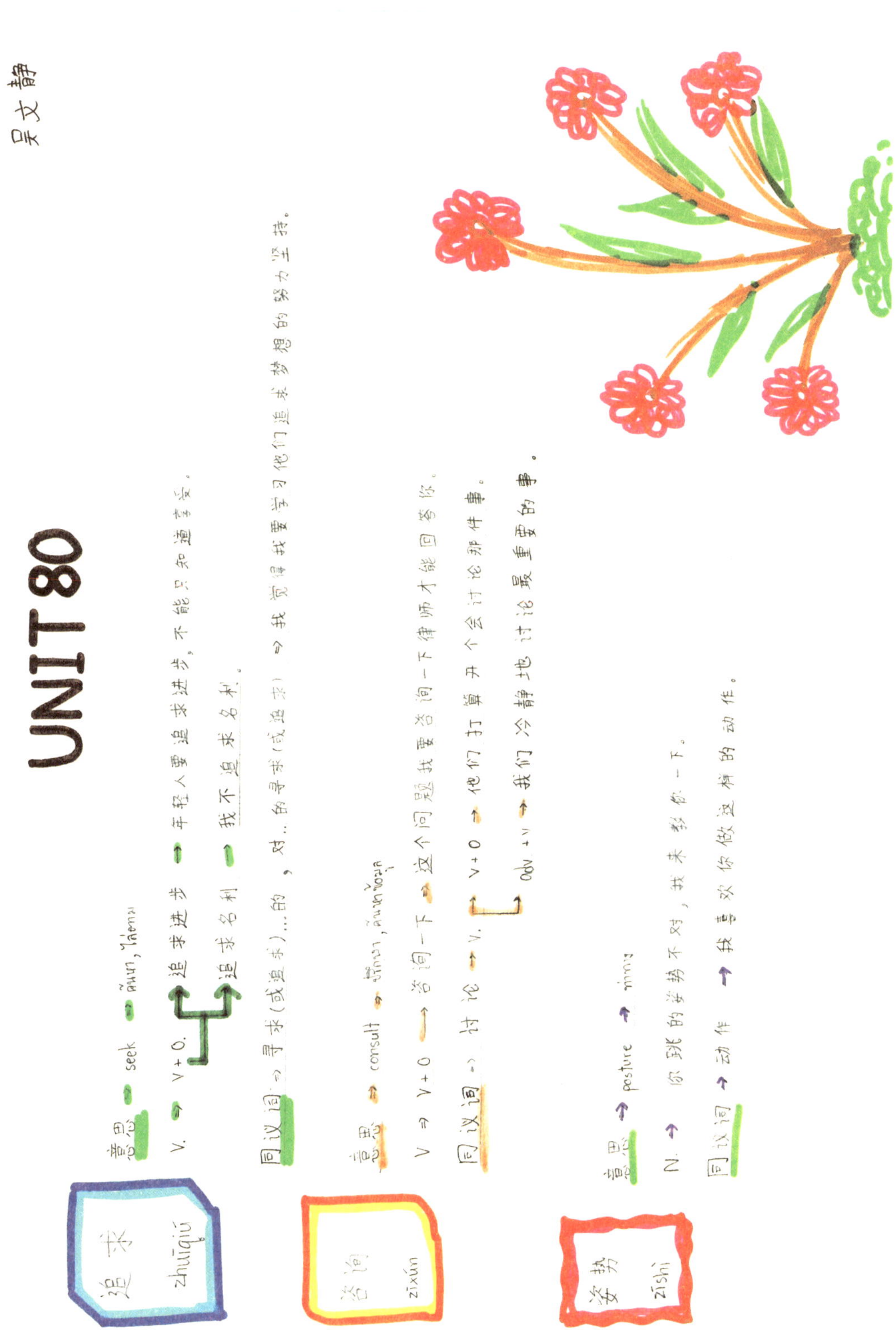
吴文静
UNIT 80
追求 zhuīqiú
意思 → seek
V. → V+O. → 追求进步 → 年轻人要追求进步，不能只知道享受。
追求名利 → 我不追求名利。
同义词 ⇒ 寻求（或追求）…的，对…的寻求（或追求） ⇒ 我觉得我要学习他们追求梦想的努力坚持。
咨询 zīxún
意思 ⇒ consult
V ⇒ V+O → 咨询一下 ⇒ 这个问题我要咨询一下律师才能回答你。
同义词 → 讨论 → V. → V+O → 他们打算开个会讨论那件事。
adv+V → 我们冷静地讨论最重要的事。
姿势 zīshì
意思 → posture
N. → 你跳的姿势不对，我来教你一下。
同义词 → 动作 → 我喜欢你做这样的动作。

绘制者：泰国留学生吴文静

吴文静

UNIT 80

资格 zīgé

意思 → qualification → คุณสมบัติ

N. → V + N → 有资格 → 你自己都没完成任务，还有什么资格批评别人？

同义词 → 学历 → N → 你的最高学历是什么？

反义词 → 失败 → 他举了一个学生害怕期末考试失败的例子。

资金 zījīn

意思 → fund → กองทุน，เงินทุน

N → V + N → 我们的公司需要资金。

同义词 → 资本 → 我们通过智力资本推动收入。

资料 zīliào

意思 → data → ข้อมูล，ข้อเท็จจริง

N → 一份资料 → 下午看了几份资料，我感觉很累

同义词 → 通知 → 你看到班长的通知了吗？

资源 zīyuán

意思 → resource → ทรัพยากร，แหล่งที่มา

N → 资源丰富 → 中国是个资源丰富的国家。

V + N → 旅游资源 → 泰国有很多旅游资源。

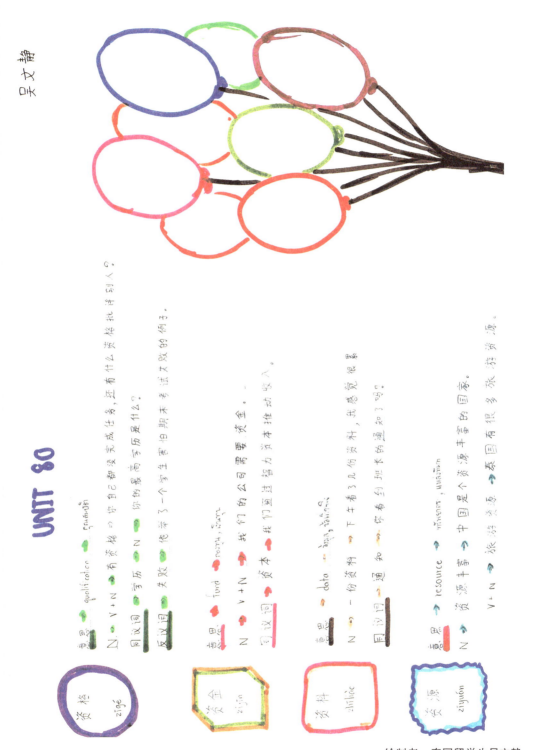

绘制者：泰国留学生吴文静

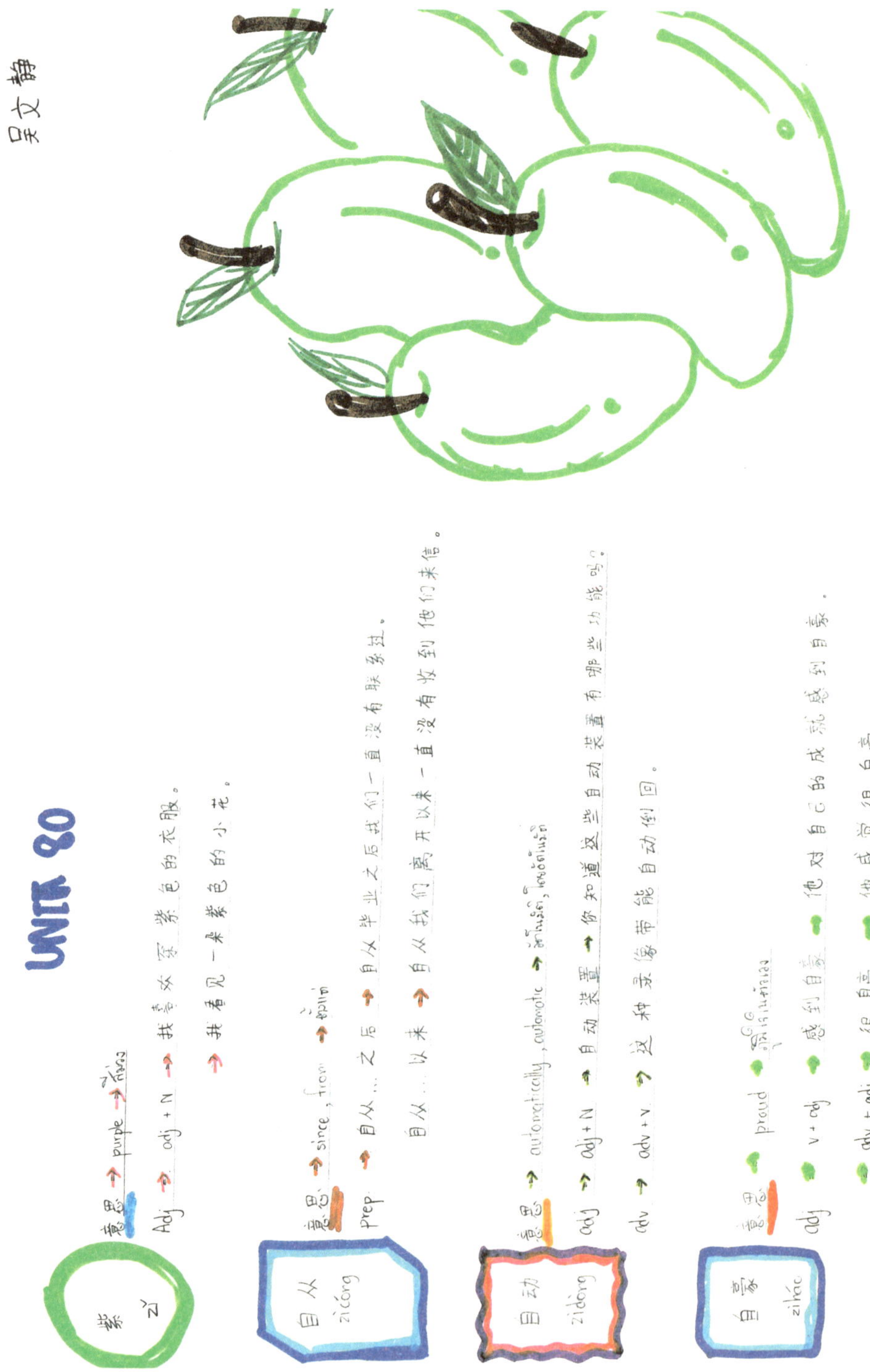
吴文静
UNIT 80
紫 zǐ
意思 → purple
Adj → adj + N → 我喜欢穿紫色的衣服。
→ 我看见一朵紫色的小花。
自从 zìcóng
意思 → since, from
prep → 自从……之后 → 自从毕业之后我们一直没有联系过。
自从……以来 → 自从我们离开以来一直没有收到他们来信。
自动 zìdòng
意思 → automatically, automatic
adj → adj + N → 自动装置 → 你知道这些自动装置有哪些功能吗？
adv → adv + v → 这种录像带能自动倒回。
自豪 zìháo
意思 → proud
adj → v + adj → 感到自豪 → 他对自己的成就感到自豪。
→ adv + adj → 很自豪 → 他感觉很自豪。

绘制者：泰国留学生吴文静

Unit 81（字幕～作文）

Unit 81

zìmù 字幕	zǒngzhī 总之
zōnghé 综合	zǔzhǐ 阻止
zǒngcái 总裁	zǔ 组
zǒnggòng 总共	zǔchéng 组成
zǒnglǐ 总理	zǔhé 组合
zǒngsuàn 总算	zǔzhī 组织
zǒngtǒng 总统	zuìchū 最初
zuì 醉	zūnjìng 尊敬
zūnshǒu 遵守	zuòpǐn 作品
zuòwéi 作为	zuòwén 作文

吴文静
UNIT 81
字幕
zìmù
意思 subtitles
N V+N 看字幕 我喜欢看有字幕的外国电影。
adj+N 我喜欢看中国电视剧有泰语字幕。
综合
zōnghé
意思 put together
V V+N 班长让我综合大家的意见写一份报告。
总裁
zǒngcái
意思 president
n. 公司总裁
我们公司总裁前天就去上海了。
总共
zǒnggòng
意思 altogether
adv. adv+V
这个班总共有三十个学生。
总理
zǒnglǐ
意思 premier
n. 这位总理是我国家的总理。
他希望能向总理反映这个问题。
总算
zǒngsuàn
意思 finally
adv. adv+V 我们费了好大的劲儿总算把东西搬到了楼上。

绘制者：泰国留学生吴文静

UNIT 81

吴文静

总统 zǒngtǒng
- 意思 → president → ประธานาธิบดี
- n. → V + N
- → 他当上总统之后进行了一系列的改革。

总之 zǒngzhī
- 意思 → all in all → โดยรวม
- conj → 你信也好，不信也好，总之，我不再解释了。

阻止 zǔzhǐ
- 意思 → stop → หยุด, [illegible]
- V → 你不要阻止我，让我去吧。
- 没有什么事情可以阻止我要去见她。

组 zǔ
- 意思 → group → กลุ่ม，organize → จัดตั้ง
- m → 教练把队员分成两组进行训练。
- n → adj + N → 老师要求我们每五人组成一个小组，进行讨论学习。

组成 zǔchéng
- 意思 → compose → ประกอบด้วย
- V → 二班的女同学组成了一支啦啦队，去支持男同学比赛。

绘制者：泰国留学生吴文静

UNIT 81
吴文静
组合
zǔhé
意思 => assemble
n => 这场演唱会有如此强大的明星组合，肯定会很精彩。
组织
zǔzhī
意思 => organize , organization
V. => 这个周末，老师组织我们一起去公园游玩儿。
n => 每个组织都有它自己制定的规章制度。
最初
zuìchū
意思 => prime
n => 我最初的梦想是去外国学习。
=> 他最初是打算去上海的，后来又改变了计划。
醉
zuì
意思 => be drunk
V => 我昨天喝醉了。
=> 他的酒量很小，喝了一小杯酒就醉了。
尊敬
zūnjìng
意思 => respect
adj => 尊敬的老师，谢谢你这些年来对我的帮助。

绘制者：泰国留学生吴文静

后记 Houji

奋战在对外汉语教学一线八年，我们积极引进和使用一些创新性教学思想、教学方法、教学策略。为了提高教学效果，我们也在积极地探索一些行之有效的教学技巧。将思维导图运用于对外汉语课堂教学是我们探索汉语创新性教学法的一次积极尝试。

思维导图呈现的是个人的内部思维过程，是一个极具“个性化”的东西，教师对汉语材料的理解、把握、处理，或留学生的汉语习得程度、个人思维模式、视觉呈现能力均各有不同。尽管汉语思维导图的设计风格各异，繁简不拘，但其共同着眼点是一致的，对教师来说，主要着眼于如何把课程理念在教学实践中更好地转化为课堂教学行为；对汉语学习者来说，主要着眼于如何更好更快地把汉语知识转化为自己的内在知识并进行有效的长期的记忆储存。恰如赵金铭先生所言：“春兰秋菊，各有千秋，望识者从中看出门道。”

绘制思维导图并不是简单的涂鸦或画画，整理汉语知识是首要的一步，理清汉语知识的结构、构建思维导图框架、根据汉语知识的特点拓展发散，需要一种具有汉语逻辑的思维能力，图像、色彩和曲线等的运用是调动右脑协同左脑进行语言学习的策略。当笔者和留学生在教室里就着绘制在黑板上的思维导图进行讨论时，路过教室的人常探进头来好奇地问：“你们在画画？”我们笑了笑。笔者在文印店扫描作品时，一个中医院的退休老医生看了看，问：“你是教小学的？”然后递给我一张名片，说如果有学生得了疑难杂症可以找他，他擅长给小孩看病。不被理解的感觉，确实让人觉得很无奈。这也说明我们的汉语国际教育事业仍然有待“对内”“对外”扩大传播，任重而道远。

“教无定法，贵在得法。”思维导图运用于汉语作为第二语言的教学，对留学生汉语思维的引发、开拓与深化具有十分重要的意义，但仍然是一种有待接受更多实践检验的新方法。一种新的教学技巧的介绍与推广，是需要一个过程的。希望我们所做的教学实验以及这本书的出版能起到抛砖引玉的作用，也希望能够引起更多的汉语国际教育专家和教师关注、使用、研究这种方法。

我们也在努力进行后续研究，将会对这些作品进行分类、归纳和分析，总结并反馈问题，希望能够上升到方法论等学理层面来探究它的意义。

笔者在编排整理本书的过程中也遇到了一些困惑，得到了冯法强老师的解疑、指点，也得到了国内本科生陈媛媛同学的许多帮助，在此表示深深的谢意。

冯冬梅

于海口滨河华庭

2016年5月